컴퓨터 아키텍처

Computer Architecture

Copyright © 2024 by Charles Fox

Title of English-language original: *Computer Architecture*, ISBN 978-1-71850-2864, published by No Starch Press. 145 8th Street, San Francisco, California United States 94103. Korean-language 1st edition copyright © 2025 by J-Pub. Co., Ltd. under license by No Starch Press, Inc. All rights are reserved.

이 책의 한국어판 저작권은 에이전시 원을 통해 저작권자와의 독점 계약으로 제이펍 출판사에 있습니다. 저작권법에 의해 한국 내에서 보호를 받는 저작물이므로 무단전재와 무단복제를 금합니다.

컴퓨터 아키텍처

1쇄 발행 2025년 11월 6일

지은이 찰스 폭스
옮긴이 류 광
펴낸이 장성두
펴낸곳 주식회사 제이펍

출판신고 2009년 11월 10일 제406-2009-000087호
주소 경기도 파주시 회동길 159 3층 / **전화** 070-8201-9010 / **팩스** 02-6280-0405
홈페이지 www.jpub.kr / **투고** submit@jpub.kr / **독자문의** help@jpub.kr / **교재문의** textbook@jpub.kr

소통기획부 김정준, 이상복, 안수정, 박재인, 박새미, 송영화, 김은미, 권유라, 나준섭
소통지원부 민지환, 이승환, 김정미, 박예은 / **디자인부** 이민숙, 최병찬

진행 김정준 / **교정·교열** 오현숙 / **내지 디자인** 이민숙 / **내지 편집** 최병찬
용지 타라유통 / **인쇄** 해외정판사 / **제본** 일진제책사

ISBN 979-11-94587-43-9 (93000)
책값은 뒤표지에 있습니다.

※ 이 책은 저작권법에 따라 보호를 받는 저작물이므로 무단 전재와 무단 복제를 금지하며,
  이 책 내용의 전부 또는 일부를 이용하려면 반드시 저작권자와 제이펍의 서면 동의를 받아야 합니다.
※ 잘못된 책은 구입하신 서점에서 바꾸어 드립니다.

제이펍은 여러분의 아이디어와 원고를 기다리고 있습니다. 책으로 펴내고자 하는 아이디어나 원고가 있는 분께서는 책의 간단한 개요와 차례, 구성과 지은이/옮긴이 약력 등을 메일(submit@jpub.kr)로 보내주세요.

컴퓨터 아키텍처

석기 시대에서 양자 시대까지를 꿰뚫는
컴퓨터 역사

찰스 폭스 지음 / 류광 옮김

※ 드리는 말씀
- 이 책에 기재된 내용을 기반으로 한 운용 결과에 대해 지은이/옮긴이, 소프트웨어 개발자 및 제공자, 제이펍 출판사는 일체의 책임을 지지 않으므로 양해 바랍니다.
- 이 책에 등장하는 각 회사명, 제품명은 일반적으로 각 회사의 등록상표 또는 상표입니다. 본문 중에는 ™, ⓒ, ® 등의 기호를 생략했습니다.
- 이 책에서 소개한 URL 등은 시간이 지나면 변경될 수 있습니다.
- 책의 내용과 관련된 문의사항은 옮긴이나 출판사로 연락해 주시기 바랍니다.
  - 옮긴이: https://occamsrazr.net/
  - 출판사: help@jpub.kr

이 모래알들로 에메랄드 도시를 지을 수 있을까요?

—짐 스타인먼Jim Steinman[1]

---

1 [옮긴이] 짐 스타인먼은 미국의 대중음악 작사/작곡가 및 제작자다. 인용문의 원문은 미트 로프의 히트곡 중 하나인 "I'd Do Anything for Love (But I Won't Do That)"의 가사 중 "Can you build an emerald city with these grains of sand?"다. 모래알의 주성분은 석영, 즉 이산화규소이고, 규소는 다름 아닌 실리콘 반도체의 주요 소재다. 에메랄드에도 규소가 있다. 에메랄드는 베릴륨, 알루미늄, 규소, 산소로 구성된다.

차례

지은이·감수자·옮긴이 소개 — xiv
옮긴이 머리말 — xvi
베타리더 후기 — xviii
시작하며 — xx
감사의 말 — xxxviii

PART I 기본 개념

CHAPTER 1 역사적 아키텍처들   3

- 1.1 컴퓨터란 무엇인가? — 4
- 1.2 산업혁명 이전 — 7
  - 1.2.1 석기 시대 7 / 1.2.2 청동기 시대 9 / 1.2.3 철기 시대 11
  - 1.2.4 이슬람 황금기 13 / 1.2.5 르네상스와 계몽주의 시대 15
- 1.3 증기 시대 — 17
  - 1.3.1 자카르 방직기 17 / 1.3.2 빅토리아 시대의 배럴 오르간과 오르골 18
  - 1.3.3 배비지의 차분기관 18 / 1.3.4 배비지의 해석기관 20
  - 1.3.5 기계식 미분 해석기 24
- 1.4 디젤 시대 — 25
  - 1.4.1 홀러리스 표 계산기와 IBM 26 / 1.4.2 전기기계식 미분 해석기 28
  - 1.4.3 제2차 세계 대전의 전기기계식 기계 28 / 1.4.4 추제 Z3 31
- 1.5 전기 시대 — 31
  - 1.5.1 2차대전의 순수 전자적 암호학 32 / 1.5.2 에니악 33
  - 1.5.3 VM 에니악 35 / 1.5.4 맨체스터 베이비 35
  - 1.5.5 1950년대와 상업용 컴퓨팅 37
- 1.6 트랜지스터 시대 — 38
  - 1.6.1 1960년대와 대형 트랜지스터 38 / 1.6.2 1970년대와 집적회로 40
  - 1.6.3 1980년대 황금기 41 / 1.6.4 따분한 1990년대 42
  - 1.6.5 2000년대와 커뮤니티 재구성 44
  - 1.6.6 2010년대와 무어의 법칙의 종말 45
  - 1.6.7 클라우드와 사물 인터넷(IoT)의 2020년대 48
- 1.7 그래서 최초의 컴퓨터는 무엇인가? — 50
- 이번 장 요약 — 51
- 실습과제 — 51
- 더 읽을거리 — 52

CHAPTER 2 **데이터 표현** 53

- 2.1 데이터 표현의 간략한 역사 — 54
  - 2.1.1 탤리 스틱과 거래용 토큰 54 / 2.1.2 로마 숫자 56
  - 2.1.3 쪼갠 탤리 56 / 2.1.4 아라비아 숫자와 기타 숫자 57
- 2.2 현대적 수체계 — 59
  - 2.2.1 기수와 지수 59 / 2.2.2 기수 10: 십진수 60
  - 2.2.3 기수 2: 이진수 61 / 2.2.4 기수 10,000 62
  - 2.2.5 기수 60: 60진수 63 / 2.2.6 기수 16: 16진수 63
  - 2.2.7 기수 256: 바이트 66 / 2.2.8 진수 변환 방법 66
- 2.3 데이터 표현 — 67
  - 2.3.1 자연수 67 / 2.3.2 정수 70 / 2.3.3 유리수 71
  - 2.3.4 고정소수점 72 / 2.3.5 부동소수점 72 / 2.3.6 배열 73
  - 2.3.7 텍스트 75 / 2.3.8 멀티미디어 데이터 표현 80 / 2.3.9 자료구조 83
- 2.4 데이터 측정 — 84
- 이번 장 요약 — 86
- 실습과제 — 86
- 더 읽을거리 — 87

CHAPTER 3 **기초적인 CPU 기반 아키텍쳐** 88

- 3.1 음악 처리 장치 — 88
  - 3.1.1 음악에서 수치 연산으로 91 / 3.1.2 수치 연산에서 계산으로 92
- 3.2 배비지의 CPU — 93
  - 3.2.1 고수준 아키텍쳐 94 / 3.2.2 프로그래머 인터페이스 95
  - 3.2.3 내부 하위부품들 100 / 3.2.4 내부 작동 103
- 이번 장 요약 — 106
- 실습과제 — 107
- 더 읽을거리 — 107

PART II **전자회로의 계층구조** 109

CHAPTER 4 **스위치** 111

- 4.1 유향 시스템 — 112
  - 4.1.1 체크 밸브 113 / 4.1.2 열 다이오드 114 / 4.1.3 PN 접합 다이오드 115
- 4.2 스위치 — 121
  - 4.2.1 수압 스위치 121 / 4.2.2 전기 진공관 스위치 122
  - 4.2.3 PNP 트랜지스터 123 / 4.2.4 수압 효과 스위치 125
  - 4.2.5 전계효과 트랜지스터 126 / 4.2.6 클록 127

4.3 트랜지스터 제조 — 128
4.4 무어의 법칙 — 130
이번 장 요약 — 131
실습과제 — 132
더 읽을거리 — 132

CHAPTER 5 디지털 논리 133

5.1 클로드 섀넌과 논리 게이트 — 134
5.2 논리 게이트 — 135
   5.2.1 범용 게이트 식별 138 / 5.2.2 트랜지스터로 논리 게이트 만들기 138
   5.2.3 논리 게이트를 칩에 얹기 140
5.3 부울 논리 — 143
   5.3.1 산술로서의 논리 144 / 5.3.2 모델 검사 대 증명 145
5.4 부울 논리를 이용한 논리 회로 간소화 — 148
5.5 디지털 논리의 구현 — 150
   5.5.1 7400 시리즈 칩 활용 150 / 5.5.2 포토 공정 151
   5.5.3 PLA 151 / 5.5.4 FPGA 152
이번 장 요약 — 154
실습과제 — 154
더 읽을거리 — 155

CHAPTER 6 단순 기계 156

6.1 조합 논리 — 157
   6.1.1 비트별 논리 연산 157 / 6.1.2 다중 입력 논리 연산 158
   6.1.3 자리이동 장치 158 / 6.1.4 디코더와 인코더 159
   6.1.5 멀티플렉서와 디멀티플렉서 160 / 6.1.6 가산기 161
   6.1.7 부정 소자와 감산기 165
6.2 조합 논리에서 순차 논리로 — 166
6.3 클록 논리 — 169
   6.3.1 클록 플립플롭 170 / 6.3.2 카운터 171
   6.3.3 시퀀서 172 / 6.3.4 RAM(임의 접근 메모리) 173
이번 장 요약 — 176
실습과제 — 176
더 읽을거리 — 178

CHAPTER 7 디지털 CPU 설계 179

7.1 베이비의 프로그래머 인터페이스 — 180
   7.1.1 정지 181 / 7.1.2 상수 181 / 7.1.3 적재와 저장 182
   7.1.4 산술 183 / 7.1.5 점프 183 / 7.1.6 분기 184

7.2 어셈블러 ——————————————————————————————— 184
7.3 맨체스터 베이비의 내부 구조 ——————————————————— 189
　　7.3.1 레지스터 190 / 7.3.2 산술 논리 장치(ALU) 192 / 7.3.3 제어 장치(CU) 193
7.4 전체 조립 ——————————————————————————————— 196
　　7.4.1 인출 197 / 7.4.2 해독 198 / 7.4.3 실행 199 / 7.4.4 완전한 베이비 구현 204
　　이번 장 요약 ——————————————————————————————— 206
　　실습과제 ————————————————————————————————— 207
　　더 읽을거리 ——————————————————————————————— 209

CHAPTER 8　고급 CPU 설계　210

8.1 사용자 레지스터 개수 ——————————————————————— 210
8.2 명령어 개수 ——————————————————————————————— 212
8.3 명령어 지속 시간 ———————————————————————————— 213
8.4 여러 가지 주소 지정 모드 ———————————————————————— 214
8.5 서브루틴 ———————————————————————————————— 217
　　8.5.1 스택 없는 아키텍처 218 / 8.5.2 택 아키텍처 218
8.6 부동소수점 처리장치(FPU) ———————————————————————— 220
8.7 파이프라이닝 —————————————————————————————— 221
　　8.7.1 해저드(위험 요소) 223 / 8.7.2 해저드 해결 225
8.8 비순차 실행 ——————————————————————————————— 229
8.9 하이퍼스레딩 —————————————————————————————— 231
　　이번 장 요약 ——————————————————————————————— 232
　　실습과제 ————————————————————————————————— 232
　　더 읽을거리 ——————————————————————————————— 233

CHAPTER 9　입출력(I/O)　234

9.1 기본 I/O 개념 —————————————————————————————— 234
9.2 버스 ——————————————————————————————————— 236
　　9.2.1 버스선들 237 / 9.2.2 CPU-버스 인터페이스 238
9.3 I/O 모듈 ————————————————————————————————— 240
　　9.3.1 제어와 타이밍 241 / 9.3.2 오류 검출 243
9.4 I/O 모듈 기법 —————————————————————————————— 243
　　9.4.1 폴링 244 / 9.4.2 인터럽트 244 / 9.4.3 직접 메모리 접근(DMA) 246
9.5 모듈 없는 I/O —————————————————————————————— 247
　　9.5.1 CPU의 I/O 전용 핀 247 / 9.5.2 메모리 매핑 247 / 9.5.3 버스 계층구조 247
　　이번 장 요약 ——————————————————————————————— 248

실습과제 ———————————————————————————————————— 249
　　더 읽을거리 ————————————————————————————————— 249

CHAPTER 10　메모리　250

　10.1　메모리 계층구조 ——————————————————————————— 250
　10.2　주 메모리 —————————————————————————————— 252
　　　　10.2.1 바이트와 엔디언 253 / 10.2.2 메모리 모듈 255
　　　　10.2.3 RAM(임의 접근 메모리) 256 / 10.2.4 ROM(읽기 전용 메모리) 261
　10.3　캐시 ———————————————————————————————— 263
　　　　10.3.1 캐시의 주요 개념 265 / 10.3.2 여러 가지 캐시 읽기 정책 267
　　　　10.3.3 여러 가지 캐시 쓰기 정책 269 / 10.3.4 고급 캐시 아키텍처 270
　10.4　보조 메모리와 오프라인 메모리 ————————————————————— 272
　　　　10.4.1 테이프 273 / 10.4.2 디스크 276 / 10.4.3 SSD(고체상 드라이브) 280
　10.5　3차 메모리 —————————————————————————————— 281
　10.6　데이터 센터 ————————————————————————————— 281
　　　　이번 장 요약 ————————————————————————————— 282
　　　　실습과제 ——————————————————————————————— 282
　　　　더 읽을거리 ————————————————————————————— 283

PART III　예제 아키텍처　285

CHAPTER 11　레트로 아키텍처　287

　11.1　1980년대 황금기의 프로그래밍 ————————————————————— 288
　　　　11.1.1 8비트 시대 290 / 11.1.2 16비트 시대 291
　11.2　8비트 CPU MOS 6502 다루기 ————————————————————— 292
　　　　11.2.1 내부 구성요소 292 / 11.2.2 프로그래머 인터페이스 298
　11.3　코모도어 64로 살펴보는 8비트 컴퓨터 설계 ———————————————— 303
　　　　11.3.1 아키텍처의 이해 303 / 11.3.2 C64 프로그래밍 306
　11.4　모토롤라 68000으로 살펴보는 16비트 컴퓨터 설계 ————————————— 309
　　　　11.4.1 내부 구성요소 309 / 11.4.2 프로그래머 인터페이스 310
　11.5　코모도어 아미가로 살펴보는 16비트 컴퓨터 설계 —————————————— 313
　　　　11.5.1 아키텍처의 이해 314 / 11.5.2 아미가 프로그래밍 316
　11.6　레트로 주변기기 ———————————————————————————— 320
　　　　11.6.1 CRT(음극선관) 디스플레이 320 / 11.6.2 사용자 입력 321
　　　　11.6.3 직렬 포트 322 / 11.6.4 MIDI 인터페이스 322
　　　　이번 장 요약 ————————————————————————————— 324

실습과제 324
더 읽을거리 326

CHAPTER 12 임베디드 아키텍쳐 328

12.1 설계 원칙 329
12.1.1 단일 용도 329 / 2.1.2 신뢰성 329 / 12.1.3 이동성과 전력 공급 329
12.1.4 캡슐화 330 / 12.1.5 신중한 디버깅 330

12.2 마이크로컨트롤러 330
12.2.1 CPU 331 / 12.2.2 메모리 331 / 12.2.3 타이머와 카운터 331

12.3 임베디드 I/O 332
12.3.1 아날로그-디지털 변환 332 / 12.3.2 임베디드 직렬 포트 333
12.3.3 IC 간 버스 334 / 12.3.4 CAN 버스 335

12.4 아두이노 336
12.4.1 ATmega328 마이크로컨트롤러 337 / 12.4.2 아두이노 보드의 나머지 부분 339
12.4.3 아두이노 프로그래밍 340

12.5 그 밖의 CPU 기반 임베디드 시스템 342
12.5.1 아두이노 없는 Atmel AVR 342 / 12.5.2 PIC 마이크로컨트롤러 342
12.5.3 디지털 신호 처리 장치(DSP) 343

12.6 CPU 없는 임베디드 시스템 344
12.6.1 PLC(프로그래머블 로직 컨트롤러) 345 / 12.6.2 임베디드 FPGA 347

이번 장 요약 348
실습과제 349
더 읽을거리 349

CHAPTER 13 데스크톱 아키텍쳐 351

13.1 CISC 설계 철학 352

13.2 마이크로프로그래밍 353

13.3 x86의 역사 355
13.3.1 선사시대 355 / 13.3.2 16비트 고전 시대 356
13.3.3 32비트 클론 전쟁 시대 357 / 13.3.4 64비트 브랜드 시대 358

13.4 x86 프로그래밍 360
13.4.1 레지스터 360 / 13.4.2 NASM 문법 363
13.4.3 세그멘테이션 372 / 13.4.4 하위 호환 모드 372

13.5 PC 컴퓨터 설계 373
13.5.1 버스 계층구조 374 / 13.5.2 공통 버스 377 / 13.5.3 표준 장치 380

이번 장 요약 388
실습과제 388
더 읽을거리 394

차례 **xi**

CHAPTER 14 스마트 아키텍쳐 396

- **14.1** 스마트 기기 — 397
- **14.2** RISC 철학 — 398
- **14.3** RISC-V — 400
  - **14.3.1** 아키텍처의 이해 401 / **14.3.2** 핵심 RISC-V 프로그래밍 403
  - **14.3.3** RISC-V 확장 405
- **14.4** 다양한 RISC-V 구현 — 407
- **14.5** RISC-V 도구 사슬과 커뮤니티 — 408
- **14.6** 스마트 컴퓨터 설계 — 409
  - **14.6.1** 저전력 DRAM(LP-DRAM) 410 / **14.6.2** 카메라 410 / **14.6.3** 터치스크린 411
  - 이번 장 요약 — 412
  - 실습과제 — 413
  - 더 읽을거리 — 415

CHAPTER 15 병렬 아키텍쳐 416

- **15.1** 직렬적 사고방식 대 병렬적 사고방식 — 417
- **15.2** CPU의 SIMD — 420
  - **15.2.1** SIMD 소개 420 / **15.2.2** x86의 SIMD 421
- **15.3** GPU에서의 SIMD — 428
  - **15.3.1** GPU 아키텍처 429 / **15.3.2** Nvidia GPU 어셈블리 프로그래밍 430
  - **15.3.3** SASS 방언들 438 / **15.3.4** 고수준 GPU 프로그래밍 442
- **15.4** MIMD(다중 명령 다중 데이터) — 445
  - **15.4.1** 단일 프로세서 MIMD 445 / **15.4.2** 공유 메모리 MIMD 445
  - **15.4.3** MIMD 분산 컴퓨팅 451
- **15.5** 명령 없는 병렬성 — 456
  - **15.5.1** 데이터 흐름 아키텍처 456 / **15.5.2** 데이터 흐름 컴파일러 458
  - **15.5.3** 하드웨어 신경망 459
  - 이번 장 요약 — 460
  - 실습과제 — 462
  - 더 읽을거리 — 465

CHAPTER 16 미래의 아키텍쳐 467

- **16.1** 새로운 황금기 — 467
  - **16.1.1** 오픈소스 아키텍처 468 / **16.1.2** 원자 규모의 트랜지스터 470
  - **16.1.3** 3D 실리콘 아키텍처 471 / **16.1.4** 1만 년 메모리 472
- **16.2** 광학 아키텍처 — 473
  - **16.2.1** 광 트랜지스터 473 / **16.2.2** 광학 상관기 474 / **16.2.3** 광신경망 476

16.3 DNA 아키텍처 — 477
   16.3.1 합성 생물학 478 / 16.3.2 DNA 컴퓨팅 479

16.4 신경 아키텍처 — 480
   16.4.1 트랜지스터 대 이온 통로 481 / 16.4.2 논리 게이트 대 뉴런 481
   16.4.3 구리선 대 화학 신호 483 / 16.4.4 단순 기계 대 피질 기둥 484
   16.4.5 칩 대 대뇌 피질 485 / 16.4.6 병렬 계산 대 직렬 계산 486

16.5 양자 아키텍처 — 487
   16.5.1 양자역학의 만화 버전 488 / 16.5.2 양자역학의 수학 버전 489
   16.5.3 큐비트로 이루어진 양자 레지스터 490 / 16.5.4 여러 세계에 걸친 계산 493
   16.5.5 실용적인 양자 컴퓨터 아키텍처 494

16.6 미래의 물리 아키텍처 — 494

   이번 장 요약 — 497

   실습과제 — 498

   더 읽을거리 — 499

APPENDIX **부록** 501

APPENDIX A **운영체제 지원** 503

동시성 — 504

커널 모드와 사용자 모드 — 505

가상 메모리 — 505

장치 드라이버 — 506

로더 — 507

링커 — 508

추가적인 부팅 단계 — 510

하이퍼바이저 모드, 가상화, 그리고 컨테이너 — 512

실시간 운영체제 — 512

추측 실행 취약점 — 513

   실습과제 — 517

   더 읽을거리 — 518

그림 출처 — 519
찾아보기 — 527

지은이 · 감수자 · 옮긴이 소개

지은이

찰스 폭스Charles Fox 박사는 영국 내 최고 수준의 교육 품질을 인정받은 TEF(Teaching Excellence Framework; 영국의 대학 교육 우수성 평가 체계) 골드 등급의 링컨 대학교에서 컴퓨터 아키텍처를 가르치는 선임 강사다. 링컨 대학교의 우수 교육상과 프로그램 리더상을 수상했으며, 학생회로부터 올해의 영감을 주는 교수상과 올해의 박사 과정 지도교수상 후보로 지명된 바 있다. 고등교육아카데미 펠로우(FHEA)이자 교과서 *Data Science for Transport* (Springer, 2018)의 저자이다. 여덟 살 때 BBC 마이크로BBC Micro로 프로그래밍을 처음 접했고, 이후 케임브리지 대학교에서 그 시스템의 설계자들과 함께 컴퓨터 과학을 공부했다. 에든버러 대학교에서 정보학(Informatics) 석사 학위를, 옥스퍼드 대학교에서 정보 공학(Information Engineering) 박사 학위(DPhil[1])를 취득했다. 헤지 펀드 분석가, 데이터 과학 컨설턴트, 벤처 캐피털 투자 자문으로 일했으며, 신경망/임베디드 시스템/병렬 처리/스마트 아키텍처를 AI 및 로봇공학에 적용하는 문제에 관한 논문을 100편 이상 발표했다. 학창 시절에는 아키텍처를 싫어했지만, 아키텍처가 꽤나 유용함을 나중에 알게 되었다. 학생들도 처음에는 아키텍처를 싫어할 수 있다는 생각에, 수업 과정에서 그는 역사, 게임, 음악, 레트로 컴퓨팅, 해킹, DIY 활동 같은 흥미로운 소재를 활용해서 새로운 개념을 소개한다.

---

1 [옮긴이] DPhil은 옥스퍼드 대학교와 서섹스 대학교 등 일부 영국 대학에서 사용하는 학위 명칭으로, Doctor of Philosophy를 줄인 것이다. 흔히 박사로 번역하는 PhD와 본질적으로 같은 학위이지만, 저자의 단어 선택을 존중해서 괄호로 병기했다.

감수자

앤드루 바워Andrew Bower는 AMD(Advanced Micro Devices)사에서 근무한다. 1980년대와 1990년대에 여러 컴퓨터의 저수준 프로그래밍으로 젊은 시절을 허비한 후 케임브리지 대학교에서 컴퓨터 과학 학위를 취득하고 반도체 업계로 입성했다. 브로드컴과 자일링스를 비롯해 여러 반도체 스타트업에서 단일 칩 시스템(SoC)용 임베디드 소프트웨어와 개발 및 디버깅 도구를 개발했다. 앤드루는 영국의 공인 엔지니어(Chartered Engineer)로, 리즈 대학교에서 공학 관리 석사 학위를 취득했다. 하지만 C 컴파일러를 손에서 놓은 적은 없다. 이 책의 원고를 검토하면서 LogiSim 모델을 확인하다 잠깐 곁가지로 빠져서, 맨체스터 베이비(제7장)를 위한 오픈소스 개발 도구 사슬과 소프트웨어 에뮬레이터를 만드는 데 몰두하기도 했다. 그 도구들과 에뮬레이터를 https://github.com/andy-bower에서 내려받을 수 있다.

옮긴이

류광은 IT 전문서를 주로 번역하는 전업 번역가로, 《컴퓨터 프로그래밍의 예술(The Art of Computer Programming)》 시리즈와 《Game Programming Gems》 시리즈, 《인공지능: 현대적 접근방식(제4판)》, 《자바스크립트로 배우는 SICP》를 비롯해 90권 이상의 다양한 IT 전문서를 우리말로 옮겼다. 홈페이지 류광의 번역 이야기(https://occamsrazr.net)와 IT 및 게임 개발 정보 공유사이트 GpgStudy(https://gpgstudy.com)를 운영한다.

옮긴이 머리말

LLM의 폭발적 확산과 바이브 코딩 같은 새로운 개발 문화의 등장으로 IT 생태계가 격변하고 있습니다. 현대적인 컴퓨팅의 뿌리이자 심장에 해당하는 컴퓨터 아키텍처에 관한 지식은 거센 변화의 폭풍 속에서 개발자가 올바른 방향으로 나아가게 하는 나침반과도 같다고 생각합니다. 이 중요한 주제에 관한 훌륭한 책을 번역해서 한국의 독자에게 선보이게 되어 무척이나 기쁩니다.

《컴퓨터 아키텍처》는 노스타치 No Starch 출판사가 2024년에 출간한 《Computer Architecture》를 옮긴 것입니다. 컴퓨터 아키텍처는 자칫 딱딱하고 이론적으로 느껴질 수 있는 주제지만, 저자 찰스 폭스는 주요 개념과 기술을 연대순으로, 그리고 간단한 것에서 복잡한 것의 순서로 절묘하게 나열하고 사이사이에 구체적인 제품과 응용 사례, 역사적 일화 등을 끼워 넣어서 독자의 흥미를 유지합니다. "아, 이거 나도 알아"와 "아니, 이게 사실은 그런 거였어?", 그리고 "우와, 이런 것도 있구나"에 해당하는 내용이 적절한 비율로 섞여 있어서 번역하면서 지루할 틈이 없었습니다. 또한, 예전에 애지중지했던 기계를 떠올리며 추억에 잠기는 순간도 있었고, 미래의 컴퓨팅이 어떤 모습일지 상상하게 만드는 순간도 있었습니다.

독자 여러분도 이 번역서를 읽으면서 그런 의미 있고 즐거운 경험을 했으면 좋겠습니다. 오탈자와 오역이 그런 경험을 망치게 되지 않길 바랄 뿐입니다. 애착을 가지고 열심히 번역하긴 했지만, 사람이 하는 일이다 보니 실수가 남아 있을 것입니다. 책을 읽으시면서 고칠 점을 발견하거나 함께 논의하고 싶은 것이 생기면 제 웹사이트(https://occamsrazr.net/)를 통해서 공유해 주세요. '번역서 정보' 섹션에 이 책을 위한 웹페이지로의 링크가 있습니다. 그 웹페이지에 정오표와 추가 자료, 링크 모음도 제공할 계획이니 많이 활용해 주시기 바랍니다.

감사의 말로 옮긴이의 글을 마무리하고자 합니다. 의미 있는 책을 한국의 독자에게 소개하기로 결정하고 제게 번역을 맡겨주신 제이펍 장성두 대표님과 세심한 교정과 매끄러운 진행으로 이 책의 출간을 가능하게 만든 김정준 부장님, 세련된 조판으로 책의 품격을 높여 준 최병찬 과장님을 비롯해 이 책의 출간에 기여한 모든 분께 감사드립니다. 마지막으로, 심각한 오역과 두세 번 보고도 놓친 깨알 같은 오탈자를 여럿 잡아낸 교정 전문가이자 아내 오현숙에게 깊은 사랑과 감사의 마음을 전합니다.

재미있게 읽으시길!

류광

베타리더 후기

📗 신진규(PIPG)

학부 전공 수준의 내용을 흥미롭게 풀어서 설명해 준 책이었습니다. 어려운 주제의 연속이었지만, 정말 재미있게 읽었습니다. 컴퓨터에 흥미를 가지고 있는 중고등학생에게도 권하고 싶습니다.

📗 양성모(현대오토에버)

가볍고 재미있게 읽을 수 있는, 하지만 깊이가 있는 컴퓨터 아키텍처 입문서입니다. 하드웨어 기술에 대한 이해를 기반으로 좀 더 나은 프로그램을 만드는 것에 관심이 있는 개발자에게 특히 많은 도움이 될 것 같습니다. 전반적으로 읽기 편하고 흥미로운 내용이 많았습니다.

📗 윤병조(소프트웨어 개발자)

지금의 CPU나 GPU는 수많은 회로가 얽히고설켜서, 세부 구현을 이해하기 위해 분석하기란 쉬운 일이 아닙니다. 하지만 근본으로 돌아가서 어떻게 이런 구조로 발전되었는지를 이해한다면, 어떤 방식으로 동작을 하는지에 대한 파악은 가능할 것입니다. 이 책은 주판알로부터 시작해 작은 논리 게이트를 거쳐 지금의 CPU/GPU에 이르기까지 어떤 구조로 발전해 왔는지를 쉽게 설명합니다.

학부 때 디지털 논리회로와 컴퓨터 아키텍처 수업을 들은 적이 있는데 이 책을 읽으면서 그때를 떠올릴 수 있어 좋았습니다. 교과서처럼 그저 지식 전달을 위한 내용만을 적은 것이 아니라 배경 설명을 해준 것도 좋았고, 역사적인 내용을 바탕으로 점점 더 최신의 내용으로 올라오면서 기술 발전과 세부적인 구조에 대한 내용을 서술해서 읽기가 참 편했습니다.

이한섭(밀리의서재)

컴퓨터 아키텍처의 핵심 원리부터 최신 병렬·미래 기술까지, 발전 흐름에 따라 구성된 단락과 적절한 역사적 맥락을 통해 컴퓨터 아키텍처의 전체적인 발전과 이론을 흥미롭게 풀어내는 책입니다. 읽은 후에는 병렬 프로그래밍 입문서나 RISC-V 아키텍처 자료를 함께 공부할 것을 강력히 추천합니다.

이현수(스튜디오 킹덤)

오래간만에 컴퓨터 아키텍처에 관한 책을 읽고 공부하면서 컴퓨터구조론 강의를 듣던 학생 시절의 추억과 느낌을 떠올렸습니다. 그때 교재로 많이 채택하던 전공책은 내용이 좀 딱딱했었는데, 이 책은 내용상으로 부족함이 없으면서도 재미있고 이해하기 쉬운 설명이 좋았습니다. 다가오는 트렌드인 양자 컴퓨팅과 미래 아키텍처에 대한 내용도 흥미로워서 재미있게 잘 읽어보았습니다.

임승민(씨에스리)

컴퓨터를 구성하는 주요 아키텍처의 구성요소와 작동 원리를 설명하는 이 책은, 하드웨어 측면에서 컴퓨터가 실행하는 다양한 기술과 기능을 안내합니다. 컴퓨터의 시작점인 트랜지스터를 시작으로 현대의 양자 컴퓨터까지, 컴퓨터 발전의 역사와 함께 컴퓨터 아키텍처의 핵심 정보를 담고 있습니다. 컴퓨터와 일상을 함께하는 오늘, 컴퓨터 구조와 함께 컴퓨터의 어제 그리고 내일이 궁금한 모든 분에게 추천합니다.

황시연(엘로스)

책에 담긴 글과 그림에서 정성이 느껴졌습니다. 읽는 내내 시간이 어떻게 지나가는지 모를 만큼 몰입해서 봤습니다. 이 책은 단순히 하드웨어 구조를 설명하는 데 그치지 않고, 컴퓨터의 역사를 바탕으로 최신 아키텍처 원리를 폭넓게 다룹니다. 또한 기술서임에도 불구하고 복잡한 내용을 명확한 구조와 친근한 서술로 가독성 있게 풀어내어 술술 읽히는 점이 인상적입니다. 컴퓨터 구조에 대한 탄탄한 기반을 쌓고 싶은 분에게 추천해 드립니다.

제이펍은 책에 대한 애정과 기술에 대한 열정이 뜨거운 베타리더의 도움으로
출간되는 모든 IT 전문서에 사전 검증을 시행하고 있습니다.

시작하며

이 책은 **컴퓨터 아키텍처**computer architecture라는 분야를 탐색하면서 컴퓨터 하드웨어에 깔린 바탕 원리(underlying principle)들과 설계를 살펴본다. 컴퓨터 아키텍처 분야는 넓다. 트랜지스터 같은 기초적인 반도체 소자에서 시작해서 논리 게이트, 간단한 계산기를 거쳐 어셈블리 언어와 복잡한 프로세서, 메모리에 이르기까지 다양한 수준의 하드웨어 부품과 구성요소, 기술을 포괄한다.

이 책은 또한 컴퓨팅의 역사도 되짚는다. 고대 그리스의 기계장치에서 제2차 세계대전 시기의 암호 해독 기계, 레트로 8비트 게임 콘솔을 거쳐 고도로 최적화된 현세대 CPU와 딥러닝(심층학습)용 GPU, 내장형 IoT(사물 인터넷) 장치와 클라우드 서버까지의 컴퓨팅 역사를 살펴보며, 양자 컴퓨터 같은 미래의 아키텍처도 논의한다. 컴퓨터 아키텍처 분야의 관심사 중 하나는 이런 다양한 기계와 구성요소를 연결하는 경향을 파악하는 것이다. 차차 보겠지만, 몇몇 컴퓨팅 원리는 여러분이 생각하는 것보다 훨씬 오래되었다.

이 책의 대상 독자

컴퓨터 아키텍처는 완성된 컴퓨터 과학자와 단순한 프로그래머를 구분하는 몇 안 되는 주제 중 하나다. 컴퓨터 과학 학부생에게 컴퓨터 아키텍처는 학위 취득을 위한 필수 과목일 것이다. 독학으로 프로그래머나 해커가 된 사람이라면, 컴퓨터 아키텍처를 자세히 배워 두는 것이 하드웨어와 좀 더 조화롭게 실행되는 프로그램을 만드는 데, 그리고 구직 활동에서 자신의 전문성을 고용자들에게 증명하는 데 도움이 될 것이다. 이 책은 독자가 프로그래밍의 기초와 고등학교 수준의 수학 및 물리학을 알고 있다고 가정한다. 그 밖의 내용은 기본부터 설명하니 딱히 미리 알아두어야 할 것이 없다. 정리하자면, 이 책은 학부생 수준의 컴퓨터 아키텍처 및 하드웨어 필수 과목을 위한 교과서이자, 독학을 위한 컴퓨터 아키텍처 입문서다.

컴퓨터 아키텍처를 배워야 하는 이유

내가 아직 젊은 프로그래머였던 1980년대에는 컴퓨터 프로그램을 만들고 사용하려면 컴퓨터의 설계를 잘 이해할 필요가 있었다. 예를 들어, 1980년대에 8비트 마이크로컴퓨터에서 게임을 개발하려면 마이크로컴퓨터의 특정 CPU 및 칩셋을 속속들이 알아야 했다. 당시 우리 프로그래머들은 우리가 선택한 아키텍처에 대단히 헌신적이었다. 컴퓨터 자원(resource)이 매우 제한적이었기 때문에 게임이 하드웨어의 성능을 최대한 많이 끌어내려면 해당 아키텍처의 특정한 기능을 활용해야 했다. 이 시기의 게임 콘셉트 중에는 특정 아키텍처의 구조 및 관련 편법에서 비롯한 것이 많다.

오늘날의 프로그래밍은 상당히 다르다. 일반적인 응용 프로그램(application)의 경우 프로그램과 하드웨어 사이에는 여러 수준의 소프트웨어 계층구조(hierarchy)가 존재한다. 프로그래머는 그만큼 하드웨어에서 멀어지는 것이다. 프로세서나 메모리 유형과는 거의 관련이 없는 프로그래밍 언어로 프로그램을 만드는 경우도 많다. 그런 경우 프로그래머는 메모리 주소의 관점에서 생각할 필요가 아예 없거나, 적어도 하드웨어가 극도로 추상화된 운영체제에 의존한다. 그런 운영체제들은 흔히 물리적 메모리 주소를 가상 메모리 주소로 대체하며, 추상화된 시스템 호출 인터페이스를 제공하는 것 말고는 하드웨어에 저장된 프로그램에 대한 접근을 완전히 금지한다. 그렇다 보니, 8비트 시대의 프로그래머가 오늘날 안드로이드나 웹 브라우저에서 자바나 자바스크립트로 재구현된 자신의 게임을 본다면 진짜 게임이 아니라고 생각할 것이다. 게임에 영감을 주고 제약을 가했던 하드웨어와의 밀접한 연결 관계가 사라졌기 때문이다.

하드웨어와 소프트웨어 사이에서 그 둘을 중재하는 여러 도구로 된 스택stack을 설계하고 관리하는 사람들이 있다. 그런 사람들을 흔히 **시스템 프로그래머**system programmer라고 부른다. 시스템 프로그래머 이외의 모든 프로그래머는 그 스택 위에서 프로그램을 만든다. 그렇긴 하지만 사용자는 그런 도구들을 통해서 간접적이나마 바탕 하드웨어와 연결된다. 따라서 하드웨어의 구조를 이해한다면 어떤 수준에서든 그런 도구를 좀 더 효과적으로 활용할 수 있다. 또한, 도구의 성능을 좀 더 잘 측정하고 프로그램 작성 시 그런 정보에 기반해서 더 현명한 선택을 내리는 데에도 하드웨어에 대한 지식이 도움이 된다. 더 나아가서, 더 효율적인 알고리즘을 사용하거나 몇몇 프로세스의 구현 방식을 바꾸는 데에도 도움이 될 것이다.

게임 엔진 작성자나 과학 및 금융 시뮬레이션 개발자처럼 높은 성능을 대단히 중요하게 여기는 프로그래머라면 그 스택의 몇몇 계층을 건너뛰고 소위 '베어메탈bare metal' 하드웨어와 직접 소통해서 이득을 얻기도 한다. **어셈블리 프로그래밍**assembly programming이라고 부르는 이런 종류의 프로그래밍은 요즘은 별로 쓰이지 않는다. 사람이 아주 정교하게 어셈블리 코드를 작성한다고 해도, 컴파일러가 최적화 기능을 통해서 생성한 기계어 코드가 더 나은 경우가 대부분일 정도로 컴파일러 기술이 발전했기 때문이다. 그래도 실제 기계('베어메탈')에 좀 더 가까워지고자 하는 프로그래머들이 여전히 남아 있다. 그런 프로그래머는 고수준 언어 대신 저수준 언어(low-level language)를 사용함으로써, 그러니까 메모리 관리형 언어 대신 포인터 기반 언어를, 또는 기호적 타입(symbolic type)을 사용하는 언어 대신 컴퓨터 자체의 데이터 타입을 사용하는 언어를 사용함으로써 기계에 다가간다. 수십 년 동안 가장 많이 선택된 저수준 언어는 C였지만, 항상 새로운 경쟁자가 나타난다. 요즘은 러스트Rust가 대표적인 경쟁자다.

컴퓨터 아키텍처는 컴퓨터 보안과도 직결된다. 공격자들은 사람들이 안전하다고 가정하는 수준보다 낮은 수준의 구성요소들을 공격하기도 하기 때문이다. 주어진 컴퓨터가 운영체제의 사용자 영역(userland) 같은 고수준 계층에서 안전함이 입증된다고 해도, CPU 부품들의 정확한 타이밍이나 여러 메모리 장소에 대한 접근 속도 차이 같은 저수준 세부사항의 취약점을 악용하는 공격자들이 있음을 유념해야 한다. 예를 들어 스펙터Spectre나 멜트다운Meltdown 취약점은 CPU 수준에 존재하지만, 무엇을 노려야 하는지 아는 공격자라면 사용자 영역의 코드를 이용해서 그런 취약점을 탐지하고 악용할 수 있다.

마지막으로, 컴퓨터 아키텍처의 역사를 공부하면서 이 분야가 수십 년은 물론이고 수백 년 동안 어떻게 진화했는지 이해함으로써, 우리는 과거의 실수로부터 교훈을 얻고 오래된 아이디어의 새로운 용도를 발견할 수 있다. 역사적인 아키텍처에 쓰인 어떤 개념이 오랜 시간 후에 다시 적용되는 일은 매우 흔하다. 수치 연산의 예를 들자면, 찰스 배비지의 기계식 컴퓨터는 수치를 RAM에서 프로세서로 물리적으로 이동해야 했다. 이는 하나의 수치가 복사되는 것이 아니라 한 번에 한 곳에만 존재할 수 있음을 뜻했다. 그런데 오늘날의 양자 컴퓨팅 연구에도 딱 그런 구조가 쓰인다. 당시의 한계를 우회하기 위한 배비지의 아이디어 중 일부가 양자 컴퓨팅에서 새로운 생명을 얻을지도 모른다. 컴퓨터 아키텍처의 역사는 우리가 필요에 따라 활용할 수 있는 아이디어의 저장고라고 할 수 있다.

이 분야의 변화

최근까지 컴퓨터 아키텍처는 이미 성숙한, 다소 지루한 주제였다. 1950년대와 1960년대에 개발된 기본 원리가 오랫동안 유지되었기 때문이다. 더 작고 빠른 트랜지스터를 사용하는 CPU 같은 최신 제품 사례를 소개하는 책들이 계속 갱신되긴 했지만, 아키텍처 차원의 원칙 자체는 변화가 없었다. 그러나 2010년부터 상황이 완전히 바뀌었다. 이 분야는 새로운 '황금기'에 접어들었다. 부분적인 이유는 다른 컴퓨팅 분야들의 요구사항이 변했다는 것이다. 2010년경부터 컴퓨팅의 무게중심은 전통적인 데스크톱 컴퓨터에서 상반된 두 방향으로 이동했다.

첫째로, 계산 능력 측면과 전력 소비 측면 모두에서 성능이 **더 낮은** 컴퓨터들이 늘어났다. 이제 사람들은 하나의 강력한 컴퓨터를 사용하기보다는 더 작고, 싸고, 에너지를 덜 소비하는 여러 대의 컴퓨터를 생활의 모든 측면에서 활용하고자 한다. **지능형 도시**나 **지능형 농업**, **지능형 교통**, **사물 인터넷**(IoT)을 가능하게 하는 것이 바로 이런 종류의 기기들이다. 그와 동시에 이런 기기들은 엄청난 양의 데이터를 수집한다. 흔히 **빅데이터**big data라고 부르는 이런 대량의 데이터를 빠르게 처리하려면 또 다른 유형의 컴퓨터가 필요하다. 바로, 엄청나게 큰 슈퍼컴퓨터 또는 컴퓨터 클러스터computer cluster다. 이런 컴퓨터들은 흔히 공장 크기의 특별한 건물에 설치된다. 이 건물에 사람은 없다. 그저 줄지어 늘어선 서버의 깜박이는 조명만 보일 뿐이다.

딥러닝deep learning 또는 **심층학습**이라는 말을 들어 봤을 것이다. 사실 딥러닝은 60년 먹은 **신경망** 알고리즘을 재포장한 것일 뿐이다. 딥러닝이 기계학습(machine learning)의 한 분야가(심지어는 AI 이론의 한 분야도) 아니라 컴퓨터 아키텍처의 한 갈래라는 주장도 가능하다. 사실 딥러닝이 탁월한 성과를 내는 비결은 알고리즘 자체가 아니라 아키텍처다. 수많은 GPU와 커스텀 프로세서로 이루어진 클러스터를 통한 대규모 하드웨어 병렬화 덕분에 오래된 알고리즘을 예전보다 엄청나게 큰 규모에서 빠르게 실행할 수 있다. 컴퓨터 아키텍처의 이런 발전들에 힘입어 우리는 드디어 신경망을 실질적인 문제들, 이를테면 동영상 안의 물체 인식이나 챗봇과의 자연어 대화 문제 등을 푸는 데 사용할 수 있게 되었다.

오랜 믿음을 뒤흔든 변화도 있다. 수십 년 동안 프로그래머들은 18개월마다 트랜지스터 수나 프로세서 속도가 두 배가 될 것이라는 **무어의 법칙**을 믿었다. 그래서 프로그래머들은 통상적인 아키텍처도 계속해서 빨라질 것이라는 생각에 안주했다. 하지만 최근 전력 사용량에 대한 고려 때문에, 프로세서 속도에 관한 무어의 법칙은 더 이상 맞지 않게 되었다. 더 많은 트랜지스터를 칩에 욱여넣는 것은 여전히 가능하지만, 그렇다고 속도가 두 배로 빨라지지는 않게 된 것이다. 빅토리아 시대[1] 이후 처음으로 우리는, 속도 증가를 위해서는 컴퓨팅의 개념을 근본적으로 병렬화하는 시대를 맞았다.

---

1 〔옮긴이〕 빅토리아 시대는 빅토리아 여왕이 대영제국을 통치한 1837-1901년을 말한다. 이 시기에 특히 찰스 배비지의 차분기관과 해석기관이 나왔는데, 자세한 사항은 본문(특히 제1장)을 참고하자.

조만간 프로그래머들도 병렬 아키텍처를 인식할 것인지, 그래서 일상적인 프로그래밍에 본질적으로 병렬적인 사고가 요구될 것인지는 미지수다. 또한, 기존의 직렬 프로그램을 새로운 병렬 아키텍처에 맞게 변환하는 컴파일러들이 새로 작성될 것인지도 아직은 답을 알 수 없다. 어떤 경우이든, 관련 문제를 파고드는 사람들에게 흥미롭고 새로운 일자리가 주어질 것이다. 사람들은 시계태엽이나 물 컴퓨터(water computer; §1.1의 '모니악' 참고) 같은 아주 오래된 메커니즘에서 신경망이나 광학, 양자 컴퓨팅 같은 아주 새로운 메커니즘까지 다양한 원천에서 새로운 아이디어를 찾고 있다.

마지막으로, 최근 온라인 협업 도구가 대중화되면서 오픈소스 아키텍처 시스템과 도구에 새로운 물결이 일고 있다. RISC-V, BOOM, Chisel 등은 물론이고 과거와 현재, 미래의 컴퓨터를 흉내 내는 에뮬레이터들 덕분에 모든 사람이 컴퓨터 아키텍처를 더 쉽고 빠르고 편하게 연구할 수 있다. 그런 도구 중 다수를 이 책에서 소개할 것이다. 컴퓨터 아키텍처를 공부하고 가르치는 게 이렇게 재미있는 일이 된 것은 정말로 오랜만이다.

이 책의 활용 방법

흔히 컴퓨터 아키텍처는 학위를 위한 필수 과목이거나 직업상의 필수 요건이다. 그리고 아키텍처를 좋아하지 않지만 배워야 하는 사람들도 많다. 나도 그런 사람이라서 이 점을 잘 알고 있다. 나와 비슷한 독자가 이 책을 삼키기 쉽도록 나는 책에 설탕 한 숟갈을 첨가했다. 독자가 좋아할 만한 주제들을 아키텍처 공부와 연결한 것이다. 하드웨어는 별로 안 좋아하지만 음악이나 로봇, AI, 역사를 좋아한다면, 이 책에 흥미를 느낄 것이다. 고급 레고LEGO 제작을 즐기는 독자도 마찬가지다. 그런 연결고리 덕분에 아키텍처를 조금은 좋아하게 될 수도 있다. 학교에서 컴퓨터 아키텍처 과목의 시험을 봐야 한다면, 이 책으로 시험공부를 조금이나마 재미있게 할 수 있을 것이다.

컴퓨터 아키텍처의 미래는 새롭고도 흥미롭지만, 과거를 아는 것도 중요하다. 그래서 이 책은 전반적으로 역사적 접근 방식을 취한다. 대체로 컴퓨터는 시간이 흐르면서 점점 복잡해졌다. 그 역사를 추적한다면 현재의 컴퓨터가 왜 그렇게 복잡한지 이해할 수 있다. 예를 들어, 빅토리아 시대의 스팀펑크 풍 해석기관을 프로그래밍하는 법을 배우는 것은 오늘날 여전히 쓰이고 있는 CPU의 기본 구조를 이해하는 데 도움이 된다. 움직이는 기계 부품들로 이루어진 회로를 논리 게이트에 기반한 회로로 변환하는 방법과, 그에 기반해서 최초의 전자 컴퓨터 중 하나인 맨체스터 베이비의 한 버전을 만들고 프로그래밍하는 방법을 이 책에서 보게 될 것이다. 그런 다음에는 그런 전자 기계들을 8비트/16비트 레트로 게임 콘솔로 확장해서, 코모도어 64와 아미가를 프로그래밍하는 방법으로 나아간다. 이후 x86과 RISC-V 아키텍처를 포함한 최신 데스크톱 및 스마트 컴퓨터를 소개하고, 클라우드와 슈퍼컴퓨터로 넘어간다. 마지막으로는 미래의 기술에 대한 몇 가지 아이디어를 살펴본다.

이 책에는 다양한 실제 시스템이 예로 등장한다. 하지만 이들은 일반적인 개념을 설명하기 위한 것일 뿐이다. 해당 제품들의 세부사항을 자세히 설명하는 것은 이 책의 목표가 아니다. 이 책을 다 읽고 나면 소위 빵판(breadboard)에서 8비트 마이크로컴퓨터를 만들고, 어셈블리로 레트로 8비트 게임을 작성하고, 기본적인 임베디드 프로그램과 병렬 프로그램을 작성하고, 역사의 흐름을 이해하고, 아키텍처의 미래를 어느 정도는 예측할 수 있게 될 것이다. 또한, 향후 학습과 업무를 위해 표준적인 참고서를 읽고 공부할 수 있을 정도의 기초를 갖추게 될 것이다.

이 책을 최대한 활용하려면 실험 정신이 필요하다. 그냥 각 장(챕터)의 내용을 이해하는 것으로 만족하지는 말기 바란다. 예를 들어, LogiSim으로 대규모 CPU를 설계하고 값싼 FPGA(field programmable gate array)에 구워서 실제로 실행하는 것이 가능하다. 또 다른 예로, 이 책에 소개된 모든 아키텍처와 어셈블러를 이용해서 비디오 게임을 직접 작성해 보는 것도 좋을 것이다. 이 책에서 논의하는 LogiSim 파일들과 어셈블리 코드 조각은 모두 웹에서 내려받을 수 있다. 구체적인 주소는 원서 지원 페이지(https://gitlab.com/charles.fox/comparch)를 참고하자. 또한 나는 도서관이나 위키백과, 기타 웹 자료를 이용해서 이 책의 주제를 좀 더 공부하길 권한다. 각 장 끝의 '더 읽을거리' 절에 참고 자료가 나온다. 그런 참고 자료들 **자체가** 참조하는 흥미로운 자료들도 찾아보기 바란다. 마찬가지로, 각 장 끝의 실습과제에 제시된 도구들을 새로운 방식으로 활용해 보고, 웹에서 여러 흥미로운 프로젝트 아이디어를 찾아보면 좋을 것이다. 예를 들어, 유튜브에는 온라인 쇼핑몰에서 구매한 6502 칩, RAM, 전선으로 간단한 8비트 컴퓨터를 만드는 동영상이 많이 있다. 컴퓨터 아키텍처는 볼거리가 많고, 블로그에 글을 쓰거나 유튜브 동영상을 만들기에 좋은 주제다. 흥미로운 작품을 만들었다면 내게도 알려 주었으면 좋겠다.

아키텍처 공부를 시작하는 좋은 출발점 하나는 작은 스크루드라이버 세트를 사서 컴퓨터를 뜯어보는 것이다. PC나 노트북, 스마트폰은 물론이고, 라우터나 TV, 세탁기처럼 언뜻 컴퓨터처럼 보이지는 않는 기계들도 뜯어보자. 물론 제품 보증이 무효화되는 문제는 여러분이 감수해야 한다. 다음 절에서는 그런 몇몇 기계 안에 어떤 구성요소가 있는지, 그것들을 어떻게 살펴보면 되는지 소개한다.

흔히 보는 기계의 내부

컴퓨터 아키텍처는 '원자'에 해당하는 트랜지스터에서부터 인터넷으로 연결된 지구 크기의 그리드 컴퓨팅에 이르기까지 그 규모가 아주 다양하다. 이 주제의 맛보기 차원에서, 가장 인간적인 규모인 가정용 컴퓨터의 내부를 들여다보기로 하자. 일반적으로, 맨눈으로 보이는 주요 구성요소는 인쇄 회로 기판에 배열된 실리콘 칩들이다. 나중에 이 책에서는 그런 칩의 내부로 들어가 논리 게이트와 트랜지스터들을 탐색한다. 또한, 규모가 커지는 쪽으로도 나아가서 클러스터와 그리드를 살펴본다.

데스크톱 PC

지난 20여 년 동안 대부분의 데스크톱 PC는 표준화된 크기의 부품과 케이스를 사용했다. 그 덕분에 사용자는 여러 경쟁 업체가 만든 부품들로 PC를 조립하면서도 부품들이 안 맞으면 어떡하나 걱정할 필요가 없었다. 이런 경향은 1980년대에 IBM이 시작했다. 표준화 덕분에, 대부분의 데스크톱 PC는 나사와 덮개를 제거하면 [그림 1]과 비슷한 구조다.

그림 1 데스크톱 PC의 내부.

가장 먼저 눈에 들어오는 것은 커다란 인쇄 회로 기판(PCB)이다. 흔히 **메인보드**mainboard라고 부르는 기판인데, **마더보드**motherboard나 **시스템보드**systemboard라는 이름도 종종 쓰인다. 메인보드에는 그보다 작은 기판 몇 개가 수직으로 연결되어 있다. [그림 2]에서 보듯이, 메인보드 자체에는 *CPU*(central processing unit; 중앙 처리 장치. **프로세서**라고도 한다)와 메인 메모리 등 컴퓨터의 필수 부품이 있다. 그 밖의 작은 기판들은 추가 기능을 위한 확장 회로다.

CPU는 눈에 잘 띈다. 시스템의 중심부에 있는 존재감이 뚜렷한 부품이다. 지도에서 한 국가의 수도처럼 모든 길이 CPU로 이어진다. 보통의 경우 CPU 위에는 CPU의 모든 트랜지스터가 만들어 내는 열을 발산하기 위한 아주 커다란 팬이 얹혀 있다. CPU 다음으로 중요한 요소는 메모리다. 메인 메모리도 눈에 잘 띄는 편이다. 메인보드에서 비교적 크고 균질한(규격화된) 영역을 차지하고 있기 때문이다. 사실 메인 메모리는 컴퓨팅 측면에서도 용량이 크고 구조가 균질하다. 데스크톱 PC의 경우 메인 메모리는 동일한 RAM 칩을 장착한 여러 개의 작은 기판이 줄지어 꽂힌 형태로 존재한다.

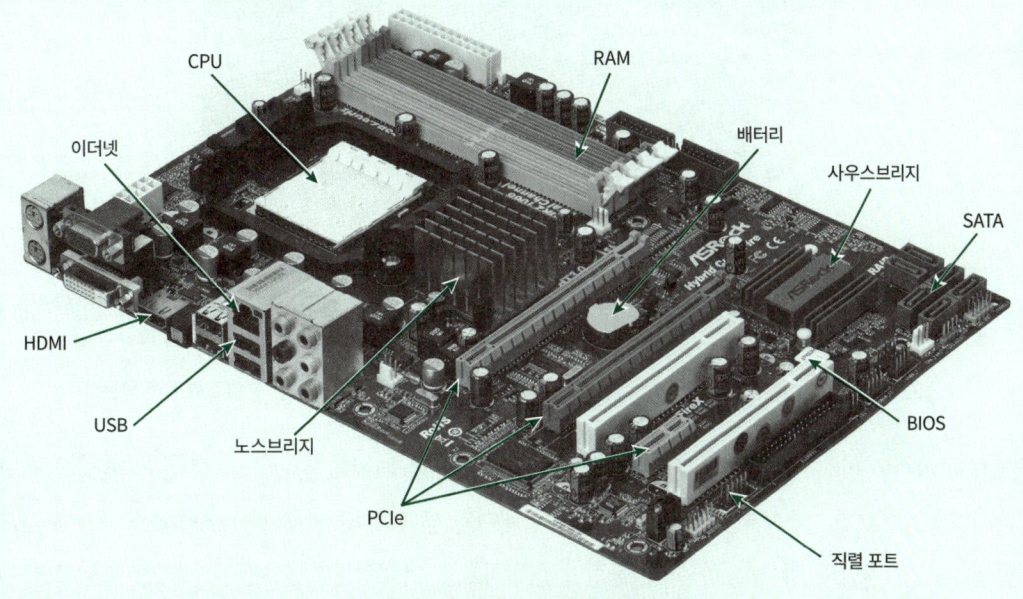

그림 2 데스크톱 PC의 메인보드.

메인보드 같은 **인쇄 회로 기판**(printed circuit board, PCB)은 포스터나 티셔츠를 만들 때 사용하는 실크스크린 기법(그림 3)과 비슷한 기술로 만들어진다. 실크스크린 인쇄에서는 디자인에 맞는 색상 몇 개를 선택해서 색상별로 페인트를 준비한다. CAD 프로그램을 이용해서 색상별 블록 영역들로 디자인을 구성한 다음, 색상별 이진 이미지(binary image)를 별도의 투명 필름에 인쇄해서 실크스크린용 **마스크**mask를 만든다. 색상별 마스크는 해당 색상이 어디에 찍힐지를 결정한다. 마스크의 원재료는 광 감응성 젤(light-sensitive gel)을 펴 바른 실크 천 조각이다. 앞에서 인쇄한 투명 필름을 실크 천에 덮고 빛을 비추면 마스크가 만들어진다.

빛은 투명 필름의 투명한 부분을 통과해서 젤과 반응한다. 투명 필름에서 검은색인 부분은 젤이 반응하지 않는다. 그런 다음, 마스크를 물로 씻으면 빛과 반응한 젤이 씻겨 나가고, 반응하지 않은 젤은 남는다. 결과적으로, 실크 천에서 투명 필름의 투명한 부분에 해당하는 부분은 페인트가 통과할 수 있는 상태가 된다. 이제 마스크를 빈 종이나 티셔츠 위에 놓고 그 위에 페인트를 부으면, 원래의 디자인에서 색이 나타나야 할 부분에서만 페인트가 통과해서 종이나 천에 묻는다. 페인트가 다 마르면 다른 색상들에 대한 마스크로도 같은 작업을 반복한다. 그러면 총천연색 포스터나 티셔츠가 완성된다.

그림 3 **포스터 제작 장면.**
실크스크린 마스크를 종이에 얹고 스퀴지squeegee**로 페인트를 마스크의 미세한 구멍들로 밀어 넣는다.**

PCB도 비슷한 방식으로 만들어진다. 원재료는 구리층으로 완전히 덮인 내산성 유리섬유 절연 기판이다. CAD 프로그램으로 회로 레이아웃을 설계해서 투명 필름에 출력한다. 필름을 기판에 얹고 빛을 비추면 기판의 광 감응성 화학 물질이 선택적으로 마스킹된다. 이제 기판을 산에 담그면 마스킹되지 않은 부분의 구리층이 녹는다. 녹지 않고 남은 구리 패턴은 인쇄 회로 기판의 배선에 해당한다. 이제 기판의 적절한 위치들에 구멍을 뚫고 각종 전자 부품을 끼워서 납땜하면 끝이다. 예전에는 납땜을 사람이 일일이 손으로 했지만, 이제는 로봇이 담당한다. 로봇이 사람보다 훨씬 정확하고, 더 작은 부품도 잘 처리한다.

PC 케이스 안에는 메인보드 외에도 가정용 전기를 컴퓨터에 쓰이는 다양한 전압으로 변환하는 변압기와 하드 디스크나 광학 매체 디스크 드라이브(CD, DVD, 블루레이 등등) 같은 대용량 저장장치가 있다.

예전에는 PC에 모니터나 음향 장비, 네트워크와 연결하기 위한 다수의 확장 카드가 있었다. 하지만 요즘 PC는 그런 장치들과 연결하는 표준 인터페이스를 메인보드의 칩에 내장한다. 그런 부품들이 점차 작아져서 메인보드에 통합되다 보니, 요즘 표준 크기의 PC 케이스(ATX 폼 팩터라고 부르는)에는 빈 공간이 아주 많다. 이런 추세에서 두드러진 예외는 흔히 GPU라고 부르는 그래픽 카드다. 빠른 3D 비디오 게임이나 과학 컴퓨팅을 위한 하이엔드 컴퓨터에서는 그래픽 카드가 메인보드만큼 크다. 심지어 메인보드보다 더 큰 그래픽 카드도 있다. 게이머들은 이런 그래픽 카드에 LED 광원을 장착하고 투명한 PC 케이스를 이용해서 멋진 조명을 과시하곤 한다.

노트북

노트북 혹은 랩톱laptop PC도 논리적인 구조는 데스크톱과 같다. 하지만 부품들이 더 작고 전력을 덜 소비한다. 데스크톱보다 계산 능력이 떨어지고 제조 비용이 높지만, 휴대성이 중요한 제품이라서 그런 식으로 만들어진다. [그림 4]는 전형적인 노트북의 메인보드다.

노트북 메인보드는 완벽한 직사각형이 아니다. 노트북 케이스의 가용 공간에 맞추어진 불규칙한 형태다. 대형 커넥터를 위한 공간이 없다 보니 직접 납땜한 부품이 많다. 교체 가능한 확장 카드가 있긴 하지만, 메인보드에 수직으로 꽂는 것이 아니라 키보드 아래에 깔끔하게 들어가는 폼 팩터 form factor로 만들어진다. 이런 폼 팩터와 부품들은 데스크톱에 비해 표준화가 덜 되어있어서 각 제조업체가 자체적으로 선택하는 경우가 많다. 그래서 노트북은 더 비싸고, 업그레이드나 부품 교체가 어려운 경향이 있다.

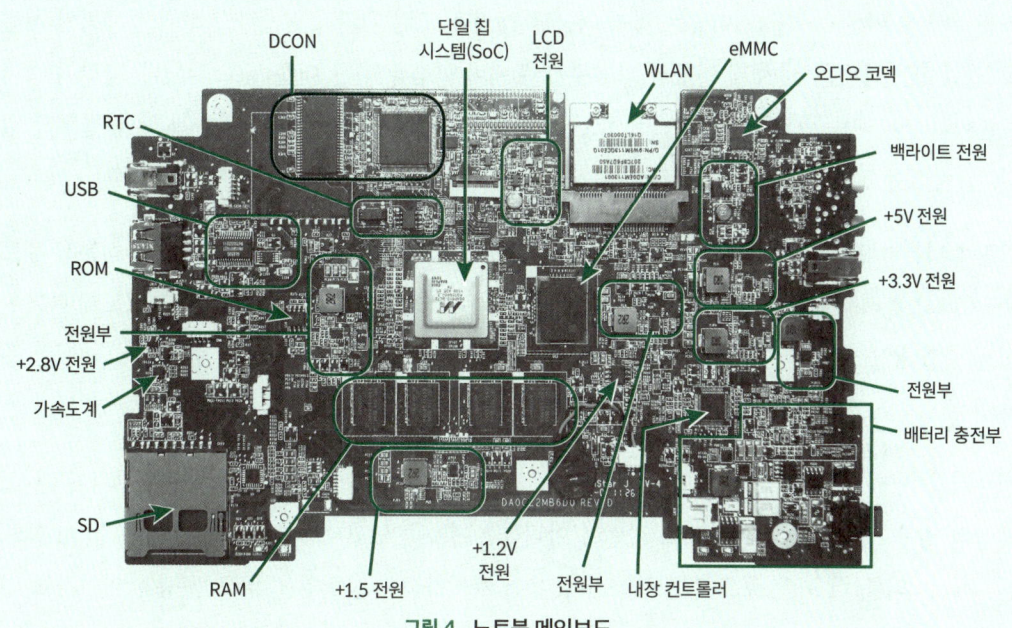

그림 4 노트북 메인보드.

최근 몇 년 사이 노트북의 보안 부팅 시스템(secure boot system) 때문에 컴퓨터 아키텍처의 보안에 관한 새로운 고려 사항과 응용 방법이 생겨났다. 예전에는 회사가 지급한 노트북에 깔린 성가신 독점 운영체제를 제거하고 리눅스 같은 오픈소스 운영체제를 설치하는 것이 상당히 쉬운 일이었다. 독점 운영체제를 만드는 회사들은 당연히 사용자의 그런 자유를 박탈하고 싶었다. 그래서 하드웨어 제조업체에게 돈을 주고는 보안 부팅 시스템을 구현하게 만들었는데, 그것이 고용주들이 원하는 일이라고 핑계를 대기도 했다. 보안 부팅 시스템은 운영체제나 부트로더bootloader가 메모리에 적재되기 전에는 사용자가 하드 디스크의 부트 섹터에 접근할 수 없도록 부트 섹터를 잠근다. 이런 보안 부팅 시스템을 우회하려면 전용 칩의 두 핀을 전선으로 연결해서 컴퓨터를 공장 초기화하는 등 하드웨어 수준의 작업이 필요하다. 요즘은 칩의 핀이 아주 작기 때문에, 그러려면 현미경과 정밀한 납땜 작업이 요구되기도 한다. (이는 단지 '그렇게 하는 것도 가능하다'는 뜻일 뿐이다. 고용주의 기기를 조작하는 것이나 운영체제 제조사와 하드웨어 제조사 사이의 계약을 우회하는 것은 위법일 수 있음을 주의하기 바란다.)

스마트폰

컴퓨팅의 맥락에서 해석하자면, 요즘 말하는 **스마트**smart나 **지능형**은 "컴퓨터가 들어있다"라는 뜻이다. 예전에는 전화기나 TV 같은 소비자 기기가 한 가지 목적으로만 설계되었다. 하지만 어떤 기기든 완전한 연산 능력을 집어넣는 것이 최근 추세였다. 그런 기기가 신기하고 희귀한 제품인 시절도 있었지만, 이제는 전 세계 인구의 상당수가 주머니에 컴퓨터 한 대를 넣고 다닌다. 따라서 스마트폰이나 기타 지능형 기기를 기존 데스크톱이나 노트북 같은 컴퓨터로 진지하게 대할 필요가 있다. [그림 5]는 스마트폰의 메인보드다.

그림에 나온 메인보드의 설계는 ARM Cortex CPU를 기반으로 한다. 그 밖에 Wi-Fi와 무선통신 네트워크(GSM), 배터리 관리, 위치 및 환경 감지(관성 측정, 온도 및 압력 감지) 등 이동전화의 용도에 특화된 칩들이 있다. 메모리로는 데스크톱이나 노트북과는 달리 저전력 RAM(LPDDR)을 사용한다. 이런 종류의 메모리 칩은 필요하지 않은 메모리의 일부를 지우고 꺼서 배터리 사용량을 줄일 수 있다.

컴퓨터가 워낙 작아지다 보니 연결부(커넥터)가 차지하는 비율이 커졌다. 이제는 연결부가 공간 설계상의 병목 지점이 되었다고 해도 과언이 아니다. 예를 들어, 휴대전화 제조사들이 3.5mm 헤드폰 잭 커넥터를 더 작은 포트로 교체하거나 아예 제거하려는 움직임을 두고 논쟁이 이어지고 있다.[2] 제조사들에게 표준 헤드폰 커넥터는 단순히 성가신 존재가 아니라, 휴대전화의 크기를 제한하는 결정적인 요인이다.

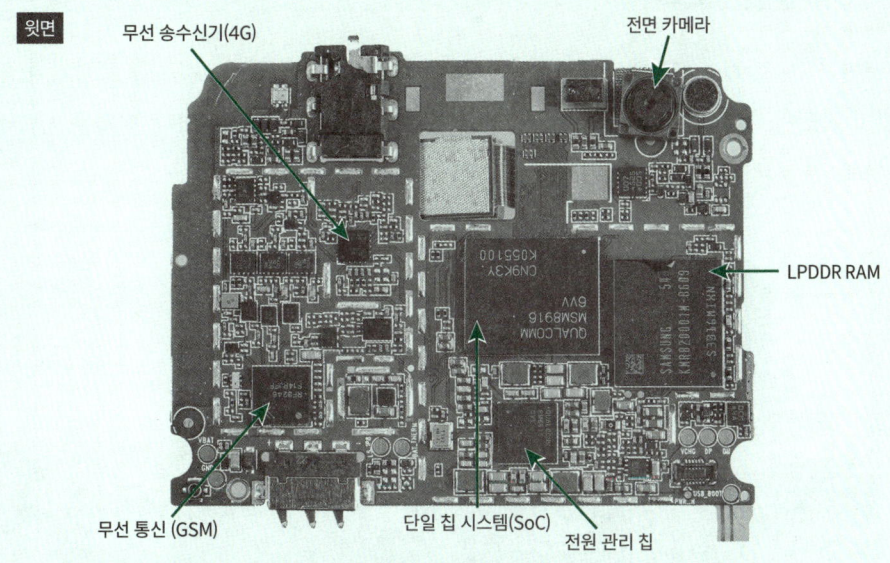

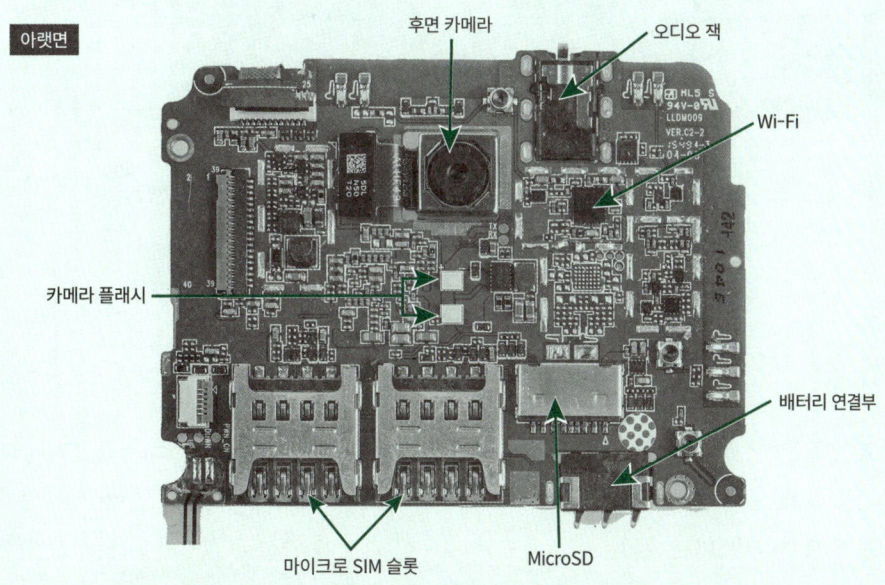

그림 5 Wileyfox Swift 스마트폰 내부의 메인보드 윗면과 아랫면.

---

[2] [옮긴이] 2025년 1월 현재 이 논쟁은 제거하는 쪽으로 기운 것으로 보인다. 애플과 삼성 등 주요 스마트폰 제조사는 이미 헤드폰 커넥터를 제거했다.

세탁기

요즘 휴대전화나 TV가 컴퓨터라면, 세탁기도 컴퓨터로 간주해야 하지 않을까? [그림 6]은 전형적인 현세대 세탁기의 메인보드다.

기판을 보면 작은 프로세서가 하나 있다. 이런 프로세서는 흔히 **펌웨어**firmware를 포함한다. 펌웨어는 한 가지 작업만 수행하는 작은 프로그램을 칩 자체에 "구워 넣은" 것이다. 이것은 제12장에서 논의할 임베디드 시스템의 예다.

그림 6 세탁기 메인보드.

지금 시점에서 세탁기나 냉장고 같은 소비자 가전기기에 관심을 두는 이유는, 이들 역시 스마트폰처럼 '스마트'가 붙을 수 있다는 점이다. 즉, 세탁기나 냉장고도 임의의 프로그램을 실행할 능력을 갖추게 될지 모른다. '스마트 홈smart home' 또는 지능형 가정이 완성된다면 사용자는 집에서 먼 곳에서 세탁기에 전화를 걸어서 상태를 확인하고 명령을 내리게 될 것이다. 스마트 세탁기에 기계학습(ML) 도구 같은 추가 기능을 다운로드해서 실행할 수 있는 앱 스토어가 등장할 수도 있다. 그런 추가 기능 덕분에 세탁기가 개별 의류 품목을 감지해서 적절한 방법으로 세탁한다면 가정의 세탁 비용이, 더 나아가서는 지구의 에너지와 수자원이 절약될 것이다.

이렇게 해서 우리 주변의 전자/가전기기 몇 가지를 들여다보았다. 이후 장들에서 컴퓨터 아키텍처를 본격적으로 공부하면 이런 기기들이 어떻게 구성되고 작동하는지를 좀 더 잘 이해하게 될 것이다. 본문으로 들어가기 전에, 이 책의 전체 구성과 실습과제 몇 가지를 제시하겠다.

이 책의 개요

제1부는 모든 아키텍처에 깔린 근본적인 개념을 소개한다.

제1장: 역사적 아키텍처들

컴퓨터의 역사를 설명한다. 역사적 사실을 나열하기보다는 컴퓨터가 어떤 식으로 진화해 왔는지에 중점을 둔다. 시간이 흐르면서 좀 더 복잡한 형태로 다시 등장하는 개념이 많다. 따라서 단순한 조상을 먼저 이해하면 복잡한 현대적 시스템을 배우기가 쉬워진다.

제2장: 데이터 표현

이진 부호화 체계를 이용해서 데이터를 표현하는 방법을 설명한다. 그 이진 부호화 체계를 나중에 디지털 논리 회로를 사용하여 구현해 볼 것이다.

제3장: 기초적인 CPU 기반 아키텍처

CPU를 소개하고, CPU를 구성하는 요소들과 기계어 코드 사용자 인터페이스를 살펴본다.

제1부의 개념을 배우면서 깨닫겠지만, 컴퓨터 아키텍처의 핵심 요소들은 하나의 계층구조(hierarchy; 또는 위계구조, 계통구조)를 형성한다. 제2부에서는 이 계층구조를 밑에서 위로(단순한 것에서 복잡한 것으로) 훑는다.

제4장: 스위치

현대적 컴퓨터의 기본 구축 요소인 스위치를 소개한다.

제5장: 디지털 논리

스위치들을 이용해서 디지털 논리 회로의 주요 부품인 논리 게이트를 만든다.

제6장: 단순 기계

로직 게이트들을 조합해서 단순 기계(simple machine)를 만든다.

제7장: 디지털 CPU 설계

단순 기계들을 이용해서 CPU의 구성요소들을 만들고, 그 구성요소들을 조합해서 완전한(하지만 소규모의) CPU를 만든다.

제8장: 고급 CPU 설계

파이프라이닝이나 순서 밖 실행 같은 좀 더 진보된 현대적 CPU 기능을 소개한다.

제9장: 입출력(I/O)

입출력 기능을 추가한다. CPU에서 완성된 컴퓨터로 가는 한 걸음에 해당한다.

제10장: 메모리

컴퓨터를 완성하는 데 필요한 마지막 요소인 메모리를 소개한다.

제3부는 실질적인 사례들과 응용을 역사적 등장 순서와 대략 일치하는 순서로 소개한다. 이 사례들은 제2부에서 공부한 구조에 대한 지식을 강화하기 위한 것이다.

제11장: 레트로 아키텍처

출발은 8비트 및 16비트 시대의 비교적 단순하고 완결적인 레트로$_{retro}$[3] 컴퓨터들이다. 레트로 비디오 게임을 해당 아키텍처의 어셈블리 언어로 작성하는 방법도 살펴본다.

제12장: 임베디드 아키텍처

현대적인 저전력 IoT(사물 인터넷) 기기들을 소개한다. 이들의 구조와 기능, 프로그래밍 스타일이 제11장의 레트로 기기들과 비슷하다는 점을 알게 될 것이다.

제13장: 데스크톱 아키텍처

복잡 명령어 집합(CISC) 아키텍처를 소개하고, x86 아키텍처의 역사를 살펴본다. 여러분이 주로 사용하는 데스크톱 PC도 아마 이 아키텍처에 기반할 것이다. 이 아키텍처를 공부함으로써 여러분은 '베어메탈' 수준에서(즉, 운영체제의 제약이 없는 상태에서) 컴퓨터를 어셈블리로 프로그래밍할 수 있다. 제13장에서는 공통 PC I/O 표준들과 데스크톱에 흔히 장착되는 주변기기들도 살펴본다.

제14장: 스마트 아키텍처

데스크톱 컴퓨터를 대체하는 여러 소형 스마트 기기들로 초점을 돌린다. 이런 기기들은 흔히 RISC-V 같은 축소 명령어 집합(RISC) 아키텍처에 기반한다. 제14장에서는 RISC의 어셈블리 프로그래밍과 디지털 논리 회로 설계 도구들도 소개한다.

제15장: 병렬 아키텍처

병렬 아키텍처들을 논의한다. 개별 CPU의 속도를 높이기가 점점 힘들어지면서 이런 병렬 아키

---

3 [옮긴이] 대체로 retro는 '현재'의 시점에서 과거의 유행이나 스타일을 본뜨는 것을 뜻하며, 따라서 '복고풍'으로 옮기는 것이 일반적이다. 하지만 본서의 원서에서 retro는 그냥 '과거' 자체, 좀 더 구체적으로는 8비트/16비트 게임기들이 흥했던 1980년대와 1990년대를 가리키는 용도로 쓰인 경우가 많다. 번역서에서도 저자의 선택을 존중해서 '복고풍' 대신 '레트로'를 주로 사용하기로 한다.

텍처가 늘고 있다.

제16장: 미래의 아키텍처

이 책의 마지막 장에서는 가능한 미래의 아키텍처들을 예측한다. 신경망, DNA, 양자 컴퓨팅 같은 주제가 등장한다.

아키텍처, 구조, 설계의 구분

예전부터 사람들은 **컴퓨터 아키텍처**와 **컴퓨터 구조**(computer organization)[4]를 구분했다. 전자는 프로그래머가 인식할 수 있는 하드웨어/소프트웨어 인터페이스들의 설계를 가리키고, 후자는 그런 인터페이스들의 내부적인 (프로그래머에게는 보이지 않는) 구현을 가리킨다. 이런 맥락에서 프로그래머는 어셈블리 언어(프로그래머와 하드웨어 사이의 인터페이스에 해당한다)의 수준에서 코드를 짜는 것으로 간주되었다. 하지만 요즘 세상에서 프로그래머는 거의 항상 적어도 컴파일 방식의 언어로 작업하고, 어셈블리 언어 수준에서 작업하는 프로그래머는 아주 드물다. 현세대 프로그래머들은 컴파일러와 운영체제들 때문에 예전 어셈블리 인터페이스보다 훨씬 높은 추상화 수준에서 일한다. 덧붙여, 라이브러리나 게임 엔진 같은 좀 더 상위 수준의 구성요소들 역시 추상화 수준을 높이는 요소다. 그런 만큼, 지금 시점에서 기존의 컴퓨터 아키텍처 대 컴퓨터 구조라는 구분은 그리 중요하지 않다.

이 책에서는 앞 문단에서 언급한 모든 연구를 **아키텍처**로 통칭한다. 그리고 하드웨어-프로그래머 인터페이스에 대한 좀 더 구체적인 연구는 **명령어 집합 아키텍처**(instruction set architecture, ISA)라는 용어로 지칭하기로 한다. 이 책에서 말하는 아키텍처에는 메모리나 입출력 시스템 같은, CPU 바깥의 컴퓨터 하드웨어 부품에 관한 논의도 포함된다. 그런 부품들까지 포함하는 논의에서는 **컴퓨터 설계**(computer design)라는 용어를 사용하기도 한다. 현세대 컴퓨터들은 클러스터와 클라우드로 점점 더 연결되므로, 이제는 긴밀하게 연결된 일단의 컴퓨터들을 하나의 대형 컴퓨터와 구분하기가 어렵거나 무의미할 수 있다. 따라서 이 책의 아키텍처 개념은 그런 종류의 시스템들로까지 확장된다.

아키텍처의 원 단어 *architecture*와 계층구조의 원 단어 *hierarchy*에는 *arch*라는 형태소가 있다. 이러한 공통점은 우연이 아니며, 나름대로 심오한 의미를 지닌다. 애초에 아키텍처는 계층구조에 관한 것이다. 위계 혹은 계통구조라고도 하는 계층구조는 완결적인 구조를 구성요소(component)들과 하위 구성요소(subcomponent)들로 조직화하는 수단이다. 트랜지스터 십억 개로 이루어진 칩의 구조를 이해할 수 있는 사람은 없다. 하지만 소프트웨어 설계의 비결을 사용하면 그런 복잡한 시스템을 어떻게든 이해하고 넘어갈 수 있다. 그 비결이란, 수많은 구성요소를 머릿속에서 계층구조를 따르는 여러 추상화 계층으로 나누어서 이해하는 것이다. 하드웨어의 경우 트랜지스터 4~5개를 묶어서 논리 게이트를 만들고, 논리 게이트 여러 개를 묶어서 가산기 같은 단순 기계를 만들고, 단순 기계 여러 개를 묶어서 CPU 구성요소를 만들고, CPU 구성요소들 여러 개를 묶어서 CPU를 완성한다. 이런 방식에서는 각 수준 또는 계층은 수십 또는 수백 개 정도의 구성요소로 이루어진다. 설계자는 한 번에 한 계층만 생각하면 되며, 수십/수백 개 정도면 감당할 수 있는 수준이다. 앞에서 언급했듯이 이 책의 제2부는 트랜지스터에서 시작해서 이 계층구조를 따라 올라가면서 점점 더 크고 복잡한 구조를 구축하는 방식이다.

---

[4] 〔옮긴이〕 이 글 상자의 컴퓨터 '구조'라는 용어는 컴퓨터 아키텍처 분야의 명저 *Computer Organization and Design*(Patterson 및 Hennessy 저)의 번역서들이 일관되게 《컴퓨터 구조 및 설계》라는 제목으로 출간된 점을 존중해서 선택한 것이다. 본 번역서에서 organization은 computer 다음에 올 때만 때만 '구조'로 옮기고, 그 외의 경우에는 문맥에 따라 조직, 조직화 등으로 옮긴다. 같은 맥락에서, '컴퓨터'가 붙지 않은 '구조'는 organization이 아니라 structure나 architecture 등을 옮긴 것이다.

실습과제

이 책의 각 장 끝에는 실습과제들이 있다. 이 실습과제들은 여러분이 그 장에서 배운 내용을 현실의 시스템들에 적용하는 데 도움을 주기 위한 것이다. '도전과제'라는 표제가 붙은 문제들은 이름 그대로 여러분이 마음먹고 도전해야 하는, 좀 더 어려운 문제다. 그리고 '심화 도전과제'는 그보다 훨씬 더 어렵거나 시간이 오래 걸리는 과제인데, 개인 기준으로 대규모 프로젝트에 해당한다.

주변기기들의 내부

1. A/S 보증 무효화를 감수하기로 했다면, 소형 스크루드라이버 세트를 구입하고 데스크톱 PC를 열어서 내부에 무엇이 있는지 확인해 보자. 상자만 열어볼 것. 회로 기판 자체는 건드리지 않도록 주의해야 한다. 본문의 예에 나온 주요 구성요소들을 확인하기 바란다. 전원 공급 장치, 메인보드, CPU, RAM, GPU, 통신 장치 등을 찾아보자. 드라이버를 잘 다루지 못한다면 주로 사용하는 컴퓨터 대신 어딘가 구석에 처박아 둔 컴퓨터를 희생양으로 삼는 것이 좋겠다. 또는, 다른 사람들이 비슷한 컴퓨터를 여는 동영상을 웹에서 검색해 보자.

2. 컴퓨터 내부의 부품들에는 흔히 브랜드명이나 모델명, 모델 번호가 찍혀 있다. 웹에서 브랜드명/모델 번호를 검색해서 해당 부품의 공식 데이터시트를 찾아보자. 그리고 그 데이터시트를 이용해서 부품의 핵심 속성들을 파악해 보기 바란다. 이를테면 CPU 코어core 개수와 속도, RAM과 캐시 크기, GPU 메모리 크기, 내장 입출력 장치들의 용량과 속도 등을 찾아보자. (냉각팬이나 히트싱크 때문에 CPU의 모델명을 확인하기 어렵다면, 메인보드 데이터시트에서 메인보드가 지원하는 CPU 종류와 모델을 찾아서 해당 데이터시트들을 찾아보기 바란다).

소프트웨어 장치 조사

1. 하드웨어를 조사해 주는 소프트웨어 도구를 이용하면 보증 무효화 위험 없이도 앞에서와 비슷한 정보를 얻을 수 있다. 예를 들어, 리눅스를 사용하는 독자라면 다음 명령들을 시험해 보자.

   - `lscpu`
   - `free`
   - `lsusb`
   - `cat /proc/cpuinfo`
   - `hwinfo`
   - `nvidia-smi`
   - `lshw`
   - `lspci`
   - `clinfo`

   Windows라면 시작 메뉴에서 '설정' 앱을 열고 '시스템' 탭에서 비슷한 정보를 찾아보기 바란다.

2. 앞에서 얻은 결과를 웹을 검색해서 해석해 보자.

3. 만일 컴퓨터를 실제로 열었다면, 내부의 브랜드명과 모델 번호가 소프트웨어 도구의 결과와 일치하는지 확인하자. 일치하지 않는 경우도 흔한데, 이 책의 목적에서는 오히려 그런 경우가 더 재미있다. 그런 경우를 만났다면 왜 일치하지 않는지 조사해 보기 바란다.

도전과제

데스크톱 컴퓨터를 열어서 내부를 들여다보는 데 익숙하다면, 작은 스크루드라이버들을 구입해서 안 쓰는 구형 노트북에 대해 앞의 실습과제들을 수행하자.

심화 도전과제

노트북을 여는 데 익숙하다면, 더욱더 작은 스크루드라이버를 구입해서 스마트폰이나 게임 콘솔에 대해 앞의 과제들을 수행해 보기 바란다. 일반적인 십자 드라이버로 열 수 있는 휴대전화도 있지만, 특별한 휴대전화 수리 키트(온라인 쇼핑몰에서 몇천 원이면 구매 가능)가 필요한 휴대전화도 있다. 또한, 일부 일본산 게임 콘솔은 서양식 표준 나사가 아니라 일본식 나사를 사용한다. (그리고 어떤 기기들은 애초에 접근하거나 수리하기가 어렵게 설계되어 있다. 케이스나 부품이 접착제로 붙어있어서 분해나 수리가 아주 어렵다.)

더 읽을거리

기본적으로 이 책은 컴퓨터 아키텍처의 **사용자**로서 아키텍처를 좀 더 알고 싶어 하는 독자를 위한 책이다. 하지만 이 책은 칩 설계자 등 아키텍처를 **직업적으로** 다루는 사람이 되려는 독자에게도 유용하다. 그런 독자라면, 현업 아키텍트를 위한 더 크고 어려운 표준 교과서를 읽어서 아키텍트들이 어떤 일을 하는지 살펴보는 것도 좋을 것이다. 다음이 그러한 책이다.

- John Hennessy, David Patterson, *Computer Architecture: A Quantitative Approach*, 6th ed. (Cambridge, MA: Morgan Kaufmann, 2017).[5]

위의 책은 RISC와 RISC-V를 발명한 튜링상 수상자들이 쓴 고전이자 권위 있는 참고서다. 일단 지금은 훑어만 보고, 여러분이 지금 보고 있는 이 책을 다 읽은 후에 다시 읽어보길 권한다.

---

[5] [옮긴이] 번역서는 박명순, 김병기, 하순회, 장훈 옮김, 《컴퓨터 구조 및 설계(6판)》(한티에듀, 2021).

감사의 말

이 책을 훨씬 더 읽기 쉽고 아름답게 만들어준 편집자 알렉스 프리드Alex Freed와 네이선 하이델버거Nathan Heidelberger에게, 그리고 이 프로젝트를 믿어준 No Starch Press의 빌 폴록Bill Pollock에게 감사의 마음을 전한다.

기술 감수를 내가 예상한 것보다 훨씬 철저하게 수행한 Broadcom/Xilinx/AMD의 앤드루 바우어Andrew Bower에 감사한다. 특히 앤드루는 베이비 컴퓨터를 상세하게 분석하고 수많은 미묘하고 흥미로운 개선점을 제안했다.

링컨 대학교의 그렉 시엘니악Greg Cielniak, 크리스 헤드린드Chris Headleand, 케빈 자크Kevin Jacques는 내 강의를 도와주었고, 크리스 월섬Chris Waltham은 임베디드 시스템과 관련해 도움을 주었다. 구글의 마크 테일러Mark Taylor는 현재의 클라우드와 과거의 코모도어 컴퓨터에 관해 도움을 주었다. Optalysys의 닉 뉴Nick New, LowRisc의 알렉스 브래드베리Alex Bradbury, Codeplay/인텔/크로노스의 앤드루 리처즈Andrew Richards는 기술적 세부사항에 도움을 주었다.

또한 케임브리지 대학교의 학부 시절 스승님들께도 감사드린다. 모리스 윌크스Maurice Wilkes, 앨런 마이크로프트Alan Mycroft, 아서 노먼Arthur Norman, 피터 로빈슨Peter Robinson, 사이먼 무어Simon Moore, 래리 폴슨Larry Paulson(특히 하드웨어가 싫다고 해서 수학으로 전공을 바꾸는 말라고 설득해 주신 것에 대해), 존 도그먼John Daugman, 빌 클록신Bill Clocksin, 진 베이컨Jean Bacon 교수님께 감사한다. 제2차 세계대전 시기의 컴퓨팅에 관해 논의해 주신 옥스퍼드 대학교의 앤드루 호지스Andrew Hodges와 Algometrics의 스티븐 N.P. 스미스Stephen N.P. Smith 교수님께 감사의 말을 전한다. 당시 자동차 한 대 값이었을 첫 BBC 마이크로와 아르키메데스를 사주신 부모님께 감사드린다. 학창 시절 체육 수업을 빠진 것을 눈감아 주시고 멋진 아르키메데스, BBC 마이크로, 음악용 아타리 ST를 더 많이 사용하게 해주신 예이츠Yates, 닐Neil, 리드Reid, 베이커Baker 선생님들께 감사드린다. 실크스크린 인쇄와 DSP 필터를 소개해준 TIP Records의 안지 시안Anjee Sian과 라자 람Raja Ram에게 감사한다. BBC 마이크로와 관련한 잡지들과 서적들을 제공한 올턴 호스폴Alton Horsfall과 데이비드 호스폴David Horsfall에게도 감사의 마음을 전한다.

다니엘 스컬리온Danielle Scullion과 아담 우드Adam Wood는 내 강의에서 제8, 10, 11장의 초안을 받아 적었다. x86 예제와 부트로더는 내 학생들인 해리 G. 라일리Harry G. Riley, 크리스탑스 유르칸스Kristaps Jurkans, 올레그스 야코블레브스Olegs Jakovlevs의 Project Metro를 기반으로 했다.

이 책에 실린 여러 그림 이미지를 제공한 크리에이티브 커먼즈Creative Commons 커뮤니티와 이 책에 언급된 여러 도구 및 시스템을 만든 오픈소스 소프트웨어 및 하드웨어 공동체에 감사한다.

PART I

기본 개념

CHAPTER 1 역사적 아키텍쳐들

CHAPTER 2 데이터 표현

CHAPTER 3 기초적인 CPU 기반 아키텍쳐

CHAPTER 1

역사적 아키텍처들

컴퓨터 과학은 흔히들 생각하는 것보다 훨씬 오래되었다. 이번 장은 4만 년 전의 시점에서 시작해서 현재 시점까지 거슬러 올라온다. 현대적인 마이크로칩은 언뜻 보면 도저히 파악할 수 없는 생소한 존재 같지만, 그 구성요소들이 수천 년 동안 조금씩 발전해 온 역사를 배운다면 이해하지 못할 것도 없다.

그리고 이 분야의 역사를 연구해야 할 이유는 그 밖에도 많다. 컴퓨터 과학의 역사를 깊게 이해하면, 컴퓨터 과학이 이를테면 수학이나 공학과는 다른 독자적인 분야임을 좀 더 확신할 수 있게 된다. 또한 여러 개념이 서로를 보완하면서 점진적으로 발전해온 과정을 살펴보는 것은 '고독한 천재(lone genius)'라는 신화[1]에서 벗어나는 데, 그리고 그런 천재들이 어쩌면 우리와 별로 다를 것이 없는 사람들일 수도 있음을 깨닫는 데 도움이 된다. 마지막으로, '역사의 궤적(arc of history)'을 따라 전반적인 경향을 짚어보는 것은 우리가 어떻게 현재에 이르렀는지를 이해하는 데는 물론이고 미래를 예측하거나 만들어나갈 방향을 가늠하는 데에도 도움이 된다.

---

[1] 옮긴이 위대한 발명이나 발견, 업적 등이 아인슈타인 같은 한 사람의 탁월한 개인에 의해서만 이루어졌다고 믿는 경향을 말한다.

1.1 컴퓨터란 무엇인가?

오늘날 '컴퓨터computer'라고 하면 사람들은 데스크톱 PC나 게임 콘솔, 스마트폰 같은 전자기기를 떠올릴 것이다. 하지만 인간이 수치 연산(calculation)이나 또는 계산(computation)에[2] 사용하는 기계는 그 밖에도 많다. 컴퓨터의 역사를 되짚으려면 먼저 컴퓨터가 무엇인지, 단순한 계산기(calculator)나 수치 연산 기계와는 무엇이 다른지부터 정의해야 한다. 이것은 여전히 논쟁 중인, 의외로 어려운 질문이다. 주어진 대상이 컴퓨터인지 아닌지를 판단하는 나만의 경험법칙(rule of thumb)이 있다. 바로, "**스페이스 인베이더**Space Invaders[3]를 프로그래밍할 수 있는가?"이다. 단순한 계산기로는 그럴 수 없다. 따라서 단순한 계산기는 컴퓨터가 아니다. 반면에 프로그래밍 기능이 있는 계산기는 스페이스 인베이더를 프로그래밍하는 것이 가능하므로 컴퓨터가 맞다.

그럼 컴퓨터가 무엇인지 정의할 때 자주 제시되는 개념들을 몇 개 더 살펴보자. 우선, **옥스퍼드 영어 사전**을 비롯한 몇몇 출처는 컴퓨터가 반드시 전자기기이어야 한다고 요구한다. 하지만 물(water) 같은 다른 재료로도 컴퓨터를 만들 수 있다. 이번 장에서 다시 살펴볼 **모니악**MONIAC이 좋은 예다. MONIAC은 Monetary National Income Analogue Computer(화폐 국민 소득 아날로그 컴퓨터)의 약자로, 초창기 컴퓨터인 ENIAC에니악을 비튼 이름이다. 1949년에 만들어진 모니악(그림 1-1)은 경제에서 돈의 흐름을 시뮬레이션하고 경제 모형에 대한 경제적 개입의 효과를 보여주는 데 쓰인 아날로그 '물' 컴퓨터였다.

모니악에서 사용자는 이를테면 금리를 올리면 실업률에 어떤 영향이 미치는지 관찰할 수 있었다. 수조(물탱크)들은 기계에 내장된 경제 이론에 따라 중앙은행, 저축, 투자 같은 경제 부문에서 돈이 어디에 어떻게 모여있는지 보여주었다.

컴퓨터가 **아날로그**analog일 수는 없다, 반드시 **디지털**digital이어야 한다고 주장하는 사람들도 있다. 디지털 컴퓨터는 데이터를 **디짓**digit들,[4] 즉 숫자들로 표현하는 컴퓨터다. 숫자들은 이진수 0과 1처럼 어떠한 이산적인(discrete) 기호들의 집합이다. 반면에 아날로그 컴퓨터에서는 가능한 상태들이 무한히 많고 연속적이다. 이를테면 모니악의 수조에 담긴 물의 양이 그러한 아날로그적 상태다. 따

---

2 [옮긴이] 이 문장에서 보듯이 calculation과 computation은 구별되는 개념이다. 이 번역에서 computation은 항상 '계산'으로 옮기고, calculation과 arithmetic은 각각 '수치 연산'과 '산술 연산'(또는 그냥 '산술')으로 옮긴다. 단, computation과의 구별이 크게 중요하지 않은 맥락에서는 calculation을 그냥 계산이나 산술 계산 등 해당 문맥에 어울리는 용어를 사용하기도 하겠다.

3 [옮긴이] 스페이스 인베이더는 1978년 출시된 아케이드 게임으로, 한때 오락실을 가득 채운 일본산 슈팅 게임의 효시라고 할 수 있다. 좀 더 자세한 정보는 https://ko.wikipedia.org/wiki/스페이스_인베이더를 참고하기 바란다.

4 [옮긴이] digit는 손가락 또는 발가락을 뜻하는 라틴어 digitus에서 온 단어로, 원래는 십진수(사람의 손가락이 대체로 10개라는 점에서)를 표현하는 데 쓰이는 기호를 뜻한다. 하지만 binary digit(이진 숫자), hex digit(16진 숫자) 같은 표현에서 보듯이 이제는 임의의 수체계의 수를 표현하는 데 쓰이는 기호로 의미가 확장되었다.

라서 모니악은 아날로그 컴퓨터에 해당한다.

그림 1-1 **모니악 물 컴퓨터와 제작자 빌 필립스.**

나만의 **스페이스 인베이더** 판정법에 따르면 모니악은 컴퓨터일까? 모니악은 한 가지 경제 모형에 따라 결과를 계산하긴 하지만, 여러 크기의 수조들을 파이프로 연결해서 기계를 적절히 재구성한다면 원래와는 다른 경제 모형도 실행할 수 있을 것이다. 그런 방향으로 사고를 확장한다면, 같은 성격의 좀 더 본격적인 재구성을 통해서 **스페이스 인베이더** 실행을 비롯해 **그 어떤**(any) 계산이라도 구현할 수 있을 것이다. 하지만 그렇게 재구성한 기계는 원래의 모니악과 같은 기계일까, 아니면 원래와는 다른 어떤 것을 계산하는 완전히 새로운 기계일까? 다른 말로 하면, 모니악은 **재프로그래밍**(reprogamming)**이 가능한가?**

앞에서는 **스페이스 인베이더**를 판정용 프로그램으로 사용했다. 하지만 뭔가를 컴퓨터라고 부르려면, 재프로그래밍을 통해서 **그 어떤 것**(anything)이라도 구현할 수 있어야 하지 않을까? 그러나 계산 이론(computation theory)에 따르면 그것을 컴퓨터의 정의로 사용할 수는 없다. 주어진 임의의 컴퓨터 후보 기계에 대해, 그 기계가 풀 수 없는 문제를 발견하는 것이 항상 가능하기 때문이다. 보통의 경우 그런 문제는 주어진 후보 기계 자신의 향후 행동을 예측하는 것과 관련된다. 기계가 자기 자신의 행동에 관한 문제를 풀려 하면 무한 루프에 빠질 수 있다.

계산 이론을 좀 더 파고들면 **처치 명제**(Church's thesis)[5]를 만나게 된다. 현재 대부분의 컴퓨터 과학자가 컴퓨터의 좀 더 엄격한 정의라고 동의하는 것이 처치 명제다. 다음은 이 명제를 풀어 쓴 것이다.

> 컴퓨터는 필요한 만큼의 메모리가 주어지기만 한다면 그 어떤 다른 기계도 시뮬레이션할 수 있는 기계다.

처치 명제를 충족하는 기계를 **처치 컴퓨터**Church computer라고 부르기로 하겠다. 좀 더 구체적으로 말하자면, 다음 일들을 할 수 있는 기계가 명백히 존재하므로, 처치 컴퓨터 역시 다음 작업들을 수행할 수 있어야 마땅하다.

- 데이터를 읽고, 쓰고, 처리한다.
- 프로그램을 읽고, 쓰고, 실행한다.
- 더한다(따라서 산술 연산을 수행한다).
- 점프한다(`goto` 문)
- 분기한다(`if` 문)

생각해 보면 **스페이스 인베이더** 정의를 충족하는 기계들과 처치 명제를 충족하는 기계들이 상당히 겹친다는 점을 알 수 있을 것이다. 즉, **스페이스 인베이더** 정의는 처치 명제의 합리적인 근사(approximation)라고 할 수 있다. **스페이스 인베이더**는 단순한 비디오 게임이지만, 앞에서 언급한 모든 작업이 필요하다. 이 작업들은 다른 여러 계산 작업과 기계의 기본 요소이기도 하다. 따라서, **재프로그래밍**을 통해서(물리적으로 배선을 바꾸는 것이 아니라) **스페이스 인베이더**를 플레이할 수 있는 기계라면 일반적으로 다른 기계 역시 시뮬레이션할 수 있을 정도로 강력한 컴퓨터다(물론 추가 메모리가 필요한 만큼 제공된다고 할 때).

이번 장의 나머지 부분은 컴퓨터와 컴퓨터 비슷한 장치의 역사를 석기 시대부터 시간순으로 추적한다. 이번 장을 읽으면서 최초의 컴퓨터를 누가 발명했는지 생각해 보고, 최초로 발명된 시점은 언제인지도 기록해 보기 바란다. 컴퓨터의 정의가 사람마다 다른 만큼, 최초의 컴퓨터를 누가 언제

---

5 [옮긴이] 처치 명제 혹은 처치 논제는 미국의 수학자이자 컴퓨터 과학자, 논리학자, 철학자인 알론조 처치(Alonzo Church)의 이름을 딴 것이다. 계산 문제에 대한 앨런 튜링의 기여를 인정해서 '처치-튜링 명제' 또는 '처치-튜링 논제'라고 부르기도 한다.

만들었는지에 대한 의견도 사람마다 다르다. **여러분**은 언제라고 생각하는가? 그 이유는 무엇인가?

1.2 산업혁명 이전

이번 절에서는 산업혁명 이전에 만들어진, 관점에서 따라서는 컴퓨터가 아닐 수도 있는 여러 기계를 살펴본다. 인류가 컴퓨터와 비슷한 메커니즘을 사람들이 흔히 생각하는 것보다 훨씬 오래전부터 사용해 왔음을 알게 될 것이다.

1.2.1 석기 시대

인간의 해부학적 종(species)인 **호모 사피엔스**Homo sapiens는 약 20만 년 전에 등장했다. 하지만 기원전 4만 년경의 인지 혁명이 일어나기 전에는 현대인보다 지능이 떨어진다고 보는 것이 일반적이다. 인지 혁명이 구체적으로 어떻게 일어났는지는 모른다. 한 가지 이론은 빙하기의 극심한 진화적 압력(evolutionary pressure) 때문에 FOXP2 유전자에서 하나의 유전적 돌연변이가 발생했고 그것이 세대를 거듭해 선택되었다는 것이다. 이 돌연변이 덕분에 뇌가 갑자기 임의의 새로운 위계적 개념(hierarchical concept)들을 형성하게 되었고, 그로부터 언어와 기술이 생겨났다. 이 이론에 따르면, 그때부터 인간의 지능이 지금의 인류만큼이나 높아졌다. 당시 인류가 현대의 설비와 정보에 접근할 수 있다면, 양자 컴퓨팅 같은 어려운 개념도 이해할 수 있을 것이다.

지능의 이러한 변화를 보여주는 한 가지 징표로 **레봄보 뼈**(Lebombo bone)가 있다(그림 1-2). 기원전 4만 년경으로 추정되는 이 뼈에는 자잘한 눈금이 새겨져 있는데, 아마도 수를 세고(집계) 기록하는 용도일 것이다. 각각의 눈금은 어떠한 물리적 사물 하나에 대응된다. 이 눈금들은 아마도 동물이나 음식, 다른 사람에게 빚진 호의의 횟수를 기록하거나, 사냥 같은 사회적 활동의 날짜, 시간을 의미할 것이다.

그림 1-2 레봄보 뼈.

기원전 2만 년경 빙하기 후반에 만들어진 **이상고 뼈**(Ishango bone) 역시 인간이 집계를 위해 뼈에 눈금을 새긴 유물이다. 레봄보 뼈와는 달리 이상고 뼈의 눈금들은 대부분 3에서 19 사이의 소수(prime number)로 묶인 형태다. 그리고 네 개의 소수 그룹은 세 개의 선으로 나뉘어져 있는데, 네 그룹의 수를 합하면 60 또는 48이 된다.

레봄보 뼈처럼 이상고 뼈의 눈금들은 위치가 중구난방이다. 따라서 그냥 뼈가 손에서 미끄러지지 않게 하는 등의 어떤 물리적인 목적으로 그어진 것일 수도 있다. 하지만 눈금 패턴을 연구한 여러 저자가, 이상고 뼈가 집계와 수치 연산 보조 수단, 음력 농사 달력, 생리 주기 달력 등으로 쓰였다고 주장했다. 심지어는 소수 표였다는 대담한 주장도 있다. 눈금들의 합계인 60과 48은 둘 다 12의 배수다. 그런데 알다시피 12는 10을 기수(base)로 하는 십진수가 통용되기 전 후기 문명들에서 산술의 기본 기수로 쓰인 수다.

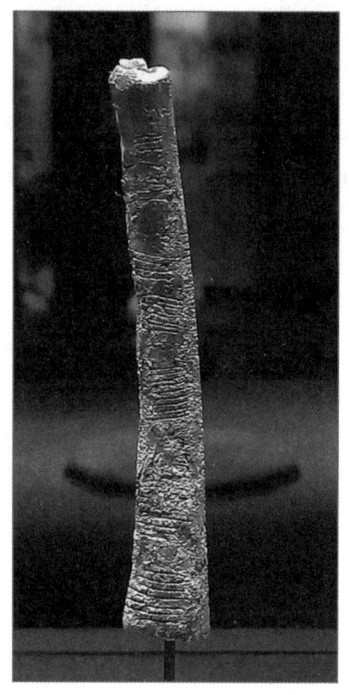

그림 1-3 이상고 뼈. 단순한 집계에서 수치 연산으로의 발전을 나타낸다는 주장이 있다.

레봄보 뼈는 데이터 표현(data representation)의 예로 보인다. 새 눈금을 새길 때마다 총계에 1을 더하는 등의 간단한 수치 연산에 사용되었다고 주장할 수도 있겠다. 이상고 뼈의 경우에는, 우리가 종이와 연필을 이용해서 수학 문제를 단계별로 푸는 것 같은 어떠한 좀 더 고등한 수치 연산(어쩌면 대화식의)에 쓰였다고 해석하는 사람들도 있다.

스페이스 인베이더를 플레이하도록 이상고 뼈 같은 골각기(뼈로 만든 도구)를 프로그래밍할 수 있을까? 사람이 적절히 눈금을 새겨서 게임 캐릭터의 표현을 갱신하는 일단의 정교한 규칙을 고안할 수도 있을 것이다. 게임이 상당히 느리게 플레이될 것이며, 플레이어 이외에 갱신 작업을 처리할 사람이 필요할 것이다. 사람이 이처럼 프로그래밍 가능한 방식으로 골각기를 사용한 적이 있다는 증거는 없다. 하지만 언젠가는 사람 운영자가 따라야 할 명령들을 눈금으로 새긴 뼈가 발견될지도 모른다.

1.2.2 청동기 시대

기원전 4000년경 빙하기가 끝나고 얼음이 녹으면서 최초의 도시가 생겨났다. 도시를 운영하려면 무역이나 세금 관리 등을 위한 새롭고 큰 조직이 필요했다. 이를 위해 기원전 3000년 메소포타미아 지역(현재의 이라크)의 수메르 도시 문화는 최초의 문자 체계를 개발했다. 그리고 기원전 2500년에는 주판이 등장했는데, 이것이 최초의 수치 연산 기계임을 부정할 사람은 없을 것이다. 주판을 뜻하는 *abacus*라는 단어는 원래 '모래 상자'라는 뜻이다. 이 점은, 주판이 만들어지기 전에는 모래에 홈을 파고 작은 돌들을 이용해서 수치 연산을 수행했음을 암시한다. 고고학에서 발견된 가장 오래된 주판은 나무와 구슬로 만들어진, 좀 더 발전된 형태다.

그림 1-4 주판.

통상적인 용법을 기준으로, [그림 1-4]에 나온 주판의 상태는 수(십진 자연수) 070710678을 나타낸다. 이 주판에는 열(column)이 아홉 개 있다. 각 열은 전체 수의 각 자릿수에 해당한다. 각 열은 두 부분으로 나뉘는데 아래쪽 상자에는 구슬이 다섯 개, 위쪽 상자는 구슬이 두 개다. 아래쪽 상자 구슬들은 아래쪽으로 내려져 있는 것이 기본 위치이고 위쪽 구슬들은 위로 올려져 있는 것이 기본 위치다. 이 기본 위치에서 열은 숫자 0을 나타낸다. 아래쪽 상자에서 구슬 하나를 위로 올리는 것은 열의 수치에 1을 더하는 것에 해당하고 위쪽 상자에서 구슬 하나를 아래로 내리는 것은 5를 더하는 것에 해당하다.

주판 전체의 수치에 1을 더하려면(즉, 수치를 1만큼 **증가**(increment)하려면), 제일 오른쪽 열의 아래쪽 상자에서 구슬을 하나 위로 올리면 된다. 그런데 제일 오른쪽 열의 아래쪽 상자 구슬 다섯 개가 모두 위로 올려져 있다면, 그것들을 모두 내리고 같은 열의 위쪽 상자의 구슬 하나를 아래로 내려야 한다. 만일 위쪽 상자의 구슬 두 개가 모두 내려져 있으면, 두 구슬을 위로 복귀시킨 후 왼쪽 열의 아래쪽 상자에서 구슬 하나를 위로 올려야 한다. 한 열의 데이터를 그 왼쪽 열로 옮기는 것을 **자리올림**(carry) 또는 간단히 **올림**이라고 부른다.

두 수를 더하려면, 즉 $a+b$를 계산하려면, 먼저 a의 숫자들을 나타내도록 주판의 구슬들을 움직여야 한다. 그런 다음에는 b의 숫자들로 앞에서 설명한 대로 증가를 수행한다. 모든 증가 조작을 마치고 난 후의 주판의 상태가 곧 두 수의 합이다.

이처럼 첫 수를 기기에 '적재'하고 둘째 수를 거기에 '더하는' 방식의 수치 연산에서 시스템의 상태는 오직 최종 결과만 나타낸다. 이런 종류의 시스템을 **누산기 구조** 혹은 **누산기 아키텍처**(accumulator architecture)라고 부른다. 누산기 구조는 오늘날에도 여전히 쓰인다. 누산은 일련의 수치 연산 결과들을 '누적'해서 최종 결과를 얻는 것을 말한다. 예를 들어 다수의 수치를 한 수치씩 기존 결과에 더해서 누적하면 총합이 나온다.

[NOTE] 익숙함을 위해 여기서는 십진수를 사용하는 주판을 예로 들었다. 하지만 원래의 수메르 주판은 12진수를 사용했다.

알고리즘algorithm이라는 개념도 이 시기에 등장했다. 당시에는 계산을 [그림 1-5]에 나온 것 같은 점토판에 기록했다. 이 점토판을 보면 당시 수에 능숙한 사람들이 수학이 아니라 계산의 관점에서 수치 연산을 수행했음을 보여준다. 또한, 그런 사람들이 산술 연산(arithmetic operation)을 위한 알고리즘을 배웠으며, 점토판이 증명이 아니라 연습용으로 사용되었음을 시사하기도 한다.

그림 1-5 장제법 알고리즘의 단계들을 보여주는 점토판.

점토판에 새겨진 행들은 일련의 산술 연산 단계들을 보여준다. 어쩌면 당시 사람들이 점토판 자체를 일종의 데이터 저장소로 사용해서 그런 연산을 수행했을 수도 있다. 또는, 점토판이 교육을 위해 주판의 상태를 기록하는 용도로 쓰였을 수도 있겠다.

주판은 주로 수치를 더하는 데 쓰였다(그리고 일부 지역에서는 여전히 쓰인다). 이를테면 쇼핑 카트에 담긴 물건들의 가격을 더할 때처럼 말이다. 하지만 덧셈 외에도 고대 주판을 위한 산술 연산 알고리즘들이 알려져 있는데, 뺄셈, 곱셈, 장제법(long division; 긴 나눗셈) 등이 있다. 점토판들은 그런 연산들이 요즘 종이와 연필로 하는 것과 비슷한 방식으로 수행되었음을 보여준다. 현대의 애호가들은 주판으로 제곱근 구하기, π 자릿수 계산 같은 고급 알고리즘을 수행하는 방법도 보여준다(유튜브를 검색해 보라). 석기 시대의 골각기처럼 주판도 **임의**의 알고리즘의 데이터 저장소로 사용될 수 있다. 알고리즘에 따라 주판에 대해 수행할 동작을 사람이 지시받는다고 할 때 말이다. 주판을 컴퓨터라고 주장하려면, 이 경우에도 인간의 역할을 고려해야 할 것이다.

1.2.3 철기 시대

메소포타미아와 인근 지역의 청동기 도시 문명들은 기원전 1200년경에 알 수 없는 이유로 무너졌다. 그 후 '암흑기'를 지나 고전기 그리스(classical Greece; 기원전 500-300년경의 고대 그리스)가 등장했다. 피타고라스, 플라톤, 아리스토텔레스의 시대가 열린 것이다. 그리스의 위세는 기원전 300년에서 기원후 400년경까지 점차 로마 공화국과 로마 제국으로 대체되었다.

[그림 1-6]은 기원전 100년경에 만들어진 안티키테라 기계(Antikythera mechanism)를 보여준다. 이 유물은 1901년 지중해의 한 난파선에서 발견되었다. 그 배는 이 기계를 팔거나 공물로 바치려고 그리스에서 로마로 향하는 중이었던 것으로 보인다. 2008년에 와서야 역공학(reverse engineering)을 통해서 이 기계의 메커니즘을 파악하게 되었다. 이제는 이 기계가 다섯 행성의 위치와 달의 위상, 일식이나 고대 올림픽 개최 시기를 비롯한 천문학적 (그리고 아마도 점성술적) 사건을 예측하는 데 사용한 시계태엽 아날로그 장치임을 안다. 이 기계는 청동 기어(톱니바퀴) 37개로 이루어졌다. 사용자는 손잡이를 돌려서 미래의 상태 변화 과정을 시뮬레이션했다. 손잡이를 돌리면 기어들의 비율에 따라 시곗바늘을 움직였고, 최종적으로 시곗바늘이 가리키는 곳이 바로 계산의 결과다. 애호가들은 최근 레고LEGO를 이용해서 실제로 작동하는 안티키테라 기계를 재현했다(그림 1-6).

그림 1-6 　지중해 난파선에서 발견된 안티키테라 기계 유물(왼쪽)과 레고로 재현한 안티키테라 기계(오른쪽).

오도미터odometer는 그리스인과 로마인이 자신의 제국을 측정하고 지도를 만드는 데 사용한 장거리 거리 측정 기계다. 기원전 300년경부터 오도미터가 쓰였다는 간접적인 증거가 있다. 당시 오도미터가 아니라면 불가능했을 아주 정확한 거리 측정 결과가 존재한다는 점이 그것이다. [그림 1-7]은 로마식 오도미터를 기원전 50년경의 실제 고고학 유물에 기반해서 현대에 복원한 것이다.

이런 종류의 오도미터는 여러분이 초등학생 시절에 실습해 보았을 수도 있는, 일정 거리(흔히 1미터나 1야드)마다 자동으로 딸깍 소리가 나는 거리 측정 바퀴와 비슷한 방식으로 작동한다. 이 기계는 자동차나 로봇공학에 쓰이는 현대의 주행 거리계로도 연결된다.

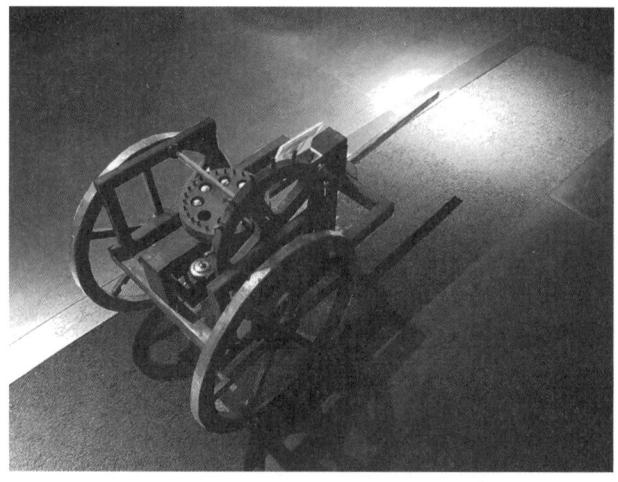

그림 1-7 　로마식 거리 측정 수레(오도미터)

당시에는 말이 오도미터를 끌었다. 마차처럼 말이다. 원형 목제 기어 하나에 구멍이 여러 개 있고, 각각에 금속 공이 들어있다. 두 수레바퀴 중 하나에는 나무못(peg)이 붙어있다. 수레바퀴가 한 바퀴 돌 때마다 나무못이 기어를 건드리며, 그러면 목제 기어가 일정한 각도로 조금 회전한다. 기어 아래의 특정 위치에는 공만 한 구멍이 있다. 기어가 회전함에 따라 금속 공이 그 구멍으로 떨어져서 그 아래의 상자에 모인다. 결과적으로, 그 상자의 공을 세면 수레가 얼마나 멀리 움직였는지 알 수 있다.

이런 기계들이 과연 컴퓨터일까? 이 기계들에 현실 세계의 사물을 데이터로 표현한다는 개념이 들어있음은 분명하다. 또한, 일종의 자동화와 수치 연산이 수행되는 것도 맞다. 하지만 모니악처럼 각각의 오도미터는 단 한 가지 일만 한다. 안티키테라 기계는 일식 예측만, 오도미터는 거리 측정만 수행할 뿐이다. 이 기계들을 **스페이스 인베이더**를 플레이하도록 재프로그래밍하기란 쉽지 않다.

모니악처럼 인티키테라 기계는 아날로그 기계다. 기어들이 연속적으로 회전하며, 그 어떤 위치에도 놓일 수 있다. 반면에 오도미터는 주판처럼 디지털 기계다. 오도미터의 기어들은 나무못이 건드릴 때마다 일정한, 또는 '이산적인' 양만큼만 회전한다. 그리고 수집 상자에는 항상 이산적인 개수의 공들이 모인다. 하지만 주판과는 달리 오도미터는 자동으로 작동한다. 인간 운영자는 필요 없다. 동력원인 말만 있으면 된다.

임의의 크기의 기어들을 임의의 장소에 추가하고 제거하는 식으로 모든 기어를 완전히 재구성할 수 있다면 안티키테라 기계를 재프로그램할 수도 있을 것이다. 약간의 창의력을 발휘한다면 오도미터 역시 재프로그래밍이 가능할 수 있다. 그러면 그런 기계로 원래와는 다른 물리적 시스템을 표현하고 시뮬레이션하거나 다른 종류의 수치 연산을 수행할 수 있다. 하지만 모니악의 예와 마찬가지로, 이런 식으로 하드웨어를 물리적으로 재구성하는 것은 규칙 위반이라고 생각하는 사람들도 있다. 즉, 원래의 컴퓨터에서 다른 프로그램이 실행되는 것이 아니라 완전히 새로운 컴퓨터를 만들어낸 것일 뿐이라는 주장이다.

1.2.4 이슬람 황금기

서기 476년에 서로마 제국이 멸망하고 서유럽은 소위 암흑시대로 접어들었다. 1천 년 정도 지속된 암흑시대의 역사 기록에 따르면, 서유럽에서 컴퓨팅과 관련한 발전은 사실상 없었다.

하지만 로마 제국은 수도를 동방의 비잔티움(현재의 튀르키예 이스탄불)으로 옮겨서 명맥을 이어 나갔다. 비잔티움과 그리스, 이슬람 세계 사이에서 아이디어의 교류가 있었고, 당시 이슬람은 새로운 지적 중심지가 되었다. 특히 이슬람 문화는 어떤 음악적 아이디어를 통해서 프로그래밍의 주요 개념을 소개했다.

그전에 고대 그리스에는 **히드라울리스**hydraulis라는 휴대용 악기가 있었다. 현대의 교회 오르간과 비슷하게 히드라울리스는 일련의 파이프로 구성된다. 하인이 펌프로 공기를 악기에 불어 넣는 동안 연주자가 건반으로 연주하는 식이다. 고대 그리스인의 기술력을 생각하면 히드라울리스가 스스로 연주하게 만드는 것도 가능했지만, 그런 시도를 했다는 증거는 없다.

알려진 최초의 자동 연주 악기는 이슬람 학자 바누 무사Banu Musa 형제다. 형제는 900년경에 '바그다드 자동 플루트 연주자'를 만들었다(그림 1-8).

그림 1-8 그리스의 히드라울리스(왼쪽)와 이슬람의 바그다드 자동 플루트 연주자 스케치(오른쪽).

이 기계가 혁신적인 점은, 연주할 음표 위치를 표시하는 핀들이 박힌 원통을 천천히 회전시켰다는 것이다. 원통이 회전하면서 특정 핀이 특정 레버와 접촉하면 공기가 악기로 유입되어서 그 레버에 해당하는 음이 연주된다. 핀들의 위치를 자유로이 이동할 수 있었기 때문에 이 악기는 **프로그래밍**이 가능했다. 알려진 최초의 **프로그래밍 가능**(programmable) 자동 기계가 바로 이것이다. 현재의 관점에서 이 핀들은 이진 코드로 간주할 수 있다. 각 위치에서 핀의 존재 또는 부재는 해당 시점에서 연주할 음표가 있느냐(1) 없느냐(0)를 나타낸다.

이것이 컴퓨터일까? 철기 시대의 기계들과는 달리 이 악기는 명백히 여러 개의 프로그램을 실행할 수 있다. 하지만 수치 연산이나 의사결정(decision-making)이라는 개념은 없다. 일단 시작된 프로그램은 끝까지 실행될 뿐이며, 외부 입력에 반응해서 행동을 바꾸지는 못한다. 심지어 프로그램 자신의 상태에 따라 행동을 변경하지도 못한다.

1.2.5 르네상스와 계몽주의 시대

1453년에 비잔티움의 동로마 제국이 멸망하면서 다수의 학자와 서적이 다시 서유럽으로 유입되었다. 이는 서유럽이 암흑시대에서 깨어나는 데 도움이 되었다. 다작의 과학자이자 예술가, 공학자였던 레오나르도 다빈치Leonardo da Vinci는 명실상부한 당대의 '르네상스인(renaissance man)'이었다. 다빈치는 비잔티움에서 넘어온 고서(오래된 책)들을 많이 소장했고, 영감을 얻기 위해 그 책들을 탐독했다. 아마 그 책들을 보고 안티키테라나 그와 비슷한 시스템을 알게 되었을 것이다. 1502년경에 그가 작성한 **코덱스 마드리드**Codex Madrid에는 기계식 아날로그 계산기의 설계도(그림 1-9)가 있는데 (계산기를 실제로 만들지는 않았다), 작동 원리를 살펴보면 안티키테라의 것과 비슷하다.

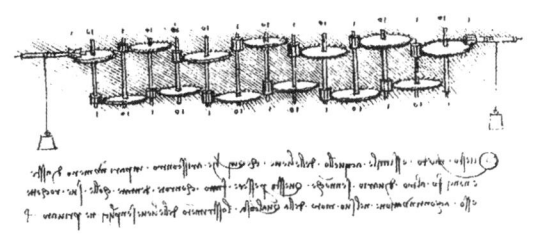

그림 1-9 **다빈치의 계산기 초고.**

이 설계도는 1968년에 재발견되었고, 실제로 계산기를 만드는 것도 성공했다. 계산기에는 바퀴가 13개 있는데, 각각은 한 십진수의 숫자들에 대응된다. 바퀴들의 위치는 **연속적**이다. 즉, 한 십진 숫자에서 다른 십진 숫자로 딸깍 넘어가는 것이 아니라, 기어 장치들을 통해서 매끄럽게 회전한다. 인접한 두 바퀴의 기어비(gear ratio)는 1:10이다. 왼쪽 바퀴는 오른쪽 바퀴의 1/10의 속도로 회전한다.

주판처럼 이 계산기도 누산기에 해당한다. 주어진 임의의 시점에서 계산기의 상태는 하나의 수(십진수)를 나타낸다. 각 바퀴(주판의 열에 해당)가 각 숫자에 대응된다는 점도 주판과 같다. 주판처럼 수 a에 수 b를 더할 수 있다. 먼저, 수 a의 숫자들에 따라 바퀴들을 적절히 돌려서 a를 계산기에 적재한다. 그런 다음 b의 숫자들로 바퀴들을 더 돌린다. 계산기의 최종 상태는 합 $a+b$에 해당한다.

예를 들어 2130+1234를 계산한다면, 먼저 2130을 계산기에 적재하고, 1234에 따라 바퀴들을 더 돌려서 3364를 얻는다. 바퀴들이 연속적으로 회전하기 때문에, 계산 과정이 끝났을 때 바퀴들이 해당 숫자들을 정확히 가리키지는 않을 수 있다. 예를 들어 십의 자리 6은 딱 6이 아니라 6과 7의 중간 정도일 것이다. 오른쪽 숫자 4에 의한 자리올림 때문에, 정확한 6의 위치에서 7을 향해 약

40% 정도 회전하게 된다. 로마식 오도미터는 나뭇못과 금속 공을 이용한 메커니즘 덕분에 연속적인 바퀴 위치를 이산적인 기호로 변환한다. 그런 면에서 다빈치의 계산기는 로마식 오도미터보다 더 '약한' 기계라고 할 수 있다.

다빈치의 아이디어를 1642년에 블레즈 파스칼Blaise Pascal이 더욱더 발전시켰다. [그림 1-10]은 파스칼 계산기의 원래 설계도와 그것을 현대에 제작한 결과물이다. (파스칼의 계산기가 사실은 그보다 일찍 1623년에 빌헬름 시카르트Wilhelm Schickard가 고안한 것이라는 주장이 최근 제기된 바 있다.)

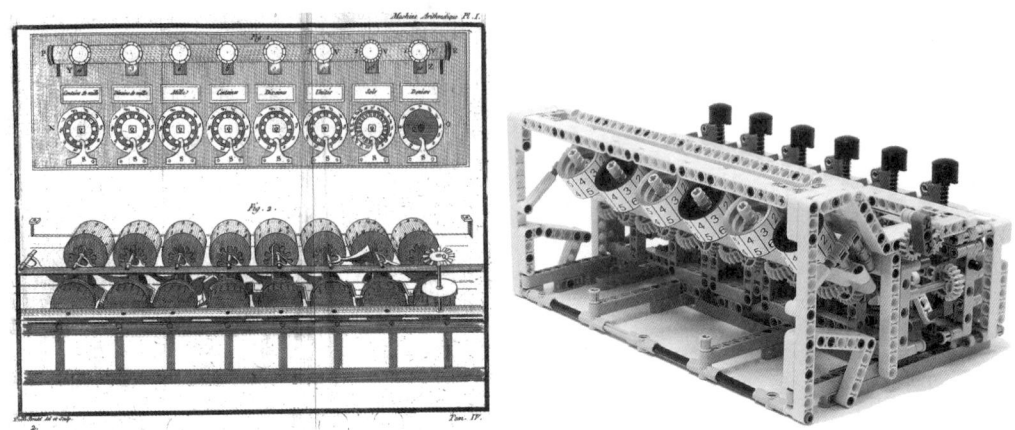

그림 1-10 **파스칼의 계산기: 원래의 설계(왼쪽)와 2016년에 레고로 재현한 결과(오른쪽).**

파스칼의 계산기는 오도미터와 비슷한 디지털 메커니즘을 이용해서(다빈치의 아날로그 기어 장치와는 달리) 자리올림 기능을 구현한다. 숫자 9에 도달한 열에 다시 1을 더하면 그다음 열이 1 증가하고 원래의 열은 다시 숫자 0으로 돌아간다.

안티키테라 기계는 물리적(천문학적) 실체의 상태를 표현했지만 다빈치와 파스칼의 기계들은 순수한 수치를 다룬다. 따라서 이 기계들이 안티키테라 기계보다 좀 더 범용적이라고 간주할 수 있겠다. 그렇긴 하지만 이 기계들은 단지 덧셈만 수행할 수 있다. 그런 면에서, 다른 산술 연산을 위한 알고리즘을 갖춘 주판보다는 약한 기계로 보아야 할 것이다. 한편으로, 안티키테라 기계처럼 이 계산기들은 주판보다 인간의 힘이 덜 든다는 점도 지적해야 할 것이다.

다빈치의 아날로그 연산에서 파스칼의 디지털 연산으로 이행한 것을 대단히 중요하게 생각하는 사람들도 있다. 디지털 연산에는 기계가 뭔가를 '결정(decision; 의사결정)'한다는 간단한 개념이 연관된다. 파스칼의 계산기는 각 단계에서 자리올림을 수행할 것인지 말지를 결정한다. 이런 의사결정이 중요한 작업들이 있는 것은 사실이다. 하지만 다빈치의 아날로그 계산기 역시 덧셈을 잘 수행한다는 점에서, 덧셈이라는 연산에서 의사결정이 아주 중요하다고는 할 수 없다.

1.3 증기 시대

증기동력(steam power)은 그리스인들과 로마인들도 알고 있었지만, 호기심의 대상이었을 뿐이다. 사실 주전자로 물을 끓여본 사람이라면 증기가 주전자 뚜껑을 움직이는 힘을 가지고 있음을 알 것이다. 하지만 인간이 증기를 본격적인(산업혁명을 추동할 정도의) 동력으로 사용하게 된 것은 1700년 경부터다. 계몽주의 사상(특히 뉴턴의 물리학)을 바탕으로, 기계와 석탄을 사용해 더 많은 기계를 만들고 그 기계들도 더 많은 석탄을 채굴하는 선순환 구조가 영국에서 만들어지기 시작했다. 사람들은 석탄을 때서 물을 끓여 증기를 만들었는데, 처음에는 탄광에서 물을 퍼 올리는 데 증기동력을 사용했다. 이후 증기는 다양한 기계의 동력으로 쓰이게 되었는데, 그중에는 컴퓨터와 비슷한 특징을 가진 것들도 있었다.

1.3.1 자카르 방직기

증기 시대에 새로 만들어진 기계들의 주된 용도 하나는 직물 생산이었다. 그런데 평범한 면직물과는 달리 전통적인 직조 패턴은 매우 복잡했다. 그런 직물은 희귀하고 제작 비용이 비쌌기 때문에 더 가치 있는 것으로 여겨졌다.

1804년에 조제프 자카르Joseph Jacquard는 당시 쓰이던 직조기를 개조해서 새로운 방직기를 만들었는데, 무늬를 짜는 데 필요한 갈고리와 바늘의 위치를 지정하는 천공 카드(punched card)를 교체할 수 있다는 점이 특징이었다(그림 1-11).

천공 카드들을 "사슬처럼" 연결해 긴 테이프를 만들면 복잡하고 재사용 가능한 패턴을 저렴한 가격으로 만들 수 있었다.

그림 1-11 자카르 방직기.

> [NOTE] 사슬에 해당하는 'chain'이라는 단어는 후대에 전자기기가 자기 테이프에서 다음 프로그램을 불러오는 데 사용하는 표준 명령어로 자리 잡았다. 이 명령은 대략 1990년대까지 쓰였다. 방직과 관련한 개념인 실(thread)과 날실(warp) 역시 최신 다중 스레드 프로그래밍과 병렬 GPU에서 비유적으로 쓰이고 있다(각각 '스레드'와 '워프').

1.3.2 빅토리아 시대의 배럴 오르간과 오르골

19세기에는 [그림 1-12]의 바그다드 자동 플루트 연주자와 비슷한 기술을 사용한 배럴barrel(원통) 기반 악기들이 인기를 끌었다. '오르간 그라인더organ grinder'라고 불린 사람이 이동식 배럴 오르간을 거리에서 밀고 다니면서 손으로 크랭크를 돌려서 동력을 악기에 공급했다. 배럴에는 연주할 음표의 위치에 해당하는 핀들이 박혀 있다. 배럴이 회전하면서 핀이 공기 밸브를 건드리고, 그러면 해당 오르간 파이프에 공기가 투입되어 소리가 나는 방식이었다. 바그다드 자동 플루트 연주자와 같은 메커니즘이다.

그림 1-12 빅토리아 시대의 배럴 오르간 두 대(왼쪽과 가운데)와 오르골(오른쪽).

배럴 오르간과 동일한 메커니즘을 이용한 오르골[6]이 이 시대에 등장했다. 뮤직박스라고도 부르는 오르골들은 지금까지도 같은 메커니즘을 사용하고 있다. 배럴 오르간과는 달리 오르골은 태엽을 감아서 동력으로 사용한다. 배럴이 회전하면 핀들이 실로폰 비슷한 금속 막대를 튕겨서 특정 멜로디를 직접 연주한다. 유명 발레 음악의 몇 마디를 이런 식으로 연주하는 오르골을 본 적이 있을 것이다. 오르골의 회전 원통 위에는 흔히 발레리나 같은 작은 조각상이 있어서, 음악이 흐르면서 함께 회전한다.

찰스 배비지Charles Babbage는 자기 집 밖에서 음악을 연주하는 오르간 그라인더들을 무척이나 싫어했다. 런던 거리에서 오르간 그라인더들을 몰아내는 공공 캠페인을 벌일 정도였다. 하지만 사실 배럴 오르간은 배비지 자신의 연구에 근본적인 영향을 미쳤다.

1.3.3 배비지의 차분기관

배비지는 두 가지 기계를 설계했는데, 하나는 차분기관(Difference Engine)이고 다른 하나는 해석기관(Analytical Engine)이다. 둘 중 차분기관(그림 1-13)이 먼저인데, 차분기관은 1855년에 실제로 제

---

6 [옮긴이] 참고로 '오르골'은 오르간을 뜻하는 독일어 orgel의 일본어 음차 표기에서 유래한 단어다.

작되었다. 게오르크 쇼이츠Georg Scheutz 등이 상용화하기까지 했고, 이후 1930년대까지 업계에서 널리 쓰였다. 최근에 레고로 재구현한 사례도 있다.

차분기관은 임의의 다항함수(polynomial function) 값들의 표를 생성하도록 설계된 계산 기계다. 대부분의 수학 함수는 테일러급수 전개를 이용해서 다항식으로 잘 근사할 수 있다. 따라서 이 기계를 이용하면 거의 모든 함수의 값들을 표로 만들 수 있다. 요즘도 계산기를 사용할 수 없는 상황(학교 시험 등)에서 삼각함수나 통계적 함수의 값을 구할 때 그런 표를 사용한다. 배비지 시대에 이런 표의 가장 중요한 용도는 해상 운송이었다. 그전에는 표를 사람이 손으로 직접 계산하다 보니 비용이 많이 들고 오류도 많았다. 그래서 기계로 표를 만드는 데 대한 경제적 요구가 높았다.

차분기관은 증기를 동력으로 사용할 수도 있고 사람이 손잡이를 돌려서 동력을 공급할 수도 있었다. 파스칼의 계산기처럼 차분기관은 이산적으로 회전하는 기어들을 이용해서 십진수 숫자들을 표현했다. 하나의 수치는 파스칼의 계산기를 90도 회전한 것처럼 수직으로 나열된 숫자들로 표현된다. 그런데 그런 기어 열(column)이 하나가 아니다. 각자 하나의 수를 나타내는 다수의 기어 열이 수평으로 배치되어서 하나의 2차원 병렬 구조를 형성한다.

그림 1-13 배비지의 차분기관을 금속으로 재구현한 사례

차분기관의 병렬화에는 두 개의 차원이 있다. 하나는 수를 이루는 자리 숫자(digit)들을 기준으로 하고 다른 하나는 다항함수의 항(term)들을 기준으로 한다. 예를 들어 차분기관은 여러분이 학교에서 배운 순차적 덧셈과는 다른 방식인 숫자별 덧셈 알고리즘을 사용한다. 흔히 하는 순차적 덧셈에서는 제일 오른쪽 열에서 시작해서 왼쪽으로 가면서 자리올림을 적용하지만, 차분기관은 모든 자리를 동시에 더한 후에 자리올림들을 처리한다. 예를 들어 364+152의 경우 세 자리의 덧셈 3+1, 6+5, 4+2를 동시에 수행해서 416을 얻는다. 그런 다음 6+5=11에 의한 올림 1을 4에 더해서 516을 얻는다. 이런 방식에서 자리올림을 제대로 적용하기란 어려운 문제라서, 배비지는 대부분의 엔지니어링 시간을 이 자리올림 연산에 할애했다. 유튜브에 차분기관의 자리올림 처리 방식을 시각적으로 보여주는 동영상들이 있으니 참고하기 바란다. 정보가 기계의 2차원 표면을 가로질러 물결처럼 전파되는 모습을 눈으로 확인할 수 있다. 그런 물결은 현대적인 병렬 GPU 계산에서도 볼 수 있다.

차분기관이 컴퓨터일까? '프로그램'을 다르게 짜면 다른 다항함수를 계산할 수 있는 것은 사실이다. 하지만 그런 프로그램들에는 수치 연산 도중에 자신의 행동을 변경한다는 개념이 없다. 중간 결과를 `if` 문 같은 것으로 판정해서 그에 따라 다른 뭔가를 수행하는 것은 불가능하다. 수치들이 그저 처리 프로파일을 따라 매끄럽게 흘러간다는 점에서, 컴퓨터보다는 현대적 미디어 스트리밍 장치에 더 가깝다.

1.3.4 배비지의 해석기관

차분기관은 다항함수 표를 계산하는 데 한정된 반면, 배비지의 두 번째 프로젝트인 해석기관(그림 1-14)은 완전히 범용적이고 프로그래밍이 가능한 기계로 고안되었다.

그런 일반성을 보장하기 위해 해석기관은 여러 가지 산술 연산과 기타 연산을 수행하는 간소화된 기계들을 제공한다. 이 소형 기계들과 데이터 저장을 위한 메모리(기억장치), 그리고 천공 카드에서 프로그램을 읽는 능력이 합쳐져서 하나의 범용적인 계산 장치가 만들어진다. 프로그램은 일련의 메모리 읽기, 쓰기 명령과 산술 연산 명령을 지시한다. 또한, 수치 연산의 상태에 따라 분기(branching)하는 능력도 있다. `if` 문을 지원한 것이다.

그림 1-14 배비지의 해석기관을 현대에 부분적으로 재구현한 사례.

배비지는 여러 논문을 통해서 해석기관의 설계를 계속 변경했지만, 실제로 만들어진 것은 설계의 극히 일부분이었다. 배비지는 자리올림 메커니즘의 세부사항에 정신이 팔려 옆길로 샐 때가 많았다. 한 가지 버전을 정해서 실제로 작동하도록 통합하는 데 노력하기보다는 구성요소들을 끊임없이 재설계하는 데 집착했다. (요즘은 프로젝트를 이런 식으로 진행하는 것을 **야크 털 깎기**(yak shaving)라고 부른다.) 연구 자금 지원 기관들은 배비지의 이런 방식에 짜증을 냈다. 결국 배비지는 뭔가를 만들어낼 만한 자금을 얻을 수 없었다. 이런 이유로, 차분기관과는 달리 해석기관은 작동하는 버전도, 최종 설계도 없다. 하지만 배비지의 설계도를 바탕으로 현대의 제조 기술을 이용해서 구성요소들을 재구축한 사례들이 있다.

해석기관은 움직이는 부품들이 차분기관보다 훨씬 많아서 동력도 더 필요했을 것이다. 그러다 보니 사람이 크랭크를 손으로 돌리는 것으로는 부족하고, 증기기관이 필요했을 가능성이 크다. 게다가 계산을 위해 연동해서 돌아야 할 기어들이 더 많았기 때문에, 정확한 계산을 위해서는 기어들을 더욱더 정밀하게 가공해야 했을 것이다. 해석기관이 실제로 만들어졌다면, 그것은 당시의 공업 기계들이나 증기기관차처럼 기름과 연기, 증기 냄새가 나고 황동 부품들이 번쩍이는 작품이었을 것이다. 배비지는 원조 스팀펑크~steampunk~였다.

해석기관의 핵심부에는 각자 어떠한 함수를 수행하는(두 수를 더하거나, 두 수가 같은지 판정하는 등) 다수의 독립적인 단순 기계(simple machine)들이 있다. 덧셈 기계는 파스칼의 계산기와 거의 비슷했고, 다른 여러 단순 기계는 그 단순 기계의 변형들이었다.

해석기관은 현대적인 컴퓨터 메모리 개념을 도입했다. 해석기관의 기억 '저장소(store)'는 파스칼의 계산기와 비슷한 단순 기계의 여러 복사본으로 구성된다. 각 복사본은 하나의 수치를 담으며, 고유 번호 또는 '주소'가 부여된다. 주소는 프로그램이 정확한 복사본의 수치를 읽거나 쓰는 데 쓰인다.

해석기관이 실제로 만들어졌다면 이런 식으로 작동할 것이다. 실행할 일련의 **명령**들을 이진수로 변환하고 종이테이프에 구멍을 뚫어서(자카르 방직기에서 힌트를 얻은 것이다) 표현한다. 각 명령은 해석기관에 있는 특정 단순 기계 하나를 활성화하도록 지시한다. 일반적으로, 하나의 명령이 끝나면 해석기관은 마치 타자기처럼 천공된 종이테이프를 한 행 밀어내고 다음 행의 명령을 읽는다. 또한, 마지막으로 실행한 단순 기계의 결과에 따라서는 테이프의 다른 행으로 점프할 수도 있다. 이 덕분에 프로그램은 중간 결과에 반응해서 자신의 행동을 변경하는 능력을 지니게 된다.

프로그램을 무한정 실행하는 것도 가능하다. 천공된 종이테이프의 한끝을 다른 끝에 연결해서 물리적인 루프를 만들면 된다. [그림 1-15]에 그런 방식의 무한 루프 종이테이프 기계(후대에 만들어진 것이다)가 나와 있다.

그림 1-15 천공 테이프 프로그램 루프.

해석기관을 위해 프로그램이 실제로 작성된 사례는 없다. 다만, 배비지와 그의 공동 작업자 에이다 러브레이스Ada Lovelace는 가상의 실행에서 나온 예제 **상태**(state)들과 **출력**(output)들을 긴 표 형태로 작성했다. 이 표는 프로그램이 실행되면서 거쳐 간 단계들을 보여준다. 효과를 생성하는 데 쓰인 명령들 대신 효과들 자체를 통해서 알고리즘을 설명한다는 점에서, 이런 표는 이전에 언급한 바빌로니아 점토판의 표기와 비슷하다. 현대의 독자라면 이런 실행 추적 자료(execution trace)를 보고 프로그램이 하는 일과 프로그램을 구성하는 기계어 명령들을 유추할 수 있을 것이다.

배비지는 처음에 작고 거의 자명한(trivial) 수학 함수에 대해 이런 실행 추적 자료를 만들었다. 그런 추적 자료로는 프로그램에 쓰인 명령들을 거의 완전하게 파악할 수 있다. 하지만 배비지의 성향은 하드웨어 쪽이었다. 그는 기계 자체의 설계에 집중했기 때문에 더 긴 추적 자료는 만들지 않았다. 애초에 그는 하드웨어 아키텍처 설계에 비하면 프로그래밍은 사소한 문제라고 생각했다. 러브레이스는 달랐다. 소프트웨어 쪽 사람인 러브레이스는 복잡한 함수에 대한 훨씬 더 긴 실행 추적 자료를 작성했다. 또한 러브레이스는 AI에 대한 아이디어를 비롯해 좀 더 큰 프로그램이 어떤 일을 할 수 있을 것인지에 대한 추측도 글로 남겼다. 배비지가 '최초의 프로그래머'라고 한다면, 러브레이스는 프로그래밍을 좀 더 큰 규모에서 진지하고 고민한 '최초의 소프트웨어 엔지니어'라고 할 수 있다.

해석기관이 처치 컴퓨터일까? 해석기관의 설계에는 CPU, 메모리, 데이터 전송 버스bus, 레지스터, 제어 장치, 산술 연산 장치 등 현대적 컴퓨터의 모든 요소가 들어있다. 해석기관은 데이터를 읽고, 쓰고, 처리할 수 있다. 산술 연산도 할 수 있다. 그 이전의 순수한 수치 연산 기계들과는 달리 해석기관은 점프(goto 명령)와 분기(if 문)가 가능하다.

하지만 어떠한 기계가 다른 임의의 기계를 흉내 내려면 데이터를 읽고, 쓰고, 처리하는 능력 외에 프로그램을 읽고, 쓰고, 실행하는 능력도 필요할 수 있다. 그러나 해석기관의 프로그램은 천공된 종이테이프에 고정되어 있었다. 현대의 PC처럼 가변적인 메모리에 들어있는 것이 아니었다. 대부분의 현대적 컴퓨터처럼 프로그램과 데이터가 함께 저장되는 아키텍처를 **폰 노이만 아키텍처**von Neumann architecture라고 부른다. 그와는 달리 해석기관처럼 데이터와 프로그램이 따로 저장되는 아키텍처는 **하버드 아키텍처**Harvard architecture라고 부른다. 하버드 아키텍처에서는 프로그램이 펌웨어 자체에 고정되는 경우도 많다.

요즘 하버드 아키텍처는 주로 임베디드 시스템에 쓰인다. 대표적인 예가 디지털 신호 처리(digital signal processing, DSP) 칩이다. 하버드 아키텍처로도 다른 컴퓨터(스스로 프로그램을 수정하는 컴퓨터도 포함해서)를 시뮬레이션할 수 있다. 범용적인 **VM**(virtual machine; 가상 기계) 프로그램을 천공 카드(현대라면 펌웨어)로 구현하고, 그 VM이 메모리에서 추가적인 프로그램을 읽고, 실행하고, 기록하게 하면 된다.

러브레이스나 배비지가 해석기관용 VM 프로그램을 작성하는 것이 불가능하지는 않았겠지만, 그들은 그런 방향을 고려하지 않았다. 사실 이 점은 다른 여러 기계도 마찬가지다. 예를 들어 원한다면 수메르 주판을 위한 VM을 작성해서 실행하는 것도 가능한 일이다. 처치의 명제는 어떠한 기계가 다른 임의의 기계를 시뮬레이션할 가능성 혹은 **잠재력**에 관한 것일 뿐, 실제 실현에 관한 것이 아니다. 하지만 이 논점은 이 책이 고려하는 기계의 '수준(level)'이 어디인가, 즉 바탕(underlying) 하드웨어 수준인가 아니면 그 위의 소프트웨어 수준인가에 따라 결론이 달라질 수 있다.

그리고 해석기관이 실제로 제작된 적이 없었다는 점도 중요한 논점이다. 어떤 기계를 컴퓨터로 간주할 것인지 판단할 때, 실물 기계가 꼭 필요할까? 아니면 기본 설계로 충분할까?

1.3.5 기계식 미분 해석기

대체로, 산업혁명을 이끈 사람들은 실천적인 해커들이었다. 이 사람들은 일단 자신의 직관에 따라 기계를 만든 다음에 제대로 작동하는지 시험하는 식으로 시행착오를 거치면서 기술을 발전시켰다. 하지만 시간이 지나면서 사람들은 공학적 시스템의 동작을 설명하고 예측하는 수학 이론을 고안하고 적용하게 되었고, 그로부터 학문으로서의 '공학'이 만들어졌다. 그런 이론은 대부분 미적분을 사용했다. 그보다 조금 이른 시기에 고트프리트 빌헬름 라이프니츠Gottfried Wilhelm Leibniz와 아이작 뉴턴Isaac Newton 경은 각자 다른 목적으로 미적분학을 만들고 발전시켰다. 이후 미적분학은 공업 기계를 포함해 모든 종류의 시스템이 연속적인 시간의 흐름에 따라 변화하는 방식을 모델링하는 데 쓰이는 범용적인 도구로 빠르게 자리 잡았다. 그런 모델링은 흔히 다음과 같은 형태의 미분방정식을 사용한다.

$$\frac{dx}{dt} = f(x)$$

여기서 x는 방정식이 모델링하는 세계의 상태의 일부이고 f는 그 상태의 어떠한 함수다. 그리고 dx/dt는 x의 변화율(rate of change)이다. 이런 종류의 방정식이 주어지면, dx/dt를 반복해서 계산하고 그에 따라 x를 갱신함으로써 시간의 흐름에 따른 세계 상태의 변화를 시뮬레이션할 수 있다. 그런데 이런 작업은 대단히 반복적이고 실수할 여지가 크다. 따라서 차분기관으로 다항함수 표를 만드는 것과 마찬가지로 이런 작업도 기계로 자동화하는 것이 바람직하다.

해석기관이 개발된 해인 1836년에 가스파르-구스타브 드 코리올리Gaspard-Gustave de Coriolis는[7] 중요한 사실을 깨달았다. 바로, 만일 어떤 기계장치를 미분방정식으로 서술할 수 있다면 그런 장치를 그 방정식의 해를 계산하는 기계로 볼 수 있다는 점이었다. 따라서, 어떤 새로운 방정식을 풀려면 먼저 그 방정식으로 서술되는 기계를 만들고, 그 기계를 일정 시간 실행해서 해를 구하면 된다.

---

[7] [옮긴이] 태풍의 회전이나 편서풍 같은 현상을 설명해 주는 '코리올리 효과' 혹은 '코리올리의 힘'의 바로 그 코리올리다.

좀 더 일반적인 미분방정식에는 가속도(2차 도함수)나 그보다 더 고차의 도함수들이 관여하며, 변수도 여러 개일 수 있다. 코리올리의 아이디어를 켈빈 경(1872년)과 제임스 톰슨(1876년) 등 다른 사람들이 더욱 확장해서 그런 좀 더 고등한 미분방정식들도 풀 수 있게 되었다. 이들의 접근 방식 역시 방정식에 부합하는 기계장치를 만들어서 사용하는 것이었다. [그림 1-16]은 그런 기계의 핵심 구성요소인 공과 디스크 적분기(disc integrator)를 보여준다. 회전하는 디스크(원반)의 운동이 움직이는 공을 통해서 출력축(output shaft)으로 전달된다.

그림 1-16 켈빈 경의 미분 해석기에 쓰인 공과 디스크 적분기.

차분기관처럼 이런 기계들은 오직 한 종류의 문제, 즉 미분방정식을 풀기 위해 만들어졌다. 그런데 이 세상의 문제들은 대부분(어쩌면 전부 다) 미분방정식으로 모델링할 수 있다. 이런 기계들은 본질적으로 아날로그다. 다빈치의 아날로그 계산기의 전통을 이어받았다고 하겠다. 배비지의 기계들이 파스칼의 디지털 계산기를 바탕으로 한 것과는 대조되는 점이다.

현실 세계를 그 세계 자체의 물리적 성질을 이용해서 모델링한다는 개념은 최근 양자 컴퓨터에서 부활했다. 물리적, 화학적 양자 시스템의 시뮬레이션은 양자 컴퓨터의 계산 방식에 특히나 잘 맞는 주된 양자 컴퓨팅 응용 분야일 것이다.

1.4 디젤 시대

순전히 기계적인 장치들을 만들었던 산업혁명 시기와 전자기기 위주의 현시기 사이에는 전기와 기계적 운동을 조합한 전기기계식(electromechanical)[8] 장치들이 만들어진 중간 시기가 있었다.

---

8 [옮긴이] 참고로 electromechanical의 electro-는 electron(전자)이 아니라 electric(전기의)에서 비롯한 접두사다.

전기기계 기술의 핵심 요소는 **계전기** 혹은 **릴레이**relay다. 계전기는 전기 회로에 쓰이는 기계적 스위치로, 전기 신호에 의해 전자석이 작동해서 스위치가 켜지거나 꺼진다. 계전기는 **관형 코일** 혹은 **솔레노이드**solenoid의 특수한 형태다. 이름에서 짐작하듯이 관형 코일은 코일을 관에 감아 놓은 부품으로, 전류가 흐르면 선형 자기장(linear magnetic field)이 발생한다. 이 자기장으로 코일 내부의 자석(**전기자**(armature)라고 부른다)을 물리적으로 움직일 수 있는데, 그런 운동으로 이를테면 수도관의 밸브를 열고 닫거나 자동차 엔진을 시동하는 것이 가능하다. 수도관을 두 번째 전자회로로 대체하고 밸브를 전기 스위치로 대체하면 바로 계전기가 된다.

계전기는 요즘도 쓰인다(그림 1-17). 예를 들어 로봇 안전 시스템에서는 주 배터리를 로봇의 모터에 물리적으로 연결하거나 떼어 내야 할 때가 많다. 그런 경우 안전 모니터가 모든 것이 정상인지 확인해서 정상이면 계전기를 작동해서 물리적으로 배터리를 연결하고, 문제가 있다면 연결을 끊는다. 전류가 변해서 전기자가 물리적으로 움직이면 계전기가 딸깍 하는 소리를 낸다.

그림 1-17 계전기. 관형 코일이 보인다.

전기기계식 장치는 순수 기계식 장치보다 효율적이다. 덕분에 널리 상용화되었고, 20세기에 두 차례의 세계 대전을 거치면서 군사용으로도 널리 쓰였다. 다음 절에서 소개할 기계 중 일부는 1980년대까지도 사용되었다. 그리고 정부의 지속적인 비밀 유지 때문에 언제까지 쓰였는지 확실하지 않은 기계들도 있다. 제2차 세계 대전(이하 간단히 2차대전)에 쓰인 암호화 기계들이 그렇다.

1.4.1 홀러리스 표 계산기와 IBM

미국의 헌법에는 10년마다 인구조사를 시행해야 한다는 조항이 있다. 1890년에도 인구조사가 시행되었는데, 당시 미국 인구는 사람이 인구조사 통계치를 처리하는 게 불가능한 수준으로 증가한 상태였다. 인구조사 데이터 처리 때문에 정부의 업무가 엄청나게 밀렸고, 자동화된 해법이 강력하게 요구되었다.

다행히 허먼 홀러리스Herman Hollerith라는 통계학자가 데이터 처리를 자동화하는 기계를 설계해서 1890년 인구조사에 성공적으로 사용했다. 6천2백만 명의 시민에서 얻은 정보에 관한 '빅데이터' 분석에 성공한 것이다. 서면 인구조사 양식에 기록된 각 시민의 데이터를 담당자들이 천공 카드로 옮겼다. 이때 쓰인 천공 카드는 자카르나 배비지의 기계가 아니라 역무원이 기차표에 구멍을 뚫어서 여러 노선이나 시간을 표현하는 데에서 영감을 얻은 것으로 보인다. 인구조사의 각 문항은 객관식이었다. 담당자들은 카드에서 해당 선택지의 위치에 구멍을 뚫어서 인구조사 데이터를 표현했다.

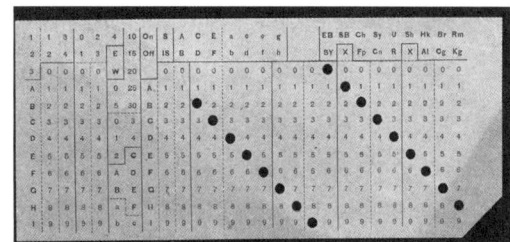

그림 1-18   IBM 홀러리스 기계의 복제품(왼쪽)과 천공 카드(오른쪽).

이런 식으로 만들어진 카드 더미를 홀러리스 기계에 투입하면 기계는 각 카드를 읽어서 구멍 위치에 따라 개별 항목 또는 항목들의 조합의 존재 또는 부재를 확인하고, 파스칼 계산기의 전기 버전을 이용해서 해당 항목들의 총계를 누산했다. 다음은 홀러리스 본인의 설명이다(1894).

> 그저 남성과 여성의 수를 아는 것만으로는 충분하지 않다. 예를 들어 연령대별 남성 수와 여성 수도 알아야 한다. 따라서 연령과 성별을 조합해서 세어야 한다. 잘 알려진 계전기를 간단히 사용하면 그런 조합이나 그 밖에 가능한 다른 조합들을 얻을 수 있다. 두 항목만 조합할 수 있는 것이 아님을 알아야 한다. 이런 식으로 다수의 항목을 조합할 수 있다. 조합할 수 있는 항목의 수는 오직 계수기(카운터)와 계전기의 수에 의해서만 제한된다.

이는 그 기계가 `SELECT`, `WHERE`, `GROUP BY`, `ORDER BY`를 비롯한 현재의 SQL 질의(query) 능력에 준하는 능력을 갖추었음을 뜻한다.

1890년 인구조사에서 그 기계가 거둔 성공이 널리 알려진 후 홀러리스는 1896년에 Tabulating Machine Company라는 회사를 설립했다. 그 회사는 1911년에 사명을 Computing-Tabulating-Recording으로 바꾸었고, 1924년에는 International Business Machines, 즉 IBM으로 바꾸었다. 1931년 **뉴욕 월드**New York World라는 신문은 IBM이 **슈퍼 컴퓨팅**을 수행한다고 묘사한 바 있다. IBM은 1936년 이전부터 여러 정부와 기업을 위해 1890년 인구조사 작업과 비슷한 성격의 상용 빅데이터 분석을 수행했다. 지금도 계속 그렇게 하고 있다.

1.4.2 전기기계식 미분 해석기

아날로그 기계식 미분 해석기는 전기로 동력을 공급할 수 있게 되면서 널리 실용화되었다. 또한 전기 회로 덕분에 미분 해석기의 새로운 중요한 응용 분야가 생겼다. 이는 물리적 기계를 서술하는 데 쓰이는 것과 동일한 종류의 미분방정식을 전기 회로에도 적용할 수 있기 때문이다. 전기기계식 미분 해석기의 대중화에 결정적인 역할을 한 성과로는 흔히 헤이즌Hazen과 부시Bush가 MIT에서 1928년에 만든 시스템을 꼽는다. 이후 그런 아이디어가 영국 맨체스터 대학교와 케임브리지 대학교의 연구팀들에도 빠르게 전파되었다(그림 1-19). 영국에서는 그런 종류의 연구용 기계를 만들 때 Meccano(Erector Set과 유사하다)를 사용하기도 했는데,[9] 덕분에 미국 버전보다 돈이 덜 들었다.

그림 1-19 모리스 윌크스Maurice Wilkes(오른쪽)와 기계식 케임브리지 미분 해석기(왼쪽). 1937년.

비슷한 기계들이 제2차 세계 대전 내내 미분방정식을 푸는 데 적극적으로 쓰였다. 이를테면 발사체의 궤적에 그런 기계가 쓰였다. 일부 팀은 움직이는 부품에 펜을 부착해서 종이에 그래프를 그리는 아날로그 플로터를 추가하기도 했다. 이런 기계의 변형들이 1970년대까지도 미사일 유도 시스템에 쓰였다.

1.4.3 제2차 세계 대전의 전기기계식 기계

관련 대중 역사 문헌 중에는 2차대전 당시 송신자와 수신자가 메시지를 암호화하고 복호화하는 데 쓰인 **암복호화**(cryptography) 기계들과 적국의 **암호**(cipher)를 깨는(crack) 데 쓰인 **암호**

---

9 [옮긴이] Meccano와 Erector Set은 기어, 바퀴, 벨트, 금속 막대 같은 다양한 부품으로 구성된 공작 도구 모음의 제품명이다. 국내에서 '과학상자'나 그와 비슷한 이름으로 판매되는 제품을 떠올리면 될 것이다.

해독(cryptanalysis; 또는 암호분석) 기계들에 초점을 둔 것이 많다. 그 두 분야를 합쳐서 **암호학**(cryptology)이라고 부른다. 암호의 해독이 암호화 및 복호화보다 어렵다. 따라서 암호해독용 기계가 더 크고 흥미로운 기계다. 두 범주의 기계 중 '컴퓨터'로 간주할 만한 것이 있을까? 해당 정부들의 비밀주의 때문에 이 기계들의 역사는 비밀에 부쳐졌다. 시간이 흐르면서 관련 문서들이 조금씩 공개가 될 때마다 그 역사를 좀 더 알게 될 뿐이다. 이러한 불확실성을, 자신의 나라나 공동체가 컴퓨터를 발명했다고 주장하는 일부 편향된 역사학자와 영화제작자가 악용하기도 했다.

2차대전 때 독일군이 사용한 에니그마$_{Enigma}$(그림 1-20)는 원래 독일 회사가 만든 전기기계식 상업용 암복호화 제품으로, 미국과 영국을 비롯해 여러 국가의 은행과 정부에 판매되었다.

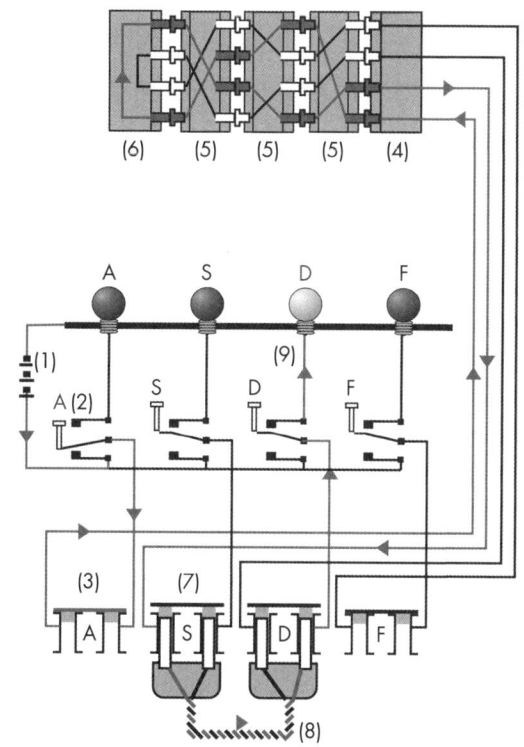

그림 1-20　**독일 에니그마의 배선.**
입력 키 네 개(2), 출력 램프 네 개(9), 회전자(rotor) 세 개(5, 5, 5), 플러그판 하나(8), 반사기(reflector) 하나(6)가 보인다.

에니그마는 타자기 자판 하나와 글자 출력 램프 여러 개, 회전자 세 개가 전선으로 연결된 구조다. 각 회전자는 입력된 글자를 다른 글자로 대체하는 역할을 한다. 입력 글자 a는 세 개의 회전자를 차례로 통과한 후 '반사'된다(26 - a로 대체된다).[10] 반사된 글자는 다시 세 개의 회전자를 거친다. 이

10　[옮긴이] 이 설명에는 a가 로마자 알파벳의 글자 번호라는 가정이 깔려 있다. 26에서 짐작하겠지만 대소문자는 구별하지 않는다.

런 과정이 반복될 때마다, 파스칼의 계산기에서처럼 회전자들 사이에서 자리올림이 일어나서 경우에 따라서는 각 회전자가 1씩 증가하게 된다. 회전자를 어떻게 구성하느냐에 따라 다른 글자로의 대체 방식이 달라진다. 에니그마의 모든 연산은 대칭적이었다. 즉, 평문을 암호화하는 데 사용한 에니그마를 암호문을 평문으로 복호화하는 데에도 사용할 수 있다. 에니그마의 여러 버전이 2차대전에 쓰였다.

독일군의 M3 에니그마에는 플러그판(plugboard)을 이용해서 글자 쌍을 치환하는 단계가 추가되었다. 전쟁 발발 7년 전 마리안 레예프스키Marian Rejewski가 이끄는 폴란드군은 단일 목적의 전기기계식 장치인 **봄바**Bomba를 설계해서 에니그마 암호를 해독하는 데 사용했다. 물리적 에니그마 회전자들을 사용한 이 기계는 알려진 메시지 헤더들의 모든 가능한 인코딩encoding들을 무차별 대입(brute force) 방식으로 시험하는 방식이었다. 그렇게 얻은 데이터를 이용해서, 매일 바뀌는 암호 키들을 역색인(reverse-index) 파일-카드 데이터베이스에서 조회했다. 폴란드는 이 시스템을 영국에 제공했다. 영국은 블레츨리 파크Bletchley Park(이후 영국 정보통신본부(GCHQ)가 되었다)에서 이 기계를 연구했다.

1938년에 독일은 알려진 메시지 헤더들을 제거하기 위해 프로토콜을(하드웨어가 아니라) 변경했다. 이후 폴란드의 수학자이자 암호학자인 헨리크 지갈스키Henryk Zygalski가 광학 컴퓨팅(optical computing)을 이용해서 에니그마를 다시 해독했다. 그의 시스템은 정보가 인코딩된 천공 카드들을 겹쳐 쌓고 불빛을 비추는 식이었다. 시스템은 빛이 카드 더미 전체를 통과하는 위치를 아주 빠르게 찾아냈다.

1939년에 독일은 세 개의 슬롯에 삽입할 수 있는 회전자의 개수를 3에서 5로 늘렸다. 그러자 암호의 복잡도가 크게 증가해서 지갈스키의 방식으로는 풀 수 없게 되었다. 이 버전을 깨기 위해 영국은 지갈스키의 시스템과 비슷한 성격의 계산을 더욱 빠르게 수행할 방법을 모색했고, 결국 IBM 홀러리스 기계를 사용하기로 했다.

독일은 좀 더 강력한 M3 프로토콜인 **돌핀**Dolphin을 유보트U-boat에 사용했다. 돌핀은 교체 가능한 회전자가 더 많았고, 헤더들도 이전과 달랐다. 이를 깨기 위해 영국은 폴란드의 봄바에 기초해서 **브리티시 봄브**British Bombe를 설계했다. 이때 앨런 튜링Alan Turing과 고든 웰치먼Gordon Welchman을 비롯해 여러 사람이 추가적인 암호학 관련 작업을 수행했다. 실제 기계는 IBM의 해럴드 킨Harold Keen이 설계하고 제작했다.

타이펙스Typex는 에니그마의 영국 버전이었다. 독일 버전처럼 타이펙스는 상업용 에니그마 제품을 군사 통신용으로 개조한 것이다. 독일은 블레츨리 파크의 독일 버전이라 할 수 있는 베 딘스트 B-Dienst[11]에서 IBM 홀러리스 기계를 이용해서 타이펙스 암호를 여러 번 해독했다.

1937년에 IBM 사장 토머스 왓슨Thomas Watson이 히틀러와 만났다. 그는 홀러리스 기계가 "제국에 복무한" 공로를 인정받아 상을 받았다. 이후 홀러리스 기계는 더욱더 사악한 용도로 쓰였다. 독일의 강제 수용소들은 IBM에서 홀러리스 기계를 임대해서, 홀로코스의 희생자들이 "유개화차(boxcar)에서 내려서 가스 살포가 준비된 가스실로 바로 걸어 들어갈 수 있는 정확한 타이밍"을 계산하는 데 사용했다. 또한, 인구조사나 의료기록 같은 빅데이터 원천 자료들을 병합해서 희생자들의 이름 및 상태 목록을 작성하는 데에도 쓰였다. 이를 위해 IBM은 IT 컨설턴트를 독일에 파견해서 소프트웨어 설계를 도왔고, 매달 현장에 방문해서 기계에 대한 서비스를 제공했다.

1.4.4 추제 Z3

1941년에 독일의 공학자 콘라드 추제Konrad Zuse가 나치당과 협력해서 군사용 Z3 기계를 만들었다. 이 *Z3*은 전기기계식 계전기 2,000개와 기계식 이진 메모리 장치로 구성된 기계였는데, 메모리 장치는 22비트 값 64개를 담을 수 있었다. 성능은 초당 명령어 10개를 실행하는 정도였다.

Z3이 이론적으로 처치 컴퓨터임이 1998년에 증명되었다. 단, Z3이 처치 컴퓨터로 작동하려면 대단히 난해하고 비실용적인 기술이 필요했다. 또한 Z3은 폰 노이만 기계를 시뮬레이션할(아주 느리게라도) 수 있지만, 실제로 그렇게 쓰인 적은 없다.

1.5 전기 시대

튜브(주로 미국)나 **밸브**valve(주로 영국에서)라고도 부르는 **진공관**(vacuum tube)은 1904년에 존 플레밍John Fleming이 전기기계식 계전기의 효율적인 대체물로서 발명한 것이다. 계전기와는 달리 진공관에는 움직이는 부품이 없다. 순수하게 전기로만 작동하므로 스위치 전환이 전기기계식 계전기보다 훨씬 빠르다. 지금도 진공관은 진공관 기타 앰프 같은 아날로그 오디오 증폭 장치에 쓰이고 있다.

---

11 [옮긴이] 정식 명칭은 관찰 서비스라는 뜻의 Beobachtungsdienst다. 독일 해군 정보부 소속의 한 부서로, 연합국의 무선 통신을 감청, 해독했다.

그림 1-21   진공관으로 만들어진 기타 앰프.

진공관은 에디슨이 만든 전구와 비슷한 모습이다. 작동 방식도 비슷하다. 밀폐된 유리관에서 공기를 빼서 진공을 만든다. 유리관 안에는 양극(anode), 음극(cathod), 히터heater가 있다. 양극과 음극은 전기 회로가 켜지고 꺼지는 단자들이다. 양극에는 양의 전압이, 음극에는 음의 전압이 걸린다. 스위치 역할을 하는 것은 히터다. 히터가 켜져서 열이 나면 음극에서 전자가 방출된다. 전자는 진공을 통해 양극으로 이동한다. 그러면 전류가 흘러서 회로가 켜진다. 히터가 꺼지면 음극에서 전자가 탈출할 정도의 에너지가 없어져서 결국 회로가 꺼진다.

히터를 온/오프 두 가지로만 제한다면, 계전기처럼 작동하되 순전히 전기적으로 계산을 수행하기 위한 기본 단위로서의 디지털 스위치가 된다. (진공관을 아날로그적으로 사용할 수도 있다. 히터에 연속적인 수준의 열을 공급할 수 있게 하면 주 회로에 연속적인(이산적이 아니라) 크기로 전류가 흘러서 아날로그 증폭 효과가 생긴다. 즉, 히터의 작은 제어 전류로 그보다 훨씬 큰 주 회로 전류를 키우거나 낮출 수 있다.[12])

1.5.1 2차대전의 순수 전자적 암호학

전기기계적으로 작동하는 기계들보다는 덜 알려졌지만, 순전히 전자적(electonic)으로 작동하는 기계가 2차대전 후반에 등장했다. 그런 기계들 역시 정보 비공개 대상이었다. 하지만 이들이 '최초의 컴퓨터'라고 주장하는 사람들이 종종 있었다.

1942년에 독일 해군은 에니그마의 회전자 슬롯을 세 개에서 네 개로 늘렸다(이렇게 개선한 모델을 독일은 'M4'라고 불렀고, 연합군은 M4의 통신 흐름을 '상어'라고 불렀다.) 이런 수준의 암호는 해독하기가 너무나 복잡했기 때문에 컴퓨팅 성능 향상을 위한 투자가 요구되었다. 미국은 IBM에 돈을 지

---

12 [옮긴이] 본문에서 설명한 진공관은 2극 진공관이다. 신호의 증폭을 위해서는 그리드(grid) 단자가 추가된 3극 이상의 진공관이 필요하다. 3극 진공관은 1906년에 미국의 리 디포리스트(Lee de Forest)가 발명했다.

불해서, 새롭고 빠른 전자식 진공관 수백 개로 이루어진 **아메리칸 봄브스**American Bombes를 만들게 했다.

독일에는 로렌츠 SZ42Lorenz SZ42라는 또 다른 암복호화 기계가 있었다. 이 기계의 암호는 **피시**Fish로 불렸다. 이 기계는 에니그마와는 별도로 만들어졌지만, 에니그마와 비슷한 회전자들을 사용했다. 연합군은 로렌츠 SZ42를 2차대전 후반에 발견했다. 에니그마보다 나중에 발견한 것인데, 이는 독일이 초기에 무선이 아니라 유선으로만 트래픽을 전송해서 감청이 어려웠기 때문이다. 1944년에 블레츨리 파크에서 맥스 뉴먼Max Newman이 이끄는 해독팀이 **콜로서스**Colossus라는 기계로 피시 암호를 해독했다. 콜로서스(그림 1-22)는 토미 플라워스Tommy Flowers가 설계하고 제작했다.

그림 1-22 블레츨리 파크에 설치된 콜로서스(1943)와
운영자 도로시 뒤 부아송(Dorothy Du Boisson) 및 엘시 부커(Elsie Booker).

콜로서스는 아메리칸 봄브스처럼 완전히 전자적으로 작동하는 진공관 기반 기계였지만, 아메리칸 봄브스와는 달리 배선을 물리적으로 변경해서 다른 기능을 수행하게 만들 수 있었다. 영국은 1960년대까지 콜로서스를 이용해서 러시아의 암호를 해독했다. Z3처럼 콜로서스도 이론적으로 처치 컴퓨터임이 최근에야 증명되었다. 증명을 위해서는 콜로서스 10대를 연결하고 당시에는 없던 혁신적인 VM(가상 기계)으로 프로그래밍하는 복잡하고 모험적인 구성이 필요했다.

1.5.2 에니악ENIAC

에니악의 원문 *ENIAC*은 Electronic Numerical Integrator and Computer(전자 수치 적분기 및 계산기)를 줄인 것이다. 진공관 기계인 에니악은 2차대전 말기에 미국에서 존 모클리John Mauchly와 J. 프레스퍼 에커트J. Presper Eckert가 만들었다. 1945년에 완성된 에니악은 미군의 탄도 계산에 쓰였다. 전후에도 계속 쓰였는데, 주로 수소폭탄 관련 계산을 수행했다.

모클리와 에커트는 명시적으로 배비지의 해석기관을 기반으로 삼았다. 그들은 해석기관의 기계식 부품들을 그에 대응되는 진공관으로 대체해서 에니악을 설계했다. 덕분에 에니악은 해석기관처럼 다수의 명령으로 이루어진 임의의 프로그램을 실행하도록 프로그래밍할 수 있는 완전히 범용적인 기계가 되었다.

에니악을 프로그래밍하려면 패널의 소켓들에 케이블을 물리적으로 끼워 넣어서 배선을 바꾸어야 했다. [그림 1-23]은 이런 식으로 프로그램을 작성하고 있는 프로그래머들을 찍은 사진인데, 프로그래머들이 아니라 그냥 다른 사람이 작성한 프로그램을 실행하기 위해 기계를 조작 중인 기술자들로 오인하는 경우도 있었다. 이제 여러분은 에니악의 프로그래밍 방식을 알았으니, 이런 사진들이 실제로 프로그래머들이 일하는 모습을 보여준다는 점을 오해 없이 받아들일 수 있을 것이다.[13]

그림 1-23 **1940년대 에니악의 모습과 에니악을 프로그래밍하는 프로그래머 베티 진 제닝스와 프랜시스 빌라스.**

에니악은 임의의 프로그램을 실행할 수 있다(메모리가 충분하다면). 하지만 해석기관처럼 에니악은 하버드 아키텍처를 사용했다. 물리적으로 프로그램을 패치해야 한다는 점 때문에, 에니악을 최초의 컴퓨터라고 부를 수는 없다는 주장이 있다. 하지만 다른 모든 컴퓨터와 마찬가지로, 이론적으로는 임의의 컴퓨터를 시뮬레이션하는 VM을 에니악에서 구현하는 것으로 이 문제를 해결할 수 있다. 최근에야 컴퓨터 역사학자들은 실제로 누군가가 ENIAC에서 이것을 구현했다는 사실을 재발견했다!

---

13 [옮긴이] 저자는 다소 완곡하게 표현했지만, 이런 오해가 성 역할에 대한 편견에서 비롯된 것임을 부인하기는 어려울 것이다. 에니악 여성 프로그래머들에 관한 서적으로 《사라진 개발자들: 알려지지 않은, 치열했던 여성 에니악 개발자 6인의 이야기》(이미령, 김태곤 옮김, 한빛미디어, 2023)이 있다.

1.5.3 VM 에니악

에니악 프로그래머 베티 진 제닝스Betty Jean Jennings와 말린 웨스코프Marlyn Wescoff, 루스 릭터먼Ruth Lichterman, 베티 스나이더Betty Snyder, 프랜시스 빌라스Frances Bilas, 케이 맥널티Kay McNulty는 프로그램을 새로 만들 때마다 물리적으로 케이블을 갈아 끼우는 식으로 에니악을 프로그래밍하는 방식에 싫증이 났다. 그래서 이들은 패널에 배열된 스위치들을 통해서 임의의 사용자 정의 프로그램을 읽어 들이도록 프로그램을 배선했다. 즉, 이들은 고정 하드웨어 프로그램이 스위치들로부터 고수준 프로그램을 읽는 컴퓨터를 흉내 내는(에뮬레이션) 하나의 가상 컴퓨터(VM)를 만들어낸 것이다.

어떤 사람들은 바로 이 시점에서 '최초의 컴퓨터'가 하드웨어가 아니라 소프트웨어로서 만들어졌다고 주장한다. 이것이 매혹적인 이야기이긴 하지만, 문제가 없는 것은 아니다. 사용자 정의 프로그램은 여전히 컴퓨터의 주 메모리가 아니라 물리적 스위치들에 저장된다. 즉, 여전히 하버드 아키텍처를 사용하는 것이다. 따라서 프로그램이 스스로 자신의 코드를 수정할 수는 없다. 자체 코드 수정은 일부에서 '최초의 컴퓨터'가 갖추어야 할 요건이라고 주장하는 능력이다.

프로그램이 자신의 코드를 수정하는 능력이 상당히 애매모호한 요건이긴 하다. 사실 이런 능력은 성가신 보안 응용 프로그램이나 난독화 코딩 경연 대회 말고는 거의 필요하지 않다. 에니악 프로그래머들이 한 걸음 더 나아가 두 번째 VM을 더 얹어서, 프로그램 메모리가 아닌 데이터 자체에서 고수준 프로그램을 표현하게 하는 것도 **이론적으로는** 가능한 일이었다. 그랬다면 자체 코드 수정이 가능한 폰 노이만 아키텍처를, 에니악 프로그래머들이 이미 만든 것과 동일한 VM을 사용해서 구현할 수 있었을 것이다. 하지만 프로그래머들은 그럴 필요성을 느끼지 못했다. 반대자들은 에니악 프로그래머들이 그런 작업을 수행하는 게 "가능했다"라고 해도, 그런 논리는 Z3 프로그래머들이 VM을 만들 수 있었다고 주장하는 것과 별로 다를 것이 없다고 주장한다. 이 VM 에니악이 '최초의 컴퓨터'의 지위에 모기 더듬이만큼 아주 가까이 근접하긴 했지만, 최초의 컴퓨터는 아니라는 것이다.

[NOTE] 모기 이야기가 나왔으니 하는 말인데, 세계 최초의 컴퓨터 '버그bug(벌레)'는 1947년에 하버드 마크 IIHarvard Mark II라는 다른 컴퓨터의 프로그래머들이 처음으로 잡아서 기록했다. 버그라는 용어를 요즘 통하는 의미로 사용한 것도 이것이 최초였다. 당시 프로그래머들이 잡아낸 것은 진짜 벌레였다. 나방 한 마리가 컴퓨터에 들어가서 컴퓨터가 오작동한 것이다.

1.5.4 맨체스터 베이비

1948년에 프레더릭 윌리엄스Frederic Williams와 톰 킬번Tom Kilburn, 조프 투틸Geoff Tootill은 최초의 '전

자 프로그램 내장식 컴퓨터(electronic stored-program computer)'를 현재의 맨체스터 대학교에서[14] 시연했다. **프로그램 내장식**은 요즘 말하는 폰 노이만 아키텍처를 뜻한다. 이 컴퓨터의 공식 명칭은 Small-Scale Experimental Machine(소규모 실험용 컴퓨터)이지만, 흔히 '베이비(아기)'라는 별명으로 불렸다.

맨체스터 베이비의 CPU는 진공관 500여 개와 다수의 다이오드를 포함한 여러 부품으로 구성되었다. CPU는 7개의 명령어로 구성된 명령어 집합을 구현했다. 요즘 용어로 말하자면 맨체스터 베이비는 32비트 컴퓨터로, 32개의 주소에 각각 32비트 워드 하나를 저장했다.

맨체스터 베이비에는 블레츨리 파크의 콜로서스 컴퓨터들을 분해해서 얻은 부품들도 쓰였다. 하지만 얼마 후 베이비 자체가 해체되어서 후속작인 맨체스터 마크 1 컴퓨터의 부품들로 쓰였다. 현재 맨체스터시의 과학 산업 박물관(Science and Industry Museum)에 맨체스터 베이비의 복제품이 있다. 이 박물관은 특히 흥미로운데, 맨체스터에서 시작된 산업 혁명 시기의 직물 가공 기계들도 함께 전시되어 있기 때문이다. 이 기계들은 자카르 방직기와 맨체스터 컴퓨터들 사이의 문화적 연결고리를 보여준다.

그림 1-24 영국 맨체스터시의 과학 산업 박물관에 재건된 맨체스터 베이비. 중앙의 CRT는 디스플레이로도 쓰인 기억장치(메모리)다.[15]

---

14 [옮긴이] 1948년 당시는 맨체스터 과학기술 대학교(UMIST)였다. 2004년에 맨체스터 빅토리아 대학교, 맨체스터 비즈니스 스쿨 등과 통합되어 종합대학인 맨체스터 대학교가 되었다.

15 [옮긴이] 중앙의 동그란 부분이 CRT(음극선관)다. 제10장의 '역사적인 RAM들' 글 상자에서 보겠지만, 이것은 윌리엄스관이라고 부르는 임의 접근 메모리(RAM)다.

녹색 CRT 화면에서 **스페이스 인베이더**를 플레이하도록 베이비를 프로그래밍하는 것도 가능하다. 실제로, 베이비 에뮬레이터는 물론이고 현대에 재건된 실물 베이비에서 **스페이스 인베이더**와 비슷한 게임을 플레이한 사례가 있다. 이는 아마도 레트로 게이밍의 가장 극단적인 예일 것이다.

폰 노이만 아키텍처인 맨체스터 베이비는 자신의 코드를 수정하는 프로그램도 실행할 수 있다. 드디어 우리는 논란의 여지없이 처치 컴퓨터의 요건에 부합하는 컴퓨터에 도달한 것이다. 물론 "필요한 만큼의 메모리가 제공된다면"이라는 단서가 붙지만 말이다. 하지만 베이비의 아키텍처가 32×32비트 메모리 설계에 매우 특화되어 있어서, 구현 방법을 고안하는 것이 간단하지 않다. 메모리를 더 크게 재설계할 수는 있겠지만, 그러면 여전히 베이비라고 부를 수 있을까? 다른 어떤 기계가 되는 것이 아닐까?

1.5.5 1950년대와 상업용 컴퓨팅

1951년 3월에 유니박UNIVAC(Universal Automatic Computer)이 처음으로 고객에게 배달되었다. 유니박(그림 1-25)은 모클리와 에커트가 에니악을 상용화한 제품으로, 최초의 **상업용**(commercial) 범용 프로그램 내장식 컴퓨터에 해당한다. 에니악처럼 유니박도 진공관 기반 컴퓨터다. 미국 방송사 CBS는 이 컴퓨터로 통계 계산을 수행해서 1952년 미국 대통령 선거 결과를 성공적으로 예측했고, 덕분에 명성과 매출 모두 높아졌다. 모클리와 에커트가 세운 회사는 지금도 Unisys라는 이름으로 영업 중이다.

그림 1-25 유니박.

IBM은 표 계산기 사업으로 계속 이익을 거두고 있었지만, 유니박과 기타 전자 컴퓨터들이 그 사업을 무너뜨릴 것을 미처 깨닫지 못했다. 1948년에 CEO 토머스 왓슨은 인류 역사상 최악의 미래학 예측을 내놓았다. 바로 "전 세계의 컴퓨터 수요는 다섯 대 정도라고 생각한다"라는 것이었다. 뒤늦게 신기술에 눈을 뜬 IBM은 1952년에 자사 최초의 상업용 전자 컴퓨터인 IBM 701을 만들었다.

1.6 트랜지스터 시대

트랜지스터transistor는 진공관과 기능이 같지만 더 작고 빠르고 싸다. 게다가 전기를 덜 먹고 신뢰도도 높다. 진공관처럼 트랜지스터도 아날로그로도, 디지털로도 사용할 수 있다(예를 들어 트랜지스터 라디오나 기타 앰프 같은 아날로그 음향 증폭 장치에 트랜지스터가 쓰인다). 하지만 컴퓨팅 분야에서는 전적으로 디지털 특성으로만 쓰인다.

윌리엄 쇼클리William Shockley와 존 바딘John Bardeen, 월터 브래튼Walter Brattain이 1947년 트랜지스터 효과를 발견했다. 그 공로로 셋은 1956년에 노벨 물리학상을 받았다. 트랜지스터의 상용화 작업은 1950년대에 지금은 실리콘 밸리라고 부르는 지역에서 시작되었다. 1960년대에 이르러 트랜지스터는 주류 기술로 자리 잡았다. 지금도 트랜지스터는 컴퓨터의 바탕 기술로 쓰이고 있다.

그림 1-26 대형 트랜지스터.

1.6.1 1960년대와 대형 트랜지스터

1960년대의 트랜지스터 기반 '미니컴퓨터minicomputer'는 이름과 달리 그리 작지 않았다. 미니컴퓨터는 마이크로칩이 아니라 약 1cm 길이의 '대형' 트랜지스터들로 만들어졌다. 그림 1-26에서 보듯이, 요즘도 소위 빵판(breadboard)에 꽂아서 쓰는 그런 트랜지스터들이다. 이런 트랜지스터들로 CPU를 만드는 것은 지금도 가능한 일이다. 실제로 여러 애호가가 재미 삼아 만들곤 한다(에릭 슐래퍼Eric Schlaepfer와 Evil Mad Scientist Laboratories의 MOnSter 6502 프로젝트[16]가 좋은 예다).

이 미니컴퓨터들은 랙rack 하나를 채울 만한 크기였다. 초창기 AI 연구에 많이 쓰인 클래식 PDP 컴퓨터(그림 1-27)가 이런 미니컴퓨터에 속한다. 이 시기는 시모어 크레이Seymour Cray가 하이엔드 사용자를 위한 엄청나게 크고 빠른 컴퓨터를 만든다는 목표로 크레이 슈퍼컴퓨터를 개발하기 시작한 때이기도 하다.

---

16 https://monster6502.com/

그림 1-27 1960년대 트랜지스터 기반 미니컴퓨터 중 하나인 PDP-11.

1960년대 트랜지스터 컴퓨터들은 ARPANET(오늘날의 TCP/IP 기반 인터넷의 전신이다)의 운영에 쓰였다. 또한, 1996년 아폴로 11호의 달 착륙 프로그램을 만드는 데에도 이런 컴퓨터들이 쓰였다. 마거릿 해밀턴Margaret Hamilton(그림 1-28)은 어셈블리어로 달 착륙 프로그램의 코드를 작성했다. 이 작업은 문자 그대로 '로켓 과학'이었다. 이 중요한 코드를 더욱 정확하게 만드는 방법을 찾는 과정에서 해밀턴은 현대적인 소프트웨어 공학을 스스로 창안해야 했다.

그림 1-28 해밀턴과 아폴로 11호용 프로그램의 전체 어셈블리 코드 출력물.

1965년에 인텔Intel CEO 고든 무어Gordon Moore는 이후 무어의 법칙(Moore's law)으로 불리는 관찰 결과를 발표했다. 서문에서 언급했듯이, 무어의 법칙은 컴퓨터의 속도나 면적당 트랜지스터 수가 18개월마다(계산 방법에 따라서는 2년마다) 두 배가 된다는 것이다.

1.6.2 1970년대와 집적회로

1970년대에는 **집적회로**(integrated circuits)가 널리 상용화되었다(집적회로를 **IC**나 **마이크로칩**microchip, 또는 그냥 칩이라고 부르기도 한다). 집적회로의 바탕 이론은 1952년에 영국의 조프리 더머Geoffrey Dummer가 만들었지만, 정작 노벨 물리학상은 잭 킬비Jack Kilby가 받았다. 1952년에 더머의 강의를 들은 바 있는 킬비는 텍사스 인스트루먼츠(Texas Instruments, TI)사에서 실용적인 집적회로를 개발하고 특허를 획득한 공로로 2000년에 노벨 물리학상을 받았다.

IC 기술 덕분에 전기적 트랜지스터 기반 회로를 소형화할 수 있었다. 1960년대에 랙 하나를 채운 컴퓨터의 배선을 손톱만 한 실리콘 '칩' 하나에 욱여넣을 수 있게 된 것이다. 칩을 현미경으로 보면 1940년대나 50년대, 60년대 랙 뒷면의 전선과 비슷한 배선 패턴을 볼 수 있다. 회로에 실제로 쓰이는 부품은 그런 실리콘 칩을 플라스틱 덩어리(흔히 검은색)로 포장해

그림 1-29 인텔 4004 집적회로가 들어있는 마이크로칩 패키지.

서 하나의 패키지package로 만든 것이다. 이런 패키지에는 칩의 세밀한 입력, 출력 단자를 외부 세계—보통은 인쇄 회로 기판—과 연결하기 위한 금속 핀들이 달려 있다.

1970년대는 오늘날에도 여전히 쓰이는 아주 오래된 몇몇 소프트웨어가 탄생한 시기이기도 하다. 이 시기에 케네스 톰슨Kenneth Thompson과 데니스 리치Dennis Ritchie가 유닉스UNIX 운영체제를 만들었다(그림 1-30). 현재의 리눅스Linux나 FreeBSD, macOS 시스템은 그 운영체제에서 진화한 것이다.

그림 1-30 텔레타이프 터미널로 유닉스를 만들고 있는 톰슨과 리치.

당시 유닉스 터미널에는 인쇄용지 롤 위에 타자기 스타일의 프린터 헤드가 달린, 배비지의 차분기관에 쓰인 것과 비슷한 출력 장치가 쓰였다. 프로그래머는 키보드로 명령을 입력해서 컴퓨터와 상호작용했다. 그러면 그 명령과 명령을 실행한 결과가 인쇄용지에 출력되었다. 이런 텔레타이프 teletype 시스템이 오늘날 유닉스류 시스템에 쓰이는 X-터미널의 기원이다.[17]

한편 제록스사(복사기 제조회사)의 팔로알토 연구소(Palo Alto Research Center), 줄여서 제록스 PARC는 이런 터미널 기반 상호작용과는 차원이 다른 그래픽 사용자 인터페이스를 연구했다. 주목할 만한 성과로는 최초의 마우스 개발과 '데스크톱' 은유가 있다. 물리적인 서류 캐비닛에 기반한 파일이나 폴더 등 사무실 환경의 은유(메타포)를 차용한 인터페이스가 그들의 작품이다.

사람과 컴퓨터를 연결하는 인터페이스를 기업 중간 관리자 사무실에 근거해서(학교나 미술관, 상점 같은 장소가 아니라) 개발하기로 한 이 결정은 지금까지도 우리의 컴퓨팅 환경에 영향을 미치고 있다. 어쩌면 컴퓨팅을 지루하게 만든 요인이라고 할 수 있겠다. 하지만 상황이 변하고 있다. 안드로이드 같은 휴대형 기기의 인터페이스나 Kodi처럼 멀리 떨어져서 작동할 수 있는 '10피트' 인터페이스 등, '앱'에 기반한 실현 가능한 대안을 제공하는 사용자 인터페이스들이 등장했다.

1.6.3 1980년대 황금기

컴퓨터 역사에 관해 글을 쓰는 저자라면, 결국 이야기가 자신의 생애와 겹치는 지점에 도달하게 된다. 그때부터는 글에 편견이나 개인적인 경험이 스며들 수 있다. 사실 나(저자)도 이번 장을 쓰면서 그런 일을 겪었다. 균형 있는 관점을 원한다면 다른 저자의 글도 읽어보길 권한다.

1980년대는 컴퓨터 아키텍처의 황금기였다. 대량생산이 가능할 정도로 전자 컴퓨터가 값싸고 작아져서, 드디어 일반인도 가정에서 컴퓨터를 사용할 수 있게 되었다. 인류 역사에서 컴퓨터에 관심이 있는 아이에게 가장 행복한 시기가 바로 이때가 아닐까 한다. 이때부터 아동이 크리스마스 선물로 번듯한 컴퓨터를 받을 수 있었다(그림 1-31). 당시는 아직 운영체제가 컴퓨터의 아키텍처를 사용자로부터 숨기기 전이었다. 그래서 사용자는 아키텍처에 직접 접근할 수 있었다.

그림 1-31 1980년대의 홈 컴퓨팅. 첫 컴퓨터를 가지게 된 아이의 행복한 모습이 보인다.

이런 컴퓨터들은 초기에는 6502 같은 8비트 CPU를 사용했다. 예를 들어 코모도어 64 Commodore 64와 애플 II Apple II가 그랬다. 이후 16비

---

[17] 옮긴이 참고로 유닉스류 시스템에서 터미널/콘솔 장치를 뜻하는 tty는 teletype를 줄인 것이다.

트 CPU를 장착한 가정용 컴퓨터들이 나왔다. 예를 들어 모토로라 68000Motorola 68000을 장착한 아미가Amiga와 아타리 STAtari ST가 있다. 레트로 게임계에서는 이 시기를 8비트 시대와 16비트 시대로 구분한다. 이 시기를 경험한 많은 사람이(그리고 경험하지 못한 많은 사람도) 애정과 향수로 이 시기를 회상한다.

1981년에는 인텔 8088 칩을 장착한 IBM 5150 PC가 출시되었다. 1980년대에 IBM을 비롯해 여러 컴퓨터 회사가 이 PC 및 다른 여러 PC를 판매했는데, 주로는 사무용이었다. 이 회사들은 이기종(heterogeneous), 아키텍처 주도적(architecture-driven) 가정용 컴퓨터 시장과는 정반대의 개념으로 시장에 접근했다. 두 가지 측면을 주목할 수 있는데, 첫째로 이들은 컴퓨터 부품들에 표준화된 구조를 적용해서 여러 제조업체가 서로 호환되는 부품을 만들 수 있게 했다. 둘째로 이들은 모든 하드웨어를 엄격한 운영체제의 통제하에 두어서 사용자의 직접 접근을 막았다. 사용자는 반드시 운영체제가 관리하는 표준화된 인터페이스를 통해서 접근해야 했다. IBM은 시장 영향력을 이용해서 부품에 대한 표준을 강제했다. 덕분에 IBM은 가장 저렴한 공급업체에서 구매한 부품으로 만들어서 자사 브랜드를 부착한 PC 제품으로 수익을 올릴 수 있었다.

1980년대는 리처드 스톨먼Richard Stallman이 PC에(그리고 그보다 큰 컴퓨터에) 독점적인 운영체제를 설치하는 관행에 대항해서 GNU("GNU's Not Unix"의 재귀적 약자다) 프로젝트와 자유 소프트웨어(Free Software) 운동을 시작한 때이기도 하다. 이 운동은 이후 리눅스 기반 시스템들로, 그리고 오늘날에도 통용되는 여러 원칙과 철학으로 이어졌다.

이 시기는 제11장에서 좀 더 살펴볼 것이다.

1.6.4 따분한 1990년대

아키텍처의 관점에서 1990년대는 다소 싱겁고 지루하고 따분한 시대였다. 이 시기의 주된 동력은 상업성 혹은 상용화였다. 이 시기에 컴퓨터의 주된 사용자가 프로그래머와 애호가에서 기성품 소프트웨어(워드 프로세서나 스프레드시트 등)의 사용자로 바뀌었다. 1990년대에는 학교들이 컴퓨터 과학을 가르치는 대신 유료 사무용 소프트웨어 사용법을 가르치기 시작했다(여기에는 해당 소프트웨어 기업의 로비가 큰 영향을 끼쳤다).

이 시기 컴퓨터 아키텍처는 PC[18] 표준 아키텍처가 주도했다. 1980년대에는 PC가 주로 사무용으로

---

18 [옮긴이] PC 자체는 personal computer(개인용 컴퓨터)의 약자이지만, 단순히 개인이 사용하는 컴퓨터를 PC라고 칭하지는 않는다. 이 책의 거의 대부분의 문맥에서(그리고 사실 일상에서도) PC는 IBM PC 호환 기종을 뜻한다.

쓰였지만, 1990년대에 들어서는 PC 제조업체들이 가정과 학교를 포함한 거의 모든 곳에 PC를 집어넣었다. PC 제품에는 닫힌 소스(closed-source; 소스 코드가 공개되지 않은) 운영체제가 번들로 제공되었기 때문에, 사용자들은 컴퓨터의 "뚜껑 안쪽"을 들여다보기가 어려웠다.

물리적으로 이 컴퓨터들은 거의 예외 없이 '베이지색 상자' 형태였다(그림 1-32). 나중에 애플은 이런 생기 없는 중간 관리자 스타일의 컴퓨팅 문화를 풍자하는 광고로 효과를 거두었다. 애플의 "나는 PC다(I'm a PC)" 광고는 PC를 따분한 베이지색 옷을 입은 따분한 중간 관리자로 묘사했다.

그림 1-32 **1990년대 데스크톱 컴퓨터.**

당시 프로세서 속도는 18개월마다 2배씩 빨라지면서 무어의 법칙을 입증했다. 프로세서 속도는 컴퓨터 성능을 가늠하는 표준 척도였다. 새로운 속도의 장점을 누리기 위해 2년마다 새 컴퓨터를 구입하는 사람이 많았다.

이 시기에 초점이 운영체제로 이동한 것과 연관해서, 프로그래밍에 쓰이는 언어도 달라졌다. 그전에는 어셈블리 언어를 사용하거나 BASIC처럼 해석기(인터프리터)가 처리하는 방식의 언어를 사용했지만, 점차 컴파일 방식 언어를 사용하는 경우가 많아졌다. 컴파일 방식 언어에서 코드 작성자는 컴파일된 코드로부터 원래의 소스 코드를 복원하지 못하게 할 수 있다. 그러면 사용자는 소스 코드를 보고 언어의 작동 방식을 배우거나 소스 코드를 고쳐서 프로그램의 행동을 변경할 수 없게 된다. 컴파일러는 1950년대에 그레이스 호퍼Grace Hopper의 연구에서 발전했고 하이엔드 컴퓨팅에 쓰였다. 하지만 컴파일러 및 컴파일러가 생성한 코드가 가정에까지 보급된 것은 1990년대부터다.

컴퓨터 게임 산업도 비슷한 방식으로 전문화되어서 소비자와는 분리되었다. 소비자가 할 수 있는 일은 그저 상업용 개발사들에서 전용 콘솔과 게임을 구매해서 플레이하는 것뿐이었다. 전문화된 프로그래밍 도구에는 자금력이 있는 상용 개발사만 접근할 수 있었다. 그냥 게임을 플레이하는 것만으로도 재미있을 때가 종종 있었지만, 게임을 고치거나 만들어서 플레이할 때보다는 덜 재미있었다.

1990년에 CERN의 서버가 온라인에 접속된 후로 월드와이드 웹World Wide Web(줄여서 웹)이 점차 대중화되고, 급기야 1990년대 말에는 닷컴 투자 열풍이 불었다. 해커들과 일반 소비자들이 점점 더 웹에 참여하면서 1993년 컴팩Compaq사의 ProLiant를 시작으로 랙에 얹는 형태의 전용 서버 컴퓨터 디자인이 인기를 끌었다. 맨체스터 베이비와 1960년대 미니컴퓨터들처럼 이 서버들은 19인치 랙 유닛에 쌓을 수 있는 형태였다. 하지만 이전 세대 컴퓨터들과는 달리 이 서버들은 항상 켜진 상태에서 오랜 시간 신뢰성 높게 작동했다.

이 시기 모뎀으로 인터넷에 연결했던 얼리 어답터들은 1993년 리눅스의 탄생을 기억할 것이다. 1990년대는 또한 GNU에서 영감을 받은 세계 각국의 코드 작성자들이 아키텍처와 시스템 프로그래밍의 수준에서 서로 의견과 코드를 주고받는 방법을 알아내기 시작한 시기이기도 했다.

1.6.5 2000년대와 커뮤니티 재구성

소비자용 부품들과 독점 운영체제의 조합으로 구성된 PC 아키텍처는 2000년대 전반으로 이어졌다. 무어의 법칙도 계속 지켜져서, 2년마다 두 배 빠른 컴퓨터를 구매하거나 조립하는 현상이 계속되었다. 컴퓨터의 외관은 이전과 그리 달라지지 않았지만, 다양한 인터페이스와 부품이 등장하면서 더 빠른 속도를 위해 컴퓨터를 업그레이드하는 사람들이 여전히 많았다. 인터넷 속도도 빨라졌다. 텍스트와 이미지 전송은 물론이고 동영상 스트리밍도 가능해졌다. 서버는 **블레이드**blade(칼날)라고 불릴 정도로 얇아져서, 랙 하나에 여러 대의 서버를 쌓게 되었다.

이런 발전에 힘입어 리눅스는 PC에 번들로 제공되던 독점 운영체제를 현실적으로 대신할 수 있는 대안 시스템으로까지 성장했다. 예전에 컴퓨팅 커뮤니티에 관여한 많은 사람이 다시 돌아와서 리눅스 운동에 동참했다. 사람들은 원시(raw) 아키텍처에서 운영체제로의 초점 이동 자체는 옳은 일이었음을 깨달았다. 사실 이는 자유 소프트웨어 옹호자들이 반길 만한 일이었다. 특정 하드웨어 회사에 대한 의존성을 없앨 수 있기 때문이다. 운영체제가 자유(free) 소프트웨어이면, 원하지 않더라도 호환성 때문에 특정 제조사의 특정 제품을 사야만 하는 일이 없다. 이런 관점에서 볼 때 1980년대는 그리 좋은 시기가 아니었을 수도 있다. 모든 사람이 비자유(non-free) 아키텍처 플랫폼에서 개발할 수밖에 없었고, 따라서 그 플랫폼을 소유한 기업들에 전적으로 의존해야 했기 때문이다. 1990년대에는 수많은 기업과 플랫폼이 하나의 지배적인 PC 운영체제 기업과 플랫폼으로 대체되면서 자유가 더욱 줄어들었다. 하지만 그 이후로는 리눅스 생활이 1980년대와 1990년대보다 더 나아졌다. 개방형 플랫폼이 하나 생겼고 여러 하드웨어 공급업체가 이를 경쟁적으로 구현하고 있기 때문이다.

요즘 우리가 사용하는 다른 여러 오픈소스 소프트웨어도 이 시기에 리눅스와 함께 빠르게 개발되었다. 파이어폭스Firefox, 파이썬Python, MySQL, 아파치Apache[19]가 대표적이다. 사실 이런 도구 중에는 역사가 더 긴 것도 많지만, 개발자와 사용자가 급격히 늘어난 것은 2000년대였다.

리눅스 운영체제 자체의 개발에 참여한 프로그래머들은 바탕 아키텍처에 접근할 수 있었지만, 다른 사람들에게 그 아키텍처는 1990년대와 마찬가지로 여전히 뚜껑 아래 숨겨져 있었다.

1.6.6 2010년대와 무어의 법칙의 종말

1990년대와 2000년대에는 프로세서의 속도가 2년마다 두 배가 되리라는 낙관적인 예측이 실제로 지켜졌다. 실리콘 밸리의 칩 제조업체는 무어의 법칙을 자신들이 달성해야 할 목표로 삼았고, 그래서 무어의 법칙은 자기실현적 예언(self-fulfilling prophecy)이 되었다.

하지만 2010년대로 접어들면서 이 모든 것이 무너졌다. 트랜지스터 제조 기술 측면에서는 실제로 면적당 트랜지스터 수가 계속 두 배로 증가했지만, 프로세서의 클록 속도는 2010년경에 최대치인 약 3.5GHz에 도달한 후로 거의 증가하지 못했다. 갑자기 더 빠른 프로세서가 나오지 않게 된 것이다. 이는 계산 속도와 열에 관한 물리학의 기본 법칙 때문이다. 무어의 법칙이 지켜지는 동안 프로세서의 속도가 증가하면서 프로세서의 온도도 올라갔다. 그래서 더 크고 강력한 팬이 필요해졌고, 수랭식 냉각 시스템 같은 추가적인 냉각 시스템도 요구되었다. 트랜지스터는 계속 작아졌지만 팬은 점점 더 커졌다. 만일 이런 추세가 2010년대 내내 지속되었다면, 지금 우리가 사용하는 프로세서는 태양 표면보다도 더 뜨거울 것이다.[20]

이와 밀접하게 관련된 개념이 전력 소비다. 칩이 열을 더 많이 방출할수록 더 많은 전력을 소비한다. 이 시기에 스마트폰 같은 저전력·휴대형 컴퓨팅을 향한 노력이 시작되었다는 점도 주목해야 할 것이다. 이 10년 동안 사람들은 하늘을 올려다보는 대신 손에 든 화면을 내려다보게 되었다.

---

19 [옮긴이] 아파치 HTTP 서버를 말한다. 현재 아파치라는 이름은 특정 제품명이 아니라 여러 오픈소스 제품들을 묶는 일종의 브랜드로 작용한다.
20 [옮긴이] 참고로 태양 표면은 약 5800K(여기서 K는 절대온도 단위인 켈빈을 뜻한다. 1,000이 아니다), 즉 5500°C 정도다.

서문에서 언급했듯이 무어의 법칙이 끝나면서 새로운 시기가 시작되었다. 튜링상 수상자 존 헤네시John Hennessy와 데이비드 패터슨David Patterson은 이 시기를 "아키텍처의 새로운 황금기"라고 불렀다. 이전 두 10년대(1990년대와 2000년대)에서 컴퓨터 아키텍처 분야는 다소 정체되었다. 제조 기술이 발전한 덕분에 일정하게 수익을 올렸을 뿐이다. 하지만 2010년대에 컴퓨터 아키텍처는 다시금 급진적인 아이디어들을 받아들이면서 성장할 태세를 갖추었다. 무어의 법칙이 예측하는 형태로 컴퓨터를 더 빠르게 만드는 것은 이제 불가능하지만, 같은 면적의 칩에 더 많은 트랜지스터를 몰아넣는 것은 여전히 가능한 일이다. 이 시기에 이르러 사람들은 한 번에 하나씩 수행하는 계산을 더 빠르게 만드는 대신, 모든 것을 병렬로 만들어서 한꺼번에 계산하는 쪽으로 생각을 바꾸었다.

짐작했겠지만, 그러한 병렬화를 위한 새로운 아이디어와 아키텍처, 하드웨어, 소프트웨어가 2010년대에 폭발적으로 쏟아져 나왔다. 우리 시대에서 컴퓨터 과학의 핵심 질문은 "프로그래머가 이런 병렬화를 얼마나 알고 대비해야 하는가?"이다. 어쩌면, 프로그래머는 그냥 예전처럼 순차적인 프로그램을 작성하고, 대신 새로운 종류의 병렬 컴파일러가 나와서 그런 단계별 명령들을 병렬로 실행되는 명령들로 바꾸어주는 미래가 올 수도 있다. 반대로 그런 미래는 오지 않고, 프로그래머가 손수 병렬 프로그램을 작성해야 할 수도 있다. 후자의 경우라면 프로그래밍의 성격이, 그리고 프로그래머가 알아야 할 기량과 사고방식이 완전히 달라질 것이다.

아직 탐구해야 할 병렬 아키텍처는 많이 있다. 현재 수백의 대학 연구자와 스타트업이 병렬 아키텍처를 탐구·활용하려고 노력 중이다. 2010년대에 실질적인 성공을 거둔 주요 병렬 아키텍처 유형은 크게 세 가지다.

첫째이자 가장 기본적인 유형은 **다중 코어**(multicore) 프로세서다. 이것은 그냥 하나의 칩에 한 가지 CPU 설계의 사본(copy)을 여러 개 집어넣은 것이라 할 수 있다. 2010년대에 듀얼 코어duo-core 시스템이 먼저 등장했고 4개인 쿼드 코어를 거쳐 코어가 8개 이상인 것들이 나왔다. 이런 아키텍처의 컴퓨터에서 어떤 프로그램 하나만 실행하는 경우, 프로그래머가 병렬 처리를 염두에 두고 그 프로그램을 작성하지 않았다면 다중 코어에 의한 성능 향상은 없다. 하지만 현재 대부분의 컴퓨터는 운영체제 프로그램을 통해서 여러 프로그램이 컴퓨터 자원을 공유하면서 동시에 실행되게 만든다. 일반적인 데스크톱 컴퓨터는 이런 방식으로 정상 작동 중에 10~20개의 프로세스를 동시에 실행한다. 따라서 N개의 멀티코어를 추가하면 N배의 속도 향상을 얻을 수 있다. 하지만 로세스 개수가 N개 이하일 때만 그렇다. 일반적인 프로그램을 실행하는 경우 다중 코어는 그 이상으로는 잘 확장되지 않는다.

둘째는 클러스터 컴퓨팅cluster computing이다. 이것은 또 다른 종류의 병렬성으로, 통상적인 단일 코어 또는 다중 코어 컴퓨터들을 약하게 연결한 형태다(그림 1-33). 하나의 계산 작업을 여러 개의 독립적인 조각으로 분할해서 각각의 컴퓨터에 배정함으로써 효율성을 꾀한다. 이를 위해서는 분할된 개별 작업들에 맞는 특정한 스타일로 프로그램을 작성해야 한다. 따라서 이런 유형은 그런 분할이 가능한 특정 유형의 계산 작업에만 적용된다.

그림 1-33 2010년대의 병렬 슈퍼컴퓨팅 클러스터.

클러스터 컴퓨팅은 소위 '빅데이터' 분석 작업에 특히나 유용했다. 흔히 빅데이터 분석 작업에는 동일한 처리를 다수의 데이터 항목에 독립적으로 반복하고 그 결과들을 취합하는 연산(이를 **맵-리듀스**map-reduce(사상 및 축약)이라고 부른다)이 필요하기 때문이다. 이 유형은 1990년대에 SETI(Search for Extraterrestrial Intelligence; 외계 지적 생명 탐색) 프로젝트의 일환인 SETI@home을 통해 개척된 바 있다. SETI@home에 참여한 수백만 명의 사용자는 전파 망원경의 빅데이터를 분석해서 외계인의 메시지를 찾기 위한 프로그램을 자신의 컴퓨터에서 배경 작업으로 실행했다. 검색 엔진 회사들도 이런 접근 방식을 활용했다. 예를 들어 어떤 회사는 특정 단어를 포함한 모든 웹 자료의 위치를 대형 창고에 있는 여러 대의 소비자용 Dell PC 중 한 대에 저장해서 그 단어에 대한 사용자의 질의를 처리했다. 2010년대에는 SETI@home의 바탕에 깔린 맵-리듀스 프로세스를 추상화한 오픈소스 프로젝트들이 인기를 끌었다. 예를 들어 Hadoop 프로젝트나 Spark 프로젝트 덕분에 누구나 앞에서 예로 든 것과 비슷한 클러스터들을 직접 설정하고 활용할 수 있었다.

셋째이자 아키텍처 면에서 가장 흥미로운 유형은 범용 계산 기계로서의 그래픽 카드들이다. GPU(graphics processing unit; 그래픽 처리 장치)로 표기하는 그래픽 카드들이 이 시기에 그래픽 이외의 다른 작업에도 활용되기 시작했다. 여기에는 완전히 새로운 실리콘 수준의 설계 개념이 요구된다. 또한, 클러스터 프로그래밍과 다소 비슷한 새로운 프로그래밍 스타일이 필요하다. 이제 이 개념은 '그래픽 처리'라는 원래의 뿌리에서 완전히 벗어나서 여러 가지 새로운 아키텍처로 계속 진화하고 있다. 예를 들어 휴대전화에서도 볼 수 있는 텐서 및 신경망 처리 장치가 이 유형에 속한다.

이런 새로운 병렬 아키텍처가 지배적인 아키텍처가 되었을 때 '프로그래밍'이라는 개념이 어떻게 변할지는 아직 알 수 없다. 어쩌면 미래에는 순차적으로 실행될 명령어들을 작성하는 것이 아니라 모든 것이 동시에 일어나는 하드웨어에서 실행될 특정한 병렬 회로를 만드는 것을 프로그래밍이라고 부르게 될 수도 있겠다.

1.6.7 클라우드와 사물 인터넷(IoT)의 2020년대

이 글을 쓰는 지금 2020년대는 아직 진행 중이므로, 이번 절에는 추측이 포함될 수밖에 없음을 유념하기 바란다. 연구소들에서 개발 중인 시스템들로 볼 때, 2020년대 아키텍처의 주된 유형 또는 경향은 크게 두 가지로 나뉠 것이다.

첫째로, 점점 더 작고 저렴한 장치들이 현실 세계의 더 많은 사물에 내장될 것이다. 이런 개념을 흔히 **사물 인터넷**(IoT, Internet of Things)이라고 부른다. 사물 인터넷을 주창하는 사람들은 향후 도시와 공장, 농장, 가정 등 거의 모든 곳에서 스마트 센서와 컴퓨터를 보게 될 것이라고 말한다.

그런 장치들로 뒤덮인 '지능형 도시(smart city)'에서는 모든 개별 차량과 보행자를 모니터링할 수 있으며, 그러면 교통 통제나 도시 시설 활용이 더욱 효율적으로 진행될 것이다. '지능형 공장(smart factory)'에서는 창고의 모든 물품에 초소형 장치가 붙어서 제조 과정 전체에서 물품을 추적할 수 있게 될 것이다. 운송, 유통, 가정도 예외는 아니다. 식품의 경우 "농장에서 식탁까지" 이어지는 지능형 공급망에서 모든 것이 효율적으로 추적될 것이다. 냉장고가 치즈 상자의 무게를 측정하거나 컴퓨터 시각 기술을 활용해서 치즈가 부족함을 감지하고 지역 마트에 치즈를 추가 주문하는 일도 일어날 것이다. 또한 마트는 그런 주문들을 집계한 데이터에 기초해서, 수요에 맞게 물류 센터에 치즈를 주문할 것이다. 그리고 그 치즈를 가정까지 배달하는 것은 물론 스마트 자율 로봇들일 것이다.

둘째 경향은 첫째와 방향이 반대다. 저전력 IoT 장치들의 계산 능력은 크지 않다. 이들은 주로 현실 세계에서 '빅데이터'를 수집하고 활용하는 용도로 쓰일 것이다. 이들이 수집한 데이터는 창고 크기의 건물에 있는 전용 컴퓨팅 센터에서 충분한 컴퓨팅 능력을 갖춘 전용 컴퓨터들이 대규모로 처리할 것이다.

컴퓨팅 센터는 **데이터 센터**data center와 연관된다. 겉으로 보기에는 컴퓨팅 센터와 비슷한 건물에 있는 데이터 센터의 주된 임무는 데이터를 **저장**하는 것, 그리고 웹을 통해서 다른 시스템들이 데이터를 사용할 수 있게 하는 것이다. 이런 컴퓨팅 유형의 뿌리는 검색 엔진 회사들이 다수의 값싼 소비자급 PC를 이용해서 웹 크롤링과 검색을 처리한 것에 있다. 검색 회사들과 대형 온라인 쇼핑 업체들은, 데이터 센터에서 유휴(idle) 상태로 있는 여분의 컴퓨터들을 고객들에게 일반적인 컴퓨팅 용도로 임대해서 수익을 낼 수 있음을 깨달았다. 이런 '클라우드' 스타일의 컴퓨팅은 1960년대와 1970년대에 사용자들이 터미널을 전화 모뎀으로 대형 컴퓨터('메인프레임mainframe')와 연결해서 대형 컴퓨터의 컴퓨팅 시간을 공유하던 방식과 흡사하다. (이런 클라우드 컴퓨팅 센터를 각각 하나의 컴퓨터로 간주한다면, 그리고 IoT 장치들은 무시한다면, 전 세계 시장의 컴퓨터 수요는 단 5대일 것이라는 토머스 왓슨의 추측이 사실로 되어버릴 수도 있겠다.)

저에너지(저전력) 설계는 IoT 장치들에 특히나 중요한 문제이지만, 대규모 클라우드 컴퓨터 센터에서도 에너지 문제가 발생한다. 규모에 따라서는 이런 건물이 제조 공장만큼이나 많은 전력을 사용하고 상당한 열을 방출한다. 따라서 운영 비용이 꽤 크다. 컴퓨팅 센터들은 코로나19 대유행 기간 동안 전 세계의 화상 통화와 협업 도구들을 대부분 처리했다. 이 덕분에 많은 일자리가 처음으로 원격 근무로 전환될 수 있었다. 2022년 극심한 폭염 때문에 폐쇄된 컴퓨팅 센터들도 있었다. 어떤 컴퓨팅 센터는 자연 냉각을 위해 북극 같은 곳에 자리를 잡기도 한다.

기독교의 모세처럼 요즘 우리는 클라우드('구름')에서 태블릿('석판')으로 뭔가를 내려받는다. IoT와 클라우드라는 두 경향은 2020년대 내내 지속될 것이며, 아마 더욱 양극화되어서 아키텍처를 두 가지 상반된 방향으로 끌어갈 것이다. 중간 크기의 데스크톱 컴퓨터는 중요성이 떨어질 것으로 보인다.

이미 우리는 태블릿 컴퓨터나 닌텐도 스위치Nintendo Switch 같은 물리적 크기가 작은 기기들로 컴퓨팅하는 데 익숙하다. 그러다 보니 커다란 데스크톱 컴퓨터는 다소 우스꽝스럽게 느껴질 정도다. 1990년대에 "모든 책상 위에 컴퓨터 한 대씩"이 목표였지만, 이제는 그런 목표가 사라지고 사람들의 주머니 속이나 길거리, 클라우드 센터에 다양한 종류의 컴퓨터가 자리 잡고 있다. 1950년대의 전화 접속 메인프레임이나 1990년대의 '신 클라이언트thin client' 등 비슷한 개념이 종종 등장했지만, 2020년대에는 그런 개념이 현실화, 활성화되고 있는 것으로 보인다. 휴대전화나 아마존 에코

Amazon Echo 같은 소형 기기들과 구글 클라우드 플랫폼Google Cloud Platform 같은 클라우드 제공업체들을 보면 확실히 그렇다.

1.7 그래서 최초의 컴퓨터는 무엇인가?

계산(computation)의 현대적인 개념을 정의한 이는 알론조 처치다. 유니박을 필두로 1950년대의 상업용 전자 컴퓨터에서 1960년대의 미니컴퓨터와 1970년대의 마이크로칩을 거쳐 오늘날의 PC나 스마트폰에 이르기까지 다양한 기계들은 당연히 컴퓨터로 간주할 수 있다. 그렇다면, 그전에 등장한 기계 중에 '최초의 컴퓨터'로 인정할 만한 것이 있을까?

맨체스터 베이비는, "충분한 메모리가 주어진다면"이라는 가정을 허용한다면 처치 컴퓨터라 할 수 있다. 하지만 실제로 어떻게 처치 컴퓨터로서 작동하게 만들 수 있는지는 그리 명확하지 않다. 이후의 상업용 컴퓨터들은 이를테면 추가 회로 기판이나 하드 디스크 같은 것을 연결해서 메모리를 더 확장하는 것이 충분히 가능해 보인다. 그래도 원칙적으로는 이들도 역시 맨체스터 베이비와 동일한 성격의 문제를 안고 있다.

원조 에니악은 특정한 VM 방식으로 프로그래밍한다면 처치 컴퓨터가 될 잠재력이 있다. 에니악-VM은 **실제로** 그런 식으로 프로그래밍되었지만, 여전히 하버드 아키텍처였다. 임의 접근 메모리(RAM) 프로그램 수준으로 올라서려면 또 다른 VM 계층이 필요하지만, 실제로 추가 VM이 구현된 적은 없다. 콜로서스와 추제 Z3 역시 이론적으로는 프로그래머가 그런 식으로 처치 컴퓨터를 만들 수 있지만, 해당 프로그래머들이 그렇게 시도하지는 않았다. 해석기관 프로그래머들도 마찬가지다.

IBM은 1890년대부터 언론이 '슈퍼컴퓨터'라고 묘사했던 기계들을 이용해서 빅데이터 분석 사업을 수행했고, 지금도 그렇게 하고 있다. 하지만 데이터 분석이 일반적인 처치 컴퓨터 연산은 아니다. 어떤 문제라도 SQL 질의처럼 보이게 만드는 방법을 찾지 않는 한 말이다.

추정컨대 인간은 기원전 4만 년경부터 수치 연산을 수행했다. 사용한 도구는 주판, 기계식 계산기, 종이와 연필, 점토판, 골각기, 조약돌, 손가락, 그리고 머릿속의 자연수 등 다양하다. 이 모든 도구가 이론적으로는 처치 컴퓨터다. 그 어떤 기계라도 시뮬레이션할 수 있도록 이런 도구들을 특정한 방식으로 프로그래밍하는 것이 이론적으로 가능하기 때문이다. 어쩌면 우리 인간은 태초부터 컴퓨터를 가지고 있었고, 알론조 처치는 그저 그 사실을 처음으로 발견한 사람일 뿐일지도 모른다.

이번 장 요약

이번 장에서 우리는 컴퓨팅의 역사를 주마간산 격으로 빠르게 훑어보았다. 골각기부터 클라우드까지 컴퓨터일 수도 있고 아닐 수도 있는 여러 발명품을 고찰했다. 그리고 컴퓨터의 요건에 관한 가설 몇 가지도 살펴보았다. 처음에는 **스페이스 인베이더**를 플레이하도록 프로그래밍할 수 있다면 어떤 것이든 컴퓨터라는 정의를 제시했다. 그런 다음, 필요한 만큼의 메모리가 주어진다면 다른 어떤 기계라도 시뮬레이션할 수 있는 기계가 컴퓨터라고 주장하는 처치 명제를 통해서 그러한 정의를 좀 더 공식화했다.

이번 장에서 컴퓨팅의 역사를 살펴보면서 아키텍처의 주요 개념들도 간략하게나마 소개했다. 다음 두 장에서는 데이터 표현과 CPU 연산을 자세히 파고 들어간다. 몇 가지 역사적인 시스템의 세부적인 작동 방식도 살펴볼 것이다. 다음 두 장의 내용은 제2부에서 현대적 전자회로 계층구조를 논의하고 제3부의 여러 현대적 아키텍처를 논의하는 데 기반이 될 것이다.

실습과제

주판 시뮬레이터를 이용한 수치 연산

1. 주판 시뮬레이터나 실제 주판(있다면)과 적당한 튜토리얼을 이용해서 주판의 산술 연산을 공부하라. 현대적 CPU의 일부 연산은 주판 산술 연산과 그 원리가 같다. 따라서 주판으로 그런 연산을 배우는 것은 CPU의 연산을 이해하는 데 도움이 된다. 시뮬레이터 프로그램은 https://www.mathematik.uni-marburg.de/~thormae/lectures/ti1/code/abacus/soroban.html에, 시뮬레이터 사용법 튜토리얼은 https://www.wikihow.com/Use-an-Abacus에 있다.
2. 여러분의 전화번호 마지막 세 자리로 구성된 수치와 그다음 세 자리로 구성된 수치를 주판을 이용해서 더하라.
3. 그 두 수치 중 큰 것에서 작은 것을 빼는 뺄셈 연산을 주판으로 수행하라.
4. 전화번호 마지막 두 자리로 구성된 수치와 그다음 두 자리로 구성된 수치를 주판을 이용해서 곱하라.

역사 추측

1. 만일 안티키테라 기계가 손상 없이 로마에 전해져서 로마 제국이 비슷한 기계들을 사용했다면 세계의 역사가 어떻게 달라졌을지 상상해 보라.

2. 해석기관을 당시 대영제국이 제대로 제작해서 상용화했다면 세계 역사가 어떻게 달라졌을지 상상해 보라.

도전과제

인터넷에서 주판을 이용한 고급 연산의 예(이를테면 제곱근 구하기나 소인수 분해 등)를 검색해서 직접 실행해 보라. 계산 과정에서 자릿수가 모자라서 주판을 여러 개 사용해야 할 수도 있다.

심화 도전과제

1. 앞의 '역사 추측' 실습과제에 제시된 전제 중 하나를 바탕으로 SF 소설(단편이든 중·장편이든)을 써 보라.
2. 주판으로 처치 컴퓨터를 구현하는 방법을 고안하라.
3. 홀러리스 기계가 수행할 수 있는 SQL과 비슷한 기능들을 조사하라. 그런 기능들을 이용해서 처치 컴퓨터를 만들 수 있는가?

더 읽을거리

- 홀러리스 기계의 세부사항: Hollerith, "The Electrical Tabulating Machine," *Journal of the Royal Statistical Society* 57, no. 4 (1894): 678–689, https://www.jstor.org/stable/2979610.
- 제2차 세계 대전에서 홀러리스 기계의 역할: Edwin Black, *IBM and the Holocaust: The Strategic Alliance Between Nazi Germany and America's Most Powerful Corporation* (Washington, DC: Dialog Press, 2012).
- 2020년대의 IoT 컴퓨팅: S. Madakam, R. Ramaswamy, S. Tripathi, "Internet of Things (IoT): A Literature Review," *Journal of Computer and Communications* 3, no. 5 (2015), http://dx.doi.org/10.4236/jcc.2015.35021.
- 2020년대의 클라우드 컴퓨팅: I. Hashem, I. Yaqoob, N.B. Anuar 외, "The Rise of 'Big Data' on Cloud Computing: Review and Open Research Issues," *Information Systems* 47 (2015): 98–115.
- 2차대전 암호화를 소재로 한 디젤 펑크 소설: Neal Stephenson, *Cryptonomicon* (New York: Avon, 1999).

CHAPTER 2

데이터 표현

컴퓨터는 현실 세상의 사물과 개념을 특정한 형태로 표현하고 그 표현을 여러 방식으로 조작하는 기계다. 컴퓨터로 표현하고 계산할 수 있는 개체(entity)로는 물리적인 물체, 수(수치), 단어, 소리, 그림 등이 있다. 이번 장에서는 여러 유형의 개체를 표현하는 다양한 체계를 논의한다.

먼저 컴퓨팅의 역사에서 물체, 수, 텍스트의 표현이 어떻게 진화했는지 살펴본다. 그런 다음에는 수를 표현하는 현대적인 기호 체계들로 넘어가서 십진수, 이진수, 16진수 체계를 살펴볼 것이다. 또한, 그런 수 표현들을 이용해서 텍스트나 음성, 동영상 같은 추가적인 개체들을 표현하는 방법도 소개한다.

이번 장에 나오는 현대적 표현들은 0과 1로 구성된다. 0과 1 자체는 기호(symbol)로 남겨둔다. 하지만 이후의 장들에서는 0과 1을 디지털 전자회로에서 인스턴스화하고 계산에 활용하는 방법을 살펴볼 것이다.

2.1 데이터 표현의 간략한 역사

표현(representation; 또는 표상)과 계산은 밀접하게 연관된 개념이다. 사람이 살아가려면, 자신이 살고 있는 세계의 일부 상태를 나타내는 표현을 머릿속에 만들 필요가 있다. 그런 표현은 기억을 돕는 용도로 쓰이기도 하고, 다른 사람에게 어떤 일이 일어났거나 일어날 것이라는 증거로 쓰이기도 한다. 표현이 있으면 그것을 이용해서 계산을 수행하거나, 특정한 행동을 했을 때 어떤 일이 일어날지 머릿속에서 시뮬레이션하거나, 알고 있는 것에서 어떤 결론을 추론할 수 있다.

예를 들어 우리는 내가 누구에게 어떤 빚을 졌는지, 또 내게 갚아야 할 빚을 가진 사람은 누구인지를 추적해야 할 때가 종종 있다. 그런 용도로는 정적 표현(static representation)이 유용하다. 일단 그런 정적 표현들이 만들어지고 나면, 뭔가를 구매하면 어떤 일이 생길지, 빚을 갚는 데 얼마나 걸릴지 등을 계산할 수 있게 된다. 이 점을 생각하면, 표현이 개념적으로나 역사적으로나 계산보다 앞선다는 결론을 내릴 수 있다. 이번 절에서는 표현이 역사적으로 어떻게 발전했는지 살펴본다. 인류의 첫 시도에서 시작해서 오늘날 우리가 일상적으로 사용하는 기호 체계까지 추적해 볼 것이다.

2.1.1 탤리 스틱과 거래용 토큰

알려진 가장 오래된 데이터 표현은 제1장의 레봄보 뼈 같은 **탤리 스틱**tally stick(집계봉 또는 엄대)이다.[1] 흔히 탤리 스틱에는 여러 개의 눈금이 나란히 새겨져 있다. 각 눈금은 하나의 사물에 대응된다. [그림 2-1]은 눈금이 열세 개 새겨진 탤리 스틱으로, 수 13을 나타낸다.

그림 2-1 간단한 탤리 스틱.

수메르 시대(기원전 4000년경)에는 사물을 표현하는 용도로 물리적 토큰token이 쓰였다. [그림 2-2]에 그런 토큰들이 나와 있다. 예를 들어 점토로 만든 작은 동물 모형은 해당 동물을 표현(대표)한다. 아마도 그런 토큰을 실제 동물과 교환할 수 있었을 것이다. 이런 토큰이 있으면 거래가 간편해진다. 예를 들어 우르Ur시에 있는 동물들을 우루크Uruk시에 있는 맥주와 교환하고 싶다면, 동물들은 놔두고 동물 토큰 10개만 가지고 우쿠크로 가서 맥주 토큰 20개와 교환하는 거

그림 2-2 수메르인이 사용한 거래용 토큰들.

---

1 [옮긴이] '엄대'는 한국에서 주로 외상 거래에 쓰인 눈금 막대로, 멀게는 고려 시대의 기록이 남아 있다. 외상 거래를 "긋는다"라는 표현은 바로 이 엄대에 눈금을 긋는 데에서 비롯했다.

래를 시도한다. 실제로 동물과 맥주를 교환하는 것은 거래가 성사된 후에 진행하면 된다. 자신의 재산을 여러 사람에게 나누어 주거나 왕에게 세금을 바칠 때도 이런 토큰들이 쓰였을 것이다.

하지만 탤리 스틱이나 토큰을 이용한 계산은 상당히 느리다. m개의 눈금 또는 토큰을 n에 더하려면 눈금 m개를 하나씩 일일이 n에 더해야 한다. 계산 복잡도 이론(computational complexity theory)을 공부한 독자라면 알겠지만, 이런 덧셈은 복잡도 규모가 O(m)이다. 즉, 복잡도가 더할 수 들의 개수에 정비례한다.

기원전 3000년경(아직 주판은 나오지 않았다) 수메르인들은 여러 개의 토큰을 점토 '봉투'로 감싸서 계산 속도를 높였다. [그림 2-3]은 **불라**bulla라고 부르는 그런 봉투 중 하나다. 불라는 물리적으로 봉인되었을 뿐만 아니라, 봉인 지점에 복잡하고 위조할 수 없는 표식을 찍었기 때문에 정보 차원에서도 봉인되었다. (이것이 미국의 국장(Great Seal)처럼 정부 문서나 왕실 문서에 쓰이는 의식용 인장의 기원이다. 더 훗날의 디지털 서명 역시 이런 봉인 표식에서 기인한다.) 아마도 왕이나 기타 강력하고 신뢰할 수 있는 사람의 이름이 찍혀 있었을 그런 표식 또는 '인장'은 불라 안에 해당 개수의 토큰이 들어있음을 보증했다. 이제는 동물 토큰 12개를 일일이 세는 대신, 동물 12마리로 된 불라 하나를

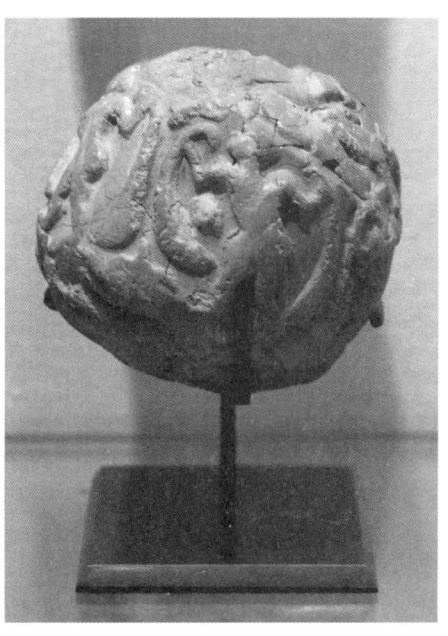

그림 2-3 **불라**.

세면 된다. 그런 불라는 토큰 12개의 가치를 지닌 동전 또는 지폐처럼 기능한다. 하지만 불라에는 실제로 12개의 토큰이 들어있다는 점이 요즘의 동전이나 지폐와 다르다.

이 시기에 탤리 스틱에도 비슷한 발전이 있었다. [그림 2-4]에서처럼 일정 개수의 눈금들을 묶어서 표시하게 된 것이다. 눈금 n개를 일일이 세려면 n번의 연산이 필요하다. 하지만 그림의 예처럼 다섯 번째 눈

그림 2-4 **눈금들을 묶어서 표시한 탤리 스틱**.

금을 사선으로(이전 수직 눈금 네 개를 가로지르도록) 긋는다면 5의 배수 단위로 빠르게 눈금을 셀 수 있다.

2.1.2 로마 숫자

눈금들을 묶어서 표시하는 탤리 스틱과 대단히 비슷한 수 표기법이 로마에서 쓰였다. [그림 2-5]처럼 다섯 번째 눈금의 사선을 V자로 표시하고 열 번째 눈금은 X자로 표시한 것이 **로마 숫자**(Roman numerals)[2]의 시초다.

그림 2-5 초기 로마 숫자들.

이후 로마 숫자는 수에 대한 인간의 지각을 좀 더 밀접하게 표현하는 형태로 발전했다. 사람들은 1, 2, 3, 4개의 물체로 이루어진 집합의 크기를 직접, 즉시 인식하는 것으로 보인다. 더 나아가서 사람들은 대상들의 개수를 정확하게 인식하기보다는, 5, 10, 20, 50, 100, 1000단위의 대략적인 개수를 직관적으로 인식하는 데 익숙하다. 그런 직관적인 지각을 **수량감**(numerosity) 혹은 수량성이라고 부르는데, 대부분의 숫자는 수량감을 반영한다. 이집트나 중국, 아랍의 숫자를 보면 1, 2, 3, 4까지는 획수가 1, 2, 3, 4인 기호를 사용하지만, 5부터는 좀 더 추상적인 기호를 사용한다. 로마 숫자 체계는 5, 10, 50, 100, 1000 같은 '랜드마크' 수들에 각각의 알파벳 문자를 배정한다. V=5, X=10, L=50, C=100, M=1,000이다. 이런 랜드마크 기호 앞이나 뒤에 더 작은 크기의 랜드마크 기호를 붙여서 더 작거나 큰 수를 표현한다. 예를 들어 XL=40이고 VIII=8이다.[3]

로마 숫자는 사람이 수를 인식하는 정신 모델에 가깝다는 장점이 있다. 하지만 대규모 산술을 수행하려면, 예를 들어 큰 수들을 더하거나 곱하려 하면 상당히 불편하고 느리다. 이는 표현 방식의 선택이 특정 유형의 계산 능력에 큰 영향을 미칠 수 있음을 잘 보여주는 고전적인 예다.

2.1.3 쪼갠 탤리

쪼갠 탤리(split tally)는 탤리 스틱의 변형이다 [그림 2-6]에서 보듯이 눈금을 새긴 탤리 스틱을 긴 방향으로 쪼개서 두 조각으로 만든 것이 쪼갠 탤리다.

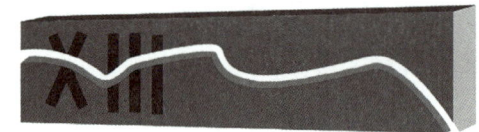

그림 2-6 쪼갠 탤리.

두 조각은 눈금 개수가 같다. 그리고 두 조각을 맞추어 보면 원래 하나의 막대였는지 아닌지 확인할 수 있다. 이런 특성 때문에 쪼갠 탤리는 대출 기

---

2 [옮긴이] 본문 §2.2.1에서도 설명하겠지만, 숫자는 수(수치)를 표현하는 데 쓰이는 글자 또는 기호다. 예를 들어 1, 2, 3 등은 숫자이고 123은 숫자들로 표현된 수다. 한편 일, 이, 삼이나 하나, 둘, 셋 등은 수를 표현하는 데 쓰이는 명사로, 좀 더 구체적으로는 수사(數詞)라고 부른다.

3 [옮긴이] 더 큰 수는 작은 기호를 여러 개 붙여서 표현하지만, 더 작은 수는 하나만 허용된다. 예를 들어 8은 VIII이지 IIX가 아니다.

록에 쓰였다. 두 조각의 길이가 다르도록 막대를 쪼개서 긴 쪽을 빌려주는 사람이 가지고 짧은 쪽을 빌리는 사람이 가졌는데, 긴 쪽을 **스톡**stock, 짧은 쪽을 **포일**(foil)이라고 불렀다. 오늘날 주식을 스톡이라고 부르는 것이나('스톡 옵션' 등) 매수 쪽을 **롱**long, 매도 쪽을 **쇼트**short라고 부르는 것은 바로 이런 어법에서 비롯한 것이다. 영국에서 쪼갠 탤리는 19세기까지 쓰였다. 배비지의 해석기관이 등장한 1836년경에 영국 정부가 IT 시스템을 현대화하기 위해 마지막 나무 탤리 스틱을 불태운 것이 끝이다.

2.1.4 아라비아 숫자와 기타 숫자

다른 문명들은 큰 수의 기호들을 여러 번 반복하는 방식의 수 표현 방식을 발전시켰다. [그림 2-7]에 몇 가지 예가 나와 있다.

예를 들어 고대 이집트에는 10, 100, 1,000, 10,000을 위한 기호가 있었다. 23은 10 기호(발꿈치 모양)를 두 번 표시한 다음 1 기호(눈금)를 세 번 표시해서 표현한다. 354,000은 100,000 기호(올챙이 모양)[4] 세 개에 10,000 기호(손가락) 다섯 개, 1,000 기호(연꽃) 네 개다.

동아라비아 숫자(Eastern Arabic numerals)는 이슬람 황금기에 등장했는데, 기원전 500년경의 초기 인도 수체계에 기초한 것이었다. 오늘날 우리가 사용하는 기수-지수(base-exponent) 방식은 바로 이 수체계에서 도입되었다. 이 체계에서는 같은 숫자라도 자리에 따라 수의 크기가 1의 배수, 10의 배수, 100의 배수, 1000의 배수 등으로 달라진다. 또한 아라비아 숫자는 값이 없는 자리를 채우기 위해 0이라는 개념과 그에 해당하는 기호를 도입했다는 점도 중요하다. 고대 이집트 수체계나 그와 비슷한 체계에는 0이라는 것이 없었다. 동아라비아 숫자는 오늘날 거의 모든 나라에 쓰이는 아라비아 숫자[5]으로 발전했다.

---

4 [옮긴이] [그림 2-7]의 해당 이집트 문자는 언뜻 올챙이처럼 보이지 않지만, 자세히 보면 다리가 조금 나온 올챙이를 나타낸 것이다. 개구리 모양의 상형문자도 있다. 유니코드 U+1318F(𓆏)가 그것이다. 위키백과에 따르면 개구리 문자도 100,000을 나타내는 데 쓰였다(https://ko.wikipedia.org/wiki/이집트_숫자 참고).

5 [옮긴이] 인도가 기원임을 강조하기 위해 인도-아라비아 숫자라고 부르기도 한다.

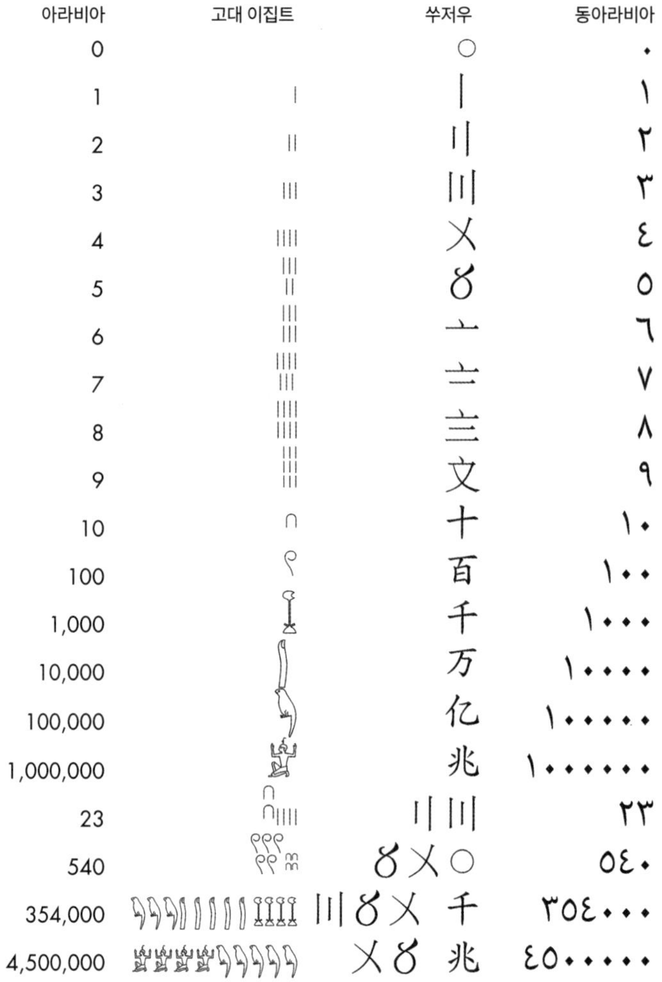

아라비아	고대 이집트	쑤저우	동아라비아
0		〇	٠
1	｜	丨	١
2	｜｜	丨丨	٢
3	｜｜｜	丨丨丨	٣
4	｜｜｜｜	✕	٤
5	｜｜｜｜｜	𠄌	٥
6	｜｜｜/｜｜｜	一	٦
7	｜｜｜｜/｜｜｜	二	٧
8	｜｜｜｜/｜｜｜｜	三	٨
9	｜｜｜｜｜/｜｜｜｜	文	٩
10	∩	十	١٠
100	ℓ	百	١٠٠
1,000	𓆼	千	١٠٠٠
10,000	𓂭	万	١٠٠٠٠
100,000	𓆐	亿	١٠٠٠٠٠
1,000,000	𓁨	兆	١٠٠٠٠٠٠
23	∩∩｜｜｜	丨丨丨	٢٣
540	𓆼𓆼𓆼𓆼𓆼 ∩∩∩∩	𠄌✕〇	٠٤٥
354,000	𓆐𓆐𓆐 𓂭𓂭𓂭𓂭𓂭 𓆼𓆼𓆼𓆼	丨丨丨✕千	٣٠٤٠٠٠
4,500,000	𓁨𓁨𓁨𓁨 𓆐𓆐𓆐𓆐𓆐	✕𠄌兆	٤٠٥٠٠٠٠

그림 2-7 현대 아라비아 숫자, 고대 이집트 숫자, 쑤저우 중국 숫자, 동아라비아 숫자.

쑤저우 중국 숫자(Suzhou Chinese numerals)[6]는 [그림 1-4]에서 본 기수 10 주판과 관련한 고대 중국 기호에서 발전했다. 쑤저우 중국 숫자는 오늘날에도 종종 쓰인다. 1에서 3까지의 기호는 획수가 해당 수와 같다. 5에서 9까지는 5의 '구슬' 아래에 유사한 기호를 배치한 형태다. 쑤저우 수체계에서 어느 정도 크기의 수까지는 아라비아 수체계와 비슷한 자릿수 체계가 쓰인다. 하지만 더 큰 수는 유효 숫자 몇 개 다음에 10의 거듭제곱을 나타내는 별도의 기호를 붙이는 좀 더 진보된 방식으로 표현한다. 이는 우리가 354,000을 35만4천 또는 354K 등으로 표현하는 것과 비슷하다.

---

6 [옮긴이] 참고로 쑤저우는 춘추전국시대 오나라의 수도였던 소주(蘇州)다. 쑤저우 중국 숫자 자체는 남송(1127년-1279년) 시대 산가지(rod numbers)의 변형이라고 한다.

이러한 수 표현의 역사는 수학보다는 컴퓨터 과학에 속하는 것으로 봐야 마땅하다. 역사를 보면, '소 다섯 마리 더하기 소 세 마리'처럼 **타입이 붙은**(typed) 수량이 '5 더하기 3' 같은 추상적인 수 개념보다 먼저 표현되고 계산되었음을 알 수 있다. 수학은 수가 그냥 원래부터 있던 것이라고 여기고, 수의 성질에 관한 증명에 초점을 둔다. 반면에 컴퓨터 과학은 실제 사물의 개수나 추상적 수 개념이 어떻게 표현되는지에 관심을 둔다. 그런 표현을 기반으로 알고리즘과 컴퓨터를 구축하는 방법을 파악하는 것도 컴퓨터 과학의 몫이다.

2.2 현대적 수체계

앞에서 우리는 탤리 스틱에서 출발해서 오늘날 우리가 사용하는 기호적 아라비아 수체계에 이르기까지 현대의 수 개념이 진화한 과정을 간단하게나마 살펴보았다. 아라비아 수체계의 핵심적인 혁신은 숫자들이 위치한 자리 또는 '열(column)'을 이용해서 특정 기수(base)의 수를 표현한다는 것이다. (이후 계산을 시작하면 알게 되겠지만) 이 덕분에 알고리즘 산술이 훨씬 쉬워지고, 표현 자체의 크기도 줄어든다. 예를 들어 수 2,021을 표현한다면, 점토 토큰 2,021개가 아니라 기호 네 개로 충분하다.

우리가 일상에서 아라비아 숫자를 이용해서 표현하고 계산하는 수는 기수가 10인 십진수다. 하지만 컴퓨터에서도 반드시 기수가 10일 필요는 없다. 이번 절에서는 기수와 지수에 관한 개념을 일반화하고 컴퓨터에 유용한 관련 수체계 몇 가지를 소개한다.

2.2.1 기수와 지수

이 책에서 수를 표현할 때는 거듭제곱수 또는 멱수 표현이 많이 쓰인다. 거듭제곱(exponentiation; 누승)은 어떠한 **기수**(base)를 여러 번 거듭해서 곱하는 것이다. 다음 예를 보자.

$$2^3 = 2 \times 2 \times 2$$

여기서 2가 기수, 즉 곱할 수이고 3이 지수(exponent), 즉 곱하는 횟수다. 거듭제곱을 위 첨자 대신 2^3 형태로 표기하기도 한다. 컴퓨터 언어들에서는 `2**3`처럼 특별한 연산자로 표현하기도 하고, `pow(2,3)`처럼 거듭제곱 함수로 표현하기도 한다. 일상 언어에서는 '2의 3승' 같은 표현이 흔히 쓰인다.

일반화해서, 기수가 b이고 지수가 n인 멱수를 다음과 같이 표기한다.

$$b^n = b \times b \times b \times \ldots \times b$$

이는 b을 n번 곱한 수를 뜻한다. 지수가 0인 경우와 음수이 경우는 다음과 같이 정의된다.

$$b^0 = 1, \ b^{-n} = \frac{1}{b^n}$$

기수 b의 값을 선택하면, 일련의 **숫자**(numeral symbol)들을 **수**에 대응시키는 **수체계**(number system)가 정의된다. 숫자는 종이에 적을 수 있는 기호 또는 다른 어떤 종류의 저장 시스템에 저장할 수 있는 항목이다. 수는 우리가 숫자들로 표현하고자 하는 실제 수학적 대상이다.

기수가 b인 수, 즉 b진수를 표기하려면 b개의 기호가 있는 알파벳(문자 집합)[7]이 필요하다. 그런 기호 N개로 이루어진 하나의 기호열(string)은 b^N개의 서로 다른 상태를 나타낼 수 있다. 다른 말로 하면, N자리 b진수 기호열은 0에서 b^N-1까지의 수를 표현할 수 있다.

기수가 서로 다른 기호열들을 다룰 때는 구분을 위해 기수를 아래 첨자로 표기하기도 한다. 예를 들어 123_{10}은 십진수 일백이십삼이지만 1001_2는 이진수 일공공일이다. 후자는 8이 하나, 4가 0개, 2가 0개, 1이 한 개인 수로, 십진수로는 9_{10}이다. 문맥에서 기수가 명확한 경우에는 굳이 기수를 표시하지 않는다.

2.2.2 기수 10: 십진수

일상에서 우리가 사용하는 수는 기수가 10인 십진수다. 예를 들어 기호 7, 4, 3으로 이루어진 기호열을 743으로 표기하고 칠백사십삼으로 해석한다. 이 수를 수학에서 10의 거듭제곱 형태로 표현하면 다음과 같다.

$$743 = 7 \times 10^2 + 4 \times 10^1 + 3 \times 10^0$$

소수점과 음수 거듭제곱을 이용하면 분수(소수)도 표현할 수 있다.

$$743.29 = 7 \times 110^2 + 4 \times 10^1 + 3 \times 10^0 + 2 \times 10^{-1} + 9 \times 10^{-2}$$

기수 10 수체계를 위한 알파벳에는 기호가 10개 필요하다. 흔히 쓰이는 아라비아 숫자로는 0, 1, 2, 3, 4, 5, 6, 7, 8, 9다. 이 알파벳의 기호 n개로 10^n가지 수를 나타낼 수 있다. 예를 들어 $n=4$라면 0에서 9,999까지 1만 개의 수를 표현할 수 있다.

---

[7] 옮긴이 https://ko.wikipedia.org/wiki/알파벳_(형식_언어) 참고

2.2.3 기수 2: 이진수

기수가 2인 수를 **이진수**(binary)라고 부른다. 거의 모든 현대적 컴퓨터가 이진수를 사용한다. 이진수를 위한 알파벳의 기호는 두 개로, 흔히 0과 1로 표기하지만 때에 따라서는 **참**(true)와 **거짓**(false)을 뜻하는 T와 F도 쓰인다. 전자 컴퓨터에서는 이 두 기호를 고전압과 저전압으로 표현한다. 일반적으로 **고전압**은 5V나 3.3V 같은 시스템의 양극 전압이고 **저전압**은 접지(ground) 또는 0V다. 실제 회로에는 잡음이 많기 때문에, **중간 전압**을 추가해서 전압을 세 종류로 구분하려면 실패하기 쉽다. 하지만 **고전압**과 **저전압**은 훨씬 구분하기 쉽고 비용도 저렴하다. 그래서 전기 기계에는 이진법이 유용하다.

기수 2 수체계의 개별 숫자를 **비트**$_{bit}$라고 부른다. bit는 **bi**nary dig**it**(이진 숫자)를 줄인 것이다. 비트 N개짜리 기호열로 0에서 2^N-1까지의 2^N가지 수를 표현할 수 있다. 이진수 기호열의 각 자리는 2의 멱수에 대응된다. 다음 예를 보자.

$$10011101_2 = 1 \times 2^7 + 0 \times 2^6 + 0 \times 2^5 + 1 \times 2^4 + 1 \times 2^3 + 1 \times 2^2 + 0 \times 2^1 + 1 \times 2^0$$
$$= 1 \times 128 + 0 \times 64 + 0 \times 32 + 1 \times 16 + 1 \times 8 + 1 \times 4 + 0 \times 2 + 1 \times 1$$
$$= 157_{10}$$

컴퓨터에 익숙한 사람이라면 이 계산에 나오는 2의 멱수들(0, 1, 2, 4, 8, 16, 32, 64, 128, 256, 512, 1,024, 2,048 등)을 바로 알아볼 것이다. 이들은 메모리의 비트수나 하드웨어 수준에서 쓰이는 자료구조의 바이트수로 흔히 등장한다. 하드웨어 수준에 가까운 위치에서 일할 계획인 독자라면 일상적으로 쓰이는 2 멱수들을 외워둘 필요가 있다.

이진수를 십진수로 변환할 때는 숫자가 1인 자리에 해당하는 2의 멱수들을 더하면 된다. 반대로 십진수를 이진수로 변환하는 방법은 이렇다. 주어진 십진수에 가까운 2의 멱수를 십진수에서 빼서, 빼지면 1을 표기하고 그렇지 않으면 0을 표기한다. 그런 다음에는 (빼진 경우에는 뺀 결과에 대해) 그보다 작은 2의 멱수를 시도한다. 이런 과정을 가장 작은 2의 멱수인 2에 도달할 때까지 반복한다.

수학 연산 중에는 특정 기수에서 더 효율적인 것들이 있다. 예를 들어 십진수를 10으로 나누거나 10을 곱하는 것은 아주 쉽다. 소수점(기수점)을 한 자리 오른쪽 또는 왼쪽으로 옮기면 된다. 마찬가지로 이진수는 2로 나누거나 2를 곱하기가 쉽다. 그런 연산들을 **이진 자리이동**(binary shift)이라고 부르는데, 대부분의 CPU는 하드웨어 수준에서 이런 연산들이 구현되어 있다. 이런 연산을 지원하는 프로그래밍 언어들도 있다. 예를 들어 C 언어에서 어떤 수에 8(2^3)을 곱하려면 y=x<<3;이라고 하면 된다.

이진수의 표기 방식은 여러 가지인데, 이 책처럼 1110_2로 표기하기도 하고 0b 1110이나 1110b로 표기하기도 한다.

NOTE 컴퓨터 과학 분야에서 이런 농담이 유명하다: "컴퓨터 과학자는 10가지 유형으로 나뉜다. 아무것도 모르는 사람과 이진수를 아는 사람."

2.2.4 기수 10,000

16진수나 바이트 코드 같은 다른 표기법의 이해를 돕기 위해, **복합 표기법**(compound notation)이라고 부르는 또 다른 방식의 십진수 표기법을 살펴보기로 하자. 큰 수를 표기할 때, 일정 개수의 숫자들을 묶으면 읽기 쉽다. 일상 언어에서 수를 표현하는 말은 만 단위로 구분된다. 따라서 네 자리마다 쉼표를 찍으면 수를 파악하기 쉽다. 예를 들어 1233,7474,3125는 일천이백삼십삼**억**(10,000의 2승) 칠천사백칠십사**만**(10,000의 1승) 삼천백이십오다(마지막의 '삼천백이십오'는 단위가 10,000의 0승인 1이다).[8]

그런데 이런 묶음들이 각자 개별적인 기호라고 상상해 보자. 예를 들어 0에서 9999까지 10,000가지 수를 각각 하나의 기호로 간주한다면 어떨까? 그러니까, 9999가 9가 네 개인 기호열이 아니라 그 자체로 하나의 기호라고 생각하는 것이다. 이런 방식에서는 쉼표로 구분된 기호열 1233,7474,3125를 기수 10의 기호 12개가 아니라 기수 10,000의 기호 네 개로 이루어진 기호열로 간주할 수 있다.

$$1233,7474,3125 = 1233 \times 10,000^2 + 7374 \times 10,000^1 + 3125 \times 10,000^0$$

이런 방식은 기수 10 수체계보다 일상 언어의 수 표현을 좀 더 직접적으로 반영한다. 우리말에는 10,000의 멱수에 해당하는 수사들이 따로 있다(만, 억, 조, 경 등). 하지만 100,000이나 1,000,000,000에 해당하는 수사는 따로 없다. 한편 과학 단위들에 쓰이는 킬로, 메가, 기가 같은 이름들은 1,000의 거듭제곱에 기반한다.

1,000이나 10,000 같은 기수는 기수 10의 거듭제곱이라는 점이 중요하다. 일반적으로 기수가 바뀌면 해당 기호들의 모습이 완전히 달라지리라고 예상할 것이다. 하지만 기수 10과 기수 10,000의 전환에서는 기호들의 모습이 전혀 변하지 않는다. 예를 들어 1234를 기수 10에서 기수 10,000으로 전환한다면, 그냥 기호 네 개가 기호 하나가 된 것일 뿐, 개별 숫자들은 그대로다. 이 덕분에 우

---

8 [옮긴이] 원문은 세 자리 쉼표 관례와 수사 billion(십억), million(백만), thousand(천)를 사용했으나, 우리말의 어법과 맞지 않아서 적절히 의역했다. 예시된 수 외에는 (아쉽지만) 관례대로 세 자리 쉼표 표기를 사용한다.

리가 일상에서 큰 수를 보거나 들을 때 머릿속에서 하듯이 두 기수를 아주 쉽고 편하게 전환할 수 있다.

2.2.5 기수 60: 60진수

이번에는 기수가 60인 **60진수**(sexagesimal)를 살펴보자. 60진수 체계는 두 가지 이유에서 현대적 컴퓨팅과 연관된다. 첫째로, 이것은 기수 10,000 체계처럼 이후에 우리가 살펴볼 다른 복합 표기법의 또 다른 예다. 둘째로, 실제로도 60진수는 일상적인 계산에 흔히 쓰인다.

선사시대의 일부 인류 집단은 12진법으로 수를 세었다고 한다. 최초의 도시 시대(기원전 4000년경)에 이르러 수메르인들은 과학 연구를 위해 60진법으로 전환했다. 그들은 천문학을 발전시켰고 피타고라스 정리의 알고리즘 버전도 고안했다. 60은 10으로도 잘 나누어지고 12로도 잘 나누어지므로, 60진법으로의 전환은 십진법을 사용하던 사람들과 12진법을 사용하던 사람들 사이의 융합이나 충돌, 타협의 산물일 수 있겠다.

그런데 60진법으로 수를 표현하기 위해 60가지 서로 다른 기호를 만들기란 쉽지 않은 일이다. 익히기도 어렵다. 그래서인지 수메르인은 혼합 표기법을 사용했다. 0에서 59까지의 수는 기존의 십진수 표기법을 사용하되, 전체적인 60진법 체계에서는 그런 60가지 표현을 각각 개별적인 숫자로 취급했다. 예를 들어 기호열 11:23:13(원래는 다른 기호가 쓰였지만, 독자의 이해를 돕기 위해 현대적 아라비아 숫자로 바꾸었다)은 다음과 같은 수에 해당한다.

$$11 \times 60^2 + 23 \times 60^1 + 13 \times 60^0 = 40{,}993_{10}$$

이런 60진수 체계는 오늘날에도 쓰인다. 바로 시간 표현이다. 예를 들어 오전 11시 23분 13초는 그날 자정으로부터 40,993초가 흐른 시점이다. 이 때문에 현대적인 데이터베이스나 데이터 과학 시스템, 날짜-시간 라이브러리들은 60진수와 이진수, 십진수 사이의 변환을 정확히 처리하도록 세심하게 설계된다.

2.2.6 기수 16: 16진수

드디어 16진수 차례다! **헥스**$_{hex}$나 **16진 코드**(hex code)라고 부르기도 하는 **16진수**(hexadecimal)는 이름 그대로 기수가 16인 수다. 16진수를 표현할 때는 0에서 9까지의 숫자와 a에서 f까지의 영문자를 사용한다. 여섯 영문자의 값은 십진수로 10에서 15까지다. 또한, 컴퓨터 과학에서는 이것이 16진수를 나타내기 위해 흔히 0x를 제일 앞에 붙인다(끝에 아래 첨자로 16을 붙이는 대신).

C나 어셈블리처럼 메모리에 직접 접근할 수 있는 프로그래밍 언어로 작성된 프로그램 코드에서 이런 16진수를 흔히 볼 수 있다. 또한, 고수준 언어들에서도 같은 속성을 지닌 객체의 서로 다른 복사본들을 구별하는 용도로 16진수를 사용하기도 한다. 예를 들어 (객체 지향 언어에서) numberOfLegs = 4와 age = 6이라는 속성을 지닌 Cat 객체를 복사하면 그와 동일한 속성들을 지닌 또 다른 Cat 객체가 만들어진다. 하지만 두 객체는 이름이 다르고 메모리에 저장된 위치가 다르므로 서로 구별되는 객체다. 어떤 디버깅 도구들은 사용자가 두 객체를 구별할 수 있도록 객체의 메모리 주소를 표시해 주는데, 이때 흔히 16진수가 쓰인다. 예를 들어 파이썬에서 객체로 print를 호출하면 객체의 16진 주소가 출력된다.

```
>> print(cat)
<__main__.Cat at 0x7f475bbf6860>
```

메모리 주소를 비롯해, 인간이 저수준 컴퓨터 아키텍처와 접하는 영역(인터페이스)에서는 16진수가 즐겨 쓰인다. 이는 이진 정보를 사람이 좀 더 알기 쉽게 하기 위함이다. 앞의 예에서 출력된 주소는 실제로는 다수의 0과 1로 이루어진 긴 이진 기호열인데, 예를 들어 두 주소를 비교해서 같은지 확인할 때 그런 이진열들을 사람이 비교하기란 쉽지 않다. 16진수 두 개를 비교하는 것이 훨씬 쉽다.

이진수를 표시할 때 다른 수체계 대신 16진수를 사용하는 이유는, 기수 16과 기수 2의 관계가 앞에서 본 기수 10,000과 기수 10의 관계와 비슷하기 때문이다. 10,000이 10의 멱수(거듭제곱수)이듯이 16은 2의 멱수다. 그래서 이진수의 숫자들을 일정한 자릿수 단위로 묶은 것이 16진수의 숫자들을 일정 자릿수 단위로 묶은 것과 잘 대응된다. 이 덕분에 두 수체계를 전환하기가 상당히 수월하다. 이진수 0010111101001101을 왼쪽에서 네 자리씩 묶은 0010,1111,0100,1101을 생각해 보자. 이 이진수를 다음과 같이 해석할 수 있다.

$$0010_2 \times 2^{12} + 1111_2 \times 2^8 + 0100_2 \times 2^4 + 1101_2 \times 2^0$$

이 수는 다음과 같다.

$$2_{10} \times 16^3 + 15_{10} \times 16^2 + 4_{10} \times 16^1 + 13_{10} \times 16^0$$

16의 멱수들 각각에 0 이상 15 이하의 수가 붙어있음을 주목하자. 10_{10}에서 15_{10}까지의 수를 a_{16}에서 f_{16}까지의 소문자로 표기한다는 규칙을 적용하면, 위의 수는 16진수 $2f4d_{16}$이 된다. 이진수의 비트 네 개 묶음(이를 **니블**$_{\text{nybble}}$이라고 부르기도 한다)은 16진수의 숫자 하나에 대응된다. 16진수의 2는 이진수의 처음(왼쪽) 네 비트인 0010이고 그다음의 f는 1111, 4는 0100, d는 1101이다. 이러한 4대1 대응 관계 덕분에 16진수와 이진수를 변환하기가 쉽다. 예를 들어 십진수와 이진수의 변환보다는 훨씬 수월하다.

> ### 16진 코드 편집기
>
> 헥스 에디터(hex editor)라고도 부르는 16진 코드 편집기는 파일이나 메모리의 내용을 16진 바이트 표기법으로 표시한다. 바이트들 옆에 해당 코드의 다른 표현(이를테면 ASCII 문자)을 표시해 주기도 한다(아래의 이미지는 Vim에서 `%!xxd`를 실행했을 때 나오는 화면이다). 16진 코드 편집기에서 사용자는 해당 이진 데이터를 직접 수정할 수 있다. 이런 기능은 디스크에 있는 이진 데이터 파일이나 실행 파일(executable; 프로그램 코드를 컴파일해서 만든 이진 기계어 명령 파일)을 편집할 때 유용하다. 또한 현재 실행 중인 프로그램 등 컴퓨터 메모리에 담긴 내용을 '찔러 보는(poke; 프로그램이나 데이터를 덮어쓰는 것)' 데에도 유용하다. 이런 편집기들은 보안과 관련해서 여러 가지 흥미로운 방식으로 활용된다. 예를 들어 라이선스 구매 여부를 검사하는 독점 프로그램의 일부를 수정해서 인증 과정을 우회하거나, 컴퓨터 게임에서 캐릭터의 생명 개수를 3에서 255로 올리는 목적으로 이런 편집기를 활용할 수 있다.
>
>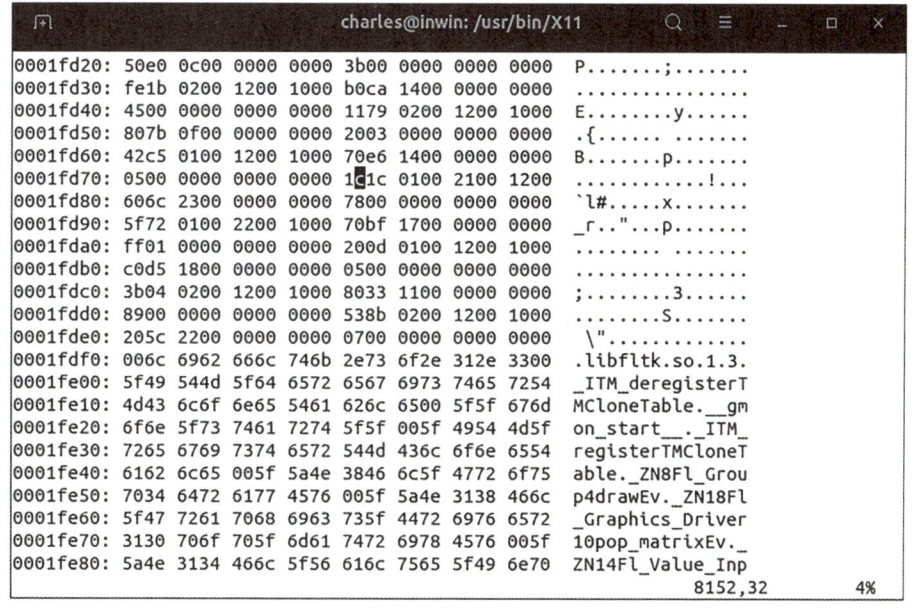

16진법은 사람이 컴퓨터의 이진수들을 다룰 때 편리한 도구다. 하지만 컴퓨터가 실제로 16진수를 사용하는 것은 아님을 명심해야 한다. 실제 컴퓨터는 16진수가 아니라 이진수에 기반한다. 단지, 이진수를 사람이 좀 더 쉽게 다루기 위해 이진수의 비트들을 네 개씩 묶어서 16진수로 표현하는 것일 뿐이다. 16은 우리에게 익숙한 십진수의 기수 10보다 약간 더 큰 수이므로, 이진법보다 16진수가 이해하기도 쉽고 다루기도 쉽다.

16진수도 표기법이 다양한데. 2F4D₁₆나 0x2f4d, 2F4Dh, &2F4D, $2F4D 등이 있다.

2.2.7 기수 256: 바이트

기수 10,000 요령을 16진수에 다시 적용해서, 16진 숫자들을 **두 개씩** 묶어서 표기하는 방법도 흔히 쓰인다. 이를테면 2D 4F 13 A7이다. 16진 숫자 두 개로 이루어진 각 숫자 쌍을 기호가 256개인 알파벳의 한 기호로 간주할 수 있다. 이런 기호들을 각각 비트 8개 묶음을 나타내는데, 이를 흔히 **바이트**byte라고 부른다. 바이트는 8비트 시대에서 계산의 기본 단위였다. 바이트의 절반인 4비트 묶음은 니블nybble이라고 부른다.[9] 4비트는 곧 16진 숫자 하나다.

2.2.8 진수 변환 방법

임의의 기수 b 표현을 십진수로 변환할 때는 b진수 각 자리의 십진수 값을 모두 더하면 된다.

$$x_n b^n + x_{n-1} b^{n-1} + \ldots + x_0 b^0$$

다음은 19진수를 십진수로 변환하는 예다.

$$6H92A8_{19} = 6 \times 19^5 + 17 \times 19^4 + 9 \times 19^3 + 2 \times 19^2 + 10 \times 19^1 + 8 \times 19^0$$
$$= 14{,}856{,}594_{10} + 2{,}215{,}457_{10} + 61{,}731_{10} + 722_{10} + 190_{10} + 8_{10}$$
$$= 17{,}134{,}702_{10}$$

십진수를 b진수로 변환할 때는, 십진수를 b로 나누어서 나머지를 표기하고, 몫에 대해 같은 작업을 반복한다. [표 2-1]은 186_{10}을 이진수로 변환하는 과정이다.

표 2-1 십진수 186을 이진수로 변환하는 과정.

단계	몫	나머지	단계	몫	나머지
186/2	93	0	11/2	5	1
93/2	46	1	5/2	2	1
46/2	23	0	2/2	1	0
23/2	11	1	1/2	0	1

---

9 [옮긴이] byte는 뭔가를 크게 물어뜯는다는 뜻의 영어 동사 bite와 발음이 같다. nybble은 조금씩 뜯어먹는다는 뜻의 영어 동사 nibble을 변형한 것이다.

이 과정에서 나온 나머지들을 역순으로 나열하면 이진수가 된다. 지금 예에서 186_{10}은 10111010_2이다.

대부분의 프로그래밍 언어에는 흔히 쓰이는 진수 변환을 위한 함수들이 있다. 그런 함수들은 흔히 `bin2hex`나 `hex2dec` 같은 이름이다.

2.3 데이터 표현

앞에서 설명한 수체계들처럼 정수를 표현하는 기본적인 수단을 갖추었다면, 그것을 기본 구축 요소(building block)로 삼아서 좀 더 복잡한 유형의 수치나 텍스트, 멀티미디어를, 더 나아가서는 임의의 계층적 자료구조를 만들 수 있다. 이번 절에서는 기존 시스템을 구성요소로 이용해서 좀 더 상위의 시스템을 표현하는 방법을 살펴본다. 정수 한 쌍으로 분수를 표현하는 것처럼 간단한 방법도 있고, 수십어 개의 부동소수점 수들을 시공간 계층구조로 그룹화해서 멀티미디어 동영상 스트림과 다국어 음성 데이터, 텍스트 자막의 묶음(동영상 플레이어에서 볼 수 있는)을 표현하는 등으로 좀 더 복잡한 방법도 있다.

2.3.1 자연수

자연수(natural number)는 0, 1, 2, 3, …으로 무한히 이어지는 정수들이다. 수학에서는 전통적으로 자연수 집합을 $\mathbb{N}$으로 표기한다. 자연수는 현실 세계에 있는 **물리적인** 사물(소나 돌멩이 등등)의 개수를 나타내는 데 흔히 쓰인다.

자연수의 표현 방법은 다양하다. 탤리 스틱이나 로마 숫자가 그 예다. 컴퓨터 아키텍처에서는 앞에서 논의한 여러 기수-지수 체계 중 하나를 사용하는 것이 당연한 선택일 것이다. 십진법을 사용하는 컴퓨터도 있었지만(아래 '십진법 컴퓨터' 글 상자 참고), 현대적인 컴퓨터들은 거의 대부분 이진법을 사용한다. 예를 들어 [그림 2-8]은 켜거나 끌 수 있는 전구들로 74를 표현한 것이다(74에는 64가 하나, 8이 하나, 2가 하나 있다).

그림 2-8 **74의 이진 표현**.

여기에는 몇 가지 미묘한 측면이 있는데, 좀 더 복잡한 표현에서는 이 측면들이 중요해진다. 첫째로, 전구들을 읽는 규칙을 결정해야 한다. 그림의 예는 제일 왼쪽 전구가 가장 큰 2의 멱수라고 가정한 것이다. 이는 우리가 십진수를 읽을 때와 같은 방식이다. 하지만 제일 오른쪽 전구가 가장 큰 멱수라는 규칙을 사용하지 못할 이유는 없다. 둘째로, 이 예는 사용할 수 있는 전구가 8개라고 가정한다. 따라서 이 전구들로 0에서 255까지의 수만 표현할 수 있다. 더 큰 수를 표현하려면, 그리고 더 큰 수를 표현하기에는 전구가 부족하다는 점을 알리려면 좀 더 정교한 계획이 필요하다.

십진 컴퓨터

십진 컴퓨터(decimal computer)의 역사는 길다. 기계식 컴퓨터 시대에서 전자식 컴퓨터 시대까지 이어졌다. 다음은 십진 컴퓨터의 작동 방식에 관한 몇 가지 세부사항이다.

배비지의 해석기관

배비지의 해석기관은 차분기관처럼 십진 표현을 사용했다. 기어(톱니바퀴)에는 0에서 9까지의 숫자가 있고(아래 그림 참고), 기어의 방향에 따라 숫자가 결정된다. 고정된 표식이 특정 십진 숫자 d를 가리키도록 기어가 돌아가 있다면, 그 기어의 상태는 d다. 파스칼 계산기처럼(그리고 다빈치의 계산기와는 다르게) 기어는 연속적으로 회전하는 것이 아니라 숫자 단위로 회전한다. 즉, 기어는 열 가지의 이산적인 상태만 가진다.

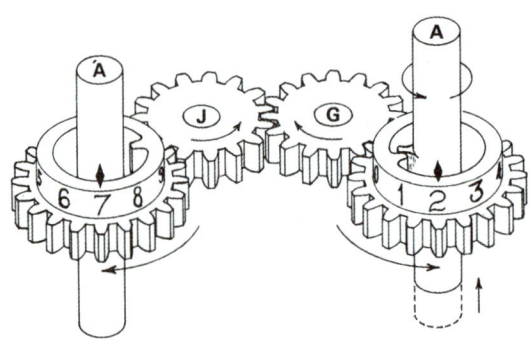

숫자 기어는 구멍이 있어서 축 하나가 통과한다. 기어의 내부와 축의 외부를 태핏(tappet)(기계 부품들을 연결하는 작은 막대) 두 개가 연결한다. 이 태핏들은 축이 한 바퀴 돌면 기어가 숫자 하나만큼만(한 바퀴가 아니라) 회전하도록 배치된다. 이런 식으로 표현된 수를 읽는 방법은 이렇다. 처음에는 축을 한 바퀴 회전한다. 이 회전의 처음 부분에서는 두 태핏이 만나지 않아서 기어가 회전하지 않는다. 회전의 둘째 부분에서는 태핏들이 접촉해서, 기어가 n분의 1바퀴 회전한다 여기서 n은 기어가 표현하는 수다. 이 수 자체는 기어와 연결된 다른 기어로 표시된다. 첫 기어를 둘째 기어에 연결해서 첫 기어를 회전하면, 둘째 기어의 숫자가 n만큼 전진한다.

여기서 중요한 점은, 수를 읽기 위해 기어를 회전하면 그 기어의 데이터는 사라진다는 점이다. 태핏들의 배치 때문에, 회전의 둘째 부분에서 기어는 항상 0의 위치로 돌아간다. 따라서 이 기계에서 데이터를 읽는 행위는 **복사**(copy)가 아니라 **이동**(move)에 해당한다.

이런 기어들을 여러 개 수직으로 연결해서 좀 더 큰 십진수를 표현할 수 있다. 그리고 그런 수직 기어들을 수평으로 배치해서 여러 개의 십진수를 표현한다.

전자식 십진 컴퓨터

덜 알려진 사실이지만, 전자식 컴퓨터 시대 초기까지도 십진 컴퓨터가 있었다. 제1장에서 논의한 최초의 상용 컴퓨터인 유니박(1951)도 십진 컴퓨터다. 주 콘솔에는 전구 10개짜리 배열이 여러 개 있었다(아래 그림 참고). 이 전구 배열은 다양한 십진수를 표시하는 데 쓰였다.

아래 그림은 1953년의 IBM 650이다. 이 컴퓨터는 '이중 5진법(bi-quinary)' 또는 '이오진법'을 사용한 것으로 유명하다. 이오진법은 주판서럼 1 단위 숫자들과 5 단위 숫자를 함께 사용해서 십진수를 표현한다.

전구 배열 같은 디지털 시스템에서 자연수를 표현하는 데 이진법이 유일한 수단은 아니다. [그림 2-9]처럼 'N개 중 하나' 표현이 더 유용할 수도 있다.

그림 2-9 N개 중 하나 시스템으로 자연수 5를 표현한 모습(제일 왼쪽 전구가 0이다).

이 예는 N개 전구들이 한 번에 하나만 켜진다고 가정한다. 전구 N개로 표현할 수 있는 수많은 상태 중 극히 일부만 사용한다는 점에서 다소 낭비가 심한 표현 방식이다. 하지만 이런 방식이 유용한 경우도 있다. 예를 들어 현실 세계에서 실제로 어떤 사물에 빛을 비춘다면(일렬로 주차된 차 중 다섯 번째 차를 비추는 등), 각 사물에 전구를 하나씩 배치하기만 하면 된다. 실제로 컴퓨터 아키텍처에서도 물리적 회로 N개 중 하나를 켜거나 꺼야 하는 경우가 많으므로, 컴퓨터 아키텍처에서도 이런 방식이 유용하다. 이진법처럼 이 표현 방식에서도 수를 왼쪽에서 오른쪽으로 읽을 것인지 아니면 그 반대 방향으로 읽을 것인지 정해야 한다. 주어진 전구들만으로는 표현할 수 없는 큰 수가 주어졌을 때 그런 상황 자체를 표시하는 수단이 없다는 점도 이진법과 같다.

2.3.2 정수

정수(integer)는 …, −3, 2, −1, 0, 1, 2, 3…이다. 수학에서는 정수 집합을 $\mathbb{Z}$로 표기한다.[10] 0을 제외한 모든 자연수에 음수 기호를 붙여서 자연수 집합을 확장한 것이라고 정의할 수도 있다(0의 경우는 +0=−0). [표 2-2]는 자연수를 이진수로 인코딩하는 세 가지 방법이다.

표 2-2 정수의 이진 부호화 방식 세 가지.

정수	부호 있는 이진	1의 보수	2의 보수
3	011	011	011
2	010	010	010
1	001	001	001
0	000과 100	000과 111	000
−1	101	110	111
−2	110	101	110
−3	111	100	101
−4	n/a	n/a	100

정수를 표현하는 간단한 방법 하나는, 주어진 정수의 자연수(절댓값)를 이진수로 표현하고 거기에 부호(sign)를 뜻하는 비트 하나를 붙이는 것이다. [표 2-2]의 둘째 열('부호 있는 이진')이 그것으로, 제일 왼쪽 비트가 부호다(0이 양수, 1이 음수). 그런데 이런 표현으로 뭔가를 계산하려면 부호와 나머지 비트들을 따로 해석해서 처리해야 하기 때문에 하드웨어를 만들기가 까다롭다. 또한 수 0의 표현이 두 가지라는 점도 문제가 될 수 있다. 이를 구분하려면 추가적인 기계장치가 필요하다.

---

[10] [옮긴이] $\mathbb{Z}$는 수(number)를 뜻하는 독일어 zahl(복수는 zahlen)에서 비롯했다.

한 가지 대안은 표의 셋째 열에 있는 1의 보수(one's complement)[11] 표현이다. (실제로 쓰이는 경우는 없지만, 다음의 2의 보수 시스템을 이해하는 데 도움이 된다.) 이 표현에서 양의 정수는 자연수처럼 그냥 이진수로 표현하되, 음의 정수는 해당 자연수의 비트들을 모두 뒤집어서(0을 1로, 1을 0으로) 표현한다. 예를 들어 -2의 경우 해당 자연수 +2의 이진수 010의 비트들을 모두 뒤집은 101이 최종 표현이다.

마지막으로 표의 마지막 열에 나온 2의 보수(two's complement) 표현을 살펴보자. 이것은 먼저 주어진 정수의 1의 보수를 취하되, 정수가 음수이면 1을 더한 것이다. 예를 들어 -2의 1의 보수는 101이고, 거기에 1을 더하면 110이다. 임의로 1을 더하는 것 같지만 사실은 그럴만한 이유가 있다. 나중에 보겠지만 2의 보수는 산술 장치를 구현하기가 편하다. 그래서 오늘날의 컴퓨터들은 대부분 2의 보수 표현을 사용한다.

2.3.3 유리수

유리수(rational; 집합 기호는 $\mathbb{Q}$)는 두 정수 a/b로 정의된다(단, $b \neq 0$). 이 정의 자체를 표현으로 사용할 수도 있다. 1/2, −3/4, 50/2, −150/2, 0/2 등이 유리수의 예다. 유리수 중에는 사실상 값이 같은 수가 많다. 이를테면 4/2와 2/1은 같은 수다. 이런 '동치(equivalence)' 유리수들을 감지해서 약분하려면 특화된 계산 작업이 필요하다. 그런 작업이 없으면 수 1/2가 쓸데없이 1,000,000,000/2,000,000,000 같은 큰 규모로 확장되는 비효율이 발생한다.

유리수의 표현은 이 책에서 기존의 여러 표현을 조합하는 첫 번째 예에 해당한다. 유리수를 표현하려면 정수 쌍이 필요하다. 예를 들어 [그림 2-8]의 전구 배열을 생각해 보자. 앞에서는 이것을 하나의 자연수로 해석했다. 하지만 이 전구들을 유리수 4/10=2/5로 해석할 수도 있다. 처음 네 전구는 분자, 나머지 네 전구는 분모라고 생각한다면 말이다.

여기에는 다소 미묘한 측면이 있다. 처음 네 전구가 분자에 해당하는 정수이고 나머지 네 전구가 분모에 해당하는 정수라는 정의가 필요할 뿐만 아니라, 앞에서 논의했듯이 그 정수들의 구체적인 표현 방식(특히 양수와 음수 표현)도 정의해야 한다. 또한 4/10과 2/5처럼 표현이 여러 가지인 유리수들도 처리해야 한다. 주어진 두 정수가 같은지 판정하는 경우, 처음에는 이런 여러 표현이 혼동을 일으킬 수 있다.

---

11 [옮긴이] 복수 ones의 소유격을 사용한 ones' complement라는 표기도 쓰인다. 이 경우는 '1들의 보수'로 옮길 수 있다. 사실 이 표현 방식은 여러 개의 1들 각각에 대해 보수를 취하는 것이므로, '1들의 보수'가 더 정확하다. 하지만 2의 보수 역시 아주 정확한 표현은 아니라는 점을 고려해서(잠시 후 보겠지만, 실제로는 주어진 비트수에서 가장 큰 2의 멱수의 보수를 의미한다), 이 책에서도 그냥 '1의 보수'와 '2의 보수'를 사용하기로 한다.

2.3.4 고정소수점

고정소수점 수(fixed-point number)는 소수점 앞의 숫자들과 뒤의 숫자들의 개수에 상한이 있는 수다. 예를 들어 4.56, 136.78, −14.23은 소수점 앞이 최대 세 자리, 소수점 이하는 최대 두 자리인 고정소수점 수들이다. 고정소수점 수는 유리수의 부분집합이다. 모든 고정소수점 수는 정수를 10의 어떤 거듭제곱으로 나눈 표현에 해당하기 때문이다. 컴퓨터에서 고정소수점 수는 소수점 앞뒤의 두 부분에 해당하는 정수 쌍으로 쉽게 표현할 수 있다. 물론 그러려면 정수들의 순서나 크기, 정수 표현 방식에 대한 합의가 필요하다.

예를 들어 [그림 2-8]의 전구들을 고정소수점 수로 해석한다면, 소수점이 처음 전구 네 개 다음에 있다고 가정할 때 $0100.1010 = 4\frac{5}{8}$다. 이 전구들을 앞에서는 유리수 4/10으로, 그전에는 자연수 74로 해석했음을 기억하기 바란다. 이처럼 데이터는 표현 방식에 따라 여러 가지로 해석된다. 따라서 데이터를 하나의 표현으로서 해석할 때는 어떤 표현 체계를 사용하는지를 명확히 할 필요가 있다.

2.3.5 부동소수점

4.56×10^{34}이나 -1.23×10^{-2} 같은 **부동소수점 수**(floating-point number)는 [그림 2-7]에서 본 쏘저우 위치(자리) 기반 수체계의 컴퓨터 버전이다. 부동소수점 수는 고정소수점 가수(mantissa)와 정수 지수(exponent)로 구성된다. 4.56×10^{34}의 경우 4.56이 가수, 34가 지수다. 컴퓨터에서 부동소수점 수는 정수 표현과 고정소수점 표현의 조합으로 간단하게 표현할 수 있다.

실제 구현에서는 고정소수점 부분과 정수 부분의 구체적인 표현 방식을 결정해야 한다. 또한, 각 부분의 길이(비트수)와 두 부분의 순서도 결정해야 한다. 더 나아가서, 양의 무한대와 음의 무한대(이들은 각각 1/0과 −1/0의 계산 결과를 부호화하는 데 사용할 수 있다), 그리고 '수 아님(Not a Number)'을 뜻하는 *NaN*(0/0.0처럼 예외적인 계산을 나타내는 데 사용할 수 있다) 같은 특별한 값을 식별하기 위한 비트 패턴들을 예비해 두는 것도 유용할 것이다. 이런 사항들을 결정할 때 흔히 따르는 표준은 *IEEE 754*다. IEEE 754 표준에는 8, 16, 32, 64, 128, 256비트를 부동소수점 표현으로 활용할 때 가장 적합한 여러 선택 사항(비트 그룹 순서, 크기 등등)이 명시되어 있다. 예를 들어 IEEE 754의 64비트 표준에 따르면 처음 53비트는 고정소수점 가수로, 첫 비트가 부호인 부호 있는 이진 표현이다. 나머지 11비트는 정수 지수이고 표현 방식은 2의 보수다. 그리고 두 무한대와 NaN을 위한 비트 패턴들이 마련되어 있다.

> **계산 가능 실수**
>
> 컴퓨터 과학에서 실수를 표현하는 방식으로 부동소수점과 고정소수점 외에 **계산 가능 실수**(computable real numbers)라는 것이 있다. 이 수들을 $\mathbb{T}$로 표기하기도 한다. 계산 가능 실수는 수학에서 쓰이는 **실수**(real number; 표기는 $\mathbb{R}$)와는 다르며, 컴퓨터 과학의 관점에서는 수학의 실수보다 낫다. 계산 가능 실수는 프로그램으로 정의할 수 있는 실수로 한정된다. 반면에 수학의 실수 집합은 그보다 훨씬 크지만, 계산을 위해 개별적으로 정의하거나 활용할 수 없는 실수가 많다.
>
> 스크래치(Scratch) 같은 언어로 물리적인 거북이 로봇을 조종해서, 하나의 수 직선(number line)을 따라 거북이 로봇을 움직인다고 하자. 계산 가능 실수는 그 수 직선에서 거북이가 멈추도록 프로그램을 작성할 수 있는 모든 위치에 대응된다. 좀 더 구체적으로, 계산 가능 실수는 유한한 길이의 컴퓨터 프로그램으로 n번째 자리의 숫자를 지정할 수 있는 모든 수다.
>
> 예를 들어, 정수 n을 입력받고 π의 n번째 숫자를 돌려주는 함수 `pi(n)`을 작성하는 것은 가능한 일이다. 같은 맥락에서, 그런 방식으로 숫자를 돌려주는 두 프로그램 `a(n)`과 `b(n)`이 있다고 할 때 그 둘을 조합해서 두 계산 가능 실수의 합 `a(n) + b(n)`을 계산하는 프로그램을 만드는 것도 가능한 일이다. 새 프로그램은 n을 입력받고 `a()`와 `b()`를 필요에 따라 여러 번 호출해서 출력의 n번째 숫자를 산출한다.
>
> 계산 가능 실수에는 매혹적인, 그리고 거의 역설적인 여러 성질이 있다. 이 성질들은 컴퓨터에도, 인간의 산술 연산에도 심오한 의미를 지닌다. 예를 들어 두 계산 가능 실수가 같은지 다른지 결정하는 것은 일반적으로 불가능하다(결과를 계산할 수 없다)! 계산 가능 실수에 대한 기본 산술 연산을 조금 수행하는 프로그램이라도, 작성하려면 코드가 엄청나게 커지고 다루기 힘들어지기 쉽다. 그런 프로그램을 같은 출력을 산출하는 더 짧은(또는 가장 짧은) 프로그램으로 대체해서 최적화할 수 있다면 좋겠지만, 불가능한 일이다. 계산 가능 실수는 '가산적(countable)'이다. 즉, 계산 가능 실수들은 셀 수 있다.[12] 계산 가능 실수 집합의 '크기(size)'는 정수 집합처럼 무한대다. 이는 크기가 그보다 크고 '불가산(uncountable)'인 수학의 실수와 대조되는 특징이다.
>
> 앨런 튜링(Alan Turing)은 위대한 논문 〈On Computable Numbers(계산 가능한 수에 관해)〉에서 계산 가능 실수를 정의했다. 계산 가능 실수를 나타내는 $\mathbb{T}$는 튜링의 성을 딴 것이다. 사람들은 흔히 튜링을 '컴퓨터를 발명한' 사람으로 기억하지만, 사실 이 계산 가능 실수야말로 컴퓨터 과학에 대한 튜링의 진정으로 천재적인 공헌이라 할 수 있다(논문 제목에서 보듯이 이것은 계산 가능한 수에 관한 것이지 컴퓨터에 관한 것이 아니다). 튜링의 이론은 지금까지도 여전히 과소평가되고 있다. 우리가 이 이론을 더 널리 발전시키고 활용한다면, 언젠가는 부동소수점의 근사(approximation)로 인한 오차가 전혀 없는, 완벽하게 정확한 수치 계산이 가능해질 것이다.

2.3.6 배열

1차원 배열(one-dimensional array)은 다음과 같은 R개의 원소(element)들로 이루어진 수열(sequence)이다.

$$\{a_r\}r=0{:}R-1$$

---

[12] [옮긴이] 수학에서 어떤 대상들을 셀 수 있다는 것은 구체적인 개수를 결정할 수 있다는 것이 아니라 자연수와 일대일로 대응시킬 수 있다는 뜻이다. 그리고 셀 수 없다고 해서 크기가 없는 것은 아니라는 점도 주의하자.

2차원 배열은 $R \times C$개의 값들로 이루어진 모임(collection)으로, 여기서 R은 행(row)들의 개수, C는 열(column)들의 개수다. 2차원 배열의 원소들은 다음과 같이 정의된다.

$$\{a_{r,c}\} r=0{:}R-1, c=0{:}C-1$$

D차원 배열은 색인(index)이 D가지인 모임이다. 예를 들어 $D=3$인 3차원 $R \times C \times D$ 배열의 원소들은 다음과 같다.

$$\{t_{r,c,d}\} r=0{:}R-1, c=0{:}C-1, d=0{:}D-1\}$$

배열의 값들은 수치(앞에서 논의한 임의의 종류의 수)일 수도 있고, 다른 유형의 데이터일 수도 있다.

수치 배열은 주로 벡터나 행렬, 텐서를 표현하는 데 쓰인다. 이들은 배열 같은 자료구조(data structure)에 특정한 수학 연산들을 추가해서 **확장**한(extend) 수학 개념이다. 예를 들어 **벡터**(vector)는 덧셈, 스칼라 곱셈, 내적 및 노름norm(크기)에 관한 특정한 규칙을 따르는 1차원 배열이다. **행렬**(matrix)은 곱셈과 역에 관한 특정한 규칙을 따르는 2차원 배열이다. **텐서**(tensor)는 곱셈과 역에 관한 규칙에 더해 공변(covariant) 및 반변(contravariant) 좌표 변환에 관한 특정한 규칙도 따르는 N차원 배열이다. (아무 N차원 배열이나 **텐서**라고 부르는 컴퓨터 과학자들이 많지만, 그것은 잘못이다. 진짜 텐서는 여러 수학적 요건을 충족해야 한다.)

어떤 종류이든 배열의 기본적인 데이터 표현 방식은 배열 원소들을 일련의 수치들로서 컴퓨터 메모리의 연속된 영역에 "채워 넣는(pack)" 것이다. 예를 들어 앞에서 본 [그림 2-8]은 정수 1차원 배열 [1,0,2,2]의 표현으로 간주할 수 있다. 각 정수를 전구 두 개로 표현한다는 관례에 합의한다면 말이다. 해석에 따라서는 그 전구들을 다음과 같은 2차원 정수 배열을 표현하는 것으로 볼 수도 있다.

$$\begin{bmatrix} 1 & 0 \\ 2 & 2 \end{bmatrix}$$

이 경우는 2차원 배열의 두 행(가로줄)이 1차원 배열 [1,0]과 [2,2]라고 간주한 것이다. 각각의 1차원 배열은 정수당 전구 두 개씩으로 인코딩하고, 그런 인코딩들의 수열들을 행 순서대로 저장하면 된다. 이런 표현 방식을 임의의 N차원 배열로 확장할 수 있다. 즉, 주어진 배열을 ($N-1$)차원 배열들의 수열로 분할하고, 각각을 인코딩하고, 그러한 인코딩[13]들의 수열을 순서대로 저장하면 되는 것이다.

---

13 옮긴이 이 문장에서 보듯이 인코딩은 뭔가를 코드(부호)로 표현하는 행위 또는 방식일 뿐만 아니라 그러한 행위의 결과로 만들어진 표현을 의미하기도 한다. 이처럼 명사가 문맥에 따라 행위와 결과 두 가지로 쓰이는 경우는 예를 들어 '문서화'는 문서들을 작성하는 만드는 행위이거나 그런 행위로 만들어진 문서들의 집합이다.

빅데이터 시대로 접어들면서 벡터, 행렬, 텐서의 데이터 표현 및 계산 구조를 최적화하는 것이 기술 산업의 주요 동력이 되었다. GPU는 원래 실시간 3D 게임용으로 3차원 벡터, 행렬 연산을 빠르게 수행하기 위해 만들어진 것이지만, 신경망 가속에 유용함이 입증되면서 빠른 텐서 계산 능력을 갖춘 범용 수치 계산 장치로 일반화되었다. 구글의 TPU(tensor processing unit; 텐서 처리 장치)들은 딱 그런 작업에 특화된 기계다.

2.3.7 텍스트

이제 텍스트를 살펴보자. 유한하고 이산적인(서로 구별되는) 기호들로 이루어진 알파벳(예: 영어 알파벳이나 한글 같은 문자 집합)이 있으면 기호마다 서로 다른 자연수를 배정할 수 있다. 그러면 다수의 자연수로 이루어진 배열로 텍스트 **문자열**(string)을 표현할 수 있게 된다. 오랫동안 표준으로 쓰였지만 이제는 구식이 된 ASCII부터 좀 더 최근의 유니코드까지 대부분의 텍스트 표현 체계는 이런 개념을 바탕으로 한다.

텍스트의 역사

수들은 그 자체로는 그리 유용하지 않다. 수 또는 수치가 유용하려면 그것이 **무엇**의 개수(또는 양, 가격 등등)인지를 알아야 한다. 수메르인의 거래용 토큰은 '타입'이 붙어있다. 소 모양의 토큰 세 개는 소 세 마리를 뜻한다. 하지만 수 표현 방식이 토큰에서 좀 더 추상적인 숫자로 진화하면서, 해당 수치가 애초에 무엇을 표현하는 것인지에 관한 정보가 사라졌다. 그래서 수를 표기할 때 그 수의 타입을 서술하는 추가적인 기호들이 필요해졌다. '소 3마리'처럼 말이다. 이 점을 생각하면 문자 또는 쓰기(writing)도 수처럼 거래 토큰들에서 진화한 것이라고 할 수 있다. 거래 토큰에서 그림 문자가 나오고, 그것이 텍스트로까지 진화했다.

최초의 문자는 기원전 4000년경 수메르 지역에서 등장했다. 수메르인들은 사물의 형상을 본뜬 그림 문자(pictogram)를 이용해서 사물을 표현했다. 그림 문자는 여러 문화권에서 등장했지만, 점차 소리를 나타내는 음성 기호로 바뀌었다. 현대 중국어처럼 표음(phonetic) 문자와 표의(semantic) 문자가 공존하는 예도 있지만, 일반적으로는 표음 문자가 지배적이다. 또한 텍스트 기호는 시간이 지나면서 더 단순해지고 쓰기 쉽게 진화했다. 그러다 보니 원래 대상과의 시각적 유사성은 거의 사라졌다. 돌에 새기는 문자는 좀 더 새기기 쉬운 직선 선분 위주로 진화했다. 그리고 가장 자주 쓰이는 기호는 가장 빠르게 쓸 수 있는 모양으로 진화했다. 이들은 소리를 나타내기에 가장 편리한 기호들로 쓰이게 되었다. 그러다 보니 그림에서 소리로 전환된 후에도 살아남은 표음 문자들은 가장 흔히 쓰이는 단어에서 유래한 것일 때가 많다.[14]

텍스트를 쓰는 방향이 항상 왼쪽에서 오른쪽으로는 아니다. 아랍어와 히브리어는 오른쪽에서 왼쪽으로 쓴다. 동아시아의 여러 언어는 경우에 따라 위에서 아래로 쓰기도 한다.

모스 부호(Morse code)는 위대한 컴퓨팅 시대였던 1836년경에, 인터넷 통신망의 빅토리아 시대 버전이라 할 수 있는 전보(telegraph)를 이용해서 좀 더 빠르게 통신하기 위한 수단으로 개발되었다. 모스 부호를 만든 새뮤얼 모

---

14 옮긴이 예를 들어 로마자 A의 기원은 소의 머리를 본뜬 페니키아 그림 문자 ∀로 알려져 있다. 이 문자의 발음은 알레프(alef)였는데, '소'라는 뜻은 사라지고 소리의 '아'만 살아남은 것이다.

스(Samuel Morse)는 영어에서 영문자들의 사용 빈도를 연구해서, 가장 자주 쓰이는 글자에 가장 짧은 패턴을 배정했다. 모스 부호는 이진 코드에 **아주 가깝다**. 대부분의 영문자가 기호 두 개짜리 기호열에 대응되기 때문이다. 하지만 일반적으로 이 기호열들에는 단어 구분을 위한 빈칸에 해당하는 세 번째 기호가 붙곤 했다.

브라유 점자도 1836년경에 개발되었다. 만든 이는 루이 브라유(Louis Braille)다. 브라유 점자는 진정한 이진 코드다. 각 영문자가 2×3 격자의 이진 상태들로 표현된다. 원래는 군대에서 보안 통신에 사용하려고 만든 것이지만, 현재는 시각장애인들이 널리 사용한다.

1 ASCII

*ASCII*아스키는 *American Standard Code for Information Interchange*(미국 정보교환 표준 부호)의 약자다. [그림 2-10]에서 보듯이 ASCII 표준은 모든 문자를 고유한 7비트 코드로 표현한다. 따라서 총 128개의 문자를 표현할 수 있다. 128개면 영문 대문자와 소문자, 각종 기호 및 문장 부호는 물론이고 유서 깊은 여러 **제어 문자**(control character)들도 담을 수 있는 크기다. 제어 문자에는 삭제(DEL), 캐리지 리턴carriage return, 라인 피드line feed, 벨bell(경고음) 등이 포함된다.

구식 이메일 시스템은 ASCII 제어 문자가 입력되었을 때 해당 제어 기능을 실제로 수행하는 것이 아니라 그냥 이메일 메시지의 일부로 간주하기도 한다. 백스페이스 제어 문자는 원래 커서로 뒤로 (일반적으로는 왼쪽으로) 한 칸 움직여서 문자를 삭제해야 하지만, 구식 이메일 시스템에서는 다음처럼 이메일 메시지 자체에 포함될 수 있다.[15]

> The team has identified several fuckups^H^H^H^H^H^H^Hchallenges in the plan.
> (팀이 그 계획에서 몇 가지 X같은^H^H^H까다로운 문제를 발견했어요.)

요즘도 나이가 좀 있는 사람들은 우스개 삼아 이런 '백스페이스 실패' 문자열을 메시지에 의도적으로 삽입하기도 한다.

텍스트 파일에서 텍스트 한 줄의 끝을 표현하는 방식이 운영체제에 따라 다를 수 있다. 줄의 끝(end of line, EOL)을 표시하는 데에는 흔히 라인 피드 제어 문자(ASCII 코드 10) 또는 캐리지 리턴 제어 문자(코드 13) 또는 그 둘의 조합이 쓰인다. 그러다 보니 운영체제들 사이에서 텍스트 파일을 이동할 때 줄의 끝 문자들을 조정해 주어야 할 필요가 생긴다. 라인 피드와 캐리지 리턴은 타자기를 사용하던 시대와 텔레타이프 기계를 사용하던 시대에서 해당 기계가 수행하는 실제 기능을 반

---

15 [옮긴이] bash나 Windows 명령 프롬프트 등에서 Ctrl+H 키를 누르면 백스페이스키를 눌렀을 때와 동일한 기능이 수행된다. 아래 예에서 ^H는 구식 이메일 시스템이(또는, 아마도 구식 이메일 시스템이 쓰이던 시절의 구식 터미널이) Ctrl+H를 문자 그대로 ^와 H로 입력한 결과다.

영한 이름이다. 라인 피드는 용지를 한 줄(라인) 밀어 올리는(피드) 기능이고, 캐리지 리턴은 글자가 찍힐 지점을 결정하는 '캐리지'를 한 줄의 시작 위치로 되돌리는(리턴) 기능이다.

ASCII 코드 0은 흔히 문자열의 끝을 표시하는 용도로 쓰인다. 문자열을 메모리에 배치한다고 하자. 프로그램이 문자열을 다루다 보면 문자열의 문자들을 차례로 하나씩 읽게 된다. 만일 읽어 들인 문자의 코드가 0이면 거기서 문자열이 끝난 것이라고 간주하는 관례가 지금도 쓰이고 있다.

십진	16진	설명	십진	16진	문자	십진	16진	문자	십진	16진	문자
0	00	NULL	32	20	[SPACE]	64	40	@	96	60	`
1	01	헤더 시작	33	21	!	65	41	A	97	61	a
2	02	본문 시작, 헤더 종료	34	22	"	66	42	B	98	62	b
3	03	본문 종료	35	23	#	67	43	C	99	63	c
4	04	전송 종료, 데이터 링크 초기화	36	24	$	68	44	D	100	64	d
5	05	응답 요구	37	25	%	69	45	E	101	65	e
6	06	긍정응답	38	26	&	70	46	F	102	66	f
7	07	경고음	39	27	'	71	47	G	103	67	g
8	08	백스페이스	40	28	(	72	48	H	104	68	h
9	09	수평 탭	41	29	)	73	49	I	105	69	i
10	0A	개행	42	2A	*	74	4A	J	106	6A	j
11	0B	수직 탭	43	2B	+	75	4B	K	107	6B	k
12	0C	다음 페이지	44	2C	,	76	4C	L	108	6C	l
13	0D	복귀	45	2D	-	77	4D	M	109	6D	m
14	0E	확장문자 시작	46	2E	.	78	4E	N	110	6E	n
15	0F	확장문자 종료	47	2F	/	79	4F	O	111	6F	o
16	10	전송 제어 확장	48	30	0	80	50	P	112	70	p
17	11	장치 제어 1	49	31	1	81	51	Q	113	71	q
18	12	장치 제어 2	50	32	2	82	52	R	114	72	r
19	13	장치 제어 3	51	33	3	83	53	S	115	73	s
20	14	장치 제어 4	52	34	4	84	54	T	116	74	t
21	15	부정응답	53	35	5	85	55	U	117	75	u
22	16	동기	54	36	6	86	56	V	118	76	v
23	17	전송블록 종료	55	37	7	87	57	W	119	77	w
24	18	무시	56	38	8	88	58	X	120	78	x
25	19	매체 종료	57	39	9	89	59	Y	121	79	y
26	1A	치환	58	3A	:	90	5A	Z	122	7A	z
27	1B	제어기능 추가	59	3B	;	91	5B	[	123	7B	{
28	1C	파일경계 할당	60	3C	<	92	5C	\	124	7C	|
29	1D	레코드 그룹경계 할당	61	3D	=	93	5D	]	125	7D	}
30	1E	레코드 경계 할당	62	3E	>	94	5E	^	126	7E	~
31	1F	장치 경계 할당	63	3F	?	95	5F	_	127	7F	삭제

그림 2-10 ASCII 문자 표현들.[16]

ASCII는 1960년대에 제정된 미국 표준이다. 그때는 인터넷은 물론이고 국제화나 현지화 같은 개념도 없었다. ASCII는 로마자라고도 부르는 영문 알파벳의 문자들만 표현한다. 영어 이외의 언어들에 필요한 문자는 직접 표현하지 못한다. 예를 들어 유럽 언어들은 다양한 악센트 기호가 붙은 여러 버전의 로마자 글자들을 사용한다. 중국어나 아랍어 등은 아예 다른 알파벳을 사용한다.

---

16 [옮긴이] '설명' 열은 한국어 위키백과 'ASCII' 페이지(https://ko.wikipedia.org/wiki/ASCII)를 참고했다. 원래 영어 문구들도 그 페이지에서 볼 수 있다.

하지만 ASCII 설계자들은 그런 미래의 잠재적인 문제를 인식해서 계획을 세웠다. 아마도 컴퓨팅 역사상 가장 선견지명 있는 설계상의 결정과 약간의 우연이 겹친 결과일 것이다. 여기서 우연이란, 당시 쓰이던 컴퓨터는 8비트 단위의 이진수를 사용했지만, 영어를 표현하는 데에 필요한 문자들의 집합은 7비트 미만의 데이터로 표현할 수 있다는 것이다. 설계자들은 ASCII 문자에 8비트 표현을 사용하되 첫 비트(제일 왼쪽 비트)는 항상 0으로 두기로 결정했다. 이는, 나중에 문자가 더 필요해지면 첫 비트를 추가적인 문자들에 사용하면 된다는 뜻이다. 실제로 그런 일이 일어났다. 현대적인 유니코드 표준은 그 첫 비트에 기반한다.

> **기수 256 표현으로서의 ASCII**
>
> 여러분이 좋아하는 언어로 프로그램을 하나 짜서 텍스트 파일에 저장한다고 하자. 다음은 BASIC으로 작성한 간단한 프로그램이다.
>
> ```
> 10 PRINT "HELLO"
>
> 20 GOTO 10
> ```
>
> 이런 프로그램을 텍스트 파일에 저장한다는 것은, 프로그램의 문자들을 ASCII 표준에 따라 인코딩한 이진 데이터를 텍스트 파일에 저장한다는 뜻이다. 각각의 문자는 각각 하나의 바이트가 된다. 프로그램을 보통의 텍스트 편집기 대신 16진 편집기로 열어보면, 프로그램이 다음과 같이 일련의 바이트 코드들로 표현되어 있음을 알 수 있다.
>
> ```
> 31 30 20 50 52 49 4E 54 ... 30
> ```
>
> 앞에서 기수 10,000, 60진수, 그리고 바이트 코드 자체에 사용한 복합 표기 개념을 이 바이트 코드 목록 전체에 적용해 보기 바란다. 각 바이트 코드를 256진수 숫자로 간주한다면, **프로그램 전체**를 다음처럼 엄청나게 커다란 하나의 수로 간주할 수 있다.
>
> $$31_{256} \times 256^{27} + 30_{256} \times 256^{26} + 20_{256} \times 256^{25} + 50_{256} \times 256^{24} \ldots + 30_{256} \times 256^0$$
>
> 이 수치 연산의 결과는 천문학적 크기의 정수 하나다. 이는 프로그램과 정수 사이에 대응 관계가 있음을 뜻한다. 그 어떤 프로그램이라도 하나의 정수로 표현할 수 있다. 이론적으로, 어떤 프로그램을 작성한다는 것은 그 프로그램을 표현하는 정수 하나를 선택하는 것과 같다. 이러한 관점은 계산 이론에 유용하다. 수를 다루는 수학을 프로그램에도 적용할 수 있기 때문이다.

2 유니코드

우리가 흔히 **유니코드**Unicode라고 부르는 것은 사실 1991년에 정의된 서로 다른(그러나 연관된) 표준 세 가지가 관여한다. 바로, UTF-8과 UTF-16, 그리고 UTF-32다. *UTF-8*은 전에 쓰이지 않던 여덟 번째 비트(오른쪽에서 왼쪽으로는 여덟 번째 비트)를 이용해서 ASCII를 확장한 것이다. *UTF-8*은 수많은 문자를 적게는 바이트 하나, 많게는 바이트 네 개로 표현한다. 첫 바이트의 첫 비트가 1이면, 그 바이트는 둘째 바이트와 함께 ASCII 문자 집합보다 훨씬 큰 문자 집합을 형성한다. 둘째 바이트도 첫 비트가 1이면 총 세 개의 바이트로 문자 집합을 확장한다. 셋째 바이트도 첫 비트가 1이면, 넷째 바이트까지 총 네 개의 바이트를 사용한다. 따라서 UTF-8은 100만 개 이상의 문자를 표현할 수 있다. 유니코드 표준이 그 모든 문자를 사용하지는 않지만, 유니코드에는 이 세상의 모든 주요 언어에 필요한 기호들에 대응되는 코드가 있다. 엄청나게 많은 문자를 통상적인 8비트 바이트열로 인코딩하는 UTF-8 덕분에, 널리 쓰이지는 않는 언어나 설형 문자 같은 고대 언어, 클링온Klingon어 같은 가상의 언어, 수학이나 음악에 쓰이는 기호들, 수많은 이모지emoji 등등 인터넷 커뮤니티가 요구하는 수많은 문자가 유니코드 표준에 포함되었다.

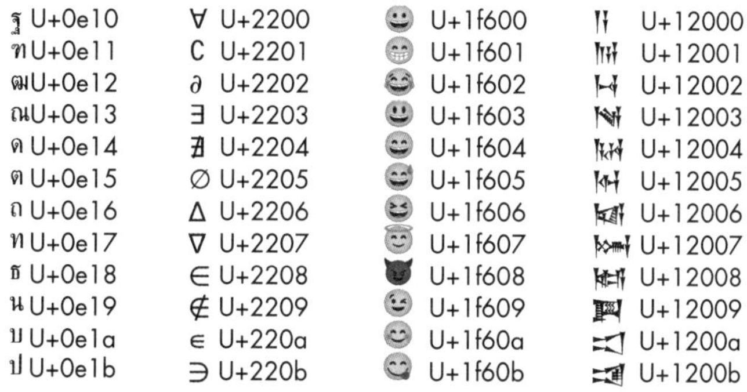

```
 ᐁ U+0e10      ∀ U+2200      😀 U+1f600      𒀀 U+12000
 ᐁ U+0e11      C U+2201      😁 U+1f601      𒀁 U+12001
 ᐁ U+0e12      ∂ U+2202      😂 U+1f602      𒀂 U+12002
 ᐁ U+0e13      ∃ U+2203      😃 U+1f603      𒀃 U+12003
 ᐁ U+0e14      ∄ U+2204      😄 U+1f604      𒀄 U+12004
 ᐁ U+0e15      ∅ U+2205      😅 U+1f605      𒀅 U+12005
 ᐁ U+0e16      ∆ U+2206      😆 U+1f606      𒀆 U+12006
 ᐁ U+0e17      ∇ U+2207      😇 U+1f607      𒀇 U+12007
 ᐁ U+0e18      ∈ U+2208      😈 U+1f608      𒀈 U+12008
 ᐁ U+0e19      ∉ U+2209      😉 U+1f609      𒀉 U+12009
 ᐁ U+0e1a      ∊ U+220a      😊 U+1f60a      𒀊 U+1200a
 ᐁ U+0e1b      ∋ U+220b      😋 U+1f60b      𒀋 U+1200b
```

그림 2-11 유니코드의 타이(Thai) 문자, 수학, 이모지, 설형문자 영역.

효율성을 위해, 널리 쓰이는 언어들에는 2바이트로 인코딩할 수 있는 문자 코드 값이 배정되었다. 그보다 덜 쓰이는 언어들에는 3바이트로 인코딩해야 하는 문자 코드들이 배정되었고, 드물게 쓰이는 언어나 기호들에는 4바이트가 필요한 코드들이 배정되었다. 새로 제안된 문자 집합을 세 영역 중 어디에 넣어야 할지를 두고 열띤 논쟁이 벌어지기도 한다. 어쨌거나, 우리가 상황에 딱 맞는 이모지로 문자 메시지를 꾸밀 수 있게 된 것은 ASCII 설계자들의 선견지명 덕분이다.

*UTF-32*는 **모든** 문자에 항상 바이트 네 개를 사용하는 고정 너비(fixed-width) 인코딩이다. 저장 측면에서는 확실히 비효율적이지만, 프로그램에 따라서는 기호들을 좀 더 빨리 조회하는 데 도움이 된다. 예를 들어 문자열에서 123번째 기호를 읽고 싶다면, 그냥 123×4번째 바이트부터 123×5번째 바이트 이전의 바이트들을 찾으면 된다.

*UTF-16*은 UTF-8과 비슷하되, 항상 적어도 2바이트를 사용한다. ASCII 문자들도 항상 2바이트이다. 2바이트로 표현할 수 있는 문자 집합에는 전 세계에서 일상적으로 쓰이는 수많은 기호가 포

함된다. 그래서 UTF-16은 UTF-32처럼 빠른 조회를 위한 고정 너비 인코딩으로 쓰일 때가 많다. UTF-8과 UTF-32의 절충이라고 할 수 있겠다.

ASCII가 주로 쓰이던 시절의 캐리지 리턴 및 라인 피드 관련 변환처럼, 서로 다른 UTF 형식 사이에서 파일을 변환하는 것은 사실 번거로운 일이다. 특히 CSV 스프레드시트 파일의 UTF 형식이 어긋나면 멀쩡한 파일이 쓰레기처럼 보이게 된다.

2.3.8 멀티미디어 데이터 표현

컴퓨터에 생기를 불어넣는 이미지나 동영상, 오디오로 넘어가면 데이터 표현도 좀 더 재미있어진다. 이런 표현들은 모두 앞에서 살펴본 수치 배열에 기반한다.

1 이미지 데이터

회색조(grayscale) 이미지는 2차원 수치 배열로 표현할 수 있다. 이때 배열의 각 원소는 하나의 픽셀을 표현한다. 원소의 값은 그 픽셀의 회색조(검고 흰 정도)다. 배열의 정수 표현 종류에 따라 이미지의 품질이 달라진다. 1비트 정수를 사용한다면 각 픽셀은 검거나(0) 희거나(1) 둘 중 하나다. 8비트 정수를 사용한다면 완전히 검은색(0)과 순백색(255) 사이의 256가지 회색조를 표현할 수 있다.

인간의 눈은 세 가지 빛의 주파수에 반응한다. 바로, 빛의 삼원색이라고 일컫는 적색(red), 녹색(green), 청색(blue)이다. 따라서, 만일 각 픽셀에 이 세 가지 주파수의 빛의 세기를 담고 그만큼의 빛을 디스플레이로 방출한다면 우리가 색이 있는 영상을 보았을 때의 경험을 디스플레이로 재현할 수 있다. 뒤집어 말하면, 컬러 이미지를 이진 데이터로 표현하려면 픽셀마다 적색, 녹색, 청색 채널의 빛의 세기를 표현해야 한다. 각 채널을 회색조 이미지에 쓰인 방식으로 표현한다면, 3차원 정수 배열로 컬러 이미지를 표현할 수 있다. 이러한 색상 채널 데이터를 저장하는 구체적인 방법은 시스템에 따라 다를 수 있는데, 예를 들어 전체 적색 이미지를 먼저 저장하고, 그 뒤에 녹색, 그 다음에 청색을 저장하는 것도 한 방법이다. 하지만 일부 계산은 색상들이 교대삽입(interleaving) 경우에 더 빠르게 실행된다. 여기서 교대삽입은 왼쪽 상단 픽셀의 적색, 녹색, 청색 값을 순서대로 먼저 저장하고, 그 다음 픽셀의 적색, 녹색, 청색 값을 저장하는 식이다.

응용 분야에 따라서는 **알파**alpha 채널을 추가하기도 한다. 이 네 번째 채널은 각 픽셀의 투명도를 나타낸다. 이런 표현을 RGBA라고 부른다. 예를 들어 스프라이트sprite[17] 기반 게임은 그래픽 코드가 스프라이트의 일부(주로는 윤곽선 바깥 부분)를 투명하게 만들어서 배경이 드러나 보이게 만드

---

17 [옮긴이] 스프라이트는 게임 캐릭터 등 배경 이미지에 자연스럽게 겹쳐 보이는 그래픽 이미지 조각을 말한다.

는 용도로 알파 채널을 사용한다. 1비트(투명 또는 불투명)가 아니라 여러 비트인 알파 채널은 두 이미지의 픽셀 색상들을 일정한 비율로 섞어서 이미지를 혼합하는 용도로도 쓰인다. 알파 채널을 포함하는 것은 효율성 면에서도 이득이 있다. 전체 채널이 4가 되기 때문에 이진수 기반 아키텍처와 잘 맞는다. 예를 들어 각 채널이 8비트이면 RGBA 픽셀은 32비트이지만 RGB 픽셀은 24비트다. 32비트 컴퓨터에서는 32비트 픽셀을 사용하는 것이 더 일반적이다. 물론 이렇게 하면 저장 공간이 더 필요하다. 그래서 파일에는 24비트 픽셀로 저장하되 메모리에 적재할 때 32비트로 변환하는 방법도 쓰인다. (24비트 RGB는 보통의 사람이 구분할 수 있는 최대 색 심도(depth)로 간주된다. 따라서 64비트 컴퓨터라고 해서 굳이 64비트 색상을 사용할 필요는 없다.)

동영상은 정지 이미지들을 시간순으로 나열한 형태로 표현할 수 있다(극히 기초적인 방식이긴 하지만).

2 오디오 데이터

소리를 구성하는 연속된 음파(sound wave)를 일련의 이산적인 표본(discrete sample)들로 표현할 수 있다. 표본들은 음성 신호에 존재하는 가장 높은 주파수의 두 배 속도로 수집해야 한다. 흔히 쓰이는 오디오 표집(샘플링) 속도는 약 40,000Hz인데, 이는 인간의 청각 범위가 약 20~20,000Hz이기 때문이다. 각 표본은 하나의 수치다. 픽셀의 색 심도가 화질에 영향을 미치듯이 오디오 표본의 비트수는 음질에 영향을 미친다. 블루레이 같은 소비자용 매체는 사람이 구분할 수 있는 최대치인 24비트를 사용하지만, 오디오 제작자나 프로그램 내부에서는 32비트를 사용하기도 한다. 32는 2의 멱수인 만큼, 편집 작업 시 데이터를 좀 더 견고하게 다룰 수 있다.

스테레오나 다채널 오디오는 여러 개의 음파를 한꺼번에 재생하는 것으로 생각할 수 있다. 다수의 음파 표현을 합쳐서 하나의 전체 음파로서 메모리에 저장해 두고 전체 음파를 재생할 수도 있고, 여러 채널의 표본들을 해당 표집 시점별로 번갈아 저장해 두고(이를테면 t번째 시점의 왼쪽 채널과 오른쪽 채널을 저장한 다음에 $t+1$번째 시점의 왼쪽 채널과 오른쪽 채널을 저장하는 등), 재생 시 채널들을 적재해서 함께 재생할 수도 있다.

거의 모든 오디오 표현은 개별 표본을 정수 아니면 고정소수점 수로 표현한다. 따라서 표본의 최솟값과 최댓값이 명확하게 정의된다. 그러한 최소, 최대 표본은 소위 '헤드룸headroom' 범위를 정의한다. 헤드룸 범위를 벗어난 신호는 잘려 나가는데, 이를 '클리핑clipping'이라고 부른다.[18] 클리핑이 발

---

18 [옮긴이] 클리핑이 발생하면 음악을 싸구려 스피커로 크게 재생할 때처럼 듣기 싫은 소리가 난다. 전기 기타용 이펙터 중 하나인 디스토션은 오히려 이런 효과를 긍정적으로 사용하는 경우로, 공격적인 록 음악에 즐겨 쓰인다.

생하면 정보가 소실되고 음이 왜곡(distortion)된다. 음악가나 성우가 완벽한 연주 또는 연기로 녹음을 마쳤는데 데이터 표현 문제 때문에 클리핑이 발생해서 다시 녹음해야 하는 상황도 벌어진다. 다행히 요즘 전문 오디오 시스템은 부동소수점 표현으로 전환하는 추세다. 계산량이 많아지긴 하지만, 아티스트가 클리핑 문제를 겪지 않는다.

동영상과 오디오를 함께 포함한 영화 같은 **다중**매체 혹은 **멀티**미디어의 표현에는 앞에서 말한 여러 채널의 데이터를 표집 시점에 따라 번갈아 저장하는 교대식(interleaving) 표현을 확장한 방식이 흔히 쓰인다. 여러 매체를 각각의 시점에서 인코딩해서 메모리의 한 연속된 영역에 저장하는 방식으로, 동영상 한 프레임과 그 프레임 동안의 오디오 조각을 연달아 배치한다. 이렇게 구성된 멀티미디어 데이터를 흔히 **컨테이너**container라고 부른다. 영화에 흔히 쓰이는 컨테이너 데이터 표현 방식으로는 *Ogg*와 *MP4*가 있다.

3 압축

이미지나 동영상, 오디오 매체를 앞에서 말한 간단한 방식으로 표현하면 컴퓨터로 계산하기에는 좋지만, 저장 용량 측면에서는 그리 이상적이지 않다. 효율성을 위해 사람들은 체감 화질이나 음질이 크게 떨어지지 않는 한도 안에서 데이터를 최대한 **압축**(compression)하는 방법을 모색해 왔다.

자연 세계에는 중복이 많다. 즉, 공간에서나 시간에서나 비슷한 것들이 여러 개 존재하는 경향이 있다. 예를 들어 빨간 공이 날아가는 동영상의 한 프레임에서 공에 속한 빨간색 픽셀 주변에는 또 다른 빨간색 픽셀들이 있을 가능성이 아주 높다. 또한, 그다음 프레임에서도 그 픽셀들이 빨간색일 가능성이 높다. 게다가 사람의 감각에는 특정한 초점과 사각지대(맹점 등)가 있다. 예를 들어 청각은 음파의 진폭(amplitude)에는 민감하지만 위상(phase)에는 민감하지 않다. 또한 특정 주파수 때문에 배경의 일부 주파수가 들리지 않는 현상도 있다.

정보 이론에 따르면, 이러한 감각의 사각지대에 기초해서 중복된 자료를 제거함으로써 미디어 데이터를 압축하는 것이 가능하다. 그런 식으로 미디어 데이터를 표현하면, 더 적은 비트들을 더 복잡한 방식으로 활용함으로써 원본과 동일하거나 유사한 체험을 제공할 수 있다. 이런 기법은 블루레이 디스크 같은 물리적 저장 매체의 용량을 줄이거나 미디어 스트리밍에서 네트워크 사용량을 줄이는 데 유용하다. 하지만 재생 시 압축된 표현을 원래의 표현으로 변환해야 하므로 계산 비용이 추가된다.[19] 압축 방식에 따라서는 그러한 변환이 상당히 복잡할 수 있다. 대부분의 압축 방식

---

19 [옮긴이] 참고로 이런 기법에서는 압축을 풀었을 때 원본이 100% 정확히 복원되지는 않는다. 압축 시 일부 정보를 제거했기 때문이다. 그래서 손실(lossy) 압축 혹은 유손실 압축이라고 부른다.

은 공간 또는 시간 주파수들을 찾기 위해 푸리에 변환 같은 고급 수학 연산을 사용한다. 그런 연산은 통상적인 CPU로 수행하기에는 비용이 많이 든다. 신호 처리 전용 아키텍처들은 이러한 요구를 동력으로 삼아서 발전했다. 압축 알고리즘을 구현한 프로그램 또는 라이브러리를 흔히 **코덱**codec이라고 부른다.[20]

2.3.9 자료구조

대부분의 프로그래밍 언어에서 볼 수 있는 구조체(struct)나 객체(object) 같은 자료구조(data struct)를 이진 데이터로 표현하는 한 가지 방법은 **직렬화**(serialization)다. 직렬화는 주어진 자료구조를 **직렬로** 늘어선 비트들로 만들어서 메모리에 저장한다. 직렬화를 계층적으로 수행할 수도 있다. 여러 개의 작은 자료구조들로 이루어진 복합 자료구조의 경우, 먼저 각각의 작은 자료구조들을 직렬화하고, 그러한 직렬화 표현들을 직렬로 나열해서 전체 표현을 얻는다. 작은 자료구조들 자체가 복합 자료구조라면 이러한 과정을 재귀적으로 적용한다. 과정을 재귀적으로 반복하다 보면 결국에는 수치나 텍스트 같은 단순 구성요소의 수준에 도달하며, 그러면 앞에서 논의한 방법을 이용해서 일련의 비트들로 표현하면(즉, 직렬화하면) 된다.

한 예로 다음과 같은 자료구조를 생각해 보자.

```
class Cat:
  int age
  int legs
  string name
```

이 `Cat` 클래스의 객체를 직렬화한다면, 정수 `age`의 인코딩 다음에 정수 `legs`의 인코딩, 그다음에 문자열 `name`의 인코딩(아마도 유니코드 기반 UTF-8 인코딩)이 오는 형태일 것이다.

이번에는 `Cat` 객체를 포함하는 복합적인 자료구조를 생각해 보자.

```
class Game:
  Cat scratch
  int lives
  int score
```

---

20 [옮긴이] codec은 coder/decoder(부호기/복호기)를 줄인 것이다.

Game 객체는 먼저 Cat 객체의 비트들(그 자체는 여러 구성요소의 직렬화다)이 오고, 그다음에 정수 lives와 score의 인코딩들이 오는 형태일 것이다. 이처럼 계층구조에 따라 수준을 높이면서 재귀적으로 진행하면 아무리 복잡한 자료구조라도 직렬화할 수 있다. 실제 대규모 프로그램들도 이런 식으로 작동한다.

2.4 데이터 측정

데이터의 기본 단위는 **비트**다. 기호로는 소문자 b가 흔히 쓰인다. 하나의 비트가 가질 수 있는 상태는 두 가지인데, 흔히 0과 1로 표기한다. 데이터를 연구할 때는 아주 많은 수의 비트들로 이루어진 데이터를 다룰 때가 많다. 그래서 좀 더 큰 데이터를 효과적으로 표기하고 시각화하는 방법이 필요하다.

SI(Système Internationale)는 전 세계 과학자들과 공학자들이 합의한, 과학 측정 단위들에 대한 국제 표준이다. '국제단위계'라고도 부른다. 이 표준은 1,000의 멱수들에 대한 표준 접두어(prefix)[21]도 정의한다. [표 2-3]이 그것이다.

표 2-3 ASCII 문자 표현들.

이름	기호	값
킬로(kilo)	k	10^3 = 1,000
메가(mega)	M	10^6 = 1,000,000
기가(giga)	G	10^9 = 1,000,000,000
테라(tera)	T	10^{12} = 1,000,000,000,000
페타(peta)	P	10^{15} = 1,000,000,000,000,000
엑사(exa)	E	10^{18} = 1,000,000,000,000,000,000
제타(zetta)	Z	10^{21} = 1,000,000,000,000,000,000,000

SI 접두어들이 나타내는 큰 척도들을 시각화할 때는 단위 입방체(1세제곱미터)를 기준으로 3차원 입방체(정육면체)를 상상하는 것이 도움이 된다. 애초에 1,000의 멱수들에 특별한 이름과 접두어를 부여한 것은, 이 1,000이 10의 세제곱이기 때문일 것이다. 10의 세제곱배는 3차원 공간에서 물체를 세 차원 방향 모두 10배 늘린 것에 해당한다.

---

21 [옮긴이] 이들을 수치 뒤에 붙는 suffix(접미사)라고 불러야 하는 게 아닌가 생각하는 독자도 있을 것이다. 하지만 이 단어들과 기호들은 '킬로미터'나 'km'처럼 기존 측정 단위 앞에 붙이기 위한 것이다. 한편, 이 책에서 prefix를 일반적인 품사 이름 '접두사' 대신 '접두어'라고 옮긴 것은 기존 관례를 따른 것이다. 특히 한국표준과학연구원(https://www.kriss.re.kr/)의 문서들을 참고했다.

데이터의 양을 서술할 때도 비트수에 SI 접두어를 사용하는 것이 바람직하다. 예를 들어 5메가비트는 5,000,000비트다. 실제로 네트워크 속도는 흔히 초당 메가비트로 측정한다. 그런데 아키텍처 수준에서는 10의 멱수가 아니라 2의 멱수를 기준으로 개수나 크기를 다루어야 할 때가 많다. 예를 들어 10비트 주소 공간은 $2^{10}=1,024$개의 주소로 구성되고 16비트 주소 공간은 $2^{16}=65,536$개의 주소로 구성된다. 그런데 아키텍처 설계자들이 SI 표준을 따르기 전에는(이를테면 8비트 시대), 1,000이 아니라 1,024에도 접두어 '킬로'를 남용할 때가 많았다.

그러다 보니 혼란이 많이 생겼다. 데이터의 크기는 계속 커졌고, 대부분의 컴퓨터 사용자는 아키텍처 수준보다 훨씬 높은 수준에서 컴퓨터를 사용했다. 그런 수준에서는 SI 접두어들을 원래 의미대로 취급하는 게 자연스럽다. 이런 혼란을 해결하기 위해 IEC(International Electrotechnical Commission; 국제 전기기술위원회)는 기존 SI 접두사들과는 차별화되는, 2의 멱수에 기반한 접두어들을 새로 정의했다. 그것이 1998년의 일이다. 새 접두어들의 이름에는 *binary*(이진)에서 유래한 *bi*라는 형태소가 붙는다. 예를 들어 2^{10}은 키비$_{kibi}$이고 2^{20}은 메비$_{mebi}$다. [표 2-4]에 이들이 정리되어 있다.[22]

표 2-4 **큰 값을 위한 SI 접두사들.**

이름	기호	값
키비(kibi)	k_2, ki	$2^{10} = 1,024$
메비(mebi)	M_2, Mi	$2^{20} = 1,048,576$
기비(gibi)	G_2, Gi	$2^{30} = 1,073,741,824$
테비(tebi)	T_2, Ti	$2^{40} = 1,099,511,627,776$
페비(pebi)	P_2, Pi	$2^{50} = 1,125,899,906,842,624$
엑스비(exbi)	E_2, Ei	$2^{60} = 1,152,921,504,606,846,976$
제비(zebi)	Z_2, Zi	$2^{70} = 1,180,591,620,717,411,303,424$

이러한 이진 접두어들은 해당 십진 SI 접두어보다 약간 크다. 아직 모든 사람이 이진 접두어를 사용하지는 않는다. 나이 든 사람들은 여전히 SI 이름들을 이진수 단위에 사용한다. 또한, 부도덕한 하드웨어 제조업체들은 이런 모호함을 악용해서, 제품 관련 수치를 실제보다 부풀리거나 축소하는 용도로 SI 이름을 사용하기도 한다.

---

22 [옮긴이] 이 책에서는 저자의 선택을 존중해서 M_2B처럼 아래 첨자 2가 있는 표기를 사용하지만, 일반적으로는 MiB처럼 i자 표기가 쓰인다.

이번 장 요약

컴퓨터는 일반적으로 다양한 유형의 수치와 텍스트, 미디어 데이터를 표현해야 한다. 현대적 컴퓨터들에서는 이진수를 그러한 표현에 사용하는 것이 편리하다. 이진수를 일정 단위로 묶어서 나타낸 16진수 표현은 사람이 읽기 쉽다. 표현 방식에 따라 특정 계산이 더 쉬워지기도 한다.

일단 데이터를 표현하는 방법을 갖추었다면, 데이터를 계산에 사용하는 방법들을 만들 수 있다. 다음 장에서는 이를 위한 간단하지만 완결적인 컴퓨터의 틀을 소개한다.

실습과제

진법 변환

1. 여러분의 전화번호를 이진수로 변환하라.
2. 여러분의 전화번호를 16진수로 변환하라. 앞 문제의 이진수를 사용하면 편할 것이다. 16진수를 바이트 코드들로 변환하고, 바이트 코드들을 ASCII 문자들로 변환해 보자. 철자가 어떻게 되는가?
3. 전화번호에 마이너스를 붙여서 음수를 만들고, 그것을 2의 보수로 표현하라.
4. 전화번호 가운데에 소수점을 넣어서 부동소수점 수를 만들고, IEEE 754 표준에 따라 이진 데이터로 표현하라.

텍스트와 미디어

임의의 유니코드 문자를 컴퓨터에 입력하는 방법을 알아보라. 예를 들어 여러 리눅스 배포판에서는 키보드에서 Shitf-Ctrl-U를 누른 후 131bc 같은 16진수를 입력하면 고대 이집트 숫자가 명령줄이나 편집기에 입력된다.

데이터 측정

여러분이 아는 지역의 거리 사진과 항공 사진, 위성 사진을 구해서 그 위에 한 변이 1킬로미터, 1메가미터, 1기가미터, 1테라미터, 1페타미터, 1엑사미터, 1제타미터인 정사각형을 그려보라.

심화 도전과제

16진 편집기와 인터넷을 이용해서, 여러분이 좋아하는 미디어 파일 몇 개를 역설계(reverse engineering)하고 수정해 보라.

더 읽을거리

- 수량감에 관한 논의와 심리학적 모델: Stanislas Dehaene, *The Number Sense* (Oxford: Oxford University Press, 2011)와 Douglas R. Hofstadter, *Fluid Concepts and Creative Analogies*(New York: Basic Books, 1995)의 'Numbo' 장.
- 부동소수점에 관한, 상급 내용이지만 고전적인 논문: D. Goldberg, "What Every Programmer Should Know About Floating Point Arithmetic," *ACM Computing Surveys (CSUR)* 23, no. 1 (1991): 5–48.
- 튜링 실수에 관한, 매우 상급이지만 눈부시게 아름다운 책: Oliver Aberth, *Computable Calculus* (San Diego: Academic Press, 2001)가 있다.

CHAPTER 3

기초적인 CPU 기반 아키텍쳐

현대적인 CPU는 인간이 알고 있는 가장 복잡한 구조의 하나이지만, 기계어 명령(instruction)들을 순서대로 실행한다거나 앞뒤로 점프해서 다른 명령을 실행한다는 등의 바탕 개념은 사실 아주 단순하다. 이런 개념들은 150년 넘게 변하지 않았다. 이번 장에서는 이런 기초적인 CPU 아키텍처와 비슷하지만 더 단순한 시스템인 기계식 음악 연주기를 통해서 CPU 아키텍처의 그러한 기본 개념들을 소개한다. 그런 다음에는 그런 개념들과 RAM을 조합해서, 19세기에 찰스 배비지가 고안한 해석기관의 기반을 재구성해 본다. 이런 종류의 기계식 시스템을 공부해 두면(그리고 프로그래밍도 해 보면), 제4장에서부터 살펴볼 전자식 시스템을 좀 더 쉽게 이해할 수 있다.

3.1 음악 처리 장치

어떤 기계를 컴퓨터라고 부를 수 있으려면 반드시 **범용**(general purpose)적이어야 한다. 즉, 컴퓨터는 사용자의 지시에 따라 다양한 일을 수행할 수 있어야 한다. 그런 범용성을 갖추는 방법은 사용자가 일련의 명령으로 '프로그램program'을 작성하고, 그것을 기계가 수행하게 하는 것이다. 그런데 악보도 일종의 프로그램이라고 할 수 있다. 그러면 악보를 읽고 연주하는 기계는 일종의 음악 컴퓨터인 셈이다. 그런 기계를 **음악 처리 장치**(musical processing unit)라고 부르기로 하자.

제1장에서 우리는 배럴 오르간과 뮤직박스 같은 음악 처리 장치들을 간단하게나마 살펴보았다. 배비지 이후에도 그런 음악 자동기계(musical automata)들과 해당 프로그램들이 계속 발전했다. 1890년경에는 배럴을 연결된 천공 카드 뭉치로 대체한 '북 오르간book oragn(책 풍금)'이 나왔다. 그런 천공 카드 뭉치를 '북 뮤직book music(책 음악)'이라고 불렀는데, 배럴의 크기에 제한을 받지 않았기 때문에 얼마든지 긴 곡을 담을 수 있었다. 이런 기계들이 더 발전해서, 1900년경에는 카드 대신 긴 종이띠에 구멍을 뚫어서 교회 오르간이 아니라 가정용 피아노를 연주하는 기계인 피아놀라pianola 또는 자동 피아노(player piano)가 등장했다(그림 3-1). 그런 종이띠를 **피아노 롤**piano roll이라고 불렀다. 자동 피아노는 요즘에도 여전히 볼 수 있다. 예를 들어 피아노는 살 수 있지만 피아니스트를 고용할 여력은 없는 중급 호텔에서 피아노 혼자 배경 음악으로 재즈를 연주하곤 한다.

그림 3-1 **자동 피아노(1900년)**.

이런 기계로 연주할 수 있는 악보가 어떤 명령어들로 구성될지 생각해 보자. 그런 명령어들은 나중에 우리가 컴퓨터를 만드는 데 필요한 개념들과 비슷하지만, 음악과 관련된 것인 만큼 여러분이 좀 더 친근하게 받아들일 수 있을 것이다. 여기서는 단음(monophonic) 악기, 즉 한 번에 하나의 음만 연주할 수 있는 악기를 상정한다.

일반적으로 자동 음악 장치가 받아들이는 명령어 집합에는 연주 가능한 음마다 하나의 명령이 있다. 이를테면 '가운데 C(가온다)를 연주하라'나 '가운데 C 위의 G를 연주하라' 같은 명령들이 있는 것이다. 자동 피아노의 경우 피아노 롤의 각 행(row)은 특정 시점(time point)을 나타내고, 한 행의 각 열(column)은 그 시점에서 연주할 음의 높이(pitch)를 나타낸다. 주어진 열에 구멍이 있으면 해당 높이의 음이 연주되고, 구멍이 없으면 연주되지 않는다. 이런 피아노 롤의 개념은 2018년에 나온 Ardour 5 같은 최신 컴퓨터 음악 소프트웨어에도 쓰인다. 사람이 보기 좋도록 세로가 아니라 가로로 배치된다는 점이 다르다(그림 3-2). 시간이 흐르면서 이런 피아노 롤이 왼쪽에서 오른쪽으로 스크롤되며, 주어진 '구멍'들에 따라 전자 음악이 생성된다.

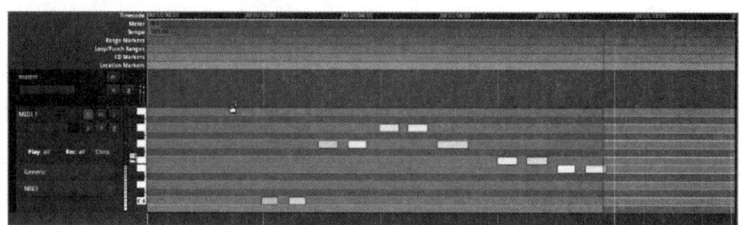

그림 3-2 Ardour 5의 피아노 롤 인터페이스.

자동 피아노는 피아노 롤의 구멍들을 한 번에 한 행씩 읽어 들인다. 이런 작동 또는 연산을 명령의 **인출**(fetch)이라고 부르기로 하자. 명령을 인출한 다음에는, 그것을 내부 기계장치로 **해독**(decoding)한다. 이 과정에서 자동 피아노는 일정한 형식으로 천공된 구멍들을 해석해서, 해당 음표들을 연주하는 어떠한 물리적 활성화 작동으로 변환한다. 배럴 오르간의 경우에는 특정 오르간 파이프에 공기가 주입된다. 그러면 해당 음표가 실제로 연주되는데, 이는 명령의 **실행**(execution) 단계에 해당한다.

어떠한 음악 프로그램(악보)을 실현하는 인간 연주자 또는 기계식 연주기는 각 음표(명령)를 연주(실행)한 후 다음 음표로 넘어간다. 이는 프로그램의 실행 위치를 명령 하나만큼 전진한 것에 해당한다. 그런데 무조건 다음 명령으로 넘어가는 대신, 프로그램의 특정한 장소로 **점프**하는 추가적인 명령어를 사용하는 기계도 있다. 악보의 경우에는 악보의 처음 또는 특정 지점으로 돌아가는 **도돌이표**가 있다. 돌아갈 특정 지점은 **달세뇨**dal segno(D. S.)로 지정한다. 뒤쪽의 특정 종료 지점으로 점프하기 위한 **코다**coda도 있다. [그림 3-3]은 이런 여러 추가 명령어를 사용하는 악보의 예다.

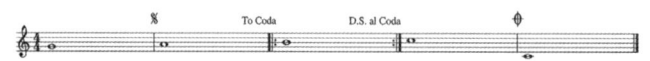

그림 3-3 음표 G, A, B, 높은 C, 낮은 C와 도돌이표, 달세뇨, 코다가 있는 음악 프로그램.

배럴 오르간이나 자동 피아노라면, 펀치 카드 또는 피아노 롤의 추가적인, 음표가 아닌 열들로 이런 점프 명령을 인코딩하면 될 것이다. 그런 추가 열 중 하나에 구멍이 있다면, 자동 연주 기계는 그에 따라 적절히 배럴 또는 피아노 롤을 되감거나 빨리 감아서 이전 또는 다음 행으로 건너뛴다.

[그림 3-3]의 악보를 연주하는 피아노 롤의 구성을 의사(pseudo) 프로그래밍 언어로 표현한다면 다음과 같은 모습이 될 것이다.

1. 음표 연주: G
2. 음표 연주: A
3. 점검: 이전에 여기에 온 적이 있는가?
4. 그랬다면 10번 명령으로 점프
5. 음표 연주: B
6. 점검: 이전에 여기에 온 적이 없는가?
7. 그랬다면 5번 명령으로 점프
8. 음표 연주: 높은 C
9. 2번 명령으로 점프
10. 음표 연주: 낮은 C
11. 중지

악보를 읽지 못하는 독자라도 이 프로그램을 잘 살펴보면 [그림 3-3]의 악보가 어떤 음악을 서술한 것인지 파악할 수 있을 것이다.

3.1.1 음악에서 수치 연산으로

이런 음악 처리 장치를 개념적으로 조금만 확장하면 산술(arithmetic) 혹은 수치 연산(calculation)을 수행하는 기계로 넘어갈 수 있다.

각자 특정한 산술 연산을 수행하는 작은 기계장치를 여러 개 만들어 두었다고 가정하자. 예를 들어 파스칼 계산기는 정수 덧셈을 수행하는 기계다. 조금만 머리를 굴리면, 파스칼 계산기와 비슷한 방식으로 정수 곱셈이나 뺄셈, 나눗셈, 자리올림을 수행하는 기계들을 만들 수 있을 것이다. 그런 다음에는 이 단순 기계(simple machine)들을 적절한 순서로 활성화하는, 앞에서 본 악보 프로그램과 비슷한 모습의 프로그램을 작성할 수 있다.

이러한 산술 기계들이 모두 하나의 누산기(accumulator)를 공유하며, 각 기계의 연산 결과가 이 누산기에 저장된다고 하자. 지금까지 서술한 기계를 완성했다면, 임의의 정수 산술 계산을 마치 전자계산기의 버튼을 누르는 순서를 나열한 것과 비슷한 형태의 프로그램을 서술할 수 있다. 다음이 그러한 프로그램의 예다.

1. 24를 누산기에 입력한다.
2. 8을 더한다.
3. 3을 곱한다.

```
4. 2를 뺀다.
5. 중지
```

이 프로그램이 중지되었을 때 누산기에는 94가 들어있을 것이다. 이런 프로그램을 사람이 일일이 단순 기계들을 활성화해서 실행할 수도 있고, 해당 명령들을 자동 피아노 롤과 비슷한 방식으로 인코딩한 천공 카드들을 자카르 방직기 스타일의 기계식 판독기로 읽어 들여서 단순 기계들을 차례로 활성화하는 식으로 실행할 수도 있다.

3.1.2 수치 연산에서 계산으로

처치 컴퓨터를 만들려면, 산술 명령들이 고정된 순서로 명시된 프로그램을 실행하는 정도로는 부족하다. 계산 이론에 따르면, 결정(decision)과 점프를 통해서만 계산할 수 있는 함수들이 존재한다. 따라서 처치 컴퓨터를 만들기 위해서는 음악 처리 장치에서 도돌이표나 코다 등을 구현하는 데 사용한 것과 비슷한 명령어들이 필요하다. 그런 추가 명령어들을 갖춘다면 다음과 같은 프로그램이 가능해진다.

```
1. 24를 누산기에 입력한다.
2. 8을 더한다.
3. 3을 곱한다.
4. 2를 뺀다.
5. 점검: 결과가 100보다 작은가?
6. 그렇다면 2번 명령으로 점프한다.
7. 중지
```

계산 이론은 또한 반드시 중간 결과를 메모리에 저장할 수 있어야 가능한 계산들이 존재한다는 점도 말해준다. 여러 중간 결과를 구분하기 위해, 각 값에 **주소**(address)를 부여하기로 한다. 지금 단계에서는 모든 주소가 그냥 정수 식별자이며, 원하는 정수 식별자만 지정하면 어떤 값이라도 접근할 수 있다고 가정한다. 이런 방식으로 접근하는 메모리를 일반적으로 **임의 접근 메모리** 또는 *RAM*(random-access memory)이라고 부른다. (이것이 RAM의 엄밀한 정의는 아니다. 좀 더 정확한 정의는 제10장에 나온다.)

프로그램에서 RAM을 사용할 수 있으려면 특정 주소의 값을 기계로 읽어 들이는 명령어와 기계에 있는 값을 특정 주소에 기록하는 명령어가 필요하다. 전자를 흔히 **적재**(load)라고 부르고 후자는 **저장**(store)이라고 부른다. 적재 명령어와 저장 명령어가 있으면 다음과 같은 프로그램이 가능하다.

1. 수 24를 주소 1에 저장한다.
2. 수 3을 주소 2에 저장한다.
3. 주소 1의 수를 누산기에 적재한다.
4. 8을 더한다.
5. 주소 2의 수를 곱한다.
6. 2를 뺀다.
7. 점검: 결과가 100보다 작은가?
8. 그렇다면 4번 명령으로 점프한다.
9. 중지

역시 계산 이론에 따르면, 지금까지 설명한 세 종류의 명령어가 있으면 그 어떤 기계라도 흉내 낼 수 있다. 세 종류란 실제 산술 연산을 수행하는 명령어들과 결정 및 점프 명령어들, 그리고 RAM 저장 및 적재 명령어들이다. 배비지의 해석기관도 딱 이런 명령어들을 수행하도록 설계되었다.

3.2 배비지의 CPU

배비지의 해석기관(Analytical Engine)은 19세기 작품이지만 설계가 대단히 현대적이다. 그 기본 아키텍처는 오늘날 최신 CPU에 쓰이는 것과 사실상 동일하다. 또한 해석기관은 가장 필수적인 CPU 기능만 갖추고 있기 때문에, 최신 CPU에 깔린 기본 개념들을 설명하기에도 안성맞춤이다. 게다가 해석기관에는 실제로 움직이는 기계 부품들이 있기 때문에 오늘날의 전자식 컴퓨터보다 작동 방식을 시각화하기도 쉽다.

이번 절에서는 해석기관의 부품과 기능을 현대적인 용어로 설명한다. 배비지가 사용한 용어는 아니지만, 나중에 해당 개념들을 최신 컴퓨터에 적용할 때 도움이 될 것이다. (관심 있는 독자를 위해, 일부 용어에는 배비지가 사용하던 원래 용어를 괄호로 병기해 두었다.) 배비지와 러브레이스가 명령어 집합에 관한 문서를 남기지는 않았음을 밝혀 둔다. 이번 절의 해당 내용은 대부분 다른 문서에서 추론하거나 상상한 것이다. 특히, 해석기관을 온라인에서 재구성한 푸르미랩Fourmilab 에뮬레이터(https://www.fourmilab.ch/babbage/)에 쓰인 명령어 집합과 어셈블리 언어 표기법을 주로 채용했다.

이번 절의 내용과 푸르미랩 에뮬레이터가 역사적 진실과는 조금 다를 수 있다는 점도 유념하기 바란다. 원본 문서들이 다소 모호한 데다가 모순되는 점도 많아서 어쩔 수 없었다. 해석기관의 최종적인 설계도 같은 것은 없다. 그저, 우리의 목적에 제일 잘 맞는 버전 하나를 택하는 것이 최선이다. 여기서 우리의 목적은 **현대적** CPU 개념들을 이해하는 것이다. 이해에 도움이 되는 한 해석기관의 일부 세부사항을 단순화하거나, 현대화하거나, 때에 따라서는 대놓고 거짓말을 하기도 하겠다.

3.2.1 고수준 아키텍처

해석기관은 크게 세 가지 요소로 구성된다. 하나는 CPU이고 다른 하나는 RAM, 마지막 하나는 버스$_{bus}$다. CPU는 프로그램을 실행한다. RAM은 CPU가 읽고 쓸 데이터를 저장한다. 그리고 버스는 CPU와 RAM을 연결한다. 최신 싱글코어 컴퓨터의 전체 아키텍처와 별로 다르지 않다는 생각이 들 텐데, 실제로 그렇다! 이는 우연이 아니다. ENIAC은 명시적으로 해석기관의 아키텍처를 재활용했다(해석기관의 기계식 메커니즘을 전자 공학으로 번역해서). 그리고 ENIAC은 이후 현대적인 전자 컴퓨터의 틀이 되었다.

물리적으로 해석기관은 [그림 3-4]에 나온 슬라이스$_{slice}$(배비지는 '케이지$_{cage}$'라고 불렀다. 이하 괄호 안의 작은 따옴표 문구는 배비지가 부른 이름이다.) 50개를 수직으로 차곡차곡 쌓은 형태다.

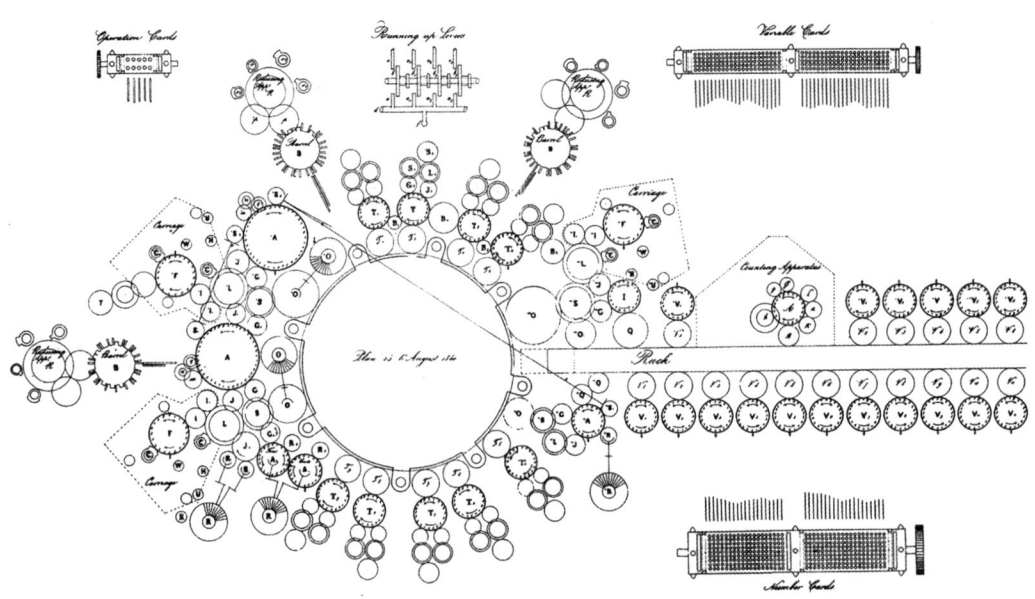

그림 3-4 배비지의 해석기관 아키텍처(1836).

그림의 슬라이스에서 원들은 기계식 기어(톱니바퀴)다. [그림 3-4]에서 보듯이 CPU, RAM, 버스는 모든 슬라이스에 걸쳐 있다. 기계의 각 구조가 표현하는 수치들 각각에 대해, 각 슬라이스는 자신이 가진 여러 숫자 중 하나를 표시하고 처리한다. 모든 슬라이스를 겹친 스택이 모든 숫자를 처리한다.

RAM('저장 축들(store axes)')은 기어 스택 100개로 구성된다. 각 스택은 50자리 십진 정수 하나를 표현한다. [그림 3-4]의 슬라이스에서 오른쪽 부분에 규칙적으로 배치된 원들이 이 기어 스택들이다. RAM의 각 저장 장소에 해당하는 이 기어 스택들에는 0에서 99까지의 일련번호가 매겨진다. 이 번호들이 특정 메모리 장소(location)를 식별하는 주소로 쓰인다.[1]

RAM 장소들은 기계식 버스('랙rack') 가까이에 모여있다. 보통의 경우 RAM 장소들이 버스와 직접 닿지는 않는다. 버스는 하나의 랙 기어rack gear다. 현대적인 자동차 조타 장치나 LEGO Technic 세트에 있는 것과 거의 같다(그림 3-5).

그림 3-5 랙(선형 기어)과 피니언(원통형 회전 기어).

이 랙 기어는 **물리적으로** 좌우로 이동한다. 각 RAM 장소는 레버를 통해서 랙과 접촉할 수 있다. 일단 접촉하면, 해당 RAM 장소의 기어가 피니언pinion 역할을 하게 된다. 결과적으로, 해당 장소의 수를 적재하는 경우 버스가 물리적으로 그 수만큼 왼쪽으로 이동한다. 반대로, 버스를 원하는 수만큼 오른쪽으로 이동하면 해당 수가 해당 RAM 장소에 더해진다.

CPU('밀mill', 분쇄기 혹은 방앗간)는 기계의 활성 부분이다. CPU는 버스를 통해서 RAM의 데이터를 적재하거나 저장하고 다양한 방식으로 데이터를 처리한다.

3.2.2 프로그래머 인터페이스

차분기관(Difference Engine)과는 달리 해석기관은 범용 컴퓨터로 설계되었다. 이는 필요에 따라 서로 다른 연산을 서로 다른 순서로 실행할 수 있다는 뜻이다. 이를 위해서는 어떤 연산들을 어떤 순서로 수행할 것인지 명령하는 수단이 필요하다.

지금까지 느슨하게 사용해온 몇몇 용어를 좀 더 명확히 할 필요가 있겠다. 연산들을 수행하기 위한 **명령**들의 순서 있는 목록(ordered list)을 **프로그램**이라고 부른다. 프로그램의 연산들을 실제로

---

1   [옮긴이] 이후의 논의에서 장소와 주소가 같은 뜻으로 쓰일 때도 많음을 유념하기 바란다. 이를테면 "주소가 1인 메모리 장소에 100을 저장한다"를 간단히 "메모리 주소 1에 100을 저장한다"로 표현하는 식이다.

수행하는 것을 **실행**(execution 또는 run)이라고 부른다. 그리고 사용 가능한 모든 명령어의 모음을 **명령어 집합**(instruction set)이라고 부른다.[2]

프로그램은 천공 카드의 코드 형태로 저장된다. 프로그램 코드를 담은 천공 카드는 제1장의 [그림 1-1]에서 본 자카르 방직기에 쓰인 카드와 비슷한 모습이다. 각 카드는 하나의 행으로 구성되며, 각 행은 구멍이 뚫리거나 뚫리지 않은 여러 열로 구성된다. 이 열들의 조합은 하나의 명령을 나타내는 코드에 해당한다. 천공 카드들은 일반적으로 차례로 실행된다. 한 카드의 명령을 실행한 후 그다음 카드로 나아가는 식이다. 하지만 이전의 어떤 카드로 돌아가거나 이후의 어떤 카드로 건너뛰는 점프 명령어들도 있다. 그럼 어떤 명령어들이 있는지 살펴보자.

❶ 상수

기본 명령어 중 하나는 특정 RAM 장소에 어떤 정수 상수(constant)를 저장하는 명령어다. 이를테면 "정수 534를 RAM 주소 27에 저장하라" 같은 명령이 가능하다. 이 명령이 실행되면 27번째 RAM 장소의 백의 자리, 십의 자리, 일의 자리 열들에 있는 기어들이 각각 십진 숫자 5, 3, 4로 이동한다. 천의 자리 이상의 기어들은 숫자 0으로 설정된다. 이런 명령을 사람이 읽거나 기억하기 쉽도록 다음과 같은 형태로 표기하기로 하자.

```
N27 534
```

여기서 N은 RAM의 특정 장소에 정수를 저장하는 명령어로, 짐작했겠지만 *number*(수)를 줄인 것이다. N 다음의 수(27)는 정수를 저장할 특정 RAM 장소를 가리키는 주소다. 그다음의 수(534)는 저장할 값이다. 전형적인 프로그램은 이런 식으로 여러 RAM 주소에 특정한 값들을 저장하는 것으로 시작한다. 다음이 그러한 예다.

```
N27 534
N15 123
N99 58993254235
N0  10
N2  5387
```

---

2 〔옮긴이〕이 문단에서 보듯이 instruction은 문맥에 따라 명령 또는 명령어로 번역된다. 명령어는 특정 종류의 연산 또는 기능을 대표하는 하나의 이름이고, 명령은 프로그램에 쓰인(피연산자 등 해당 기능에 필요한 추가 정보와 함께) 구체적인 사례다. 일상 언어에 비유하자면, 사전에 있는 단어는 명령어이고 실제 글에서 그 단어로 이루어진 문장은 명령이다.

실행에 필요한 초기 값들을 설정한 다음에는, 그 값들로 뭔가를 계산하기 위한 명령들을 프로그램에 추가한다. 이를 위해 어떤 명령어들을 사용할 수 있는지는 다음 절들에서 차차 살펴본다.

❷ 적재와 저장

RAM에 있는 값들을 어떤 계산에 사용하려면 그 값들을 CPU로 옮겨야 한다. RAM의 어떤 값을 CPU로 적재하는(load) 명령어를 L로 표기하자. L 다음에는 그 값이 있는 RAM 주소가 온다. 예를 들어 다음은 27번째 RAM 장소에 534라는 값을 저장한 후 그 장소의 값을 다시 CPU로 적재하는 프로그램이다.

```
N27 534
L27
```

CPU의 마지막 계산 결과를 RAM에 담는 명령어는 *store*(저장)를 줄인 S다. 그다음에는 원하는 RAM 주소가 온다. 다음은 RAM 주소 35에 CPU의 최신 결과를 담는 프로그램이다.

```
S35
```

저장 명령어 S는 CPU의 누산기가 관여한다는 점에서 상수 설정 명령어 N과 다르다. S는 어떤 고정된(프로그램에 명시된) 상수가 아니라 현재 누산기에 있는 값을 RAM에 저장한다.

이렇게 해서 우리는 데이터를 이리저리 옮길 수 있게 되었다. 그럼 이런 데이터로 어떤 산술 연산을 수행하는 명령어들로 넘어가자.

❸ 산술

해석기관은 기본적인 산술 연산들을 수행할 수 있다. 소위 말하는 사칙연산, 즉 덧셈·뺄셈·곱셈·나눗셈이다. 연산의 대상(피연산자)은 항상 정수다. 이 연산들을 명령어 +, -, *, /로 표기하기로 하자.

산술 연산을 수행하려면 먼저 **모드**mode를 설정해야 한다. 모드는 지금부터 어떤 산술 연산을 수행하고자 하는지를 해석기관에 알려주는 역할을 한다. 예를 들어 두 수를 더하려면 먼저 해석기관을 더하기 모드로 설정한 후 두 피연산자(인수)를 차례로 CPU에 적재한다. 다음 프로그램을 생각해 보자.

```
N0 7
N1 3
+
L0
L1
S2
```

이 프로그램은 먼저 정수 7과 3을 각각 주소 0과 1에 저장한다. 그런 다음 + 명령어를 이용해서 CPU를 더하기 모드로 설정한 후, 앞의 두 주소에 있는 수들을 CPU로 적재한다. 그러면 덧셈이 수행된다. 마지막으로, 덧셈 결과를 주소 2에 저장한다.

이렇게 해서 수치 연산을 위한 명령어들도 갖추어졌다. 이제 점프와 분기를 위한 명령어들을 추가하면 수치 연산을 위한 기계를 범용적인 계산 기계로 진화시킬 수 있다.

4 점프

프로그램의 한 부분을 영원히 반복하고 싶다면, 간단한 방법이 있다. 마지막 천공 카드의 끝을 첫 천공 카드의 윗부분과 연결해서 물리적인 루프를 만들면 된다. [그림 1-15]에서 비슷한 예를 보았다. 하지만 이런 방법은 일반화하기가 어렵다. 그보다는, 필요에 따라 프로그램의 다른 행(line)으로 이동하도록 카드를 되감거나 빨리 감는 명령어를 만드는 것이 더 유용하다. 그런 명령어를 *control*(제어)을 줄인 C로 표기하기로 하자. C 다음에는 점프 방향을 나타내는 B(backward; 역방향 점프) 또는 F(forward; 순방향 점프)가 오고, 그다음에는 몇 행이나 점프할 것인지를 나타내는 수가 온다. 그런데 그 수 앞에 기호 +를 붙이기로 하겠다. 왜 그런지는 다음 절에서 명확해질 것이다. 정리하자면, 예를 들어 CB+4는 뒤로 네 행(카드 네 장)만큼 돌아가는 제어 명령이다.

다음은 CB+4를 이용해서 무한 루프를 돌리는 프로그램이다.

```
N46 0
N37 1
+
L46
L37
S46
CB+4
```

여기서 주소 46은 카운터 역할을 한다. 루프가 반복될 때마다 이 주소의 값이 1씩 증가한다.

5 분기

무한 루프가 유용한 경우는 그리 많지 않다. 보통은 어떤 일이 발생할 **때까지만** 루프를 돌린다. 즉, 특정 조건이 충족되면 루프에서 빠져나와 프로그램의 다음 부분으로 넘어가야 하는 것이다. 이를 위해서는 조건부 **분기**(conditional branch) 명령어가 필요하다. 조건부 분기 명령어는 주어진 조건이 참일 때만 점프한다.

이러한 제어 명령어로는 점프에 사용한 CF와 CB 표기를 재활용하되, 점프가 조건부라는 점을 나타내기 위해 + 대신 ? 기호를 사용한다. 예를 들어 CB?4는 어떤 조건이 참일 때만 카드 네 장만큼 되돌아가는 제어 명령이다.

다음은 조건부 분기와 무조건 점프를 함께 사용해서 두 수의 합의 절댓값(항상 양수)을 계산하는 프로그램이다.

```
N1 -2
N2 -3
N99 0
+
L1
L2
S3
+
L99
L3
CF?1
CF+4
-
L99
L3
S3
```

이 프로그램은 + 명령어를 이용해서 RAM 주소 1과 2의 두 수를 더하고 그 결과를 주소 3에 저장한다. 그런 다음 그 결과에 0(주소 99에 있는 상수)과 주소 3의 값을 더한다. 이 덧셈 연산에 의해 해석기관 내부에서는 특별한 **상태 플래그**(status flag) 하나가 설정된다. 이 플래그는 첫 입력(0)의 부호가 산술 연산 결과의 부호와 다르면(수 0은 양수로 간주한다) 1로 설정된다. 이 상태 플래그의 값은 그다음 제어 명령 CF?1의 조건으로 쓰인다. 만일 상태 플래그가 1이면 조건부 분기가 발동해서, 명령 하나를 건너뛰고 -로 넘어간다. 여기서부터는 0에서 현재 결과를 뺀다. 결과적으로 결과의 부호가 바뀐다. 만일 상태 플래그가 0이면 조건부 분기가 발동하지 않아서 그냥 그다음 명령인 `CF+4`로 간다. 이 명령은 무조건 점프다. 이에 의해 뺄셈을 수행하는 네 개의 행을 건너뛰고 `S3`에 도달한다. 그러면 마지막으로 최종 결과(합의 절댓값)가 주소 3에 저장된다.

이러한 분기 명령에 의해 해석기관의 명령어 집합이 완성되며, (항상 충분한 메모리가 주어진다고 가정한다면) 해석기관은 하나의 처치 컴퓨터가 된다. 지금 당장 이번 장 끝의 실습과제들로 넘어가서 해석기관을 프로그래밍해 보는 것도 좋을 것이다. 이런 기계가 내부적으로 어떻게 작동하는지가 더 궁금하다면 다음 절을 계속 읽기 바란다.

3.2.3 내부 하위부품들

그럼 이런 프로그램들을 실행하는 데 필요한 CPU **내부**의 하위부품(subcomponent)들을 살펴보자. 이번 절은 이 부품들의 정적 구조만 설명한다. 다음 절에서 이 하위부품들의 작동 방식과 상호작용 방식을 배우면 비로소 이들의 역동적인 측면까지 파악하게 될 것이다.

CPU는 독립적인 단순 기계 여러 개로 만들어진다. 각 단순 기계는 여러 수 표현과 그 표현들을 다루는 기계장치로 구성된다. CPU를 이루는 이러한 단순 기계는 크게 세 유형으로 나뉘는데, 바로 레지스터, 산술 논리 장치, 제어 장치다.

[그림 3-4]에서 보듯이 해석기관에서는 이런 모든 단순 기계가 하나의 커다란 기어를 중심으로 원형으로 배치된다. 그 기어를 배비지는 중앙 바퀴(central wheel)라고 불렀다. 버스처럼 이 중앙 바퀴는 임의의 구성요소들을 연결하거나 분리해서 데이터가 흐르거나 차단되게 만든다. 이런 연결과 분리는 여러 레버lever(지렛대)로 제어된다. 레버가 움직이면 중앙 바퀴와 특정 기계장치가 작은 기어로 연결되거나 분리된다.

1 레지스터

레지스터register(배비지는 '축(axis)'이라고 불렀다)는 주 RAM이 아니라 CPU 자체에 내장된 메모리 장소다. RAM의 장소는 아주 많지만 CPU의 레지스터는 몇 개 안 된다.

제2장에서 보았듯이 해석기관은 정수를 십진 기어들을 이용해서 디지털 방식으로 표현한다. 하나의 기어에서 숫자 d를 읽으면 그 기어가 $d/10$바퀴 회전하는 식이다. 그런 기어 N개를 해석기관의 케이지 N개에 걸쳐 수직으로 쌓아서 N자리 십진 정수를 표현한다. 레지스터는 그런 식으로 쌓인 기어 스택의 하나다.

입력 레지스터('인입 회전축(ingress axle)')는 RAM에서 가져온 데이터를 받는다. 출력 레지스터('퇴출 회전축(egress axle)')는 CPU 연산의 결과를 임시로 저장한다(이를 **버퍼링**buffering이라고도 한다). 이후 그 결과는 RAM에 전달된다. 그 밖에도 계산 과정 도중에 다른 목적으로 쓰이는 몇 가지 레지스터가 있다.

2 산술 논리 장치(ALU)

흔히 ALU로 줄여서 표기하는 **산술 논리 장치**(arithmetic logic unit)는 각자 하나의 산술 연산을 수행하는 독립적인 단순 기계들의 집합이다. 예를 들어 덧셈은 파스칼 계산기와 비슷한 단순 기계가 수행한다. 그런 기계를 가산기(adder)라고 부른다. m을 곱하는 연산은 그런 가산기를 m번 활성화하는 기계로 수행할 수 있다. 10의 n승으로 곱하거나 나누는 연산은 숫자들을 n자리만큼 왼쪽 또는 오른쪽으로 이동하는 아주 간단한 기계로 수행하면 된다. 그런 기계는 우리가 어떤 수에 10의 거듭세곱을 곱할 때 제일 오른쪽에 "0들을 채워 넣는" 것의 기계 버전에 해당한다.

ALU의 연산들은 연산 결과를 출력 레지스터에 넣는다. 일부 연산은 그와 함께 특정 **상태 플래그**를 설정하거나 해제하기도 한다. 해석기관의 상태 플래그는 하나의 기계식 레버다. 레버가 위로 올라가 있으면 상태 플래그가 1(설정, 참)이고 아래로 내려가 있으면 0(해제, 거짓)이다. 배비지가 이 레버에 실제로 빨간 천으로 된 깃발(flag)을 달아서, 방금 뭔가 흥미로운 일이 발생했음을 기계인 해석기관 자체는 물론이고 사람도 눈으로 알 수 있게 했을지도 모른다.

> **ALU 메커니즘**
>
> 기어 D에서 숫자 d를 읽으면 그 기어가 d분의 1바퀴 회전한다. 기어 D 옆에 또 다른 기어 A를 톱니들이 맞물리도록 붙여두었다면, D가 회전한 만큼 A도 회전한다. 결과적으로 기어 D의 숫자 d가 기어 A에 저장된 숫자(a라고 하자)에 더해진다. 즉, 회전이 끝나면 기어 A는 숫자 $a+d$에 해당하는 숫자를 저장한 상태가 된다. 이러한 덧셈 연산에서 A는 **누산기**(accumulator)에 해당한다. 누산기는 여러 숫자를 계속해서 더할 수 있는 기계장치, 다시 말해서 합(sum)을 '누적(accumulation)'할 수 있는 기계장치라는 의미로 붙은 이름이다.
>
> 해석기관의 누산기들은 십진 숫자 하나를 담으므로, 하나의 누산기에는 최대 9까지만 담을 수 있다. 9보다 큰 정수는 레지스터처럼 여러 기어를 쌓은 스택으로 표현한다. 두 정수의 덧셈은 우리가 종이와 연필로 하듯이 각 자리의 두 숫자를 더하되 그 결과가 9보다 크면 1을 왼쪽 자리로 올리는 식으로 진행한다. 파스칼은 이미 자신의 계산기에서 기본적인 기계식 자리올림을 구현했다. 덕분에 여러 개의 수를 하나의 누산기로 더할 수 있었다. 배비지의 자리올림 메커니즘은 파스칼의 설계에 기반한다. 다음은 배비지가 작성한 설계도의 일부다.
>
>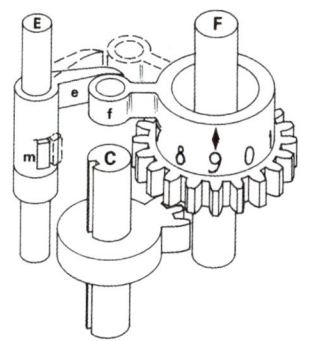
>
> 이미 숫자 9에 도달한 기어 F가 다시 10분의 1바퀴 더 회전한다고 하자(이

를테면 그림의 C로 표시된 자리올림 기어 때문에). 그러면 기어 F의 태핏 f가 다른 태핏 e를 움직인다. 태핏 e는 축 E를 움직이며, 축에 달린 톱니 m이 자리올림 1을 '위층'에 있는 다음번 케이지로 전달한다. 그것이 다음 자리의 숫자에 대한 자리올림 기어 C에 적용된다. 이런 식으로 자리올림이 연달아 전파되는데, 큰 수에서 여러 개의 자리올림이 정확한 타이밍으로 일어나게 하는 것이 대단히 어려웠다. 배비지가 해석기관의 설계에 투여한 시간의 대부분은 이 문제를 해결하는 데 쓰였다.

3 제어 장치(CU)

제어 장치(control unit, CU)는 메모리에 담긴 프로그램에서 명령들을 읽어서 해독한 후, 해당 명령들을 실행할 수 있도록 제어권을 ALU 또는 다른 장치로 넘겨준다. 하나의 명령이 실행을 마치면 제어권이 다시 제어 장치로 돌아온다. 제어 장치는 정상 실행 순서 또는 점프에 따라 프로그램 안의 실행 위치를 갱신한다. 제어 장치는 모든 구성요소의 활동을 적절한 타이밍으로 조정한다는 점에서 오케스트라의 지휘자와 같다. [그림 3-6]은 해석기관의 제어 장치다.

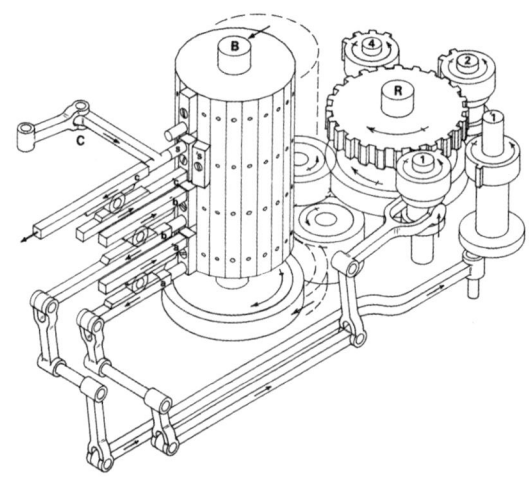

그림 3-6 해석기관의 제어 장치(CU).

배럴 오르간의 것과 흡사한 기계식 배럴 하나가 시간에 따라 회전한다. 배럴의 각 열에는 소켓이 여러 개인데, 핀이 꼽힌 것도 있고 아닌 것도 있다. 이 핀들이 복잡한 기계식 레버 시스템을 통해서 특정 태핏들을 움직이면 CPU의 다른 단순 기계들이 활성화된다. 이에 의해 제어 장치가 담당하는 작업의 단계들이 순서대로 활성화되는데, 배럴 오르간에서 배럴이 회전하면서 일련의 음들이 연주되는 방식을 상상하면 이해가 될 것이다. 배럴의 회전 속도는 피드백 메커니즘으로 제어할 수 있다. 따라서 현재 단계가 마무리되어야 비로소 다음 단계가 시작되게 만드는 것이 가능하다.

배럴 핀들의 구성은 사용자 프로그램이 **아니다**. 이 핀들은 CPU 자체의 작업 순서를 정의하는 저수준 **마이크로프로그램**microprogram에 해당한다. CPU 자체의 작업이란 인출-해독-실행 주기인데, 다음 절에서 자세히 살펴볼 것이다. 이 마이크로프로그램이 실행됨에 따라 해석기관의 CPU는 사용자의 고수준 프로그램을 담은 천공 카드들에서 개별 명령을 읽어서 CPU의 다른 단순 기계들을 통해서 실행한다.

3.2.4 내부 작동

제어 장치(배비지의 경우 회전 원통)는 몇 가지 활동으로 이루어진 규칙적인 주기(cycle)를 반복한다. 그 활동들은 크게 세 단계로 구분되는데, 바로 인출, 해독, 실행이다. CPU가 제대로 작동하려면 제어 장치의 모든 연산이 올바른 순서로 수행되도록 타이밍을 세심하게 조절할 필요가 있다. 그럼 세 단계를 차례로 살펴보자.

1 인출

인출(fetching)은 다음에 실행할 명령을 나타내는 기계어 코드를 프로그램에서 '꺼내서' CPU로 읽어 들이는 것을 말한다. 기억하겠지만, `N37 1`이나 `CB+4`는 사람이 이해하기 쉽게 만든 어셈블리 언어의 명령일 뿐이다. 천공 카드에는 이런 명령들이 이진 기계어 코드로 표현된다. 해석기관의 인출 연산은 자카르 방직기와 정확히 동일한 방식으로 일어난다. 즉, 천공 카드의 여러 열(칸)에 물리적으로 핀들을 삽입해 보는 식이다. 구멍이 뚫린 칸이면 핀이 통과하고, 그렇지 않은 칸은 핀이 막혀서 더 이상 움직이지 않는다. 그런 핀들의 물리적 위치를 증폭하고 금속 레버들을 이용해서 CPU에 전달한다.

카드 판독기(card reader)는 타자기와 비슷한 물리적 장치다. 핀들은 프로그램의 행(line)을 읽도록 배치되어 있다. 현재 핀들이 있는 행과는 다른 행을 읽으려면, 천공 카드들을 엮은 끈을 되감거나 빨리 감아서 원하는 행(카드)이 판독 핀들의 위치에 오게 해야 한다. 현재 판독기의 판독 핀들 위치에 놓인 천공 카드의 물리적 상태는 일종의 메모리 역할을 한다.

금속 레버들의 물리적 위치들 역시, CPU에 담긴 현재 명령의 한 복사본을 담은 일종의 메모리로 간주할 수 있다. 이를 **명령 메모리**(instruction memory)라고 부르기로 하자.

2 해독

지금 단계에서 천공 카드의 구멍들이 나타내는 이진 코드는 그냥 0과 1의 패턴일 뿐이다. 사람은 물론 기계도 아직은 이 패턴이 무엇을 의미하는지 알지 못한다. **해독**(decoding)은 이 코드의 의미를 알아내는 작업이다. 카드 판독기 레버들의 물리적 위치 구성이 CPU로 전달되면, 그 위치들의 패턴에 따라 특정 기계장치가 활성화된다. 예를 들어 적재 명령어 L을 이진수 010으로 표현한다고 하자. 그러면 세 개의 인출 레버가 순서대로 아래, 위, 아래일 때만 적재 연산 기계장치가 활성화되도록 설정해야 할 것이다. 또한, 명령어뿐만 아니라 명령어와 함께 하나의 명령을 구성하는 정수 주소도 해독해서, 십진 코드를 해당 메모리 주소의 기계적 활성화로 이어지게 만들어야 한다. 디코더$_{\text{decoder}}$(해독을 수행하는 장치)는 인출된 신호의 특정 패턴에 반응해서 특정 작업을 수행하는 여러 기계장치의 집합이다.

3 실행: 적재와 저장

실행(execution)은 해독된 명령을 실제로 수행하는 것을 말한다. 구체적인 수행 방식은 명령의 종류에 따라 다르다. 각각의 실행 형태는 각자 다른 단순 기계로 구현된다. 주어진 명령에 따라 적절한 단순 기계를 선택하고 활성화하는 것은 디코더의 몫이다.

예를 들어 산술 계산을 위해 어떤 값이 필요해지면, CPU는 RAM에서 자신의 레지스터로 값을 가져온다. 이것이 **적재**(load) 연산이다. CPU 작업의 결과 역시 레지스터에 담기며, 필요하다면 레지스터의 값을 특정 RAM 주소에 복사할 수 있다. 이는 **저장**(store) 연산이다.

값을 적재할 때 제어 장치는 해당 RAM 주소와 버스 사이의 기어들을 연결하고, 그 버스와 CPU 쪽 입력 레지스터의 기어들도 연결한다. 그런 다음 RAM 주소에서 값을 읽어 들이면, 해당 기어들이 한 바퀴 회전한다. 이에 의해 버스가 CPU를 향해 n단계만큼 이동하는데, 여기서 n은 수를 표현하는 자릿수(숫자 개수)다. 이러한 작동이 수의 모든 자리(열)에 대해 병렬적으로 진행되어서, 각 자리의 RAM 기어, 버스, 입력 레지스터 기어가 적절히 움직인다.

레지스터의 값을 RAM에 저장할 때는 제어 장치가 앞에서 말한 것과 반대로 작동한다. 저장 연산은 해당 값이 이미 CPU의 출력 레지스터에 들어있다고 가정한다. 우선 제어 장치는 RAM 주소의 내용을 지운다. 구체적으로 말하면, 모든 숫자가 0이 되도록 기어들을 회전한다. 그런 다음 출력 레지스터와 버스를 연결하고, 버스를 대상 RAM 주소와 연결한다. 출력 레지스터를 한 바퀴 회전시키면 버스가 RAM을 향해 n단계 이동하며, 그러면 RAM 기어가 n단계 회전해서 해당 수가 대상 RAM 주소에 저장된다.

4 실행: 산술 연산

덧셈 같은 산술 명령어를 수행하는 경우 제어 장치는 해당 단순 기계(가산기 등)를 입력 레지스터 및 출력 레지스터와 연결해서 활성화한다. 해석기관에서 이 작업은 기계적으로 진행되는데, 제어 장치는 먼저 기어(톱니바퀴)들을 적절히 삽입해서 레지스터와 해당 단순 기계를 물리적으로 연결한다. 그런 다음 단순 기계에 동력을 공급해서 해당 연산이 실행되게 한다. 배비지의 가산기는 파스칼 계산기와 비슷하다. 첫 피연산자를 적재하고 둘째 피연산자를 거기에 더한 다음 그 결과를 출력 레지스터에 전송한다. 수치 연산이 완료되면 제어 장치는 기어들을 빼내서 단순 기계를 비활성화한다.

ALU를 구성하는 단순 기계들은 출력 레지스터의 값을 바꿀 뿐만 아니라 상태 플래그에도 영향을 미칠 수 있다. 산술 연산 과정에서 어떤 흥미로운 사건이 벌어지면 상태 플래그가 올라가거나 내려간다. '흥미로운 사건'의 구체적인 정의는 단순 기계의 유형에 따라 다르다. 예를 들어 +와 -는 오직 연산 결과의 부호가 첫 입력의 부호와 다를 때만[3] 상태 플래그를 참(true)으로 설정한다.[4] 반면에 /는 0으로 나누기가 시도된 경우 상태 플래그를 참으로 설정한다.

5 실행: 프로그램 흐름

각 명령의 끝에서 제어 장치는 반드시 현재 인출-해독-실행 주기를 완료하고 다음 주기의 시작을 준비해야 한다. 다음 주기의 준비 작업은 방금 완료한 명령이 적재나 저장, ALU 산술 명령 같은 통상적인 명령인지, 아니면 분기나 점프처럼 프로그램의 '흐름(flow)'을 바꾸는 명령인지에 따라 다르다.

통상적인 명령을 실행하는 **정상 실행**(normal execution) 상황에서는 그냥 프로그램의 다음 명령으로 넘어가기만 하면 된다. 그러면 새 명령을 인출할 준비가 끝난다. 해석기관의 경우 '다음 명령'은 방금 실행한 명령이 담긴 현재 천공 카드의 하단과 끈으로 연결된 다음 천공 카드다. 다음 명령으로 넘어가려면 제어 장치는 프로그램 카운터 장치를 활성화해서 카운터를 1만큼 증가해야 한다. 해석기관의 경우 이는 동력 공급 장치를 천공 카드 판독기와 기계적으로 연결하고 적당한 시간만큼 동력을 공급해서, 카드 더미에서 카드 한 장이 끌려 나오게 만드는 것을 뜻한다. 이것이 '라인 피드line feed'의 천공 카드 판독기 버전이다.

3　[옮긴이] "오직 P일 때만 Q다"는 if and only if를 옮긴 것으로, 동치 관계를 의미한다. 즉, P가 참이면 Q가 참일 뿐만 아니라 Q가 참이면 P가 참이기도 하다. 이런 성질은 결과에서 원인을 추론하는 데 중요하다. 지금 문장의 경우, 상태 플래그가 참이라면 반드시 연산 결과와 첫 입력의 부호가 다른 것이다.

4　[옮긴이] 상태 플래그 같은 '플래그'는 참 또는 거짓 중 하나의 상태를 가지는 변수나 장치를 깃발(특히 손깃발)에 빗댄 용어다. 축구에서 선심이 깃발로 반칙이나 위반 사항을 알리는 것을 연상해도 좋을 것이다. 깃발을 올린 것을 긍정 또는 활성화로 간주해서 '참(true)'이라고 부른다. 그리고 참과 거짓을 흔히 1과 0에 대응시킨다. 더 나아가서, 플래그를 참으로 설정하는 것을 간단히 "플래그를 설정한다", 거짓으로 설정하는 것을 "플래그를 해제한다"라고 표현하기도 한다.

하지만 **점프** 명령의 경우에는 프로그램을 되감거나 빠르게 앞으로 감아야 한다. 이 경우 제어 장치는 프로그램 카운터를 단순히 1 증가하는 것이 아니라 명령의 인수에 따라 적절한 양으로 증가 또는 감소해야 한다. 예를 들어 순방향으로 4행 진행하는 `CF+4` 명령의 경우에는 카운터를 4만큼 증가한다. 해석기관의 경우에는 동력을 정상 실행 상황보다 더 길게 공급함으로써 여러 장의 카드를 가져온다. 또한, 점프의 방향에 따라 라인 피드의 방향도 기계적으로 전환한다.

분기 명령들은 더 복잡하다. 이런 명령들은 현재 상태 플래그의 값에 따라 다르게 작동한다. 예를 들어 `CB?4`는 오직 상태 플래그가 참일 때만 프로그램 카운터를 4 감소하라는 뜻이다. 상태 플래그가 참이 아니면 제어 장치는 그냥 정상 실행에 따라 카운터를 1 증가해서 다음 명령으로 넘어간다. 이러한 조건부 분기 능력은 배비지의 해석기관을 자동 피아노나 자카르 방직기 같은 단순한 배럴 또는 천공 카드 프로그램 실행기와 차별화하는 중요한 요인이다. 역사학자들이 다른 어떤 증거를 발견하지 않는 한, 프로그램을 항상 같은 순서로 실행하는 것이 아니라 실행 순서를 스스로 변경하는 능력을 갖춘 기계는 배비지의 해석기관이 처음이다. 현재 상태를 살펴보고 그에 따라 결정을 내리는 이러한 능력은 처치 컴퓨터의 필수 요건 중 하나다.

이번 장 요약

이번 장에서 배비지의 해석기관을 공부한 이유는, 최신 PC를 포함해 그 후 나온 모든 컴퓨터의 청사진이 바로 이 해석기관이기 때문이다. 해석기관의 고수준 아키텍처는 CPU와 RAM, 그리고 그 둘을 연결하는 버스가 포함된다. CPU 자체는 산술 연산 장치(ALU)와 레지스터들, 그리고 인출-해독-실행을 수행하는 제어 장치(CU)로 구성된다. 명령어 집합에는 적재 및 저장, 산술 연산, 점프 및 분기를 위한 명령어들이 있다. 그 밖에 프로그램의 현재 행 번호를 저장하는 프로그램 카운터 하나와 마지막 산술 연산에서 뭔가 흥미로운 사건이 벌어지면 설정되는 상태 플래그 하나가 있다. 이런 구성요소들은 모두 본질적인 변경 없이 현대적 PC에까지 이어졌다.

해석기관은 기계식 시스템이다 보니 전자 시스템보다 훨씬 더 구체적으로 시각화할 수 있어서 이해하기 쉽다. 사실 전자 컴퓨터는 그냥 해석기관의 구성요소들을 논리 게이트들을 묶은 전자 스위치에 기반한 장치로 대체해서 더 작고 빠르게 구현한 것이라 할 수 있다. 이 책의 제2부에서는 그런 스위치들에서 출발해서 CPU에 이르기까지 현대적인 전자 부품 및 장치들의 계층구조를 구축하면서 그런 장치들의 설계와 구현을 살펴볼 것이다. 이번 장에서 CPU가 어떤 일을 해야 하는지 살펴보았으니, 그러한 전자적 계층구조(electronic hierarchy)가 어떤 방향으로 나아갈지 충분히 짐작할 수 있을 것이다.

실습과제

해석기관 프로그래밍

1. 우선, https://www.fourmilab.ch/babbage에서 푸르미랩의 해석기관 에뮬레이터를 설치한다. 원한다면 웹 버전을 사용해도 좋다.[5]
2. 이번 장에서 논의한 해석기관 프로그램들을 입력하고 실행하라. 명령줄 기반 에뮬레이터의 경우 `java aes -t test.card`처럼 `-t` 옵션을 지정해서 프로그램을 실행하면 실행 과정에서 각 단계에서 기계의 상태 변경 정보가 출력된다.

러브레이스의 계승 함수

해석기관을 위한 계승(factorial) 함수를 작성하라. 에이다 러브레이스가 계승 함수를 작성한 적이 있다. 이후 계승 함수 작성은 새로운 아키텍처를 시험하려는 사람이 시도하는 표준적인 "Hello, world" 실습과제로 자리 잡았다. (사실 "Hello, world!"를 출력하는 것이 계승을 계산하는 것보다 훨씬 복잡하다. ASCII 표현과 화면 출력 기능이 필요하기 때문이다. 그런 기능은 제11장에서 다룬다.)

더 읽을거리

- 해석기관을 역사적으로 좀 더 정확하게 설명한 자료: A. Bromley, "Charles Babbage's Analytical Engine, 1838," *Annals of the History of Computing* 4, no. 3 (1982): 196–217.
- 좀 더 허구적인 버전: William Gibson, Bruce Sterling, *The Difference Engine* (London: Victor Gollancz, 1990). 배비지와 러브레이스, 그리고 실제로 작동하는 해석기관이 등장하는 독창적인 스팀펑크 소설이다.

---

[5] (옮긴이) *The Analytical Engine Table of Contents* 링크를 클릭하면 나오는 https://www.fourmilab.ch/babbage/contents.html의 **The Analytical Engine Emulator** 섹션에 여러 가지 에뮬레이터가 있다. 그중 *The Web Emulator*가 JavaScript로 구현된 웹 버전이고, 2번 문제에서 언급하는 명령줄 기반 에뮬레이터는 *The Command-Line Emulator*다.

PART II

전자회로의 계층구조

CHAPTER 4 스위치
CHAPTER 5 디지털 논리
CHAPTER 6 단순 기계
CHAPTER 7 디지털 CPU 설계
CHAPTER 8 고급 CPU 설계
CHAPTER 9 입출력(I/O)
CHAPTER 10 메모리

CHAPTER 4

스위치

어떤 한 신호의 상태에 반응해서 다른 어떤 신호를 마치 **스위치**를 켜고 끄듯이 활성화하거나 비활성화하는 것은 계산의 근본 요소다. 이런 조건부 스위칭 능력은 자카르 방직기 같은 제한된 기계과 배비지의 해석기관 같은 범용 기계를 구분하는 중요한 요인이다. 자카르 방직기는 정해진 연산들을 정해진 순서로만 수행할 수 있다. 상황에 따라 그 순서를 변경하지는 못한다. 하지만 해석기관은 레지스터의 상태를 평가해서 그에 따라 프로그램의 실행 위치를 이동할 수 있는 명령어들을 갖추고 있다. 이를 가능하게 하는 것이 스위칭 능력이다.

단순히 한 신호에 따라 다른 신호를 켜고 끄는 기본적인 스위치를 만들 수 있으면, 그런 스위치들을 조합해서 논리 게이트나 단순 기계, 심지어는 CPU 같은 좀 더 정교한 장치도 구축할 수 있다. 제1장에서 보았듯이 오늘날 컴퓨터에 쓰이는 주된 스위치는 트랜지스터다. 트랜지스터가 스위치 역할을 하는 것은, 방향성에 관한 기초 물리학 개념들과 실리콘 같은 물질의 특성에 기반한 특정한 구현 방식이 적절히 혼합된 덕분이다. 그런데 지금 바로 트랜지스터를 논의하기 시작한다면 그 두 측면을 구분하기가 어려울 수 있다.

그래서 이번 장에서는 먼저 좀 더 단순한 유향 시스템의 기초 물리 개념들부터 논의한다. 그 시스템은 바로 물이 흐르는 파이프다. 밸브를 이용해서 물의 흐름을 시작하거나 중단하는 방법을 살펴보고, 그것을 발판으로 삼아서 진공관과 반도체로 만들어진 전기적 다이오드로 나아간다. 그런 다음 좀 더 복잡한 스위치들을 만들어 보는데, 이번에도 물의 비유로 시작해서 현대적인 실리콘 기반 트랜지스터에 도달한다. 마지막으로 이번 장에서는 현대적인 실리콘 칩이 어떻게 만들어지는지도 살펴본다. 그러면 컴퓨터를 모래 알갱이 수준까지 환원해서 이해할 수 있게 된다.

4.1 유향 시스템

스위치는 유향 시스템(directional system), 즉 방향이 있는 시스템이다. 스위치는 하나의 입력을 받아서 어떤 일을 수행한 후 하나의 결과를 출력한다. 당연한 말처럼 들리겠지만, 사실 어떤 시스템에 방향이 있다는 것은 상당히 특별한 일일 수 있다. 물리학에서는 물리적인 시스템(물리계)을 흔히 특정한 시간이 변수인 방정식으로 서술하는데, 시간을 거꾸로 흐르게 해서 방정식을 평가해도 해당 물리계가 잘 작동하는 경우가 많다. 그렇지만 우리가 유리잔을 떨어뜨려서 산산조각이 났을 때 그 조각들이 다시 합쳐져서 멀쩡한 유리잔이 되는 일은 발생하지 않는다. 왜 그럴까? 답은 **엔트로피**entropy, 또는 에너지의 조직화 방식에 있다. 유리잔이 떨어지면 유리잔의 화학에너지와 위치에너지가 열에너지로 변해서 공기 중으로 방출된다. 그 에너지를 다시 회수하지 않는 한 유리잔은 복원될 수 없으며, 에너지가 다시 회수될 가능성은 극히 작다. 이는 에너지가 좀 더 조직화된 구조로 집중될 가능성보다 열로 퍼져나갈 가능성이 훨씬 높기 때문이다.[1]

우리가 시간의 방향을 체험하고 인과관계를 느낄 수 있는 것도 이 엔트로피 덕분이다. 과거는 미래보다 좀 더 조직화된(엔트로피가 낮은) 상태다. 그래서 우리의 뇌는 미래에 관한 정보보다는 과거에 관한 정보를 더 잘 저장한다. 기억은 과거의 것이다. 우리는 지금 현재 보는 사건을 과거의 사건과 연관시킴으로써 인과관계를(즉 과거의 어떤 사건이 미래의 어떤 사건을 일으킨 원인임) 인식한다.

컴퓨터가 제대로 작동하려면 컴퓨터 안에서 일련의 사건들이 주어진 한 방향으로 일어나게 만들어야 한다. 이를 가능하게 하는 것도 엔트로피다. 실행 방향이 무작위로 바뀌는 기계는 쓸모가 없다. 컴퓨터의 실행이 특정한 하나의 방향으로 진행될 확률을 아주 높게 유지하려면 컴퓨터 안의 에너지 상태를 고도로 조직화하고, 실행의 단계마다 그 에너지가 조금씩 열을 발산하게 만들어야

---

1 [옮긴이] 조직화된 구조는 엔트로피가 낮고, 분산된 또는 무작위한 구조는 엔트로피가 높다. 그리고 열역학 제2법칙에 의해 시스템은 항상 엔트로피가 증가하는 쪽으로 변화한다.

한다. 이것이 컴퓨터가 에너지 조직화를 사용해야 하며 열을 방출할 수밖에 없는 이유다. 시간의 흐름에 따라 프로그램이 특정한 방향으로 실행되게 하려면 이렇게 해야 한다.

4.1.1 체크 밸브

유향 시스템의 간단한 예로는 일상적인 상하수도 배관 시스템에 쓰이는, 수류(water current)가 역류하지 못하게 차단하는 밸브를 들 수 있다. 예를 들어 지역 상수도에서 집으로 물을 공급하는 수도관에는 그런 역류 방지 밸브가 있기 마련이다. 이런 체크 밸브check valve[2]는 물이 파이프를 통해서 집으로 **들어올** 수만 있고 집 밖으로 **나가지는** 못하게 한다. 이 덕분에 예를 들어 화학 물질을 하수구에 흘려보내도 거리의 다른 지역 상수도가 오염되지 않는다. [그림 4-1]은 체크 밸브의 구조를 나타낸 것이다.

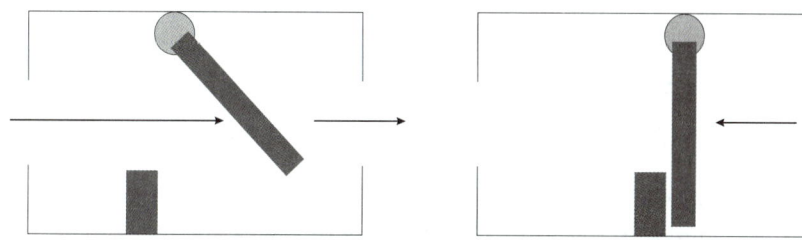

그림 4-1 단방향 체크 밸브. 물이 순방향(왼쪽)으로 흐르면 밸브가 열려서 물이 통과된다. 역방향(오른쪽)으로 흐르면 밸브가 막혀서 물이 차단된다.

경첩에 달린 수문 혹은 '게이트gate'는 오른쪽으로는 자유롭게 움직이지만 오른쪽에서 왼쪽으로는 문턱에 걸려서 움직이지 않는다. 오른쪽에서 왼쪽으로 수압을 가하면 수문이 더욱 단단히 닫혀서 물이 전혀 흐르지 못한다. 이 흐름 방향을 **역방향**(reverse-bias)이라고 부른다. 수압이 왼쪽으로 오른쪽으로 가해지면 수문이 열려서 물이 흐른다. 이 흐름 방향을 **순방향**(forward-bias)이라고 부른다.

이런 밸브가 보기만큼 간단하지는 않다. 물이 질량을 가진 개별 입자들로 이루어져 있고 그 입자들이 서로 밀어낸다고 상상해 보자. 순방향 흐름에서 입자 하나가 수문에 부딪히면 입자의 운동에너지의 일부가 수문으로 전달된다. 입자가 통과한 후에도 수문은 그 에너지를 여전히 가지고 있다. 수문은 파이프 상단까지 회전했다가 되튕겨서 파이프 하단의 문턱에 부딪히고, 다시 파이프 위쪽으로 되튕긴다. 감쇠(damping)가 없으면 이런 진동 운동이 반복되어서 수문이 열렸다 닫히기를 영원히 반복할 것이다. 하지만 현실적인 모델에는 감쇠가 존재한다. 그런 모델에서는 수문이 진동하

---

2 (옮긴이) 원문은 다소 변별력이 없는 water valve다. 번역서에서는 좀 더 구체적인 이름인 '체크 밸브'를 사용한다.

더라도 운동에너지가 파이프 상단 벽과 하단 문턱으로 빠르게 전달되어서 곧 움직임을 멈춘다. 전달된 운동에너지는 열에너지로 변해서 분산된다. 시스템이 방향성을 가지려면 이처럼 열을 방출할 수밖에 없다.

한편, 수문을 통과한 입자는 수문에 자신의 에너지 일부를 넘겨준 탓에 속력이 줄어든다. 출력 입자가 입력 입자보다 에너지가 작기 때문에, 한 밸브의 출력 입자를 다른 밸브에 입력해서 동일한 물리적 효과를 얻으려면 에너지를 추가해 주어야 한다. 이 에너지는 밸브가 작동하면서 소실된 열에너지를 보상한다.

아주 세게 밀어붙인다면 물이 역방향으로 흐르게 하는 것도 가능하다. 문턱이 부러질 정도로 입자들을 세게 밀어 넣어야 한다. 그러면 큰 소리가 나면서 밸브가 영구적으로 파손될 가능성이 크다. 다음 절에서 살펴볼, 체크 밸브의 전기 버전 역시 이와 비슷한 행동을 보인다.

4.1.2 열 다이오드

다이오드diode는 전류가 순방향으로만 흐르고 역방향으로는 흐르지 못하게(또는 흐르기 어렵게) 하는 전기 시스템을 통칭하는 용어다. 최초의 다이오드는 진공관 열 다이오드(heat diode)다. 이런 종류의 다이오드는 전기기계식 시대('디젤' 시대)에 만들어졌다. 현대적인 반도체 기반 다이오드보다 이해하기 쉬우므로 이것부터 살펴보자.

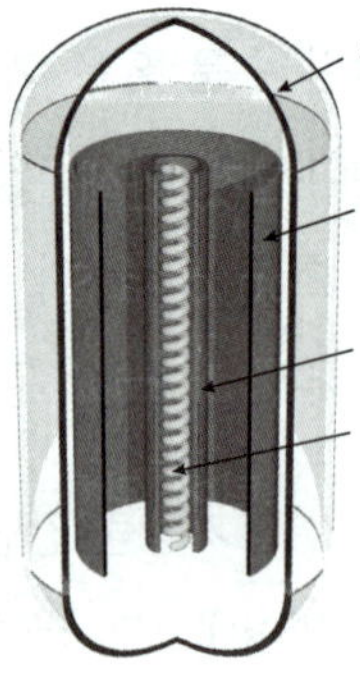

진공관 열 다이오드(그림 4-2)는 구식 필라멘트 전구와 다소 비슷한 모습이다. 외부 전선 두 개가 내부 부품 두 개에 각각 연결된다. 하나는 **음극** 또는 **캐소드**cathode라고 부르는 금속 코어이고 다른 하나는 **양극** 또는 **애노드**anode라고 부르는 원통이다. 그림에서 보듯이 양극이 음극을 감싸고 있다. 음극은 외부 에너지원에 의해 가열된다.

전압이 순방향으로 가해지면 다이오드 외부에서 음극으로 전자들이 흘러 들어간다. 이에 의해 가열기(히터)가 가열되어서 음극의 에너지가 커지고, 급기야는 금속 코어에서 전자들이 탈출해서 진공을 거쳐 양극에 도달한다. 결과적으로 양극에서 음극으로 전류가 흐른다.

그림 4-2 진공관 열 다이오드.

전압이 역방향으로 가해지면 외부의 전자가 양극에 도달하긴 하지만, 양극에서 탈출해서 진공을 거쳐 음극으로 가지는 못한다. 양극은 가열이 안 되어서 그 정도의 에너지가 없기 때문이다. 결과적으로 음극에서 양극으로는 전류가 흐르지 않는다.

이 시스템의 방향성은 외부에서 열에너지를 투입한 덕분에 생긴다. 이 열에너지는 외부 환경으로 흩어진다.

아주 세게 밀어붙인다면 진공관 열 다이오드에서 전류가 역방향으로 흐르게 할 수 있다. 전자들이 양극에서 탈출하게 하려면 아주 높은 전압을 가해야 한다. 그러면 아주 큰 '펑' 소리와 함께 진공관이 터질 가능성이 크다.

4.1.3 PN 접합 다이오드

오늘날 쓰이는 대부분의 다이오드는 진공관 열 다이오드가 아니라 규소 기반 **PN 접합 다이오드**(p-n junction diode)다. 여기서 P는 양전하(positive charge) 영역, N은 음전하(negative charge) 영역을 뜻한다. PN 접합 다이오드의 작동 방식을 이해하려면 반도체 화학 및 물리학 지식이 필요하다. 해당 지식을 필요한 만큼만 간단하게 설명해 보겠다.

1 간략한 반도체 기초

초급 전기공학에서는 재료를 전기가 통하지 않는 **절연체**(insulator; 또는 부도체)와 전기가 통하는 **도체**(conductor; 또는 전도체)로 구분한다. 그런데 두 부류로는 분류되지 않는 신기한 물질이 있다. **반도체**(semiconductor)는 보통 상태에서는 절연체이지만, 아주 작은 변화에 의해 도체가 되기도 한다. 반도체를 만드는 데 흔히 쓰이는 물질로는 주기율표 14번 원소인 **규소** 혹은 **실리콘**silicon(원소 기호 Si)이 있다.[3] [그림 4-3]은 규소 원자를 도식화한 것이다.

규소 원자는 양성자(양전하를 띤 소립자)가 14개, 전자(음전하를 띤 소립자)가 14개다. 이 전자들은 세 개의 동심원 껍질에 분포된다. 제일 안쪽 껍질에는 전자 두 개가 채워지고 중간 껍질에는 전자 여덟 개가 채워진다. 최외각 껍질의 전자는 네 개인데, 잠시 후에 보겠지만 공유 결합에 의해 여덟 개까지 채울 수 있다.

그림 4-3 규소(Si) 원자는 전자가 14개다. 그림에는 다른 원자와 상호작용할 수 있는 4개의 최외각 원자만 표시되었다.

---

3 옮긴이 이 책에서 실리콘은 순수한 규소 원자뿐만 아니라 규소 원자들에 기반한 반도체나 기타 재료를 포괄하는 좀 더 광범위한 의미로 쓰인다. 원자나 분자 수준의 논의에서는 silicon을 가급적 '규소'로 옮기기로 한다. 참고로, 주방용품 등에 흔히 쓰이는 규소-산소 중합체인 실리콘은 e가 붙은 silicone이다. 이 책에 silicone은 등장하지 않는다.

양자역학(이 책의 범위를 훨씬 벗어나는 주제다)에 따르면, 최외각 껍질이 다 채워져 있는 원자는 낮은 에너지 상태에 있다. 엄밀한 물리학 용어는 아니지만, 이런 저에너지 상태를 **행복한** 상태라고 부르고, 고에너지 상태를 **불행한** 상태라고 부른다. 이런 용어들은 원자가 고에너지 상태에서 저에너지 상태로 가길 원하는 경향을 인간이 불행한 상태에서 행복한 상태로 가길 "원하는" 경향에 빗댄 것이다. 여기서 "원한다"라는 것은 통계 물리학적 결과다. 통계 물리학에 따르면 불행한 상태가 되는 방법보다 행복한 상태가 되는 방법이 훨씬 많다. 따라서 시스템이 행복한 상태로 가는 방법을 찾을 확률이 더 높다.

행복한 상태가 될 가능성이 더 높은 것은, 행복한 상태로의 이동이 하나의 유향 시스템이기 때문이다. 불행한 에너지 상태에서 행복한 에너지 상태로 이동할 때 전자는 광자를 방출함으로써 자신의 에너지 일부를 잃는다. 그리고 그 광자는 보통의 경우 열을 방출하면서 소멸한다. 전자가 고에너지 상태에서 다시 저에너지 상태로 가려면 방출된 광자와 비슷하거나 더 높은 에너지를 가진 광자가 전자에 투입되어야 하는데, 외부의 개입 없이 그런 일[4]이 저절로 발생할 확률은 낮다. 이런 확률들은 전자들에 대한 하나의 화학적 힘으로 작용해서, 더 바깥쪽 전자껍질들이 모두 채워지는 쪽으로 전자들을 밀어붙인다.

따라서 일단의 규소 원자들에게 가장 행복한 상태는 공유결합(covalent bond)을 통해 최외각 전자들을 공유함으로써 최외각 껍질을 완전히 채우는 것이다. 각 원자는 네 개의 이웃 원자와 전자 한 쌍을 공유한다. 결과적으로 모든 원자의 최외각 껍질들에 전자 여덟 개가 채워진다. [그림 4-4]는 이 상태의 원자들을 2차원 정사각 격자 형태로 도식화한 것이다.

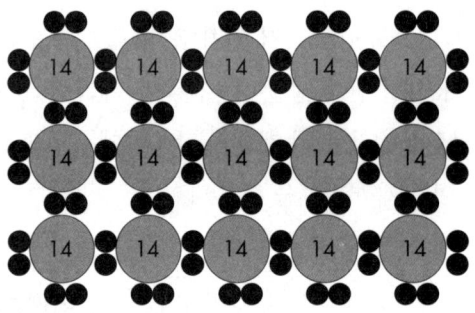

그림 4-4 결정 격자 구조를 형성한 규소 원자들. 공유 결합 덕분에 각 원자의 최외각 껍질이 전자 여덟 개로 꽉 채워졌다.

---

4 〔옮긴이〕 이 논의에서 '일'은 일상적인 의미의 일(사건, 작업, 과정 등)이다. 혼돈을 피하기 위해, 에너지와 호환되는 물리량으로서의 일(work)은 일 대신 에너지를 이용해서 표현하거나 '물리적 일'로 표기한다.

하지만 실제로는 규소 원자들이 3차원으로 배치된다. 하나의 규소 원자와 네 개의 이웃 원자는 사면체(tetrahedral) 구조를 형성하며, 그런 사면체 구조들이 모여서 **결정격자**(crystal lattice)를 만든다 (그림 4-5). 이런 격자 구조는 대단히 단단하고 안정적이다. (탄소가 이런 결정 구조를 형성한 것이 바로 다이아몬드다. 규소 결정도 성질이 다이아몬드와 다소 비슷하지만, 훨씬 다루기 쉽고 값도 훨씬 싸다.)

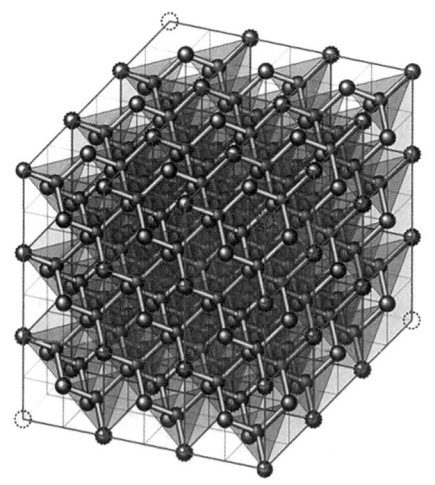

그림 4-5 **실제 규소 결정은 3차원 사면체 구조다.**

규소 결정은 도체가 아니다. 모든 전자가 행복한 상태라서 에너지를 더 낮출 필요가 없고, 따라서 어디로 이동할 필요도 없기 때문이다. 하지만 결정격자에 규소 이외의 원소를 조금 추가하면 금속 같은 도체가 된다. 이처럼 불순물을 추가하는 과정을 **도핑**doping이라고 부른다. 주기율표에서 규소의 이웃 원소로는 알루미늄(Al)과 인(P)이 있다. 원자 번호가 13인 알루미늄은 최외각 전자가 3개인 원소이고 원자 번호가 15인 인은 최외각 원자가 5개인 원소다. 알루미늄을 도핑하면 원래의 행복한 상태에 비해 전자의 수가 모자라게 된다. 이런 도핑을 **p-도핑**이라고 부른다(여기서 p는 positive, 즉 양전하를 뜻한다). 인을 도핑하면 행복한 상태에 비해 전자가 더 많아진다. 이런 도핑은 **n-도핑**이라고 부른다(n은 negative, 음전하). 도핑된 격자는 전기적으로 여전히 중성이다. 양성자 수와 전자 수가 같기 때문이다. 전자 부족과 전자 과잉은 최외각을 꽉 채우길 원하는 원자의 화학적 상태하고만 관련이 있다.

p-도핑에서 일부 원자는 최외각 껍질에 전자가 하나 모자라게 된다. 있어야 할 전자가 없어 생긴 '구멍'을 정공正孔 또는 양공陽孔이라고 부른다. n-도핑에서는 일부 원자에 여분의 전자가 생긴다. 그래서 전자 하나만 있는, 다 채워지지 않은 또 다른 전자껍질이 만들어진다. 전자가 각각 2, 8, 8개 있는 세 전자껍질 바깥에 넷째 전자껍질이 생기는 것이다. 두 도핑 모두, 결과적으로 규소 결정이

금속처럼 행동한다. n-도핑 실리콘의 경우에는 여분의 전자가 안정된 구조에 단단히 묶이지 않아서 다른 원자들로 자유로이 돌아다닌다. 전자가 결정을 통해서 이동한다는 것은 전류가 흐른다는 뜻이고, 이는 곧 결정이 도체가 되었음을 뜻한다. p-도핑 실리콘의 경우에는 정공이 그런 식으로 돌아다니며, 결과적으로 규소 결정은 도체가 된다. 도핑된 원자들이 규소 원자들보다 훨씬 적어도 이런 현상이 발생한다.

2 PN 접합 반도체의 작동 방식

PN 접합 반도체, 줄여서 간단히 PN 접합은 p-도핑을 적용한 영역과 n-도핑을 적용한 영역이 붙어 있는 규소 결정이다(그림 4-6).

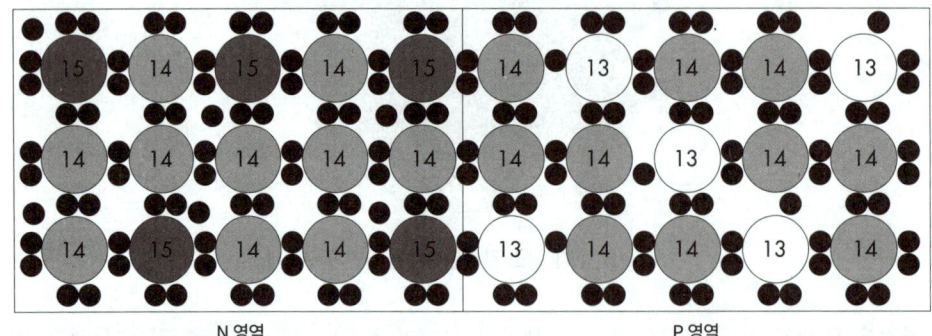

그림 4-6 고에너지 상태의 PN 접합 반도체. 실리콘의 두 영역을 서로 다른 방식으로 도핑해서 만든다.

N 영역(n-도핑을 적용한 영역)을 보면 인 원자들(그림의 15) 주변에 여분의 전자들이 있다. 자유 전자들이 있으므로 이 영역은 도체다. 반면에 P 영역의 알루미늄 원자들(그림의 13) 주변에는 원자가 부족하다. 정공이 있으므로 이 영역도 도체다. 두 영역 모두 도체이므로 접합 전체에서 전류가 흐를 수 있다.

N 영역과 P 영역을 붙여서 접합을 만들었을 때, 두 영역이 접하는 면에서 멀리 떨어진 부분에는 아무런 영향이 없다. 하지만 접합면 부근의 영역에는 거의 즉시 흥미로운 일이 발생한다. **결핍 영역**(depletion zone)[5]이라고 부르는 그 영역에서는 N 영역의 자유 전자들에 화학적 힘이 가해져서 그 전자들이 P 영역으로 넘어간다. 그러면 [그림 4-7]처럼 P 영역 일부 원자의 최외각 껍질이 완전히 채워진다.

---

5 옮긴이 공핍 영역이라고도 하지만, 본서에서는 2010년 한국물리학회 공식 용어 조정안에 따라 '결핍 영역'을 사용하기로 한다.

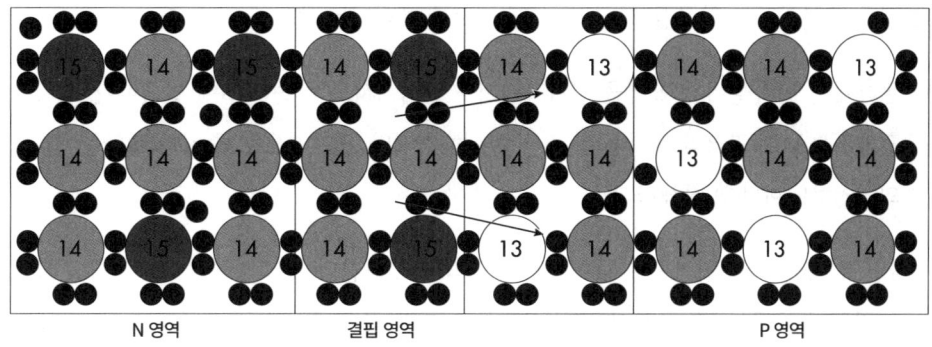

그림 4-7 저에너지 상태의 PN 접합 반도체. 접합면 부근의 전자들이 다른 영역으로 넘어가면서 에너지가 방출된다.

이 화학적 힘은 전자와 양성자를 가까운 거리로 묶어두는 전자기력을 어느 정도 극복할 정도로 강하다. 해당 화학적 힘과 전자기력은 결핍 영역에서 전자가 접합면을 건너는 지점에서만 균형을 이룬다. (거기서 더 나아가면 전자기력이 화학적 힘보다 강해져서 전자가 다시 밀려난다.) 화학적 힘은 결핍 영역의 원자들이 최외각 껍질을 완성해서 안정적이고 낮은 에너지 상태를 유지할 만한 정도로 강하다. 또한, 두 영역에서 원자들은 이온화된다. 양성자 수와 전자 수가 다르기 때문이다. N 영역에는 순 양전하(net positive charge)가, P 영역에는 순 음전하(net negative charge)가 존재한다. 이 상태는 시작 상태보다 에너지가 낮기 때문에 전자가 새 위치로 이동하는 과정에서 광자가 방출되고 열의 형태로 에너지가 소실된다. 그리고 결핍 영역의 모든 원자는 최외각 껍질이 완전히 채워졌기 때문에 순수한 규소 결정처럼 절연체가 된다. 그래서 전류가 접합부를 통과해서 흐르지 못한다.

PN 접합 반도체는 수도관의 체크 밸브처럼 행동한다. 고에너지 상태는 밸브가 열린 상태에 해당한다. 이때는 전류가 흐른다. 저에너지 상태는 밸브가 닫힌 상태로, 전류가 흐르지 못한다. 밸브에 순방향으로 수압을 가하면 수문이 중력을 이기고 위로 올라가서 밸브가 열리듯이, 시스템에 순방향으로 전류를 넣으면 시스템은 열린, 고에너지 상태로 돌아간다. 그리고 밸브에 역방향으로 수압을 가하면 수문이 단단히 닫히듯이, PN 접합에 역방향으로 전류를 넣으면 시스템은 저에너지 상태의 절연체가 된다. 이를 좀 더 자세히 살펴보자.

순방향에서는 여분의 전자들이 외부에서 N 영역으로 투입된다. N 영역의 결핍 영역 부근은 **조금만 불행**하므로 그 전자들을 어느 정도 받아들인다. 새 전자들은 이전에 전자들이 P 영역으로 넘어가서 생긴 인(15) 이온들에 결합한다. 그러면 그 이온들은 이제 보통의 원자가 된다. 이들은 불행한 상태인데, 왜냐하면 새 전자 때문에 불완전한(완전히 채워지지 않은) 최외각 껍질이 형성되었기 때문이다. 하지만 이러한 불행은 전기적으로 중성이 되었다는 점으로 거의 보상된다. 따라서, 이러한 온

건한 불행을 극복하고 전자들을 끼워 넣는 데 필요한 에너지는 그리 크지 않다.

순방향 전류에서 전자들이 접합면을 넘어가면서 P 영역에서도 비슷한 일이 발생한다. 최외각 껍질이 불완전해지므로 P 영역의 원자들은 조금 불행해지지만, 전기적으로 중성이 된다는 점이 그 불행을 거의(완전히는 아니다) 상쇄한다.

정리하자면, 전자들은 N 영역으로 들어가서 P 영역으로 나간다. 결과적으로 PN 접합의 N 쪽에서 P 쪽으로 전류가 흐른다. 그러면 시스템은 [그림 4-6]과 같은 원래의 고에너지 도체 상태가 된다. 두 영역 모두 전자의 수가 원래대로 복원되었기 때문이다. 변화 때문에 생긴 원자들의 불행을 극복하기 위해 약간의 에너지가 필요했는데, 이 에너지는 고에너지 상태에서 저에너지 상태로 갈 때 광자가 방출되면서 잃는 열에너지와 같은 양이다. 이런 일이 일어나면 시스템은 거의 즉시 저에너지 상태로 돌아가면서 새로운 광자를 열로 방출한다.

역방향 전류에서는 외부에서 P 영역으로 전자가 들어간다. 이 경우 P 영역의 결핍 영역 부근 알루미늄(13) 원자들은 그 전자들을 아주 싫어한다. 이들은 조금만 불행한 것이 아니라 **대단히** 불행하다. 전자가 들어오면 최외각 껍질이 불완전해질 뿐만 아니라, 13^{2-} 이온이 되어서 이중으로 이온화되기 때문이다. 따라서 전자들은 그런 원자들에 들어가지 못한다. 대신, P 영역의 **비결핍**(undepleted) 영역에 있는 알루미늄 원자들이 이 전자들을 가져간다. 이들은 13^- 이온으로 이온화되어서 최외각 껍질을 완전히 채우고자 하기 때문이다. 새로 이온화된 원자들의 최외각 껍질이 다 채워지면 전류는 흐르지 않는다. 전자가 더 들어와도 그 전자들은 결핍 영역을 확대할 뿐이다. 그러면 P 영역의 전도성이 더 낮아진다. 이는 역방향으로 수압을 가할수록 밸브의 수문이 더 단단히 닫히는 것과 비슷하다.

N 영역에서도 비슷한 일이 벌어진다. 역방향 전류는 N 영역의 전자들을 P 영역으로 끌어가려 한다. 하지만 N 영역의 결핍 영역에 있는 15^+ 이온들은 전자들을 내놓길 **강하게** 거부한다. 전자를 잃으면 최외각 껍질이 불완전해질 뿐만 아니라 양전하가 더 큰 15^{2+} 이온이 되어버리기 때문이다. 그래서 그 원자들 대신 비결핍 영역에 있는 원자들이 전자를 빼앗긴다. 그 원자들은 최외각 껍질이 완전해지므로 행복하다. 대신 해당 부분은 전류가 흐르지 않는 절연체로 변하며, 따라서 P 영역에서처럼 결핍 영역이 확대된다.

역방향 상황에서 이런 아주 불행한 상태들에 전자를 밀어 넣어서 접합부를 건너게 하는 것이 불가능하지는 않다. 하지만 아주 큰 힘을 가해야 한다. 시스템은 그 힘에 오랫동안 저항하다가 결국은 매우 높은 에너지 상태가 된다. 그러면 전자들이 접합면을 넘으면서 모든 에너지가 방출된다.

그런 경우 커다란 펑 소리와 함께 장치가 완전히 망가질 가능성이 크다.

발광 다이오드(light-emitting diode), 즉 *LED*에서는 전자가 접합면을 건너면서 저에너지 상태로 변할 때 방출하는 광자의 주파수가 가시광선 대역에 속한다. LED는 반도체에 약간의 일(물리적 일)을 가하면 전자가 접합면을 건너가서 광자가 방출된다는 점을 눈으로 직접 확인할 수 있는 소자다. 한편, LED에 역방향으로 큰 전류를 가하면 평소보다 더 큰 빛이 방출된다는 점도 알 수 있다. 빛과 함께 소리와 연기도 발생할 것이다.

이상의 논의에서는 '전류(electric current)'가 아니라 '전자의 흐름'을 위주로 PN 반도체를 설명했다. 이는 체크 밸브와 물의 흐름이라는 비유를 유지하기 위해서다. 하지만 아주 불행한 역사적 사건[6] 때문에 '전류'는 '전자의 흐름'의 **부정**(negation)으로 정의되었다. 즉, 전자는 음극에서 양극으로 이동하지만, 전류는 양극에서 음극으로 흐른다. 이 점은 회로도를 그릴 때 사용하는 다이오드 기호(그림 4-8)에도 반영되었다. 다이오드 기호의 화살표는 전자가 이동하는 방향이 아니라 전류가 흐르는 방향을 가리킨다. 화살표 끝의 수직선은 반대 방향의 흐름이 차단된다는 점을 나타낸다. 전류의 정의를 전자 이동 방향과 일치하도록 바꾸는 것은 영국의 모든 사람이 도로의 우측으로(그쪽이 더 합리적이다!) 운전하게 만드는 것만큼이나 어려운 일이다.

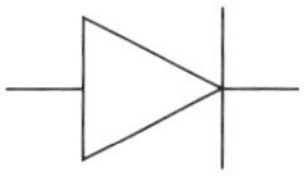

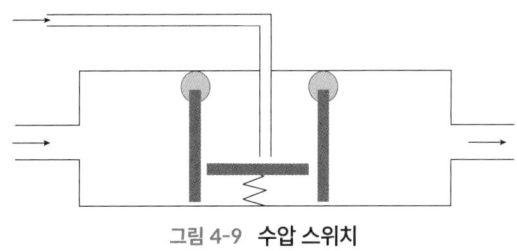

그림 4-8 **다이오드 기호.**

4.2 스위치

유향 시스템은 다음 수준의 아키텍처 요소인 스위치를 만드는 데 꼭 필요한 요소다. 스위치는 어떠한 흐름을 다른 어떤 흐름을 이용해서 켜거나 끄는 장치다. 이번에도 간단한 물의 예를 이용해서 일반적인 원리를 설명한 후 전자 부품으로 넘어간다.

4.2.1 수압 스위치

[그림 4-9]처럼 체크 밸브 두 개 사이에 용수철이 달린 문턱을 배치한 장치를 생각해 보자.

그림 4-9 **수압 스위치**

6　[옮긴이] https://blog.naver.com/swkimkoci/30169837422 참고

용수철이 늘어나서 문턱이 올라가 있으면 왼쪽 밸브는 오른쪽으로 열리지 못하고, 오른쪽 밸브 역시 왼쪽으로 열리지 못한다. 따라서 물은 어느 쪽으로도 흐르지 않는다. 두 밸브 사이의 영역을 **베이스**base라고 부르고 왼쪽에서 들어오는 수도관을 **이미터**emitter, 오른쪽으로 나가는 수도관을 **컬렉터**collector라고 부른다.[7]

베이스에 [그림 4-9]처럼 작은 파이프를 연결해서 수압을 가하면 어떻게 될까? 그러면 용수철 달린 문턱이 내려가서 두 밸브가 열린다. 따라서 물이 어느 방향으로도 흐를 수 있게 된다. 즉, 작은 파이프의 수압을 이용해서 큰 파이프의 물을 흐르게 하거나 차단할 수 있다. 이것이 바로 스위치다.[8]

이런 시스템에 쓰이는 에너지를 생각해 보자. 수류를 제어하려면 에너지가 필요하다. 그 에너지는 시스템 외부의 어딘가에서 온다. 수압 스위치의 경우 에너지는 용수철을 압축하는 데 쓰인다. 베이스 파이프에 더 이상 물을 넣지 않으면 용수철이 원래 위치로 복원되는데, 그 과정에서 운동이 감쇠하면서 열이 발산된다. 한편, 베이스 파이프에 투입한 물은 어딘가로 가야 한다는 점도 유의하자. 그 물은 이미터 파이프에서 큰 파이프로 들어온 주 수류에 합류해서 컬렉터 파이프로 나간다.

4.2.2 전기 진공관 스위치

수압 스위치가 체크 밸브의 확장판인 것처럼 전기 진공관 스위치는 진공관 열 다이오드의 확장판이다. 수압 스위치처럼 전기 진공관 스위치는 하나의 전류를 이용해서 다른 어떤 전류의 흐름을 제어한다. 이런 스위치로 쓰이는 진공관은 열 다이오드를 위한 진공관과 비슷하되, 음극과 양극 사이에 금속 그리드가 삽입된 형태다(그림 4-10).

열 다이오드처럼 진공관 스위치도 필라멘트 전구처럼 생겼다. 추가된 금속 그리드는 셋째 전선인 '베이스' 전선과 연결된다. 이 전선으로 전자들을 그리드에 넣으면 그리드는 음전하를 띤다. 그러면 음극에서 양극으로 전자들이 건너가지 못하게 된다. 음전하와 음전하는 서로 밀어내기 때문이다. 베이스에 더 이상 전자를 넣지 않으면 진공관은 열 다이오드와 정확히 동일한 방식으로 작용한다. 즉, 양극에서 음극으로(만) 전류가 흐른다.

---

[7] <small>옮긴이</small> 이 용어들은(그리고 이번 절의 용어들 대부분은) 수도 배관 관련 용어가 아니라 전기·전자공학의 용어다. emitter가 단어의 뜻('방출하는 것')과는 반대로 물이 들어오는 쪽인 것은, §4.1.3.2 끝부분에서 언급했지만 역사적인 이유로 전자의 이동 방향과 전류의 방향이 반대로 정의되었기 때문이다. 전류의 방향과 관련한 문장에서는 이 점을 항상 명심해야 한다.

[8] <small>옮긴이</small> 이 수압 스위치는 단지 다음에 이야기할 진공관 스위치와 트랜지스터를 좀 더 쉽게 이해하기 위한 가상의 시스템일 뿐임을 주의하자. [그림 4-9]의 설계에는 닫힌 수문들이 열리게 하는 메커니즘만 있을 뿐, 열린(90° 회전해서 파이프 상단에 붙은) 수문들이 다시 닫히게 하는 메커니즘은 없다.

전기 진공관 스위치가 **밸브**라고 오해하는 경우도 있다. 진공관 스위치는 체크 밸브가 아니라 수압 스위치에 해당한다. ENIAC 같은 초기 전기 컴퓨터에 쓰인 것이 이런 전기 진공관 스위치다. 하지만 유리 전구 안이 진공이라서 깨지기 쉬운 데다 과열되면 폭발하기도 해서 자주 교체해 주어야 한다. 그래서 실용적인 컴퓨팅에는 그리 이상적인 부품이 아니다. 전기 진공관 스위치는 지금도 전기 기타의 진공관 앰프('밸브 앰프'라고 부르기도 한다) 등에 종종 쓰이는데, 진공관의 아날로그적 특성일 뿐 컴퓨터와 관련한 디지털 스위치로 쓰이는 것은 아니다. (어쨌거나, 오래된 마샬 앰프들을 분해해서 컴퓨터를 만드는 것은 가능하다. 멋진 프로젝트가 될 것이다!)

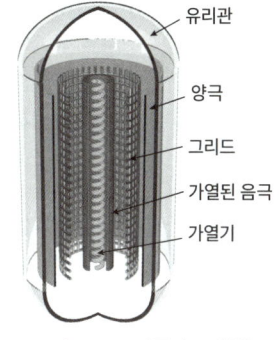

그림 4-10 진공관 스위치.

4.2.3 PNP 트랜지스터

진공관보다는 **PNP 트랜지스터** 혹은 p-n-p 트랜지스터를 이용해서 전기적 스위치를 만드는 것이 더 낫다. PNP 트랜지스터에는 실용성과 관련한 진공관의 여러 문제점이 없다. 이 트랜지스터의 설계는 PN 접합 다이오드에 기반한다. 수압 스위치는 체크 밸브 두 개가 거울상으로, 즉 좌우 대칭으로 붙어있고 가운데에 베이스 파이프가 있는 형태다. 그와 비슷하게 PNP 트랜지스터는 PN 다이오드 두 개가 거울상으로 붙어있고 가운데에 베이스 전선이 부착된 형태라고 할 수 있다. [그림 4-11]은 고에너지 상태의 PNP 트랜지스터(이하 간단히 트랜지스터)다.

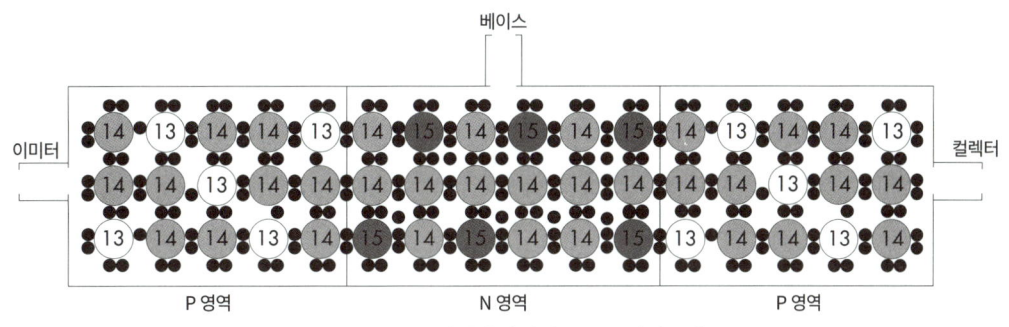

그림 4-11 고에너지 상태의 PNP 트랜지스터.

P 영역과 N 영역 사이의 두 접합부는 수압 스위치의 밸브 수문들에 해당한다. 스위치 작동을 위한 전선은 둘 사이의 베이스 영역(N)에 연결된다. 이 전선은 수압 스위치에서 두 밸브 사이의 베이스(용수철 달린 문턱)에 수압을 가하는 파이프에 해당한다. 한편 왼쪽에서 전류를 흘려 넣는 전선은 이미터이고 오른쪽으로 전류가 나가는 전선은 컬렉터다.

수압 스위치의 베이스 영역에 물이 주입되면 두 벨브가 열리듯이, 트랜지스터의 베이스 영역에 전자들이 주입되면 두 PN 접합부가 열린다. 베이스에 전자들을 주입하는 일(물리적 일) 덕분에 시스템은 고에너지의 도체 상태로 올라간다. 그러면 전자들이 이미터에서 컬렉터로, 트랜지스터를 가로질러 흐르게 된다. 이것이 트랜지스터가 전기 스위치 역할을 하는 원리다. 베이스에 전자를 주입하는 것이 스위칭 신호이고, 이미터에서 컬렉터로의 전자 이동이 스위칭 결과다.

NOTE 진공관처럼 트랜지스터에도 오디오 앰프에 유용한 아날로그 특성이 있다. 트랜지스터 라디오가 그런 특성을 활용하며, 진공관 앰프보다 후대에 나온 기타 앰프도 그런 특성을 활용한다. 하지만 진공관에서와 마찬가지로 이 책의 관심사는 디지털 특성들뿐이다.

수압 스위치처럼 이러한 과정에는 비용이 든다. 베이스에 전자들을 주입해서 두 PN 접합 다이오드를 고에너지의 도체 상태로 끌어올리려면 에너지가 필요하다. 이 에너지는 나중에 [그림 4-12]처럼 두 다이오드가 다시 저에너지 상태로 떨어질 때 광자(열)로 방출된다.

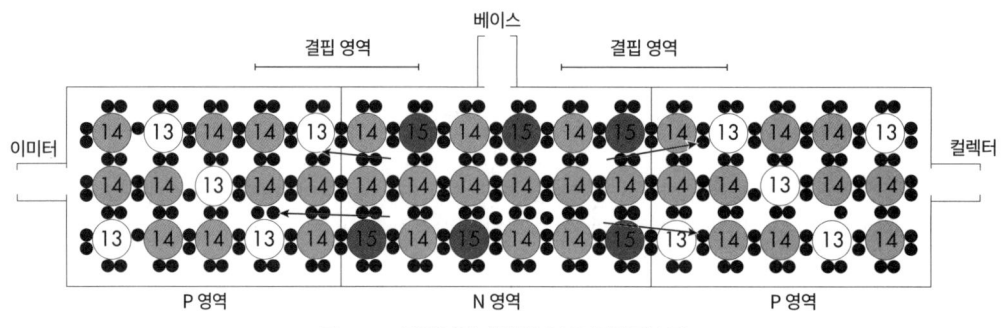

그림 4-12 저에너지 상태의 PNP 트랜지스터.

수압 스위치에서처럼, 베이스에 주입된 전자들은 어디론가 가야 한다. 해당 전류는 이미터로 들어온 주 전류와 함께 컬렉터로 흘러 나간다.

[그림 4-13]은 PNP 트랜지스터의 표준 기호다. E는 이미터, B는 베이스, C는 컬렉터다.

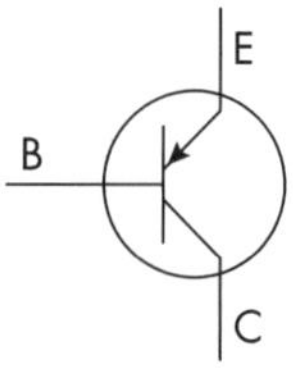

그림 4-13 PNP 트랜지스터 기호.

PN 접합 다이오드의 논의(§4.1.3)에서처럼 트랜지스터를 논의할 때도 전자의 이동 방향과 전류의 방향이 반대임을 주의해야 한다. 트랜지스터를 수압 스위치에 비유해서 설명하거나 바탕 작동 원리에 초점을 둘 때는 전자의 이동 방향을 기준으로 삼는 것이 자연스럽지만, 그런 비유 없이 전기 회로를 설명할 때는 전류가 흐르는 방향을 기준으로 삼는 것이 일반적이다.

[NOTE] PN 접합 다이오드들을 앞에서 설명한 것과는 반대 방향으로 붙여서 트랜지스터를 만들 수도 있다. 그런 트랜지스터를 NPN 트랜지스터라고 부른다. 이 경우에는 베이스에서 전자들을 **뽑아내서** 문을 연다. 다른 말로 하면, NPN 트랜지스터에서는 베이스에 전류를 **흘려 넣어서** 스위치를 켠다.[9]

초기 실리콘 칩들은 PNP 트랜지스터를 사용했지만, 스위치 작용을 위해 베이스에 투입된 전자가 그냥 컬렉터로 빠져나가므로 전력 낭비가 발생한다. 현대적인 칩들은 이런 비효율성을 개선한 전계 효과 트랜지스터(FET)를 사용한다. 그럼 개선된 버전을 좀 더 자세히 살펴보자. 이번에도 먼저 물에 비유해서 개념을 설명한 후 반도체에 적용한다.

4.2.4 수압 효과 스위치

수압 스위치에서, 스위치 작용을 위해 베이스에 투입한 물은 그대로 낭비된다. 그냥 이미터로 들어온 주 수류와 합류해서 컬렉터로 빠져나간다. [그림 4-14]처럼 베이스 파이프 끝을 고무막으로 덮으면 물 낭비를 피할 수 있다. 이것이 수압 효과 스위치(water pressure effect switch)다.

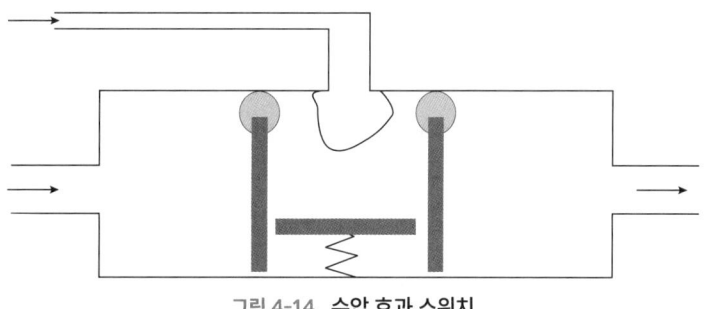

그림 4-14 **수압 효과 스위치**

베이스 파이프로 물이 들어오면 고무막이 팽창해서 문턱을 낮추지만, 그 물이 주 파이프로 합류하지는 않는다. 문턱이 낮아지면 두 수문이 열려서 이미터에서 컬렉터로 물이 흐른다. 베이스의 수압이 사라지면 고무막이 수축해서 문턱이 올라온다. 결과적으로 수문이 닫히고 주 수류가 차단된다.

이렇게 고무막을 추가하면 베이스에서 컬렉터로 물이 빠져나가지 않는다. 베이스의 물은 오직 밸브들에 일시적으로 압력을 가하는 용도로만 쓰인다. 움직임이 적으면 에너지 낭비도 적으므로 시스템이 좀 더 매끄럽고 빠르게 작동한다.

베이스에 물을 투입하려면 물리적 일이 필요하다. 이 일은 밸브 수문들을 중력을 거슬러 들어올리

---

9 [옮긴이] 또한 NPN 트랜지스터에서는 전류가 컬렉터에서 이미터로 흐른다. NPN 트랜지스터 기호는 이 점을 반영해서, 화살표 머리가 이미터를 향해 있다.

기 위한 포텐셜 에너지로 변환된다. 이후 수문들이 닫히고 되튕기기를 반복하는데, 그런 운동이 점차 감쇠하는 과정에서 그 포텐셜 에너지가 열로 방출된다.

4.2.5 전계효과 트랜지스터

PNP 트랜지스터가 수압 스위치의 반도체 버전이듯이, **전계효과 트랜지스터**(field-effect transistor)는 방금 살펴본 수압 효과 스위치의 반도체 버전이다. 흔히 FET로 표기하는 이 트랜지스터는 베이스의 끝을 전기 절연체로 덮어서 PNP 트랜지스터를 개선한 것이다. [그림 4-15]에서 보듯이, N 영역과 접하는 베이스의 끝이 이산화 규소(SiO_2) 같은 전기 절연체로 덮여있다.

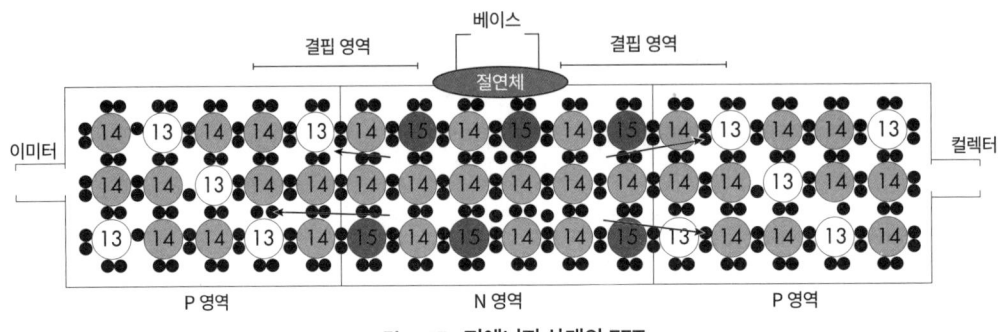

그림 4-15 저에너지 상태의 FET.

베이스에 주입된 전자들은 절연체에 막혀서 N 영역으로 들어가지 못한다. 하지만 전자들이 형성한 **전기장**(electrical field)은 절연체를 통과해서 N 영역의 전자들을 미친다. 즉, 전자 자체가 건너가지는 못해도 건너편의 전자를 밀어낼 수는 있다. 베이스 전선으로 전자를 계속 주입하면 베이스에 축적된 음전하가 N 영역의 전자를 밀어낸다. 그러면 두 PN 접합 다이오드에서 전자가 이동할 수 있게 되고, 결과적으로 이미터에서 컬렉터로 전류가 흐른다.

절연체를 추가한 덕분에, 베이스로 주입된 전자들이 컬렉터로 나가서 소실되는 일이 없다. 그 전자들은 베이스를 전혀 벗어나지 않는다. 베이스의 전자들은 PN 접합 다이오드들로 흐르는 대신, 일시적으로 전압을 가하는 용도로만 쓰인다. 움직임이 적으면 에너지 낭비도 적으므로 시스템이 좀 더 매끄럽고 빠르게 작동한다.

베이스에 전자들을 주입하려면 일(물리적 일)이 필요하다. 이 일은 PN 접합 다이오드들을 저에너지 상태에서 고에너지 상태로 끌어올리기 위한 포텐셜 에너지로 변환된다. 이후 접합들이 저에너지 상태로 돌아가면서 광자를 방출할 때 이 포텐셜 에너지가 열로서 소실된다.

4.2.6 클록

때에 따라서는 일정 시간마다 자동으로 신호를 켜고 꺼야 할 필요가 있다. 이런 신호를 **클록**clock이라고 부른다. [그림 4-16]처럼 시간에 따라 방형파(square wave; 또는 구형파, 네모파)로 진동하는 이진 입력을 그런 클록 신호로 사용할 수 있다.

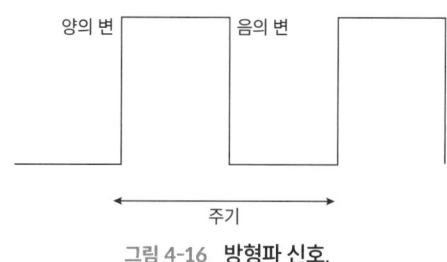

그림 4-16 **방형파 신호**.

압전(piezoelectric) 성질을 가진 재료로 빠른 주기의 전기 클록을 만들 수 있다. 압전 성질이란, 전압을 가하면 재료가 기계적으로 진동하는 것을 말한다. 진동 때문에 재료의 전기 저항이 바뀌고, 결과적으로 진동 전압(oscillating voltage)이 만들어진다. 석영 결정과 일부 세라믹이 이런 성질을 가지고 있다. 이들은 인가된 전압에 따라 메가헤르츠(MHz)에서 기가헤르츠(GHz) 대역으로 진동한다. 그런 재료에, 필요한 전압을 가하고 진동 신호를 방형파(클록으로 사용할)로 정류하는 하드웨어 장치를 추가하면 하나의 클록 장치가 된다.

클록은 제6장의 '순차 논리' 구조를 유도하는 데 꼭 필요하다. 순차 논리 구조는 상태를 일정 시간 간격으로 갱신할 수 있는 구조다. 이런 순차 논리 구조들은 CPU의 하위 구성요소들을 만드는 재료가 된다. 그런 만큼 물리적 클록은 계산(computation)에 매우 중요하다. 실제로 현대적인 전자 컴퓨터의 메인보드에서 이런 클록 장치를 찾아볼 수 있다(그림 4-17).

그림 4-17 **석영 결정 진동자**.

이런 클록들은 온라인 쇼핑몰에서도 판매한다. 몇천 원이면 여러분의 빵판 보드 프로젝트에 사용할 클록 장치를 구입할 수 있다('석영', '크리스털', '수정', '진동자', '오실레이터' 같은 단어들을 적당히 조합해서 검색해 보기 바란다).

4.3 트랜지스터 제조

현대적인 집적회로(IC)는 실리콘 칩 위에 FET 트랜지스터들이 올려진 형태다. 여기서 실리콘 '칩'은 작고 아주 얇은 규소 조각으로, 감자칩(영국에서는 'crisp'라고 부른다)과도 아주 비슷하다. 규소는 해변의 모래에서도 얻을 수 있는, 지구상에서 아주 흔한 원소다. 모래 등을 정제해서 순도 높은 규소를 얻은 후, 그것을 주괴 혹은 잉곳(ingot)이라고 부르는 소시지 모양의 덩어리를 만든다. 그런 잉곳을 얇게 썰어 만든, 살라미 소시지 같은 크고 얇은 조각을 웨이퍼wafer라고 부른다. 그런 웨이퍼들을 잘라서 작고 얇은 정사각형 칩을 만든다.

웨이퍼 위에 트랜지스터들을 만들고 도선으로 연결하는 공정을 **제조** 혹은 **패브리케이션**fabrication이라고 부른다.[10] 웨이퍼는 트랜지스터들을 얹을 2차원 표면에 해당한다. 웨이퍼 위에는 트랜지스터들을 연결할 얇은 금속 도선들이 추가된다.

이 책의 서문에서 논의한, 티셔츠와 인쇄 회로 기판(PCB)을 만들 때 사용하는 것과 동일한 마스킹 개념이 *ASIC*(application-specific integrated circuit; 특정 용도용 집적 회로)의 제조에도 쓰인다. 물론 티셔츠나 PCB보다는 규모가 훨씬 작다. 또한, 도선뿐만 아니라 구성요소들(트랜지스터) 자체도 표면에 붙인다는 점 역시 중요한 차이점이다. 대략적인 과정은 이렇다. 먼저 CAD 프로그램에서 회로 레이아웃을 설계한다. 그런 다음 각각의 트랜지스터에 대해 정해진 수의 도핑 화학 물질을 이용해서 트랜지스터의 서로 다른 영역을 마스킹하고, 구리를 이용해서 트랜지스터들을 연결하는 전기 배선을 형성한다. 다음으로는 화학 물질당 하나씩의 이진 이미지를 투명 필름에 인쇄한다. 이 이미지들은 트랜지스터를 구성하는 원자들이 2차원 실리콘 표면의 어디에 놓여야 하는지를 나타낸다. 투명 필름은 원하는 영역으로는 그 원자들을 통과시키고 그렇지 않은 영역으로는 원자들을 차단하는 물리적 마스크로 작용한다.

빈 웨이퍼에 마스크를 얹고 위에서 원자들을 쏟아붓는다. 원자들은 이진 이미지가 허용하는 영역들에만 통과한다. 이제 화학 물질 층을 건조한다. 이러한 과정을 정해진 수의 화학 물질마다 반복

---

10 옮긴이 참고로, 반도체 제조 공장을 가리키는 용어로 흔히 쓰이는 팹/패브는 이 패브리케이션에서 온 것이다. 반도체 부품을 직접 제조하지는 않고 설계만 하는 회사를 칭하는 팹리스(fabless) 역시 같은 어원이다.

하면 전체적인 회로가 완성된다. 일반적으로 트랜지스터들은 실리콘 표면 자체에 도핑된 영역들을 생성하는 마스크들을 통해서 제일 먼저 배치된다. 이후의 마스크들은 실리콘 표면 위에서 트랜지스터들을 연결하는 금속 도선을 만드는 데 쓰인다. [그림 4-18]은 실리콘 칩에 형성된 하나의 FET와 그것을 다른 FET와 연결하는 전선을 도식화한 것이다.

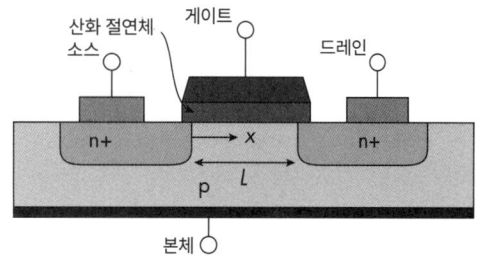

그림 4-18 칩 위에 형성된 하나의 NPN FET. 실리콘 표면과 화학 물질 층들이 보이도록 수직으로 자른 모습이다.

집적회로 제조 공정은 어렵고 비용이 많이 든다. 앞에서는 그냥 원자들을 마스크에 "쏟아붓는다"라고 표현했지만, 실제로 원자들이 실리콘 격자에 박히게 하려면 에너지가 많이 필요하다. 입자 가속기가 관여할 수 있다. 알루미늄과 인과 더불어(또는 대신해서) 게르마늄, 붕소, 비소, 갈륨, 리튬, 인듐 같은 다른 화학 물질이 쓰이기도 하며, 안티몬과 비스무트 같은 중금속도 쓰인다. 이런 화학 물질은 알루미늄이나 인과 성질이 비슷하지만 다루기가 더 쉽다. 티셔츠 인쇄와는 달리 집적회로 제조에서는 감산 공정(subtractive process)도 많이 쓰인다. 감산 공정에서는 원래의 가산 공정과 비슷한 마스크들을 사용하되, 화학 물질을 추가하는 것이 아니라 제거한다.

전통적인 제조 방식에서는 도선들이 서로 교차하면 안 된다. 2차원 표면 안에서 도선들이 교차하지 않고 우회하게 만들어야 한다. 이러한 제약은 최적의 레이아웃을 찾기 위한 네트워크 이론 알고리즘 연구의 주요 동인이었다. 하지만 최신 제조 방식에서는 일종의 3D 프린팅 기법을 이용해서, [그림 4-19]처럼 마스크에 20개의 구리층과 절연체 층을 번갈아 배치함으로써 도선들이 제한적이나마 교차하게 한다.

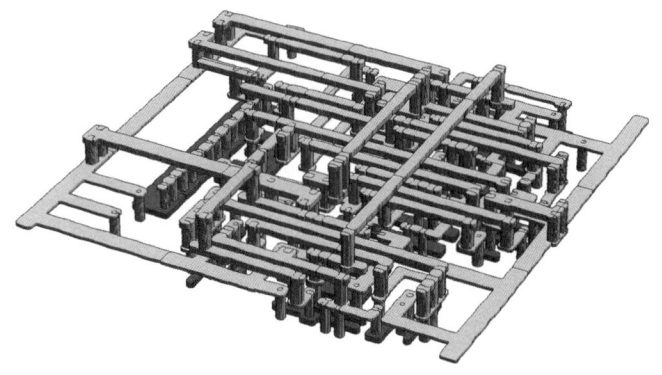

그림 4-19 실리콘의 트랜지스터들 위에 3차원 구리 도선이 올려져 있다.

FET들은 어떤 화학 물질을 사용하느냐에 따라 여러 종류로 분류되는데, 그중 유명한 것이 *MOSFET*(metal-oxide-semiconductor FET; 금속 산화막 반도체 FET)다. 일반적으로 MOSFET은 *CMOS*(complementary metal-oxide semiconductor; 상보성 금속 산화막 반도체)라고 부르는 특정한 스타일의 마스킹 시퀀스를 이용한다. 현대적인 CMOS 공정은 300여 개의 마스크를 특정 순서로 가산층과 감산층에 적용한다. 2018년 기준으로 제조 공장 하나를 짓는 데에는 약 50억 달러가 들었고 마스크 세트 하나를 만드는 데는 약 5백만 달러가 들었다. 그러니 버그가 남아 있는 회로 설계도를 제조 공장에 보내는 것은 끔찍한 실수다. 실수 때문에 마스크 세트를 다시 제작하려면 5백만 달러를 더 지불해야 한다.

4.4 무어의 법칙

트랜지스터 시대 전체에서 반도체 제조 기술은 빠르게 발전했다. 단위 면적의 실리콘 웨이퍼 위에 만들 수 있는 트랜지스터의 수가 2년마다 약 2배씩 증가했다. 이를 **무어의 법칙**이라고 부르는데, 서문에서 언급했듯이 이러한 추세를 처음으로 언급한 인텔의 고든 무어의 이름을 딴 것이다. 초기에는 칩 하나당 MOSFET이 몇천 개 정도였다. [그림 4-20]에 나온 4비트 CPU 인텔 4004는 트랜지스터가 약 2,250개다. 이 트랜지스터들이 서로 겹치지 않는 도선으로 연결되어 있다. 하지만 최신 칩에서는 수십억 개의, 심지어는 수조 개의 MOSFET이 교차하는 3차원 구리 도선으로 연결된다.

트랜지스터는 더 작아졌을 뿐만 아니라 더 빨라졌다. 즉, 더 빠른 속도의 클록으로 작동했다. 그래서 64비트 시대까지는 클록 속도가 2년마다 두 배로 증가한다는 '클록 속도에 대한 무어의 법칙'도 통용되었다.

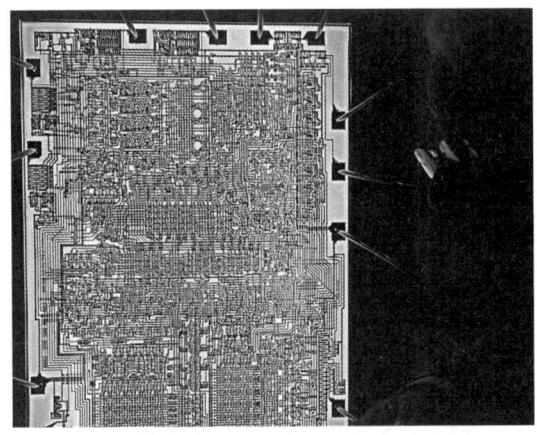

그림 4-20 4비트 인텔 4004 프로세서 칩의 레이아웃. 설계자 페데리코 파진(Federico Faggin)이 찍은 사진이다.

트랜지스터 밀도와 속도 모두에서 무어의 법칙이 영원히 성립하리라고 생각하는 사람도 있었지만, 유향 시스템에 관한 논의에서 보았듯이 스위칭과 컴퓨터, 전력 소비, 열 사이에는 근본적인 연관 관계가 있다. 트랜지스터들을 더 빠르게 켜고 끔에 따라 더 많은 열이 발생한다. 좀 더 구체적으로, 클록 주파수 f와 정전 용량 C, 전압 V, 전력 소비량 P는 다음과 같이 연관된다.

$$P = CV^2 f$$

이 때문에 64비트 시대부터는 두 형태의 무어의 법칙들이 궤적을 달리하게 되었다. 이를 두고 "전력의 벽(power wall)에 막혔다"라고 표현하기도 한다. 그리고 이러한 현상은 15장에서 살펴볼 최근의 아키텍처 변화를 이끈 주요 동력이 되었다. 2년마다 트랜지스터 밀도가 두 배 증가한다는 원래의 법칙은 계속 유지되고 있다. 전력을 공급해야 하는 트랜지스터가 더 많아졌지만, 각 트랜지스터의 크기가 작아져서 전력을 덜 소비하는 덕분에 총 전력 사용량은 비슷하게 유지된다. 반면에 클록 속도는 약 3.5GHz 수준에 머무르고 있다. 3.5GHz CPU는 이미 충분히 뜨겁다. 달걀 프라이가 가능할 정도다. 만일 클록 속도에 대한 무어의 법칙이 64비트 시대에도 계속 성립했다면, 2010년경에는 CPU 온도가 태양 표면 온도에 도달했을 것이다.

이번 장 요약

스위치는 원하는 계산이 일어나게 만드는 데 쓰이는 유향 시스템이다. 유향 시스템은 조직화된 에너지를 소비해야 하며, 필연적으로 열을 방출한다. 최신 전자식 컴퓨터는 스위치로 작용하는 수많은 FET가 구리선으로 연결된 기계일 뿐이다. 트랜지스터들과 구리 도선은 비싸고 복잡한 마스킹 공정을 통해서 실리콘 칩 위에서 제조된다. 트랜지스터 시대 내내 무어의 법칙이 지켜졌다. 즉, 트랜지스터 밀도가 2년마다 약 두 배로 증가했다. 이는 집적회로 제조 기술이 계속 발전한 덕분이다. 클록 속도도 그런 식으로 증가했지만, 에너지와 열의 한계 때문에 64비트 시대부터는 더 이상 증가하지 않게 되었다.

수많은 트랜지스터로 이루어진 크고 복잡한 네트워크를 파악하고 이해할 수 있도록, 설계자들은 여러 개의 트랜지스터로 더 높은 수준의 구조들을 만들어 나갔다. 그 출발점은 논리 게이트인데, 다음 장에서 살펴볼 것이다.

실습과제

빈자의 AND 게이트
트랜지스터 하나를 AND 게이트로 사용할 수 없는 이유는 무엇일까? (힌트: 들어오고 나가는 에너지와 전자, 열을 고려할 것. 좀 더 단순한 사례로서 수압 스위치를 고찰해 보면 도움이 될 것이다.)

도전과제
반도체 제조 공장을 방문해 보자. 단체(학생회 등)로 요청하면 공장 견학 프로그램을 제공하는 곳도 있다. 제조 공장이 실리콘 밸리에만 있는 것은 아니다. 예를 들어 영국에도 여러 곳이 있다. 전 세계 반도체 제조 공장의 목록이 https://en.wikipedia.org/wiki/List_of_semiconductor_fabrication_plants에 있으니 참고하기 바란다.

더 읽을거리

- 계산의 근본적인 물리에 관한 아름다운 책: Richard Feynman, *The Feynman Lectures on Computation* (Boca Raton: CRC Press, 2018). 에너지, 열, 정보, 계산의 관계를 상세하면서도 직관적으로 논의한다.
- 또 다른 아름다운 읽을거리: Richard Feynman, "Lecture 46 on Rachet and Pawl," *The Feynman Lectures on Physics* (Boston: Addison-Wesley, 1964), https://www.feynmanlectures.caltech.edu/I_46.html. 이 강연은 유향 시스템의 일반 물리를 살펴본다.
- 칩 제조 과정 애니메이션: "The Making of a Chip," YouTube video, 2:41, 2012년 5월 25일, https://www.youtube.com/watch?v=d9SWNLZvA8g.
- 진공관과 트랜지스터의 아날로그 성질 및 오디오 앰프와 디지털 스위치에서의 쓰임새: Paul Horowitz, Winfield Hill, *The Art of Electronics* (Cambridge: Cambridge University Press, 1980).

CHAPTER 5

디지털 논리

제4장에서 본 반도체 트랜지스터 같은 스위치는 현대적인 전자식 컴퓨터의 가장 기초적인 구축 요소다. 그런데 설계자들이 이런 스위치의 관점에서 컴퓨터 아키텍처를 고민하지는 않는다. 대신 설계자들은 스위치들로 더 복잡한 구조를 만들고, 그 구조들로 더욱더 복잡한 구조를 만드는 식으로 CPU까지 나아간다. 이에 의해, 구성요소들의 수준이 점차 높아지는 하나의 계층구조(hierarchy)가 형성된다. 이 계층구조에서 스위치 바로 위 수준에 있는 것이 논리 게이트(logic gate)다. 표준적인 회로 설계에서 논리 게이트는 스위치 몇 개로 구성된 장치다. 논리 게이트는 AND나 OR 같은 기본 부울 함수를 표현한다. 이런 논리 게이트들은 산술 연산이나 메모리를 위한 단순 기계 같은 더 큰 구조를 구축하는 부품으로 쓰인다.

이번 장에서는 흔히 쓰이는 유형의 논리 게이트 몇 가지를 소개하고, 원시적인 스위치들로 이런 게이트를 만드는 방법을 살펴본다. 또한, NAND 같은 범용 게이트가 어떻게 다른 모든 종류의 게이트를 대신할 수 있는지도 이야기한다. 마지막으로는 논리 게이트들로 만든 회로를 부울 논리를 이용해서 모델링하고 단순화하는 방법도 설명한다. 그럼 간단한 역사부터 살펴보자.

5.1 클로드 섀넌과 논리 게이트

1936년경에 전화 교환기들은 복잡한 전자 스위칭 회로를 사용했다. 그전에는 사람(전화 교환원)이 이용자들의 회선을 직접 연결하거나 끊는 식으로 통화를 제어했는데, 전자 스위칭 회로 덕분에 그런 작업이 자동화되었다. 전자 스위칭 회로는 이를테면 "만일 발신자가 전화번호 024-680-2468을 인코딩한 일련의 펄스들을 보냈다면, 그리고 024 번호를 관리하는 교환기에 사용 가능한 회선이 있다면, 교환기가 연결 코드를 받을 때까지 발신자를 사용 가능한 회선에 연결하고 680 2468을 이진 펄스로 전송한 후 과금을 시작한다; 사용 가능한 회선이 없으면 발신자를 통화 중 신호에 연결한다." 같은 기능을 수행한다. 이런 통화 라우팅 기능은 네트워크에 더 많은 전화, 회선, 주식거래소, 회사가 연결됨에 따라 더욱더 복잡해졌다. 경제적인 이유로, 배선과 복잡성을 최대한 줄이는 것이 시급한 과제가 되었다. 복잡한 스위치 그룹을 같은 기능의 더 간단한 스위치로 대체하는 편법들이 많이 있었지만, 그런 기법들을 안정적으로 또는 최적으로 수행하는 방법은 아직 밝혀지지 않았다.

제4장에서 보았듯이 스위칭 장치는 에너지를 사용한다. 즉, 출력 에너지가 입력 에너지보다 작다. 그래서 한 스위치의 출력을 다른 스위치의 입력으로 재사용하기가 어렵다. 예를 들어 이진수 0과 1을 0V와 5V로 표현하는 전자 회로가 있다고 하자. 입력 신호의 에너지와 전압 일부가 스위치 안에서 소실되어서 출력은 이를테면 0V와 4.9999V로 떨어진다. 다수의 스위치로 대규모 시스템을 구축한 경우 이런 전압 강하가 누적되면 급기야는 더 이상 이진 코드를 인식할 수 없는 지경이 된다.

이 모든 것이 컴퓨팅 역사의 위대한 해인 1936년에 바뀌기 시작했다. 클로드 섀넌$_{\text{Claude Shannon}}$이 그해 MIT 석사 과정을 시작한 것이다. 1년 후 섀넌은 역사상 가장 위대한 석사 학위 논문일 수도 있는 한 편의 논문을 발표했다. 그 논문은 스위치 간소화 문제를 해결하는 두 가지 방안을 소개했고, 이에 의해 컴퓨터 아키텍처가 크게 혁신되었다.

첫째로, 논문은 일단의 스위치들을 **논리 게이트**라고 부르는 새로운 고수준 추상으로 조직화하는 방법을 정의했다. 논리 게이트는 하나 이상의 이진 변수들을 입력받고 하나 이상의 이진 결과를 출력하는 장치인데, 입력과 출력이 **동일한 표현**을 사용한다. 제4장에서 살펴본 단순한 스위치는 출력 표현이 입력 표현보다 에너지가 낮다. 즉, 입력과 출력의 표현이 다르다. 따라서 단순 스위치는 논리 게이트가 아니다. 논리 게이트는 손실된 에너지를 내부적으로 보충함으로써 출력 표현을 입력 표현과 같게 만든다. 이런 특성 덕분에 한 게이트의 출력을 다음 게이트의 입력으로 깔끔하게 사용할 수 있다. 게이트 연결 시 에너지 손실로 잡음이 생길 걱정 없이 얼마든지 많은 게이트를 연결할 수 있게 된 것이다.

회로 설계자로서는 논리 게이트의 관점에서 회로를 생각하기가 훨씬 쉽다. 에너지와 관련한 저수준 사항들을 일일이 따질 필요가 없기 때문이다. 섀넌의 논문은 당시의 스위치 기술(전기기계식 계전기)로 논리 게이트를 구현하는 방법을 제시했지만, 다른 여러 기술로도 얼마든지 구현할 수 있다. 최신의 MOSFET(금속 산화물 반도체 전계효과 트랜지스터)는 물론이고 수압 스위치로도 가능하다.

둘째로, 논문은 AND, OR, NOT 같은 표준 논리 게이트 몇 개를 조합해서 임의의 계산을 수행할 수 있음을 보였다. 특히 논리 게이트들과 그 연결 관계를 **부울 대수**(Boolean algera)에 대응시키는 방법을 제시했다는 점이 중요하다. 부울 대수는 수리논리학의 한 분야로, 조지 부울 George Boole이 1836년경에 만들었다. 부울의 이론은 복잡한 회로를 더욱 간소화해서, 같은 기능을 더 적은 수의 게이트와 스위치로 구현하는 데 도움이 된다.

NOTE 이 업적만으로는 충분하지 않다는 듯이, 섀넌은 통신 이론을 개척하기까지 했다. 통신 이론에 대한 그의 또 다른 논문은 이 논문과는 완전히 개별적이지만 그와 동등하게 훌륭한 방식으로 컴퓨터 과학의 발전에 기여했다.[1] 정말 똑똑한 사람이다.

5.2 논리 게이트

현대적인 용어로 논리 게이트는 이진 신호 몇 개를 입력받고 이진 신호 몇 개를 출력하는, 그리고 아무것도 기억하지 않는(메모리가 없는) 장치다. 입력과 출력은 이진수의 두 기호 0과 1을 물리적으로 표현한 것인데, 입력과 출력의 표현 방식이 정확히 동일해야 한다. 논리 게이트의 기능을 **진리표**(truth table)로 완전하게, 그리고 결정론적으로 서술할 수 있다. 진리표는 모든 가능한 입력 조합에 대한 각각의 출력을 표 형태로 배치한 것이다. 잠시 후에 진리표의 예가 나온다.

입력들과 출력들을 임의로 조합해서 무한히 다양한 논리 게이트를 만들 수 있다. 하지만 오늘날 가장 널리 쓰이는 논리 게이트는 입력이 하나 또는 두 개이고 출력은 하나뿐인 형태다. 섀넌이 연구한 게이트들도 그런 유형이다. 이런 표준 게이트로는 AND, OR, NOT, NOR, NAND 게이트가 있다. [그림 5-1]에서 [그림 5-6]은 이 게이트들의 기호와 진리표다.[2]

1　[옮긴이] 현대 정보이론의 기반인 정보 엔트로피 개념이 이 논문(*A Mathematical Theory of Communication*)에서 나왔다.
2　[옮긴이] 이 그림들에서 X+Y나 XY 같은 출력 수식 표기는 부울 논리의 표기법을 따른 것이다. §5.3.1에서 좀 더 자세히 이야기한다.

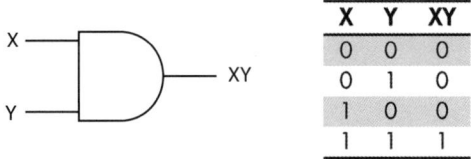

그림 5-1 AND 게이트의 기호와 진리표.

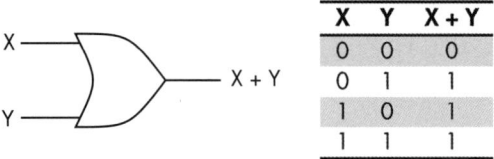

그림 5-2 OR 게이트의 기호와 진리표.

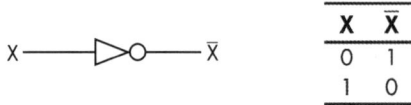

그림 5-3 NOT 게이트(인버터)의 기호와 진리표.

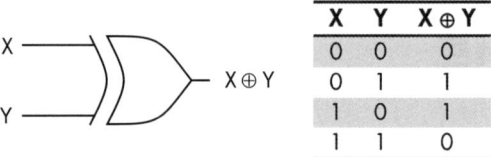

그림 5-4 XOR(exclusive OR; 배타적 논리합) 게이트의 기호와 진리표.

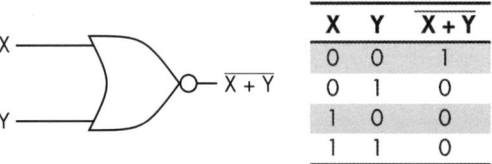

그림 5-5 NOR(negated OR; 부정 논리합) 게이트의 기호와 진리표.

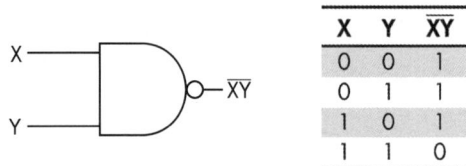

그림 5-6 NAND 게이트의 기호와 진리표.

각 게이트의 진리표에서 왼쪽 열들은 모든 가능한 입력 조합이고 제일 오른쪽 열은 해당 출력이다. 예를 들어 AND 게이트는 입력 X와 Y가 둘 다 1일 때만 출력이 1이다. 그 밖의 입력 조합은 모두 출력이 0이다.

이 게이트들의 이름과 기능은 논리 조합에 대한 일상 언어 감각을 본뜬 것이다. 그리고 1은 참, 0은 거짓을 뜻한다. 예를 들어 AND 게이트는 "오직 X가 참이고(and) Y가 참일 때만 X AND Y가 참이다"라는 뜻이다. "exclusive or"(배타적 논리합)을 줄인 XOR 게이트는 두 입력 중 **딱 하나**만 참이어야 출력이 참이다. 두 입력이 같으면 출력은 거짓이다. 이와는 달리 보통의 OR 게이트는 두 입력 중 **하나 또는 둘 다** 참이면 출력이 참이다. (디지털 논리를 공부하는 학생들은 "Would you like beer or wine?"이라는 질문에 그냥 "예"라고 답한다고 알려져 있다.[3]) NOR는 OR의 부정(negation)이다. 진리표에서 보듯이 두 입력이 모두 거짓일 때만 출력이 참이다. 즉, X도 참이 아니고 Y도 참이 아닐 때 참이 된다. NAND는 AND의 부정이다. 두 입력이 참일 때만 출력이 거짓이고 그 외의 경우는 모두 참이다.

이런 논리 게이트들을 네트워크 형태로 연결해서 좀 더 복잡한 논리식을 표현할 수 있다. 예를 들어 [그림 5-7]은 X OR (Z AND NOT Y)를 나타낸다. 이 논리 게이트 네트워크는 만일 X가 1이면, 또는 만일 Z가 1이고 Y가 0이면 1을 출력한다. 여기서 '또는(or)'는 양자택일이 아니라 "둘 중 하나 또는 둘 다"를 뜻함을 유의하자.

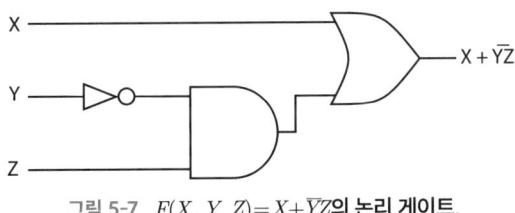

그림 5-7 $F(X, Y, Z) = X + \overline{Y}Z$의 논리 게이트.

[그림 5-7]의 게이트 네트워크는 이를테면 섀넌의 전화 스위칭 앱에서 통화를 끊는 회로에 쓰일 수 있다. 수신자가 30초가 지나도록 전화를 받지 않거나(X), 그전에 통화가 시작되었고(Z) 발신자에게 통화를 위한 금액이 남아 있지 않을($\overline{Y}$) 때 통화가 끊긴다.

---

3 [옮긴이] "Would you like beer or wine?"는 곧이곧대로 해석하면 맥주나 와인을 마시고 싶은지를 묻는 것이지만, 관용적으로는 맥주나 와인 중 하나를 택하라는 질문이다. 따라서 "예"는 다소 엉뚱한 대답이다.

5.2.1 범용 게이트 식별

연구 과정에서 섀넌은 하드웨어 수준에서 **그 게이트들만으로** 모든 종류의 기계를 구축할 수 있는 다재다능한 게이트들을 찾고자 했다. 그는 그런 **범용 게이트**(universal gate)들의 집합이 존재함을 입증했다. 예를 들어 무한히 많은 AND 게이트와 NOT 게이트가 있으면 어떤 논리 기계도 만들 수 있다. 무한히 많은 OR 게이트와 NOT 게이트로도 가능하다. 하지만 AND 게이트와 OR 게이트만으로는 만들 수 없는 함수/기능이 존재한다. 가장 흥미로운 점은, NAND 게이트들만으로 또는 NOR 게이트들만으로 임의의 기계를 만들 수 있다는 것이다. 예를 들어 [그림 5-8]은 NAND들만으로 표준 NOT, AND, OR 게이트를 구축하는 방법을 보여준다. 이번 장 끝의 실습과제에서 이 그림을 좀 더 자세히 살펴볼 것이다.

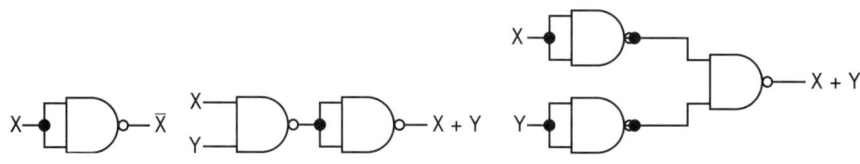

그림 5-8 범용 NAND 게이트들을 조합해서 NOT, AND, OR 게이트를 만들 수 있다.

범용 게이트는 비용 효율 면에서 중요하다. 단 한 종류의 물리적 게이트만으로 회로를 구성할 수 있으므로 회로 제작 비용이 줄어든다. 현대적인 집적회로(IC)가 이런 식으로 만들어진다.

5.2.2 트랜지스터로 논리 게이트 만들기

트랜지스터 같은 하나의 전기적 스위치를 AND 게이트로 사용할 수 있지 않을까 하고 생각하는 독자도 있을 것이다. AND 게이트처럼 스위치도 입력이 두 개(이미터와 베이스), 출력이 하나(컬렉터)다. 그리고 두 입력이 모두 켜져야 출력이 켜진다. 이는 AND 또는 논리곱의 정의와 일치한다. 하지만 앞에서도 언급했듯이 스위치는 주입된 에너지의 일부를 열로 방출하기 때문에 출력이 입력과 정확히 동일한 형태가 아니다. 따라서 스위치의 출력을 다른 스위치의 입력으로 연결할 수 없다. 여러 스위치를 연결할 때 출력을 입력과 동일한 형태로 유지하려면 외부 전원을 이용해서 열로 손실되는 에너지를 계속 보충해 주어야 한다.

에너지를 보충하는 방법은 여러 가지다. 섀넌의 원래 설계는 트랜지스터가 아니라 전자기 계전기(릴레이)에 최적화되었다. 요즘 칩들은 *CMOS*(complementary metal-oxide semiconductor; 상보성 금속 산화막 반도체) 방식을 사용한다. CMOS 방식에서는 [그림 5-9]처럼 P형(positive-type) 트랜지스터 두 개와 N형(negative-type) 트랜지스터 두 개로 하나의 NAND 게이트를 구성한다.[4] NAND는 범용 게이트이므로, 이 CMOS NAND 게이트로 다른 모든 종류의 게이트를 만들 수 있다.

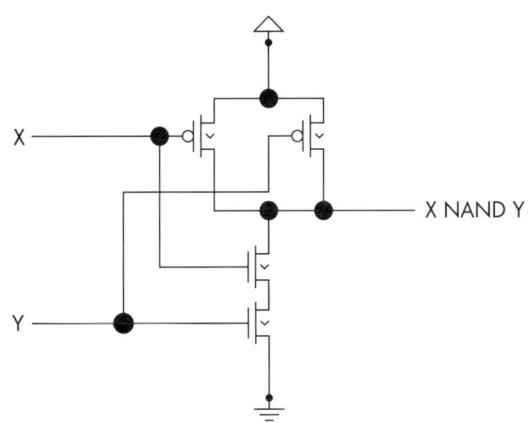

그림 5-9 P형 트랜지스터들과 N형 트랜지스터들로 만든 NAND 게이트.

전기 **회로**(circuit)는 트랜지스터 수준에서 존재하는 개념이다. 이 수준에서 전자들은 전원에서 접지(ground)로 흐르고, 전력에 의해 접지에서 다시 전원으로 돌아간다. 이에 의해 하나의 닫힌 루프가 만들어진다. 논리 게이트 네트워크를 비공식적으로 '디지털 논리 회로'라 부를 때가 많지만, 이는 기술적으로 올바르지 않은 용어다. 디지털 논리 수준의 추상화에서는 일반적으로 네트워크가 폐쇄 회로를 형성하지 않기 때문이다. 실제로는 그 어떤 위상구조(토폴로지)도 가능하다. 같은 네트워크를 논리 게이트의 비전자적 구현들로 구현한다면, 더 낮은 추상화 수준에 회로라는 것이 아예 존재하지 않을 수도 있다. 따라서 논리 게이트들로 이루어진 시스템을 도식화하고 구축할 때는 '디지털 논리 회로' 대신 '디지털 논리 네트워크'라는 용어를 사용하는 것이 바람직하다.[5]

---

4   [옮긴이] P형, N형 트랜지스터는 제4장에서 살펴본 PNP, NPN 트랜지스터와는 다른 종류의 트랜지스터다. P형, N형은 MOSFET 계열이고 PNP, NPN은 BJT(양극성 접합 트랜지스터) 계열이다. [그림 5-9]에서 보듯이 표시 기호도 다르다(PNP는 그림 4-13 참고). 이 책의 목적에서는 둘이 다른 종류라는 정도만 알고 넘어가도 될 것이다.

5   [옮긴이] 하지만 원서의 이후 내용에서 닫힌회로가 아닌 네트워크도 그냥 'logic circuit'이라고 부르는 경우가 많다. 아마도 저자가 엄밀함 대 가독성 사이에 나름의 판단을 내렸으리라 짐작한다. 저자의 선택과 일반적인 관례를 존중해서, 번역서에서도 logic circuit을 그대로 '논리 회로'로 옮기기로 한다. 한편, circuit이나 network를 붙이지 않은 'digital logic'도 자주 나오는데, 회로와 네트워크를 아우르는 용어다. 역시 그대로 '디지털 논리'로 옮기기로 한다. '논리'의 이러한 용법(추상적인 논리 개념을 구현한 구체적인 대상을 가리키는)은 이 책에서 광범위하게 쓰인다. 나중에 나올 조합 논리, 순차 논리, 타이밍 논리 등이 그렇다.

당구공으로 만든 논리 게이트

논리 게이트를 꼭 트랜지스터로 만들어야 한다는 법은 없다. 심지어는 전기도 필요 없다. 예를 들어 당구공 컴퓨터라는 것이 있다. 당구공 컴퓨터는 복잡한 기하학적 미로 환경에서 당구공들이 움직이면서 계산을 수행하는 이론상의 발명품이다. AND나 OR 같은 논리 게이트는 모두 기하학적 구조와 동역학으로 구현된다. 예를 들어 다음 그림은 AND 게이트의 당구공 버전이다. 두 공이 충돌한 경우에만 참에 해당하는 출구들로 공들이 빠져나가도록 배치되어 있다.

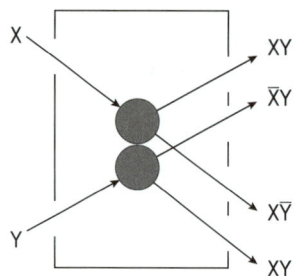

동역학의 에너지 보존 법칙 때문에, 이런 당구공 컴퓨터 모델은 "계산에는 동일한 양의 에너지가 필요하므로 동일한 비트수의 정보가 나가고 들어와야 한다"라는 점을 보여주는 데 적합하다. 입력 두 개와 출력 하나가 있는 보통의 AND 게이트는 입출력 비트수가 같아야 할 필요가 없다. 당구공 모델은, 소진된 둘째 비트를 위해서는 둘째 '더미' 출력을 추가해야 함을 잘 보여준다. 이 모델에는 계산을 **가역적**으로 만드는 흥미로운 성질이 있다. 즉, 출력을 알면 입력을 복원할 수 있다는 것이다. 가역성이 있으면 기계를 역순으로 실행할 수 있다. 컴퓨터를 거꾸로 실행한다는 게 이상하게 들리겠지만, 프로그램을 개발할 때 최근 코드 행의 효과를 되돌릴 수 있는 역방향 디버거가 아주 유용한 상황이 많다는 점을 생각해 보기 바란다.

당구공 컴퓨터는 계산에서 에너지 사용과 열의 역할을 명확하게 이해하는 데 도움이 되도록 고안된 가상의 기계다. 최근 소형 배터리에 의존하는 휴대용 컴퓨터들이 늘어나면서, 그리고 환경과 연료 자원 및 비용, 탄소 배출, 열 오염에 대한 우려가 커지면서 컴퓨팅을 위한 에너지를 절약하는 문제가 중요하게 대두되었다. 통상적인 AND 게이트는 입력이 두 개이고 출력은 하나라서 AND 연산을 할 때마다 당구공 한 개의 운동에 해당하는 에너지가 물리적 열로 손실된다. 당구공 모델은 둘째 출력 비트(계산을 가역적으로 만드는 데 필요한 비트이기도 하다)를 유지한다면 에너지 낭비가 없는 전기적 AND 게이트를 구축할 수 있음을 시사한다. 실제로 열은 우리가 유지하지 못하는 에너지이며, 이 경우 열이 발생한다는 것은 정보를 잃는 것에 해당한다. 복잡한 계산을 수행하면 휴대전화가 뜨거워지는 것도, 프로세서에 대형 팬이 필요한 것도 이 때문이다. 컴퓨터의 통풍구에서 바람이 나오는 것은 곧 정보가 조금씩 낭비되는 것이기도 하다. (이런 의미에서, 이 세상의 연료가 점점 고갈되는 것은 에너지 위기가 아니라 정보 위기라고 할 수 있다. 이 우주의 물리 법칙 때문에 에너지는 사라지지도, 새로 생성되지도 않는다. 하지만 에너지가 어디에 있는지에 관한 정보, 즉 에너지로 유용한 작업을 수행하는 데 필요한 정보는 사라질 수 있다.)

5.2.3 논리 게이트를 칩에 얹기

현미경으로 칩을(또는, 어떤 종류이든 논리 게이트들로 만들어진 컴퓨터를) 자세히 살펴봐도 "아, 저게 논리 게이트구나"라고 할 만한 하나의 부품을 찾지는 못한다. 그냥 수많은 트랜지스터가 논리 게이트 역할을 하도록 이리저리 배치되어 있을 뿐이다. 예를 들어 [그림 5-10]을 보자. 이것은 아주 간단한 실리콘 칩의 현미경 사진(소위 '다이 샷die shot')이다. [그림 5-9]에서 본 트랜지스터 네 개짜리 CMOS NAND 게이트들로만 이루어져 있다.

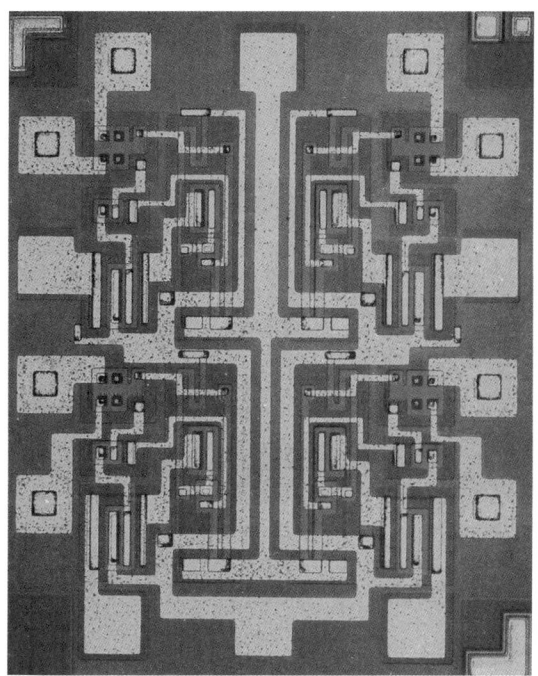

그림 5-10 **CMOS NAND 게이트 네 개를 담은 간단한 실리콘 칩의 다이 샷.**

[그림 5-11]은 CMOS NAND 게이트 하나를 위한 마스크 세트다. P-도핑 영역들과 N-도핑 영역들, 구리 배선을 확인할 수 있다.

현대적인 프로세서에서는 수십억 개의 트랜지스터가 이런 논리 게이트들을 형성한다. 하지만 논리 게이트 몇 개만 담은 구식 IC 칩도 여전히 생산된다. 이런 칩들은 나만의 전자 회로를 만들 때 아주 유용하다. 그런 간단한 칩의 대표적인 예가 7400 TTL[6] 시리즈다. 이 칩들은 원래 1960년대에 텍사스 인스트루먼츠(Texas Instruments, TI)사가 설계하고 생산했지만, 지금은 일종의 '복제약'처럼 여러 회사가 생산하고 있다. 이 시리즈의 칩들 대부분은 한 종류의 논리 게이트 몇 개만으로 구성된다. 이를테면 AND 게이트 네 개짜리 칩이나 NAND 게이트 네 개짜리 칩, NOR 게이트 네 개짜리 칩이 있다(그림 5-12).

---

6 [옮긴이] TTL은 transistor-transistor logic을 줄인 것으로, 말 그대로 트랜지스터들로만 이루어진 디지털 논리 회로를 말한다. 이를 단일 칩 형태로 제품화한 것은 TI사가 처음이다.

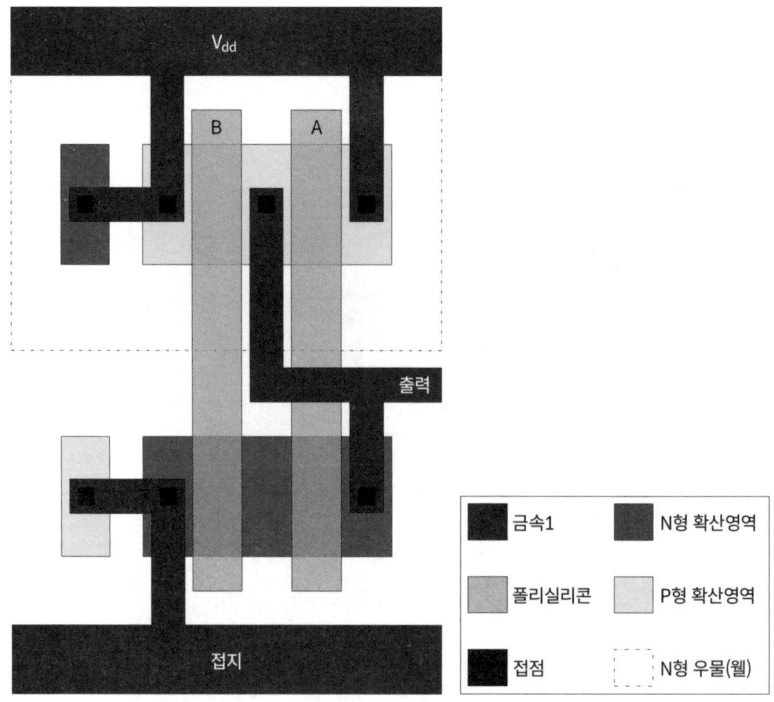

그림 5-11 트랜지스터들과 구리 도선으로 만든 CMOS NAND 게이트의 칩 레이아웃.

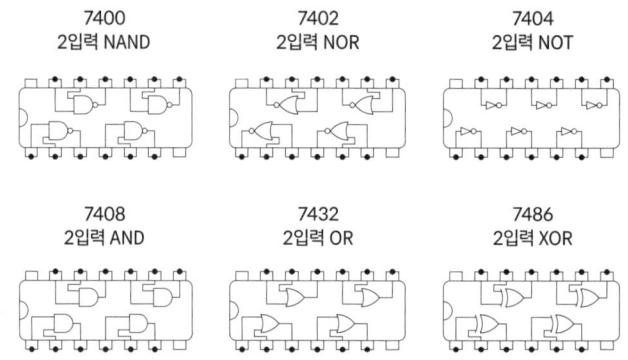

그림 5-12 TTL 7400 시리즈의 몇몇 칩들. 각각 논리 게이트 몇 개만 담고 있다.

이상의 도식들은 칩의 물리적 배치와 핀 구성을 보여준다. 두 논리 게이트를 연결하려면 적절한 핀들을 물리적 도선으로 연결해야 한다. [그림 5-13]은 온라인 쇼핑몰에서 몇천 원으로 구입한 이런 칩들을 5V 전원과 접지가 있는 빵판(브레드보드)에 꽂고 전선을 연결해서 만든 실제 디지털 논리 네트워크다.

그림 5-13 논리 게이트들을 담은 TTL 7400 시리즈 칩들을 빵판에 꽂아서 만든 디지털 논리 네트워크(하나의 4비트 CPU다).

[그림 5-13]에서 보듯이, 긴단한 디지털 논리 네트워크라도 그 배선이 상당히 복잡하다. 동일한 기능을 수행하면서도 게이트와 전선을 더 적게 사용하도록 논리 네트워크를 단순화할 수 있다면 좋을 것이다. 섀넌의 또 다른 혁신이 바로 그것이다. 그럼 조지 부울이 창안한 부울 논리를 이용해서 네트워크를 단순화하는 방법을 살펴보자.

5.3 부울 논리

논리학은 참과 거짓에 관한 명제와 추론을 형식화하는 수단을 제공한다. 고대 그리스인이 고안한 논리학은 오랫동안 거의 변하지 않았다. 하지만 1836년경 조지 부울의 연구에서 큰 변화가 생겼다. 부울의 성과는 섀넌으로 이어졌다. 1936년에 섀넌은 논리 게이트들로 만든 회로의 모델링, 간소화, 검증에 부울의 연구 결과를 활용할 수 있음을 깨달았다.

부울 논리(Boolean logic)는 개념적 명제들을 변수 **이름**으로 표현한다. 그런 변수의 **값**은 참 아니면 거짓이다. 또한 부울 논리는 변수들에 AND, OR, NOT을 적용하기 위한 접속 기호들, 그리고 변수와 그런 접속 기호들로 만든 표현식(논리식)의 진릿값(truth value)을 평가하는 규칙들을 제공한다.

한 예로, 변수가 두 개 있는데 변수 X는 "신은 존재한다"라는 명제를 표현(대표)하고 Y는 "눈(snow)은 희다"라는 명제를 표현한다고 하자. 그러면 "신은 존재하고 눈은 희다"를 X AND Y로 표현할 수 있다. 또한 "신은 존재하지 않고 눈은 희다, 또는 신은 존재하고 눈은 희다"는 (NOT X AND Y) OR (X AND Y)로 표현할 수 있다.

그럼 이런 논리 명제들을 다루는 여러 가지 방법을 살펴보자.

5.3.1 산출로서의 논리

부울은 논리와 산술의 구조가 비슷하다는 점을 발견했다. 이전에는 사람들이 논리와 산술을 완전히 다른 연구 분야로 여겼다. 논리학은 자연어 문장을 사용하는, 그리고 논증을 분석하는 규칙들을 연구하는 '인문학' 과목이었다. 반면에 산술은 수와 방정식으로 이루어진 소위 'STEM(과학·기술·공학·수학)'에 속하는 과목이었다. 수학자들이 어떻게든 기하학과 대수학을 통합해낸 것처럼, 부울은 논리와 산술을 통합하는 데 성공했다.

부울이 주목한 것은 참(T로 표기한다)이 수 1처럼 행동하고 거짓(F로 표기한다)이 수 0처럼 행동하며 AND는 곱셈, OR는 덧셈, NOT은 1의 보수처럼 행동한다는 점이었다.

산술(사칙연산)에서는 덧셈을 $x+y$, 곱셈을 xy로 표기한다. 부울 논리에서 OR와 AND도 그런 식으로 표기할 수 있다. 이런 표기법에서 NOT x는 흔히 $\bar{x}$로 표기한다. 이는 산술 연산 $1-x$에 대응된다.

이런 유사성이 완벽하지는 않다. 산술에서는 $1+1=2$이지만, 논리에서는 $1+1=1$이어야 한다. 부울은 두 수 0과 1로만 이루어진, 그리고 1에 무엇을 더하든 결과는 항상 1이라는 규칙을 가진 수체계를 사용함으로써 이 문제를 우회했다.

부울의 체계를 이용하면 논리적 논증을 단순한 산술 연산으로 변환할 수 있다. 그러면 산술에 관한 기존의 수많은 지식과 기법을 이용해서 논리식을 단순화할 수 있는데, 결합법칙이나 교환법칙 같은 산술 법칙들이 대단히 유용하다. [표 5-1]에 그런 법칙들이 정리되어 있다.

표 5-1 부울 논리를 간소화하는 데 유용한 산술 법칙들.

이름	AND 형식	OR 형식
항등법칙	$1A = A$	$0 + A = A$
영법칙	$0A = 0$	$1 + A = 1$
멱등법칙	$AA = A$	$A + A = A$
역	$A\bar{A} = 0$	$A + \bar{A} = 1$
교환법칙	$AB = BA$	$A + B = B + A$
결합법칙	$(AB)C = A(BC)$	$(A + B) + C = A + (B + C)$
분배법칙	$A + BC = (A + B)(A + C)$	$A(B + C) = AB + AC$
흡수법칙	$A(A + B) = A$	$A + AB = A$
드모르간의 법칙	$\overline{AB} = \bar{A} + \bar{B}$	$\overline{A + B} = \overline{AB}$

예를 들어 다음 논리식의 참값을 계산한다고 하자.

$$(F \text{ AND } (T \text{ OR } F)) \text{ OR } ((F \text{ OR NOT } T) \text{ AND } T)$$

이 논리식을 산술식으로 변환한 다음 부울의 수체계 안에서 산술 연산을 수행하면 답이 나온다.

$$(0(1)+0(0))+((0)1+(1-1)1)$$
$$=(0+0)+(0+(0)1)$$
$$=(0)+(0+0)$$
$$=0+0$$
$$=0$$

산술 계산 결과인 0을 논리값으로 바꾸면 거짓(F)이다. 이것이 답이다.

이런 기법은 구체적인 수치 대신 변수를 사용할 때도 통한다. 예를 들이 다음은 앞에서 예로 든 신과 눈에 관한 명제를 산술식으로 변환해서 정리한 것이다.

$$((1-x)y)+(xy)$$
$$=(y\text{-}xy)+(xy)$$
$$=y-xy+xy$$
$$=y$$

꽤 복잡한 논리 명제가 그냥 변수 Y의 값 y로 줄어들었다. 이는 전체 명제의 참/거짓이 신의 존재 여부(X)와는 무관하고, 오직 눈이 흰지 아닌지(Y)에 따라 결정됨을 의미한다. 그런데 눈은 실제로 흰색이므로, 그 명제는 참이다.

> **NOTE** 논리적 진릿값을 정수 0 또는 1로 변환하거나 그 반대로 변환하는 능력은 이런 타입의 변수를 빠르고 느슨하게 다루는 C 같은 언어에서 자주 활용된다(오용에 해당하는 경우도 있을 것이다).

5.3.2 모델 검사 대 증명

주어진 두 부울 표현식(Boolean expression; 간단히 부울식)이 같은 것인지 알아야 할 때가 종종 있다. 두 부울식의 상등(equality)을 판정하는 방법은 크게 두 가지다.

첫째는 **모델 검사**(model checking)라는 것이다. 이 방법에서는 상등을 판정할 두 부울식의 진리표들을 계산해서 비교한다. 진리표들이 완전히 일치하면 두 부울식은 같은 것이다. 예를 들어 [표

5-1]에 나온 AND 형식의 분배법칙이 항상 성립하는지 확인해 보자. 먼저 해당 등식의 좌변인 $A+BC$의 진리표를 계산한다. 이 진리표는 총 다섯 개의 열로 구성된다. 처음 세 열에는 변수 A, B, C의 진릿값들을 채우고, 넷째 열에는 BC의 진릿값들을 채운다. 그리고 마지막 열에는 전체 논리식인 $A+BC$의 진릿값들을 채운다. 그러면 [표 5-2]와 같은 진리표가 완성된다.

표 5-2 $A+BC$의 진리표

A	B	C	BC	$A+BC$
0	0	0	0	0
0	0	1	0	0
0	1	0	0	0
0	1	1	1	1
1	0	0	0	1
1	0	1	0	1
1	1	0	0	1
1	1	1	1	1

다음으로, 등식의 우변인 $(A+B)(A+C)$에 대해서도 같은 방식으로 진리표를 만든다. [표 5-3]이 그것이다.

표 5-3 $(A+B)(A+C)$의 진리표

A	B	C	$(A+B)$	$(A+C)$	$(A+B)(A+C)$
0	0	0	0	0	0
0	0	1	0	1	0
0	1	0	1	0	0
0	1	1	1	1	1
1	0	0	1	1	1
1	0	1	1	1	1
1	1	0	1	1	1
1	1	1	1	1	1

마지막으로 두 진리표를 비교한다. 변수들에 값을 배정하는 모든 가능한 조합에 대해, 두 진리표의 결괏값(제일 왼쪽 열)이 일치함을 확인할 수 있다. 따라서, 모델 검사에 의해 등식의 좌변과 우변은 같다.

모델 검사 기법은 항들의 **값**을 이용한다. 주어진 등식이 참임을 모델 점검으로 확인한 경우 이를 **필연관계**(entailment relation)라고 부르고 $\vDash A+BC=(A+B)(A+C)$로 표기한다.

상등을 판정하는 둘째 방법은 **증명**(proof)이다. 증명에서는 [표 5-1]의 법칙들처럼 이미 입증된 공식들로 기호(변수)들을 조작해서 주어진 등식이 옳은지를 유도한다. 이 방법에서는 모든 진리표를 일일이 만들고 비교할 필요가 없다. 증명은 첫 부울식에서 출발해서 둘째 부울식에 도달하는 일련의 변환 과정이다. 각각의 변환에는 어떤 법칙을 적용했는지 명시해서 그 변환이 정당함을 보여야 한다. 증명 과정을 통해서 등식이 참임이 입증된 경우, 이를 두고 등식이 **증명되었다**고 말하고 $\vdash A+BC=(A+B)(A+C)$로 표기한다.

예를 들어 다음은 $A+BC=(A+B)(A+C)$를 증명하는 한 방법이다.

$$
\begin{aligned}
A+BC &= (1A)+(BC) &&: \text{AND의 항등법칙에 의해} \\
&= (A(1+B))+(BC) &&: \text{OR의 0법칙에 의해} \\
&= (A1)+(AB)+(BC) &&: \text{OR의 분배법칙에 의해} \\
&= (A(1+C))+(AB)+(BC) &&: \text{OR의 0법칙에 의해} \\
&= (A(A+C))+B(A+C) &&: \text{OR의 분배법칙에 의해} \\
&= (A+C)(A+B) &&: \text{OR의 분배법칙에 의해}
\end{aligned}
$$

NOTE 부울 논리에서, 모델 점검으로 입증할 수 있는 모든 등식은 증명으로도 입증할 수 있고 그 역도 마찬가지다. 따라서 두 방법 중 어떤 것을 사용하는가는 취향의 문제일 수 있다. 부울 논리에서 모델 점검과 증명이 같은 답을 낸다는 것이 당연해 보일 것이다. 하지만 나중에 괴델이 발견했듯이 항상 그런 것은 아니다. 이런 관계가 성립하지 않는 종류의 논리학도 존재한다.

두 부울식이 같은지를 점검하는 능력이 순전히 학술적인 것만은 아니다. 섀넌은 이런 능력을 디지털 논리 네트워크를 간소화하는 데 써먹을 수 있음을 깨달았다.

조지 부울

배비지의 차분기관과 해석기관이 발표되고 몇 년 후에 조지 부울의 저서 *The Mathematical Analysis of Logic*(1847)과 *The Laws of Thought*(1854)가 출간되었다. 부울은 잉글랜드 링컨시에서 자랐다. 그곳에서 그는 자신의 사상을 형성했다. 역사적으로, 학문적 영웅 중에는 케임브리지 대학교에 입학할 수 있을 정도로 집안이 부유한 경우가 많다. 배비지나 튜링이 그렇다. 하지만 부울은 평범하고 가난한 가정에서 태어났다. 그의 아버지는 구두 수선공이었다. 부울은 정규 교육을 받지 못했고, 대신 공공 도서관에서 책을 읽으면서 독학으로 공부했다. **오늘날 여러분도** 그렇게 공부할 수 있다!

부울은 학술 체계에서 벗어난 아이디어를 많이 만들어 냈다. 사고 과정에서 그는 학술 체계의 제약을 받지 않았다. 특히, 예술과 과학을 엄격히 분리해야 한다고 강요하는 사람이 주변에 없었기 때문에 부울은 도서관의 두 섹션을 오가며 두 분야를 비교하기도 했다. 여러 프로그래밍 언어의 `boolean`이나 `bool` 같은 자료형 이름이 말해주듯이 부울이라는 이름은 현대적인 프로그래밍과 강하게 연관된다. 하지만 그는 확률론 등 다른 형태의 추론도 연구했고, 현대적인 AI와 인지과학이 그렇듯이 인간의 지능을 이해하고 모델링하려는 시도가 연구의 동기가 되었다. 그가 논리나 기타 형태의 추론을 연구하게 된 진정한 동기는 고전 철학에서 왔다. 특히 그는 신의 존재에 관한 여러 논증을 공식화, 분석, 검증하고자 했다. 그는 그런 각각의 주장을 세분화하고 각각의 단계를 검사해 타당성을 확인함으로써 어떤 결론이 사실이고 무엇을 믿어야 하는지 알고 싶어 했다.

예를 들어 다음은 신의 존재에 대해 부울이 고찰한 논리의 일부다(*The Laws of Thought* 제13장에서 발췌).

x가 "뭔가가 항상 존재한다"라는 명제라고 하자.

y가 "변하지 않고 독립적인 존재가 계속 존재해 왔다"라는 명제라고 하자.

z가 "변화 가능하고 의존적인 존재가 계속 존재해 왔다"라는 명제라고 하자.

p가 "그러한 연속성에는 외부 원인이 있다"라는 명제라고 하자.

q가 "그러한 연속성에는 내부 원인이 있다"라는 명제라고 하자.

그러면 다음과 같은 일단의 방정식들로 연립방정식을 만들 수 있다.

1. $x = 1$;
2. $x = v\{y(1-z) + z(1-y)\}$;
3. $z = v\{p(1-q) + (1-p)q\}$;
4. $p = 0$;
5. $q = 0$.

부울의 길지 않은 인생은(현대 논리학의 창시자인 그는 49세에 죽었다. 동종 요법을 신봉하던 아내가 폐렴을 치료한답시고 차갑게 식힌 담요로 몸을 꽁꽁 감싼 탓이었다) 찰스 배비지의 생존 시기와 겹친다. 따라서 두 사람이 서로의 연구 결과를 읽었을 가능성이 높다. 하지만 부울은 컴퓨터 과학에는 관심이 없었다. 그의 궁극적인 관심사는 철학 문제였고, 인간 지능을 이해하고 모델링하려는 그의 연구는 주로 철학적 방법론에 기여하기 위한 것이었다. 그렇긴 하지만, 러브레이스가 논의한 것처럼 그런 형식화(formalism)를 인공지능의 형태로 기계화할 수 있다는 점은 부울도 알고 있었을 것이다. 두 사람이 이 아이디어를 함께 발전시키지 못한 것은 무척이나 안타까운 일이다.

5.4 부울 논리를 이용한 논리 회로 간소화

섀넌은 변수들에 대한 부울의 개념적 해석을 폐기했다. 대신 그는 부울의 대수(algebra)를 논리 게이트들로 구성된 물리적 디지털 논리 네트워크를 간소화하는 데 사용할 수 있음을 보였다. 그러한 간소화에는 게이트의 수를 줄이는 것뿐만 아니라 게이트의 **종류**를 줄이는 것도 포함된다. 이를테면 모든 게이트를 NAND 게이트로 대신하는 등이다.

간소화 과정은 이렇다. 우선, 주어진 논리 게이트 네트워크를 하나의 부울식으로 변환한다. 그런 다음 산술 법칙들을 이용해서 그 부울식을 간소화한다. 이제 그 부울식을 다시 논리 게이트 네트워크로 변환하면 원래보다 훨씬 간단한 네트워크가 나온다. 이러한 네트워크 간소화는 필요한 트랜지스터 수가 줄어든다는 점에서 유용하다. 트랜지스터가 적으면 제조 비용과 에너지 사용량도 줄어든다. 요즘에는 디지털 논리 네트워크 설계도를 입력하고 아이콘 하나만 클릭하면 자동으로 더 작고 효율적인 버전을 만들어 주는 CAD 소프트웨어도 있다.

예를 들어 [그림 5-14]의 왼쪽에 있는 디지털 논리 네트워크를 간소화한다고 하자. 부울 논리에 따라 이것을 하나의 산술 표현식으로 변환하면 $(A+B)(A+C)$다. 분배법칙을 적용해서 간소화면 $A+BC$가 나오는데, 이를 다시 논리 네트워크로 변환하면 [그림 5-14]의 오른쪽에서 보듯이 더 작은 논리 네트워크가 된다.

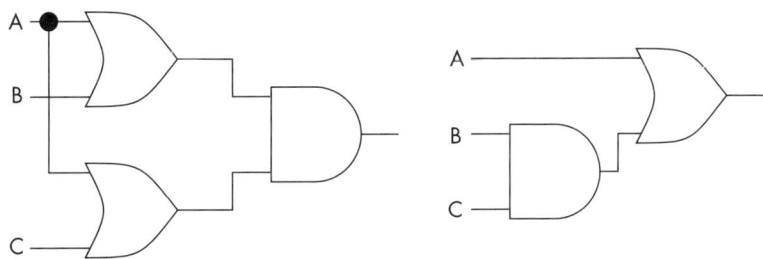

그림 5-14 $(A+B)(A+C)$에 대한 논리 네트워크(왼쪽)와 그것을 간소화한 $(A+BC)$에 대한 논리 네트워크(오른쪽).

부울 논리를 이용하면 주어진 논리 네트워크를 범용 NAND 게이트로만 이루어진 논리 네트워크로 변환할 수 있으며, 그런 논리 네트워크를 또다시 간소화해서 NAND 게이트의 수를 더욱더 줄일 수 있다. [그림 5-15]가 그러한 예다.

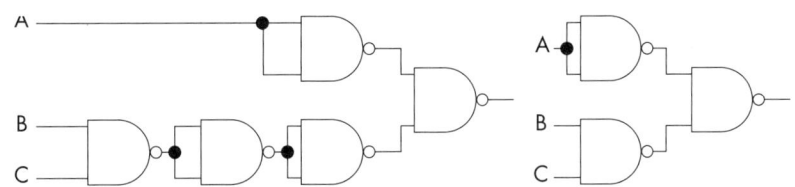

그림 5-15 왼쪽 $A+BC$의 논리 네트워크를 부울 논리를 이용해서 NAND 게이트 전용 네트워크로 변환한 예. 오른쪽 그것을 더욱 간소화한 버전.

이런 식으로 그 어떤 네트워크라도 한 종류의 게이트로 이루어진, 게다가 게이트 수가 더 적은 네트워크로 반환할 수 있다. 그런 네트워크는 제조하기가 훨씬 쉽다.

5.5 디지털 논리의 구현

디지털 논리 네트워크를 설계하고 간소화했다면, 다음 단계는 실제 하드웨어를 만드는 것이다. 방법은 많다. 몇 가지를 차례로 살펴보자.

5.5.1 7400 시리즈 칩 활용

간단한 논리 네트워크를 실제로 구현하는 한 가지 방법은 7400 시리즈의 칩들을 이리저리 연결하는 것이다. 1960년대부터 지금까지 쓰이고 있는 유서 깊은 접근 방식이다.

앞에서 보았듯이 7400 시리즈의 칩들은 그리 많지 않은 수의 게이트를 담는다. 그리고 칩 하나에 한 종류의 게이트들만 담은 경우가 많다. 안타깝게도 이런 칩 하나의 모든 게이트가 여러분이 구현하고자 하는 회로의 특정 토폴로지 영역에 딱 들어맞지는 않을 것이다. 따라서 회로의 각 게이트를 특정 칩의 개별 게이트에 대응시키는 식으로 배선해야 한다. 배선 방식은 얼마든지 다양하겠지만, 머리를 좀 굴려서 현명하게 배선한다면 전체적인 전선 길이를 상당히 줄일 수 있을 것이다.

예를 들어 [그림 5-16]의 왼쪽 위에 나온 네트워크를 구현한다고 하자. 그리고 부품 상자에서 TTL 칩 두 개를 발견했는데, 하나는 XOR 게이트 네 개짜리고 다른 하나는 NAND 게이트 네 개짜리라고 하자. 그림의 오른쪽 위 네트워크는 왼쪽 위의 네트워크를 그 게이트들로만 구현할 수 있도록 변환한 것이다. 그리고 그 아래는 이 네트워크를 구현하기 위해 두 TTL 칩을 배선하는 한 가지 방법을 보여준다.

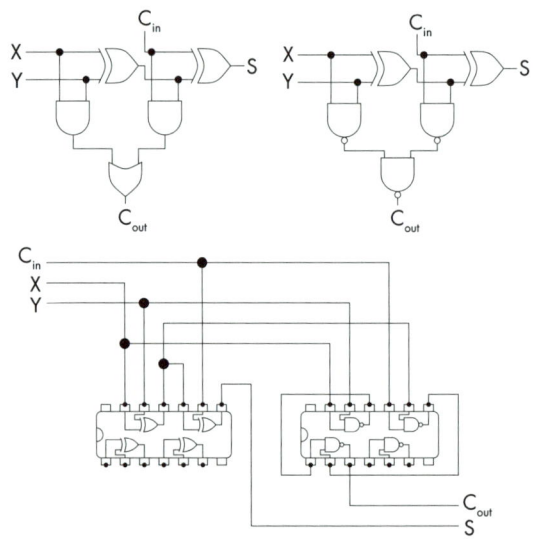

그림 5-16 주어진 논리 네트워크를 NAND 전용 네트워크로 변환하고 TTL 칩들로 구성한 예.

[그림 5-17]의 설계를 구현하는 데 필요한 TTL 칩들과 빵판, 전원 스위치, LED, 9V 배터리, 저항(배터리 전압을 TTL 칩들이 사용하는 5V로 낮추기 위한), 배선용 구리 도선 등은 모두 온라인 쇼핑몰에서 쉽게 구입할 수 있다.

CPU 전체를 이런 식으로 TTL 칩들로만 만드는 것도 가능하다. 사실 여러 초기 CPU들이 실제로 그런 식으로 만들어졌다.

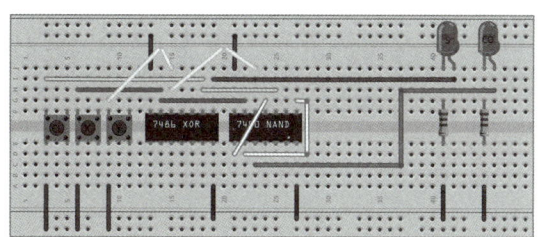

그림 5-17 TTL 설계도를 실제로 빵판에 배치한 예(Fritzing[7]을 이용했다).

[NOTE] 배선을 최적화하려면 머리를 좀 굴려야 한다. 그런데 회로가 커지면 이 최적화 문제가 급격히 복잡해진다. 다음에 설명할 다른 하드웨어 구현 방법의 물리적 배치를 최적화하는 것도 마찬가지다. 이를 자동으로, 대규모로 수행하는 알고리즘을 고안하는 것은 컴퓨터 과학의 주요 주제다. 칩 회사들이 그런 알고리즘을 많이 사용하고 연구하고 개발한다.

5.5.2 포토 공정

제4장에서 설명한 ASIC 공정은 가장 '무거운' 디지털 논리 네트워크 구현 방법이다. 이 방법은 광식각법이라고도 하는 포토리소그래피photolithography를 이용하기 때문에 흔히 포토 공정이라고 부른다. 포토 공정을 위해서는 논리 게이트 구성에 필요한 트랜지스터들의 배치를 담은 마스크들을 만들어야 하는데, 그런 마스크 세트 하나의 제작 비용이 500만 달러 정도다. 포토 공정은 가장 작고 빠른 하드웨어를 만들 수 있는 방법이지만, 설치 비용이 엄청나기 때문에 규모가 커야 경제성이 생긴다.

5.5.3 PLA

흔히 PLA로 줄여서 표기하는 **프로그래머블 논리 어레이**(programmable logic array)는 포토 공정으로 제조하는 단일 칩으로, 입력이 아주 많고 출력도 아주 많다. 이 칩의 모든 입력과 모든 입력의 부정(negation)은 퓨즈로 일련의 AND 게이트들과 OR 게이트들에 연결되어 있다. [그림 5-18]은

---

[7] (옮긴이) Fritzing은 하드웨어 DIY 관련 오픈소스 프로젝트다. 자세한 사항은 공식 사이트 https://fritzing.org/를 참고하자.

PLA 구조의 일부다. 그림과 같은 평면이 여러 층으로 쌓여있으며, 모든 층은 동일한 AND 게이트들과 OR 게이트들로 구성된다. 교차점의 원은 퓨즈다.

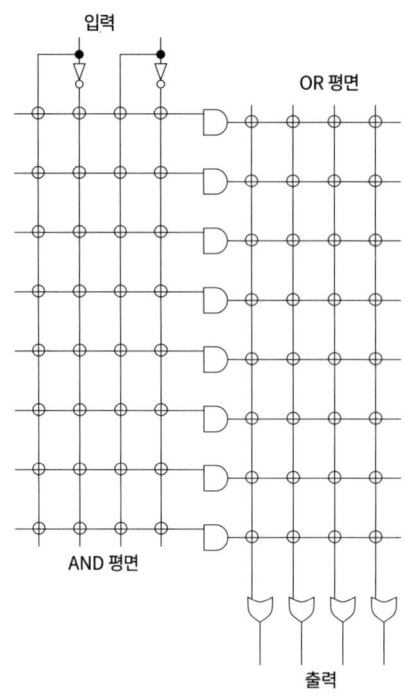

그림 5-18 **PLA의 일부를 도식화한 그림. 입력들과 출력들의 상호 연결 관계를 보여준다.**

이 초기 상태에서 특정 퓨즈들을 끊는다. 그러면 해당 도선이 사라지는 효과가 되어서 연결 관계가 변한다. 이런 작업을 통해서 모든 종류의 부울 논리 함수를 만들 수 있다. PLA가 충분히 크다면, 그 어떤 논리 네트워크 설계라도 부울 논리 변환을 통해 최적화한 후 퓨즈들을 적절히 끊어서 구현할 수 있다. 초기에는 실제로 퓨즈를 "태워서" 끊었기 때문에, 이런 공정을 PLA를 "굽는다(burn)"라고 표현하기도 한다. ASIC 칩은 새로 설계할 때마다 500만 달러짜리 포토 공정용 마스크 세트를 만들어야 한다. 하지만 범용 PLA는 마스크 세트 하나만 있으면 된다. 나만의 칩을 만들려면, 대량 생산업체에서 비교적 싼 가격의 범용 PLA를 구입해서 원하는 대로 굽기만 하면 된다.

5.5.4 FPGA

FPGA, 즉 **필드 프로그래머블 게이트 어레이**field programmable gate array는 PLA와 비슷하되 한 번만 구울 수 있는 것이 아니라 몇 번이고 원하는 대로 재배선해서 새로운 디지털 논리를 구현할 수 있다. 이는 FPGA가 물리적으로 퓨즈를 끊어서 연결 관계를 변경하는 것이 아니라, 표준화된 논리 블록

들의 연결을 전자적으로 켜거나 끄기 때문이다. 그런 블록들 각각을 소형 단순 기계처럼 작동하도록 구성할 수 있다. [그림 5-19]는 이러한 설계의 예다.

이 방법에서도 부울 논리를 이용해서 초기 디지털 논리 설계를 이런 단순 기계들과 그 연결 관계로 변환한다. 그다음 작업은 거의 소프트웨어적이다. 활성화/비활성화할 연결들의 목록을 FPGA 보드의 펌웨어 메모리로 전송하면 그에 따라 블록들의 구성이 전자적으로 결정된다.

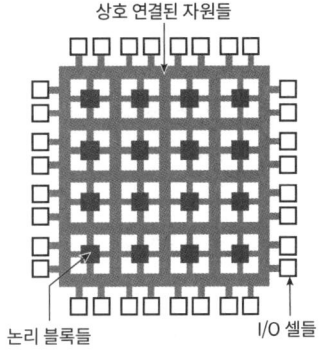

그림 5-19 FPGA 칩의 구조. 논리 블록들과 그 연결 관계를 임의로 설정할 수 있다.

FPGA는 FPGA 칩 주변에 추가 하드웨어가 있는 개발용 보드 형태로 판매된다. 추가 하드웨어는 칩을 PC에 연결해서 프로그래밍하기 위한 것이다. 저렴하고 제작자로서 다루기 쉬운 소비자급 FPGA를 쉽게 구입할 수 있는데, 가격은 약 30달러부터 시작한다. FPGA의 주요 제조업체는 두 곳으로, 자일링스Xilinx와 알테라Altera다(전자는 현재 AMD의 일부이고 후자는 인텔의 일부다). 실제 제품 제작에 사용할, 추가 하드웨어가 없는 FPGA 칩들도 물론 있다. 이 경우에는 외부 프로그래머 컴퓨터가 필요하다. FPGA 칩은 크기가 다양하다. 큰 칩들은 값비싼 ASIC 포토 공정에 들어가기 전에 CPU 설계의 프로토타입을 만드는 데 주로 쓰이고, 작은 칩은 임베디드 시스템에 쓰인다.

[그림 5-20]은 작은 디지털 논리를 물리적 FPGA 표면에 배치한 전형적인 예와 FPGA 칩을 장착한 개발 보드다.

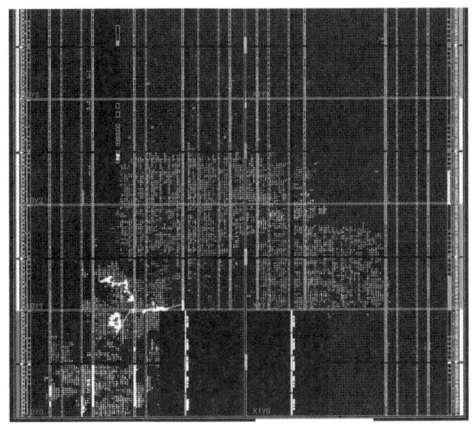 

그림 5-20 FPGA 내부의 디지털 논리 구성(왼쪽)과 FPGA 개발용 보드(오른쪽). 가운데의 커다란 칩이 FPGA다.

사람이 디지털 논리를 손수 배치할 때는 서로 다른 구조들을 서로 다른 공간에 배치하는 경향이 있다. 반면에 FPGA의 내부에서 볼 수 있는 자동화된 배치는 시각적으로 구조화되지 않아서 사람이 이해하기가 어렵거나 아예 불가능할 때가 많다.

이번 장 요약

논리 게이트는 추상화다. 트랜지스터 같은 작은 스위치들의 그룹을 기능 단위로 구성하는 한 방법이다. 인간 설계자는 스위치 수준보다는 기능 단위 수준에서 생각하길 좋아하기 때문에, 개별 트랜지스터가 아니라 논리 게이트로 회로를 설계한다. 그런 다음에는 각 논리 게이트를 몇 개의 스위치들로 '구현'한다. (전문 칩 설계자 중에는 회로에서 논리 게이트들을 실제로 '보는' 사람들도 있다. 게이트를 구현하는 트랜지스터들의 표준적인 패턴에 익숙하다 보니, 무의식적으로 그런 패턴들을 알아보는 것이다. 하지만 나를 포함한 문외한에게 보이는 것은 그저 수많은 트랜지스터뿐이다.)

단순 스위치와는 달리 논리 게이트는 출력의 표현이 입력의 표현과 같다는 중요한 성질을 지닌다. 예를 들어 트랜지스터 기반 논리 게이트는 출력 전압이 입력으로 받은 전압보다 낮지 않다. 따라서 여러 게이트를 안정적으로 연결해서 복잡한 논리 네트워크를 만들 수 있다.

클로드 섀넌은 조지 부울의 대수를 이용해서 논리 게이트들로 이루어진 회로를 간소화할 수 있음을 보였다. 게이트 수를 줄일 수 있을 뿐만 아니라, 여러 종류의 게이트들로 이루어진 네트워크를 NAND 게이트들로만 이루어진 네트워크로 대체할 수 있다. 그러면 반도체 위에 배치할 트랜지스터의 수와 종류가 줄어서 설계의 복잡성과 제작 비용이 감소한다.

실습과제

범용 게이트
[그림 5-8]에 나온 NAND 게이트 기반 회로들의 진리표를 작성해서, 그 회로들이 표준 NOT, AND, OR 게이트와 같음을 확인하라.

LogiSim Evolution 실습
LogiSim Evolution은 GUI 방식의 디지털 논리 시뮬레이터다. 이 책의 디지털 논리 설계도들은 바로 이 시뮬레이터로 만든 것이다. 이 시뮬레이터는 설계한 회로를 시뮬레이션(모의 실행)하는 기능은 물론이고 회로를 실제 칩으로 옮기는 기능도 제공한다.

1. https://github.com/logisim-evolution/logisim-evolution에서 LogiSim Evolution(이하 간단히 LogiSim)을 내려받고 설치한다.
2. LogiSim을 실행한 후 프로젝트를 생성해서 게이트들을 추가하고 도선으로 연결해 보자. 한 부품의 출력을 클릭한 후 다른 부품의 입력을 클릭하면 두 부품이 연결된다. 부품이나 도선을 클릭하면 해당 요소가 활성화된다. DEL 키를 누르며 부품과 부품에 마지막으로 연결된 도선이 삭제된다. **Simulation** 버튼을 클릭하면 시뮬레이션이 실행된다. 도선에 0에 해당하는 전압이 걸리면 검은색으로 표시되고 1에 해당하는 전압이 걸리면 빨간색으로 표시된다. 몇몇 부품은 마우스 오른쪽 버튼으로 클릭하면 속성을 변경할 수 있다.
3. [그림 5-14]에 상수 입력들과 LED 출력을 추가한 논리 회로를 만들어서 시험해 보자.

회로 간소화

1. LogiSim에서 NAND 게이트들만으로 다른 종류의 게이트들을 구현하라.
2. §5.4 '부울 논리를 이용한 논리 회로 간소화'에 나온 회로들이 모두 논리적으로 같다는 점을 모델 검사나 증명을 이용해서 입증하라. 각 그림의 왼쪽에 있는 형태에서 오른쪽에 있는 형태를 어떻게 찾아내야 할까? 최소한의 NAND 형식을 보장하는 알고리즘이 존재할까?
3. $W(Y\bar{Z} + \bar{X}Y)$ 같은 부울 함수의 진리표를 계산하고, LogiSim에서 그에 해당하는 회로를 만들고 시뮬레이션해서 진리표가 정확한지 확인하라.
- 부울 항등식들을 이용해서 문제 3의 함수를 간소화하고, 간소화된 버전의 새 회로를 LogiSim에서 작성하라. 시뮬레이션했을 때 원래의 진리표와 같은 결과가 나오는지 확인하라.

더 읽을거리

- 부울의 논리학(그리고 신학)을 부울 자신의 글로 배우고 싶다면: George Boole, *The Laws of Thought* (1854), https://www.gutenberg.org/ebooks/15114.
- 역사상 가장 위대한 석사 학위 논문일 수도 있는 클로드 섀넌의 논문: Claude Shannon, "A Symbolic Analysis of Relay and Switching Circuits" (master's thesis, MIT, 1940), https://dspace.mit.edu/handle/1721.1/11173#files-area.

CHAPTER 6

단순 기계

기계공학 용어로 **단순 기계**(simple machine)는 그 설계가 잘 알려진 표준적인 기계장치를 말한다. 지렛대(레버), 차축(회전축), 나사, 도르레 등이 대표적인 단순 기계다. 이런 단순 기계들을 조합해서 더 큰 기계를 만들 수 있다. 이와 비슷하게, 계산(computation)에서 말하는 단순 기계는 표준적인 설계를 따르며 컴퓨터의 하위 구성요소로 흔히 쓰이는 장치다. 예를 들어 최신 CPU의 산술 논리 장치는 덧셈, 곱셈, 자리이동 등등 각종 산술을 수행하는 단순 기계들의 조합인데, 개념적으로는 배비지의 해석기관과 다를 것이 없다.

이번 장에서는 전자 아키텍처 계층구조에서 논리 게이트보다 한 수준에 위에 있는 여러 단순 기계를 소개한다. 다음 장에서는 이런 단순 기계들을 CPU의 구성요소로서 활용하는 방법을 이야기할 것이다. 이번 장에서 논의할 단순 기계는 크게 두 부류로 나뉜다. 하나는 부울식으로 표현할 수 있는 **조합적 기계**이고 다른 하나는 피드백과 순차 논리가 필요한 **순차적 기계**다. 메모리를 만들려면 피드백과 순차 논리가 필요하다.

6.1 조합 논리

시간 독립 논리라고도 하는 **조합 논리**(combinatorial logic)는 정규 부울 논리로 서술할 수 있으며 시간과는 무관한 디지털 논리 네트워크를 말한다. 이번 절에서는 이런 조합 논리로 구현할 수 있는 조합적 단순 기계의 몇 가지 예를 살펴본다. 이 단순 기계들은 나중에 CPU 구조를 구축할 때 필요하다.

6.1.1 비트별 논리 연산

제5장에서 살펴본 논리 게이트들은 모두 개별 비트들에 대해 작동한다. 대부분의 논리 게이트는 비트 하나 또는 두 개를 받고 하나의 비트를 출력한다. [그림 6-1]처럼 단일 게이트 여러 개를 병렬로 배열한 것이 **배열 연산자**(array operator)라고 부르는 단순 기계다. 배열 연산자의 게이트들은 입력 배열의 각 비트에 대해 동일한 연산을 동시에 수행해서 하나의 결과 배열을 출력한다.

NOT:
x	0	1	0	1	0	1	1	1
out	1	0	1	0	1	0	0	0

AND:
x	0	1	0	1	0	1	1	1
y	1	1	0	0	1	0	1	0
out	0	1	0	0	0	0	1	0

OR:
x	0	1	0	1	0	1	1	1
y	1	1	0	0	1	0	1	0
out	1	1	0	1	1	1	1	1

XOR:
x	0	1	0	1	0	1	1	1
y	1	1	0	0	1	0	1	0
out	1	0	0	1	1	1	0	1

그림 6-1 몇 가지 비트별 논리 연산들.

배열 연산자 단순 기계들은 한 종류의 논리 게이트들로 입력 배열 x와 y를(NOT의 경우는 x만) 처리해서 출력 배열 z를 산출한다. 저수준 문제를 주로 다루는 C 프로그래머라면 이런 배열 연산들을 잘 알 것이다. C 언어에는 이와 정확히 동일한 연산들을 위한 연산자가 갖추어져 있다. C 컴파일러는 대상 CPU에 실제로 이런 단순 기계들이 있는 경우, 해당 단순 기계가 실제로 실행되게 만드는 기계어 코드를 생성한다.

6.1.2 다중 입력 논리 연산

2입력 AND 게이트들을 계층적으로(트리 형태로) 조립함으로써 AND 게이트의 다중 입력 버전을 만들 수 있다. [그림 6-2]는 8입력 AND 게이트다.

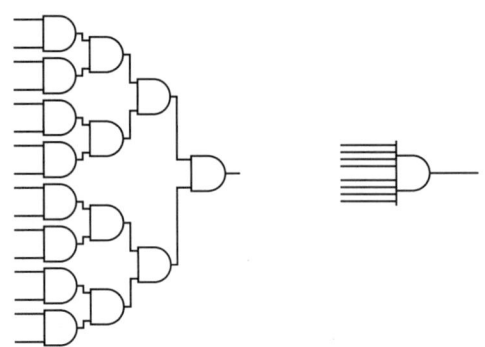

그림 6-2 **8입력 AND 게이트의 구조(왼쪽)와 기호(오른쪽).**

이 구조는 오직 입력들이 모두 1일 때만 1을 출력한다. 다중 입력 OR 게이트도 같은 방식으로 만들면 된다. 다중 입력 OR 게이트는 입력 중 1이 하나만 있어도 출력이 1이다.

6.1.3 자리이동 장치

기수 10 수체계(십진수)에서 어떤 정수에 10을 곱하는 것은 아주 쉽다. 그냥 수 끝에 0을 하나 붙이면 된다. 그보다 훨씬 큰 10의 멱수를 곱하는 것도 마찬가지다. 10^n을 곱하려면 0을 n개 추가하면 된다. 그런데 이를 0을 추가한다고 생각하는 대신 숫자들을 각각 왼쪽으로 n자리 이동한다고 생각할 수도 있다. 그러면 정수가 아닌 수에 10의 멱수를 곱할 때도 이 요령이 적용된다. 반대로, 숫자들을 오른쪽으로 이동하면 주어진 수를 10의 멱수로 손쉽게 나눌 수 있다. 사람이 종이와 연필로 곱셈을 할 때는 자리별 곱셈과 덧셈, 자리올림을 반복해야 하지만, 이런 요령이 가능한 경우에는 곱셈(그리고 나눗셈)이 아주 간단하고 빠르다.

이진수를 다루는 컴퓨터에서는 2의 멱수를 곱하거나 나누는 산술 연산에 이런 요령을 적용한다. 주어진 수에 2^n을 곱하거나 나누려면(단, n은 정수) 그냥 그 수의 비트들을 왼쪽이나 오른쪽으로 n자리 이동하면 된다.

[그림 6-3]은 입력의 비트들을 왼쪽으로 한 자리 이동하는 단순 기계다. 따라서 이 단순 기계는 주어진 수에 2를 곱하는 역할을 한다. 입력 스위치 S(자리이동을 뜻하는 shift를 줄인 것이다)를 1로 설정하면 자리이동 기능이 활성화된다. S가 0일 때는 원래의 입력이 그대로 출력된다.

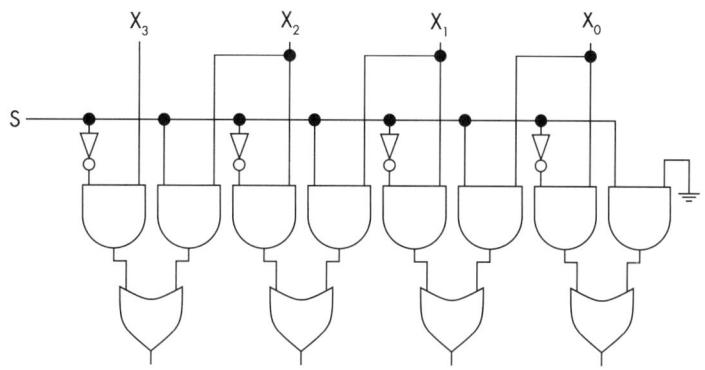

그림 6-3   논리 게이트들로 구현한 왼쪽 자리이동 연산.

이 자리이동 장치(shifter)의 설계는 AND 두 개, NOT 하나, OR 하나로 된 부분 기계들로 구성된다. 수의 각 숫자(비트)가 각 부분 기계에 대응되는데, S 스위치에 따라 각 숫자가 그대로 통과하거나 왼쪽 부분 기계로 넘어간다.

C 같은 고수준 언어에서 x<<2 같은 연산을 이용해서 2의 멱수 곱셈을 수행한다고 하자. CPU에 전용 자리이동 장치가 들어있는 경우, CPU는 통상적인 곱셈 디지털 논리들 대신 자리이동 장치를 활성화한다. 결과적으로 곱수가 2의 멱수가 아닌 곱셈보다 더 빠르게 곱셈이 수행된다. 이는 프로그래머가 아키텍처를 알면 더 빠른 프로그램을 작성할 수 있음을 보여주는 좋은 예다.

NOTE 수를 두 자리 이상 이동하는 방법은 여러 가지다. 한 자리 이동하는 장치를 여러 번 반복할 수도 있다. 그러면 트랜지스터 수가 절약되지만 실행 시간은 길어진다. 아니면 자주 쓰이는 이동 자릿수별로 여러 개의 자리이동 장치를 만들어 둘 수도 있다. 그러면 실행 시간이 줄어들겠지만 트랜지스터가 더 많이 필요하다. 이러한 성능(실행 속도)과 비용(트랜지스터 수)의 절충 관계는 아키텍처 설계에서 흔히 마주치는 딜레마다.

6.1.4 디코더와 인코더

M비트 이진수로 표현된 양의 정수 x가 있다고 하자. 컴퓨터에서는 이진 표현을 N 중 1(1-of-N) 표현으로 변환해야 할 때가 종종 있다. 이 표현에서 $N = 2^M$개의 비트 중 x번 비트만 1이고 다른 비트는 모두 0이다.[1] 예를 들어 101같은 $M = 3$비트 입력(십진수로는 5)은 00000100이 된다. 왼쪽에서 오른쪽으로 5번 비트만 1인데, 제일 왼쪽 비트가 1번이 아니라 0번임을 주의하자. 이런 변환을 수행하는 단순 기계를 **디코더**decoder(해독기)라고 부른다. [그림 6-4]는 3비트 디코더를 위한 디지털 논리 회로다.

---

1   [옮긴이] 심층학습(딥러닝)과 관련해서 널리 알려진 원핫 인코딩(one-hot encoding)과 같은 원리다.

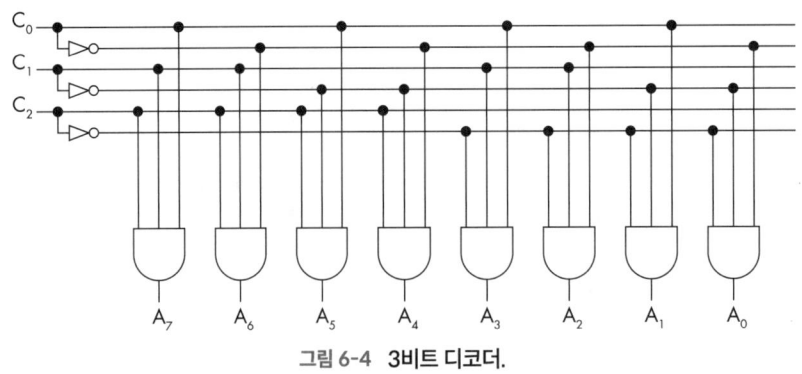

그림 6-4 **3비트 디코더.**

각 입력은 복사본이 하나 만들어지며, 그 복사본은 NOT에 의해 뒤집힌다. 이 비트들은 일단의 AND 게이트들로 입력되는데, 이 AND 게이트들은 주어진 이진수가 적절한 N 중 1 패턴으로 변환되도록 교묘하게 연결되어 있다.

인코더encoder는 디코더와 반대의 변환을 수행한다. 즉, N 중 1 표현을 입력받고 그에 해당하는 이진수의 비트들을 출력한다.

6.1.5 멀티플렉서와 디멀티플렉서

제4장에서 보았듯이, 해석기관의 여러 부품은 계산 과정에서 필요에 따라 동적으로 연결되거나 분리된다. 해석기관에서 그런 연결과 분리는 기계 작동으로 구현된다. 예를 들어 수들을 더할 때는 레지스터와 산술 논리 장치(ALU) 사이의 기어들을 물리적으로 맞물리는 메커니즘이 작동한다. RAM에서 데이터를 적재할 때는 해당 메커니즘이 버스를 원하는 RAM 장소로 물리적으로 이동해서 연결한다. 이런 작동의 디지털 논리 버전이 바로 멀티플렉싱과 디멀티플렉싱이다.

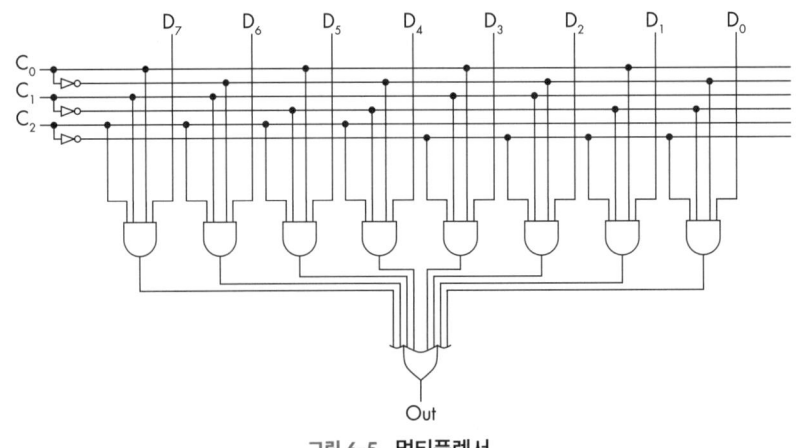

그림 6-5 **멀티플렉서.**

멀티플렉서multiplexer는 여러 입력 출처(source) 중 하나를 선택해서 하나의 출력에 연결하는 장치다. 예를 들어 레지스터가 8개인데 그중 하나를 ALU의 입력에 연결하려면 이런 멀티플렉서가 필요하다. [그림 6-5]는 입력 후보가 8개인 멀티플렉서다. 이 멀티플렉서는 디코더 하나와 데이터 입력 8개(D_0 ~ D_7), 다중 AND 게이트 여덟 개와 다중 OR 게이트 하나로 구성된다.

가능한 입력 출처 중 하나를 출력 배선에 연결한다고 하자. 예를 들어 D_3을 연결한다면, 3_{10}에 해당하는 011_2를 디코더 입력 C_0 ~ C_2에 넣는다. 그러면 D_3이 입력되는 AND 게이트로 들어가는 선들만 1로 설정되고 나머지는 모두 0이 된다. 그러면 D_3과 그 1들의 AND 결과가 다른 모든 AND 게이트의 출력(모두 0이다)과 함께 최종 OR 게이트에 입력되어서, 결국 D_3의 값이 그대로 출력된다.

디멀티플렉서demultiplexer는 멀티플렉서와 정반대다. 입력이 하나이고 출력이 여러 개이며, n번째 출력으로 입력 신호가 복사된다(n은 디코더에 입력된 값이다).

멀티플렉서와 디멀티플렉서는 함께 쓰일 때가 많다. 둘을 조합하면 여러 개의 출처 중 하나를 여러 개의 출력 중 하나에 선택적으로 연결할 수 있다. 그런 공유 연결선을 흔히 **버스**bus라고 부른다.

6.1.6 가산기

십진 정수를 이진수로 표현하는 방법은 제2장에서 배웠다. 이진수 표현을 이용해서 산술 연산을 수행하는 단순 기계들을 만들 수 있는데, 그중 덧셈을 수행하는 단순 기계를 **가산기**(adder)라고 부른다.

다음은 이진수 001100과 011010을 더하는 과정이다.

```
    0 0 1 1 0 0
  + 0 1 1 0 1 0
  ─────────────
    1 0 0 1 1 0
    1 1
```

이 과정은 우리가 어렸을 때 십진수를 더하는 데 사용한 알고리즘과 동일하다. 즉, 제일 오른쪽 자리(열, column)에서 시작해서 그 자리의 두 숫자를 더하고, 그 결과를 출력 자리에 적는다. 만일 1+1=10이어서 자리올림이 발생하면, 낮은 자리 숫자(10의 0)를 출력 자리에 적고 높은 자리 숫자(10의 1)은 왼쪽 자리로 넘긴다. 왼쪽 자리의 숫자들을 더할 때는 오른쪽에서 넘어온 숫자도 함께 더한다. 이러한 과정을 왼쪽으로 자리를 옮겨 가면서 반복한다. 지금 예에서 처음 세 자리(오른쪽 끝의 세 숫자)는 자리올림이 없다. 하지만 넷째 자리와 다섯째 자리는 자리올림이 있다(최종 합 아래 줄의 두 1이 그 자리올림들이다).

제5장에 나온 AND와 XOR의 진리표들(각각 그림 5-1과 그림 5-4)을 이 이진수 덧셈 예와 비교해 보면, 이 예의 처음 세 자리처럼 자리올림이 없는 이진 숫자 덧셈은 XOR와 같다는 점을 알 수 있다. 또한, 자리올림 발생 여부는 AND의 결과와 일치한다. 따라서 XOR 하나와 AND 하나를 조합해서 한 자리의 덧셈을 수행하는 단순 기계를 만들 수 있다. [그림 6-6]이 그런 단순 기계인데, 이를 **반가산기**(half adder)라고 부른다. '반'이라는 말이 붙은 것은 오른쪽 자리에서 자리올림을 전달받지 않기 때문이다.

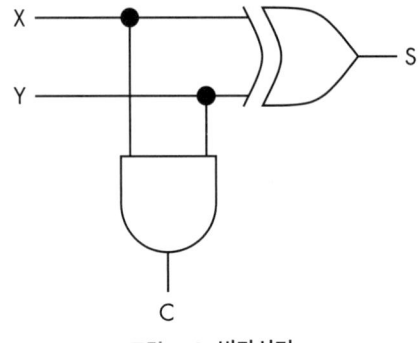

그림 6-6 **반가산기**.

반가산기는 그 자체로는 그리 유용하지 않다. 보통은 C의 자리올림 비트가 1이 될지를 미리 알 수 없기 때문이다. 하지만 [그림 6-7]처럼 반가산기 두 개를 OR 게이트로 결합하면 좀 더 쓸모 있는 디지털 논리 네트워크가 된다. 그림의 단순 기계를 **전가산기**(full adder)라고 부른다.

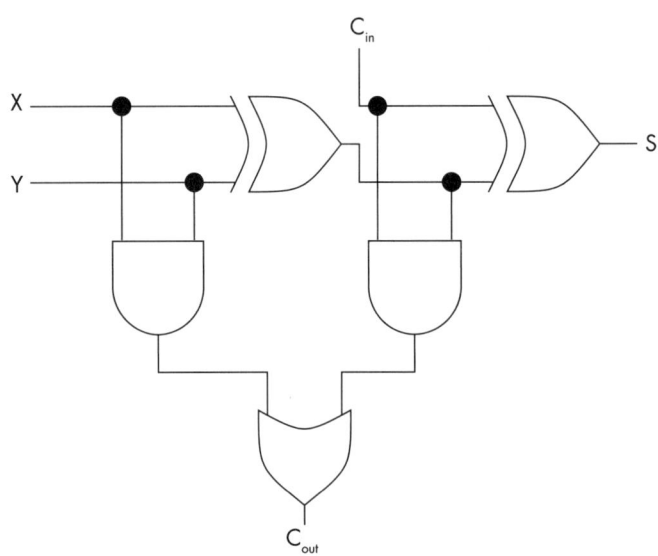

그림 6-7 반가산기 두 개와 OR 게이트 하나로 구성된 전가산기.

[표 6-1]은 전가산기의 진리표다.

표 6-1 전가산기 진리표.

X	Y	C_{in}	S(합)	C_{out}
0	0	0	0	0
0	0	1	1	0
0	1	0	1	0
0	1	1	0	1
1	0	0	1	0
1	0	1	0	1
1	1	0	0	1
1	1	1	1	1

전가산기는 단일 비트 덧셈을 연이어 두 번 수행하는데, 첫 덧셈은 주 입력들(X와 Y)을 합하고 둘째 덧셈은 주 입력들의 합과 입력 자리올림(C_{in})을 합한다. 전체 결과는 다음과 같이 한 자리의 덧셈 결과다.

$$\begin{array}{r} C_{in} \\ +\ X \\ +\ Y \\ \hline C_{out}\ \ S \end{array}$$

이러한 전가산기는 두 이진수를 더하기 위해 각 자리에서 수행하는 이진 숫자 덧셈 과정을 완전하게 구현한다. 하나의 전가산기는 두 입력 이진수의 한 자리에 있는 두 이진 숫자를 더할 뿐만 아니라, 그 오른쪽 자리에서 올라온 자리올림도 함께 더한다. 또한 그 자리의 덧셈 결과(S)뿐만 아니라 다음 자리(왼쪽 자리)로 올릴 값(C_{out})도 출력한다.

디지털 회로에서 전가산기 네트워크는 흔히 [그림 6-8]과 같은 기호로 표시한다.

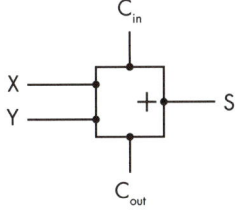

그림 6-8 전가산기 기호.

하나의 전가산기는 한 자리의 숫자들만 더한다. 그런데 우리가 더하려고 하는 수는 여러 자리로 이루어진다. 자릿수가 2 이상인 두 수를 더하는 방법 하나는 필요한 자릿수만큼 가산기들을 연결해서 올림값들이 "잔물결(ripple)이 일듯이" 높은 자리 쪽(그림 6-9의 경우 아래쪽, 일반적인 수 표기 체계에서는 왼쪽)으로 전파되게 하는 것이다. 이를 **리플캐리 가산기**(ripple-carry adder)라고 부른다. [그림 6-9]는 3비트 수들의 덧셈 Z = X + Y를 수행하는 리플캐리 가산기다.

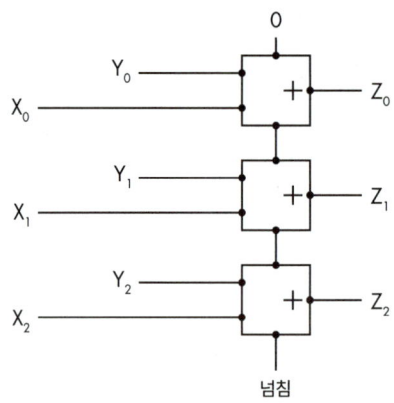

그림 6-9 3비트 Z = X + Y를 계산하는 리플캐리 가산기.

변수의 아래 첨자는 해당 자리의 2의 거듭제곱 지수다. 이 첨자는 그 변수가 어떤 자리 숫자인지 말해준다. 예를 들어 X_0은 일의 자리 숫자인데, $2^0=1$이기 때문이다. 같은 방식으로 X_1은 2의 자리($2^1=2$), X_2는 4의 자리($2^2=4$)다. 마지막 자리올림은 전가산기의 또 다른 출력이 된다. 이것은 덧셈 연산의 넘침(overflow; 위넘침) 여부를 나타낸다. 넘침을 연산 오류로 간주하기도 하지만, 더 큰 수를 처리하는 추가 시스템과 연동하는 목적으로 활용하기도 한다.

[그림 6-8]의 전가산기 기호를 리플캐리 가산기 같은 다중 비트 가산기를 표시하는 데 사용하기도 한다. 그런 경우 각각의 입력선과 출력선은 하나의 도선이 아니라 여러 도선의 집합을 나타낸다고 해석해야 한다.

> ### 리플캐리 가산기 대 자리올림수 저장 가산기
>
> 우리가 학교에서 배운 덧셈 방법은 제일 오른쪽 자리에서 시작해서 점점 왼쪽으로 이동하는 직렬적인 알고리즘이다. 리플캐리 가산기는 이 아이디어를 그대로 이진수에 적용해서 디지털 논리로 만든 것이다.
>
> 이러한 덧셈 과정의 효율성을 한번 생각해 보자. 두 입력이 n자리 이진수라고 할 때, 이런 덧셈에 걸리는 시간은 대략 n에 정비례한다. 즉, 이 알고리즘의 시간 복잡도는 $O(n)$이다.
>
> 그런데 덧셈을 꼭 그렇게 직렬로 수행할 필요는 없다. 병렬로도 가능하다. 학교 산수 시간을 예로 들면, 더할 수

들의 자릿수만큼의 학생들에게 각 숫자의 덧셈을 맡겨서 동시에 진행하고 그 결과를 취합하는 것이다. 학생들이 각자(병렬로) 한 자리의 덧셈을 수행하되 자리올림 발생 시 왼쪽 학생에게 자리올림수를 전달하는 식으로 진행한다면 덧셈을 아주 빠르게 수행할 수 있다. 오른쪽 학생에게 자리올림수를 넘겨받은 학생은 자신의 덧셈 결과를 갱신해야 하며, 그 결과로 자리올림이 발생했다면 왼쪽 학생에게 그것을 전달해야 한다. 이런 식으로 갱신이 반복되다가 결국은 모든 계산이 멈출 것이다. 이런 방식의 가산기를 **자리올림수 저장 가산기**(carry-save adder)라고 부른다.

이런 종류의 병렬 덧셈에서 발생하는 자리올림 갱신 횟수를 추정하기란 상당히 어렵다. 단순하게 생각한다면, 초기 덧셈들의 약 4분의 1에서 자리올림이 발생할 것이다. 하지만 그런 초기 자리올림들에 의한 2차, 3차 추가 자리올림들의 발생 확률도 고려해야 한다.

이 확률을 제대로 추정하려면 덧셈에 관여하는 자리 숫자들의 분포를 고려해야 한다. 현실의 수들을 보면 대체로 큰 숫자들(십진수의 경우 5 이상, 이진수는 1)의 빈도가 작은 숫자들(십진수의 경우 5 미만, 이진수는 0)의 빈도보다 낮다. 이런 현상은 물리량(이를테면 플랑크 상수)은 물론 순수한 수학 상수들(π나 e 등)에서 확인되는데, 그 이유는 여기서 설명하기에는 너무 복잡하다.

자리올림수 저장 가산기는 덧셈을 $O(\log n)$의 시간으로 수행한다. 순수한 덧셈 작업 자체는 리플캐리 가산기처럼 $O(n)$의 규모다. 하지만 더 많은 반도체를 이용해서 더 많은 일을 병렬로 수행하는 덕분에 전체적인 속도가 빠르다. 반도체가 많으므로 필요한 공간과 비용이 늘어나지만, 그 대신 성능이 좋다. 이 역시 아키텍처 설계에서 흔히 마주치는 성능 대 비용의 딜레마다.

자리올림수 저장 가산기는 현대적 ALU들에 쓰인다. 이것이 새로운 아이디어는 아니다. 사실 해석기관의 여러 설계 중 하나에 이런 가산기가 있었다. 이 가산기는 찰스 배비지가 끝끝내 해석기관을 실제 기계로 구현하지 못한 이유 중 하나다. 배비지는 자리올림 메커니즘의 효율성 개선에 강박증에 가까울 정도로 집착해서, 계속해서 설계를 뒤엎었다. 한 가지 설계를 밀고 나갔다면 해석기관이 완성되었을지 모른다.

6.1.7 부정 소자와 감산기

일반적인 산술에서 어떤 수의 부정(negation)은 그 수에 -1을 곱한 것이다. 이진수를 2의 보수 방식으로 표현하는 경우, 이진수의 부정은 모든 비트를 뒤집고(즉, 1은 0으로, 0은 1로 바꾸고) 1을 더하는 것과 같다. 이런 연산을 수행하는 단순 기계를 **부정 소자**(negator; 또는 부정기)라고 부른다. [그림 6-10]은 3비트 부정 소자다.

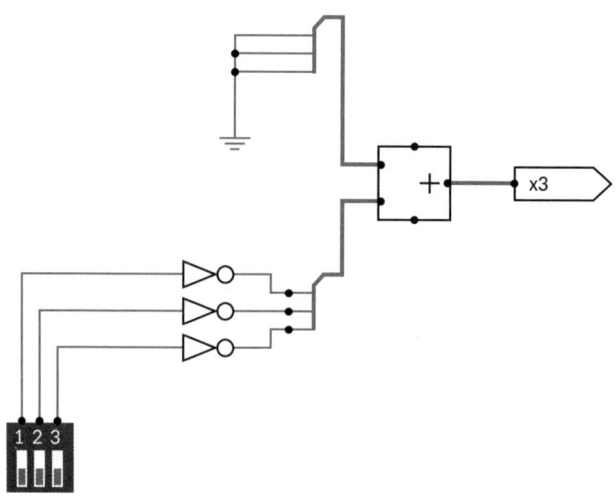

그림 6-10　**3비트 부정 소자.**

그림에서 굵은 도선은 개별 도선 여러 개의 묶음을 뜻한다. 이는 전자회로도에 흔히 쓰이는 표기 방식이다. 지금 예에서 각각의 굵은 도선은 개별 도선 세 개의 묶음이다. (도선 묶음에 쓰이는 또 다른 표준 표기법은 도선에 대각선 빗금을 하나 긋고 그 옆에 도선 개수를 적는 것이다.) 왼쪽 하단의 스위치들은 입력 이진수에 해당한다. 통상적인 이진수 표기와는 달리 여기서는 제일 왼쪽 스위치가 최하위 비트(least significant bit)임을 주의하자. 마지막에 더할 비트 1은 전원과 접지 입력에서 온다. 이 비트 역시 최하위 비트다. 이 회로도에서 가산기 기호는 단일 전가산기가 아니라 리플캐리 가산기 같은 3비트 가산기다.

부정 소자가 있으면 한 수에서 다른 수를 빼는 **감산기**(subtractor)를 만들 수 있다. [그림 6-11]은 감산기의 기호다. 단일 비트 감산기와 다중 비트 감산기 모두 이 기호로 표시한다.

그림 6-11　**가산기 기호.**

$c = a - b$를 계산하는 2의 보수 감산기는 b를 부정 소자에 넣어서 부호를 바꾸고 다중 비트 가산기를 이용해서 a에 더하는 방식이다.

6.2　조합 논리에서 순차 논리로

지금까지 살펴본 조합 논리 회로들은 해당 연산이 순식간에 이루어지는 것으로 간주할 수 있다. 각 회로는 하나의 부울 논리식에 정확히 대응되며, 회로의 출력에 해당하는 수학적 진릿값이 명확히 정의된다. 이 출력은 오직 입력값들에만 의존한다. 그러한 입력-출력 쌍들로 만든 진리표는 해당 부울 논리식의 진리표와 일치한다.

앞에서 보았듯이 섀넌의 조합 논리 회로들로 멀티플렉서나 가산기 같은 여러 가지 단순 기계를 만들 수 있다. 섀넌은 처치와 튜링이 계산을 정의한 것과 같은 해인 1936년에 논리 게이트 이론을 제안했다. 튜링이 고안한 가상의 컴퓨터가 아닌, 이를테면 ENIAC 같은 초창기 물리적 컴퓨터를 프로그래밍하던 것과 비슷한 방식으로 논리 게이트들을 물리적으로 연결하는 방법을 서술하는 일련의 지시사항(instruction; 명령)들을 '프로그램'으로 인정한다면, 섀넌의 논리 게이트들은 그해에 고안된 계산 모델들의 또 다른 경쟁자로 간주할 수 있을 것이다.

하지만 처치 컴퓨터는 그 어떤 다른 기계도 흉내 낼 수 있어야 한다(메모리가 충분하다고 할 때). 그리고 우리는 데이터 저장을 위한 **메모리** 혹은 **기억장치**를 가진 계산 기계들이 있음을 알고 있다. 조합 논리 회로에는 메모리라는 개념이 없다. 메모리 혹은 '기억'은 과거에 저장한 정보가 현재까지 이어지는 것인데, 순식간에 작동하는 것으로 간주되는 조합 논리 회로에는 시간이라는 개념이 없기 때문이다. 처치 컴퓨터에는 시간과 메모리가 필요하다. 현재 입력뿐만 아니라 과거 입력에서 유도된 상태도 입력으로 삼아서 출력을 계산할 수 있어야 한다.

시간 개념을 도입해서 섀넌의 논리 게이트를 확장하는 한 가지 방법은 논리 게이트 네트워크의 출력을 네트워크 자신의 입력으로 되먹이는 것이다. 그런데 그렇게 하면 네트워크가 섀넌의 원래의 조합 논리에서는 허용되지 않는, 역설적인 부울 논리식을 표현하게 된다. 예를 들어 [그림 6-12]의 회로는 X = NOT X라는 부울 논리식에 해당하는 것으로 보인다. 만일 X가 참이면 X는 거짓이고 X가 거짓이면 X는 참이라는 것은 전혀 말이 되지 않는다. 이 회로를 실제로 실행하면 어떤 일이 발생할까? 아마도 진동하거나 폭발하지 않을까?

컴퓨터 과학에서 되먹임 혹은 피드백은 사악하거나 역설적인 것, 피해야 할 것으로 간주된다. 논리학과 계산 가능성 이론의 정리(theorem) 중에는 프로그램이나 증명, 기계의 출력을 그 자신에게 입력함으로써 자신을 파괴하는 방법에 관한 것이 많다. 하지만 피드백은 일반적으로 컴퓨터 과학에서 중요한 개념이며, 이를 제어하고 유익하게 활용하는 방법을 배우는 것은 우리 인류의 성공과 문화에서 중요한 부분을 차지해 왔다. 메모리를 만드는 것은 피드백을 통제하에서 유용하게 사용하는 방법의 하나다.

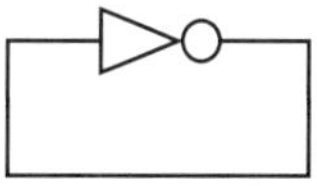

그림 6-12 **역설적인 회로.**

그럼 이러한 아이디어를 기타리스트의 예로 설명해 보겠다. 기타리스트들에게 피드백은 현실적인 골칫거리다. 전기 기타의 경우, 기타 줄을 진동해서 나온 소리가 앰프에서 증폭되어서 다시 기타 줄을 진동하는 피드백 루프가 생길 수 있다. 그러면 단일 주파수의 찢어지는 소리가 나는데, 대체로 듣기 괴롭다(음악 장르나 취향에 따라서는 다르게 받아들일 수도 있겠지만). 정확히 **언제** 이런 일이 발생하는지 생각해 보자. 똑같은 기타를 앰프 앞의 똑같은 위치에 놓아도, 초기 소리가 없으면 시스템은 완전한 침묵을 유지한다. 피드백은 아무리 작은 소리라도 어느 정도 소리가 나야 시작한다. 이는 이 기타-앰프 시스템을 1비트의 정보를 저장하는 메모리로 간주할 수 있다는 뜻이다. 기타를 앰프 옆에 아주 조심스럽게 가져가서 아무 소리도 나지 않는 상태는 0에 해당한다. 이 '메모리'에 1을 저장하고 싶으면 기타 줄을 튕기면 된다. 그러면 피드백이 시작되어서 계속 소리가 난다. 이것이 1의 상태. 다시 0으로 바꾸려면 (기타 줄의 진동을 멈춘 후) 앰프를 껐다 켜면 된다.

[그림 6-13]의 회로는 이러한 아이디어를 디지털 논리로 구현한 첫 시도다. 그런데 이에 해당하는 부울 논리식은 [그림 6-12]의 것보다는 덜 역설적인 Q = G OR Q다. (여기서 G는 **기타**$_{guitar}$를 뜻하고, Q는 전통적으로 정지 상태 또는 활동 없음을 나타내는 데 쓰이는 용어인 quiescence에 해당한다.) 잘 살펴보면, G = Q = 0이나 G = Q = 1에 대해서는 이 피드백 회로 전체가 안정적임을 알 수 있을 것이다.

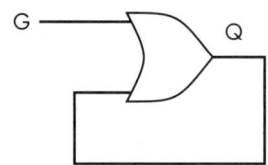

그림 6-13 **기타 비슷한 피드백 회로.**

하지만 여기에는 여전히 시간이나 메모리의 개념이 없다. 부울 논리 자체가 본질적으로 정적(static)이기 때문이다. 시간이나 메모리 개념을 온전하게 반영하려면 부울 논리와 섀넌식 논리 게이트에서 벗어나서, **시간**에 따라 상태가 달라질 수 있는 새로운 종류의 논리 게이트를 고찰해야 한다. 우리에게 필요한 것은 시간에 따라 상태들을 구별할 수 있는 논리인데, **순차 논리**(sequential logic)가 그러한 논리의 하나다. 순차 논리에서는 시간 t에서의 상태와 시간 t 직전에서의 상태가 같지 않다는 것을 $Q_t \neq Q_{t-1}$로 표기할 수 있다. 조지 부울이나 클로드 섀넌에게는 생소한 방식일 것이다. 하지만 이 순차 논리는 그들의 논리를 확장한 것이다. 순차 논리를 이용하면 부울이나 섀넌의 이론으로는 처리할 수 없는 디지털 논리 회로에도 의미를 부여할 수 있다. 예를 들어 [그림 6-12]의 회로를 순차 논리에서 $X_t = \text{NOT } X_{t-1}$에 대응시키면 역설이 사라진다. 마찬가지로 [그림 6-13]은 $Q_t = G \text{ OR } Q_{t-1}$에 대응시킬 수 있다. 후자는 이제 기타 피드백 메모리에 정확히 대응된다. G를 나중에 0으로 낮추어도, Q는 여전히 G에서 복사한 1의 값을 '기억'한다.

그렇다고 이것이 아주 유용한 메모리는 아니다. Q가 한 번 고전압(1 또는 참)으로 설정되면 다시 저전압으로 낮출 방법이 없기 때문이다. 앰프를 껐다 켜는 스위치가 필요한데, [그림 6-14]가 그런 스위치(A)를 추가한 버전이다.

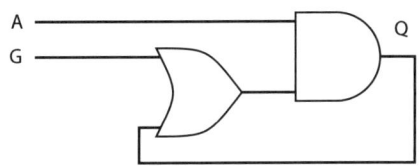

그림 6-14 기타-앰프 비슷한 피드백 회로.

[그림 6-15]는 이 아이디어를 좀 더 일반적인 범용 게이트인 NAND 게이트들로 구현한 것이다. 이 것을 **SR 플립플롭**SR flip-flop이라고 부른다.

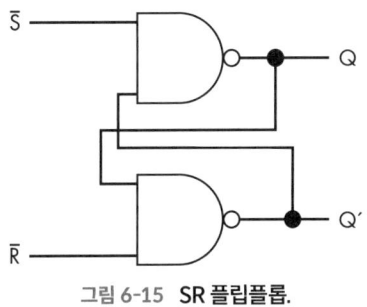

그림 6-15 SR 플립플롭.

여기서 S와 R은 각각 *set*(설정)과 *reset*(재설정 또는 초기화)를 나타낸다. S가 고전압이면 출력 Q는 1로 설정된다. R이 고전압이면 Q는 0으로 재설정된다. (Q'은 이러한 연산의 공짜 부산물로, NOT Q에 해당한다. 이것이 유용한 경우가 있다.)

6.3 클록 논리

순차 논리의 행동을 정확하게 예측하려면, t가 언제 $t+1$로 변경되었는지를 알려주는 이산 신호들을 명확하게 정의할 필요가 있다. 이를 위해 흔히 쓰이는 방법은 제4장에서 설명한, 0과 1 사이에서 일정하게 진동하는 클록 신호를 사용하는 것이다. 회로도에서는 클록 신호를 흔히 *clk*로 표기한다.

일반적으로 클록 신호의 상승 에지(rising edge), 즉 저전압에서 고전압으로 상승하는 변을 t가 1 증가하는 순간으로 간주하는 것이 관례다. 이를 **틱**(tick)이라고 부른다. 클록 신호의 복사본들을 시스템 전체의 여러 지점에 연결하면 틱이 발생할 때마다 시스템 전체가 동시에 갱신된다.

그럼 §6.1 '조합 논리'에서 했던 것처럼 여러 클록 논리(clocked logic) 단순 기계들을 차례로 살펴보자.

6.3.1 클록 플립플롭

대부분의 순차 논리 단순 기계는 간단하게 클록 기반 버전으로 변환할 수 있다. 입력들과 클록 신호를 AND로 결합하는 게이트들을 추가하면 된다. [그림 6-16]은 SR 플립플롭을 그런 식으로 변환한 예다.

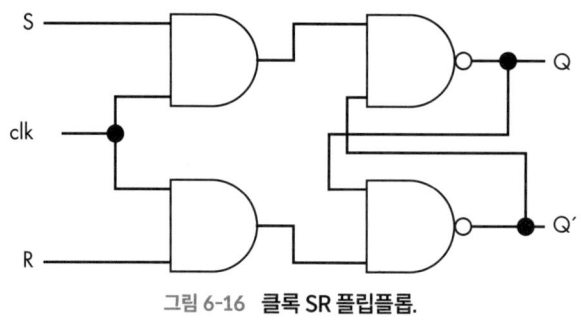

그림 6-16 **클록 SR 플립플롭.**

메모리의 상태를 뒤집는 데에는 S나 R에 대한 고전압 틱 신호 하나로 충분하다. 일단 설정 또는 재설정된 메모리 상태는 이후 S나 R이 또 다른 신호를 받을 때까지 유지된다. 변경은 오직 클록 틱에서만 일어난다. 그 밖의 시간에서는 클록의 AND 게이트 때문에 S나 R의 입력이 무효화되기 때문이다.

단순 기계들의 클록 버전을 표기할 때는 [그림 6-17]에서 보듯이 해당 기호에 클록 입력을 뜻하는 삼각형을 추가한다.

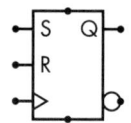

그림 6-17 **클록 SR 플립플롭 기호.**

여러 플립플롭 중 가장 이해하기 쉬운 것이 SR 플립플롭이다. 그래서 플립플롭의 개념을 설명할 때 흔히 SR 플립플롭을 예로 든다. 하지만 SR 플립플롭이 실제 제품에 자주 쓰이지는 않는다. 두 입력(S와 R)이 모두 1일 때의 동작이 명확하게 정의되지 않는다는 단점이 있기 때문이다. 실무에서 널리 쓰이는 것은 SR 플립플롭 설계를 수정해서 이 문제를 해결한 **D형 플립플롭**(D-type flip-flop)이다. SR과는 달리 D형은 처음부터 클록을 염두에 두고 설계되었다.

D형 플립플롭, 간단히 D 플립플롭은 클록 신호 이외에 데이터 입력이 하나뿐이다(D는 *data*를 뜻한다). 클록 주기의 한 시점(이를테면 클록 신호의 상승 에지)에서 이 플립플롭의 D 입력의 데이터를 캡

처한다. 클록 주기의 나머지 시간에서는 그 데이터를 출력 Q로 내보낸다. 이 데이터는 하나의 클록 주기 동안만 유지된다. 데이터를 그보다 오래 지속하려면 $D_{t-1}=Q_t$가 되도록 외부 연결을 추가해야 한다. [그림 6-18]은 D 플립플롭을 구현하는 여러 방법의 하나다.

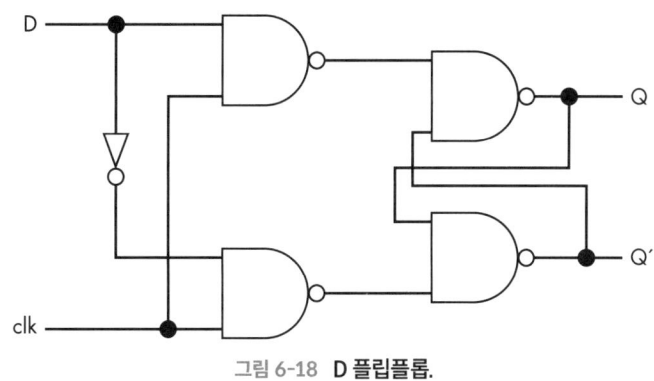

그림 6-18 D 플립플롭.

표준 D 플립플롭의 기호가 [그림 6-19]에 나와 있다.

그림 6-19 D 플립플롭 기호.

다른 여러 클록 단순 기계의 표준 기호처럼 삼각형 표시는 클록 입력이다. 원형 출력은 출력값의 부정(negation)을 뜻한다. 이런 표기 관례는 NAND 게이트나 NOR 게이트의 기호에도 쓰인다.

6.3.2 카운터

카운터counter 혹은 계수기는 파스칼 계산기의 디지털 논리 버전이다. 방금 설명한 D 플립플롭이 각 자리의 숫자를 담는 용도로 쓰인다. 필요한 만큼의 D 플립플롭들을 나란히 배치하되, 각 플립플롭의 출력을 그 자신의 데이터 입력에 연결한다(데이터를 계속 기억하기 위해). 그리고 클록 입력을 **다음** 자리의 플립플롭에 연결한다. 이 신호는 자리올림 역할을 한다. [그림 6-20]의 회로도를 보면 이해가 될 것이다.

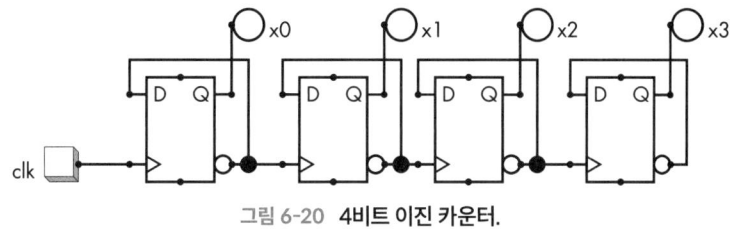

그림 6-20 4비트 이진 카운터.

첫 자리의 입력이 클록 신호라는 점에 주목하자. 이렇게 하면 카운터 전체는 클록 신호가 입력된 횟수를 기억하게 된다. 플립플롭 중 하나의 출력을 뽑아낸다면 출력은 원래의 클록의 주파수보다 2의 멱수(그 플립플롭의 자리에 해당하는) 배로 느린 주파수의 클록 신호가 된다. 즉, 카운터를 클록 분할기(clock divider)로 사용할 수 있는 것이다. 이 기능은 예를 들어 빠른 클록 하나만 있는 기판으로 더 느린 하드웨어를 제어하려 할 때 유용하다.

첫 자리의 플립플롭에 클록 신호 대신 다른 신호를 입력할 수도 있다. 이를테면 사람이 직접 조작하는 스위치의 신호나 디지털 회로의 어떤 사건에 반응하는 신호를 입력할 수 있을 것이다. 그러면 카운터는 해당 사건이 발생한 횟수를 세게 된다.

6.3.3 시퀀서

시퀀서(sequencer)는 특정 시점에서 다른 여러 장치를 활성화하는 장치다. 예를 들어 신호등 시퀀서는 여러 색의 조명을 특정 순서로 켜고 끄는 과정을 반복한다. 시퀀서는 카운터와 디코더로 만들 수 있다. 카운터의 출력을 디코더의 입력으로 사용하기만 하면 된다. [그림 6-21]이 그런 예다.

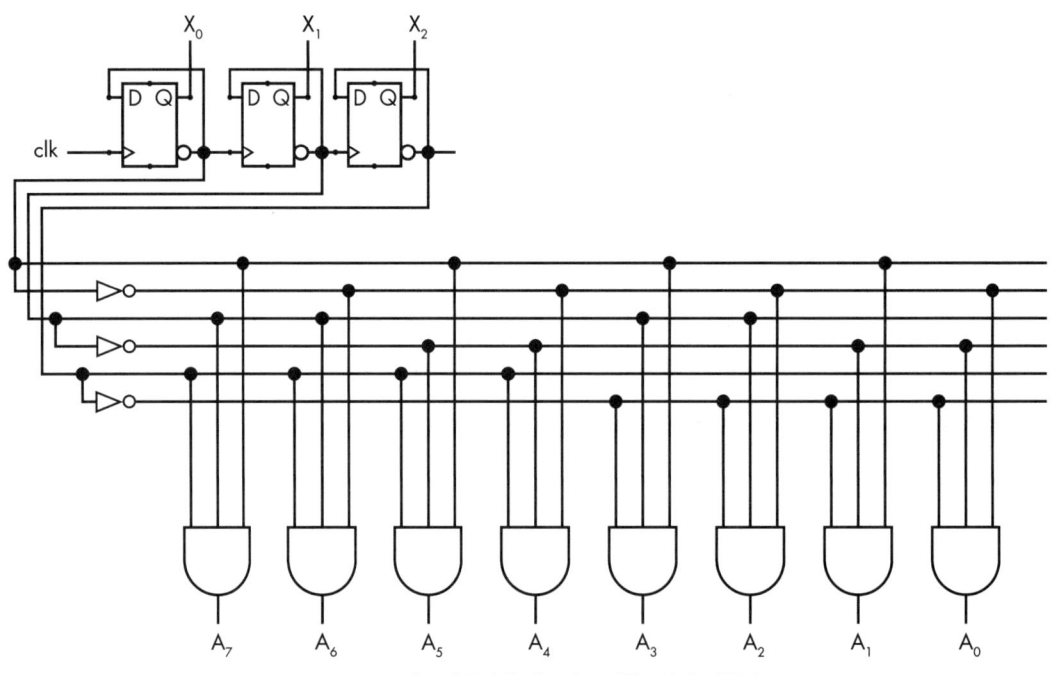

그림 6-21 3비트 카운터와 디코더로 만든 8상태 시퀀서.

6.3.4 RAM(임의 접근 메모리)

RAM, 즉 **임의 접근 메모리**(random-access memory)는 다수의 주소로 구성된 메모리다. 각 주소 혹은 장소는 일정 개수의 데이터 비트들을 담는다. 한 주소에 담긴 데이터 비트 묶음을 **워드**(word)라고 부른다. RAM은 어떤 주소라도 직접 해당 워드에 접근할 수 있으며, 모든 주소는 그 접근 시간이 동일하다는 것이 특징이다. 배비지의 해석기관에도 RAM이 있다. 그럼 해석기관의 기계식 RAM과 사실상 동일한 구조의 디지털 논리를 만드는 방법을 살펴보자.

기본적인 설계에서 RAM의 인터페이스에 있는 도선들은 크게 세 부류로 나뉜다. 첫째로, N개의 주소선(address line)이 있다. 이들은 2^N개의 주소 중 접근하고자 하는 하나의 주소를 지정하는 데 쓰인다. 각 주소에는 길이(비트수)가 M인 워드가 있다. 따라서 둘째 부류는 지정된 주소의 워드를 읽고 쓰기 위한 M개의 데이터선(data wire)이다. 마지막 부류는 제어선(control wire)인데, 딱 하나다. 제어선은 지정된 주소의 워드를 읽을 것인지 쓸 것인지를 결정한다.

[그림 6-22]는 $N=2$, $M=2$인 (장난감 크기의) RAM이다. A0과 A1은 주소선이고 D0과 D1은 데이터선이다.

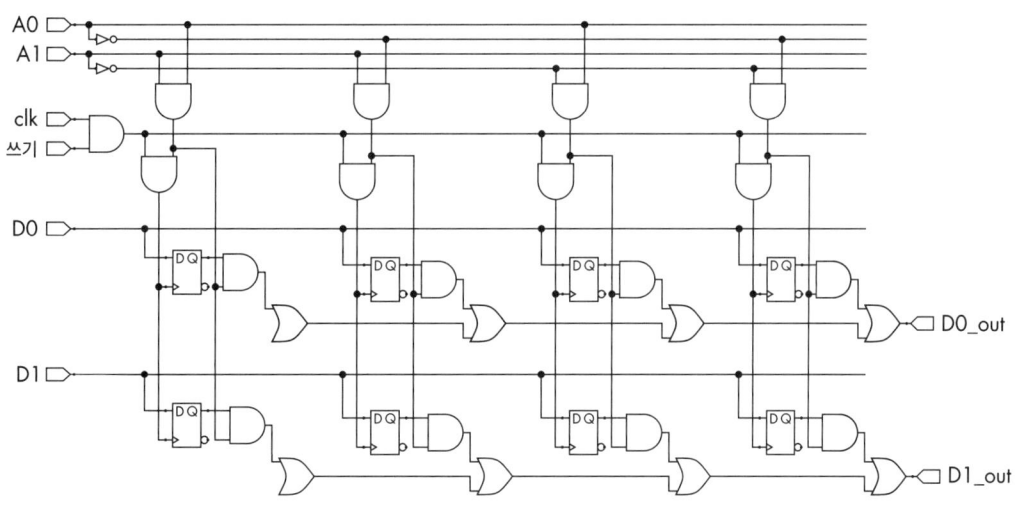

그림 6-22 주소의 워드를 플립플롭들로 구현한 간단한 RAM. 2비트 워드들의 2비트 주소 공간을 갖춘 장난감 크기의 RAM이다.

이 RAM은 총 $2^2=4$개의 주소에 각각 2비트 워드를 담는다. 각 워드의 각 비트는 하나의 D 플립플롭에 저장된다. 주소선들로 특정 주소를 선택하는 기능은 디코더가 담당한다.

> ### 하드웨어 서술 언어(HDL)
>
> 이 책에서 주되게 소개하는 도구들은 LogiSim처럼 시뮬레이션을 위한 도구다. 하지만 대규모 아키텍처를 설계하고 구현할 때 주로 쓰이는 것은 netlists, Verilog, Chisel 같은 텍스트 기반 언어들의 스택이다. LogiSim을 최대한 활용하고 싶은 독자나 프로젝트에서 좀 더 크고 복잡한 아키텍처 설계를 탐색하고자 하는 독자를 위해, 관련 파일 형식들을 간단하게나마 소개하겠다.
>
> **마스크 파일**
>
> 마스크 파일(mask file)은 가장 낮은 수준의 칩 서술(description)이다. 마스크 파일은 트랜지스터나 도선 같은 기본 구성요소들의 물리적 위치와 크기, 모양 등을 담고 있다. 이런 정보는 칩 제조에 필요한 마스크를 만드는 데 쓰인다.
>
> **netlist 파일**
>
> netlist 파일은 물리적 부품들과 도선들의 연결 방식을 서술한다. 단, 물리적 배선이 아니라 추상적인 연결 관계 위주의 서술이다. netlist 파일을 배치 엔진(layout engine) 프로그램에 입력하면 해당 연결 관계를 **배치하고 라우팅한** 결과인 마스크 파일이 출력된다. (이 변환 작업은 NP-난해 문제에 속한다. 그래서 레이아웃 프로그램들은 복잡한 발견법적(heuristic) 기법을 이용해서 적당한 답을 구한다. 그런 기법들은 최근까지 영업비밀로 엄격히 보호되었다.)
>
> **Verilog 파일과 VHDL 파일**
>
> *Verilog*와 *VHDL*은 전기·전자 시스템의 설계를 위한 텍스트 기반 하드웨어 서술 언어(hardware description language, HDL)들이다. 가장 기본적인 형태에서, 이 언어들은 여러 전자 부품을 인스턴스화하고 연결하는 기능을 제공한다. 그런 면에서는 LogiSim과 비슷하다. 하지만 이들은 GUI가 아니라, 소프트웨어 프로그래밍 언어와 비슷한 문법을 따르는 텍스트 형식의 소스 코드에 기반한다. 단, 이 언어들은 C 같은 명령형(imperative) 언어가 아니라 선언형(declarative) 언어다. 기본적으로 이 언어들은 정적 객체들과 그 객체들 사이의 관계를 서술하는 데 중점을 둔다. 즉, 이런 언어의 파일들은 뭔가를 **수행**하는 명령들을 나열한 것이 아니라 사실관계들을 나열하고 **선언**한 것이다. 이 특징 때문에 이런 파일들의 구조는 XML이나 데이터베이스와 좀 더 비슷하다. 예를 들어 다음은 전가산기를 서술하는 Verilog의 한 모듈이다.
>
> ```
> module FullAdder( input io_a,
>                   input io_b,
>                   input io_cin,
>                   output io_sum,
>                   output io_cout
>                 );
>
>   assign io_sum = io_a ^ io_b ^ io_cin;
>   assign io_cout = io_a & io_b | io_a & io_cin | io_b & io_cin;
> endmodule
> ```
>
> Verilog 파일이나 VHDL 파일을 컴파일러에 입력하면 netlist 파일이 나온다. 이러한 컴파일 과정을 **합성**(synthesis)이라고 부른다. 컴파일 결과 파일에 표현된 디지털 논리가 논리 게이트들로부터 합성된 것이기 때문

이다. Verilog나 VHDL 하드웨어 서술 파일을 실제 하드웨어를 제조하지 않고 시험하기 위한 소프트웨어 시뮬레이터들도 있다.

디지털 논리를 설계할 때 이런 Verilog 파일이나 VHDL 파일을 손수 작성하는 설계자도 여전히 남아 있지만, 요즘은 LogiSim이나 다음에 설명한 Chisel 같은 고수준 도구로 설계도를 만들고 그것을 Verilog나 VHDL 파일로 컴파일하는 경우가 많다. Verilog는 또한 C 비슷한 명령식 프로그래밍을 어느 정도 가능하게 하는 고수준 언어 구성요소들도 제공한다. 이들은 저수준 디지털 논리 구조로 컴파일된다. LogiSim Evolution에는 설계도를 Verilog 형식이나 VHDL 형식으로 내보내는 기능이 있으므로, 실제 칩을 제조하려면 LogiSim에서 내보낸 파일을 다시 netlist 파일로 컴파일해서 사용하면 된다.

Chisel

Chisel(치즐)[2]은 일반적인 아키텍처 설계용으로 개발된 고수준 하드웨어 서술 언어다. Chisel은 하드웨어의 유형('클래스')을 객체 지향 방식으로 서술한다. 예를 들어 다음은 모든 전가산기를 대표하는 `FullAdder` 클래스다. 다른 여러 객체 지향 프로그래밍 언어와 비슷하게, 이런 클래스를 추상화하고 상속해서 구체적인 가산기를 정의할 수 있다.

```
class FullAdder extends Module {
  val io = IO(new Bundle {
    val a = Input(UInt(2.W))
    val b = Input(UInt(2.W))
    val cin = Input(UInt(2.W))
    val sum = Output(UInt(2.W))
    val cout = Output(UInt(2.W))
  })
  // 합을 생성한다
  val a_xor_b = io.a ^ io.b
  io.sum := a_xor_b ^ io.cin
  // 자리올림을 생성한다
  val a_and_b = io.a & io.b
  val b_and_cin = io.b & io.cin
  val a_and_cin = io.a & io.cin
  io.cout := a_and_b | b_and_cin | a_and_cin
}
```

Chisel의 클래스에 입력선과 출력선의 개수에 대한 매개변수를 둘 수도 있다. 예를 들어 루프로 여러 개의 전가산기를 생성해서 하나의 리플캐리 가산기를 만든다고 할 때, 전가산기 개수 N을 리플캐리 가산기 클래스의 매개변수로 두면 설계가 좀 더 유연해진다.

Chisel은 하드웨어 서술 언어이지만 고수준 소프트웨어 프로그래밍 언어인 Scala와 아주 비슷하다. 그리고 Scala 자체는 람다 계산법(lambda calculus)과 함수형 프로그래밍, 그리고 자바(Java)에 큰 영향을 받았다. 일반적으로 그런 종류의 프로그래밍 언어들은 하드웨어 설계와는 무관하다. 하지만 Chisel은 그런 언어를 도입한 덕분에, 설계자가 예전에 Verilog 등으로 하드웨어를 설계할 때보다 훨씬 높은 수준에서 작업할 수 있다. Chisel로 작업하기 전에 Scala를 본격적으로 배우는 것이 도움이 될 것이다.

---

2 〔옮긴이〕 참고로 영어 단어 chisel은 조각이나 석공 작업에서 돌을 쪼아 깎아내거나 구멍을 내는 데 쓰이는 연장인 '정'을 뜻한다.

이번 장 요약

간단한 기능만 수행하는 논리 게이트들을 조합하면 더 복잡한 기능을 수행하는 네트워크를 만들 수 있다. 단순 기계는 아키텍처들에서 반복해서 나타나는, 잘 알려진 유형의 디지털 논리다. 자리이동 장치, 인코더, 멀티플렉서, 가산기 같은 조합 논리 단순 기계들은 섀넌의 독창적인 이론을 사용한다. 단, 이들은 피드백이나 시간 개념이 없어서 용도가 제한적이다. 피드백과 클록을 허용해서 만든 것이 순차 논리 단순 기계와 클록 기반 단순 기계들이다. 이런 단순 기계들은 데이터를 기억할 수 있다. 즉, 시간이 흘러도 사라지지 않도록 메모리에 데이터를 저장하는 것이 가능하다. 플립플롭은 1비트의 데이터를 메모리에 저장하는 단순 기계다. 플립플롭 여러 개로 카운터나 시퀀서, RAM을 만들 수 있다.

다음 장에서는 이번 장에서 배운 여러 단순 기계를 조립해서 디지털 논리 CPU를 만드는 방법을 살펴본다.

실습과제

LogiSim Evolution에서 단순 기계 만들기

아래 실습과제들을 수행할 때 한 가지 염두에 둘 것은 LogiSim에서 부분 회로(subcircuit)들의 계층구조를 만들 수 있다는 점이다. 예를 들어 논리 게이트들로 만든 자리이동 회로를 하나의 부분 회로로 등록해서 더 고수준의 회로를 만드는 부품으로 사용할 수 있다. 부분 회로는 LogiSim 화면에서 + 버튼을 클릭해서 등록할 수 있다. 그것을 하나의 부품으로 사용하는 것은 간단하다. 주 회로 화면에서 그냥 다른 구성요소들과 같은 방식으로 사용하면 된다. 추가로, 핀pin을 이용하면 부분 회로의 입력이나 출력을 주 회로의 외부 인터페이스에 표시되게 할 수 있다.

1. 이번 장에 나온 왼쪽 자리이동 장치(그림 6-3)와 디코더(그림 6-4), 멀티플렉서(그림 6-5)를 작성하라.
2. 오른쪽 자리이동 장치, 인코더, 디멀티플렉서를 설계하고 작성하라. 이 회로들은 각각 왼쪽 자리이동, 디코더, 멀티플렉서와 반대로 작동한다.
3. 8비트 리플캐리 가산기를 만들어서 시험해 보라. 2의 보수 표현을 이용해서 덧셈과 뺄셈을 수행해 보라.
4. 클록 없는 SR 플립플롭과 클록 있는 SR 플립플롭, 그리고 D 플립플롭을 만들어서 시험해 보라.

5. 클록 신호를 입력으로 하는 카운터를 만들어서 시험해 보라.
6. 2비트 카운터와 디코더를 이용해서 교통신호등을 작성하라. 신호등의 빨간불, 노란불(주황불), 파란불을 영국 표준 순서대로 점멸해 볼 것. 영국 표준 순서는 (1) 빨간불(정지), (2) 빨간불과 노란불(주행 준비), (3) 파란불(주행), (4) 노란불(정지 준비)이다. 이것은 CPU의 제어 장치가 하는 일과 대략 비슷하다.

LogiSim 내장 모듈 활용

LogiSim에는 다양한 단순 기계를 위한 모듈들이 미리 만들어져 있다. 예를 들어 LogiSim 주 화면 왼쪽 트리에서 Memory 항목을 열면 내장 RAM 모듈을 찾을 수 있을 것이다. [그림 6-23]은 그 모듈로 만든 간단한 회로다.

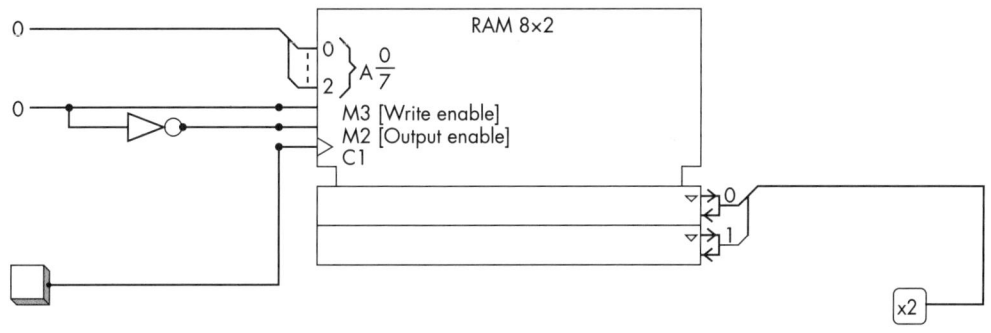

그림 6-23　**8비트 주소/2비트 워드 RAM.**

이 버전은 입력 제어선이 두 개인데, 하나는 쓰기 연산을 활성화하고(그림의 'Write enable') 다른 하나는 읽기 연산을 활성화한다(그림의 'Output enable'). 그림의 NOT 게이트는 제어선 하나로 두 제어선을 함께 제어하기 위한 것이다.

1. 앞의 실습과제에서 만든 단순 기계들에 해당하는 LogiSim의 내장 모듈들을 찾아서 비교해 보라. 여러분이 만든 단순 기계와 동일한 결과를 산출하는지 확인할 것.
2. [그림 6-23]에 나온 RAM 모듈을 주 회로에 추가해서 시험해 보라. RAM의 워드 비트수와 주소 비트수를 조정해 볼 것. RAM의 내용을 직접 수정할 수도 있다. RAM 모듈을 오른쪽 클릭해서 Edit Contents…를 선택하면 내장 16진 편집기가 뜬다. 왼쪽 트리의 Wiring 항목에 있는 Splitter를 이용해서 데이터와 주소를 위한 도선들을 하나로 묶거나 풀 수 있다. 출력을 시각화하는 데에는 프로브(Wiring - Probe 선택)나 LED(Input/Output - LED 선택) 같은 부품이 유용하다. 입력으로는 상수(Wiring - Constant), DIP 스위치(Input/Output - DIP switch), 핀(Wiring - Pin)을 사용할 수 있다.

도전과제

1. LogiSim에서 자연수 곱셈 회로를 설계하고 작성하라. 학교에서 배운 자연수 곱셈 방법을 이진수로 구현한다고 생각하면 어렵지 않을 것이다. 자리이동 장치들을 이용해서 두 수 중 하나에 서로 다른 모든 2의 멱수를 곱하고, 가산기들을 이용해서 다른 수에 존재하는 해당 2의 멱수를 더하는 식으로 나아가면 된다. 관련 멱수들의 활성화/비활성화는 AND 게이트로 처리한다. 아키텍처 설계에서 흔히 마주치는 딜레마이지만, 필요한 구성요소를 여러 개 복사해서 사용할지 아니면 구성요소 하나를 타이밍 논리를 이용해서 여러 번 실행할지 선택해야 할 것이다.

2. 음의 정수도 곱할 수 있도록 곱셈 회로를 확장하라. 음수는 2의 보수 표현을 사용할 것.

심화 도전과제

LogiSim에서 8비트 자리이동수 저장 가산기를 설계하고 작성하라. 리플캐리 가산기보다 어느 정도나 효율적인가?

더 읽을거리

LogiSim의 상세한 사용법과 고급 기능을 담은 매뉴얼: George Self, *LogiSim Evolution Lab Manual* (2019년 6월), https://www.icochise.com/docs/logisim.pdf.

CHAPTER 7

디지털 CPU 설계

이전 장들에서 우리는 디지털 전자 컴퓨터의 부품들을, 작고 간단한 것에서 크고 복잡한 것으로 수준을 높이면서 만들어 나갔다. 트랜지스터들을 조합해서 논리 게이트를 만들고, 논리 게이트들을 조합해서 가산기나 디코더 같은 단순 기계들을 만들었다. 이제 이 모든 것을 최상위 수준에서 조합해서 디지털 전자 CPU를 만들 준비가 되었다. 얼마 전까지만 해도 디지털 전자 컴퓨터의 심장은 CPU였다.[1]

이번 장의 목적은 디지털 전자 CPU에 대한 여러분의 두려움을 날려버리는 것이다. 현대적인 CPU는 아마도 인류가 알고 있는 두 번째로 복잡한 장치일 것이다(첫 번째는 인간의 뇌). 마음의 준비 없이 현미경으로 CPU 회로를 들여다본다면, 복잡한 배선 때문에 정신을 잃을 수도 있다. 최신 기계로 바로 시작하는 것은 바람직하지 않다. 자전거에서 시작해서 낡은 중고차를 몰면서 운전에 익숙해진 후 최신식 차를 모는 것과 비슷하게, 간단한 CPU에서 시작해서 좀 더 복잡한 것으로 나아가는 것이 바람직하다. 이번 장에서는 최초이자 가장 단순한 디지털 전자 CPU 시스템의 하나인 맨체스터 베이비(§1.5.4 참고)를 예로 들어서 CPU의 기초를 설명한다. 최신 CPU는 이보다 훨씬

---

1 [옮긴이] 최근 LLM(거대 언어 모델)의 학습 및 응용과 관련해서 CPU보다 더 주목받고 있는 GPU를 제15장에서 살펴볼 것이다.

복잡하며, 이번 장에서 다루는 설계 원칙의 일부 또는 전부를 위반하거나 변형해서 적용하기도 한다. 그렇지만 최신 CPU들도 여전히 맨체스터 베이비에서 볼 수 있는 고전적인 아이디어를 기반으로 한다. 그런 원리들이 맨체스터 베이비 같은 역사적인 기계에서 어떤 식으로 적용되는지 살펴보면 CPU의 기본 사항을 이해하는 데 도움이 될 것이다.

CPU의 기본 구조는 배비지의 해석기관을 설명하면서 이미 살펴보았다. 여기서는 그러한 전반적인 설계의 디지털 전자 구현에 초점을 둔다. 배비지의 해석기관에 대한 논의에서처럼 맨체스터 베이비(이하 간단히 베이비)의 실제 세부사항과 역사는 다소 느슨하고 간단하게만 다룬다. 그보다는, 디지털 CPU의 전반적인 특징을 파악하는 데 중점을 두겠다. 원래 베이비는 트랜지스터가 아니라 진공관으로 제작된 디지털 전자장치다. 오늘날 우리가 해당 기능을 재구현하는 데 사용하는 것과는 구조가 다르다. 그렇긴 하지만, 이전 장들에서 살펴본 단순 기계들로 현대화된 베이비를 구현하는 것이 가능하고 의미 있다. 이번 장에서는 실제로 프로그램을 실행할 수 있는 현대화된 베이비 구현을 LogiSim을 이용해서 만들어본다. 그전에, 설계자가 아니라 사용자로서 베이비를 프로그래밍해서 활용하려면 무엇이 필요한지부터 살펴보자.

7.1 베이비의 프로그래머 인터페이스

배비지의 해석기관과는 달리 베이비는 폰 노이만 아키텍처, 즉, 베이비에서는 실행할 명령들과 데이터가 동일한 RAM 공간에 저장된다. 따라서 한 프로그램의 행(line)들은 모두 RAM에 복사된다. 각 행에는 번호가 있다. 그리고 베이비에서 각 행의 명령은 해당 행 번호와 동일한 RAM 주소에 저장된다. 즉, 행 번호가 곧 RAM 주소다. 해석기관처럼 베이비에서도 프로그램은 이진 **기계어 코드**들로 구성되는데, 기계어 코드는 명령어 집합을 이루는 일련의 명령어에 대응된다.

다음은 베이비의 명령어 집합 전체다. 각 명령어를 이후의 절들에서 좀 더 자세히 논의할 것이다.

- HLT: 베이비의 실행을 멈추고 정지 램프를 켠다.
- LDN: 지정된 주소에 있는 정수의 음수(부호를 뒤집은 수)를 CPU에 적재한다.
- STO: CPU의 마지막 결과를 지정된 주소에 저장한다.
- SUB: 지정된 주소의 내용을 마지막 결과에서 뺀다.
- JMP: 지정된 주소에 담긴 행 번호로 점프한다.
- JRP: 지정된 주소에 담긴 수만큼의 행들을 앞으로 건너뛴다.

SKN: 마지막 결과가 0보다 작으면 다음 명령을 건너뛴다.

NOTE LDN은 'load negated'의 약자다. 이 명령어는 지정된 주소에서 읽은 데이터의 모든 비트를 뒤집은 값을 CPU에 적재한다.[2] 베이비의 설계자들도 주소에 저장된 데이터를 그대로 적재하는 명령어를 원했다. 대부분의 현대적 컴퓨터는 물론이고 해석기관도 그런 방식이었다. 하지만 베이비 제작 당시의 기술 한계 때문에 이런 '부정 적재' 명령어를 만들 수밖에 없었다. 이 명령어는 베이비 프로그래밍의 문제 해결 방식에 독특한 개성을 부여하는 유명한 괴벽(quirk)이다.

7.1.1 정지

HLT 명령어는 기계를 정지(halting)시킨다. 그러면 기계는 더 이상 아무 명령도 실행하지 않는다. 대신, 기계가 멈추었음을 뜻하는 정지등을 켠다. 정지등을 본 사용자는 작업이 끝났음을 알아채고 결과를 확인한다. 다음은 이 명령어 하나로 된, 가장 간단한 베이비 프로그램이다.

```
01: HLT
```

명령어 왼쪽의 행 번호 01은 그 명령어가 저장된 RAM 주소이기도 하다. 이 프로그램이 베이비의 RAM에 적재되면, RAM의 주소 1에 HLT 명령어의 이진 기계어 코드가 들어간다. 프로그램은 반드시 RAM에 적재한 다음에야 실행할 수 있다. 그리고 베이비는 항상 주소 1부터 실행을 시작한다(주소 0이 아닌 것은, CPU의 인출(fetch) 연산 직전에 프로그램 카운터가 1 증가하기 때문이다). 프로그램이 실행되면 주소 1의 HLT에 의해 베이비가 정지한다.

7.1.2 상수

NUM이 있는 행은 실제 실행 명령이 아니다. 프로그램을 RAM에 적재할 때 해당 주소에 **데이터**를 저장하라는 지시문일 뿐이다. 예를 들어 다음 프로그램을 생각해 보자.

```
01: HLT
02: NUM 10
03: NUM 5
04: NUM 0
```

이 프로그램이 RAM에 적재되면 HLT 명령어의 이진 코드가 주소 1에 저장될 뿐만 아니라, 상수(constant) 10, 5, 0이 각각 주소 2, 3, 4에 저장된다.

---

2 [옮긴이] https://en.wikipedia.org/wiki/Manchester_Baby에 따르면 맨체스터 베이비는 요즘 컴퓨터들처럼 음수를 2의 보수(§2.3.2)로 표현했다. 따라서 실제로는 모든 비트를 뒤집은 후 1을 더했을 것이다.

이 프로그램을 시작하면 제일 먼저 행 1의 `HLT` 명령이 실행되므로 베이비가 즉시 정지한다. 행 1의 `HLT` 명령은 매우 중요하다. CPU는 그저 주소 1부터 순서대로 명령들을 읽어서 실행할 뿐이다. 그런데 이 프로그램에서 주소 2, 3, 4에 담긴 값은 명령어 이진 코드가 아니라 데이터일 뿐이다. 행 1의 `HLT` 명령은 CPU가 주소 2로 넘어가지 못하게 함으로써 CPU가 데이터를 명령어로 잘못 취급하는 문제를 방지한다.

이처럼 하나의 프로그램에서 명령들과 데이터를 함께 서술하고 둘을 RAM에 함께 담는 방식은 폰 노이만 아키텍처의 가장 큰 특징이다. 폰 노이만 컴퓨터를 프로그래밍할 때는 CPU가 실제로 명령이 있는 행들만 실행하고 데이터만 있는 행들은 실행하지 않게 만드는 것이 매우 중요하다. 데이터를 마치 프로그램의 일부인 것처럼 실행하게 만드는 코드를 작성하는 것은 프로그래밍 실수, 즉 '버그'다.

> **NOTE** CPU가 데이터를 명령어로 간주해서 그대로 실행하면, 그 결과는 예측할 수 없다. 컴퓨터가 위험한 행동을 할 수도 있다. 이런 '데이터 실행'이 보안 공격 기법의 하나로 즐겨 쓰이는 것은 바로 이 때문이다. 여러분이 다른 누군가의 프로그램에 침입해서 그 프로그램이 여러분 자신의 코드를 실행하게 하고 싶다면, 해당 프로그램이 사용하는 데이터에 여러분의 코드를 포함시키고 어떻게든 프로그램이 그 데이터를 코드로서 실행하도록 유도하면 된다.

7.1.3 적재와 저장

앞의 예제에 나온 상수들이 직접 CPU에 들어가지는 않는다. 프로그램의 코드 전체가 RAM에 행 번호와 주소가 일대일로 대응되는 방식으로 적재될 뿐이다. 그리고 그러한 프로그램 적재(load) 작업은 CPU가 프로그램을 실행하기 전에, CPU와는 무관한 다른 어떤 메커니즘이 수행한다. RAM에 있는 데이터를 실제로 계산에 사용하려면 데이터를 RAM에서 CPU로 복사하는 적재 명령과 CPU에서 RAM으로 복사하는 저장 명령이 필요하다.

예를 들어 다음은 주소 20에 있는 수의 음수를 적재하고 그 복사본을 주소 21에 저장하는 베이비 프로그램이다.

```
01: LDN 20
02: STO 21
03: HLT
20: NUM -10
21: NUM 0
```

이 예에서, 프로그램 적재 과정에서 주소 20에 저장되는 수는 -10이다. 하지만 프로그램의 첫 명령에 의해 CPU에 적재되는 수는 부호가 반대인 +10이다. 이는 베이비의 적재 명령 `LDN`이 자동으로 값의 부호를 뒤집기 때문이다. 그다음 명령은 이 +10을 주소 21에 저장한다. 그러면 그곳에 원래 있던 0은 사라진다. 그런 다음 프로그램은 주소 3의 `HLT`에서 멈춘다. 실행 명령들을 주소 01~03에 넣고 데이터는 그 이후의 주소들에 배치한 덕분에, 데이터가 명령으로서 잘못 실행되는 일이 없다.

7.1.4 산술

베이비의 산술 명령어는 뺄셈을 위한 `SUB` 하나뿐이다. 이 명령어는 파스칼 계산기와 비슷하게 작동한다. 먼저 적재 명령어로 값을 CPU에 적재하고, `SUB` 명령어를 이용해서 그 값에서 다른 값을 뺀다. 예를 들어 다음은 10−3=7을 계산하는 프로그램이다.

```
01: LDN 20
02: SUB 21
03: STO 22
04: LDN 22
05: HLT
20: NUM -10
21: NUM 3
22: NUM 0
```

처음에 프로그램 전체가 메모리에 적재될 때, 행 20과 21에 의해 주소 20과 21에 각각 정수 -10과 3이 저장된다. 행 01은 주소 20에 있는 정수의 음수를 CPU에 적재한다. 행 02는 거기서 주소 21의 정수를 뺀다. 행 03은 그 뺄셈 결과를 주소 22에 저장한다. 그 주소에 들어있던 0은 사라진다.

7.1.5 점프

`JMP` 명령은 주어진 주소에 저장된 수에 1을 더한 주소로 프로그램을 점프하게 만든다. 이처럼 메모리에 담긴 값을 점프 대상 주소 계산에 사용하는 방식을 **간접 점프**(indirect jump)라고 부른다. 반대로 점프 대상 주소를 명령의 일부로 직접 명시하는 방식은 **직접 점프**(direct jump)인데, 베이비에는 직접 점프 명령어가 없다. 다음은 간접 점프 명령어 `JMP`를 이용하는 베이비 프로그램이다.

```
01: LDN 20
02: SUB 21
03: SUB 22
04: STO 20
05: JMP 23
06: HLT
```

```
20: NUM 0
21: NUM 0
22: NUM -1
23: NUM 0
```

행 05의 JMP 23 명령에 의해 프로그램은 행 01로 간다. 주소 23에는 정수 0이 들어있으며, 0에 1을 더하면 1이기 때문이다. 이 JMP 명령 때문에 프로그램은 무한 루프에 빠져서 영원히 실행된다.

7.1.6 분기

베이비에서 분기(branching)는 SKN 명령어(다음 행을 건너뛰라는 뜻의 'skip next'를 줄인 것이다)로 수행한다. 이 명령어는 인수(피연산자)가 없다. SKN은 현재 결과(마지막 연산의 결과)가 음수인지 판정한다. 음수이면 다음 명령을 건너뛰고 그다음 명령으로 간다. 일반적으로 SKN 명령 다음 행에는 JMP 명령을 둔다. 그러한 조합은 고수준 언어의 `if` 문과 비슷하게 작동한다. 만일 결과가 음수이면 SKN에 의해 JMP를 건너뛰고 그다음 명령에서 실행이 재개된다. 하지만 결과가 양수이면 JMP가 작동해서, 프로그램의 다른 어떤 곳에 있는 명령들이 실행된다. 다음 베이비 프로그램을 생각해 보자.

```
01: LDN 20
02: STO 23
03: SKN
04: JMP 21
05: LDN 22
06: SUB 23
07: STO 23
08: HLT
20: NUM -10
21: NUM 6
22: NUM 0
23: NUM 0
```

이 프로그램은 주소 20에서 적재한 정수의 절댓값을 계산해서 주소 23에 적재한다. 예를 들어 입력이 −10이나 10이면 출력은 10이다. 즉, 음의 부호가 제거된다. 행 03과 04가 SKN-JMP 쌍이다.

7.2 어셈블러

지금까지 살펴본 베이비용 프로그램들은(그리고 이전에 살펴본 해석기관용 프로그램들도) 사람이 읽을 수 있는 ASCII 문자들로 작성되었다. 특히, 'load negated'를 줄인 LDN 같은 니모닉$_{mnemonic}$과 십진수 또는 16진수를 모두 ASCII 문자들로 표기했다. 이런 표기법은 소위 **어셈블리 언어**(assembly language), 줄여서 **어셈블리**에서 흔히 볼 수 있는 것이다. CPU가 이런 문자들을 이해하지는 못한다. CPU에는 이런 문자들을 이진수로 부호화(인코딩)한 **기계어 코드**(machine code)를 주어야 한다.

해석기관의 경우, 기계어 코드는 천공 카드에 뚫린 구멍들로 표현된다. 사람 프로그래머는 사람이 읽을 수 있는 니모닉들을 일일이 이진수로 '번역(translation)'해서 카드에 구멍을 뚫어야 했다. 그와 비슷하게, 베이비 같은 폰 노이만 컴퓨터에서는 프로그램을 이진 기계어 코드로 변환한 후 RAM에 넣어야 비로소 CPU가 프로그램을 실행할 수 있다. 원래의 베이비 프로그래머들은 연필을 이용해서 기계어 코드를 직접 작성한 후, 전자 스위치 시스템을 이용해서 그것을 RAM에 복사하고 CPU를 작동시켰다.

오늘날 우리가 베이비의 최신 구현(또는 다른 어떤 현대적 컴퓨터)을 어셈블리로 프로그래밍하는 경우에는 굳이 수동으로 코드를 변환할 필요가 없다. **어셈블러**assembler라고 하는 프로그램이 그런 과정을 자동화해 준다. 사람이 읽을 수 있는 어셈블리 프로그램을 어셈블러에 입력하면 기계어 코드를 담은 파일이 만들어진다. 기계어 코드에 해당하는 0들과 1들로 구성된 그 파일을 실행 가능한(executable) 파일, 줄여서 **실행 파일**이라고 부른다. 이 파일의 내용은 RAM에 복사하면 CPU가 직접 실행할 수 있는 형태다. 그런데 하나의 대상 아키텍처에 사용할 수 있는 어셈블리 언어가 반드시 한 종류인 것은 아니다. 예를 들어 명령어를 표현하는 니모닉들이 서로 다른 어셈블리 언어들이 있을 수 있다(실제로 베이비의 다른 구현들은 이 책에 나오는 것과는 다른 어셈블리를 사용한다).

베이비의 기계어 코드는 명령어 하나가 32비트 워드다. 기계어 코드의 하위(오른쪽) 13비트를 **피연산자**(operand)라고 부른다. 피연산자는 명령어가 사용하는 수치 값을 부호화한 것이다(SKN처럼 피연산자가 없는 명령어의 경우 이 비트들은 그냥 무시된다). 그다음 세 비트는 **옵코드**(opcode) 혹은 연산 코드라고 부르는데, 명령어의 종류를 나타낸다. 이 옵코드들은 어셈블리 니모닉들과 일대일로 대응되므로 어셈블러가 간단히 번역할 수 있다. [표 7-1]은 맨체스터 베이비의 옵코드와 해당 니모닉이다.[3] 나머지 16비트는 무시된다.

---

[3] (옮긴이) 참고로 SUB의 옵코드가 두 가지인 것은 LDN과 비슷하게 제작 기술 및 비용상의 문제 때문이라고 알려져 있다.

표 7-1 맨체스터 베이비의 옵코드들.

옵코드	니모닉
0	JMP
1	JRP
2	LDN
3	STO
4	SUB
5	SUB
6	SKN
7	HLT

다음은 파이썬으로 작성한 베이비용 어셈블러 프로그램이다. 파이썬을 아는 독자라면 바로 알아채겠지만, 이 어셈블러는 사전(dictionary) 객체를 이용해서 명령어를 옵코드로 변환한다. 그 밖에 16진수, 십진수, 이진수를 상호 변환하는 부분에도 파이썬의 여러 기법이 쓰였다.

```
import re
f = open("TuringLongDivision.asm")
for_logisim = False #True로 바꾸면 LogiSim RAM을 위한 16진수가 출력됨
dct_inst = dict()
dct_inst['JMP'] = 0
dct_inst['JRP'] = 1
dct_inst['LDN'] = 2
dct_inst['STO'] = 3
dct_inst['SUB'] = 4
dct_inst['SKN'] = 6
dct_inst['HLT'] = 7
loc = 0
if for_logisim:
  print("v2.0 raw")    #LogiSim RAM 이미지 형식을 위한 헤더
def sext(num, width):
   if num < 0:
       return bin((1 << (width + 1)) + num)[3:]
   return bin(num)[2:].zfill(width)
def out(binary):
  if for_logisim:
    print(hex(int(binary,2))[2:].zfill(8))
  else:
    print(binary[::-1]) #비트 0을 왼쪽에 표시하는 것이 베이비의 관례임
for line in f:
   asm = re.split('\s*--\s*', line.strip())[0]
   parts = asm.split()
```

```
        thisloc = int(parts[0][:-1])
        if parts[1] == 'NUM':        #데이터 행
            code2 = sext(int(parts[2], 10), 32)
        else:                        #명령 행
            inst2 = bin(dct_inst[parts[1]]).zfill(3)[2:]
            if len(parts) < 3:
                parts.append('0')
            operand2 = sext(int(parts[2], 10), 13)
            code2 = (inst2 + operand2).zfill(32)
        for addr in range(loc, thisloc):
            out('0'.zfill(32))  #명령이나 데이터가 없는 행은 0으로 채운다
        out(code2)
        loc = thisloc + 1
```

다음은 장제법(long division; 긴 나눗셈)을 수행하는 베이비 프로그램으로,[4] 작성자는 다름 아닌 앨런 튜링 본인이다. 튜링은 맨체스터 대학교에서 베이비를 테스트하고 문서화하는 과정에서 이 프로그램을 작성했다.

```
00: NUM 19   -- 점프 주소
01: LDN 31   -- Accumulator := -A
02: STO 31   -- -A로 저장.
03: LDN 31   -- Accumulator := -(-A), 즉 +A
04: SUB 30   -- B*2^n을 뺀다; Accumulator = A - B*2^n
05: SKN      -- 만일 (A-B*2^n)이 음수이면 다음 행 건너뜀
06: JMP 0    --    그렇지 않으면( A-B*2^n >= 0 ) 행 20으로 점프
07: LDN 31   -- Accumulator := -(-A)
08: STO 31   -- +A를 저장
09: LDN 28   -- Accumulator := -Quotient
10: SUB 28   -- Accumulator := -Quotient - Quotient (배증)
11: STO 28   -- -2*Quotient를 Quotient로 저장 (배증)
12: LDN 31   -- Accumulator := -A
13: SUB 31   -- Accumulator := -A-A (A를 배증)
14: STO 31   -- Store -2*A (배증된 A)
15: LDN 28   -- Accumulator := -Quotient
16: STO 28   -- +Quotient로 저장 (배증된 Quotient를 복원)
17: SKN      -- 만일 Quotient의 최상위 비트가 1이면 다음 행 건너뜀
18: JMP 26   --    그렇지 않으면 행 3으로 점프(반복)
19: HLT      -- 중지한다; Quotient는 행 28에 있다.
20: STO 31   -- 행 6에 의해 A-B*2^n이 A로서 저장된다.
```

---

4 [옮긴이] 참고로 장제법은 우리가 종이와 연필로 흔히 하는 바로 그 나눗셈 방법이다. 주석에서 변수처럼 쓰인 Accumulator, Quotient, Divisor, Dividend는 각각 누산기, 몫, 제수, 피제수를 뜻한다. '배증'의 원문은 up-shift인데, 이것은 §6.1.3에서 말한 왼쪽 자리이동 연산, 즉 2를 곱하는 것을 뜻한다. 맨체스터 베이비는 최상위 비트가 오른쪽이라서 왼쪽 자리이동이라고 하면 안 된다. 그렇다고 오른쪽 자리이동이라고 하면 2로 나누는 것으로 오해할 수 있다.

```
21: LDN 29    -- 루틴 시작 지점. Quotient의 비트 d를
22: SUB 28    --    설정하고 Quotient를
23: SUB 28    --    배증한다.
24: STO 28    -- -(2*Quotient)-1을 Quotient로서 저장
25: JMP 27    -- 행 12로 간다.
26: NUM 2     -- 점프 주소
27: NUM 11    -- 점프 주소
28: NUM 0     -- (여기에 답이 저장된다. d비트만큼 배증된 값이다.)
29: NUM 536870912 -- 2^d인데, d=31-n이다. n의 값은 행 30을 보라.
30: NUM 20    -- B (Divisor*2^n) (예: 5*2^2=20)
31: NUM 36    -- A (초기 Dividend) (예: 36/5=7)
```

다음은 이 튜링의 프로그램을 파이썬 어셈블러가 기계어 코드로 변환한 것이다.

```
11001000000000000000000000000000
11111000000000100000000000000000
11111000000001100000000000000000
11111000000000100000000000000000
01111000000000100000000000000000
00000000000000110000000000000000
00000000000000100000000000000000
11111000000000100000000000000000
11111000000001100000000000000000
00111000000000100000000000000000
00111000000000100000000000000000
00111000000001100000000000000000
11111000000000100000000000000000
11111000000000100000000000000000
11111000000001100000000000000000
00111000000000100000000000000000
00111000000001100000000000000000
00000000000000110000000000000000
01011000000000000000000000000000
00000000000001110000000000000000
11111000000001100000000000000000
10111000000000100000000000000000
00111000000000100000000000000000
00111000000000100000000000000000
00111000000001100000000000000000
11011000000000000000000000000000
01000000000000000000000000000000
11010000000000000000000000000000
00000000000000000000000000000000
00000000000000000000000000000100
00101000000000000000000000000000
00100100000000000000000000000000
```

이 이진 기계어 코드에서 0번째 비트가 제일 왼쪽임을 주의하자(이는 요즘 관례와는 방향이 반대다). 따라서 각 32비트 워드 중앙의 바로 왼쪽 세 비트가 옵코드이고 그 왼쪽이 피연산자다. 이것이 역사적인 베이비가 사용한 형식이고, 이 기계어 코드도 그런 관계에 따라 입력하면 된다.

시험용 어셈블리 프로그램과 기계어 코드 둘 다 행이 32개다. 따라서 베이비의 메모리 주소 32개가 정확하게, 중의성 없이 꽉 채워진다. 더 짧은 프로그램의 경우, 쓰이지 않은 주소들에 프로그래머가 명시적으로 0을 채워야 한다. 행 번호는 기계어 코드에 부호화되지 않음을 주의하기 바란다. 행 번호는 단지 해당 행의 기계어 코드가 어느 주소에 들어가야 하는지를 나타낼 뿐이다. 또한 데이터 행은 옵코드 없이 하나의 32비트 수로 변환된다는 점도 유념하자. 이는 `NUM`이 명령어가 아니라 해당 행에 원시 데이터가 있음을 어셈블러에 알려주는 일종의 주석일 뿐이기 때문이다. 마지막으로, 베이비는 음수를 2의 보수로 표현하므로, `ffff0000` 같은 16진수 값은 음의 정수다.

> **NOTE** 1990년대 중반까지는 대형 응용 프로그램과 게임을 인간 프로그래머가 직접 어셈블리로 작성하는 경우가 많았다. 게임 **스트리트 파이터 II**와 운영체제 *RISC OS*가 좋은 예다. 요즘은 사람이 어셈블리로 프로그래밍하는 경우가 드물다. 그보다는 C나 C++, 파이썬 같은 상대적으로 고수준의 언어가 흔히 쓰인다. 이런 언어로 작성된 프로그램은 먼저 컴파일러가 어셈블리 코드로 변환한 후 어셈블러가 기계어 코드로 변환한다.

7.3 맨체스터 베이비의 내부 구조

그럼 베이비의 내부 구조로 시선을 돌리자. 배비지의 해석기관에서처럼 우선 디지털 CPU를 구성하는 내부 부품 또는 구성요소들을 살펴보고, 프로그램의 실행을 위해 그 요소들이 동적으로 상호작용하는 방식을 고찰한다. 디지털 CPU의 주요 하위 구조는 해석기관과 완전히 동일하다. 베이비의 CPU에서도 레지스터와 산술 논리 장치(ALU), 제어 장치(CU)가 핵심이다. 이들은 해석기관의 해당 부품과 기능이 동일하다. 다만 배비지의 해석기관에서는 이 부품들이 기계식 단순 기계로 만들어졌지만, 베이비의 경우는 제6장에서 공부한 디지털 논리 단순 기계로 만들어졌다.

다음의 논의가 맨체스터 베이비의 원래 구현을 정확히 따르지는 않는다. 대신, 베이비의 프로그래머 인터페이스를 좀 더 현대적인 스타일로 구현한다면 **사용했을 만한** 일반적인 디지털 논리 구현들을 제시하겠다. 그러한 구현들은 디지털 논리의 단순 기계들로 구성되며, 그런 단순 기계들은 논리 게이트들로 구성된다. 이 논리 게이트들은 현대적인 트랜지스터로 구현할 수도 있고 베이비에 쓰인 진공관으로 구현할 수도 있지만, 어떤 방식이든 역할과 쓰임새는 동일하다.

7.3.1 레지스터

레지스터는 아주 빠른 메모리다. 일반적으로 레지스터 하나의 크기(비트수)는 워드 하나의 크기와 같다. 요즘은 D 플립플롭 배열로 레지스터를 만든다. 레지스터는 CPU 안에 있으며 CU와 ALU가 직접 읽고 쓸 수 있다. 대부분의 CPU에는 다양한 용도로 쓰이는 여러 유형의 레지스터가 들어있다.

일반적으로 컴퓨터의 워드 길이는 해당 CPU의 레지스터 크기로 결정된다. 예를 들어 8비트 컴퓨터는 8비트 워드를 8비트 레지스터에 담고, 32비트 컴퓨터는 32비트 워드를 32비트 레지스터에 담는다. 그런 의미에서 베이비는 32비트 컴퓨터다. 이 워드들은 제2장에서 살펴본 데이터 표현들을 사용한다. 컴퓨터가 다루는 수치나 텍스트, 기타 데이터는 워드라는 이름의 비트 묶음들로 저장된다.

레지스터를 구성하는 개별 플립플롭과 마찬가지로, 레지스터 자체도 정확한 타이밍으로 읽기와 쓰기를 동기화해야 한다. 레지스터를 구성하는 모든 플립플롭의 클록 입력에 하나의 갱신 신호를 전송함으로써 모든 플립플롭이 동시에 작동하게 만들 수 있다. 일반적으로 레지스터 쓰기(저장) 연산은 이 신호의 상승 에지(§6.3 참고)에서 수행된다. 그리고 병렬로 나열된 도선(wire)들로 레지스터에 마지막으로 저장된 값이 계속해서 출력된다. 이는 레지스터 읽기 연산을 위한 것으로, 레지스터의 갱신(쓰기)과는 무관하게 항상 출력된다. 반면에 쓰기는 명시적으로 버튼을 눌러야 수행된다. [그림 7-1]에 간단한 레지스터의 구조가 나와 있다.

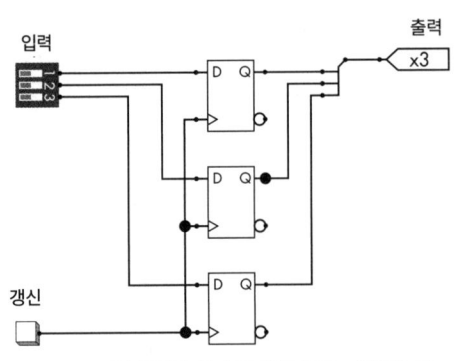

그림 7-1 플립플롭 세 개로 만든 3비트 레지스터.

레지스터를 [그림 7-2]처럼 플립플롭들을 겹친 모양의 기호 하나로 표기하기도 한다.

여기서 입력 D는 하나의 도선이 아니라 여러 입력 도선을 묶은 것이다. 그래서 굵게 표시했다. 출력 Q도 마찬가지다.

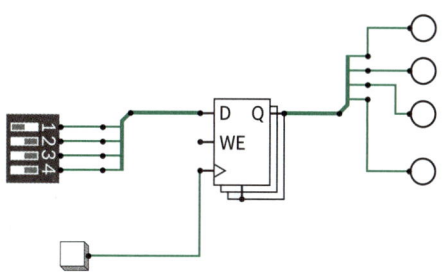

그림 7-2 하나의 기호로 표시한 4비트 레지스터. 입력 스위치들과 쓰기 갱신 버튼, 출력 LED들이 연결되어 있다.

1 사용자 레지스터

사용자 레지스터(user register)는 말 그대로 사용자를 위한 레지스터다. 일반적으로 어셈블리 언어 프로그래머가 읽고 쓰거나 그 내용을 다른 연산에 사용할 수 있는 레지스터는 이 사용자 레지스터들뿐이다.

누산기(accumulator)는 사용자 레지스터의 하나로, 어떠한 연산의 입력으로도 쓰이고 연산의 결과를 저장하는 장소로도 쓰인다. 앞에서 보았듯이 파스칼 계산기는 전체가 하나의 큰 누산기다. 파스칼 계산기는 덧셈을 위한 입력 중 하나를 저장함과 동시에 그것을 더한 결과도 저장한다. 덧셈을 수행하는 과정에서 입력의 원래 표현은 파괴된다. 탁상용 전자계산기도 마찬가지로 하나의 누산기다. 전자계산기는 화면에 표시되는 현재 결과인 수치 하나만 저장한다. 거기에 다른 수를 더하거나 곱하면 기존 결과는 사라지고 새 결과만 저장된다. 예를 들어 전자계산기에 2를 입력하면 2가 표시(저장)된다. +3을 입력하면 그 결과인 5가 표시된다. 원래의 2와 연산 +3은 사라지며, 오직 누산된 결과만 남아서 다음 연산에 쓰인다.

누산기 역할을 하는 사용자 레지스터 하나만 있는 아키텍처를 **누산기 아키텍처**(accumulator architecture)라고 부른다. 이 단순한 스타일의 아키텍처가 바로 베이비에 쓰인 아키텍처다. 이 아키텍처에는 입력과 출력을 따로 담을 다른 레지스터들이 없기 때문에, 모든 연산을 누산기 스타일로 수행해야 한다. 이와는 달리, 좀 더 복잡한 CPU에서는 누산기 말고도 다른 사용자 레지스터들이 있을 수 있다.

2 내부 레지스터

대부분의 CPU에는 사용자 레지스터 외에 CPU 자신의 내부 작업을 위한 레지스터가 필요하다. 대체로 **내부 레지스터**(internal register)들은 사용자에게 노출되지 않으며, 따라서 어셈블리 프로그램에서 내부 레지스터에 접근하거나 수정할 수 없다. 대신 내부 레지스터는 CPU 자체의 작동에 쓰이거나 사용자 프로그램을 읽어 들이고 실행하는 데 쓰인다. 그럼 가장 중요한 내부 레지스터 두 가지를 살펴보자.

CPU는 지금 프로그램의 어느 명령이 실행되는지를 알아야 한다. 해석기관에서는 프로그램의 현재 행을 프로그램 카드 판독기의 기계적 상태를 이용해서 저장했다. 마치 타자기의 용지를 빨리 감거나 되감듯이, 해석기관은 프로그램의 천공 카드를 기계적으로 빨리 감거나 되감아서 현재 행이 카드 판독기에 놓이게 했다. 전자 CPU에서는 기계적으로 움직이는 상태가 없다. 대신, **프로그램 카운터**(program counter)라는 레지스터에 현재 행 번호를 저장해서 프로그램 실행의 현재 위치를 추적한다. 프로그램 카운터를 흔히(특히 코드 목록에서) *PC*로 줄여서 표기한다. 앞에서 보았듯이 폰 노이만 아키텍처(베이비를 비롯해 대부분의 현대적 컴퓨터에 쓰이는 아키텍처)는 프로그램을 다른 데이터와 함께 주 메모리에 저장하므로, 이러한 '행 번호(line number)'는 프로그램의 특정 명령을 저장한 실제 메모리 주소다.

PC와 함께 또 다른 주요 내부 레지스터는 흔히 *IR*로 줄여 쓰는 **명령 레지스터**(instruction register)다. 여기에는 프로그램의 현재 실행 위치(PC에 담긴 메모리 주소)에 있는 명령의 복사본이 담긴다.

7.3.2 산술 논리 장치(ALU)

해석기관의 ALU처럼 디지털 논리 기반 ALU도 각각 한 종류의 산술 연산을 수행하는 여러 단순 기계로 구성된다. 하드웨어적인 괴벽 때문에 원래의 베이비에는 뺄셈을 위한 감산기만 있었다. 하지만 여기서는 덧셈, 곱셈, 나눗셈까지 갖춘, 좀 더 일반적이고 강력한 ALU를 설명한다. [그림 7-3]은 이런 산술 연산들을 포함한 32비트 ALU의 구조다.

전체 ALU의 데이터 입력은 a와 b 두 개로, 각각 2의 보수 표현을 사용하는 32비트 정수를 담는다. 두 입력이 네 개의 단순 기계로 전송된다. 네 단순 기계는 감산기, 가산기, 승산기(multiplier; 곱셈기), 제산기(divider; 나눗셈기)인데, 각자 자신의 연산 결과를 출력한다. 네 출력 중 하나만 선택되어서 ALU 자체의 출력인 r로 전달된다. 어떤 산술 연산의 결과가 선택되는지는 c로 입력된 2비트 코드로 결정된다. 디코더(그림의 Decd)는 2비트 코드에 따라 네 개의 32비트 멀티플렉서(그림의 MUX) 중 하나를 활성화한다. 결과적으로, 지정된 연산의 출력이 32비트 OR 게이트 배열로 전달된다. OR 게이트 배열의 최종 출력은 r 레지스터에 저장될 뿐만 아니라, 복사본 하나가 **비교 소자**(comparator; 또는 비교기)에 전달된다. 비교 소자는 그 값이 0과 같은지를 판정한 부울 결과를 상태 플래그 f로 출력한다.

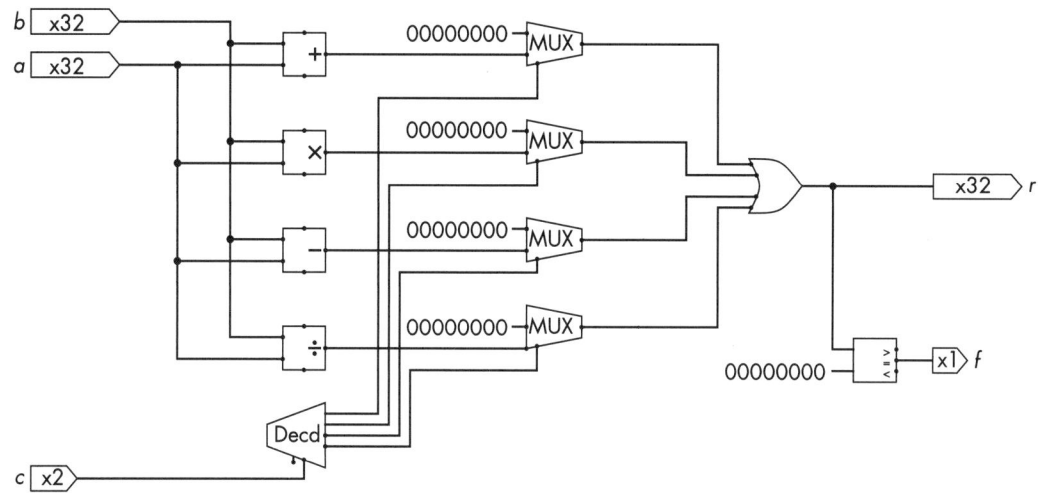

그림 7-3 **32비트 사칙연산 ALU.**

비교 소자 자체는 그냥 주어진 입력(산술 연산 결과)의 모든 비트를 NOR 게이트로 결합하는 식으로 구현하면 된다. 고급 ALU는 단순히 0과 같은지뿐만 아니라 양수인지 음수인지, 넘침(overflow)이 발생했는지 등 다른 여러 흥미로운 특성들도 판정해서 해당 플래그를 설정한다(참고로 넘침 발생 여부는 단순 기계들의 자리올림 도선을 보면 알 수 있다).

실리콘을 아끼고 싶다면, 멀티플렉서 하나만으로 2비트 코드에 따라 네 산술 단순 기계 중 하나를 선택하도록 이 ALU를 구현할 수도 있다. 산술 연산 단순 기계들이 구조를 공유하게 한다면 디지털 논리의 중복을 줄일 수 있다. 예를 들어 감산기를 따로 두는 대신, 2의 보수 표현을 이용해서 가산기로 뺄셈을 수행하면 된다. 더 나아가서, 이 ALU는 주어진 입력에 대해 사칙연산을 모두 실행한 후 결과 하나만 사용하는데, 네트워크를 재설계해서 이런 에너지 낭비를 제거하는 것도 가능한 일이다. 하지만 현재의 구조는 교육의 목적에서 선택한 것이다. 다음 절에서 CU를 설명하는 데에는 이 구조가 낫다.

7.3.3 제어 장치(CU)

디지털 논리 CU는 배비지의 타이밍 원통(배럴)과 동일한 개념을 구현한 장치다. 마치 오케스트라의 지휘자처럼 CU는 CPU의 다른 모든 부품을 적절한 타이밍에 활성화한다. 이를 수행하는 방법이 여러 가지라서 CU는 레지스터나 ALU보다 그 구조나 구현 방식이 훨씬 다양하다. 일반적으로 CPU 설계에서 가장 어렵고 핵심적인 부분으로 치는 것이 이 CU다. 이번 절에서 설명하는 CU의 스타일은 계산 효율성이나 에너지 효율성보다는 이해 편의성을 기준으로 선택한 것임을 밝혀둔다.

이 스타일은 두 가지 구성요소에 기반한다. 첫째는 하나의 카운터다. 배비지의 배럴처럼 이 카운터의 값은 일정 주기로 회전(순환)한다. 이 값은 필요한 이벤트(사건)의 발동 시점을 결정하는 데 쓰인다. 둘째는 하나의 스위칭 메커니즘으로, 발동할 이벤트의 종류를 결정하고 이벤트 발동 시 관련 구성요소(레지스터, ALU, RAM 등)를 일시적으로 연결하는 데 쓰인다. 배비지의 해석기관에서는 기계식 레버를 이용해서 여러 부품을 연결하거나 분리했다. 이번 절에서 소개하는 디지털 논리 버전에서는 ALU에서처럼 멀티플렉서들을 사용한다. 각 멀티플렉서는 데이터 입력이 두 개인데, 각각 워드 길이(베이비의 경우 32비트)다. 한 입력에는 하드웨어 배선에 의해 항상 상수 0(모든 비트가 0)이 입력되며, 다른 한 입력에는 임시 입력 출처의 값이 들어온다. 이 임시 입력을 출력으로 연결할 것인지 아니면 상수 0을 출력으로 연결할 것인지를 결정하는 단일 비트 스위치가 있다. [그림 7-4]가 이 멀티플렉서의 구조다.

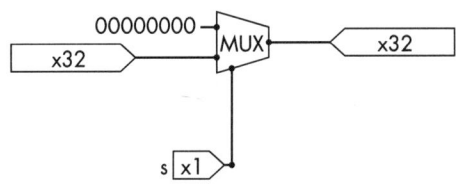

그림 7-4 32비트 도선 묶음을 연결하거나 분리하는 데 쓰이는 멀티플렉서.

ALU에서 여러 결과 중 하나를 선택하기 위해 여러 개의 멀티플렉서를 사용했는데, 이 CU도 같은 접근 방식을 사용한다. 역시 ALU에서처럼 여러 멀티플렉서의 출력을 OR 게이트 배열로 결합해서, 상수 0이 아닌 출력을 통과시킨다.

여러 구성요소를 임시로 연결하는 부분을 살펴보자. 이런 연결 중 일부는 그냥 카운터에 담긴 시간에 따라 간단하게 발동할 수 있는 것들도 있다. 그런 연결은 디코더 하나로 처리할 수 있다. 디코더로 시간을 입력받아서, 특정 연결선을 활성화하는 신호를 출력으로 하면 된다. 좀 더 복잡한 연결은 시간뿐만 아니라 현재 명령의 명령어 ID 같은 다른 값도 함께 사용해서 활성화해야 한다. 기본적인 구현 방법은 적절한 발동 도선을 다른 필수 조건을 나타내는 신호와 AND 게이트로 결합하는 것이다. [그림 7-5]는 이러한 구조의 예다.

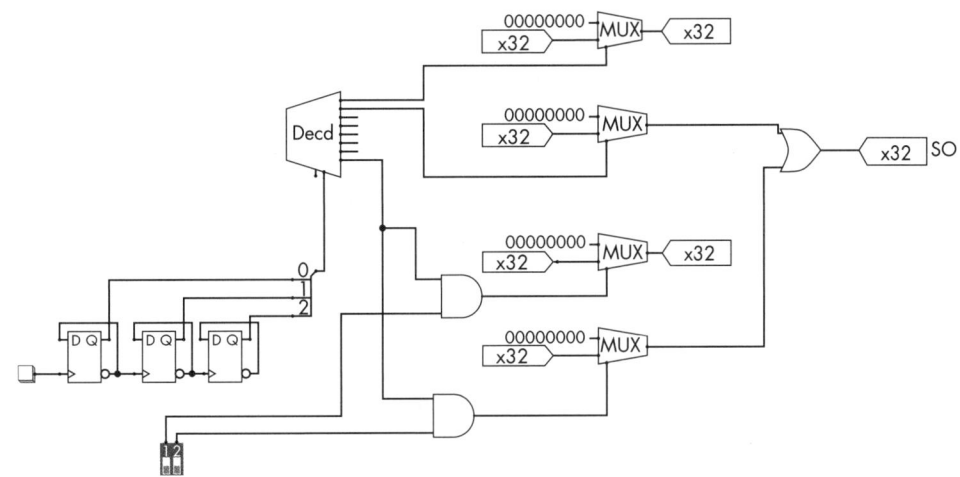

그림 7-5   3비트 카운터 하나와 디코더 하나, 여러 멀티플렉서 스위치로 이루어진 최소한의 제어 장치.

왼쪽에 있는 3비트 카운터와 디코더는 하나의 시퀀서$_{sequencer}$를 형성한다. 카운터가 3비트이므로 0에서 7까지 총 $2^3 = 8$개의 시간을 처리할 수 있다. 7을 넘기면 다시 0으로 순환된다. 그림에는 시간 0, 1, 7에서 발동되는 트리거들만 나와 있다. 틱 0과 1(디코더의 상위 두 출력)은 오직 시간에만 의존하며, 32비트 도선 그룹들을 연결한다. 틱 7은 그림 왼쪽 하단의 두 스위치로 결정되는 조건 1과 조건 2의 충족 여부에 따라 두 종류의 이벤트를 발동한다. 두 조건 중 하나만 충족될 수도 있고, 둘 다 충족되거나 둘 다 충족되지 않을 수도 있다. 이는 두 종류의 이벤트가 동시에 발동될 수도 있다는 뜻이다. 그림에서 OR 게이트 기호는 하나의 OR 게이트가 아니라 OR 게이트 32개짜리 배열이다. 이 OR 게이트 배열 덕분에, 서로 다른 이벤트에서 서로 다른 두 입력을 하나의 공유 출력(shared output; 그림의 SO)에 연결할 수 있다. (시간 2에서 6까지의 트리거들은 그림에 나와 있지 않지만, 디코더의 도선들이 그림에 나온 트리거들과 비슷한 트리거들에 연결되어 있다고 생각하기 바란다.)

여기서 잠깐, 이런 설계도를 좀 더 읽기 쉽게 만드는 추가적인 표기법을 소개하고 넘어가자. [그림 7-6]은 [그림 7-5]와 같은 최소한의 CU인데, 도선들 대신 이름표가 붙은 검은 점들(t0-t7과 c0, c1)을 사용했다. 이 점들을 **터널**$_{tunnel}$이라고 부른다. 명시적으로 도선을 표시하지 않았어도, 이름이 같은 터널은 서로 연결된 것으로 간주한다. 예를 들어 디코더에서 나오는 t0 터널은 그림 오른쪽 상단의 멀티플렉서로 들어가는 t0 터널과 연결된다.

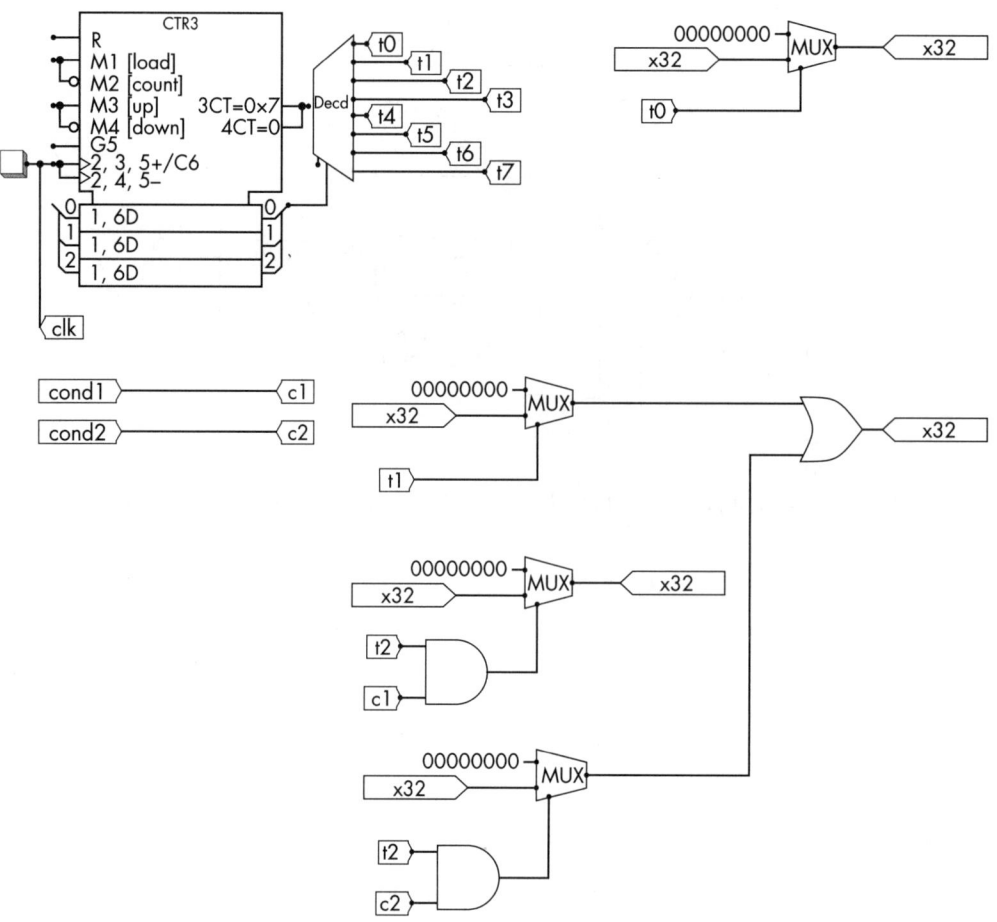

그림 7-6 [그림 7-5]와 같은 최소한의 CU. 터널 표기법을 사용한 덕분에 훨씬 간단하다.

CU가 나머지 CPU 전체에 트리거를 전송하는 도선들을 일일이 그리다 보면 까치집 같은 모습이 된다. 이런 터널 표기법을 사용하면 설계도가 훨씬 간단해진다. [그림 7-6]에는 또한 3비트 카운터가 CTR이라는 이름의 단일 블록으로 캡슐화되었다. 실제로 LogiSim에는 이런 카운터 회로가 기본으로 내장되어 있다.

7.4 전체 조립

베이비를 구현하는 데 필요한 기본 재료들을 모두 살펴보았으니, 이들을 조립해서 실제로 작동하는 베이비를 완성해 보자. 그 과정에서 CU의 시간 기반 작동 방식도 설명하겠다. 제3장에서 해석 기관을 논의할 때처럼, CPU의 세 가지 주요 연산인 인출, 해독, 실행을 순서대로 논의하면서 베이비를 완성한다.

7.4.1 인출

인출(fetch) 단계의 목표는 다음에 실행할 명령의 복사본을 RAM에서 가져와서 CPU의 IR(명령 레지스터)에 넣는 것이다. 인출 단계에서는 다음 명령의 주소가 이미 프로그램 카운터에 들어있다고 가정한다. CPU를 처음 켰을 때 다른 모든 레지스터처럼 프로그램 카운터도 0으로 초기화되지만, 그 즉시 1로 증가한다. 따라서 처음으로 실행할 명령은 주소 1에 저장되어 있어야 한다. CPU는 그 주소의 명령을 인출해서 실행한다.

인출을 위해서는 프로그램 카운터를 일시적으로 RAM의 주소 도선(address line; 간단히 주소선)들에 연결해야 한다. 이 연결은 틱 1에서 일어난다. RAM의 데이터 출력 도선들을 IR 데이터 입력 도선들에 영구적으로 연결해 둘 수도 있지만, IR은 틱 2에서 쓰기가 활성화되고 클록 신호가 들어올 때만 그 도선들에서 워드의 복사본을 받는다. [그림 7-7]의 네트워크는 틱 1과 2(전체 카운터 순환 주기는 8틱)에서 그런 식으로 도선들을 연결함으로써 베이비의 32×32 RAM(주소가 총 32=2^5개이고 주소마다 32비트 워드를 저장함)으로부터 명령을 인출하고, 그 밖의 틱들에서는 연결을 분리하도록 설정되었다. 베이비에서 프로그램 카운터는 5비트 레지스터이고 IR은 32비트 레지스터다.

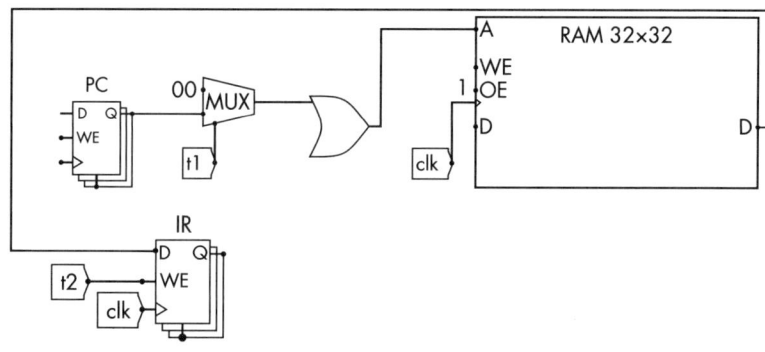

그림 7-7 틱 1과 2에서 인출 연산이 발동된다.

이러한 인출 절차를 의사코드로 표현하면 다음과 같다.

```
t1: RAM_A <- PC
t2: IR <- RAM_Dout
```

이런 스타일의 표기법은 **레지스터 전송 언어**(register transfer language, RTL)의 일종이다. 이 표기법에서 각 행의 콜론(:) 왼쪽에 있는 기호는 특정한 트리거를 나타낸다. 지금 예에는 틱 1과 2가 트리거다. 콜론 오른쪽에서 화살표(<-)는 해당 트리거가 발동한 경우에만 일시적으로 맺어지는 데이터

전송 연결을 나타낸다. 화살표 왼쪽이 전송 대상이고 오른쪽이 원본이다. 이번 절의 CPU 구현 스타일에서 화살표는 멀티플렉서에 해당하고 트리거는 그 멀티플렉서의 스위칭 입력에 해당한다.

> [NOTE] RTL은 어셈블리 언어나 기계어 코드가 **아니다**. 이것은 CPU의 저수준 작동 방식을 서술하는 의사코드 언어다. 궁극적으로 CPU의 기능은 사용자가 작성, 변환해서 RAM에 저장한 기계어 코드에 의해 실행된다.

7.4.2 해독

이제 다음에 실행할 명령의 복사본이 IR에 들어있는 상태다. 하나의 명령은 1워드 크기의 기계어 코드로 구성되는데, 그 워드의 일부 비트들은 명령어의 종류를 나타내는 옵코드이고 다른 비트들은 명령어 종류에 따라 0개 이상의 피연산자들이다. 베이비의 경우 비트 13~15가 옵코드이고 비트 0~12는 피연산자(일부 명령의 경우)다. 나머지 비트 16개는 쓰이지 않는다. 이런 식으로 부호화된 명령을 이제 해독(디코딩)해야 한다. 구체적으로는, 주어진 명령을 옵코드와 피연산자로 분리하고, 그 옵코드를 실제 활성화 신호로 변환해야 한다. [그림 7-8]이 그러한 해독 작업을 수행하는 회로다.

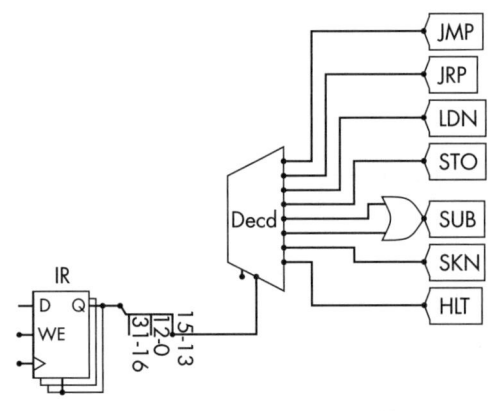

그림 7-8 틱 2에서 발동되는 해독 회로.

이 회로는 먼저 IR의 출력을 세 가지 도선 묶음으로 분할한다. 처음 13개가 한 묶음이고 그다음 3개가 다른 한 묶음, 나머지 16개가 또 한 묶음이다. 중간의 3비트에는 옵코드가 있다. 이 도선 묶음은 3비트 디코더에 연결된다. 디코더는 터널로 연결된 $2^3 = 8$개의 출력 도선 중 하나를 활성화한다. 이 신호는 다른 단계들에서 멀티플렉서의 트리거를 발동하는 조건으로 쓰인다. 그림에서 터널들에 표시된 이름은 해당 옵코드에 대응되는 어셈블리 니모닉이다. IR의 피연산자 비트 13개 중 하위의 비트 5개는 주소 선택에 쓰인다. 나중에 여기에 또 다른 도선들이 연결된다. 그보다 상위의 비트 8개는 주소와는 무관하다. 이들은 그냥 무시된다.

여기에는 순차 논리가 전혀 쓰이지 않는다. 따라서 해독은 틱 2에서 IR의 내용이 갱신되면 거의 즉시 수행된다.

7.4.3 실행

인출과 해독은 항상 고정된 방식으로 실행된다. 하지만 실행(execute) 단계에서 벌어지는 일은 인출 및 해독된 명령어의 종류에 따라 다르다. 명령어에 따라 적재, 저장, 산술 연산, 프로그램 흐름 제어(flow control) 등 서로 다른 작업을 수행하는 서로 다른 구조가 선택적으로 활성화된다. 그럼 그런 작업들이 어떻게 실행되는지 차례대로 살펴보자.

1 적재

적재(load) 명령을 실행하려면 먼저 피연산자를 일시적으로 해당 RAM 주소 입력에 연결해야 한다. 이 연결은 틱 3에서 성립된다. 그리고 틱 4에서는 RAM의 데이터 출력을 누산기(Acc)에 일시적으로 연결한다. 이 틱 번호들은 이전의 인출 및 해독 작업 이후에 적재가 실행되도록 선택된 것이다. 이상의 과정을 RTL 의사코드로 표현하면 다음과 같다.

```
t3, LDN: RAM_A <- IR[operand]
t4, LDN: Acc <- -RAM_Dout
```

콜론 왼쪽의 트리거가 이전보다 복잡함을 주목하자. 이제는 틱과 함께 `LDN`이라는 조건이 명시되었다. 그리고 `IR[operand]`의 대괄호 표기는 IR의 내용 전체가 아니라 피연산자 비트들만 전송됨을 의미한다.

[그림 7-9]는 우리의 베이비 구현에서 적재 명령을 담당하는 디지털 논리다. 베이비의 적재 연산은 적재된 값의 부호를 바꾸기까지 하므로, RAM 데이터 출력과 누산기 입력 사이에 부정 소자를 배치했다. 현대적인 CPU에서는 이렇게 하는 경우가 드물다는 점을 기억하기 바란다.

베이비 같은 누산기 아키텍처에서는 적재 명령이 RAM의 데이터를 항상 누산기 레지스터에 넣는다. 하지만 더 많은 레지스터를 갖춘 복잡한 아키텍처에서는 적재 대상을 추가 피연산자로 지정하는 것이 일반적이다. 그러한 아키텍처에서는 적절한 레지스터를 데이터 도선(간단히 데이터선)에 연결하기 위한 디지털 논리를 추가해야 한다.

2 저장

CPU의 값을 메모리에 저장하는 연산은 적재와 비슷하되 그 방향이 반대다. 베이비의 저장 명령은 항상 누산기의 값을 RAM에 저장한다.

틱 3에서 `STO` 명령의 피연산자(값을 저장할 주소)를 RAM의 주소선들에 일시적으로 연결한다. 누산기의 출력을 RAM 데이터 입력에 영구적으로 연결해 둘 수도 있지만, 쓰기 연산은 틱 3에서만 활성화된다. 다음은 저장을 위한 RTL 코드다.

```
t3, STO: RAM_A <- IR[operand]
t3, STO: RAM_Din <- Acc
```

우리의 베이비 구현에서 이 작업을 담당하는 디지털 논리가 [그림 7-10]에 나와 있다.

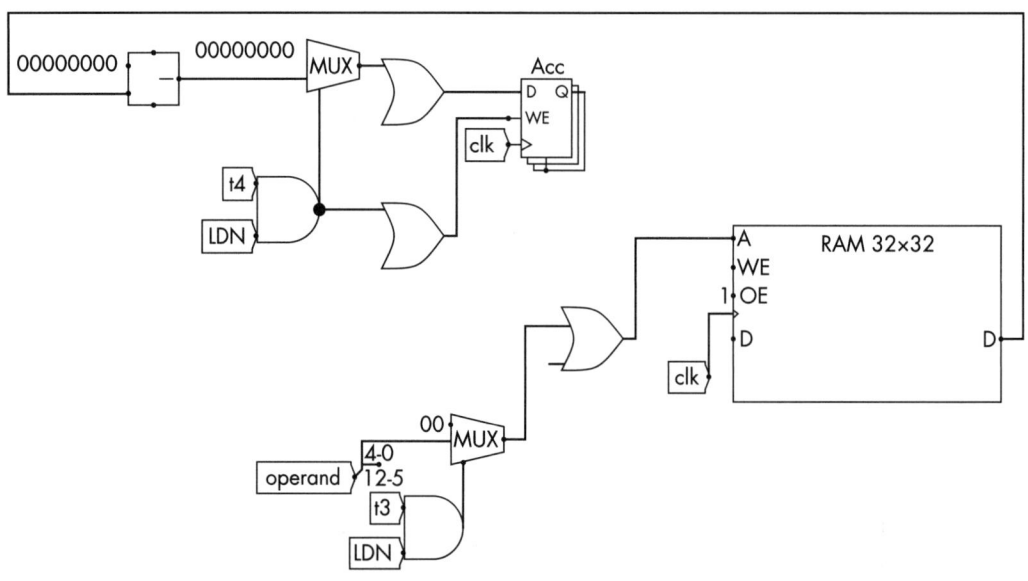

그림 7-9 **적재 실행. 틱 3과 4에서 발동된다.**

레지스터가 더 많은 아키텍처에서는 저장할 값이 담긴 레지스터를 피연산자로 지정한다. 그런 경우 적절한 레지스터를 데이터선에 연결하려면 스위칭 논리 회로가 더 필요하다.

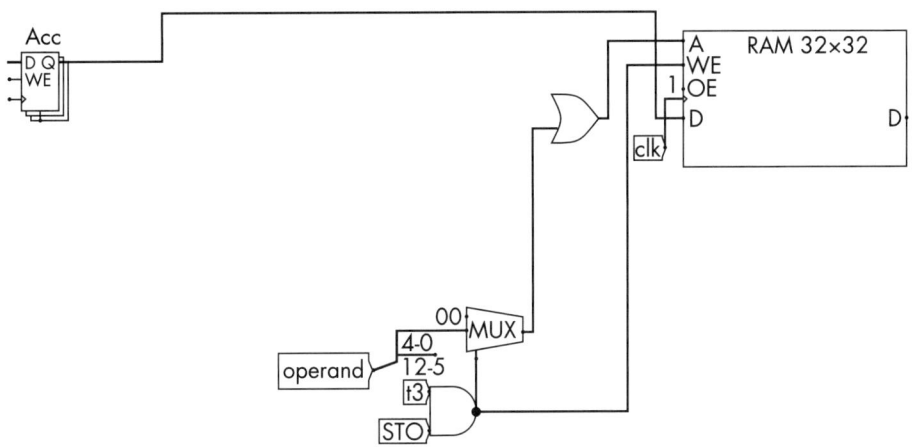

그림 7-10 저장 실행. 틱 3에서 발동된다.

❸ 산술 연산

ALU 연산을 실행하기 위해 CU는 CPU 레지스터들을 일시적으로 ALU의 입력들에 연결한 후 특정 ALU 명령 신호를 생성해서 ALU의 명령 입력들에 전송한다. 그런 다음 CU는 ALU의 출력을 일시적으로 대상 레지스터에 연결한다.

베이비의 ALU는 대단히 간단하다. 감산기 하나뿐이다. SUB 명령은 RAM 읽기 연산을 발동하는데, 이 경우 RAM에서 읽은 데이터는 누산기가 아니라 감산기로 전송된다. 감산기는 그 값을 누산기에서 가져온 값에서 빼고, 그 결과를 다시 누산기에 기록한다.

[그림 7-11]은 우리의 베이비 ALU 구현이다. RAM 읽기는 틱 3에서, 누산기 갱신은 틱 4에서 발동된다. 감산기는 그림의 제일 왼쪽에 있다.

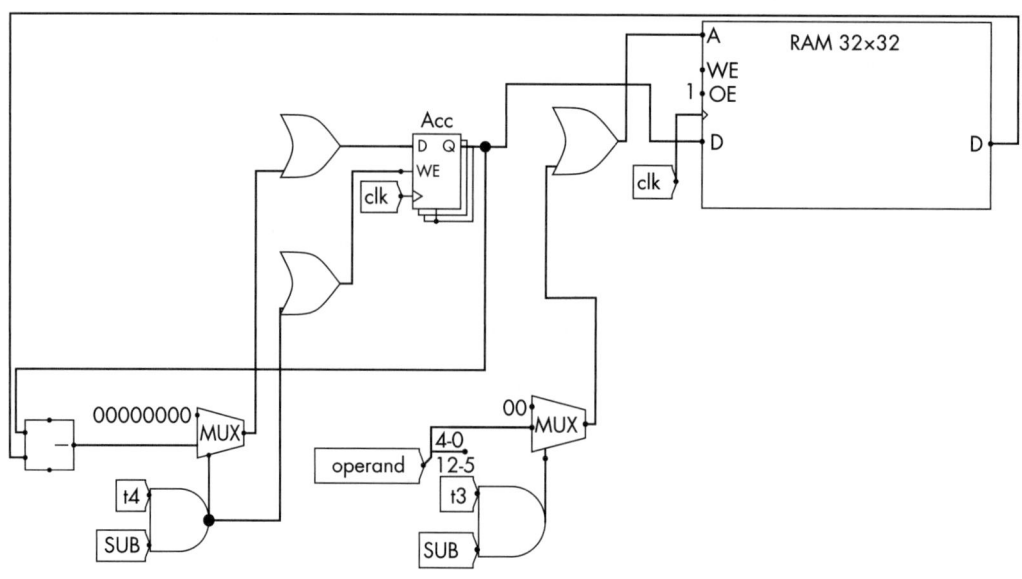

그림 7-11 ALU 연산 실행. 틱 3과 4에서 발동된다.

이를 RTL로 표기하면 다음과 같다.

```
t3, SUB: RAM_A <- IR[operand]
t4, SUB: Acc <- Acc - RAM_Dout
```

더 많은 종류의 산술 연산을 갖춘 복잡한 아키텍처라면 이런 뺄셈 논리를 비롯한 여러 산술 연산 논리들을 각각 하나의 ALU 구조로 묶고, [그림 7-3]에서 했듯이 그런 여러 ALU 구조 중 하나를 선택 도선을 이용해서 활성화하면 될 것이다. 이 경우 디코더는 서로 다른 여러 산술 연산 옵코드를 인식해서, 적절한 논리를 통해 해당 ALU 구조로 신호를 보내야 한다.

4 흐름 제어

각 명령의 시작 시점에서 베이비는 프로그램의 다음 주소(행 번호)로 이동한다. 이러한 이동은 틱 0에서 프로그램 카운터를 1 증가해서 수행하면 된다.

그런데 현재 명령이 분기나 점프 같은 흐름 제어 명령이면 단순히 프로그램 카운터를 1 증가하는 것으로는 부족하다. 해당 명령에 따라 프로그램 카운터를 적절히 갱신해서 다음 명령을 준비해야 한다.

현대적인 점프 명령어(직접 점프)는 점프할 행 번호가 피연산자로 주어진다. 따라서 그냥 피연산자를 그대로 프로그램 카운터에 복사하면 그만이다. 하지만 앞에서 보았듯이 베이비의 JMP 명령어는 간접 점프다. 즉, 피연산자는 점프 대상 행 번호가 아니라 그 행 번호가 담겨 있는 **메모리 주소**다. 따라서 간접 점프를 구현하려면 먼저 틱 4에서 피연산자를 RAM 주소선에 연결한 후 틱 5에서 RAM 데이터선을 프로그램 카운터에 연결해야 한다.

베이비에는 상대적 점프 명령어인 JRP도 있다. 이것은 JMP와 비슷하되, 피연산자로 지정된 주소에 점프 대상 주소가 아니라 프로그램 카운터의 증가분이 들어있다.

분기 명령어 SKN에 대해 CU는 먼저 분기 조건을 평가한다. 만일 분기 조건이 거짓이면 평소대로 프로그램 카운터를 1 증가해서 다음 명령으로 간다. 하지만 분기 조건이 참이면 프로그램 카운터를 한 번 더 증가해서 다음 명령을 건너뛰고 그다음 명령으로 간다. (흔히 프로그래머는 건너뛸 행에 코드의 다른 부분으로 점프하는 명령을 넣는다.) 베이비의 경우 분기 조건은 "누산기의 출력이 0보다 자다"이다. 이를 위해 CU는 누산기의 출력을 비교 소자에 연결해서 0보다 작은지 판정한다. 부울 논리 덕분에 이 판정 결과는 정수 0 또는 1이다. 이 결과를 틱 5에서 프로그램 카운터에 더하면 된다.

이상의 작동은 제어 흐름(control flow) 명령어에만 해당한다. 현재 명령이 제어 흐름 명령어가 아니면(즉, SUB나 LDN, STO이면) 그냥 평소대로 프로그램 카운터를 1만 증가한다. 이 부분은 그냥 프로그램 카운터의 출력을 틱 5에서 프로그램 카운터 자신의 입력에 연결하는 것으로 구현한다.

[그림 7-12]는 우리의 베이비가 사용하는 제어 흐름 구현이다. RTL로는 다음과 같이 표현할 수 있다.

```
t0: PC <- PC + 1
t4, JMP: RAM_A <- IR[operand]
t4, JRP: RAM_A <- IR[operand]
t5, SKN, (Acc<0): PC <- PC + 1
t5, JMP: PC <- RAM_Dout
t5, JRP: PC <- PC + RAM_Dout
```

어떤 경로로든 프로그램 카운터가 갱신되었다면, 하나의 인출-해독-실행 주기가 완료되고 다음 명령의 인출-해독 실행 주기를 시작할 준비가 된 것이다.

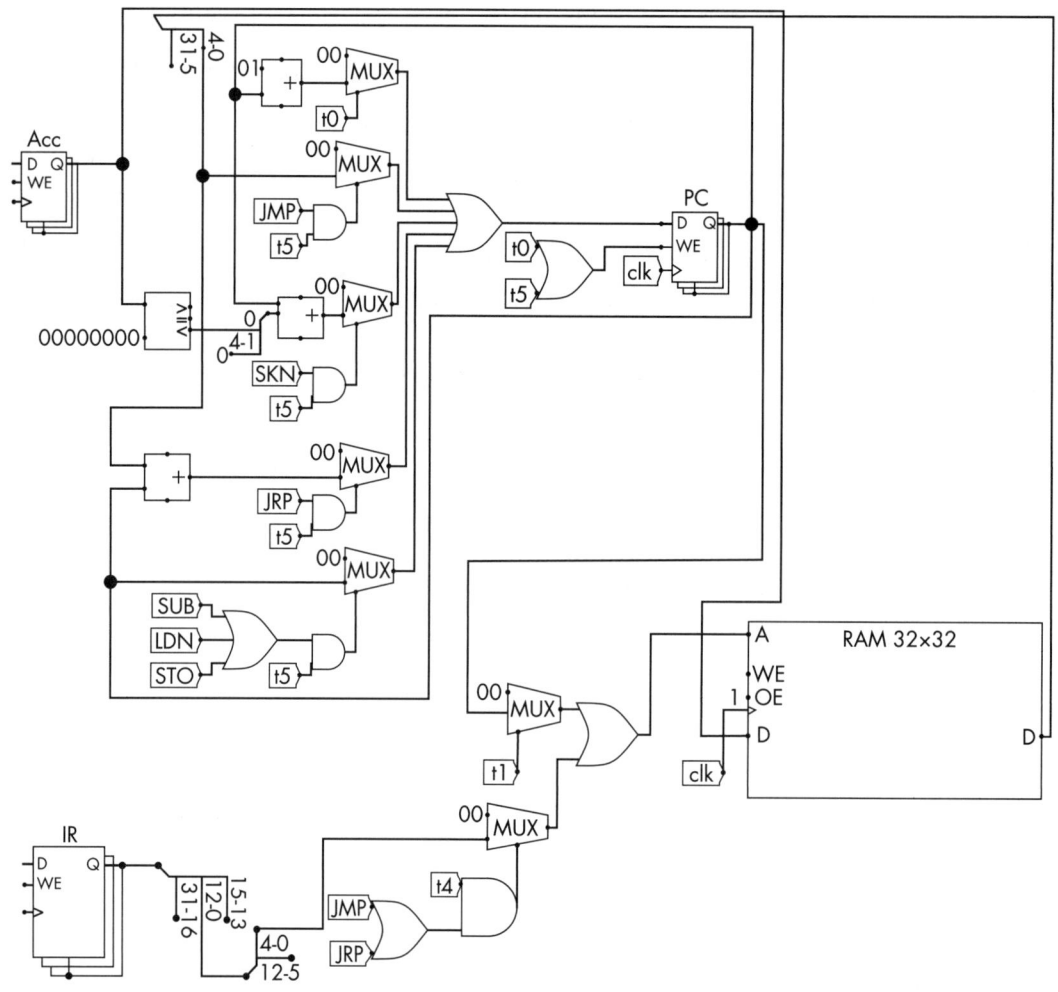

그림 7-12 프로그램 흐름 제어. 틱 0, 4, 5에서 발동된다.

7.4.4 완전한 베이비 구현

[그림 7-13]은 앞에서 설명한 모든 시스템을 통합해서 만든 완결적이고 작동 가능한 베이비 CPU 다. 앞에서 설명한 시스템들 외에, 중지 명령(HLT)이 실행되었음을 알려주는 램프 하나와 레지스터 하나가 추가되었다. 그림 오른쪽 하단 부근에 'Stop lamp'로 표시한 부분이다. 또한 손으로 일일이 클록을 발동시키는 게 지겨워질 때를 대비해서 클록 신호를 발진기(oscillator; 진동자)에 연결하는 스위치도 하나 추가되었다(오른쪽 하단의 'Clock').

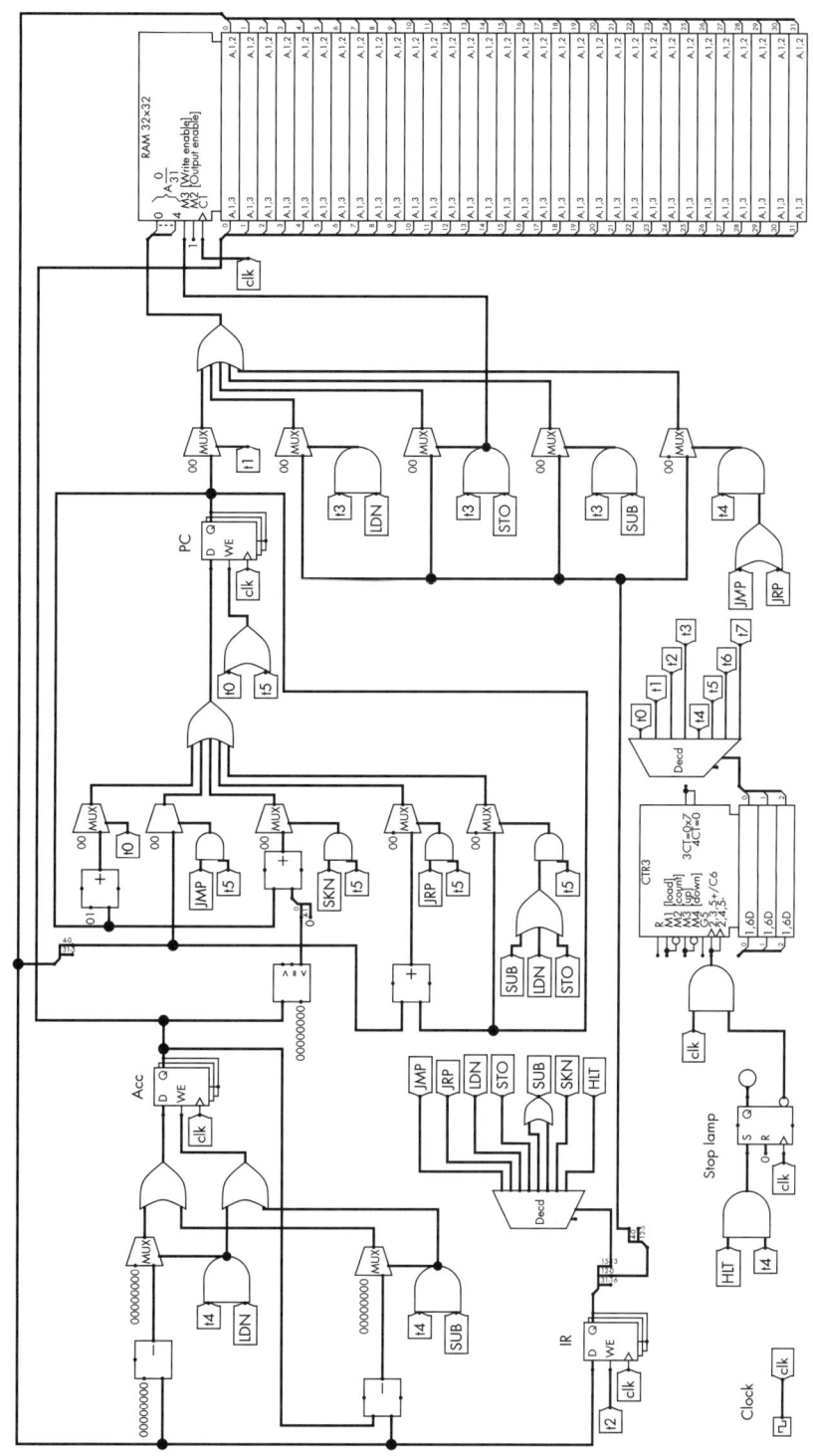

그림 7-13 완성된 베이비 구현. 시퀀서, 인출, 해독, 실행, 흐름 제어를 위한 논리 네트워크를 포함한다. 32개의 RAM 주소도 모두 표시되었다.

이 완결적이고 작동 가능한 베이비의 작동 방식을 RTL로 표현하면 다음과 같다.

```
t0: PC <- PC + 1
t1: RAM_A <- PC
t2: IR <- RAM_Dout
t3, LDN: RAM_A <- IR[operand]
t3, STO: RAM_A <- IR[operand]
t3, STO: RAM_Din <- Acc
t3, SUB: RAM_A <- IR[operand]
t4, SUB: Acc <- Acc - RAM_Dout
t4, LDN: Acc <- -RAM_Dout
t4, JMP: RAM_A <- IR[operand]
t4, JRP: RAM_A <- IR[operand]
t5, SKN, (Acc<0): PC <- PC + 1
t5, JMP: PC <- RAM_Dout
t5, JRP: PC <- PC + RAM_Dout
```

이상에서 우리는 RAM에 담긴 기계어 코드 프로그램을 실행할 수 있는 완전한 컴퓨터 하나를 디지털 논리로 구현했다.

이번 장 요약

디지털 논리 CPU의 목적은 기계어 코드 프로그램을 실행하는 것이다. 기계어 코드 프로그램은 어셈블리 언어로 작성한, 사람이 읽을 수 있는 프로그램을 자동으로 변환해서 만든다. CPU를 가동하기 전에 기계어 코드 프로그램을 메모리에 넣어 두어야 한다. 기계어 코드 프로그램은 일련의 명령으로 구성된다. CPU는 그 명령들을 차례로 읽어 들여서 실행한다.

처음에는 CPU를 이해하기가 쉽지 않다. 겁을 먹은 독자도 있을 것이다. 베이비 같은 최소한의 예에도 트랜지스터가 수천 개 필요한데, 현대적인 CPU는 그 수가 수십억 개로 늘어난다. 하지만 설계자의 관점에서 계층적으로 생각해 보면 기본 구조가 아주 복잡하지는 않다. 제6장과 이번 장에서는 그런 관점에서 여러 단순 기계(각각 기본적인 작업을 수행하는)를 만드는 방법을 살펴보고, 그런 단순 기계 몇 개를 연결해서 기초적인 CPU 하나를 완성했다.

제어 장치(CU)의 출발은 시퀀서다. 시퀀서는 인출, 해독, 실행 단계를 차례로 발동한다. 실행 단계는 다른 두 단계보다 구현하기가 어렵다. 해독된 명령어에 따라 다른 동작을 수행해야 하기 때문이다. 그래서 실행 단계의 하위 단계들에는 다양한 옵션을 선택적으로 활성화하기 위한 추가적인 논리가 필요하다.

이번 장에서는 맨체스터 베이비가 어떤 기계였는지 대략적으로나마 소개하고, 현대적인 부품들과 소자들을 이용해서 구현하는 방법을 설명했다. 이번 장에서 구축한 아키텍처는 아주 단순한 형태지만, 수많은 최신 CPU는 이 아키텍처를 기본 설계로 삼는다. 다만, 무어의 법칙에 의한 압력으로 이 설계는 계속해서 복잡해졌다. 속도에 대한 무어의 법칙은 더 이상 성립하지 않지만(단순히 클록 속도를 높인다고 해서 CPU가 계속해서 빨라지는 않는다), 밀도에 대한 무어의 법칙은 여전히 통한다. 인류는 점점 더 많은 트랜지스터를 칩에 집어넣고 있다. 다음 장에서는 현대적 CPU가 그러한 여분의 트랜지스터들을 활용해서 수행할 수 있는 좀 더 복잡한 기능들을 살펴본다.

실습과제

맨체스터 베이비 제작

1. [그림 7-13]의 베이비 설계도를 LogiSim Evolution에서 작성하라.
2. 베이비 수준의 복잡도를 가진 순차 논리를 처음 다룰 때는 트리거 타이밍과 관련된 하드웨어 버그가 생기기 쉽다. 사실 현업 아키텍트들도 타이밍 문제를 디버깅하는 데 많은 시간을 소비한다. 프로그램 디버거의 하드웨어 버전이라고 할 수 있는 것이 [그림 7-14]에 나온 **크로노그램** chronogram이다. 크로노그램은 시간 경과에 따른 시스템 내 여러 도선의 상태를 표시하는 다이어그램이다. LogiSim에는 크로노그램을 생성하는 도구가 내장되어 있다(**Simulate**에서 **Timing diagram**을 선택하면 나온다). 이 도구를 이용해서 베이비의 순차 논리 기반 부품들을 시험해 보자. 베이비에서 순차 논리는 RAM과 레지스터의 쓰기 연산과 RAM 읽기 연산에 쓰인다. 조합 논리는 항상 활성화되지만, 이런 순차 논리는 일반적으로 클록 신호가 0에서 1로 상승하는 **순간**에 발동됨을 기억하기 바란다. 크로노그램의 것과 비슷한 데이터를 빵판에서 직접 캡처하고 표시하는 하드웨어 논리 분석기도 있다. 그런 데이터를 그 도구에서 직접 살펴봐도 되고, 필요하다면 PC로 전송해서 좀 더 자세하게 분석할 수도 있다.

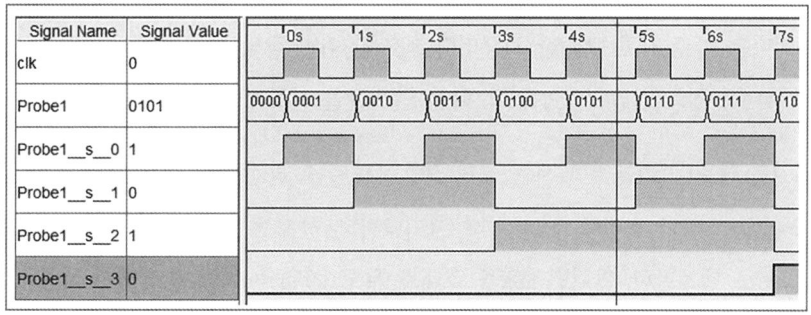

그림 7-14 LogiSim의 크로노그램.

베이비 프로그래밍

1. 이번 장에 나온 튜링의 장제법 프로그램을 비롯해 몇 가지 시험용 프로그램을 어셈블리 언어로 작성하고 기계어 코드로 변환해서 LogiSim 베이비에서 실행해 보라. 기계어 코드 변환은 이번 장에 나온 파이썬 어셈블러를 이용하면 되는데, 행 3의 `for_logisim`을 `True`로 설정해야 한다. 어셈블러의 출력을 텍스트 파일로 저장하고, LogiSim에서 RAM을 오른쪽 클릭한 후 **Load Image**를 선택해서 텍스트 파일의 내용을 RAM에 적재한다. 그런 다음 마우스로 클록을 직접 클릭해서 CPU를 한 사이클씩 실행하거나, **Simulate** 메뉴의 **Auto-tick**을 선택해서 자동으로 틱 신호를 생성하면 된다. 튜링의 프로그램은 36을 5로 나눈다. 그 결과인 7(111_2)이 주소 28에 저장되는데, 통상적인 비트 표시 관례와는 좌우가 반대이고 오른쪽에 0들이 채워지므로 겉보기에는 $E000000_{16}$이 된다. 행 29-31을 수정해서 다른 수들로도 나눗셈을 수행해 보자.

2. 튜링의 코드가 어떤 식으로 작동하는지 설명하라. 베이비의 두 가지 괴벽을 유념해야 한다. 베이비의 적재 명령은 메모리의 값을 반전해서(부호를 바꾸어서) 누산기에 넣는다. 그리고 베이비에는 가산기가 없고 감산기만 있다. 본문의 어셈블리 코드에는 이 괴벽들 때문에 생긴 몇 가지 프로그래밍 관용구(idiom)가 쓰였다.

도전과제

이번 장에 나온 CPU 설계도의 표기법은 여러 층으로 추상화된 것이다. 여러 트랜지스터를 묶어서 하나의 게이트로 표시하고, 여러 게이트를 묶어서 하나의 단순 기계로 표시하고, 여러 단순 기계를 묶어서 하나의 상자(직사각형)로 표시한다. 최종 설계에 논리 게이트가 몇 개나 쓰이는지, 트랜지스터는 몇 개나 쓰이는지 추정해 보라. 트랜지스터가 과거의 실제 맨체스터 베이비에 쓰인 트랜지스터들보다 많을까, 아니면 적을까? 그 차이는 어느 정도일까? 교육의 목적으로 이해하기 쉽게 설계하는 대신 반도체를 줄이는 데 초점을 두어서 설계한다면 트랜지스터를 어떻게, 얼마나 줄일 수 있을까?

심화 도전과제

맨체스터 베이비는 아주 작고 단순한 컴퓨터다. 하지만 이번 장의 설계를 수정한다면 상당히 진지한 현대적 컴퓨터로 진화할 잠재력이 있다. 다음 단계들을 시도해 보기 바란다.

1. RAM 크기를 늘린다. 이를 위해서는 설계 전반에서 주소 공간의 크기를 늘려야 한다.
2. 베이비의 `LDN`을 좀 더 평범한 `LOAD` 명령, 그러니까 부정(부호 반전) 없이 그대로 값을 적재하는 적재 명령으로 대체한다. 아니면 `LDN`을 그대로 두고 `LOAD`를 새로 추가해서 기존 코드와의 하

위 호환성을 유지할 수도 있다. 그러려면 회로가 더 복잡해지고 실리콘이 더 필요하지만, 기존 사용자는 기뻐할 것이다. 이는 아키텍트가 흔히 마주치는 전형적인 딜레마에 해당한다.

3. 하나의 감산기를 2의 보수 표현을 이용하며 사칙연산(덧셈, 뺄셈, 곱셈, 나눗셈)을 모두 지원하는 완전한 정수 ALU로 대체한다. 새 산술 연산들을 발동하는 명령어들도 추가해야 한다.

4. 베이비보다 나중에 나온 맨체스터 마크 I$_{\text{Manchester Mark I}}$와 페란티 마크 I$_{\text{Ferranti Mark I}}$를 조사해서, 베이비를 상용화하기 위해 설계를 어떻게 확장했는지 살펴보자. 그리고 LogiSim에서 그런 컴퓨터들을 에뮬레이션해 보기 바란다.

더 읽을거리

- 맨체스터 베이비의 현대적인 공식 매뉴얼에 가장 가까운 참고 자료: 맨체스터 대학교의 공식 웹 페이지 http://curation.cs.manchester.ac.uk/computer50/www.computer50.org/mark1/prog98/ssemref.html.

- 실제 베이비의 원래 출판물: F.C. Williams, T. Kilburn, G.C. Tootill, "Universal High-Speed Digital Computers: A Small-Scale Experimental Machine," *Proceedings of the IEEE Part II: Power Engineering* 98, no. 61 (1951): 13–28.

- 후속작 맨체스터 마크 I의 상세 정보: R.B.E. Napper, "The Manchester Mark 1 Computers," *The First Computers: History and Architectures*, Raúl Rojas 및 Ulf Hashagen 엮음 (Cambridge, MA: MIT Press, 2000), 365–377.

CHAPTER 8

고급 CPU 설계

제7장에서는 디지털 논리로 구현한 최소한의 CPU 설계를 소개했다. 이번 장에서는 그 기본 설계를 확장해서 성능을 향상하는 방법을 살펴본다. 주된 확장 방법은 레지스터 추가, 서브루틴 기능과 속도 향상을 위한 스택 아키텍처 도입, 입출력과 운영체제, 부동소수점 하드웨어를 위한 인터럽트 요청 도입, 클록 주기당 여러 개의 명령을 실행할 수 있는 '슈퍼스칼라' 실행을 위한 순서 외 실행 기능 도입 등이다. 이번 장의 수준에서는 그런 확장들의 디지털 논리 네트워크가 상당히 복잡하므로, 지면 관계상 구체적인 회로도는 생략하기로 하겠다. 구체적인 설계와 구현은 여러분이 직접 시도해 보기 바란다!

8.1 사용자 레지스터 개수

제7장에서 보았듯이 베이비는 누산기 아키텍처의 예다. 이는 베이비에서 사용자가 접근할 수 있는 레지스터가 누산기 하나뿐이라는 뜻이다. 모든 적재 명령은 RAM의 데이터를 누산기에 넣는다. 모든 저장 명령은 누산기의 데이터를 RAM에 저장한다. 뺄셈 같은 이항연산(피연산자가 두 개인 연산)에서 CPU는 첫 피연산자를 누산기에서 가져오고, 둘째 피연산자는 적재 명령에서처럼 RAM에서

직접 가져온다.

누산기 아키텍처는 구현하기가 비교적 간단하다. 명령어 집합도 단순하다. 적재, 저장, 연산 명령은 모두 피연산자(인수)가 하나뿐이다. 예를 들어 주소 '$50A3_{16}$'과 '$463F_{16}$'에 저장된 수들을 더할 때는 먼저 첫 주소의 내용을 누산기에 적재하고, 그런 다음 둘째 주소의 내용을 누산기에 더하는 '누적 덧셈(accumulative add)' 명령어 `AADD`를 실행한다.

```
LOAD $50A3
AADD $463F
```

이 두 명령의 실행이 끝나면 누산기에는 덧셈 결과가 들어있다.

누산기 아키텍처는 구조가 단순한 대신 효율성이 떨어진다. 데이터가 필요할 때마다 매번 CPU에 데이터에 넣고 빼야 하기 때문이다. 일반석으로 RAM이 CPU보다 느리므로, 이런 방식에서는 시스템 전체의 속도가 느려질 수 있다. 이런 속도 저하를 방지하는 데에는 CPU 안에 사용자 레지스터들을 더 집어넣는 것이 도움이 된다. 레지스터들이 더 있으면 한 번에 여러 조각의 데이터를 CPU로 가져올 수 있으므로, RAM에 여러 번 접근하지 않고도 여러 가지 계산을 수행할 수 있다. 1980년대의 8비트 컴퓨터에는 이런 여분의 사용자 레지스터가 몇 개 없었다. 하지만 요즘 컴퓨터에는 사용자 레지스터가 수십 개, 심지어 수백 개다.

특히 과학용 수치 계산 프로그램을 작성하는 어셈블리 프로그래머들은 계산 시작 시점에서 관련 데이터 **전체**가 다수의 레지스터에 적재되게 하려고 노력한다. 그렇게 하면 추가 메모리 접근 없이도 CPU 안에서 엄청난 양의 수치를 처리할 수 있다. 사용자 레지스터가 많으면 어떤 면에서는 어셈블리 프로그래밍이 더 쉬워진다. 특히, 더 빠른 프로그램을 작성하기가 편하다.

하지만 CPU의 사용자 레지스터 개수를 무작정 늘릴 수는 없다. 성능과 비용의 절충 관계를 생각해야 한다. 레지스터에는 실리콘이 많이 필요하므로, 레지스터가 많으면 설계 비용과 제조 비용이 증가한다. 게다가 칩이 더 커지고 에너지도 많이 소비한다. 또한 명령어 집합이 복잡해짐에 따라 제어 장치(CU)도 복잡해져서, 역시 설계 비용과 제조 비용이 증가한다. 게다가 어셈블리 프로그래밍도 복잡해져서, 인간 프로그래머에게나 어셈블러에나 부담이 된다. 사용자 레지스터가 많으면 적재, 저장, 산술 연산 명령들에는 사용할 레지스터를 지정하는 또 다른 피연산자가 필요해진다. 이를테면 다음과 같다.

```
LOAD   X, $50A3    // 주소 50A3의 내용을 레지스터 X에 적재
STORE  $463F, Y    // 레지스터 Y(의 내용)를 주소 463F에 저장
ADD    Z, $463F, Y // 레지스터 Y와 주소 463F의 내용을 더해서 레지스터 Z에 저장
```

두 접근 방식을 동시에 채용한 아키텍처도 있다. 그런 아키텍처는 전용 누산기 아키텍처와 누산적 산술 연산 명령어들을 제공함과 동시에 일단의 정규 사용자 레지스터 집합을 제공한다. 이런 아키텍처에서 어셈블리 프로그래머는 더 빠르고 단순한 누산기 전용 명령어들의 장점을 취하면서도, 필요하다면 다른 사용자 레지스터들을 활용하는 유연성도 가질 수 있다.

8.2 명령어 개수

CPU에서 사용할 수 있는 일단의 명령어를 통칭해서 CPU의 **명령어 집합 아키텍처**(instruction set architecture, ISA)라고 부른다. ISA는 프로그래머가 볼 수 있고 사용할 수 있는 것과 CPU 설계자가 구현해야 하는 것 사이의 인터페이스(접촉면)를 정의한다. 다른 인터페이스와 마찬가지로, ISA의 설계에는 여러 절충점(trade-off)이 있다. 주된 절충점은 어셈블리 언어 프로그래머(오늘날에는 컴파일러 작성자일 가능성이 크다)의 삶을 쉽고 즐겁게 만드는 것과 디지털 논리 구현자의 삶을 쉽고 버그 없이 만드는 것 사이의 선택이다. 인간의 사고방식을 반영한 명령어들로 ISA를 정의한다면 프로그래밍과 컴파일러 작성이 쉬워지지만, 디지털 논리를 구현하기는 어려울 수 있다. 반대로, 디지털 논리로 구현하기 쉬운 명령어들로 ISA를 정의하면 하드웨어 구현과 테스트가 쉽지만 프로그래밍이나 컴파일은 쉽지 않을 것이다. 또한, 어셈블리 프로그래머를 만족시키는 것과 컴파일러 작성자를 만족시키는 것 사이에도 절충점이 존재한다.

역사적으로 CISC와 RISC는 상반되는 두 가지 아키텍처 철학을 반영한다. 사실 대부분의 시스템에는 두 방식의 요소들이 적당히 혼합되어 있다. 하지만 CISC와 RISC의 구분은 여전히 우리의 사고를 구조화하는 데 유용하다. 실제 설계의 어떤 측면이 좀 더 "CISC 같다"라거나 "RISC 스타일이다"라고 말할 수 있다는 것은 의미 있는 일이다.

'시스크'라고 발음하는 *CISC*는 *complex instruction set computing*을 줄인 것이다. 즉, CISC는 '복잡 명령어 집합 컴퓨팅'을 뜻한다. CISC는 ISA의 명령어 종류가 많은 것이 특징이다. CISC에서는 기본 명령어들을 그 용법이나 용도에 따라 더 구체적인 명령어들로 변형해서 명령어 집합에 포함한다. 예를 들어 적재, 저장, 덧셈 같은 연산을 각자 다른 방식으로 수행하는 여러 명령어가 있다. 또한, 지금까지 보았던 산술 연산보다 훨씬 복잡한 연산(과학용 계산기에서 볼 수 있는 생소한 함수 등)이

나 신호 처리, 암호화에 필요한 연산 등 좀 더 구체적인 연산을 위한 전용 명령어를 가진 CISC 아키텍처도 있다.

CISC의 반대인 *RISC*는 *reduced instruction set computing*(축소 명령어 집합 컴퓨팅)을 줄인 것이다. RISC의 기본 철학은 이런 것이다. 하드웨어는 다루기 까다롭고 개발 비용이 많이 들며 디버깅이 어려우므로, 프로세서를 최대한 간단하고 평범하게 만들어야 한다. 하드웨어보다는 소프트웨어가 훨씬 다루기 쉽고 저렴하므로 오류가 발생하기 쉬운 작업은 모두 소프트웨어에 맡기는 것이 이득이다. 이런 철학에 따라, CISC에서는 하나의 복잡한 명령어로 수행하는 일을 RISC에는 단순한 기본 명령어 여러 개를 이용해서 수행한다. 목표는, 각 명령어가 단순하다는 장점을 잘 살려서, 명령어 여러 개가 CISC 명령어 하나보다 더 빠르게 실행되게 하는 것이다.

8.3 명령어 지속 시간

제7장에서 구현한 베이비 컴퓨터에서 제어 장치(CU)는 자신이 발생시키는 이벤트들과 독립적으로 작동하는 규칙적인 반복적인 카운터 주기(cycle)에 기반한다. 일단 발동된 카운터는 미리 정해진 고정된 순서에 따라 작동할 뿐, CPU의 다른 부분이 하는 일에는 영향을 받지 않는다. CPU의 다른 부분의 상태에 대한 피드백이 카운터에 전혀 주어지지 않는다는 점에서 이를 열린 루프(open-loop) 아키텍처 혹은 개루프 아키텍처라고 부른다. 열린 루프 아키텍처는 이런 독립성 덕분에 설계와 디버깅이 상대적으로 쉽다. 앞에서 베이비 컴퓨터에 이 방식을 채택한 이유도 이것이다. 해석기관(Analytical Engine)의 규칙적으로 회전하는 배럴 기반 CU 역시 이 방식을 따른다.

반면에 닫힌 루프(closed-loop) 아키텍처 혹은 폐루프 아키텍처에서는 중앙 카운터가 트리거들의 타이밍을 설정하지 않는다. 트리거 발동은 개별 작업 단계가 책임진다. 즉, 한 작업 단계가 다음 단계로 넘어갈 준비가 되면 직접 트리거를 발동한다. 예를 들어 중앙 카운터가 해독 단계를 발동하는 것이 아니라, 명령의 인출이 끝나면 인출 단계가 직접 특정 도선을 활성화해서 다음 단계인 해독 단계를 발동하는 식이다.

이런 닫힌 루프 방식의 장점은, 다른 명령어들보다 단순한 일부 명령어를 좀 더 빨리 끝낼 수 있다는 것이다. 그런 명령어는 자신의 작업에 필요한 틱들만 사용한 후, 완료 즉시 다음 명령어를 발동할 수 있으므로, CPU가 아무것도 하지 않고 기다리는 시간이 줄어든다. 예를 들어 베이비 구현에서 SUB나 LDN 같은 명령어는 네 번째 틱에서 비로소 작업이 끝나지만, JMP 같은 다른 명령어는 네 번째 틱에서 아무 일도 하지 않는다.

열린 루프 방식은 주로 RISC에 쓰인다. 이는 RISC가 모든 명령어를 단순하고 빠르게 만드는 데 중점을 두기 때문이다. 반면에 닫힌 루프 방식은 CISC와 연관된다. CISC는 복잡한 작업을 수행하고 완료하는 데 다수의 틱이 필요한 명령어와 짧고 빠른 명령어를 모두 하나의 명령어 집합에 포함하기 때문이다.

8.4 여러 가지 주소 지정 모드

RISC와 CISC는 하나의 명령이 얼마만큼의 작업을 수행해야 하는지, 그리고 각 명령어의 서로 다른 버전을 몇 개나 제공해야 하는지에 대한 관점이 아주 다르다. 특히, 메모리 접근과 산술 연산의 조합과 관련해서 얼마나 많은 버전을 만들어 내는가에서 차이가 크다.

RISC는 메모리 접근 명령어와 산술 연산 명령어를 깔끔하게 분리하여 명령어 집합의 크기를 줄이는 것을 목표로 한다. 예를 들어 수치 두 개를 더하는 프로그램의 경우 RISC에서는 수치를 레지스터에 적재하는 명령어를 두 번 사용해서 두 수치를 두 레지스터에 넣고, 덧셈 명령어 하나를 이용해서 두 수치를 더하고(결과는 레지스터에 들어간다), 마지막으로 메모리 저장 명령어를 이용해서 레지스터에 담긴 결과를 메모리에 저장한다. 다음에서 보듯이 세 종류의 명령어와 네 개의 명령이 필요하다.

```
LOAD   R1 $50A3   // 주소 50A3의 값을 R1 레지스터에 적재
LOAD   R2 $463F   // 주소 463F의 값을 R2 레지스터에 적재
ADD    R3 R1 R2   // R1과 R2를 더한 결과를 레지스터 R3에 저장
STORE  $A4B5 R3   // 레지스터 R3의 결과를 주소 A4B5에 저장
```

흔히 이러한 메모리 접근과 산술의 분리를 RISC의 핵심 특징으로 간주한다.

반면 CISC는 프로그래머의 편의를 위해 ADD 명령어의 다양한 변형을 제공하는 것을 목표로 한다. 예를 들어 단순히 두 레지스터의 내용을 더하는 ADD 외에, 메모리에서 값을 가져와서 레지스터의 값과 더하는 ADDM("add from memory") 같은 명령어를 추가한다. 이런 명령어가 있으면 앞의 네 줄짜리 RISC 프로그램을 다음과 같이 단 한 줄의 명령으로 구현할 수 있다.

```
ADDM   $A4B5 $50A3 $463F
```

이 프로그램을 "메모리 주소 $50A3_{16}$과 $463F_{16}$에 저장된 수치들을 더하고 그 결과를 주소 $A4B5_{16}$

에 저장한다"로 해석할 수 있다. 이런 방식에서는 어셈블리 프로그래머의 일이 간단해진다. 대신에 아키텍처 설계자는 이런 추가적인 명령어를 해독하기 위한 디지털 논리 구조를 디코더(해독기)에 추가해야 하며, 적재와 산술, 저장 작업이 제 순서대로 진행되게 하기 위한 디지털 논리 구조를 CU에 추가해야 한다(RISC에서는 그런 순서를 프로그래머가 코드에 명시적으로 지정한다). 흔히 이러한 통합적인 설계를 CISC의 핵심 특징으로 간주한다.

CISC 스타일의 ISA에는 한 메모리 장소($50A3_{16}$)의 내용을 한 레지스터(R1)의 내용에 더하고 그 결과를 한 레지스터(R3)에 저장하는 명령어 같은 또 다른 변형도 있을 수 있다. 다음이 그러한 예다.

```
ADDRMR R3 $50A3 R1
```

더 나아가서, 한 메모리 장소($50A3_{16}$)의 내용을 한 레지스터(R1)의 내용에 더하고 그 결과를 한 메모리 장소($A4B5_{16}$)에 저장하는 명령어도 있을 수 있다.

```
ADDRMR $A4B5 $50A3 R1
```

간접 주소 지정(indirect addressing)도 명령어의 종류를 늘리는 데 흔히 쓰이는 방법이다. 간접 주소 지정 명령어의 피연산자는 사용할 값을 담은 메모리 주소가 아니라, 그런 **메모리 주소를 담은 메모리 주소**다. 다음 예를 보자.

```
ADDI    $A4B5 $50A3 $463F
```

이 프로그램은 "주소 $50A3_{16}$이 가리키는 주소에 담긴 값을 주소 $463F_{16}$이 가리키는 주소에 담긴 값과 더하고 그 결과를 $A4B5_{16}$이 가리키는 주소에 저장한다"라는 뜻이다. 이런 명령어는 아주 복잡하다. $50A3_{16}$과 $463F_{16}$의 값을 레지스터들에 적재한 후 그 값들을 주소로 해석해서 다시 해당 주소들의 값들을 적재하고서야 비로소 덧셈을 수행할 수 있다. 결과를 저장할 때도 간접적인 주소 해석이 필요하다. 상당히 복잡하게 느끼겠지만, C처럼 **포인터**를 사용하는 고급 언어의 프로그램을 컴파일할 때 아주 흔히 쓰이는 유용한 명령어다. 아키텍처에 이런 간접 연산 명령어가 있으면, 고수준 언어의 포인터 연산을 하드웨어에서 아주 빠르고 효율적으로 구현할 수 있다.

물론 간접 연산 명령어에도 다양한 변형이 존재한다. 다음은 인수(피연산자) 하나에만 간접 주소 지정을 적용하고, 덧셈 결과를 레지스터에 직접 저장하는 예다.

```
ADDIR   $A4B5 $50A3 R1
```

그 밖에도 레지스터의 내용을 메모리 주소로 사용한다거나 주소의 주소의 주소를 사용하는 식으로 간접 수준을 늘린 명령어도 상상할 수 있겠다.

색인 주소 지정(index addressing)이라고도 하는 **오프셋 주소 지정**(offset addressing)을 이용한 명령어들도 ISA에 흔히 포함된다. 오프셋 주소 지정은 어셈블리 프로그래머들이 성능을 위해 다수의 변수를 서로 가까운 메모리 장소들에 저장하고자 하는 경우가 많다는 점에서 착안한 것이다. 만일 그런 변수들이 모여있는 영역의 시작 주소를 지정하는 명령어가 있다면, 그리고 그 시작 주소와의 **차이**만 지정해서 특정 주소를 지칭할 수 있다면 그런 어셈블리 프로그램을 짜기가 쉬워진다. 이를테면 0_{16}, 1_{16}, 2_{16}, 3_{16} 같은 오프셋만 지정해서 첫째, 둘째, 셋째 변수를 참조할 수 있다면 말이다. 다음은 이를 위한 새로운 오프셋 주소 지정 명령어들을 사용하는 예다.

```
SETOFFSET $A7B2
ADDOOO $2 $0 $1
```

이 프로그램은 $A7B2_{16}$와 $A7B3_{16}$에 담긴 수치들을 더하고 그 결과를 $A7B4_{16}$에 저장한다.

오프셋 주소 지정은 1980년대에, 주소 공간은 16비트이지만 워드는 8비트 크기인 컴퓨터를 다루는 어셈블리 프로그래머에게 특히나 도움이 되었다. 그런 컴퓨터에서 16비트 주소를 지정하려면 매번 워드 두 개와 레지스터 두 개가 필요하지만, 오프셋 주소 지정이 있으면 그런 불편함과 비효율성을 피할 수 있다. 오프셋 주소 지정 방식에서는 전체 메모리를 각각 주소 256개로 이루어진 **페이지** 256개로 분할한다. 한 페이지 안의 주소들만 다루면 되는 경우에는 워드 하나로 주소를 지정할 수 있다. 예를 들어 $A7B4_{16}$은 페이지 $A7_{16}$에 있는 주소 $B4_{16}$으로 간주할 수 있는 것이다.

오프셋 주소 지정은 흔히 오프셋을 저장할 또 다른 레지스터를 CPU 설계에 추가해서 구현한다. 이후 오프셋 주소 지정 명령을 실행할 때면 그 레지스터의 값을 다른 피연산자와 결합해서 주소를 완성한다.

이런 모든 변형 명령어를 포함하면 명령어 집합이 아주 커질 것은 자명하다. 앞에서는 `ADD`의 변형들만 고려했지만, 일관성을 위해서는 다른 **모든** 산술 연산 명령어의 변형들도 ISA에 추가해야 한다. 그러면 명령어 집합의 명령어 개수가 수백 개가 넘어가게 된다.

8.5 서브루틴

서브루틴subroutine은 메모리의 어딘가 있는 한 조각의 코드를 뜻하는 용어다. 서브프로그램, 프로시저, 함수 등 다른 이름도 많다. 주 프로그램이 그러한 코드 조각을 **호출**(call)하면 프로그램 실행 위치가 그 코드 조각으로 점프한다. 그리고 코드 조각의 실행이 끝나면 실행의 흐름이 주 프로그램으로 **반환**(return)된다(또는 **복귀**한다). 이 반환 혹은 복귀는 goto처럼 원래의 호출 지점을 잊어버리는 단순 점프와 구별되는 특징이다. 서브루틴은 1950년경 모리스 윌크스Maurice Wilkes와 그의 팀이 고안했다는 것이 정설이다.

초창기 고수준 언어들에서는 서브루틴 호출이 한 번에 한 수준 깊이까지만 가능했다. 즉, 주 프로그램에서 서브루틴을 호출할 수는 있지만 그 서브루틴에서 다른 서브루틴을 호출할 수는 없었다. 좀 더 현대적인 고수준 언어들에서는 서브루틴이 다른 서브루틴을 계층적으로 호출할 수 있다. 심지어는 서브루틴이 자기 자신을 호출하는 **재귀**(recursion) 호출도 가능하다. 이러한 다수준 호출 기능은 복잡성을 캡슐화하는 데 도움이 된다.

서브루틴이라는 이름은 주로 아키텍처나 어셈블리 언어의 수준에서 쓰이고, 고수준 언어에서는 다른 이름들이 쓰인다. 역사적인 이유로 고수준 언어들은 공식적으로 정의되거나 일관되게 사용된 적이 없는, 다른 언어에서는 다른 뜻으로 쓰이는 나름의 용어를 사용하기도 한다. 다음은 서브루틴의 여러 이름과 정의인데, 정의 부분은 만일 언어 설계자들이 해당 용어를 일관되게 사용했다면 어떤 의미였을지를 내가 최선을 다해 추측한 것이다.

함수

함수(function)는 고도로 형식화된 함수형 프로그래밍 언어들에서 흔히 사용하는 개념인 만큼 형식적으로 정의하기가 가장 쉽다. 함수는 인수(argument)들을 입력받고 하나의 결과 값을 돌려주는 수학적 객체다. 이때 (이상적으로는) 오직 입력들로부터만 결과를 계산한다. 그 외의 다른 요소는 결과의 계산에 개입하지 않는다. 함수는 **부수 효과**(side effect; 또는 부작용)가 없어야 한다. 이는 함수가 다른 어떤 것에 영향을 미쳐서는 안 된다는 뜻이다.

프로시저

프로시저procedure는 일부 언어에서 서브루틴을 부르는 이름으로, 입력이 있을 수도 있고 없을 수도 있다. 그리고 대체로 결과는 반환하지 않는다. 즉, 프로시저는 오직 부수 효과만을 위해 쓰인다. 오래된 언어에서는 호출 수준이 1로 제한되기도 한다. 즉, 한 프로시저에서 다른 프로시저를 호출할 수 없다.

메서드

메서드method는 객체 지향 프로그래밍과 관련한 개념으로, 객체(object)와 연관된 서브루틴이다. 메서드는 함수처럼 값을 반환할 수 있고, 프로시저처럼 부수 효과를 가질 수 있다.

이상의 모든 이름은 실제 프로그래밍 언어들에서 많이 남용되고 혼란을 일으킨다. 예를 들어 부수 효과가 있고 값을 반환하지 않는 서브루틴도 '함수'라고 부르는 언어가 많다. 대체로 함수형 프로그래밍 언어들은 수학적 개념을 엄격히 따르지만, 부수 효과를 허용하는 함수형 프로그래밍 언어도 있다.

그럼 서브루틴을 구현하는 방법으로 넘어가자.

8.5.1 스택 없는 아키텍처

서브루틴을 추가 하드웨어나 명령어 없이 순전히 소프트웨어로만 구현하는 것도 가능하다. 기본적으로는 점프 명령어를 사용하되, 반환 주소를 추적하기 위한 규약을 정해서 지키면 된다. 하지만 이 방법은 프로그래머에게 큰 노력을 요구할 뿐만 아니라 컴퓨터의 처리 속도도 느리다.

그래서 ENIAC 등 초기의 서브루틴 지원 아키텍처들은 호출과 반환을 위한 전용 CPU 명령어를 추가하고, 이를 위한 간단한 하드웨어를 CPU에 탑재했다. 이때 쓰인 한 가지 접근 방식은 반환 주소를 담을 하나의 장소를 하드웨어에 마련하는 것이다. 반환 주소 저장에 특화된 전용 내부 레지스터를 CPU에 내장하는 것은 쉬운 일이다. 이를 통해 주 프로그램은 한 번에 하나의 서브루틴을 호출하고 반환할 수 있다. 하지만 서브루틴 안에서 다른 서브루틴을 호출할 수는 없다. 호출할 때마다 단일 반환 주소가 덮어쓰여지므로, 원래의 복귀 지점이 사라진다.

서브루틴이 다른 서브루틴을 호출하게 하는(서브루틴 자신을 재귀적으로 호출하는 것도 포함해서) 한 가지 방법은 아키텍처에 하드웨어 스택을 추가하는 것이다.

8.5.2 스택 아키텍처

스택stack은 두 가지 연산을 지원하는 간단한 자료구조다. 두 연산은 넣기(push; 밀어 넣기)와 뽑기(pop)다. 책상의 서류 더미를 연상하면 쉽다. 새 서류가 오면 더미 위에 그 서류를 얹는다. 이것이 **넣기** 연산이다.[1] 서류가 필요하면 서류 더미 제일 위의 서류를 집어 든다. 이것이 **뽑기** 연산인데, 스

---

1 [옮긴이] push/pop과 밀어 넣기/뽑기라는 용어는 서류 더미보다는 예전에(어쩌면 지금도) 버스나 편의점 등에서 사용하던, 스프링 달린 수직 동전 수납함을 연상하는 것이 이해하기 쉬울 것이다. 또는 뷔페의 접시 더미를 연상할 수도 있겠다.

택에서는 오직 더미의 제일 위 항목만 뽑을 수 있다는 점이 중요하다. 더미(스택)의 더 아래에 있는 항목을 직접 뽑을 수는 없다.

스택을 이용하면 중첩된 서브루틴 호출의 반환 주소 전체를 추적하는(track) 것이 가능하다. 서브루틴이 호출될 때마다 해당 반환 주소를 스택에 넣는다. 복귀할 때가 되면 스택에서 반환 주소를 뽑아서 프로그램 카운터를 설정하는 데 사용한다.

이런 서브루틴 추적 방식은 재귀 호출에 특히나 유용하다. 재귀 실행 중에는 스택이 매우 커질 수 있다. 서브루틴의 실행이 완료되어 스택 최상위에서 데이터가 뽑힘에 따라 스택은 다시 줄어든다. 하지만 호출이 중첩되다 보면 스택이 미처 줄어들 새 없이 계속 커져서 급기야는 스택 공간이 부족해진다. 이러한 실패 조건을 **스택 넘침**(stack overflow) 또는 스택 오버플로라고 부른다. 스택으로 사용하도록 할당해 둔 특정 메모리 공간이 부족해져서 스택의 범위를 지나친 곳에 데이터를 기록하려 히면 프로그램은 이런 스택 넘침 오류를 낸다. 스택 넘침 오류는 프로그램에 뭔가 버그가 있어서 함수가 자신을 호출하는 루프나 두 함수가 서로를 호출하는 루프가 무한히 반복될 때 흔히 발생한다. 현대적인 컴퓨터에서는 스택을 예전보다 훨씬 적은 자원으로 구현할 수 있기 때문에, 스택은 서브루틴의 반환 주소를 저장하는 표준적인 수단으로 자리 잡았다.

하드웨어 스택은 8비트 시대부터 지금까지 대부분의 현대적 컴퓨터에 쓰인다. 하드웨어 스택은 스택 자료구조의 개념을 하드웨어 디지털 논리로 구현한 것으로, 임의의 서브루틴 호출을 좀 더 빠르고 안전하게 수행한다. 이러한 스택 아키텍처에는 추가적인 **스택 포인터 레지스터**가 있다. 이것은 스택의 최상위 항목을 가리키는 내부 레지스터다. 스택 자체는 일반적으로 RAM의 일부 영역에 저장되는데, 이 RAM 영역에 대한 접근은 하드웨어 수준에서 제한되는 경우가 많다. 예를 들어 흔히 스택 아키텍처에는 사용자의 모든 적재 및 저장 명령을 검사하는 전용 디지털 논리가 있어서 사용자가 스택 RAM 영역에 접근하는 것을 막는다. 이런 장치는 악의적인 프로그래머가 스택을 조작하는 시도를 방지해준다.

일부 스택 아키텍처는 스택의 내부 작동 방식을 사용자에게 노출하지 않는다. 그런 아키텍처의 명령어 집합에는 서브루틴과 관련해서 새로운 호출 및 반환 스타일의 명령어들만 있다. 호출 명령이 실행되면 디지털 논리가 자동으로 프로그램 카운터를 스택에 넣고 스택 포인터를 증가한 후 해당 서브루틴으로 점프한다. 마찬가지로 반환 명령은 프로그램 카운터를 뽑고 스택 포인터를 감소한 후 서브루틴을 호출한 지점으로 돌아간다.

그렇지 않은 스택 아키텍처는 호출 및 반환 명령어를 제공할 뿐만 아니라 스택의 내용을 사용자에게 완전히 공개한다. 예를 들어 PHA(PusH Accumulator)와 POPA(POP Accumulator) 같은 명령어를 제공하는 아키텍처들이 있다. 전자는 누산기의 내용을 스택에 넣고 스택 포인터를 증가하고, 후자는 스택의 내용을 뽑아서 누산기에 넣고 스택 포인터를 감소한다. 이런 설계에서는 반환 주소와 함께 서브루틴의 인수(argument)들도 스택에 넣어서 서브루틴에 전달한다.

> **호출 규약**
>
> 서브루틴을 지원하기 위해 아키텍처가 스택을 사용하든 사용하지 않든, 프로그램의 여러 부분이 인수들을 주고받으면서 정확하게 작동하려면 프로그래머가 하나의 **호출 규약**(calling convention)을 일관되게 지켜야 한다. 이 점은 미리 만들어진 범용 서브루틴 라이브러리를 활용해서 프로그램을 짤 때처럼 서브루틴 작성자와 그것을 호출하는 코드의 작성자가 다를 때 특히나 중요하다. 다음은 호출 규약에 흔히 포함되는 항목들이다.
>
> - 인수, 반환값(return value), 반환 주소를 어디에 둘 것인가? 레지스터에 둘 수도 있고 호출 스택에 둘 수도 있으며 둘 다에 둘 수도 있다. 또는 다른 어떤 메모리 구조에 둘 수도 있다.
> - 인수들을 어떤 순서로, 어떤 형식(format)으로 전달할 것인가?
> - 호출 대상(callee)이 반환값을 호출자(caller)에게 어떻게 전달할 것인가? 레지스터를 사용할 수도 있고, 호출 스택을 이용할 수도 있고, RAM의 다른 어딘가에 둘 수도 있다.
> - 함수 호출 전 준비 작업과 호출 후의 정리 작업을 호출자와 호출 대상이 어떻게 분담하는가?
> - 인수를 설명하는 메타데이터도 함께 전달할 것인가? 전달한다면 어떻게 전달하는가?
>
> 호출 규약은 CPU 아키텍처의 일부가 아니라 프로그래머들 사이의 사회적 합의사항이다. 하나의 아키텍처에 대해 서로 다른 여러 호출 규약을 함께 사용할 수 있다. 하지만 CPU 설계자가 특정한 규약 하나를 직접 제안하기도 한다. 주로는 사용자들 사이의 파편화를 막기 위해서다. 반대로, 프로그래머마다 자신만의 규약을 만들다 보니 여러 프로그램을 연동시켜야 할 때 인터페이스와 관련해서 '표준 전쟁'이 벌어지기도 한다.
>
> 호출 규약은 또한 현대적인 고수준 언어와 컴파일러 사이의 호환성을 위한 추가 특징도 정의한다. 예를 들어, C와 C++은 서로 다른 언어이지만, 각 프로그램을 동일한 호출 규약에 따라 컴파일해서 실행 코드를 만든다면 상대방 언어로 만들어진 서브루틴을 링크하고 호출할 수 있다.

8.6 부동소수점 처리장치(FPU)

2장에서 살펴보았듯이 부동소수점 수는 부호 하나와 지수 하나, 가수 하나로 표현된다. **부동소수점 레지스터**(floating-point register)는 그런 데이터 표현을 저장하도록 특별히 설계된 사용자 레지스터로, 짐작했겠지만 부동소수점 산술 연산에 쓰인다.

이러한 표현에 대한 산술 연산은 지금까지 다룬 정수에 대한 산술 논리 장치(ALU)의 연산보다 복잡하다. 예를 들어, 두 부동소수점 수를 곱하려면 가수를 곱하고 지수를 더한 뒤 부호를 곱해야 한다. 두 부동소수점 수를 더하려면 두 지수의 차이만큼 한 가수를 자리이동한 후 두 가수를 더해야 하며, 필요하다면 다시 자리이동하고 지수를 갱신해야 한다. 나눗셈의 경우 큰 수를 작은 수로 나눌 때 오류가 발생하기 쉽다. 또한 무한대나 NaN(not a number; 수가 아님)처럼 유효하지 않은 수가 산출되는 특별한 사례들도 있다.

이 모든 부동소수점 산술 연산을, 단순 기계 스타일의 ALU 산술 연산들을 조합하고 새로운 디지털 논리 부품들을 도입해서 구현하는 것이 가능하다. 그렇게 만든 구조를 **부동소수점 처리장치**(floating-point unit, FPU)라고 부른다. FPU는 복잡한 디지털 논리 부품이다. 설계 비용이 높고 실리콘 면적을 많이 차지하며 버그가 생기기도 쉽다. 실제 사례로, 1994년에 인텔은 펜티엄 칩의 FPU 구현에 실수를 저질렀다. 제품 회수와 평판 손상으로 인한 비용이 5억 달러에 달했다.

FPU는 1980년대에 처음 등장했다. 초기에 FPU는 CPU에 내장된 부품이 아니라, 필요하면 구매해서 장착하는 추가적인 칩이었다. 예를 들어 인텔 8086 CPU에는 FPU가 없었고, 필요하다면 FPU 칩인 8087을 추가하는 방식이었다. 요즘은 FPU가 CPU에 내장되어서 ALU와 유사하게 작동한다.

최신 FPU의 전용 레지스터와 명령어가 어떤 모습인지 보고 싶다면, amd64 레퍼런스 매뉴얼 제3권을 보기 바란다(책 한 권 분량이다). amd64 자체는 이 책의 제13장에서 만나게 될 것이다.

8.7 파이프라이닝

지금까지의 내용에는 프로그래머가 어셈블리 언어로 프로그램을 작성하고, 그것을 기계어 코드로 컴파일하고, 그 기계어 코드를 처음부터 끝까지(가끔은 분기 및 루프와 함께) 실행한다는 가정이 깔려 있었다. 기본적으로 CPU는 한 번에 하나의 명령어를 인출해서 실행한 후 다음 명령어를 실행한다. 하지만 대부분의 현대적 CPU는 이와는 다르게 작동한다. 한 번에 하나씩이 아니라 여러 개의 명령어를 병렬로 실행한다. 여러 형태의 병렬성을 제15장에서 살펴볼 것이다. 여기서는 CPU에서 작동하는 **명령어 수준 병렬성**(instruction-level parallelism)만 이야기하겠다.

32비트 시대에 등장한 명령어 수준 병렬성의 한 형태로 **파이프라이닝**pipelining 혹은 **파이프라인화**가 있다. 여기서 파이프라인은 제조업의 파이프라인을 빗댄 것이다. 마치 공장의 생산 라인에서 여러 명의 작업자가 동시에 일을 하듯이([그림 8-1]은 1913년 포드사 자동차 조립 공장의 모습이다), CPU의 여러 부분이 각자 명령어를 수행한다.

그림 8-1 포드사의 1913년 자동차 생산 라인.

포드사는 각 작업자에게 전문화된 한 종류의 작업을 할당하고, 컨베이어 벨트를 따라 고정된 위치에 배치했다. 자동차 부품들이 컨베이어 벨트에 실려 이동하면, 각 작업자는 차례로 각 자동차 부품에 대해 자신이 맡은 작업을 수행했다.

포드사의 자동차 부품들이 기계어 코드 프로그램의 명령들이고, 그 명령들이 생산 라인을 따라 차례로 실행된다고 상상하기 바란다. 인간 작업자들 대신 CPU의 여러 부품이 명령어를 인출하고, 해독하고, 실행한다. 프로그램이 총 20행이고 점프나 분기가 없다고 가정하자. 지금까지 살펴본 CPU 설계는 생산 라인에 놓인 하나의 명령어를 담당 작업자들이 차례로 인출, 해독, 실행하는 방식이다. 한 명령어가 생산 라인의 끝에 도달하면 그다음 명령어가 생산 라인의 시작 위치에 놓인다. 따라서 대부분의 작업자는 명령어가 자신의 앞에 도달할 때까지 대부분의 시간을 아무 일도 하지 않고 허비한다.

한 작업자의 작업이 끝나야 다음 작업자가 작업을 시작하게 하는 대신, 모든 작업자가 쉼 없이 작업을 수행하게 한다면 효율이 훨씬 좋아질 것이다. 컨베이어 벨트를 명령들로 꽉 채우면 된다. 즉, 한 작업자가 한 명령을 실행하는 동안 다른 작업자는 그다음 명령을 해독하고, 그와 동시에 또 다른 작업자가 그다음 다음 명령을 인출하는 식이다.

CPU의 작업을 이런 여러 단계로 분할하는 방법은 아키텍처의 유형에 따라 여러 가지다. 전통적인 아키텍처에서는 인출, 해독, 실행 단계로 구분한다. 우리의 LogiSim 베이비 구현은 하나의 인출-해독-실행 주기를 다섯 틱으로 실행했다. 현대적인 CPU는 세부 단계가 이보다 더 많다. 예를 들어 최신 인텔 프로세서의 파이프라인은 단계 수가 37 정도이다!

디지털 논리의 수준에서 파이프라이닝은 CU가 한 번에 하나의 부품을 발동하는 대신 여러 개의 부품을 동시에 발동하게 함으로써 구현할 수 있다. 파이프라인은 흔히 [그림 8-2]와 같은 형태로 도식화한다.

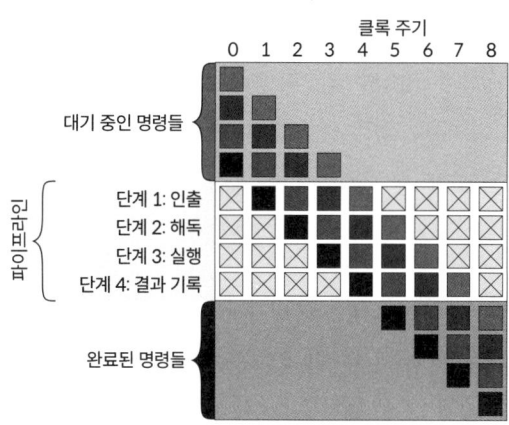

그림 8-2 기본적인 파이프라인에서 명령들이 처리되는 방식을 보여주는 도식.

[그림 8-2]에서 클록 주기는 왼쪽에서 오른쪽으로 진행된다. 그림은 네 개의 명령이 파이프라인을 통과하는 모습을 보여준다. 이것은 동시에 최대 네 개의 명령을 처리할 수 있는 4단계 파이프라인이다(클록 주기 4에서 명령 네 개가 채워졌다). 각 명령은 각자 다른 처리 단계에 있다.

파이프라이닝은 열린 루프의 RISC 아키텍처에서 더 간단하고 효율적이다. 그런 아키텍처에서는 모든 명령어의 실행 지속 시간(duration)이 동일하기 때문에 명령들이 파이프라인을 따라 일정한 속도로 나아갈 수 있다. 반면에 열린 루프의 CISC 아키텍처에서는 실행 시간이 서로 다른 명령어들을 고려해야 하므로 파이프라인 구현이 복잡해지기 쉽다. 게다가 지속 시간이 짧은 명령어와 긴 명령어가 함께 실행되면 파이프라인의 일부가 비기 때문에 효율성도 떨어진다.

8.7.1 해저드(위험 요소)

파이프라인 실행에서 문제가 발생하는 몇 가지 잘 알려진 시나리오가 있다. 이들을 흔히 **해저드**hazard라고 부른다. 이번 절에서는 주요 해저드와 그 해결 방법을 살펴본다.

1 분기 해저드

분기 해저드(branching hazard)가 발생하는 상황은 이런 것이다. 파이프라인의 어딘가에서 `if` 문이 있다. 그 이전 단계들에서 해당 분기의 한 갈래(branch)에 해당하는 결과를 완료했지만, 실제로 `if`

문을 평가해 보니 그와는 다른 갈래를 실행해야 한다. 따라서 이전 단계들에서 처리한 결과는 쓸모가 없어진다. 이처럼, 조건부 분기에 도달할 때 그 조건이 실제로 평가되기까지는 분기의 어떤 갈래를 실행해야 하는지 알 수 없는 상황을 분기 해저드라고 부른다.

2 데이터 해저드

두 명의 작업자가 동일한 메모리 장소에 접근하려고 할 때 문제가 발생할 수 있다. 이를테면 한 작업자는 데이터를 읽으려 하고 다른 작업자는 데이터를 저장하려는 상황을 생각해 보기 바란다. 이런 **데이터 해저드**data hazard는 크게 세 부류로 나뉜다.

쓰기 후 읽기

두 명령어 중 하나는 한 메모리 주소에 값을 쓰려고 하고 다른 하나는 그 주소에서 값을 읽으려 할 때 발생하는 해저드다. 프로그램의 논리상으로는, 읽은 값이 방금 쓴 값과 같아야 한다. 하지만 파이프라이닝 때문에, 쓰기 명령이 RAM을 변경하기도 전에 읽기 명령이 RAM의 값을 읽는 사태가 벌어질 수 있다.

읽기 후 쓰기

이것은 앞의 해저드와 정반대다. 두 명령어 중 하나는 한 메모리 주소에서 값을 읽으려 하고 다른 하나는 그 주소에 새 값을 쓰려고 한다. 하지만 파이프라이닝 때문에, 읽기 연산이 아직 진행 중인데 쓰기 명령이 RAM의 내용을 변경하는 사태가 벌어질 수 있다.

쓰기 후 쓰기

두 쓰기 명령이 같은 주소에 차례로 값을 쓰려고 하는 경우에 발생하는 해저드다. 프로그램의 논리상으로는 첫 명령이 쓰기를 마친 후에 둘째 명령이 쓰기를 진행해야 한다. 따라서 최종 결과는 둘째 명령이 쓴 값이다. 하지만 역시 파이프라이닝 때문에 첫 쓰기가 둘째 쓰기보다 나중에 일어날 수 있다.

3 구조적 해저드

세 번째 유형의 해저드인 **구조적 해저드**(structural hazard)는 여러 단계가 하나의 자원을 두고 동시에 경쟁하는 경우다. 생산 라인의 예에서, 여러 작업자가 공동으로 사용하는 계산기(실물) 하나가 공장의 선반 뒤에 있다고 하자. 작업자 두 명이 이 계산기를 동시에 사용하려 하는 것이 구조적 해저드다. 디지털 CPU에서 이는 두 가지 파이프라인 상태를 각자 계산하는 두 디지털 논리 부품이 동시에 ALU나 메모리에 접근해야 하는 것에 해당한다.

8.7.2 해저드 해결

대체로 파이프라이닝은 모든 종류의 신호 처리(음성, 영상, 무선 신호 등등)에 잘 통한다. 처리할 분기가 많지 않기 때문이다. 그런 분야에서는 같은 유형의 데이터가 실시간으로 파이프라인을 통해 흐르기 마련이며, 그런 데이터가 항상 같은 방식으로 처리된다. 예를 들어, 디지털 TV나 노트북에서 영화를 디코딩하고 디스플레이하는 코덱codec은 그냥 입력된 동영상 및 음성 프레임들을 차례로 디코딩해서 표시하고 재생할 뿐이다. 신호의 내용에 따라 동작을 변경해야 할 필요가 없는 것이 보통이다.

파이프라이닝 해저드는 결과를 지속적으로 확인하고 상태에 따라 흐름을 바꾸어야 하는 계산에서 좀 더 문제가 된다. 여러분의 프로그램이 분기를 사용한다면, 해저드를 해결하는 방법도 고민해야 한다. 조건 없는 점프나 서브루틴 호출도 파이프라이닝에 어느 정도는 영향을 미치지만, 분기가 있는 프로그램만큼은 아니다. 프로그램에서 분기를 사용하려면 그에 따르는 위험을 처리하는 방법을 고민해야 한다. 그럼 몇 가지 일반적인 전략을 살펴보자.

1 해저드를 피하는 프로그래밍

숙련된 어셈블리 프로그래머가 아키텍처를 잘 파악한다면, 여러 해저드를 피하는 코드를 작성하는 것이 가능하다. 주된 접근 방식은, 인접한 명령들이 파이프라인 안에서 서로에 어떤 영향을 미칠 수 있는지 고찰하고, 그런 영향이 줄어들도록 일부 명령들의 순서를 바꾸는 것이다.

하지만 요즘 대부분의 최종 사용자 프로그래머(end-user programmer)[2]는 어셈블리를 직접 다루는 대신 고수준 언어로 프로그램을 작성해서 기계어 코드로 컴파일한다. 그래서 예전에 쓰이던 몇 가지 요령이 컴파일러로 옮겨졌다. 좋은 컴파일러는 생성된 어셈블리 코드를 검사해서 해저드를 유발할 가능성이 있는 부분을 찾아내기도 한다. 또한, 사람 프로그래머가 하는 것과 비슷하게 코드를 수정해서 해저드의 가능성을 줄이기도 한다. 예를 들어 서로 영향을 미치지 않는 명령들의 순서를 바꾸어서, 같은 데이터에 대한 접근이 동시에 일어나지 않게 만드는 것도 가능하다. 물론 이런 최적화 뒤에는 항상 사람이 있다. 컴파일러의 이런 기능은 해저드를 피하는 방법을 깊게 고민한 컴파일러 작성자들 덕분이다.

어떤 ISA는 *NOP* 명령어를 제공하기도 한다. NOP은 'null operation'을 줄인 것으로, 이름 그대로 아무것도 하지 않는다. 하지만 NOP 명령들도 여전히 파이프라인을 통과하면서 시간 슬롯을 차지

---

2 [옮긴이] 최종 사용자 프로그래머 혹은 사용자 프로그래머는 최종 사용자가 사용할 프로그램을 작성하는 프로그래머를 말한다. 커널이나 드라이버, 기반 라이브러리, 컴파일러 등을 작성하는 프로그래머와 구분하기 위한 용어다.

하므로, 해저드를 유발하는 명령들 사이에 삽입해서 명령들 사이의 간격을 넓히는 용도로 사용할 수 있다. 일반적으로 이 방법은 명령들의 순서를 바꾸는 것보다는 사람이 머리를 덜 써도 된다. 대신, 파이프라인에서 NOP들이 처리되는 탓에 실행 속도가 느려진다.

2 스톨링

의도적인 지연을 뜻하는 **스톨링**stalling(**버블링**bubbling이라고도 함)은 그냥 다른 단계가 작업을 완료할 때까지 파이프라인의 결과를 보류하는 것이다. 예를 들어 구조적 해저드 상황에서 두 단계가 동시에 ALU를 사용하려 할 때, 한 단계만 ALU를 사용하도록 하고 다른 단계에는 ALU가 가용 상태가 될 때까지 아무것도 하지 말라고 지시하면 해저드가 해결된다. 생산 라인에 비유하자면 이는 공장에서 작업자가 문제에 직면했을 때 컨베이어 벨트를 멈추는 버튼을 눌러서 문제를 해결할 시간을 확보하는 시스템과 비슷하다.

디지털 CPU에서는 잠재적인 해저드를 미리 감지하는 디지털 논리를 CPU에 도입함으로써 이런 스톨링 기능을 구현할 수 있다. 예를 들어 잠시 후 점프나 분기가 수행될 것을 감지하고는 후속 명령들에 대한 단계 트리거 발동을 일시적으로 중단하는 식이다. 하지만 이는 무거운 해결책이다. 자주 사용하면 속도 저하가 심하다. NOP 삽입에서처럼 해저드 주변에서 전체 파이프라이닝 시스템이 사실상 비활성화되므로, 스톨링이 자주 필요한 상황이라면 차라리 파이프라이닝이 없는 CPU를 사용하는 것이 낫다. 하지만 스톨링은 상대적으로 간단하고 구현이 쉬우므로, 사람의 설계 시간과 실리콘 면적 측면에서는 유리하다.

3 재작업

재작업(redoing work)에서는 잠재적 해저드 명령(해저드를 유발할 가능성이 있는 명령)이 실제로는 해저드를 유발하지 않으리라고 가정하고는 후속 명령들을 정상적으로 진행한다. 만일 실제로 해저드가 발생하면 후속 명령들의 결과를 폐기하고 다시 실행한다.

예를 들어 조건부 분기 명령이 파이프라인에 들어왔다고 하자. 일단은 분기가 발생하지 않는다고 가정하고, 분기 조건을 판정하는 동안 정상적으로 후속 명령들을 인출하고 해독한다. 분기가 발생하지 않았다면 인출하고 해독한 후속 명령들을 계속 실행한다. 하지만 분기가 발생했다면 후속 명령들의 중간 결과를 폐기하고, 분기 대상 주소에서 다른 명령들을 인출하고 해독하기 시작한다.

이 전략이 스톨링보다 효율적이다. 스톨링에서는 **모든** 잠재적 해저드 명령마다 성능이 저하된다. 실제로 해저드가 발생하지 않더라도 말이다. 예를 들어 프로그램에 분기 명령이 100개인데 그중 절반만 실제로 분기한다고 하자. 스톨링 방식에서는 그 100개의 명령 모두에서 지연이 일어나지만, 재작업 방식에서는 50개에서만 지연이 일어난다.

4 조기 실행

조기 실행(eager execution)은 잠시 동안 분기의 두 갈래를 **함께** 실행하고, 분기 조건 판정이 끝나면 두 갈래 중 하나를 취하고 다른 하나를 폐기하는 것이다. 다음 프로그램은 조기 실행의 일반적인 작동 방식을 보여주는 예로, 베이비 어셈블리로 짠 것이다.[3]

```
1: SKN
2: LDN 10
3: LDN 11
```

행 2는 조건 판정 결과에 따라 실행될 수도 있고 아닐 수도 있다. 조기 실행의 경우 파이프라인은 행 1의 분기 명령을 실행하는 동안 행 2와 행 3의 명령들도 인출/해독/실행한다. 이후 행 1의 조건 판정 결과가 밝혀지면 행 2와 행 3 중 하나의 결과를 취하고 다른 것은 폐기한다.

조기 실행을 위해서는, 불확실성이 존재하는 동안 두 갈래의 계산을 병렬로 수행해야 한다. 따라서 물리적 디지털 논리를 두 배로 확장해야 하는데, 그러려면 ALU와 레지스터, 명령 실행을 위한 논리 네트워크들의 복사본이 두 개 필요하다. 그렇긴 해도, 트랜지스터의 밀도에 대한 무어의 법칙이 여전히 지켜진다면 이는 여분의 실리콘을 효과적으로 활용해서 클록 속도를 높이지 않고도 성능을 향상하는 좋은 방법이다.

5 분기 예측

분기 예측(branch prediction) 전략에서는 분기가 발생할지를 분기 명령을 실제로 실행하기 **전에** 예측한다. 그런 예측이 과연 가능할까 하는 생각도 들 것이다. 물론 미래를 완벽하게 예측하는 것은 불가능한 일이다. 하지만 사전 지식을 잘 활용하면, 적어도 완전히 무작위한 추측보다는 잘 예측할 수 있다.

분기 해저드의 경우 재작업 접근 방식은 항상 분기가 발생하지 않으리라고 예측하는 것에 해당한다. 재작업에서는 분기 명령을 실행하는 동안 무조건 다음 주소(현재 분기 명령의 주소 더하기 1)에서

---

[3] [옮긴이] 이것은 조기 실행을 설명하기 위한 예시일 뿐임을 주의하자. 이 코드는 논리적으로는 무의미하다. 조건과 무관하게 결국에는 주소 11의 값이 적재된다. 주소 10과 11 중 하나를 선택적으로 적재하려면 JMP 명령을 적어도 두 개 추가해야 한다.

명령을 인출해서 해독하기 시작한다. 반면에 분기 예측에서는 분기 조건의 결과를 예측해서, 해당 갈래에서만 명령을 인출해서 해독을 시작한다. 그 예측이 틀렸음이 밝혀졌을 때만 작업을 다시 수행한다.

분기 예측은 여전히 활발한 연구 분야다. 여러 전략이 연구되고 있는데, 그중 하나는 항상 분기가 **발생한다**고 가정하는 것이다. 이는 재작업 접근 방식의 반대다. `if` 문에 의해 실행 흐름이 두 갈래로 나뉘는 프로그램을 생각해 보자. 다른 정보가 없다면, 두 갈래 모두 선택 확률은 50 대 50이다. 하지만 실제 기계어 코드에 등장하는 분기들은 대부분 `if` 문이 아니라 루프에 의한 것이다. 그리고 루프의 주된 용도는 어떤 작업을 여러 번 반복하는 것이다. 따라서 루프에 기인한 분기는 대부분의 경우 발생한다. 분기가 발생하지 않는 경우는 루프가 끝날 때 한 번뿐이다.

이 점은 실제 기계어 코드에 대한 대규모 통계 연구가 입증한다. 연구 결과에 따르면 분기는 적게는 50%, 많게는 90%에서 발생한다.

경우에 따라서는 사람 프로그래머나 컴파일러가 어떤 갈래가 선택될지에 대한 힌트를 제공하는 것도 하나의 전략이 된다. 그런 힌트는 어셈블리 코드나 고수준 언어 코드에 사람 프로그래머가 특별한 주석을 추가해서 제공할 수도 있고, 컴파일러가 코드 분석으로 분기를 예측하고 주석을 추가해서 제공할 수도 있다. 예를 들어 컴파일러가 반복 횟수가 명시된 `for` 루프를 분석해서 "이 루프는 100번만 반복됨" 같은 정보를 예측에 활용하는 것도 가능한 일이다. 반면에 임의의 분기 조건을 사용하는 `while` 루프는 예측이 어렵거나 아예 불가능하다.

셋째 접근 방식은 동적 실행 시점 분기 예측(dynamic runtime branch prediction)이다. 이 최첨단 접근 방식에서는 통계 또는 기계학습 분류기(ML classifier)를 구현한 디지털 논리를 CPU에 내장해서 실시간으로 분기를 예측한다. 다른 모든 예측 시스템과 마찬가지로, 이 접근 방식이 효과를 내려면 시간 및 공간에서 인접한 분기 명령에 대한 정보를 아키텍처에 제공하도록 프로그램에 특별한 주석이나 명령을 포함해야 할 수 있다.

좀 더 간단한 전략들도 있는데, 이를테면 사용자 프로그램을 실행하는 동안 각 분기 명령을 관찰해서 분기 빈도를 기록해 두고, 이후 같은 명령이 다시 실행될 때 그 빈도를 분기 예측에 활용하는 방법도 쓰인다.

선형회귀(linear regression)나 신경망 분류기를 디지털 논리로 구현하고 현업에 쓰이는 실제 프로그램들에서 수집한 대량의 기계어 코드로 신경망을 훈련하는 등의 좀 더 본격적인 전략도 있다. 분기 명령 전후의 여러 행에서 옵코드와 피연산자 값을 수집해서 기계어 코드의 다양한 특징을 분류기가 학습하게 만드는 것이 가능하다.

6 피연산자 전달

피연산자 전달(operand forwarding)은 데이터 해저드를 방지하기 위한 기법이다. 이 기법은 흔히 명령의 결과를 다음 명령 또는 인접한 명령의 입력으로 직접 배선하는 디지털 논리를 추가하는 방식으로 구현된다. 다음 프로그램을 생각해 보자.

```
1: ADD R3 R1 R2
2: ADD R4 R3 R1
```

이 프로그램은 R3 = R1 + R2를 계산한 다음에 R4 = R3 + R1을 계산한다. 모든 피연산자는 레지스터다. 2행의 명령은 1행의 명령의 결과가 R3에 저장된 후에야 실행할 수 있음을 주목하자. 그런데 R3에 저장될 값은 1행 명령 실행 중 ALU의 출력선들에서 바로 가져올 수 있다. 굳이 레지스터에 저장된 후에 다시 가져올 필요가 없다. ALU의 출력을 데이터가 필요한 지점(이를테면 ALU의 입력)과 물리적인 도선으로 직접 연결한다면, 결과를 저장한 후 다시 읽는 번거로움 없이 데이터를 바로 사용할 수 있게 된다.

8.8 비순차 실행

비순차 실행(out-of-order execution, OOOE)은 파이프라이닝보다 좀 더 진보된 명령어 수준 병렬성이다. 이름에서 짐작하듯이 비순차 실행은 명령들을 프로그램에 나타난 순서와 다르게 실행하는 것으로, 명령들을 CPU로 가져오는 순서를 실제로 변경한다. OOOE 아키텍처는 1966년 토마술로 알고리즘(Tomasulo's algorithm)에 의해 이론적으로 가능해졌다. 상용화된 것은 1990년대.

OOOE의 핵심은, 순차적인 프로그램의 명령들을 그 순서를 바꾸어서 실행해도 최종 결과는 달라지지 않을 때가 많다는 점에 있다. 예를 들어, 변수에 값을 배정하는 명령문이 여러 개 있다고 할 때, 그 변수들이 실제로 쓰이기 전에는 그런 명령문들의 순서를 바꾸어도 최종 결과에는 영향이 없다. 전체적인 상태는 동일하다. 이 덕분에 파이프라인 해저드를 피하고 프로그램의 효율성이 극대화되도록 명령들의 순서를 자유로이 바꿀 여지가 생긴다. ALU 같은 CPU 하위 구조들이 하나만 있는 아키텍처이든, 아니면 복사본이 여러 개 있는 아키텍처이든, 그런 하위 구조들이 최대한 쉬지 않고 바쁘게 작동하도록 명령들의 순서를 변경함으로써 전체적인 효율성을 높일 수 있다.

다음은 OOOE의 작동 방식을 이해하기 위한 예제 프로그램이다.

```
1: DIV R1 R4 R7
2: ADD R8 R1 R2
3: ADD R5 R5 R9
4: SUB R6 R6 R3
5: ADD R4 R5 R6
6: MUL R7 R8 R4
```

이 프로그램의 명령은 총 여섯 개다. 1행의 명령은 레지스터 R4의 내용을 레지스터 R7의 내용으로 나눈 결과를 레지스터 R1에 저장한다. 이 아키텍처에 나눗셈과 곱셈을 위한 단순 기계들이 있긴 하지만, 덧셈과 뺄셈보다는 느리다고 가정하자. [그림 8-3]의 왼쪽은 명령들 사이의 의존성을 그래프로 나타낸 것이다.

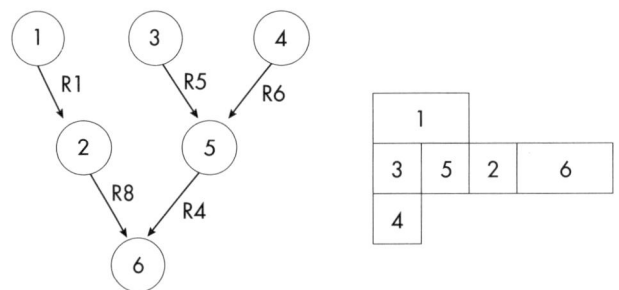

그림 8-3 예제 프로그램의 데이터 흐름 그래프(왼쪽)와 OOOE를 고려한 실행 순서(오른쪽)

의존성의 예로, 2행 명령은 1행 명령이 완료된 후에 실행을 시작해야 한다. 1행 명령이 레지스터 1에 값을 기록하는데, 2행 명령은 그 값을 입력으로 사용한다. 그런데 의존성 그래프를 보면 이 프로그램의 명령들을 꼭 원래 순서대로 실행해야 하는 것은 아님을 알 수 있다. 모든 명령이 각자 자신의 부모 명령보다 나중에 실행된다는 규칙만 지킨다면, 명령들의 순서를 바꾸어도 결과는 동일하다. 다른 말로 하면, 그래프의 화살표들이 유지되는 한, 명령들의 순서를 재배열하거나 여러 명령을 병렬로 실행할 수 있다.

[그림 8-3]의 오른쪽은 가능한 프로그램 실행 일정의 하나다. 실행은 왼쪽 끝에서 시작해서 오른쪽으로 나아간다. 행 1, 3, 4의 명령들은 시작 시 병렬로 실행된다. 5행의 명령은 3행 및 4행의 명령들 이후에 실행되지만, 1행의 명령과는 여전히 병렬로 실행될 수 있다(1행의 명령은 복잡한 나눗셈 연산이라 시간이 더 걸린다). 2행의 명령은 1행의 명령이 끝나야 실행될 수 있다. 6행의 명령(곱셈이라 역시 더 오래 걸린다)은 2행과 5행의 결과가 필요하므로 제일 끝에서 실행된다. 사용 가능한 ALU의

수에 따라서는 이런 실행 일정이나 이와 비슷한 실행 일정이 원 프로그램의 단일한 직렬 실행 일정보다, 심지어는 파이프라인보다도 훨씬 빠르게 실행될 수 있다.

일반적으로 OOOE는 프로그램 실행 도중에 CPU 내부의 디지털 논리 네트워크가 실시간으로 수행한다. 보통의 경우는 프로그램에서 현재 명령 주위의 짧은 구간에 속한 명령들(이를테면 10~20개 정도)만 순서 변경을 고려한다.

NOTE OOOE의 개념을 프로그램 전체의 순서 변경과 병렬화로 확장하면 GPU 데이터 흐름에 도달하게 된다. 이 주제는 제15장에서 다룬다.

8.9 하이퍼스레딩

기초적인 CPU에서, 인출 단계에서는 인출 하드웨어만 활성화되고 해독 단계에서는 디코더만 활성화된다. 마찬가지로 실행 단계에서는 ALU나 CU만 활성화된다. 파이프라이닝과 OOOE는 인출-해독-실행 주기의 각 단계에서 유휴 상태(아무 일도 하지 않는 상태)인 CPU 하드웨어 자원들을 좀 더 잘 활용하기 위한 두 가지 방법이다. 이들은 CPU가 여러 명령을 동시에 처리하게 함으로써 효율성을 높인다.

하이퍼스레딩hyperthreading도 주기의 단계들에서 유휴 상태인 CPU 자원을 좀 더 잘 활용하기 위한 방법이다. 하이퍼스레딩에서는 한 프로그램의 연속된 명령어를 처리하는 대신, 모든 CPU 구성요소를 한데 모아 별도의 명령어 집합을 처리하는 두 번째 가상 CPU 코어를 형성한다. 이 가상 코어의 각 구성요소는 주 CPU 코어에서 사용되지 않을 때, 즉 원래대로라면 유휴 상태일 때 별도의 위상에서(out-of-phase)[4] 작동한다. 모든 구성요소를 별도의 위상에서 한데 모아 또 다른 CPU를 만든 덕분에, 모든 실리콘을 항상 사용 중인 상태로 유지할 수 있다.

하이퍼스레딩은 1970년대에 구상되었고, 2000년대에 상업용 CPU에서 널리 쓰이기 시작했다. 이 기술은 CPU의 코어 수를 물리적 코어 수의 두 배로 만드는 효과를 낸다. 컴퓨터의 코어 수가 하드웨어 제품 설명의 코어 수보다 두 배로 나오는 것은 이 때문이다.

하이퍼스레딩은 여러 파이프라이닝 해저드를 걱정할 필요가 없다는 것이 장점이다. 두 코어가 완전히 독립적으로 작동할 수 있으므로 파이프라이닝 해저드는 발생하지 않는다. 하지만 이 기술은 둘

---

[4] 옮긴이 정규 클록 타이밍과는 반 박자 벗어난 타이밍을 뜻한다.

이상의 프로그램을 동시에 실행할 때 효과가 있다. 개별 프로그램 하나의 속도는 증가하지 않는다. 또한, 두 가상 CPU의 상태를 적절한 타이밍으로 읽고 저장하고 기록하기 위해서는 일부 하드웨어 구성요소를 복제하고 새로운 디지털 논리를 추가해야 한다. 실제 아키텍처들에서는 파이프라이닝과 하이퍼스레딩을 함께 사용하기도 한다. 특히 파이프라인을 더 작은 단계들로 분할할 때 이런 접근 방식이 유용하다. 둘의 균형을 맞추는 문제는 이 책의 범위를 벗어나는 고급 주제다.

이번 장 요약

맨체스터 베이비 같은 최소한의 CPU보다 나은 CPU를 설계하려면 속도, 사용성, 실리콘 크기, 에너지 비용과 관련한 여러 사안을 타협하고 절충해야 한다. 레지스터나 ALU, 부동소수점 단순 기계를 CPU에 더 추가하면 사용자 프로그래머나 컴파일러가 좀 더 쉽고 빠르게 작업할 수 있다. 하지만 실리콘과 에너지 비용은 증가한다. 또한, ISA에 명령어를 더 추가하면 일부 프로그래머와 컴파일러에 도움이 되겠지만, 다른 프로그래머들은 그 복잡성을 감당하기가 어려울 수 있다. 모든 명령어의 실행 시간을 동일하게 설정하면 파이프라인 설계자나 OOOE 설계자, CPU 디버거의 일이 쉬워지지만, 실행 시간이 긴 복합 명령어가 함께 쓰이는 경우 효율이 떨어질 수 있다.

RISC는 일반적으로 명령어들과 명령어 집합을 작고 단순하게 유지하되 레지스터를 더 많이 두고 파이프라인과 OOOE를 활용해서 명령 실행 속도를 높이는 스타일이다. 반면에 CISC는 실리콘이 더 들어가더라도 좀 더 복합적인 명령어들로 명령어 집합을 키우는 스타일이다. 이 두 스타일이 적합한 응용 분야는 각기 다른데, 두 응용 분야를 제13장과 제14장에서 자세히 다룰 것이다.

가장 진보된 CPU 설계를 사용하더라도, 입출력 장치와 메모리가 없으면 컴퓨터로 할 수 있는 일이 아주 적다. 다음 두 장에서는 컴퓨터에 이런 구성요소들을 추가하는 방법을 살펴본다.

실습과제

파이프라인 어지럽히기

기본 파이프라인을 헷갈리게 해서 비파이프라인 시스템만큼이나 느리게 실행되는 기계어 코드를 산출하는 어셈블리 프로그램을 작성하라. 가능한 한 간단한 형태로 작성할 것. 현실 업무에서 그런 기계어 코드를 실제로 나타날 가능성은 어느 정도이고, 방지하려면 어떻게 해야 할까?

도전과제

LogiSim에서 FPU를 만들어 보라. 제2장의 부동소수점 데이터 표현을 사용해야 한다. 덧셈, 뺄셈, 곱셈, 나눗셈을 이전에 살펴본 단순 기계들을 조립해서 구현하는 방법을 찾아야 한다. 예를 들어 두 부동소수점 수를 곱할 때는 지수들을 더해야 한다.

심화 도전과제

제7장의 LogiSim 베이비 설계를, 최소한의 파이프라이닝을 도입해서 확장하라. 예를 들어 프로그램 카운터를 증가하고 현재 명령이 실행되는 동안 다음 명령을 인출하는 식으로 시도해 보기 바란다. 어려운 부분은 분기 해저드를 처리하는 것이다. 일단 분기가 수행될 것이라고 가정하고 진행하되, 잘못된 예측임이 판명되면 상황을 정리하고 다시 시작하는 디지털 논리를 추가하는 쪽으로 나아가는 것이 좋다.

더 읽을거리

- 다소 논란의 여지가 있는 이름인 '폰 노이만' 아키텍처의 기원에 관한 문헌: John von Neumann, "First Draft of a Report on the EDVAC," 1945년 6월 30일, https://history-computer.com/Library/edvac.pdf.
- 서브루틴의 발명에 관한 문헌: Maurice Wilkes, David Wheeler, Stanley Gill, *The Preparation of Programs for an Electronic Digital Computer: With Special Reference to the EDSAC and the Use of a Library of Subroutines* (Cambridge, MA: Addison-Wesley, 1951).
- 탐구해볼 만한 다양한 명령어 집합과 목표들을 가진 CPU 비슷한 환경을 제공하는 교육적인 비디오 게임들: *Human Resource Machine, Shenzen I/O, TIS-100*.

CHAPTER 9

입출력(I/O)

지금까지 우리는 기초적인 CPU와 RAM을 구축하는 방법을 살펴보았다. CPU와 RAM의 조합은 프로그램 실행의 필요조건이자 충분조건이다. 이 둘만 있으면 그 어떤 수치 계산도 수행할 수 있다. 하지만 그래픽과 사운드, 조이스틱 조작을 비롯해 현실 세계와의 상호작용으로 컴퓨터에 생동감을 불어넣으려면 **I/O**, 즉 입력(input)과 출력(output)을 위한 수단과 능력이 필요하다. 이번 장에서는 버스, I/O 모듈, 장치 및 주변기기를 이용해서 컴퓨터에 입출력 능력을 부여하는 방법을 살펴본다.

9.1 기본 I/O 개념

I/O를 자세히 논의하려면 먼저 몇 가지 용어를 정의할 필요가 있겠다. **I/O 모듈**(I/O module)은 RAM처럼 컴퓨터의 **주소 공간**(address space)에 있는 주소들에 할당되고 연결되는 디지털 전자장치다. 주소 공간은 CPU가 접근할 수 있는 주소들의 범위를 뜻한다. I/O 모듈은 I/O **장치**(device)들과 연결된다. 각 장치는 입력이나 출력을 위한 디지털 또는 아날로그 전자 시스템인데, 컴퓨터의 주소 공간에 직접 연결되지는 않고 I/O 모듈을 통해서 컴퓨터와 통신한다. CRT 모니터의 스캐닝 빔을 제

어하는 아날로그 회로처럼 컴퓨터 내부에 물리적으로 존재하는 장치도 있고, 프린터 내부 전자 회로처럼 컴퓨터 외부에 존재하는 장치도 있다.

주변기기(peripheral)는 대부분의 컴퓨터 사용자에게 가장 눈에 띄는 입출력 요소다. 마우스, 조이스틱, 모니터, 프린터 등 외부에서 컴퓨터로 연결되는 물리적 물체가 주변기기다. 일반적으로 주변기기는 개별적인 플라스틱 케이스 안에 들어있다. 최종 사용자가 쉽게 꽂고 뺄 수 있는 연결선을 통해서 컴퓨터와 연결된다. 물리적인 I/O 장치를 포함한 주변기기도 있다. 프린터가 대표적인 예다. 그 밖의 주변기기는 컴퓨터 상자 안의 장치에 의존한다(대표적인 예로 CRT 모니터는 컴퓨터 상자 안에 CRT 제어기가 있어야 작동한다).

8비트 시절에 컴퓨터를 설계한다는 것은 CPU와 메모리, 장치, 논리 회로 칩들을 구매해서 조립하고 연결해서 하나의 컴퓨터를 완성하는 것을 뜻했다. 이때 필요하다면 자체 설계한 I/O 모듈을 추기하기도 했다. 예를 들어 [그림 9-1]은 코모도어 64_Commodore 64_(줄여서 C64)의 메인보드인데, 기판의 상당 부분을 I/O 모듈과 장치가 차지한다.

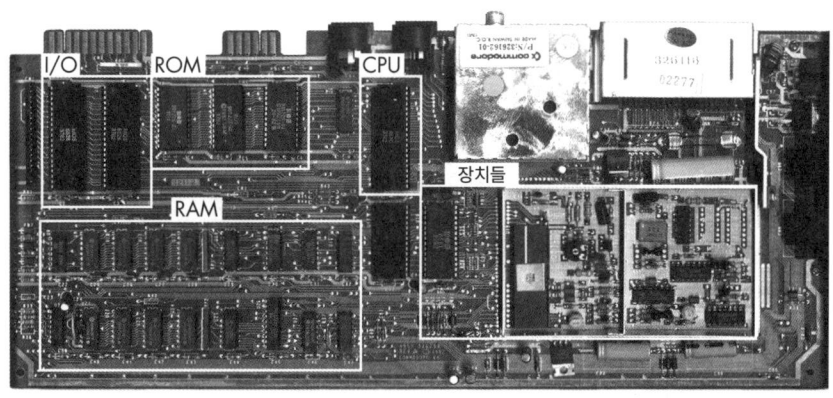

그림 9-1 C64의 메인보드. CPU와 메모리(RAM과 ROM), I/O 모듈 및 장치들을 확인할 수 있다.

그림의 왼쪽 상단에 보이는 I/O 구역에는 두 개의 **복합 인터페이스 어댑터**(Complex Interface Adapter, CIA) 칩이 있다. 각 CIA 칩은 다수의 I/O 모듈을 포함한다. 오른쪽 하단의 장치 구역에는 그래픽 칩과 사운드 칩이 있다.

요즘은 코모도어 64의 메인보드 같은 하나의 완전한 컴퓨터 시스템을 축소해서 칩 하나에 집어넣는다. 여러분의 전화기에 있는 SoC(system-on-chip)가 그것이다. 하지만 [그림 9-1]처럼 구성요소들이 개별 집적회로(IC) 패키지로 분리되어 있는 쪽이 이해하기 쉽고 배우기도 쉽다. [그림 9-1]의 이미지를 머릿속에 담아두고 이번 장을 읽어나가길 바란다.

CPU의 관점에서 I/O 모듈들은 그냥 RAM의 일부로 보일 뿐이다. 메모리 장소들처럼 I/O 모듈들에도 주소가 있다. CPU는 RAM을 읽고 쓸 때와 동일한 적재 및 저장 명령어들을 이용해서 지정된 주소에 있는 I/O 모듈을 읽고 쓴다. RAM과 I/O 모듈들이 동일한 CPU 주소 및 데이터선에 연결되어 있으므로, 이들이 그런 주소와 데이터선들을 공유하게 하는 수단이 필요하다. 이를 위해 흔히 쓰이는 것이 다음 장에서 살펴볼 버스 아키텍처다. 버스를 논의한 후에는 I/O 모듈의 내부가 어떤 모습이고 CPU가 I/O 모듈과 어떻게 상호작용하는지를 좀 더 자세히 살펴볼 것이다.

9.2 버스

버스 아키텍처bus architecture는 통신에 관여하는 모든 장치가 공통의 도선(wire) 하나 또는 도선들의 집합에 동등하게 접근할 수 있는 특별한 종류의 네트워크 아키텍처다. 그런 도선 집합을 **버스**라고 부른다. 이를 버스라고 부르는 것은, 대중교통의 버스처럼 컴퓨터의 버스도 일종의 공공장소(public place)에 해당하기 때문이다(그리고 영어 단어 bus 자체의 어원은 '모두를 위한'이라는 뜻의 라틴어 *omnibus*다). 버스 아키텍처의 공공성을 교도소의 수도관 도청 시스템의 예로 설명할 수 있겠다. 한 교도소의 모든 방이 동일한 배관에 연결되어 있는 경우, 한 방의 재소자가 수도관을 두드려서 다른 재소자에게 탈옥 계획을 모스 부호로 전송한다고 할 때 수도관에 귀를 기울이는 모든 재소자가 탈옥 계획을 알게 된다. 버스 아키텍처에는 프라이버시라는 것이 없다(암호화를 사용하지 않는 한). 따라서 신뢰할 수 없는 장치가 버스에 접근하게 한다면 보안에 문제가 될 수 있다.

버스는 가장 단순한 형태의 네트워크다. 여기에는 인터넷의 패킷이나 오류 처리, 라우팅 같은 복잡성이 없다. 예를 들어 두 재소자가 동시에 수도관을 두드리면 충돌이 발생해서 두 메시지 모두 파괴될 수 있다.

일반적으로 버스는 다수의 **노드**node(서로 통신하고자 하는 객체)와 노드들 사이의 통신선(도선)으로 구성된다. 현대적인 버스는 여러 통신선을 병렬로 사용하지만, 통신선이 하나뿐인 버스도 있다. 이런 통신선들은 크게 제어선, 주소선, 데이터선으로 나뉜다.

한 노드가 보낸 신호가 다른 노드가 보낸 신호와 충돌하지 않게 하려면 일정한 프로토콜protocol이 필요하다. 다른 노드에게 메시지를 보내려면 노드는 먼저 그 메시지가 누구에게 가는 것인지를 밝혀야 한다. 여기에는 주소와 주소선이 쓰인다. 또한 메시지의 종류도 밝혀야 하는데, 여기에는 제어선이 쓰인다. 그런 후에야 데이터선들을 통해서 데이터(메시지)를 보낸다. 특정 노드 하나가 이런 프로토콜을 관리하고 강제할 수도 있고(적절한 노드에만 쓰기 권한을 부여하는 식으로), 모든 노드가 각자 프로토콜을 잘 지켜서 통신하게 할 수도 있다.

> **빅토리아 시대의 인터넷**
>
> 찰스 배비지와 조지 부울의 시대에 쓰인 전신 시스템(telegraph system)을 '빅토리아 시대의 인터넷'이라고 부를 수 있을 것이다. 당시 전신 시스템은 영국과 미국, 그리고 대영제국의 여러 지점을 연결하는 하나의 버스 아키텍처였다. 지역 전신국의 인간 운영자들이 고객을 위해 모스 부호 텍스트 메시지(전보)를 입력하거나 다른 전신국에서 자신의 전신국으로 보내는 메시지를 듣고 기록하곤 했다. 모든 메시지는 같은 전선으로 전송되었고 모든 운영자가 모든 메시지를 읽고 쓸 수 있었다. 수천 시간 메시지를 듣고 쓰면서 이 운영자들은 모스 부호에 능통해졌다. 그러다 보니 모스 부호 메시지에도 나름의 '말투'가 생겨서, 메시지만 듣고도 어떤 운영자가 보냈는지 알아챌 정도였다. 또한 고객용 메시지를 보내지 않을 때는 서로 개인적 대화를 나누기도 했는데, 요즘 채팅에서도 흔히 볼 수 있는 줄임말 속어(textspeak라고 불렀다)를 사용하기도 했고, 그러다 한 번도 만나 보지 않은 다른 대륙의 교신 상대방과 사랑에 빠져서 심지어는 결혼까지 하는 경우도 있었다.

버스 아키텍처의 장점은 버스에 새 장치를 추가하기가 쉽다는 것이다. 이는 모든 구성요소가 동일한 공유 도선 집합에 연결되어 있는 덕분이다. 공유 도선들은 버스 구현 비용을 낮추는 요인이기도 하다. 단점은 버스가 전체 시스템의 성능을 제한하는 병목이 될 수 있다는 것이다. 여러분이 CPU나 메모리를 최적화해서 매우 빠르게 만들었는데, 데이터가 버스를 통과하는 속도가 너무 느려서 최적화가 별 쓸모가 없다고 상상해 보기 바란다. 이는 아주 짜증 나는 일이다. 버스의 성능은 도선 길이나 연결 수 등 물리적인 요인으로도 제한될 수 있다.

9.2.1 버스선들

버스선(bus line), 즉 버스를 구성하는 도선(wire)들은 이전 장들에서 CPU(또는 그 안의 캐시)와 RAM을 점대점으로 연결하는 데 사용한 것과 동일한 전자 회로 도선이다. 버스선은 크게 다음 세 부류로 나뉜다.

주소선

주소선(address line)들은 데이터 버스에 있는 데이터의 출발지나 목적지를 지정하는 데 쓰인다. 주소 버스의 너비(도선 수)는 최대 가용 메모리 용량(시스템이 주소를 지정할 수 있는 최대 메모리 용량)을 결정한다. 예를 들어 주소 버스가 32비트인 시스템은 총 2^{32}(4,294,967,296)개의 메모리 장소에 주소를 지정할 수 있다. 각 메모리 장소가 8비트 워드(바이트)를 담는다면 주소 지정이 가능한 메모리 공간은 4GiB다. 한편 64비트 워드의 64비트 주소 공간의 최대 가용 메모리는 정확히 1제비비트$_{zebibit}$($2^6 \times 2^{64} = 2^{70}$비트)다. 이는 검색 엔진 규모의 데이터 센터에 있는 모든 데이터 항목에 개별 RAM 주소를 부여할 수 있을 정도의 용량이다.

데이터선

데이터선(data line)들은 노드 사이에서 실제로 데이터를 전송하는 경로다. 데이터 버스의 폭, 즉 데이터선의 개수는 데이터 전송 성능에 영향을 미치는 주요 요인이 된다. 일반적으로 데이터 버스를 구성하는 데이터선은 32개나 64개, 128개다. 데이터 버스의 폭보다 긴 메시지를 전송하려면 메시지를 분할해서 여러 주기로 전송해야 한다. 예를 들어 데이터 버스가 32비트이고 각 명령어가 64비트인 경우, CPU는 한 명령어의 처리 주기 동안 메모리 모듈에 두 번 접근해야 한다.

제어선

제어선(control line)들은 메모리 접근과 데이터선과 주소선의 사용을 제어하는 데 쓰인다. 예를 들어 제7장에서 맨체스터 베이비의 저장 연산을 논의할 때 본 쓰기 활성화 도선(그림 7-10 참고)은 간단한 형태의 제어선이다. 좀 더 일반적으로 보면, 버스 아키텍처에서는 데이터선들과 주소선들을 여러 구성요소가 공유하므로 그런 구성요소들의 도선 사용을 적절히 제어하는 수단이 필요하다. 예를 들어 둘 이상의 구성요소가 동시에 주소선들에 접근해서 데이터를 기록하려 들면 곤란하다. 구성요소들이 추가적인 제어선들을 이용해서 그런 접근을 요청하고 협상하게 해야 한다.

9.2.2 CPU-버스 인터페이스

대부분의 CPU는 외부 버스와 연결하도록 설계된다. CPU 칩의 핀들이 메인보드의 소켓과 연결되고, 그 소켓이 메인보드에 인쇄된 외부 버스 도선들과 연결되는 식이다. 버스 도선들이 CPU와 물리적으로 연결되는 부분을 **프런트 사이드 버스**front side bus, 줄여서 *FSB*라고 부른다. CPU 핀들의 대부분을 차지하는 것이 이 FSB다. [그림 9-2]에 나온 코모도어 64의 8비트 6502 CPU 핀의 배치와 1990년대의 32비트 인텔 소켓 2 핀 배치가 이를 확인해 준다.

6502의 주소 공간은 16비트이고 워드는 8비트다. 그래서 주소 핀이 16개이고 (그림의 A0~A15) 데이터 핀이 8개다(그림의 D0~D7). R/W 핀은 읽기/쓰기 제어선과 연결된다. 전체적으로, 핀 40개의 절반 이상이 버스에 할당된다. 소켓 2는 32비트 주소 공간과 32비트 데이터 워드를 사용하므로 A 핀들과 D 핀들이 각각 32개다(그림에는 흰색 원들과 검은 원들로 표시되었다). 한편 64비트 CPU 칩과 소켓은 그 두 배의 핀이 필요하다. 그래서 핀을 더 작게 만들어야 했는데, 그러다 보니 핀이 잘 휘거나 부러졌다.

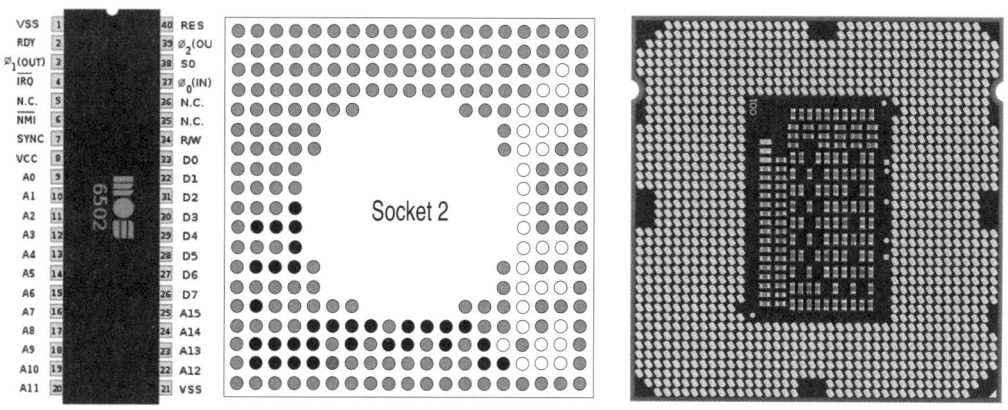

그림 9-2 8비트 CPU 6502(좌)와 32비트 소켓 2 칩(중앙)의 핀 배치도,
그리고 64비트 LGA1155 소켓 CPU의 핀 사진(우).

CPU는 버스와 통신해야 한다. 그런데 일반적으로 버스가 CPU보다 느리다. 이 때문에 CPU 설계자들은 레지스터들을 CPU로 들어오고 나가는 데이터의 임시 거점(staging area)으로 활용하는 방식을 선호한다(이는 해석기관에서 CPU와 기계식 랙rack 버스를 인입/퇴출 회전축들로 연결하는 것과 비슷하다). 버스는 희소 자원이므로 필요 이상으로 오래 사용하지 않아야 한다. 데이터를 레지스터들에 준비해 두면, 버스를 사용할 수 있게 되는 즉시 데이터를 버스에 올리거나 내릴 수 있다. 일반적으로 이러한 준비 메커니즘에는 읽거나 쓰려는 주소를 저장하는 **메모리 주소 레지스터**(memory address register, MAR)와 해당 주소에서 읽거나 쓴 데이터의 사본을 저장하는 **메모리 버퍼 레지스터**(memory buffer register, MBR)가 포함된다. [그림 9-3]에 이들이 나와 있다.

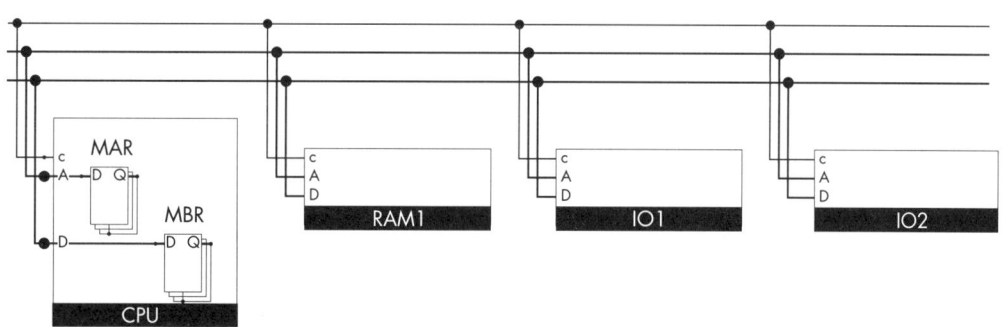

그림 9-3 CPU 하나와 RAM 모듈 하나, I/O 모듈 두 개를 포함한 버스 아키텍처.

적재(load) 명령을 실행하려면 먼저 적재할 주소가 있어야 한다. 이를 위해 제어 장치(CU)는 명령 레지스터(IR)에서 주소 피연산자에 해당하는 비트들을 일시적으로 연결해서 주소를 MAR에 복사한다. 이 복사가 완료되면 MAR를 일시적으로 메모리에 연결해서 해당 주소에 대한 읽기 연산을 요청하고, 메모리의 데이터선들을 MBR에 일시적으로 연결해서 해당 주소의 데이터를 MBR에 복사한다. 그런 다음에는 구체적인 적재 명령에 따라 MBR을 누산기나 다른 사용자 레지스터에 일시적으로 연결한다. 이를 레지스터 전송 언어(RTL) 스타일의 의사코드로 표현하면 다음과 같다.

```
t2, LOAD: MAR <- IR[operand]
t3, LOAD: BUS_A <- MAR
t4, LOAD: MBR <- BUS_D
t5, LOAD: ACC <- MBR
```

저장 명령을 실행할 때도 MAR와 MBR을 마찬가지 방식으로 활용한다. 제어 장치는 데이터를 저장할 주소를 담은 IR의 비트들을 MAR에 일시적으로 연결해서 주소를 MAR에 복사한다. 그런 다음에는 MBR을 저장할 값을 담은 레지스터와 일시적으로 연결해서 그 값을 MBR에 복사한다. 이제 MAR과 MBR에는 저장 연산에 필요한 모든 정보가 들어있다. 마지막으로는 제어 장치는 MAR를 RAM의 주소선들에, MBR을 RAM의 데이터선들에 일시적으로 연결하고 명령 제어선들을 '저장'에 해당하는 신호로 설정해서 RAM에 대한 저장 연산을 수행한다. 이상의 과정을 RTL로는 다음과 같이 표현할 수 있겠다.

```
t2, STORE: MAR <- IR[operand]
t3, STORE: MBR <- ACC
t4, STORE: BUS_A <- MAR
t4, STORE: BUS_D <- MBR
t4, STORE: BUS_C <- True
```

MAR과 MBR이 있으면 누산기 하나만 있는 것이 아니라 여러 개의 사용자 레지스터가 있는 CPU를 설계하기도 쉬워진다. MAR과 MBR 덕분에, 버스에 연결할 레지스터를 선택하는 논리 및 타이밍과 버스 데이터 전송을 위한 논리 및 타이밍을 쉽게 분리할 수 있다.

9.3 I/O 모듈

일반적으로 I/O 장치는 I/O 모듈을 통해서 컴퓨터와 연결된다. I/O 모듈은 버스에 있는 하나의 장치인데, 주소 공간의 일부 주소가 할당된다. CPU의 관점에서는 RAM과 다를 것이 없다. 이번 장의 내용에서 딱 한 가지만 기억해야 한다면, 그것은 "CPU와 어셈블리 프로그래머에게 I/O 모듈들은 주 RAM과 다를 것이 없다, 그저 읽고 쓸 수 있는 메모리의 한 영역으로 보일 뿐이다"라는 것이다. 하지만 RAM과는 달리 I/O 모듈의 한쪽은 도선들을 통해서 I/O 장치들과 연결된다. I/O 모듈은 CPU에 표준화된 인터페이스를 제공하며, CPU의 요청을 적절한 신호로 변환해서 장치에 전달한다. 따라서, 적절한 I/O 모듈만 있다면 인터넷 쇼핑몰에서 산 사운드 칩 같은 임의의 I/O 장치를 PC에 설치해서 사용할 수 있다. 이때 '적절한 I/O 모듈'은 컴퓨터에 적당한 주소들을 제공하고 사운드 칩이 기대하는 유효한 신호를 전송하는 것이어야 한다.

I/O 모듈에 할당된 주소(간단히 I/O 주소)에 어떤 값을 저장하면 그에 해당하는 명령이 장치에 전송된다. I/O 모듈 고유의 어셈블리 비슷한 명령들을 저장하면 I/O 모듈이 그것을 적절한 장치 명령들로 번역해서 장치에 보내는 식의 좀 더 진보된 모듈과 장치도 있다(이를테면 현세대 그래픽 가속기들이 그렇다). 한편, I/O 주소를 읽는 것은 키보드 키 입력이나 마이크 음파 등 장치의 데이터를 읽거나, 프린터 용지 걸림 여부 같은 장치 상태 정보를 읽는 것에 해당한다. 이러한 적재 및 저장 명령들의 구체적인 해석 방식은 해당 I/O 모듈의 설계에 따라 다르다.

I/O 주소가 모듈에 내장된 실제 RAM의 장소들에 대응되는 경우도 있다(그런 RAM은 일반적인 RAM 칩과는 다른, I/O 회로의 다른 부분과 연결된 특화된 RAM이다). 한편 I/O 주소들을 그냥 디지털 논리로 직접 구현하기도 한다. 두 방법 모두 CPU에 제공하는 인터페이스는 동일하다. CPU는 실제로 메모리가 존재하는지 알지 못한다.

I/O 모듈은 장치와의 통신 외에 제어, 타이밍, 데이터 버퍼링, 장치 오류 처리 등도 책임진다. 그럼 이 기능들을 차례로 살펴보자.

9.3.1 제어와 타이밍

I/O 모듈은 내부 자원과 외부 장치 간의 데이터 흐름을 조정하는 능력을 반드시 갖추어야 한다. 외부 장치는 내부 자원보다 느릴 수 있다. 따라서 모듈은 외부 장치를 CPU와는 독립적으로 관리한다. 이 덕분에 I/O 작업이 진행되는 동안 CPU가 다른 명령을 처리할 수 있다. 이는 비CPU 수준의 병렬성에 해당한다.

I/O 모듈의 이러한 독립 관리 능력은 데이터 버퍼링이라는 기법에 의존한다. I/O 모듈은 주 메모리나 CPU로 데이터를 주고받을 때 데이터 버퍼링을 활용한다. **버퍼링**buffering은 적당한 크기의 메모리 영역을 임시 거점으로 사용한다. 그런 메모리 영역을 **버퍼**buffer라고 부른다. 속도가 느린 장치라도 CPU와는 독립적으로 자신의 속도에 맞게 버퍼를 읽고 쓸 수 있으며, 빠른 CPU 역시 장치와는 독립적으로 자신의 속도에 맞게 버퍼를 읽고 쓸 수 있다.

링 버퍼ring buffer 혹은 원형 버퍼(circular buffer)는 음성 신호 등 실시간 신호의 I/O에 쓰인다. 개념적으로 링 버퍼는 데이터 항목들이 원형으로 배치된 데이터 영역으로, [그림 9-4]에서 보듯이 모든 항목에는 이전 항목과 다음 항목이 있다.

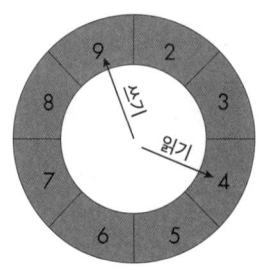

그림 9-4 링 버퍼. 읽기 포인터와 쓰기 포인터 둘 다 시계 방향으로 회전한다. 문자열 0123456789를 기록했는데 쓰기 포인터가 한 바퀴 돌아서 처음의 0과 1을 8과 9가 덮어쓴 상태다. 한편, 읽기 쪽은 지금까지 01234를 읽어 들인 상태다.

링 버퍼에는 각각 읽기 위치와 쓰기 지점을 가리키는 포인터 두 개가 있다(시계의 시침과 분침을 연상하기 바란다). 실시간으로 들어온 새 데이터는 현재 쓰기 포인터가 가리키는 항목에 기록된다. 그런 다음 쓰기 포인터가 한 칸 전진해서 다음 항목을 가리킨다. 이런 식으로 포인터가 계속 전진하면 언젠가는 원형 버퍼를 한 바퀴 돌아서 시작 지점을 가리키게 된다. 그때부터 쓰기 연산은 기존 데이터 항목을 덮어쓴다. 읽기 연산의 측면을 보면, 사용자 프로그램은 언제라도 다음 가용 항목을 읽도록 요청할 수 있다. 그러면 읽기 포인터가 가리키는 데이터 항목이 복사되고, 읽기 포인터가 다음 칸으로 전진한다. 이러한 과정이 요청된 모든 항목을 읽을 때까지 또는 더 이상 가용 데이터 항목이 없을 때까지 반복된다.

그래픽 렌더링에는 흔히 **이중 버퍼링**(double buffering) 기법이 쓰인다. 이름에서 짐작하겠지만 이중 버퍼링은 각자 화면 픽셀들을 담는 버퍼 두 개를 사용한다(그림 9-5).

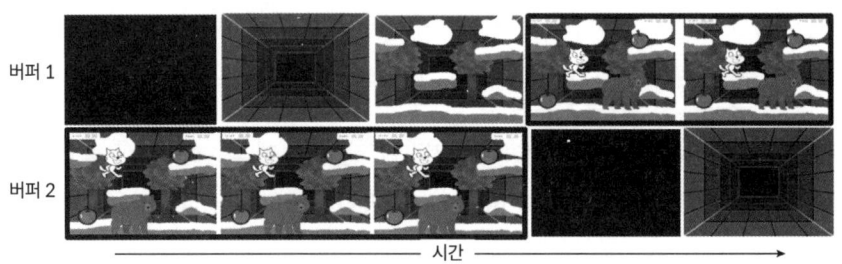

그림 9-5 더블 버퍼링. Double buffering

임의의 한순간에서 한 버퍼는 렌더링이 완료된 이미지를 담는다. 이 버퍼가 그래픽 디스플레이 하드웨어에 연결되어서 사용자에게 해당 이미지가 표시된다(그림에서 검은 테두리가 이런 버퍼다). 한편, 다른 한 버퍼는 다음에 표시할 이미지를 점진적으로 구축하는 데 쓰인다. 이를테면 게임 프로그램은 배경을 칠하고 스프라이트들과 기타 장면 요소들을 추가하는 데 이 버퍼를 사용한다. 이 새 버퍼가 완성되면 다른 버퍼와 역할을 교환한다. 즉, 새 버퍼를 그래픽 디스플레이 하드웨어에 연결하고, 기존 버퍼는 내용을 지운 후 다음 프레임의 이미지를 준비하는 용도로 사용한다. 이처럼 항상 완성된 이미지만 화면에 표시하는 덕분에, 화면 이미지가 껌벅이거나 부분적으로만 완성된 이미지가 잘못 표시되는 일이 없다. (버퍼를 세 개 사용하는 삼중 버퍼링도 있다. 이 경우는 현재 프레임을 위한 버퍼와 함께 다음 프레임과 그다음 프레임의 이미지를 준비하는 버퍼 두 개를 사용한다. 다음 두 프레임까지 이미지 내용을 예측할 수 있는 경우에는 이렇게 함으로써 그래픽 프레임률(frame rate; 단위 시간당 프레임 수)을 높일 수 있다.)

9.3.2 오류 검출

I/O 모듈의 또 다른 주요 기능은 장치 오류 처리다. CPU가 I/O 모듈에 어떤 작업을 요청했는데, 모듈이 장치의 오류를 감지했다면 어떻게 대응해야 할까? 이때 오류는 장치의 기계적 또는 전기적 고장(예: 프린터의 용지 걸림이나 디스크 트랙 불량)일 수도 있고, 장치와 I/O 모듈 사이에서 비트 패턴이 전송되는 과정에서 의도치 않게 비트들이 변경된 것일 수도 있다. 후자는 주로 부실한 외부 케이블의 잡음 때문에 발생한다.

일반적으로 I/O 장치가 오류를 CPU에 직접 보고해서는 안 된다. CPU가 다른 작업을 수행하는 중일 수 있기 때문이다. 그 대신 장치가 오류를 I/O 모듈에 보고하고 I/O 모듈이 이를 CPU에 전달하는 방식이 바람직하다. 그러면 오류 처리의 효율성과 시스템의 안정성을 높일 수 있다.

9.4 I/O 모듈 기법

외부 장치에서 CPU로 데이터를 전송하려면 여러 단계를 거쳐야 한다. 먼저 CPU가 버스에 쓰기를 수행해서 I/O 모듈에 장치의 상태가 어떤지 확인하라고 요청한다. I/O 모듈은 장치 상태를 확인하고 버스 쓰기를 통해서 상태 정보를 CPU에 전달한다. 장치가 준비되었음을 확인한 CPU는 또 다른 버스 쓰기로 데이터 전송을 요청한다. 그러면 비로소 I/O 모듈이 장치로부터 일정 단위의 데이터를 가져와서는 버스를 통해 CPU에 전달한다.

그런데 현실 세계의 물리적 제약 때문에 이런 과정이 상당히 느려질 수 있다. 예를 들어 1GHz 속도의 CPU가 오디오 샘플 100개를 읽으려 하는데 오디오 샘플들이 44kHz로만 전달된다면, CPU는 I/O 모듈이 버스를 통해 보낸 각각의 샘플을 기다리면서 상당한 시간을 허비하게 된다. I/O 요청이 완료될 때까지 CPU가 마냥 기다리는 대신 다른 작업을 수행하게 한다면 전체적인 효율이 좋아질 것이다. 이를 위해 흔히 쓰이는 기법에 세 가지 있다. 그럼 세 가지 기법을 차례로 살펴보자.

9.4.1 폴링

상사가 부하 직원에게 보고서를 마무리하라고 지시했다고 하자. 상사가 사용할 만한 관리 전략으로 **폴링**polling이 있다. 이 경우 폴링은 매시간/매일/매달 "아직 안 끝났나?"라고 부하 직원에게 물어보는 것이다.

I/O의 경우 폴링은 I/O 요청이 완료되었는지 CPU가 주기적으로 점검하는 것에 해당한다. 폴링은 이런 식으로 진행된다. CPU가 버스를 통해서 I/O 모듈에 어떤 작업을 요청한다. I/O 모듈은 요청된 작업을 시작하고, 진행 상황에 따라 내부 I/O 모듈 상태 레지스터의 적절한 비트를 설정한다. CPU는 그 상태 레지스터를 읽음으로써 I/O 모듈의 상태를 주기적으로 점검한다('폴링'). 해당 작업이 완료되면 폴링을 멈춘다.

한 예로, CPU가 웹캠의 I/O 모듈에 새 동영상 프레임을 가져오라고 요청했다고 하자. 그러면 CPU는 주기적으로 동영상 프레임 준비 여부를 점검하고, 준비가 되었음을 확인하면 모듈로부터 프레임 데이터를 적재한다.

폴링의 장점은 구현이 간단하다는 것이다. CPU가 I/O 작업을 직접 제어하므로, 추가적인 하드웨어 지원이 별로 필요하지 않다. 단점은, 인간 상사의 경우와 마찬가지로 CPU가 주기적으로 모듈의 상태를 확인해야 한다는 것이다. 그래서 CPU가 그리 유용하지 않은 작업에 많은 시간을 빼앗긴다. CPU가 주변기기의 속도에 맞춰 느려지는 것은 비효율적이다. 인간의 경우와 마찬가지로 매일 "끝났나?"라고 물어보는 것은 상당히 피곤한 일이다. 그리고 매일 물어봐야 함을 기억하는 것 자체도 피곤하다. 이 때문에 관리자와 직원 모두 실제 업무에 집중하지 못하게 된다.

9.4.2 인터럽트

대부분의 관리자는 직원이 일을 마치고 직접 보고하는 쪽을 선호할 것이다. 직원이 작업 완료를 알릴 때까지 관리자는 그냥 신경 끄고 있으면 된다. 이는 **인터럽트 아키텍처**interrupt architecture의 한 예다. 이 방식에서는 관리자가 다른 유용한 업무에 몰입할 수 있다.

컴퓨터의 인터럽트 아키텍처를 위해서는, 프로그래머가 인터럽트 처리부(interrupt handler)라고 부르는 특별한 서브루틴을 설정할 수 있도록 CPU 설계를 확장해야 한다. 이를테면 전용 레지스터 하나와 그 레지스터를 설정하는 명령어를 추가하는 식이다. 또한, *IRQ*(interrupt request; 인터럽트 요청) 입력을 위한 핀을 물리적으로 추가해야 하고, 제어 장치가 그 핀을 활용하기 위한 디지털 논리도 추가해야 한다. 이 IRQ 핀에 고전압 신호가 들어오면 제어 장치는 즉시 프로그램의 흐름을 바꾸어서 인터럽트 처리부 서브루틴을 호출한다.

I/O 효율화에 이러한 인터럽트 아키텍처를 활용하려면 IRQ 핀을 I/O 모듈의 전용 출력 도선에 연결해야 한다. 프로그래머는 I/O 작업이 완료되었을 때 실행될 인터럽트 처리부를 작성하고 그 주소를 CPU에 알려준다. 또한 프로그래머는 I/O 모듈에 작업을 지시하는 주 프로그램을 작성한다. CPU는 I/O 작업을 위한 명령들을 I/O 모듈에 전송하고는, 더 이상 신경 쓰지 않고 그냥 주 프로그램을 계속 실행한다. I/O 모듈은 장치가 해당 작업을 시작하도록 지시한다. 작업이 완료되려면 시간이 걸릴 수 있다. 시간이 흘러 작업이 완료되면 IRQ 신호에 의해 인터럽트 처리부 서브루틴이 호출된다. 그 서브루틴에서는 이를테면 작업 결과 데이터를 활용하거나 다음 작업을 지시한다. 다른 서브루틴들처럼 인터럽트 처리부 서브루틴의 호출 과정은 인터럽트 처리 후에 그 이전 상황의 명령으로 복귀하기 위한 프로그램 카운터 저장 및 복원 과정을 포함한다. 이에 의해 인터럽트 처리가 완료되면 주 프로그램이 정상적으로 재개된다.

인터럽트는 빠르고 효율적이라는 것이 장점이다. CPU가 무작정 기다릴 필요도 없고 수고스럽게 폴링 요청을 관리할 필요도 없다. 단점은 프로그래머가 인터럽트를 처리하는 코드를 작성하기가 까다롭다는 점이다. 특히 다수의 I/O 모듈이 동시에 인터럽트 신호를 보내는 경우 인터럽트 처리가 꼬일 수 있다. 관련한 접근 방식은 크게 두 가지로 나뉘는데, **재진입 아키텍처**(re-entrant architecture)에서는 인터럽트 처리부 실행 도중에 우선순위가 더 높은 IRQ가 발생하면 그 인터럽트 처리부의 실행 자체가 인터럽트된다. 반면에 **비재진입 아키텍처**(non-re-entrant architecture)는 그런 메타 인터럽트(인터럽트에 대한 인터럽트)를 무시하거나 지연한다. 재진입 아키텍처를 위한 코드를 작성하는 것은 동시성 프로그래밍에 해당한다. 그런 만큼, 메타 인터럽트를 올바르게 처리하는 방법을 아주 세심하게 고려해야 한다.

CPU의 물리적 IRQ 핀 수는 유한하다. IRQ를 사용하려는 장치보다 핀이 더 적을 때도 있다. 현대적인 CPU에서 핀은 '부동산'처럼 희소하고 제한된 자원이다. 핀을 추가하면 칩의 물리적 패키지 크기가 커지기 때문이다.

> **IRQ 지옥**
>
> 인터럽트는 1990년대 컴퓨터 음악 제작자들의 삶에서 큰 골칫거리였다. 이들은 사운드 카드, MIDI 카드, 입력 장치 등 수많은 외부 장치를 동시에 사용해야 했다. 인텔 CPU 칩에는 다수의 물리적 IRQ 도선이 있는데 선 하나가 물리적 장치 하나에 대응된다. 사용 가능한 IRQ 핀보다 장치가 많으면 편법 또는 '해킹'으로 그 제한을 피해 가야 했다. 이러한 해킹에는 서로 다른 제조업체의 하드웨어와 드라이버가 같은 IRQ 라인을 공유하게 만들거나, 시스템 하드웨어가 사용하는 IRQ들을 비활성화해서 대신 오디오 장치가 사용하게 만드는 것이 포함된다. 그런데 후자의 해킹은 종종 시스템을 망가뜨릴 정도의 부작용을 일으키기도 했다.

9.4.3 직접 메모리 접근(DMA)

폴링과 인터럽트 방식 둘 다, 하드 드라이브 같은 장치에서 RAM으로 대량의 데이터를 전송하는 작업에는 아주 느리다. 데이터 1Mb(메가비트)를 전송한다고 하자. 이상적인 상황에서는 그 요청을 받은 I/O 모듈이 데이터를 전송하는 동안 CPU는 자유롭게 다른 작업을 수행한다. 하지만 인터럽트가 발생하면 CPU가 그 데이터의 모든 비트를 레지스터에 적재해서 RAM으로 전송해야 하는 느린 작업에 시간을 빼앗기게 된다. 이런 문제를 피하는 한 방법으로 등장한 것이 **직접 메모리 접근**(direct memory access, DMA)이다.

DMA를 위해서는 전용 하드웨어 DMA 제어기(일종의 I/O 모듈이다)를 시스템 버스에 배치해야 한다. 지금까지의 논의에서 시스템 버스의 모든 용법에는 CPU가 버스와 연결된 다른 어떤 노드(RAM이든, I/O 모듈이든)와 통신하는 과정이 포함되었다. 그러나 CPU와는 독립적으로 두 노드가 시스템 버스를 통해서 직접 통신하는 것도 가능하다. 모든 노드는 버스의 다른 노드에 메시지를 보낼 수 있다. DMA는 바로 이러한 능력을 활용한다. 일단 CPU가 I/O 모듈에 버스를 통해 RAM과 직접 통신할 권한을 부여하면, 그때부터 I/O 모듈은 CPU의 개입 없이 직접 메모리를 읽고 쓴다.

이러한 직접 메모리 접근 덕분에 CPU는 다른 작업에 몰입할 수 있다. IRQ의 경우처럼 CPU는 "착수만 하고 잊어버리면"[1] 된다. 일반적으로 DMA는 작업이 완료되면 인터럽트를 보내므로, CPU는 전송의 시작과 끝에서만 관여한다. 데이터가 CPU를 거칠 필요가 없다는 점에서 이러한 DMA 기법은 대량의 데이터를 전송해야 할 때 특히나 유용하다.

---

1 〔옮긴이〕 참고로 원문은 "set and forget"이다. 비슷한 형태의 군사 용어 fire-and-forget(https://ko.wikipedia.org/wiki/파이어_앤_포겟 참고)를 염두에 둔 표현으로 보인다.

9.5 모듈 없는 I/O

대부분의 I/O 아키텍처에는 I/O 모듈이 쓰인다. 하지만 모듈이 없는 I/O 아키텍처도 존재하는데, 나름의 용도가 있다. 그중 몇 가지를 살펴보자.

9.5.1 CPU의 I/O 전용 핀

오래된 CPU나 요즘의 일부 내장형(임베디드) 기기용 CPU는 I/O 모듈과 버스 기반 I/O를 생략하고, 전용 핀들을 통해서 특정 장치와 직접 통신한다. 핀은 패키지의 물리적 크기를 결정하는 희소한 CPU 자원인 만큼 이 접근 방식은 확장성이 나쁘다. 하지만 연결할 장치가 몇 개 되지 않음을 미리 알고 있는 경우에는 아키텍처의 복잡도를 줄이는 데 도움이 된다. I/O 시스템 전체를 이런 방식으로 설계하면 IRQ 핀이나 제어 논리 회로 같은 것이 필요 없다. 또한 버스를 다른 작업에 사용할 수 있다.

9.5.2 메모리 매핑

I/O 모듈에 주소를 할당하는 대신, 정규 RAM의 일부 영역을 CPU와 장치 사이의 인터페이스로 사용하는 아키텍처도 있다. 그런 아키텍처에서는 CPU뿐만 아니라 I/O 장치도 RAM을 읽고 쓸 수 있다(따라서 핀과 장치, 버스를 또 다른 도선들로 연결해 주어야 한다). 이런 아키텍처에서는 일반적으로 CPU가 직접 RAM에 요청 명령을 기록하고, 장치(또는 장치와 RAM 간의 인터페이스 역할을 하는, I/O 모듈과 유사한 어떤 칩)가 그것을 RAM에서 읽어 들여서 장치 명령으로 변환한다. 이를테면 그래픽 프로그래밍에서, 프로그래머는 자신이 접근하는 비디오 RAM 주소가 정규 RAM의 일부인지 하드웨어 I/O 모듈의 일부인지 알지 못한다.

9.5.3 버스 계층구조

현대적인 아키텍처에서는 버스가 여러 개일 때가 많다. 다수의 버스는 [그림 9-6]과 같은 하나의 계층구조(hierarchy)로 조직화된다.

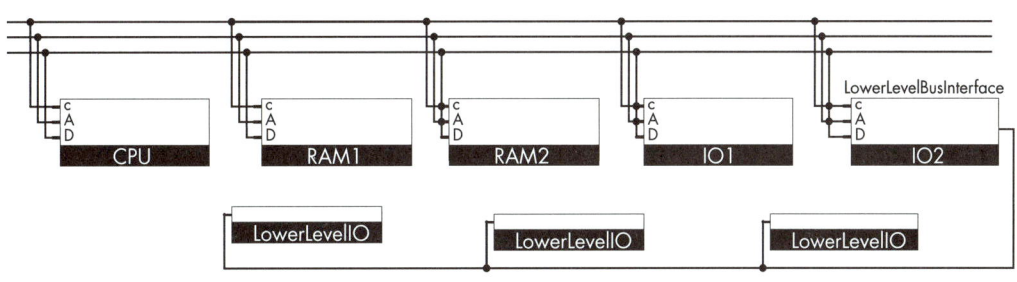

그림 9-6 버스 계층구조의 예.

상위 수준의 버스들은 [그림 9-3]에 나온 것과 같다. 하지만 그 아래에 LowerLevelIO로 표시된 하위 수준 버스들이 있다. 이들은 IO2로 표시된 I/O 모듈을 인터페이스로 해서 상위 수준들과 연결된다. 이런 계층구조는 전체적인 사용성과 속도를 향상시킨다. 기존에는 I/O 모듈들이 각각 하나의 장치에 연결되었다. 그리고 컴퓨터를 켤 때 주소 공간의 특정 주소를 할당받았다. 그래서 컴퓨터가 켜져 있는 동안에는 장치를 추가하거나 제거하기가 쉽지 않았다. 소위 '플러그 앤 플레이plug and play(PnP)'가 어렵거나 불가능했던 것이다. 주소가 고정된 하나의 I/O 모듈을 일종의 인터페이스로 삼으면 다양한 장치를 자유롭게 추가하거나 제거할 수 있다. USB 허브가 그런 방식이다. USB 허브가 있으면 하위 수준 프로토콜인 USB를 통해서 여러 플러그 앤 플레이 장치를 자유로이 장착/탈착할 수 있다. 이러한 방식에서는 I/O 모듈이 하나의 IRQ만 사용해서 여러 장치의 인터럽트를 CPU에 알리므로, 제한된 IRQ로 인한 IRQ 지옥 문제도 해결된다. 하위 수준 버스들은 시스템 버스보다 느리고 저렴한 기술로 구현해도 된다. 데이터가 실제로 준비되는 속도로만(이를테면 음성 오디오가 실황으로 입력되는 속도나 하드 디스크가 회전하는 속도 등) 실행하면 되기 때문이다.

이번 장 요약

컴퓨터가 그래픽이나 사운드 등을 통해서 외부 세계와 상호작용하려면 입출력 능력이 있어야 한다. 이를 위한 수단이 I/O 모듈이다. I/O 모듈은 CPU에게 RAM처럼 보이고 RAM처럼 작동하는 디지털 논리 부품이다. 이 모듈의 특정 주소에 대한 쓰기(저장) 명령은 외부 세계의 장치를 제어하는 명령으로 해석된다. 반대로 읽기 명령은 외부 세계의 센서에서 얻은 데이터를 CPU로 전송한다.

CPU와 메모리, 그리고 I/O 모듈은 모두 동일한 주소 공간을 공유한다. 이들은 주소선, 데이터선, 제어선을 포함하는 공용 버스를 통해서 서로 통신한다. CPU는 MAR과 MBR이라는 임시 거점 레지스터들을 통해서 버스와 연동한다.

CPU는 또한 인터럽트 신호선들을 통해서도 제한된 수의 입출력 모듈과 직접 연동한다. I/O 모듈이 이 인터럽트 신호선으로 인터럽트를 요청하면 CPU는 미리 설정된 인터럽트 처리부 서브루틴으로 점프한다. I/O 모듈은 점점 CPU로부터 독립하는 쪽으로 진화했다. 이제는 DMA 같은 방법을 사용해 I/O 모듈들이 CPU의 개입 없이 버스를 통해 서로 또는 RAM과 직접 통신할 수 있다.

버스와 I/O의 중요한 용도 중 하나는 실제 메모리를 관리하는 것이다. '실제(real-world) 메모리'에는 다수의 물리적 RAM 모듈 및 ROM 모듈과 하드 디스크, 광학 디스크 장치가 포함된다. 다음 장에서 이들을 공부할 것이다.

실습과제

도전과제

1. 제7장 [그림 7-13]의 LogiSim 베이비 설계를, 어떤 한 주소에 값을 저장하면 시뮬레이션 LED가 켜지거나 꺼지도록 확장하라.

2. 더 나아가서, 앞에서와는 다른 어떤 주소에서 값을 적재하면 시뮬레이션 스위치의 상태를 CPU로 읽어 들이는 기능을 추가하라. RAM을 주소 두 개 크기로 축소하고, 그 주소들의 내용 변화에 따라 적절히 작동하는 새로운 디지털 논리 I/O 모듈을 추가하는 식으로 구현하면 될 것이다.

3. 설계를 더욱 확장해서, I/O 모듈이 저장 명령에 담긴 데이터를 해독해서 LED가 서로 다른 속도로 깜박이는 등 다양한 동작을 수행하게 하라. 이 과제에서 LED와 스위치는 이런 식으로 제어할 수 있는 다양한 장치들을 대표한다.

더 읽을거리

- 19세기 전신과 현대적 인터넷의 비교: Tom Standage, *The Victorian Internet* (London: Weidenfeld & Nicolson, 1998).

CHAPTER 10

메모리

이전 장들에서 우리는 맨체스터 베이비 규모의 작은 RAM을 만들어서 컴퓨터의 메모리(기억장치)로 사용했다. 이 RAM은 플립플롭들로 만든 것이다. 하지만 일반적으로 플립플롭으로는 대용량 메모리를 만들 수 없다. 대용량 메모리로는 DRAM이나 하드 디스크 같은 기술이 흔히 쓰인다. 그런 기술들은 플립플롭보다 느리다. 이는 결국 속도와 크기의 절충 문제다. 이번 장에서는 좀 더 큰 메모리의 세부사항을 살펴본다. 주(일차) 메모리와 캐시, 보조 메모리와 오프라인 메모리 등을 논의할 것이다. 그럼 이 모든 메모리를 포괄하는 메모리 계층구조로 시작하자.

10.1 메모리 계층구조

일반적으로, 임의의 한 시점에서 모든 데이터가 중요하지는 않다. 보통은 데이터의 일부만 중요하다. 마찬가지로 모든 데이터가 동일한 빈도로 쓰이지도 않는다. 자주 쓰이는 데이터가 있고 가끔 사용되는 데이터가 있으며 전혀 쓰이지 않는 데이터도 있다. 보통의 경우, 현재 작업 중인 데이터는 빠르고 접근하기 쉬운 메모리에 두고, 그 밖의 데이터는 느리고 저렴한 메모리에 두는 것이 바람직하다. 이 점을 고려해서 여러 종류의 메모리를 배치한 구조를 **메모리 계층구조**(memory hierarchy)라고 부른다.

메모리 계층구조는 디지털 시대 이전에도 있었다. 예를 들어 사람들은 쇼핑 목록이나 중요한 전화번호처럼 자주 또는 즉시 확인해야 하는 정보를 종이에 적어서 가지고 다녔다. 한편, 책상 위에는 일할 때만 사용하는 더 큰 문서가 놓여있고, 책상 너머의 선반과 서류 캐비닛에는 그보다 덜 자주 사용하는 데이터를 담은 책과 파일이 있었다. 좀 더 가면 서류 상자 등을 보관하는 다락방이 있고, 더 멀리 가면 지역 도서관이나 국가 도서관, 문서 보관소가 있다. 데이터는 필요에 따라 이러한 저장소들 사이에서 '승격' 또는 '강등'된다. 예를 들어 도서관에 몇 년 동안 방치되어 먼지만 쌓인 책이라도, 필요해지면 책상으로 가져와서 사용한다. 반대로, 더 이상 사용하지 않는 책상 위 문서는 캐비닛을 거쳐서 다락방으로 물러난다.

같은 개념이 컴퓨터 메모리에도 적용된다. 같은 기술이라도 빠른 버전과 느린 버전이 있다면 빠른 것이 더 낫다. 그런데 빠른 버전은 가격이 비싸기 마련이므로, 같은 돈으로 구입할 수 있는 양이 느린 버전보다 적다. 다른 말로 하면, 예산이 고정되어 있다고 할 때 속도와 용량은 절충 관계(trade-off)다. 대부분의 경우 데이터는 빠르게 접근할 수 있으면 좋은 데이터와 꼭 그럴 필요는 없는 데이터로 나뉜다. 따라서, 작업용 데이터를 위한 작고 빠른 메모리에서 거의 사용하지 않는 데이터를 위한 크고 느린 메모리까지 다양한 유형의 메모리를 섞어서 구입해 사용하는 것이 경제적이다. [그림 10-1]은 이번 장에서 논의할 메모리 계층구조다. 각 수준의 대략적인 속도와 용량도 표시되어 있다.

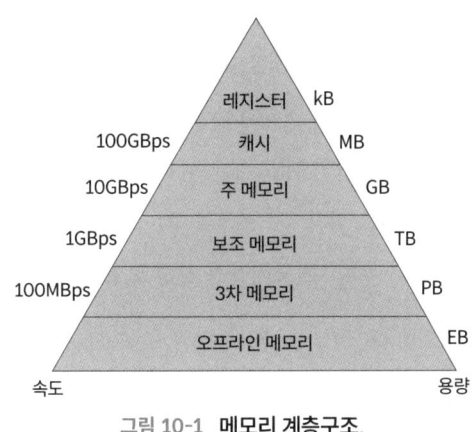

그림 10-1 **메모리 계층구조**.

각 수준의 메모리를 간단히 정의하면 다음과 같다.

레지스터

레지스터는 CPU 내부의 메모리다. 제7장에서 설명했다.

캐시

캐시cache는 CPU 외부의 메모리지만, CPU와 아주 가까운 곳에 있다. 주 메모리의 일부를 복사한 것으로, 주 메모리보다 속도가 빠르다.

주 메모리

주 메모리(primary memory)는 CPU의 적재 명령과 저장 명령이 직접 접근할 수 있는 주소 공간에 해당하는 메모리다.

보조 메모리

보조 메모리(secondary memory)는 CPU가 레지스터와 주소 공간을 통해서 직접 접근할 수는 없는 메모리다. 단, I/O와 직접 연결이 되어있기 때문에 필요에 따라 일차 메모리로 복사될 수 있다(그러면 직접 접근이 가능해진다).

3차 메모리

3차 메모리(tertiary memory)는 주소 공간이나 I/O와 직접 연결되지는 않지만, 인간의 개입 없이 기계적으로 I/O에 연결될 수 있는 메모리다.

오프라인 메모리

오프라인 메모리offline memory는 사람의 개입이 있어야만 컴퓨터에 연결할 수 있는 메모리다.

처치의 컴퓨터 정의에 따르면, 제7장에서 만든 맨체스터 베이비처럼 고정 길이 주소에 의존하는 기계는 그 어떤 것이든 컴퓨터라고 할 수 없다. 처치 컴퓨터는 다른 모든 컴퓨터를 흉내 낼 수 있어야 하는데, 그러려면 필요에 따라 더 많은 저장소를 요청하고 마련할 수 있어야 한다. 하지만 주소의 길이가 고정된 CPU와 버스를 사용하는 컴퓨터는 메모리를 고정된 크기 이상으로 확장하기가 어렵다. 이 문제를 해결하기 위해 무제한의 메모리를 허용하려면 주 메모리 아래에 더 많은 메모리 수준이 필요하다([그림 10-1]의 보조 메모리와 3차 메모리 등). 그러한 하위 메모리들에는 CPU가 주소 지정을 통해서 직접 접근할 수 없다. 이런 메모리들은 I/O 모듈을 통해서 연결된다.

10.2 주 메모리

시스템 메모리라고도 부르는 **주 메모리**(primary memory) 혹은 **주 기억장치**는 CPU의 적재 및 저장 명령들이 직접 접근할 수 있는 주소 공간에 저장된 메모리다. 여기에는 RAM과 ROM이 포함된다. 현대적 컴퓨터는 대부분 폰 노이만 아키텍처를 사용한다. 이는 프로그램과 데이터가 동일한 주 메모리에 함께 저장된다는 것을 의미한다.

주 메모리의 각 메모리 장소에는 고유한 주소가 주어진다. 예를 들어 16비트 주소 공간은 고유 주소가 총 $2^{16} = 65,536_{10}$개다. 이 주소들에 0000_{16}에서 $FFFF_{16}$까지의 일련번호가 붙는다. 각 주소는 **워드**word라고 부르는 고정 길이 비트 배열을 저장한다. 워드의 길이는 주소의 길이와 동일할 때가 대부분이다(항상 그런 것은 아니지만). 예를 들어 요즘 노트북의 주 메모리는 64비트 주소 공간에 64비트 워드들을 담는다. 제6장에서 플립플롭을 이용해서 이런 구조의 주 메모리를 구현하는 간단한 방법을 보았고, 제7장에서는 주 메모리를 CPU에 직접 연결하는 방법을 살펴보았다. 그리고 제9장에서는 버스를 통해서 간접적으로 CPU에 연결하는 방법을 이야기했다.

10.2.1 바이트와 엔디언

SI와 이진 접두어 논쟁과 관련된 또 다른 문제는 메모리를 비트(b), 바이트(B), 워드(W) 중 어떤 단위로 메모리를 측정할 것인가다. 이 중 비트가 가장 기본적인 단위이고 SI의 다른 단위들과도 잘 맞는다.

현실적으로 1바이트는 8비트다. 애초에 바이트라는 용어는 8비트 시대에 만들어진 것이다. 당시 워드는 8비트를 의미했다. 하나의 메모리 주소에 저장되는, 그리고 처리를 위해 CPU의 한 레지스터로 가져오는 비트 8개짜리 묶음이 곧 1바이트였다. 바이트의 원 단어 *byte*는 영어 단어 bite와 발음이 같다. 명사 bite가 음식을 물어뜯은 한 입 분량을 뜻하듯이, CPU가 처리를 위해 메모리에서 **물어뜯은** 한 조각의 데이터를 byte라고 부르게 되었다고 한다. bite가 아니라 byte로 표기하는 것은 *bit*와의 혼동을 피하기 위한 것이다. 그런데 바이트가 반드시 8비트이어야 하는 것은 아니다. 원래 바이트는 CPU에서 자연스럽게 처리할 수 있는 **임의의** 크기의 데이터 조각을 뜻했는데, 1950년대의 초창기 CPU들은 그 크기가 1비트에서 6비트로 다양했다. '1바이트는 8비트'가 사실상 표준이 된 것은 후대의 일이다.

8비트 시대에는 주 메모리를 바이트(좀 더 정확하게는 키비바이트 또는 KiB)로 측정하는 것이 아주 자연스러웠다. 16비트 주소 공간의 경우 주소는 총 2^{16}개인데, 여기에 그냥 **바이트**라는 단어만 추가하면 총 가용 메모리 용량이 된다. 예를 들어 주소를 계산한 다음, 이 숫자에 **바이트**를 추가하여 총 주소 가능한 메모리 크기를 얻었다. 예를 들어, '64키비바이트' 코모도어 64는 주소가 2^{16}개이고 각 주소에 1바이트가 담긴다.

지금은 워드가 8비트가 아니라 64비트인 64비트 시대다. 이 64비트 시대에 바이트는 사실 별 의미가 없어야 정상이다. $2^{32}=4\text{GiB}$개의 주소들 각각에 64비트 워드를 담을 수 있는 주 메모리를 '4 기비워드gibiword'라고 불러야 마땅하다.

하지만 대부분의 현세대 컴퓨터들은 워드 단위로 메모리에 접근하지 **않는다**. 역사적인 이유로, 요즘 컴퓨터도 8비트 시대처럼 여전히 바이트 단위로 메모리에 접근한다. 이를 **바이트 주소 지정**(byte addressing)이라고 부르는데, 워드 하나를 구성하는 바이트들에 개별적으로 접근할 수 있다. 예를 들어 32비트 아키텍처의 경우 하나의 워드를 구성하는 바이트 네 개에 각각 고유한 주소가 부여된다. $12B4A85C_{16}$ 같은 32비트 워드를 저장한다면, 네 바이트 12_{16}, $B4_{16}$, $A8_{16}$, $5C_{16}$를 각각 다른 주소에 저장하는 것이다.

그런데 이런 바이트들을 담는 메모리 주소들의 순서를 두고 표준 전쟁이 벌어졌다. 흔히 이 순서를 **엔디언**이라는 단어로 표현한다. **빅엔디언**big endian은 바이트들을 사람이 16진수를 표시하는 것과 동일한 순서로 저장하는 것을 뜻한다.[1] 예를 들어 $12B4A85C_{16}$를 빅엔디언으로 저장하면 그대로 (12_{16}, $B4_{16}$, $A8_{16}$, $5C_{16}$)이다. 이렇게 하면 아키텍처 설계자와 어셈블리 프로그래머를 비롯해 아키텍처를 다루는 사람들이 메모리를 다루기가 편하다는 것이 빅엔디언들의 주장이다.

리틀엔디언little endian은 바이트들을 빅엔디언의 역순으로 저장한다. 예를 들어 $12B4A85C_{16}$은 ($5C_{16}$, $A8_{16}$, $B4_{16}$, 12_{16})으로 저장된다. 대부분의 서구 문명을 비롯해서 텍스트를 왼쪽에서 오른쪽 방향으로 써나가는 문명의 사람들이라면 이런 순서가 말이 안 된다고 생각할 것이다. 이 순서의 바이트들을 그대로 이어붙이면 원래의 $12B4A85C_{16}$이 아니라 $5CA8B412_{16}$이 되는데, 그래서 좋을 것이 뭐가 있겠는가? 하지만 리틀엔디언 지지자들은 그런 식으로 바이트들을 이어붙이는 것은 특정 문화권의 편견에 기반한 것이라고 말한다.

서구 문명이 사용하는 아라비아 십진수 체계에서는 수를 표기할 때 최상위 숫자, 즉 지수(거듭제곱)가 가장 큰 숫자가 제일 왼쪽에 오고 최하위 숫자, 즉 지수가 가장 작은 숫자가 제일 오른쪽에 온다. 애초에 아랍권도 그런 식으로 숫자들을 표기했다. 서구로 도입하는 과정에서 바뀐 것은 없다. 하지만 **텍스트**는 사정이 다르다. 서구와는 달리 아랍권은 **텍스트**를 오른쪽에서 왼쪽으로 쓴다. 아랍권에서 숫자열 '24'는 서구에서처럼 수 24를 뜻하지만, **읽을** 때는 '이십 사'가 아니라 '사 이십'이다. 즉, 제일 왼쪽의 일의 자리부터 높은 자리로 올라가면서 숫자를 읽는다. 사실 이런 방식이 산술 연산에 더 어울린다. 대부분의 산술 연산 알고리즘은 일의 자리부터 계산을 시작해서 차츰 자

---

[1] [옮긴이] 빅엔디언은 흔히 그런 바이트 순서 자체를 가리키는 말로 쓰이지만, 원래는 그런 순서를 주장하는 사람들을 가리키는 말이다. 아래의 리틀엔디언도 마찬가지다. 용어 자체는 걸리버 여행기의 소인국 편이 기원이다(옮긴이 블로그 글 "빅 엔디안, 리틀 엔디안"[https://occamsrazr.net/tt/45] 참고).

리를 높여 나가기 때문이다. 수의 각 자리는 해당 기수(진수)의 거듭제곱 지수에 대응된다. 예를 들어 십진수에서 일의 자리는 10의 0승, 십의 자리는 10의 1승, 등등이다.

리틀엔디언 시스템은 워드의 0번째 바이트가 워드 시작 주소에 대한 오프셋 0이고 n번째 바이트가 오프셋 n이 되는 식으로 바이트들에 주소를 부여한다. 이렇게 하면 일부 경우에서 컴퓨터가 산술 연산을 좀 더 쉽고 빠르게 수행할 수 있다. 예를 들어 바이트 길이가 서로 다른 두 워드를 더할 때(이를테면 C에서 `short int` 값에 `long int` 값을 더하는 등), 리틀엔디언에서는 두 워드에서 자리가 같은 바이트들을 쉽게 대응시킬 수 있다. 길이가 서로 다른 CPU 명령어들을 워드에 저장할 때도 비슷한 장점이 있다. 리틀엔디언에서는 옵코드가 항상 오프셋 0에 있다. 명령어 종류별로 옵코드를 찾아야 할 필요가 없는 것이다. 이런 장점들 때문에 현재 상용 아키텍처에서는 리틀엔디언이 지배적이다. 표준 전쟁은 사실상 리틀엔디언이 승리했다.

10.2.2 메모리 모듈

RAM과 ROM은 흔히 분리 가능한 모듈 형태로 제공된다. 덕분에, 필요에 따라 이들을 추가 혹은 제거해서 가용 메모리 용량을 조절할 수 있다. 버스 아키텍처를 사용하면 이러한 모듈을 장착하고 분리하기가 쉽다. 예를 들어, [그림 10-2]는 ROM 모듈 하나와 RAM 모듈 두 개를 CPU와 동일한 버스에 연결한 구성이다.

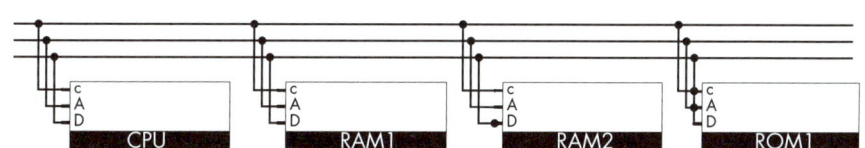

그림 10-2 CPU 하나와 RAM 모듈 두 개, ROM 모듈 하나를 포함한 버스 아키텍처.

일반적으로 한 시스템의 RAM 모듈과 ROM 모듈은 여러 개다. 모든 RAM 모듈은 버스를 통해 전달되는 동일한 신호를 감지한다. 하지만 모듈마다 주소 공간의 서로 다른 부분이 주어지므로, 지정된 주소가 있는 하나의 모듈만 신호에 응답한다.

메모리와 I/O 모듈을 포함한 모든 버스 모듈은 어떠한 기본 주소공간(이를테면 첫 메모리 장소가 주소 0인)에 대응되도록 제조된다. 하지만 실제로 버스에 장착될 때는 다른 모듈과 구별되는 고유한 주소를 가지도록 주소 범위를 재매핑해야 한다. 이러한 재매핑(remapping)을 담당하는 것은 '메모리 컨트롤러(memory controller)'라고 불리는 디지털 논리 구성요소다. 메모리 컨트롤러는 버스의 전역 주소(global address)를 감지해서 해당 모듈 자체의 지역 주소로 변환한 후 해당 모듈로 전송한다.

10.2.3 RAM(임의 접근 메모리)

RAM, 즉 임의 접근 메모리(random access memory)에서 **임의 접근**은 메모리의 아무 주소에나 빠르게 접근할 수 있다는 뜻이다. RAM에는 접근이 더 빠른 영역과 더 느린 영역이 따로 없다. 반면에 카세트 테이프나 천공 카드 더미는 임의 접근이 아니다. 현재 읽기/쓰기 위치에서 먼 곳의 데이터에 접근하려면 테이프를 빨리 감거나 되감아야 하므로 속도가 느리다. RAM이 임의 접근 메모리를 뜻하는 random-access memory를 줄인 것이긴 하지만, 이 '임의 접근' 능력이 RAM의 전부인 것도 아니다. 그런 면에서 RAM은 다소 잘못된 용어라고 할 수 있겠다. RAM의 또 다른 주요 특징은 읽기와 쓰기가 모두 가능하다는 점과 **휘발성**(volatility)이 있다는 점이다. 여기서 휘발성은 컴퓨터의 전원을 끄면 메모리의 내용이 모두 '증발해서' 없어진다는 뜻이다. 대다수의 ROM(read-only memory; 읽기 전용 메모리)도 임의 접근 능력이 있지만, 읽기만 가능하고 휘발성이 없기 때문에 RAM이라고 부르지는 않는 것이 현재의 관례다.

> ### 역사적인 RAM들
>
> 제3장에서 배비지의 해석기관 RAM을 논의했다. 오늘날 RAM 아키텍처도 그 기반은 여전히 해석기관의 RAM이다. 해석기관에서 각 메모리 주소는 하나의 기어 스택에 대응되며, 해당 기어들의 회전이 하나의 워드를 표현한다. 해석기관에서는 한 번에 하나의 주소만 물리적으로 버스에 연결될 수 있다. 일단 연결되면, 기어들의 회전은 먼저 버스의 선형 운동으로 이어지고, 이에 따라 CPU의 레지스터 기어들이 회전해서 '적재'가 일어난다. 저장은 그 반대다. 그럼 다른 역사적 RAM 몇 가지를 살펴보자.
>
> #### 음향 수은 지연 선로 RAM
>
> 제6장의 §6.2 '조합 논리에서 순차 논리로'에서 전기 기타와 앰프의 피드백 루프가 만들어내는 음향 피드백의 유무로 1비트 정보를 표현할 수 있음을 논의했다. 실제로, UNIVAC 시대에 수은 지연 선로(mercury delay line)를 이용해 구현한 컴퓨터 메모리가 바로 그런 원리를 따른다. 다음 그림에 그 메모리가 나와 있다.
>
>

지연 선로는 일정 거리 떨어진 마이크와 스피커로 피드백을 일으켜서 1비트 정보를 저장하는 장치였다. 수은이 채워진 관의 양 끝에 마이크와 스피커를 배치한다. 수은은 음속을 느리게 만들기 위한 것이다. 이전 버전은 공기를 채운 관을 사용했기 때문에 관이 더 길어야 했다.

이 시대의 기계들에서도, 이런 지연 선로들을 적절히 배열함으로써 해석기관에서처럼 하나의 주소 공간을 만들 수 있었을 것이다. CPU 적재 명령이나 저장 명령은 관련 전기 회로를 활성화/비활성화해서 적절한 지연 선로를 버스에 연결하고 다른 지연 선로들은 분리함으로써 데이터의 복사본을 버스에 올려 전송하는 식으로 구현하면 된다.

윌리엄스관 RAM

원래 맨체스터 베이비는 윌리엄스관(Williams tube)이라는 새로운 종류의 RAM을 연구하기 위한 프로젝트였다. 윌리엄스관은 구식 TV 화면에도 쓰인 CRT(cathode ray tube; 음극선관)에 기반한 기억장치였다. 아래는 1946년에 촬영한 실물 윌리엄스관이다.

CRT 디스플레이 장치처럼 윌리엄스관은 전자빔을 화면에 쏜다. 제어 가능한 전자석을 이용해 빔의 방향을 조정함으로써 화면의 모든 픽셀을 빔으로 훑는다(스캐닝). 화면에는 형광 물질이 발라져 있어서, 전자빔을 받으면 그 위치의 픽셀이 빛을 낸다. 하지만 CRT 텔레비전이나 모니터와는 달리 윌리엄스관은 정보를 사람에게 표시하기 위한 것이 아니었다. 윌리엄스관은 실질적인 RAM 저장장치로 쓰였다. 빔을 맞은 픽셀은 일정 시간 동안 전하와 색상을 유지한다. 이는 이 장치를 피드백 시스템으로 사용할 수 있음을 뜻한다. 스캔 빔을 사용하여 화면 전체의 픽셀을 기록하고, 화면 상태를 빠르게 읽어 들이고, 읽은 데이터를 다시 스캔 빔으로 전달하여 화면에 다시 기록하는 과정을 반복한다. 결과적으로, 화면의 픽셀들이 점차 꺼지는 것이 아니라 데이터가 계속 화면에 유지된다.

원래의 윌리엄관 화면에는 32비트 워드 32개를 담을 수 있었다. 화면의 행 하나가 워드 하나이고, 그 행의 각 열은 그 워드의 각 비트다. 따라서 전체 저장 용량은 $32 \times 32 = 1{,}024$비트다. 형광 물질로는 전자빔을 맞으면 녹색으로 빛나는 인광 물질(phosphor)[2]을 사용했다.

1 SRAM(정적 RAM)

그림 [6-22]에서 본 플립플롭으로 만든 RAM은 **정적 RAM(static RAM)** 에 해당한다. 흔히 *SRAM* ('에스램'이라고 읽는다)으로 표기하는 정적 RAM은 CPU 레지스터에 쓰이는 것과 동일한 구조의 플

---

2 〔옮긴이〕 참고로 인광 물질 혹은 인광체는 질소족 원소 '인(phosphorus, 원소 기호 P)'과는 다른 물질이다. '마치 인처럼' 어둠 속에서 빛을 내는 물질이라고 생각하면 될 것이다. 녹색을 내는 인광 물질로는 이를테면 구리로 도핑된 황화 아연이 있다.

립플롭으로 만든다. 그래서 빠르지만, 대신 비용이 높다. 일반적으로 플립플롭 하나는 트랜지스터 4~6개로 만들어진다(구체적인 개수는 플립플롭의 유형과 논리 게이트 구현 방식에 따라 다르다). 플립플롭은 메모리 상태를 안정적으로 유지하기 때문에 일일이 새로 고침(리프레시refresh)할 필요가 없다. 또한, 기록 후 거의 즉시 읽을 수 있다. SRAM과 CPU 레지스터의 주된 차이점은, SRAM에는 주소를 통해서 접근하지만 CPU 레지스터에는 그렇지 않다는 것이다.

일반적으로 SRAM은 캐시를 구현하는 데 쓰인다. 이 부분은 다음 장에서 좀 더 구체적으로 살펴볼 것이다. 주 메모리에는 별로 쓰이지 않는다. 예외라면, 고급형 라우터처럼 주 메모리 접근 속도가 아주 중요한 고가의 전용 장비를 들 수 있겠다.

[그림 10-3]과 비슷한 캐시 칩들을 메인보드의 CPU와 RAM 사이에 두기도 하지만, 아예 CPU 실리콘 안에 SRAM 캐시를 두는 경우도 있다.

그림 10-3 **SRAM 칩.**

❷ DRAM(동적 RAM)

DRAM, 즉 동적 RAM(dynamic RAM)은 SRAM보다 제작 비용이 싸고 크기도 작다. 대신 더 느리다. DRAM은 플립플롭이 아니라 커패시터capacitor(축전기)로 만든다. 콘덴서condenser라고도 부르는 커패시터는 전하를 저장하는 부품인데, 플립플롭보다 싸고 느리다. **커패시터**는 절연체로 분리된 두 개의 금속판으로 구성된다. 전류는 금속판을 가로질러 흐를 수 없지만, 금속판에 전류를 가하면 전하가 가득 찰 때까지 전하가 축적된다. 커패시터는 일반적으로 CPU 설계에 사용되지 않는다. CPU와는 다른 종류의 전자 부품이기 때문이다. DRAM의 비트 하나는 트랜지스터 하나와 커패시터 하나로만 구성된다. 커패시터는 트랜지스터를 만들 때와 비슷한 마스킹 공정을 통해 실리콘 위에 제조할 수 있다.

DRAM도 RAM인 만큼 SRAM과 동일한 주소 지정 시스템을 사용한다. 각 주소에 워드를 저장하는 전체적인 회로 구조도 SRAM과 같다. 다만, 각 워드가 플립플롭들이 아니라 커패시터들로 구성된다는 점이 다를 뿐이다(그림 10-4).

DRAM은 워드 또는 바이트들이 '행'과 '열'로 배치된 2차원 배열 형태로 구성된다. 외부에서 어떤 주소를 지정해서 접근을 요청하면, 메모리 컨트롤러 칩이 그 주소를 행 주소와 열 주소로 분리한다. 그 두 주소는 해당 메모리 장소에서 다시 AND로 결합되는데, 이 AND 결합 연산에는 트랜지스터 하나만 있으면 된다. 이 덕분에 디지털 논리가 크게 절약되지만, 주소를 나누고 합치다 보니 주소 지정이 SRAM보다 느리다.

커패시터의 특성 때문에, DRAM을 읽으면 전하가 빠져서 저장된 정보가 파괴된다(해석기관의 RAM과 유사한 특성이다). 커패시터의 상태를 읽거나 쓰는 것은 아날로그적인 과정이라서 완료되기까지 시간이 좀 걸린다. 또한, 커패시터는 아날로그 부품이기 때문에 시간이 지나면 전하가 누출될 수 있다. 이와 관련한 문제를 해결하려면 DRAM을 주기적으로 새로 고침해야 한다. 예를 들어, 2018년 기준으로 DRAM의 필수 새로 고침 주기는 64밀리초다. (이처럼 지속적으로 새로 고침이 필요하다는 것이 DRAM에 '동적'이라는 이름이 붙은 이유다.) 수은 지연 선로나 윌리엄스관에서처럼 DRAM도 현재 상태를 읽고 짧은 시간 후에 그것을 다시 쓰는 식으로 새로 고침을 수행한다. 이 새로 고침 타이밍을 세심하게 조절해야 한다. 새로 고침이 CPU의 읽기 또는 쓰기 명령과 충돌해서 지연을 일으킬 수도 있다. 충돌 시에는 새로 고침이 완료될 때까지 기다렸다가 다시 시도해야 한다.

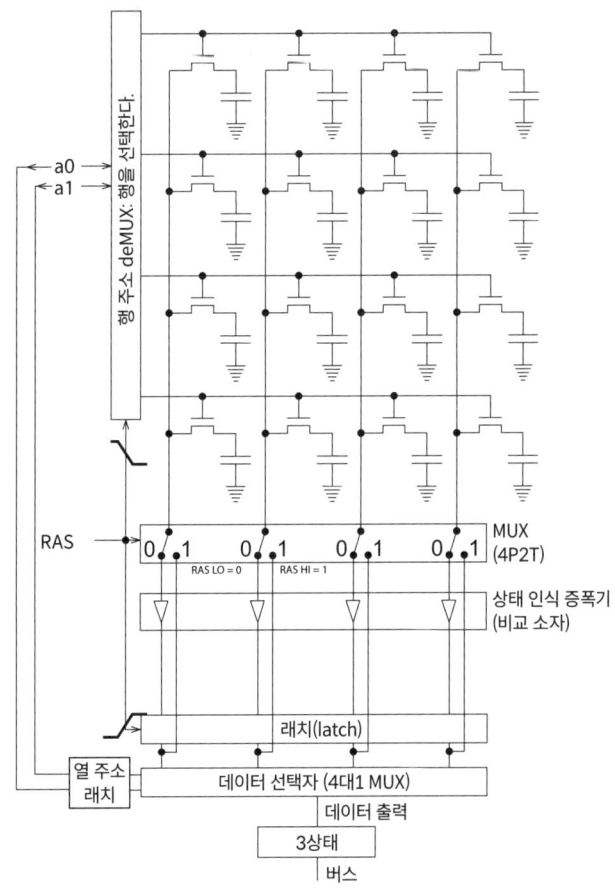

그림 10-4 **DRAM 회로. 커패시터들의 배치와 주소 지정 방식을 보여준다.**[3]

---

3 [옮긴이] 그림의 'deMUX'는 디멀티플렉서를 뜻한다. 회로도에서 흔히 멀티플렉서를 MUX, 디멀티플렉서를 deMUX로 짧게 표기한다. 멀티플렉서와 디멀티플렉서는 제6장 §6.1.5에서 소개했다.

DRAM의 효율을 높이기 위해 흔히 **사전 충전**(pre-charging) 기법이 쓰인다. 간단하게만 말하자면 사전 충전은 DRAM을 사용하기 직전에 미리 '예열'해 두는 것이다. 이렇게 접근 시 재충전 충돌이 방지된다. 이 때문에 현대적인 CPU와 메모리 컨트롤러는 사용 전에 어떤 메모리를 미리(명령 여러 개 전부터) '예열'할 것인지를 함께 예측한다.

일반적으로 현대적인 DRAM 모듈은 [그림 10-5]처럼 인쇄 회로 기판 위에 DRAM 칩 여덟 개 정도를 함께 배치한 형태다. 이 칩들은 같은 주소 공간의 다른 부분을 차지한다. 이런 모듈을 표준 인터페이스를 통해서 메인보드에 장착한다(서문의 그림 2 참고). 데스크톱 PC의 경우 여분의 메모리 슬롯들에 이런 DRAM 모듈을 추가함으로써 가용 메모리를 늘릴 수 있다.

그림 10-5 **DRAM 모듈**.

DRAM 모듈의 한 종류로 *SIMM*(single in-line memory module; 단일 인라인 메모리 모듈)이 있다. SIMM은 1990년대 PC에 쓰인 표준으로, 버스 폭은 32비트다. SIMM은 2000년대 들어 DIMM(double in-line memory module; 이중 인라인 메모리 모듈)에 자리를 내주었다. DIMM은 버스가 64비트다. 따라서 하나의 DIMM에 수 기가바이트의 메모리를 담을 수 있다. DRAM에 붙는 또 다른 수식어로는 double data rate를 줄인 DDR이 있다. DDR DRAM은 클록의 상승 에지와 하강 에지 모두에서 데이터 전송을 가능하게 하는 기술을 이용해서 DRAM 속도를 두 배로 높인 것이다. 그러면 대역폭(bandwidth)이 두 배가 된다(대역폭 = 버스 폭 × 클록 속도 × 데이터 전송 속도이므로). SIMM과 DIMM 관련 표준은 여러 번 개선되었고, 그에 따라 모듈의 형태 자체도 달라졌다. 특히 핀들의 홈(notch) 위치가 눈에 띄게 다르다. 이러한 차이는 각각을 올바른 종류의 메모리 슬롯에만 삽입할 수 있게 하기 위한 것이다.

3 ECC-RAM(오류 정정 코드 RAM)

다른 여러 칩처럼 RAM 칩도 계속해서 작아졌다. 그러다 보니 이제는 부품 크기가 원자 규모에 근접하고 있다. 이 정도 규모에서는 양자 효과와 입자 물리학이 작용한다. 여기서 양자 효과(quantum effect)에는 여러 유형의 고유 잡음과 메모리에 쓰이는 입자 위치의 불확실성 등이 포함된다. 우주선(cosmic ray)은 주로 전자나 알파 입자, 뮤온 같은 입자인데, 태양이나 은하계의 다른 항성에서 나와서 고속으로 우주 공간을 통과한다. 우주선이 RAM의 민감한 부품과 충돌하면 비트의 부울 상태가 뒤집혀서 데이터가 깨질 수 있다.

ECC-RAM(error correction code RAM; 오류 정정 코드 RAM)은 오류 정정을 위한 추가 칩을 탑재한 DIMM이다. 추가 칩은 데이터의 여분 복사본 또는 체크섬을 저장하고 이를 활용해서 하드웨어 수준에서 자동으로 그러한 비트 반전을 정정한다. ECC-RAM은 주로 지구 대기권의 보호를 받지 못하는, 그래서 우주선에 더 많이 노출되는 우주 응용 분야의 컴퓨터에 쓰인다. 하지만 가격이 하락하면 지상의 고부가가치/안전 중심 시스템에도 쓰이게 될 것이다.

> **로해머 취약점**
>
> **로해머**(Rowhammer)는 지금도 컴퓨터 보안에 영향을 미치고 있는 일단의 메모리 하드웨어 취약점을 지칭한다. DRAM의 커패시터들이 너무 작고 밀집되어 있다 보니, 한 행(row)의 커패시터가 이웃 행의 커패시터들에 영향을 미칠 가능성이 있다. 보안 연구자들은 이러한 효과를 악용해서, 대상 프로그램에 속한 메모리를 읽고 쓰는 공격을 시도했다. 이 공격에서 연구자들은 공격용 프로그램을 공격 대상 프로그램이 소유한 온라인 뱅킹 비밀번호가 저장된 주소 옆의 메모리 영역에 저장하고는, 특정한 방식으로 공격용 프로그램에 데이터를 적재함으로써 공격용 프로그램의 메모리에 있는 커패시터들과 공격 대상 프로그램의 메모리에 있는 커패시터들 사이에서 물리적인 상호작용이 일어날 가능성을 높인다. 이를테면 대상 메모리에 우주선 스타일의 오류가 발생할 가능성이 높도록 공격용 메모리의 주소를 설정하는 것이 가능하다. 또는, 대상 메모리의 커패시터 상태 때문에 공격용 메모리의 읽기와 쓰기에서 발생하는 비슷한 오류나 작은 시간 지연을 관찰함으로써 대상 메모리의 상태를 추론하는 것도 가능하다.
>
> 현재 연구자들은 이러한 로해머 취약점 공격을 방어하는 방법을 연구하는 중이다. 접근 방식으로는 악의적으로 유도한 우주선 스타일의 오류를 ECC-RAM을 이용해서 정정하는 등의 하드웨어적 방법과 메모리 내 프로그램 위치를 무작위화하고 공격 대상 근처에 코드가 배치되는 것을 운영체제가 방지하는 등의 소프트웨어적 방법이 있다.

10.2.4 ROM(읽기 전용 메모리)

ROM, 즉 읽기 전용 메모리(read-only memory)는 전통적으로 읽기만 가능하고 쓰기는 불가능한 메모리를 의미한다. 흔히 ROM은 제조 시 저장해 둔 서브루틴들을 읽는 용도로만 쓰인다. 하지만 시간이 지나면서 그러한 전통적인 정의에서 벗어나며 '읽기 전용'이라는 이름과도 맞지 않는 다른 몇몇 메모리도 ROM이라고 부르게 되었다.

우선 지적하고 싶은 것은, 애초에 ROM과 RAM의 구분이 그리 논리적이지 않다는 것이다. 앞에서 말했듯이 ROM도 RAM처럼 임의 접근 메모리다. ROM도 주 메모리의 주소 공간에 속하며, 어떤 주소라도 같은 시간으로 접근할 수 있다. ROM과 RAM의 차이는, RAM은 읽기와 쓰기가 모두 가능하지만 ROM은 전통적으로 읽기만 가능하다는 것이다.

또한, 시간이 지나면서 ROM도 손쉽게 다시 쓸 수 있도록 진화했다. 이제는 ROM에 담긴 프로그램을 새로운 버전으로 갱신할 수 있는 유형의 ROM이 널리 쓰인다. 흔히 **펌웨어**firmware라고 부르는 프로그램이 그런 ROM에 담겨서 필요에 따라 재기록된다. [그림 10-6]은 이러한 진화의 주요 단계에 해당하는 ROM들이다.

그림 10-6　ROM의 진화　MROM, PROM, EPROM, EEPROM, 그리고 플래시 메모리가 장착된 SD 카드. 특이하게도 EPROM의 경우에는 실제 실리콘이 투명한 창을 통해 드러나 있음을 주목하자. 재기록을 위해서는 빛이 실리콘에 닿아야 한다.

그럼 이 ROM 유형들을 차례로 살펴보자.

❶ MROM(마스크 롬)

마스크 ROM 혹은 *MROM*(mask ROM)은 제조업체가 포토 공정(photolithography; 광식각법)을 이용해 메모리 내용을 프로그래밍하는 ROM이다. 일단 기록된 내용은 영구적으로 읽기 전용 상태를 유지한다. 덮어쓰기(overwrite; 또는 겹쳐쓰기)는 불가능하다. MROM 모듈의 내용을 갱신하려면 기존 칩을 제거하고 폐기한 후 새로운 내용이 담긴 전혀 새로운 칩을 삽입해야 한다. 포토 공정은 매우 고가의 공정이므로, MROM은 만들기도 어렵고 갱신하기도 어렵다.

❷ PROM(프로그램 가능 ROM)

PROM(programmable ROM; 프로그램 가능 ROM)은 MROM보다 훨씬 발전한 ROM이다. 제5장에서 논의한 PLA와 비슷하게 PROM은 다수의 퓨즈를 포함한 범용 회로다. 포토 공정으로 만든다는 점도 PLA와 같다. 프로그래머는 PROM의 적절한 퓨즈들을 태워서 다양한 구조를 형성한다. PLA에서는 그런 식으로 임의의 디지털 논리 네트워크를 만들 수 있지만, PROM은 메모리로만 쓰인다. 주소와 워드로 이루어진 구조는 고정되어 있고, 단지 워드들을 구성하는 비트들만 퓨즈를 태워서 변경할 수 있을 뿐이다. 일반적으로 퓨즈가 남아 있는 비트는 1이고 끊어진 비트는 0이다. PLA처럼 PROM도 일단 한번 프로그래밍하고 나면 더 이상 지우거나 변경할 수 없다.

3 EPROM(삭제 가능 PROM)

EPROM(erasable programmable ROM; 삭제 가능 PROM)은 PROM과 비슷하되, 자외선을 이용해서 칩의 데이터를 삭제한 후 새 데이터를 기록할 수 있다는 점이 다르다. 이러한 삭제 및 재기록을 여러 번 반복할 수 있다. 삭제 과정은 상당히 복잡하다. 칩을 컴퓨터에서 빼서 라이트 박스light box라고 부르는 전용 장비에 넣어야 한다. 그렇긴 하지만 최종 사용자라도 여러분처럼 적당한 수준의 기술과 장비를 갖춘 사람이라면 컴퓨터 제조업체의 도움 없이도 가능하다.

4 EEPROM(전기 삭제 가능 PROM)

EEPROM(electrically erasable programmable ROM; 전기 삭제 가능 PROM)은 EPROM과 마찬가지로 전체 칩을 지우고 재기록할 수 있다. 혁신점은 빛이 아니라 전기로 삭제와 재기록을 수행할 수 있다는 것이다. 이 덕분에 ROM 칩을 꺼내서 물리적으로 조작할 필요 없이, 컴퓨터에 장착된 상태에서 데이터를 변경할 수 있다. EEPROM은 오늘날 펌웨어 갱신이 가능한 ROM에 쓰이다. 펌웨어를 갱신해 본 독자라면 알겠지만, 최종 사용자의 관점에서 전체 펌웨어 갱신 과정은 물리적 조작 없이 전적으로 소프트웨어를 통해 진행된다. 갱신 속도가 그리 빠르지는 않다. 하지만 우리가 펌웨어를 매일 갱신하지는 않는다. 연 1회 정도, 또는 가끔 버그 수정 패치가 나올 때 정도다.

5 플래시 메모리

플래시 메모리flash memory는 메모리를 블록 단위로 삭제하고 재기록할 수 있는 EEPROM이다. 펌웨어에 주로 쓰이는 보통의 EEPROM은 메모리 전체를 삭제하고 재기록해야 하지만, 플래시 메모리에서는 블록block이라고 부르는 메모리의 작은 영역 하나만 삭제하고 재기록할 수 있다. 메모리의 나머지 부분은 그대로다. 칩이 온라인인 상태에서 메모리를 비교적 빠르고 빈번하게 갱신할 수 있기 때문에 일상적인 저장장치로 사용할 수 있다. 경우에 따라서는 RAM과 거의 같은 기능을 수행한다.

10.3 캐시

캐시cache는 메모리 계층구조에서 CPU의 빠른 레지스터와 느린 RAM 사이에 놓인 계층이다. 캐시는 가장 자주 쓰이는 메모리 내용의 복사본을 담는 데 쓰인다. 그런 데이터는 CPU가 아주 빠르게 조회할 수 있다. (원래 cache는 음식이나 무기, 해적의 보물을 저장하는 장소를 뜻하는 오래된 영어 단어다.[4]) 캐시를 사용하지 않는 아키텍처라면 제7장에서처럼 RAM을 직접 CPU에 연결하거나, 제9장

4　옮긴이　비슷한 뜻의 순우리말로 '시렁'이 있다. 전통 부엌에서 자주 쓰는 식기나 양념 등을 올려놓는 선반이 시렁이다.

에서 논의한 것처럼 제어선, 주소선, 데이터선 버스로 연결해야 할 것이다. [그림 10-7]이 후자의 방식이다(C는 제어선, A는 주소선, D는 데이터선).

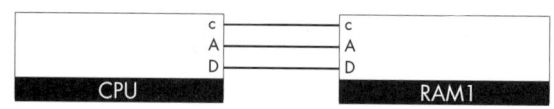

그림 10-7 기본적인 CPU/버스/RAM 아키텍처.

이런 캐시 없는 아키텍처의 문제점은 속도다. 대부분의 프로그램은 RAM에 자주 접근한다. 하지만 DRAM의 구현에 쓰이는 커패시터들은 CPU 레지스터의 구현에 쓰이는 플립플롭보다 훨씬 느리다. 그래서 RAM이 전체 시스템 속도의 주된 병목이 된다. RAM이 CPU보다 수십, 수백 배 느리다면 수 GHz의 빠른 CPU가 무슨 소용이 있겠는가? 그런 시스템에서 CPU는 각각의 적재 명령과 저장 명령이 완료되길 하염없이 기다려야 한다. CPU와 RAM 사이에 플립플롭들로 만들어진 SRAM 기반 캐시를 두면 그런 병목을 피하는 데 도움이 된다. [그림 10-8]이 그러한 아키텍처다.

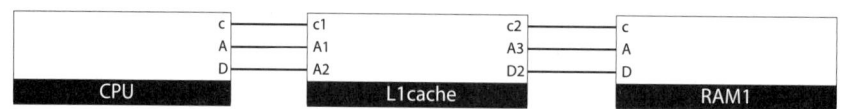

그림 10-8 기본 CPU/버스/RAM 아키텍처의 CPU와 RAM 사이에 캐시를 삽입한 아키텍처.

어떤 데이터를 적재할 때가 되면 CPU는 먼저 캐시에 그 데이터가 있는지 확인해서 있으면 바로 가져온다. 없으면 캐시는 다음 수준의 메모리([그림 10-8]의 경우 RAM)에 요청해서 그 데이터를 가져온다. 이러한 캐싱은 레지스터에서 하드 디스크와 주크박스(§10.5 '3차 메모리' 참고)까지 메모리 계층구조의 **모든** 수준에서 일어날 수 있다. 하지만 일반적으로 캐시라고 하면 지금 논의하는 것처럼 주 메모리 수준에서 CPU 레지스터와 주 RAM 메모리 사이에 놓인 메모리 조각을 의미한다.

초기 설계에서는 SRAM으로 된 캐시 메모리 하나만 두었지만, 시간이 흐르면서 무어의 법칙에 따른 트랜지스터 밀도 증가 덕분에 더 많은 수준에서 더 큰 캐시들을 실리콘에 채워 넣게 되었다. 요즘은 [그림 10-9]에서처럼 세 개의 캐시 수준(L1, L2, L3)을 사용하는 아키텍처가 많다.

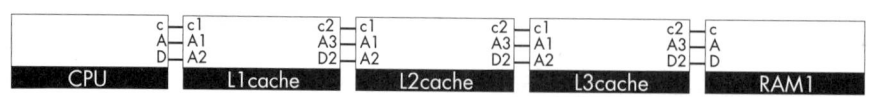

그림 10-9 기본 CPU/버스/RAM 아키텍처에 L1, L2, L3 캐시를 추가한 아키텍처.

일반적으로 CPU와 DRAM 메모리 사이의 캐시 계층들은 모두 SRAM으로 만들어진다. 하지만 주된 용도와 활용 방식은 계층마다 차이가 있으며, 그에 따라 해당 디지털 논리 회로의 크기와 속도 사이의 절충점이 각각 다르다. 예전에는 캐시가 CPU 외부의 전용 칩으로 존재했다. 계층구조의 낮은 수준에 있는 캐시들은 여전히 외부 칩이지만, 더 크고 높은 수준의 캐시들은 CPU 실리콘 자체에 들어가는 것이 최근의 주요 경향이다.

프로그래머가 컴퓨터의 캐시를 잘 알아두면 더 빠른 프로그램을 작성하는 데 도움이 된다. 일반적으로 각 캐시 수준은 하위 수준보다 10배 빠르다. 따라서 캐시의 한 수준이 다 채워지면 메모리 접근 속도가 급격히 저하되는 현상이 벌어진다. 각 수준의 캐시 크기를 파악해서 프로그램이 현재 사용하는 데이터가 알려진 캐시 수준의 크기를 넘지 않도록 코드를 재설계한다면 캐시가 제공하는 속도상의 이점을 최대한 누릴 수 있다.

10.3.1 캐시의 주요 개념

캐시는 **국소성 원리** 혹은 **지역성 원리**(principle of locality)에 기반한다. 국소성 원리에 따르면, 주어진 임의의 시간에서 접근되는 메모리는 전체 주소 공간의 일부일 뿐이다. 따라서 자주 접근되는 값들과 그 이웃 값들을 더 크고 느린 메모리에서 더 작고 빠른 메모리로 복사해 두는 것이 유리하다. 그런데 '이웃'이나 '국소성'을 정의하는 방식이 여러 가지다. **시간 국소성**(temporal locality)은 어떤 항목들이 비교적 짧은 시간 간격으로 자주 접근되는 것을 뜻한다. **순서 국소성**(sequential locality)은 일련의 항목들이 같은 순서로 여러 번 다시 접근되는 것을 뜻한다. **공간 국소성**(spatial locality)은 위치상으로 가까이 있는 값들이 자주 접근되는 것을 뜻한다. 이런 개념들은 데이터뿐만 아니라 명령들에도 적용되며, 흔히 루프나 서브루틴에 의해 발현된다. 캐시 메모리는 다수의 캐시 라인으로 구성된다. 각 라인은 메모리에서 연속된 여러 워드의 복사본을 포함한 블록과 태그를 담는데, 여기서 태그는 그 블록에 복사된 메모리 위치를 나타내는 주소 또는 어떠한 식별자이다. 각 라인에는 또한 CPU가 캐시의 값을 변경하여 메모리의 해당 값과 달라졌는지를 추적하는 '더러움(dirty)' 비트가 있다. [표 10-1]은 캐시 라인의 몇 가지 예다.

표 10-1 캐시 라인들.

태그	블록	더러움 비트
$08F4	01101100 01101100 10011010	1
$2AD5	10010101 11100110 00110110	0

표의 캐시 라인들은 각각 8비트 워드 세 개짜리 블록 하나와 16비트 주소 공간의 완전한 주소를 담는 태그 하나, 그리고 더러움 비트 하나로 구성된다. 첫 캐시 라인의 더러움 비트는 1인데, 이는 그 라인의 값이 원래와 달라졌음을 뜻한다. 반면에 둘째 캐시 라인의 더러움 비트는 0이다. 둘째 라인은 원래의 값과 동일한, '깨끗한' 상태다.

개별 주소 단위로 개별 워드를 캐싱하는 것이 아니라 여러 워드로 구성된 '라인' 단위로 캐싱한다는 점에 주목하자. 이는 개별 워드를 일일이 전송하는 것보다 큰 메모리 덩어리를 전송하는 것이 더 효율적이기 때문이다. 지금 필요한 워드를 포함한 라인 전체를 가져오는 것은 공간 국소성 차원에서 유리하다. 다음에 필요한 데이터나 명령은 지금 필요한 워드의 근처에 있을 가능성이 높기 때문이다.

캐시에 데이터 조각을 저장할 위치를 '해시 함수'를 이용해서 선택하는 캐시 시스템도 있다. 그런 해시 함수들은 흔히 저수준 메모리의 데이터 주소에 기반한다. **해시 함수**(hash function)는 큰 입력 수치를 그보다 작은 출력 수치로 사상(매핑)하는 다대일(many-to-one) 함수다. 작은 출력 수치를 흔히 **해시 값**(hash value)이라고 부른다. 일반적으로, 해시 값에서 원래의 수치를 복원하는 것은 불가능하다. 아주 간단한 해시 함수의 예로는 16진수의 마지막 두 16진 숫자를 해시 값으로 취하는 것이 있다. 예를 들어 $hash(9A8E_{16}) = 8E_{16}$이다. 또는 주어진 수의 모든 이진 숫자를 AND로 결합하는 해시 함수도 있다. 예를 들어 $hash(01101001_2) = 0\&1\&1\&0\&1\&0\&0\&0 = 0$이다. 하지만 캐시에는 주소를 캐시 라인의 수로 나눈 나머지를 해시 값으로 취하는 해시 함수가 흔히 쓰인다.

CPU가 원하는 값이 캐시에 실제로 있는 것을 가리켜 캐시 **적중**(hit)이라고 말한다. 없으면 적중 **실패**(miss)다. 적중 실패가 발생하면 바탕 메모리로 가서 해당 항목을 실제로 가져와야 하는데, 일반적으로 그런 경우 향후 적중을 염두에 두고 해당 항목을 포함한 블록을 캐시에 복사한다. **적중률**(hit rate)은 시도 대비 적중 비율이다(즉, 적중 횟수를 적중 및 실패 횟수로 나눈 것이다). **적중 실패율**(miss rate)은 시도 대비 실패 비율이다. **적중 시간**(hit time)은 적중 시 해당 데이터에 접근하는 데 걸리는 시간이고 **실패 페널티**(miss penalty)는 적중 실패 상황을 해결하는 데 걸리는 시간이다.

캐시의 라인 수는 유한하다. CPU가 바탕 메모리에 접근함에 따라 해당 메모리 덩어리가 캐시 라인들에 복사되면서 캐시가 빠르게 채워진다. 모든 캐시 라인에 복사본이 저장되어서 캐시가 가득 차도 메모리 접근은 계속 이어진다. 언젠가는 캐시에는 없는 새로운 주소의 메모리가 요청될 것이다. 그러면 적중 실패가 발생한다. 하지만 시간 국소성에 의해, 새 주소들이 캐시에 있는 예전 주소보다 재사용될 가능성이 높다. 따라서 일부 캐시 라인을 선택해서 새 값을 덮어써야(overwrite) 한다. 즉, 기존 값을 폐기하고 새 값을 저장해야 한다. 덮어쓰인 라인의 기존 내용 또는 그 라인 자체를 **희생자**(victim)라고 부른다.

아키텍처에 캐시를 도입하기로 했다면 캐시를 관리하고 운용하기 위한 알고리즘을 결정하고 빠른 디지털 논리로 구현해야 한다. 그러한 디지털 논리는 가용 캐시 라인들을 최대한 활용하는 능력과 태그들을 만들고 조회(lookup)하는 기능을 갖추어야 한다. 대부분의 디지털 논리 설계에서처럼 단순함과 속도는 상충 관계이므로, 적절한 절충점을 찾아야 한다. 일반적으로 더 빠른 방법일수록 실리콘이 많이 든다. 회로가 복잡해지고 제작 비용이 올라가며 오류 가능성도 커진다. 그럼 캐시를 최대한 활용하기 위한 방법들을 살펴보자.

10.3.2 여러 가지 캐시 읽기 정책

캐시에서 값을 읽는 것이 값을 쓰는 것보다 간단하므로, 먼저 캐시 읽기 알고리즘에 사용할 수 있는 몇 가지 정책(policy)부터 이야기하겠다.

1 직접 매핑

직접 매핑(direct mapping)은 구현하고 이해하기가 가장 간단하고 가장 쉬우며 가장 저렴한 캐시 읽기 정책이다. [그림 10-10]에 이 정책의 개요가 나와 있다.

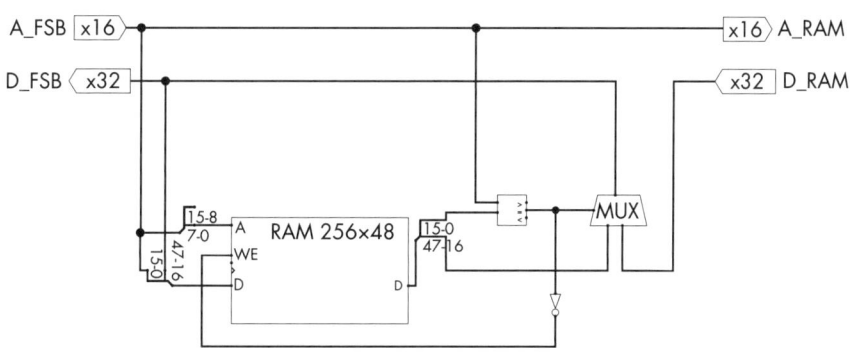

그림 10-10 **직접 매핑 캐시 읽기 정책(조회와 캐싱 부분만 표시했음).**

이 정책의 핵심은 태그를 저장하거나 조회할 때 태그의 고정된 해시 값을 주소 혹은 식별자로 사용한다는 것이다. 하나의 태그 주소는 오직 하나의 캐시 라인에 대응(매핑mapping)된다. 여러 메모리 접근이 같은 태그 주소를 두고 경쟁하는 경우, 새 내용이 해당 라인의 기존 내용을 덮어쓴다. 예를 들어 주소 $67AB_{16}$의 내용을 적재한다고 하자. 해시 값(태그 주소)이 $hash(67AB_{16}) = 4_{16}$이라고 하면, $67AB_{16}$의 내용이 4번 캐시 라인의 내용을 덮어쓴다. 그 라인에 있던 모든 내용은 희생자가 된다.

이러한 직접 매핑의 단점은 해시 값이 동일한 여러 캐시 라인을 캐시에 함께 둘 수 없다는 것이다. 어떤 프로그램에, 두 주소 $67AB_{16}$과 $12C9_{16}$을 번갈아 읽고 쓰는 작업을 여러 번 반복하는 루프가 있다고 하자. 그런데 하필이면 $hash(67AB_{16}) = hash(12C9_{16}) = 4_{16}$이다. 즉, 두 주소는 태그 주소가 같다. 그래서 매번 상대를 희생자로 만들면서 4번 캐시 라인을 덮어쓰게 된다. 이 경우 모든 시도가 적중 실패이므로 캐시의 이점이 전혀 없다.

❷ 완전 연관

직접 매핑의 문제를 고치는 한 방법은 캐시 라인의 사용 빈도를 추적해서 가장 덜 쓰이는 라인을 희생자로 삼는 것이다. [그림 10-11]은 이런 방식을 사용하는 **완전 연관 캐시**(fully associative cache)의 개요다.

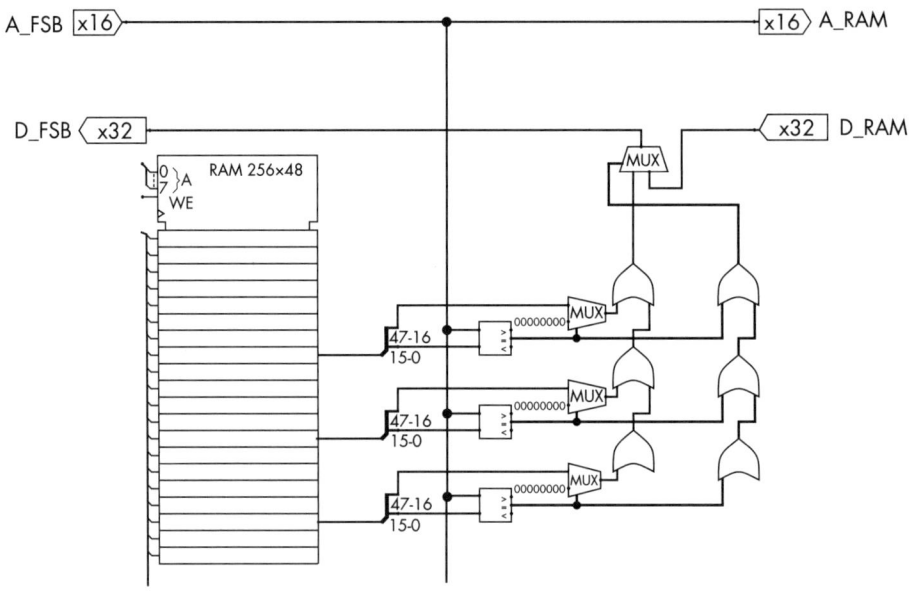

그림 10-11 **완전 연관 캐시의 개요.**

여기서 캐시 RAM의 각 라인에는 개별적인 디지털 논리 블록이 있다. 각 디지털 논리 블록은 비교 소자 하나와 멀티플렉서 하나, 다수의 OR 게이트로 구성된다. [그림 10-11]은 설명을 위한 것이라서 그런 블록이 세 개뿐이지만, 실제로는 더 많다. 예를 들어 캐시 라인이 256개인 캐시에서는 그런 블록 256개가 병렬로 실행된다.

캐시 활용을 위해서는 **그 어떤** 가용 캐시 라인에서도 해당 태그와 블록, 더러움 비트를 저장하고 빠르게 찾을 수 있어야 한다. 여기서 캐싱 자체는 쉽다. 그냥 각 라인의 사용 횟수를 세고 그 횟수가 가장 작은 라인을 선택하는 디지털 논리를 추가하면 된다.

어려운 것은 캐시 조회다. 직접 매핑에서는 캐싱에 사용한 것과 동일한 해시 함수를 이용해서 메모리 주소로부터 태그 주소를 구해서 해당 라인에 직접 접근했다. 하지만 완전 연관 캐시에서는 메모리 주소에서 태그 주소를 직접 구할 수 없다. 대신, 각 캐시 라인의 태그를 일일이 조사해서 일치하는 것을 찾는, 그리고 찾은 경우 해당 캐시 라인을 활성화하는 복잡한 디지털 논리를 추가해야 한다. 게다가 이를 병렬로 실행하려면(캐시가 실제로 유용할 정도로 빠르려면 병렬 실행이 필요하다) 그런 태그 부합 디지털 논리를 N개 추가해야 한다(여기서 N은 캐시 라인 개수). 따라서 전체적으로 캐시가 훨씬 커지고 에너지도 많이 소비한다.

3 집합 연관

집합 연관(set associative) 혹은 세트 연관 캐시 읽기 정책은 앞에 나온 두 방법의 장점만 취하려는 시도다. 이 경우 총 N개의 캐시 라인을 그보다 적은 수의 라인들로 이루어진 여러 라인 집합으로 분할한다. 캐싱에서는 해시 함수를 이용해서 메모리 주소로부터 집합 번호를 얻는다. 이는 직접 매핑 접근 방식과 비슷하다. 그런 다음에는 그 번호에 해당하는 집합에서 사용 횟수가 가장 적은 캐시 라인을 희생자로 선택한다. 이는 완전 연관 접근 방식과 비슷하다. 조회에서는, 동일한 해시 함수로 얻은 번호에 해당하는 라인 집합의 모든 라인을 병렬로 조사해서 해당 라인을 빠르게 찾는다.

이 접근 방식에서는 전체 캐시가 아니라 집합 하나의 비교 소자들만 활성화하면 된다. 그러면서도 직접 매핑에서 해시 값이 동일한 두 주소의 반복 접근 시 벌어지는 문제가 발생하지 않는다. 실제 응용에서 이 접근 방식이 두 방식의 적절한 균형 지점에 해당하는 경우가 많다.

10.3.3 여러 가지 캐시 쓰기 정책

캐시 읽기보다 캐시 쓰기가 더 복잡하다. 저장 명령에서는 캐시와 메모리의 상태가 변하기 때문이다. CPU가 방금 주소 $540A_{16}$에서 정수 17을 적재했는데, 그 과정에서 17의 복사본이 캐시에 저장되었다고 하자. CPU는 그 값을 1 증가하고 그 결과인 18을 다시 주소 $540A_{16}$에 저장하려고 한다. 국소성 원리에 의해, 조만간 또다시 $540A_{16}$에 접근하는 적재 명령이나 저장 명령이 실행될 가능성이 크다. 따라서 18을 $540A_{16}$에 직접 저장하는 대신, 현재 $540A_{16}$을 캐싱하고 있는 캐시 라인에만 18을 저장하는 것이 유리하다. 그러면 이후의 적재 명령이나 저장 명령에서 캐시 적중이 발생해서 메모리까지 갈 필요가 없다.

하지만 프로그램 실행이 진행됨에 따라 그 캐시 라인이 희생될 때가 온다. 캐시 라인이 희생되면 수정한 값 18이 사라진다. 하지만 주 메모리에는 여전히 예전 값인 17이 들어있다. 이런 불일치를 피하기 위해서는 어느 시점에서 수정된 값을 다시 주 메모리에 복사해야 한다. 주 메모리로의 복사가 필요한지를 추적하는 수단이 바로 [표 10-1]에서도 본 더러움 비트다. 캐시 라인의 값과 주 메모리의 값이 같으면 더러움 비트가 0이고, 라인의 값이 갱신되었지만 주 메모리의 값은 갱신되지 않았기 때문에 둘이 다르면 더러움 비트가 1이다. **캐시 쓰기 정책**(cache write policy)이라고 부르는 알고리즘들은 이 더러움 비트를 이용해서 주 메모리로의 복사를 관리한다. 캐시 쓰기 정책으로 흔히 쓰이는 것은 쓰기 후 기록과 동시 기록이다. 그럼 이 두 정책을 차례로 살펴보자.

1 쓰기 후 기록

둘 중 더 간단한 것이 **쓰기 후 기록**(write-back)이다. 쓰기 후 기록 정책에서는 캐시 라인이 희생될 때 비로소 캐시 블록을 RAM에 복사한다. 하지만 대체로 이 방법이 더 느리다. 라인 희생은 CPU가 어떤 명령을 서둘러 수행할 때 흔히 발생하기 때문이다. 쓰기 후 기록에서 복사는 한 라인을 희생하기로 결정한 후에야 진행되며, 희생을 유발한 명령은 느린 RAM 접근이 완료되길 기다린 후에야 희생자 라인을 덮어쓸 수 있게 된다.

2 동시 기록

동시 기록(write-through)은 쓰기 후 기록보다 빠를 수 있다. 하지만 자원을 더 많이 소비한다. 동시 기록 정책은 라인이 희생되길 기다렸다가 라인의 블록을 RAM에 복사하는 것이 아니라, 그런 복사 작업을 배경에서 계속 반복해서 수행한다. 이 배경 작업은 캐시 라인과 버스에 연결된 추가적인 디지털 논리가 담당한다. 그 디지털 논리는 소프트웨어로 치면 드롭박스(Dropbox)나 Syncthing 같은 앱처럼 작동한다. 즉, 캐싱된 버전의 변경 사항을 계속 감시하다가 필요하면 RAM의 주 버전에 복사하는 식이다. 이런 추가 디지털 논리는 캐시에 있기 때문에 CPU에 추가 작업이 요구되지 않는다. 하지만 갱신 횟수가 많으므로 쓰기 후 기록보다 버스 트래픽이 더 많이 발생한다.

10.3.4 고급 캐시 아키텍처

제8장에서 다룬 고급 CPU의 혁신 사항들에 맞게 캐시 아키텍처를 진화시키려면 어떻게 해야 할지 생각해 보자. CPU에 파이프라이닝을 도입하면 캐시 적중 실패에 더 신경 써야 한다. 캐시 적중 실패는 파이프라이닝의 또 다른 해저드(위험 요소)가 될 수 있기 때문이다. 항상 메모리 접근이 캐싱되리라고 가정하고 타이밍을 조정하는 것이 파이프라인의 효율성을 높이는 데 도움이 될 것이

다. 물론 캐시 적중에 실패한 경우에는 파이프라인을 잠시 멈추거나 해서 상황을 해결해야 한다.

제8장에서 이야기했듯이 분기 예측은 프로그램의 흐름을 예측함으로써 파이프라인과 비순차 실행(OOOE)이 더 원활하게 진행되도록 한다. 이를 캐싱과 결합해서, 데이터를 **미리** 가져와 저장할 수도 있다. 즉, 실제로 적재 및 저장 명령을 실행하기 전에 해당 데이터를 가져오는 것이다. 적재 및 저장 작업은 CPU 내부 작업보다 훨씬 오래 걸리므로 미리 시작하는 것이 유리하다. 이런 방식에서 CPU는 프로그램의 향후 명령들을 살펴보고 주 메모리에서 그 명령들이 사용할 만한 값들이 담긴 부분을 추측해서 미리 캐시에 넣어 둔다. 추측이 맞는다면, 이후 CPU의 명령 인출 속도가 높아진다.

앞에서 언급했듯이 캐시의 각 계층(L1, L2, L3 등)은 그 아래 계층보다 대략 10배 정도 빠르다. 따라서 데이터를 미리 메모리 계층구조의 상위 수준으로 이동하면 속도가 상당히 빨라진다. 이후 그러한 '선점'이 적절치 않았다고 판명되면 언제라도 캐시들을 되돌릴 수 있다(CPU는 잠시 멈추겠지만). 잘못된 데이터를 캐시에 넣었다고 해서 세상이 끝나는 것은 아니다. 캐시는 상대적으로 큰 공간이며, 그 안의 내용을 변경하는 것은 별문제가 아니다.

DRAM 주소들이 행과 열로 배치되어 있기 때문에, DRAM의 한 행에 있는 항목들을 개별적으로 읽어 들이는 것보다 행 전체를 한 번에 읽는 것이 더 빠르다(일단 하나의 행이 활성화되면, 그 행의 모든 열을 읽는 것은 하나의 열을 읽는 것과 속도면에서 별 차이가 없다). 이 때문에 현대적 DRAM 컨트롤러는 캐시와 연동해서 커다란 DRAM 행들을 캐시 라인들로 이동한다.

어떤 데이터를 조만간 다시 읽지는 않을 것임을 미리 파악했다면, 그 데이터를 굳이 다시 캐시에 기록할 필요가 없다. 그래 봤자 시스템이 느려지기만 한다. 그런 데이터를 캐시에 기록하고 그것을 다시 주 메모리에 저장하느니, 직접 주 메모리에 저장하는 것이 더 빠르다. 현대적인 CPU들은 이런 '캐시 없는 쓰기(cacheless write)'에 특화된 명령어를 제공한다. 숙련된 프로그래머와 컴파일러 작성자는 이런 명령어들을 이용해서 프로그램을 더 빠르게 만든다.

실험 결과와 통계 수치에 따르면 L1 캐시는 명령용과 데이터용으로 나누어 운용할 때 더 원활하게 작동한다. 애초에 프로그램과 데이터를 메모리에 따로 저장하는 하버드 아키텍처뿐만 아니라 그 둘을 같은 RAM에 저장하는 폰 노이만 아키텍처에서도 이런 L1 캐시 분리가 가능하다. 폰 노이만 아키텍처에서는 CU의 어느 부분이 메모리 접근을 요청하는지에 따라 그것이 명령인지 데이터인지 구분할 수 있다(명령은 인출 단계에서 요청되고, 데이터는 실행 단계에서 요청된다). 이러한 분리는 L1에만 적용된다. [그림 10-12]에서 보듯이 하위 수준의 캐시들은 명령과 데이터를 공유한다.

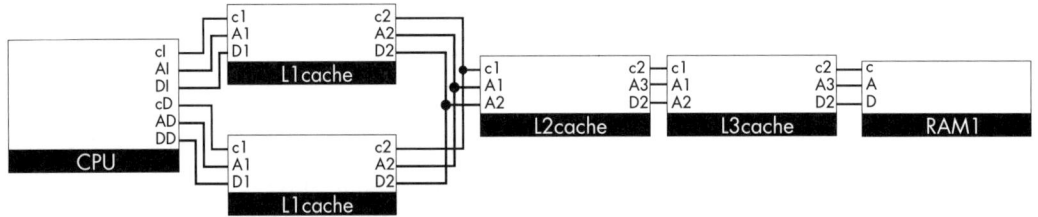

그림 10-12 기본 CPU/버스/RAM 아키텍처에서 L1 캐시를 명령 캐시와 데이터 캐시로 분리한 아키텍처. L2 캐시와 L3 캐시는 이전처럼 명령과 데이터를 공유한다.

L1 수준에서 명령과 데이터를 분리하는 것이 효과적인 이유는, 데이터와 프로그램은 각자 공간 국소성을 보이지만, 둘 사이에는 국소성이 거의 없기 때문이다. 또한 일반적으로 프로그램이 메모리의 명령을 덮어쓰는 경우는 없지만, 데이터는 자주 덮어쓴다. 따라서 명령과 데이터를 분리하면 캐시 쓰기 과정을 간소화할 수 있다.

10.4 보조 메모리와 오프라인 메모리

보조 메모리(secondary memory) 혹은 **보조 기억장치**는 I/O를 통해서 빠르게 주 메모리의 주소 공간으로 들여올 수 있는 메모리다. 보조 메모리 자체의 데이터 항목들에는 주 메모리 주소 공간의 주소가 배정되지 않는다. 대신 이 항목들은 I/O를 통해서 접근되는데, 주로는 주 메모리 주소 공간에 **실제로 속한** I/O 모듈이 주 메모리와 보조 메모리 사이에서 요청을 처리한다. **온라인 저장장치**(online storage)라고 부르기도 한다. 컴퓨터가 켜져 있는 동안('온라인')에는 보조 메모리에 전원이 공급되어서 가용 상태로 활성화된다는 점에서 그런 이름이 붙었다.

한편 **오프라인 메모리**offline memory는 자동으로 주 메모리에 적재되지 않는다. 사람이 **손수** 개입해야 비로소 적재된다. 테이프나 디스크, USB 메모리 등 물리적으로 장착/탈착할 수 있는 이동식 저장 매체들이 오프라인 메모리에 속한다. 이러한 매체는 컴퓨터에 연결되어 있을 때는 보조 메모리로, 연결이 해제되면 오프라인 메모리로 간주된다. 오프라인 메모리는 일반적으로 백업 및 보관(아카이브) 목적으로 사용되며, 데이터를 물리적으로 운반하는 데에도 쓰인다. 예를 들어 지금도 페타바이트급 데이터를 먼 장소에 전달하는 가장 빠른 방법은 오프라인 메모리를 트럭에 실어서 목적지까지 운반하는 것이다.

보조 메모리와 오프라인 메모리의 용량은 SI의 비트 단위로 측정하는 것이 합리적이다. 예를 들어 '1테비바이트 하드 디스크'가 아니라 '8.8테라비트 하드 디스크'가 맞다. 보조 메모리나 오프라인 메모리는 주 메모리 주소 공간의 일부가 아니므로 주 메모리의 워드나 바이트 주소로 접근하지 않는다. 따라서 굳이 워드나 바이트 단위를 사용할 필요가 없다. 하지만 여전히 주 메모리의 주소가 바이트 단위인 경우가 많고 가용 용량도 바이트 단위로 측정하는 것이 관례이므로, 대부분의 사람은 기억장치의 크기를 비트보다는 바이트로 측정하는 데 익숙하다. 그래서 보조 메모리도 그냥 바이트 단위로 측정한다.

보조 메모리와 오프라인 메모리의 데이터 접근은 임의 접근이 아닌 경우가 대부분이다. 접근 시 기계 작동이 관여하기 때문에, 위치에 따라 접근 시간이 다르다. 여기서 기계 작동에는 테이프 빨리 감기/되감기나 디스크 회전이 포함된다. 그럼 다양한 소재로 만들어지고 기계 작동이 관여하는 여러 오프라인 매체를 살펴보자.

10.4.1 테이프

테이프tape는 요청된 데이터를 찾으려면 반드시 왼쪽이나 오른쪽으로 스크롤해야 하는(또는, 되감거나 빨리 감아야 하는) 1차원 데이터 저장 매체다. 원본 모세 오경처럼 사람이 손으로 쓴 두루마리가 그러한 테이프의 예다. 테이프는 임의 접근이 아니다. 판독 장치를 데이터를 읽을 지점으로 움직여야 하기 때문이다. 그래서 먼 지점을 읽는 것이 가까운 지점을 읽는 것보다 느리다. 테이프 저장장치를 이용하는 빠른 알고리즘은 이러한 구조를 고려해서, 먼 주소로의 점프를 가급적 피하도록 메모리 접근을 최적화해야 한다.

1 천공 카드

천공 카드(punch card)는 자카르 방직기와 배비지의 해석기관에 쓰인, 최초의 계산용 보조 저장장치다(그림 1-11). 천공 카드는 이후에도 계속 사용되었다. 19세기 말의 IBM 홀러리스 컴퓨터가 천공 카드를 사용했고, 1960년대의 초기 전자 컴퓨터들도 천공 카드에 프로그램을 저장해서 읽어 들였다. 일부 산업에서는 1980년대까지도 천공 카드를 사용했으며, 영국의 일부 지방 자치 단체는 지금도 천공 카드를 사용한다는 소문이 있다. 천공 카드는 종이 조각의 물리적 위치들에 구멍이 뚫려 있느냐 아니냐로 데이터의 비트(이진 숫자)를 표현한다. 그 구멍은 흔한 서류 파일을 링 바인더에 보관할 때 사용하는, 책상용 펀치가 만들어 내는 구멍과 크기가 비슷하다.

천공 카드의 데이터 항목들은 행과 열로 구성된다. 일반적으로 행 하나에 워드 하나를 담으며, 행 번호가 주소로 쓰인다(이 주소는 주 메모리의 주소 공간이 아니라 보조 메모리 주소 공간의 일부다). 한 더미(덱)의 천공 카드들을 개념적으로(경우에 따라서는 실제로) **연결**해서 하나의 2차원 테이프 저장장치를 만든다.

2 천공 테이프

천공 테이프(punched tape)는 천공 카드의 대안이다. 천공 테이프는 영국 우체국에서 쓰였고 튜링 기계에 영감을 주었으며 콜로서스에도 쓰였다(그림 1-22). 천공 테이프는 하나의 1차원 비트 행이므로 개념적으로는 2차원 천공 카드보다 더 단순한 매체라고 볼 수도 있겠다. 하지만 워드의 정렬(aligning)과 판독이 더 어렵다는 점에서 본다면 천공 카드보다 복잡한 매체라고 할 수도 있다. 천공 카드에서는 워드가 행과 자연스럽게 대응되지만, 천공 테이프에서는 워드의 경계를 인식해야 한다.

3 자기 테이프

자기 테이프(magnetic tape)는 1920년대에 스튜디오의 아날로그 오디오 녹음용으로 개발된 매체인데, 1960년대에 가정용 8트랙 오디오 시스템의 매체로 상용화되었고 1980년대에는 4트랙 콤팩트 카세트에 널리 쓰였다. 아날로그 자기 테이프는 1980년대 가정용 비디오 녹화에도 널리 쓰였다. 당시 비디오테이프 표준 형식을 두고 VHS와 베타맥스가 경쟁한 것은 현대적 데이터 표준 경쟁의 초기 사례 중 하나다.

자기 테이프는 띠 모양의 플라스틱 필름에 산화철 같은 자성 물질을 바른 것이다. 테이프 각 지점의 자성 수준을 이용해서 아날로그 데이터를 저장한다. 천공 테이프와는 달리 자기 테이프는 여러 번 재기록할 수 있다. 재자화(remagnetization; 다시 자성을 추가하는 것)가 쉽기 때문이다.

디지털 정보를 저장하는 데에도 자기 테이프를 사용할 수 있는데, 그 방법은 여러 가지다. 예를 들어 0과 1을 각기 다른 두 가청 주파수의 한 주기로 인코딩할 수도 있다. 이는 대부분의 테이프 장치가 발생하는 큰 잡음에도 견딜 수 있는 방법이다. 천공 테이프의 최적 접근을 위한 알고리즘들이 자기 테이프에도 적용된다. [그림 10-13]에 나온 1980년대의 카세트테이프 저장장치도 그런 알고리즘들을 활용했다.

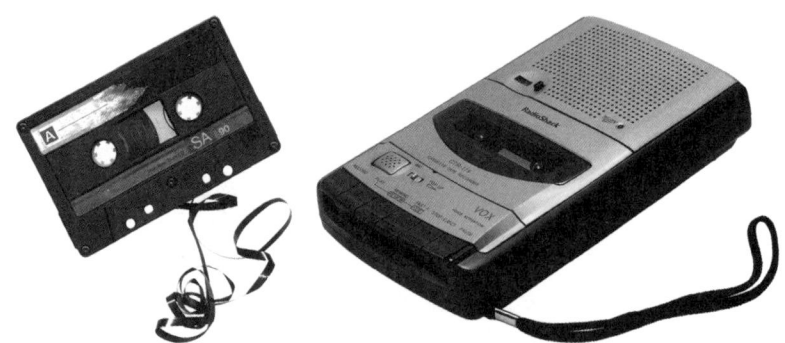

그림 10-13 1980년대 콤팩트 카세트 플레이어/레코더. 아날로그 오디오 재생/녹음은 물론 디지털 파일 저장 능력도 갖춘 제품이다.

자기 테이프는 지금도 여전히 오프라인 저장장치로 쓰인다. 특히 기업 시스템의 일일 또는 주간 백업에 널리 쓰이고 있다. 테이프는 느리지만 저렴하다. 그래서 접근 시간이 그리 중요하지 않은 대규모 저장에 가성비가 좋다. 그런 만큼, 기존 백업 데이터를 최대한 오래 보관하고자 하는 일일 백업 작업에 유용하다. 보관된 백업 데이터는 어떤 공격자가 그냥 모든 데이터를 삭제하는 것보다는 좀 더 정교한 방식으로 기업 시스템을 공격했을 때 아주 중요하다. 예를 들어 공격자가 데이터베이스를 조금씩 자주 변경했다 하더라도 며칠이나 몇 주, 몇 달, 몇 년(어쩌면 수십 년) 분량의 백업 데이터가 있으면 데이터베이스를 공격 이전의 상태로 복원할 수 있다. 이런 성격의 '보험'을 드는 데에는 매일 몇천 원 정도의 테이프 구입비로 충분하다. 그리고 테이프는 저장 밀도가 하드 디스크보다 낮기 때문에 같은 용량을 저장하는 데 테이프가 많이 필요하다. 보관 측면에서 이것은 장점일 수 있다. 예를 들어 백업용 하드 디스크 백 개가 있는 창고에 불이 났을 때 소실되는 데이터보다 테이프 백 개가 있는 창고에 불이 났을 때 소실되는 데이터가 훨씬 적다.

현재 자기 테이프 저장에 가장 널리 쓰이는 표준 형식은 *LTO*(Linear Tape Open)다. [그림 10-14]에 이 형식의 테이프 드라이브와 카트리지가 나와 있다.

그림 10-14 **IBM LTO Ultrium 드라이브와 데이터 카트리지.**

LTO는 개방형 표준이다. 2020년 기준으로 1km 테이프에 약 36TB의 데이터를 저장할 수 있다. 저장에는 약 12시간이 걸린다. 1km 테이프를 담은 카트리지는 옷 주머니에 들어가는 크기다. 대부분의 소기업은 이 정도의 저장 용량 및 시간이면 충분하다. 회사 시스템의 전체 데이터를 밤새 하나의 카트리지에 백업할 수 있다.

10.4.2 디스크

오디오 녹음은 1870년대에 밀랍을 바른 금속 원통으로 시작했다. [그림 10-15]가 그런 기술을 이용한 녹음 및 재생 기기다.

녹음은 이런 식이다. 밀랍을 바른 원통이 천천히 회전하면서 왼쪽에서 오른쪽으로 이동한다. 음파가 나팔로 들어가면 나팔 끝에 달린 바늘이 진동하고, 그 움직임이 밀랍에 새겨져서 밀랍에 굴곡이 생긴다. 재생은 그 반대다. 밀랍이 완전히 식어서 굳은 원통을 회전하면서 이동시키면 밀랍의 굴곡에 따라 바늘이 떨리고, 그 진동이 나팔로 증폭되어서 원래의 소리가 들린다.

그림 10-15 밀랍 원통 오디오 저장장치.

밀랍 원통 장치는 1898년까지 상용으로 쓰였다가 음반(디스크)을 이용한 축음기(gramophone; 또는 유성기)에 자리를 내주었다. 당시 축음기의 음반은 분당 78회 회전했다. 이 '78' 음반의 원리는 밀랍 원통과 동일하다. 즉, 음파를 직접 비닐(바이닐)vinyl 소재의 디스크에 새겨서 굴곡을 기록하는 식이다. 이 음반은 요즘 DJ들이 사용하는(증폭은 전기 회로가 담당한다) LP판의 선조에 해당한다. [그림 10-16]의 오른쪽에 현대적 턴테이블 기기가 나와 있다.

그림 10-16 축음기(왼쪽)와 현대적 Technics SL-1200 턴테이블(오른쪽).

오디오 음반은 하나의 트랙이 가장자리부터 중심까지 나선형으로 말려 있는 1차원 매체다(그림 10-17의 왼쪽). 하지만 대부분의 데이터 디스크는 다수의 트랙으로 구성된 진정한 2차원 저장 매체다. 데이터 디스크는 반지름이 각기 다른 동심원 형태의 트랙track들로 구성된다(그림 10-17의 오른쪽).

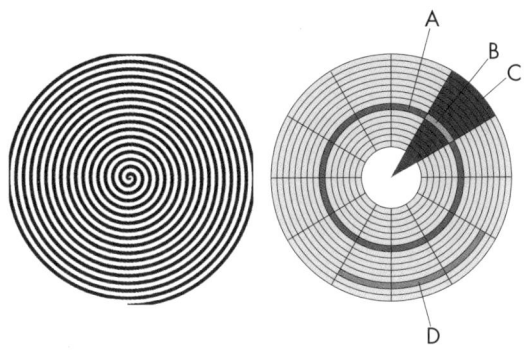

그림 10-17 하나의 트랙으로 된 1차원 음반(왼쪽)과 여러 트랙으로 구성된 2차원 데이터 디스크(오른쪽).
오른쪽 그림에서 A는 트랙, B는 섹터, C는 섹터를 규정하는 기하학적 부채꼴, D는 클러스터다.

가장자리에 가까운 트랙은 중앙에 가까운 트랙보다 크다. 따라서 더 많은 데이터를 저장한다. 하나의 트랙은 고정된 데이터 크기의 여러 **섹터**sector로 나뉜다. 각 섹터에는 트랙 ID와 트랙 안의 섹터 위치로 구성된 주소가 부여된다. 대부분의 시스템에서 섹터의 주소는 섹터 자체의 비트들에도 저장된다. 따라서 디스크 장치는 현재 읽는 섹터가 어떤 트랙에 속한 것인지, 그 트랙의 몇 번째 섹터인지 알 수 있다. 그 밖에, 디스크에 가해진 물리적 손상을 보정하기 위한 여분의 비트들을 섹터에 저장하기도 한다(그러한 보정에는 클로드 섀넌의 통신 이론이 쓰인다). 인접한 섹터들은 **클러스터**cluster 단위로 묶인다. 클러스터는 함께 읽고 쓸 수 있는 가장 작은 단위에 해당한다.

디스크의 데이터 접근은 **거의** 임의 접근 방식이다. 개별 섹터들은 어떤 순서로도 읽거나 저장할 수 있다. 굳이 섹터들을 차례로 읽을 필요가 없다. 단, 디스크와 헤드의 물리적 운동 때문에 현재 헤드 위치에 가까운 섹터와 트랙을 읽고 쓰는 것이 먼 섹터와 트랙을 읽고 쓰는 것보다 좀 더 빠르다. 또한, 같은 트랙에 있는 인접한 섹터들을 연달아 읽는 것이 더 쉽고 빠르다. 디스크가 회전하면서 자연스럽게 읽어나가면 되기 때문이다. 하지만 같은 트랙이라도 현재 섹터와는 다른 각도에 있는 섹터를 읽으려면 디스크가 한 바퀴 회전해서 목표 섹터가 헤드 아래에 오기를 기다려야 한다. 그리고 다른 트랙의 데이터를 읽으려면 헤드를 반지름 방향으로 움직여야 하는데, 헤드는 물리적 장치인 만큼 그 속도가 상당히 느리다. 따라서 디스크 회전을 제어하는 I/O 모듈은 반드시 **접근 시간**(access time)을 고려해야 한다. 접근 시간은 섹터 하나를 읽거나 쓰는 데 걸리는 시간인데, 여기에는 두 가지 요소가 관여한다. 하나는 헤드가 달린 암arm(팔)을 해당 트랙으로 옮기는 데 필요한 **탐색 시간**(seek time)이고, 다른 하나는 디스크가 돌아서 원하는 섹터가 헤드 아래에 올 때까지 걸리는 **회전 지연**(rotation delay)이다.

1 플로피 디스크

자기 디스크(magnetic disk)는 자기 테이프와 동일한 기술로 데이터를 표현한다. 1차원 테이프가 아니라 2차원 디스크를 사용한다는 점이 다를 뿐이다. 자성 물질을 덮은 디스크를 암에 달린 자기 헤드(턴테이블의 바늘 같은)가 읽고 쓴다. 자기 디스크를 플라스틱 케이스에 담은 **플로피 디스크**floppy disk는 1960년대에 처음 등장했다(그림 10-18). 펄럭인다, 헐렁하다는 뜻의 '플로피'라는 이름이 붙은 것은 디스크와 케이스가 유연한 재질이기 때문이다.

그림 10-18 **세 세대의 플로피 디스크**
1세대 8인치 디스크(1970년대), 2세대 5.25인치 디스크(1980년대), 3세대 3.5인치 디스크(1990년대).

플로피 디스크는 손상되기 쉬운 재질이라서, 보통은 그림처럼 좀 더 질긴 플라스틱 케이스에 담아서 사용했다.

2 하드 디스크

하드 디스크hard disk는 이름처럼 단단하고 뻣뻣한 재질이다. 하드 디스크는 플로피 디스크보다 정보 저장 밀도가 높고 더 빨리 회전한다. 일반적으로 하드 디스크 장치는 [그림 10-19]처럼 헤드를 디스크와 함께 케이스에 넣어서 밀봉한다. 플로피 디스크와는 달리 디스크를 제거하거나 교체할 수 없다.

그림 10-19 **자기 하드 드라이브의 내부.**

하드 디스크 **드라이브**(hard disk drive, HDD), 줄여서 하드 드라이브는 여러 장의 하드 디스크를 함께 묶은 장치다. 디스크마다 헤드가 따로 있고, 모든 디스크가 하나의 주소 공간을 나누어 가진다. 이처럼 여러 디스크에 헤드를 따로 두면 모든 디스크를 동시에 읽고 쓸 수 있으므로 접근 시간이 줄어든다. 디스크는 90에서 250Hz 정도의 속도로 회전하는데, 회전으로 형성된 공기층이 헤드를 표면에서 들어 올리는 덕분에 플래터(디스크)와 헤드가 물리적으로 접촉하지 않는다. 이는 헤드가 디스크를 물리적으로 마모시키지 않음을 뜻한다. 설계자들은 장치가 충격이나 압력을 받아서 물리적으로 위험한 상황에서 자동으로 헤드를 신속하게 대피시키는 기술에 많은 투자를 했다. 그런 기술이 없다면 물리적 사고 시 헤드가 디스크를 긁어서 디스크가 손상될 수 있다.

3 광학 디스크

광학 디스크(optical disk)는 [그림 1-5]에 나온 바빌론 점토판의 현대 버전이다. 점토판처럼 광학 디스크도 작은 구멍이 무수히 많은 단단한 물체다. 피트$_{pit}$라고 부르는 그 구멍들이 데이터를 표현한다. 주어진 위치에 피트가 있느냐 없느냐에 따라 그 위치의 비트 값이 결정되는 식이다. 그런 피트들을 레이저로 읽어서 이진 데이터를 복원한다. 피트의 크기는 해당 레이저빔의 파장에 대응된다.

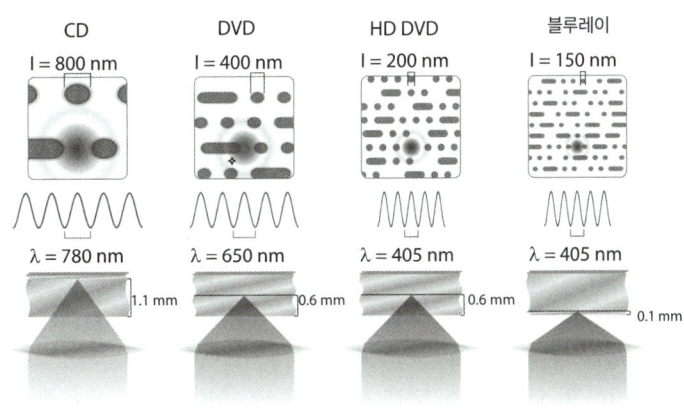

그림 10-20 네 세대의 광학 저장매체.

최초의 광학 디스크는 1978년의 **레이저디스크**$_{LaserDisc}$다. 바이닐 레코드판처럼 지름이 12인치인 레이저디스크는 가정용 비디오용으로 판매되었다. 흔히 CD라고 부르는 **콤팩트디스크**$_{Compact\ Disc}$는 1982년에 나왔다. 지름이 약 800nm인 피트들을 레이저 헤드로 읽는 이 광학 디스크는 최대 700MB 분량의 오디오 데이터를 저장했다. 1988년에 $CD\text{-}ROM_{CD롬}$ 규격이 제정되면서 CD는 오디오 데이터 저장 이외의 일반적인 용도로 쓰이기 시작했다. CD처럼 CD-ROM도 읽기 전용이다. 최초 제작 시 피트들을 새긴 후에는 데이터를 변경할 수 없다. 이후 초기 기록('레코딩') 과정을 간소화한 *CD-R*이 나와서, 가정에서도 비교적 저렴한 장비를 이용해서 사용자가 자신만의 CD-ROM 을 '구울(burn)' 수 있게 되었다. 하지만 한 번만 기록할 수 있다는 점은 기존 CD-ROM과 같았다. CD-R은 1990년대 후반에 음악 컬렉션 복사에 쓰였다. 초기에는 CD 오디오 표현을 그대로 복사했지만, 이후에는 다수의 MP3 파일을 저장하는 방식으로 바뀌었다. '굽는다'는 것은 실제로 레이저와 열을 수반하는 물리적인 과정이었다. 이 표현은 플래시나 FPGA처럼 다른 종류의 ROM에 데이터를 기록하는 데에도 쓰이고 있다. *CD-R*을 한 단계 더 발전시킨 형식으로 *CD-RW*가 있다. *CD-RW*는 여러 번 다시 기록할 수 있다.

1995년의 *DVD*(Digital Versatile Disc)는 저장 용량의 자릿수가 달라질 정도의 큰 발전이다. DVD는 물리적 디스크 크기가 CD와 같지만, 피트 크기가 400nm로 줄고 저장 용량은 4.7GB로 늘었다. 초기에는 동영상에 쓰였지만, 이윽고 일반 데이터용으로도 쓰이게 되었다. CD처럼 DVD도 한 번만 기록할 수 있는 DVD-R과 여러 번 기록할 수 있는 DVD-RW가 나왔다. 이후 피트 크기를 더 줄인 **블루레이**Blu-ray가 나왔다(역시 피트 크기를 더 줄인 HD-DVD도 있지만, 블루레이에 밀려서 바로 사장되었다). 블루레이는 피트 크기가 150nm이고 저장 용량은 25GB다. 디스크 크기는 DVD와(따라서 CD와) 같다. 피트가 작으면 더 짧은 파장의 레이저가 필요하다. 이전 광학 매체들은 적색 레이저빔을 사용했지만 블루레이는 청색 레이저빔을 사용한다. 블루레이라는 이름이 붙은 이유다.

10.4.3 SSD(고체상 드라이브)

요즘에는 컴퓨터의 보조 저장장치로 하드 드라이브 대신 *SSD*(solid-state drive; 고체상 드라이브)를 사용하는 것이 대세다. SSD는 하드 드라이브와 동일한 폼 팩터(크기 규격)와 I/O 인터페이스를 사용한다. 저장 용량도 비슷하다. 하지만 SSD에는 움직이는 부품이 없다. 그래서 더 빠르고, 신뢰성이 높고, 전력을 덜 소비하고, 더 조용하고, 더 작다. 게다가 떨어뜨려도 잘 망가지지 않는다. 움직이는 부품이 없기 때문에 진정한 임의 접근이 가능하다. SSD는 이전에 살펴본 플래시 메모리에 데이터를 저장한다.

다른 플래시 메모리 기반 저장장치들처럼 SSD는 오프라인 저장장치로도 쓰인다. USB 인터페이스를 통해서 I/O 모듈과 연결하는 USB 메모리나 SD 인터페이스를 통해서 SD 카드처럼 SSD도 적절한 인터페이스를 통해서 필요에 따라 I/O 모듈에 붙이거나 뗄 수 있다.

10.5 3차 메모리

3차 메모리(tertiary memory)는 최근에 제안된 또 다른 메모리 계층이다. 메모리 계층구조에서 3차 메모리는 보조 메모리와 오프라인 메모리 사이에 놓인다. 예전에는 오프라인 메모리 계층에 속한 저장장치들, 즉 사람이 디스크나 테이프 같은 매체를 손수 장착하거나 꺼내야 하는 저장장치들에 기계적 자동화가 적용되면서 분류가 애매해졌다. 이를 해결하기 위해 도입된 것이 3차 메모리 계층이다. 예를 들어 블루레이와 테이프는 오프라인 저장매체이지만, 자동화된 블루레이 시스템이나 [그림 10-21]과 같은 LTO 테이프 주크박스는 3차 메모리다.

그림 10-21 데이터 센터의 로봇형 테이프 주크박스.

그림에 나온 시스템은 로봇 팔이 테이프를 꺼내서 판독기나 저장용 컨테이너에 넣는다(1950년대 레코드 주크박스와 비슷하다). 블루레이 디스크에 대해서도 이와 비슷한 로봇 시스템을 만들 수 있을 것이다. 그리고 하드 디스크를 담은 바구니를 운반하는 이동 로봇 역시 3차 메모리로 간주할 수 있다.

10.6 데이터 센터

보조 메모리나 3차 메모리 매체 수천 개 또는 수만, 수십만 개를 창고 크기의 건물에 집어넣으면 **데이터 센터**data center가 된다. 검색 엔진 회사나 SNS 제공업체, 온라인 쇼핑몰, 동영상 스트리밍 사이트, 정부 등은 그 정도 규모의 데이터를 저장하고 조회해야 한다. 전형적인 데이터 센터 건물의 여러 층에는 메모리 계층구조의 하위 수준들에 해당하는 저장장치들이 채워져 있다. 예를 들어 테이프는 디스크보다 빨리 감기와 되감기에 시간이 더 걸리므로, 최신 소셜 미디어 게시물을 제공하는 것보다는 장기 백업용으로 쓰일 때가 더 많다. 느린 백업 시스템에서 뭔가를 읽거나 쓸 때면 그 내용을 SSD 같은 메모리 계층구조의 상위 수준 저장장치에 캐싱해 둔다. 그러면 다음에 더 빠르게 조회할 수 있다.

데이터 센터를 극도의 보안과 복원력을 염두에 두고 구축하는 경우도 있다. 예를 들어 유명 금융 그룹 HSBC는 예전에 석탄을 캐던 영국의 한 폐광에 전 세계 금융 데이터의 백업본을 보관한다고 알려져 있다. 문자 그대로 '데이터 광산(data mine)'인 셈이다. 이 시설이 데이터 센터임은 거의 확실하다. 컴퓨터들이 발생하는 열기를 발산하는 용도일 거대한 배기구들이 지면 위로 나와 있기 때문이다. 이 데이터 광산은 핵 공격이나 화생방 공격을 버티도록 설계되었다고 알려져 있다. 핵전쟁이 발발해서 모든 사람이 이상고 뼈로 사칙연산을 하게 되더라도 은행은 여전히 여러분의 주택담보 대출 상환금을 계산할 수 있을 것이다.

이번 장 요약

메모리 아키텍처를 좌우하는 것은 경제성이다. 크고 느리지만 저렴한 메모리가 있는가 하면 작고 빠르지만 비싼 메모리가 있다. 원한다면 그 둘의 혼합을 선택할 수도 있다. 실험과 통계에 따르면 대부분의 프로그램은 공간적, 순차적, 시간적 국소성을 보인다. 이는 메모리의 서로 다른 작은 부분들이 서로 다른 시간에 집중적이고 반복적으로 사용되는 경향을 말한다. 이런 점들을 고려해서 설계자는 메모리 아키텍처를 경제성과 사용 패턴에 맞는 계층구조로 설계하고, 계층들 사이에 캐시를 두어서 현재 사용 중인 메모리를 필요에 따라 상위 수준으로 승격한다. 주 메모리는 CPU가 메모리 주소와 버스를 통해 직접 접근하는 메모리다. 보조 메모리는 I/O를 통해 연결된다. 보조 메모리는 주로 회전하는 디스크로 구현되는데, 그런 디스크를 사람이 개입해서 분리하고 교체할 수 있으면 오프라인 메모리가 된다. 그리고 오프라인 메모리를 로봇공학으로 자동화하면 3차 메모리가 된다.

실습과제

컴퓨터 메모리 조사

1. 여러분의 컴퓨터에 있는 메모리들을 유형별로 분류하고(캐시, RAM, 보조 메모리 등등) 용량과 속도를 파악하라. 컴퓨터 케이스를 열 기술과 용기가 있다면 컴퓨터 내부에서 각 메모리 부품을 찾아서 제조사와 모델 번호를 파악한 후 웹에서 해당 데이터시트를 찾아보기 바란다. 대부분의 운영체제에는 메모리에 관한 유용한 정보를 표시해 주는 유틸리티가 있다. 예를 들어 리눅스에서는 `lscpu`나 `cat /proc/cpuinfo`로 캐시 정보를 확인하고 `free -h`로 RAM에 관한 정보를 확인한다. 보조 메모리는 `lsblk` 명령으로 확인할 수 있다.

LogiSim으로 SRAM 만들기

1. [그림 6-22]의 SRAM(정적 RAM) 논리 회로를 LogiSim으로 구현하라. 네 개의 메모리 주소에 각각 2비트 워드를 저장하고 읽을 수 있어야 한다.
2. 워드 길이와 주소 개수를 늘려서 LogiSim SRAM을 확장하라.

도전과제

1. 다수의 RAM 칩이 있는 아키텍처를 흉내 내기 위해, SRAM 회로의 복사본 네 개를 만들자. 모든 RAM 칩은 주소 0에서 시작하는 하나의 주소 공간을 형성해야 한다. 더 큰(비트가 두 개 더 있는) 전역 주소 공간의 주소를 특정 RAM 칩들로 이루어진 섹션과 그 섹션 안에서의 지역 주소로 변환하는 메모리 컨트롤러 모듈을 설계하라.
2. 이 시스템을 앞의 LogiSim RAM 대신 맨체스터 베이비 모델에 연결해 보라.

심화 도전과제

1. 직접 매핑 캐시를 LogiSim에서 설계, 구축해서 앞 과제의 LogiSim RAM에 연결하라. (그렇게 해도 RAM의 속도가 빨라지지는 않는다. 그 RAM은 이미 충분히 빠른 SRAM이기 때문이다. 하지만 이런 캐시가 있으면 SRAM을 더 크고 저렴하지만 느린 DRAM으로 교체할 수 있게 된다.)
2. 용기가 있다면 다른 유형의 캐시들도 구현해 보라. 이번 장에 나온 개요들을 출발점으로 삼으면 될 것이다.

더 읽을거리

비교적 최근에 나온 결정적 메모리 참고 자료: U. Drepper, "What Every Programmer Should Know About Memory," November 21, 2007, https://people.freebsd.org/~lstewart/articles/cpumemory.pdf. 사실 이 자료에는 보통 사람이 메모리에 관해 알아야 할 것보다 훨씬 많은 내용이 들어있다.

PART III

예제 아키텍처

CHAPTER 11 레트로 아키텍쳐
CHAPTER 12 임베디드 아키텍쳐
CHAPTER 13 데스크톱 아키텍쳐
CHAPTER 14 스마트 아키텍쳐
CHAPTER 15 병렬 아키텍쳐
CHAPTER 16 미래의 아키텍쳐

CHAPTER 11

레트로 아키텍쳐

이론을 다 훑었으니 이제 재미있는 부분으로 넘어가자. 제3부에서는 에뮬레이터를 이용해서 몇 가지 아키텍처를 실제로 실행하고 프로그래밍한다. 이를 통해서 제2부까지 배운 지식을 종합적으로 적용해볼 수 있을 것이다. 관심이 없거나 너무 어려운 아키텍처는 건너뛰어도 좋다. 하지만 제3부는 아키텍처들을 대략 복잡성과 역사 순으로 소개하는 만큼, 한 시스템을 잘 파악하면 그다음 시스템도 이해하기가 어렵지 않을 것이다.

앞에서 우리는 해석기관과 맨체스터 베이비를 공부했다. 이번 장부터는 1980년대의 8비트 시스템과 16비트 시스템으로 넘어간다. 이런 '레트로retro' 시스템들은 현대적인 임베디드 시스템과 비슷한 구석이 있다. 그래서 다음 장인 제12장에서는 현재의 임베디드 시스템들도 살펴본다. 제13장으로 넘어가서는 1990년대의 데스크톱 PC를 살펴보고, 제14장에서는 현대적인 스마트 아키텍처를, 제15장에서는 병렬 아키텍처를 논의한다. 각 장에서 현대적인 설계들에 여전히 남아 있는 새로운 기능을 소개할 것이다.

고전적인 CPU의 기본 구조는 1836년에서 1990년까지 크게 변하지 않았다. 해석기관이 설계된 빅토리아 시대에서 아키텍처 황금기로 알려진 1980년대까지 이 기본 CPU 설계는 큰 변화 없이 제 역할을 해냈다. 이번 장에서는 그 황금기의 두 설계인 8비트 6502와 16비트 68000을 살펴본다. 6502는 코모도어 64, NES(Nintendo Entertainment System), BBC 마이크로에 사용된 것으로 유명하다. 68000은 코모도어 아미가나 세가 메가드라이브 등 16비트 세대를 정의했다. 이런 아키텍처들은 CPU가 아주 복잡해지기 전의, 고전적인 CPU의 비교적 간단한 예다. 이 예들은 이전 장들에서 배운 것을 공고히 하는 데 도움이 된다. 필요하다면 이전 장들을 다시 참고하기 바란다.

11.1 1980년대 황금기의 프로그래밍

1980년대의 프로그래밍은 아키텍처가 지배했다. 1980년대 하드웨어 시장은 매우 이질적이어서, 여러 경쟁 회사가 서로 호환되지 않는 컴퓨터들을 설계하고 생산했다. [그림 11-1]은 그 10년 동안 나온 수많은 컴퓨터 중 일부만 정리한 것이다.

그때는 앱을 다운로드해서 컴퓨터에 설치하지 않았다. 컴퓨터 잡지에 빽빽이 인쇄된 어셈블리 코드를 독자가 손수 입력해서 간단한 게임과 응용 프로그램을 실행하곤 했다. 현대적인 운영체제가 없었던 터라 그런 프로그램은 컴퓨터의 주소 공간 전체를 자유로이 읽고 쓸 수 있었다. 그 덕분에 프로그램은 컴퓨터에서 무슨 일이 일어나고 있는지를 정확히 파악해서 아키텍처와 한 몸처럼 움직였다.

코모도어 같은 컴퓨터 설계 회사들은 PROM(프로그램 가능 ROM)이나 PLA 기술을 이용해서 독자적인 ROM을 비교적 저렴하게 생산했다. 만일 포토 공정을 이용했다면 비용이 훨씬 높았을 것이다. 당시 수많은 가정용 컴퓨터 시스템이 등장한 것은 이런 PROM이나 PLA 같은 기술 덕분이었다. 요즘 식으로 말하면 이 맞춤형 ROM들은 BIOS(basic input-output system; 기본 입출력 시스템) 칩에 해당한다. 이 ROM에는 이를테면 ASCII 텍스트를 화면에 표시하거나, 점·선·삼각형을 그리거나, 소리를 내는 서브루틴들이 들어있었다. 프로그래머가 I/O를 통해서 그런 작업을 직접(그러니까 적절한 I/O 모듈 주소를 적재하거나 저장함으로써) 수행하는 것도 가능했다. 하지만 맞춤형 ROM의 서브루틴들을 이용하면 그런 작업을 자동화할 수 있어서 편하다. ROM 칩의 한 서브루틴을 호출하는 것은 간단한 일이다. 필요한 인수들을 CPU 레지스터들에 적재한 후 서브루틴의 주소로 점프하면 된다.

ROM과 RAM이 똑같이 중요했다. 둘은 함께 작동했다. 희소한 자원인 RAM에는 사용자 데이터와 사용자 프로그램을 담았다. 사용자 프로그램은 ROM의 서브루틴들을 자주 호출했다. 프로그래머 공동체는 ROM 서브루틴 주소들을 속속들이 알고 있었을 뿐만 아니라, 다양한 작업에 RAM의 어떤 영역을 할당하는지에 관한 관례도 만들어 나갔다. 결과적으로 이들은 컴퓨터 전체의 메모리 맵을 잘 파악하게 되었다.

그런 관례들 덕분에 최종 사용자 역시 자신의 컴퓨터에 훨씬 더 직접적이고 자유롭게 접근할 수 있었다. 주소 공간은 아주 작았다. 주소가 32,768개(32 k_2B)나 65,536개(64k_2B) 정도였기 때문에, 게임 속 주인공의 남은 생명 개수 같은 수치가 저장된 변수의 주소를 찾아서 그 값을 직접 수정하는 것도 가능했다. 이렇게 메모리의 값을 직접 덮어쓰는 행위를 **포크**poke라고 불렀다. 게임을 유리하게 조작할 수 있는 포크 정보들을 디스크에 담아서 공유하기도 했는데, 그런 디스크를 **치트 디스크**cheat disk라고 불렀다.

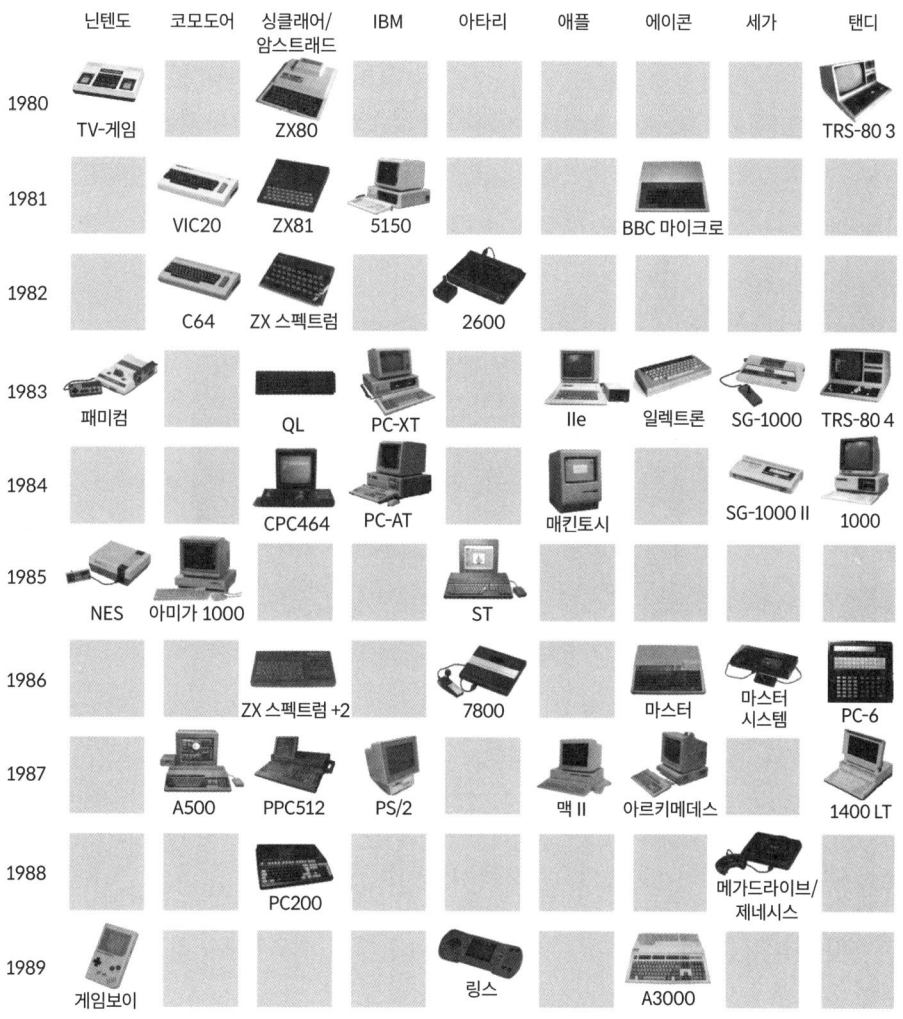

그림 11-1 **1980년대 황금기의 다양한 컴퓨터.**

11.1.1 8비트 시대

1980년대 초는 8비트 시대였다. 미국에서는 코모도어 64Commodore 64와 아타리 2600Atari 2600이 이 시기에 나왔다. 일본에는 세가 마스터 시스템Sega Master System과 닌텐도 NESNintendo NES 같은 가정용 게임 콘솔들이 있었다. 영국의 BBC 마이크로BBC Micro와 ZX 스펙트럼ZX Spectrum도 언급해야 할 것이다.

이 컴퓨터 중 일부는 동일한 부품을 사용했다. 예를 들어 코모도어 64와 BBC 마이크로의 CPU는 6502였다. 그리고 스펙트럼의 Z80 칩을 BBC 마이크로에 2차 CPU로 장착할 수 있었는데, 그러면 CPU 기계어 프로그램을 친구와 공유할 수 있었다. 하지만 그래픽 장치나 사운드 장치는 기능도 다르고 사용하는 메모리 주소도 달라서 호환되지 않았다. 그러다 보니 기종마다 친구들, 사용자 그룹, 잡지 등이 따로 형성되는 것이 보통이었다.

이 시기의 컴퓨터 그래픽(그림 11-2 참고)과 컴퓨터 음악은 그야말로 **컴퓨터 같은** 느낌이었다. 이는 그래픽과 음악이 아키텍처를 그대로 반영했기 때문이다. 이로부터, 오늘날에는 사라진 독특한 컴퓨터 문화가 생겨났다. 요즘 게임들에 '64비트 느낌' 같은 것은 없다. 하지만 8비트 게임들에는 확실히 '8비트 느낌'이라는 것이 있다.

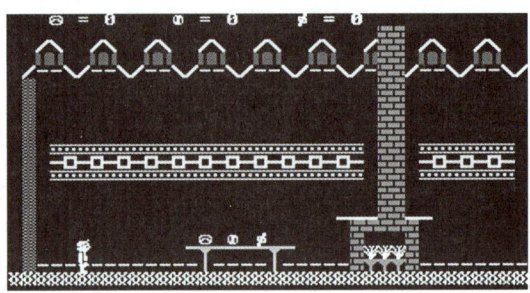

그림 11-2 8비트 게임 그래픽의 전형적인 예.

이 황금기의 게임을 플레이하기만 해도(작성할 것까지도 없이), 무의식적으로 아키텍처에 관해 많은 것을 배우게 된다. 당시 게임 프로그래머들은 아키텍처를 속속들이 파악해 주어진 한계 안에서 최대한 성능을 끌어내면서 자신의 프로그래밍 실력을 뽐냈다. 예를 들어 8비트 게임들이 즐겨 사용한 스프라이트의 크기나 게임 레벨 레이아웃은 8비트 아키텍처의 특성과 제약에 의한 것이었다. **스페이스 인베이더**의 외계 침략자들을 애니메이션한다고 하자. 메모리에서 영문자 A의 비트맵이 저장된 곳을 찾아서 8×8픽셀의 외계 침략자 비트맵을 덮어쓰면, 그때부터는 그냥 A자를 화면의 적당한 위치에 출력하면 외계 침략자가 표시된다. 별도의 그래픽 명령이 필요 없다. (이 방법의 단점은 나중에 디버깅을 위해 프로그램 소스를 살펴볼 때 모든 A자가 외계 침략자로 보인다는 것이다.)

11.1.2 16비트 시대

1980년대 후반에 16비트 컴퓨터들이 등장했다. 이 시기에도 8비트 시대 스타일의 어셈블리 프로그래밍이 계속되었다. 하지만 비트수가 늘고 I/O 모듈들이 발전한 덕분에, 8비트 컴퓨터에서처럼 이미지나 사운드를 순수하게 컴퓨터에서 생성하는 대신 소위 **샘플링**sampling(표집)을 이용해서 좀 더 사실적인 그래픽과 사운드를 만들어낼 수 있게 되었다. 이로부터 **소닉**Sonic이나 **마리오**Mario 같은 스프라이트 기반 게임들의 독특한 16비트 미학이 탄생했다(그림 11-3 참고). 또한 The Prodigy 같은 아티스트의 작품이나 **베어 너클 II**(영어판 제목은 *Streets of Rage 2*)의 OST 같은 샘플링 기반 음악 역시 그러한 16비트 미학의 일부다.

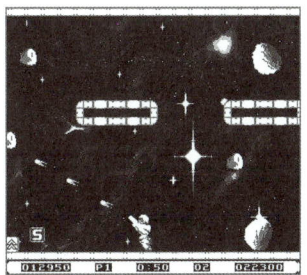

그림 11-3 16비트 게임 그래픽의 전형적인 예.

이 시기의 인기 컴퓨터로는 코모도어 아미가Commodore Amiga, 아타리 ST, 세가 메가드라이브Sega Megadrive, 닌텐도 SNES(슈퍼 패미컴) 등이 있었다. 게임이나 데모demo[1] 같은 고성능 프로그램은 8비트 시대처럼 여전히 대부분 어셈블리로 작성되었으며 메모리를 최대한 활용했다. 8비트 시대와 달라진 점은, 추가된 그래픽 하드웨어와 사운드 하드웨어를 제어하는 서브루틴들을 더 많이 호출하게 되었다는 것이다.

16비트 컴퓨터들은 1990년대 초까지 계속 생산되었고, 그와 함께 고전으로 칭송되는 게임들이 많이 만들어졌다. 하지만 이 시점에서 대부분의 프로그래머는 C 언어로 전환했다. C로 작성한 코드는 다양한 컴퓨터의 어셈블리 코드로 컴파일할 수 있기 때문에 소프트웨어를 타 기종으로 이식하기 쉽다. 프로그래머들은 무거운 운영체제에 좀 더 의존하게 되었는데, 역시 어셈블리보다는 주로 C 라이브러리를 통해서 운영체제의 기능을 사용했다. C와 운영체제의 조합은 개발자로부터 아키

---

1   [옮긴이] 사용자 상호작용 요소가 거의 없는, 그래픽과 사운드의 시연(demonstration)에 중점을 둔 프로그램을 말한다.

텍처를 감싸서 숨기는 역할을 했다. 이 조합이 제공하는 기계에 대한 인터페이스는 이식성이 높다는 것이 장점이었다. 하지만 이 장점을 받아들이는 프로그래머가 늘면서, 1980년대를 특징짓는 아키텍처 기반 프로그래밍의 황금기가 끝났다.

8비트 시대와 16비트 시대 모두 좋은 시절이었다! 그 시절을 여러분이 체험할 수 있도록, 당대의 고전적 시스템 2종의 프로그래밍 방법을 간단하게나마 살펴보기로 하자. 하나는 8비트 6502 기반 코모도어 64(C4)이고, 다른 하나는 16비트 68000 기반 코모도어 아미가다. 먼저 해당 CPU들을 따로 살펴본 후 전반적인 컴퓨터 설계를 공부하기로 한다. 실습과제에서는 C64 애니메이션 텍스트 데모와 간단한 아미가 게임을 어셈블리로 작성해 볼 것이다.

11.2 8비트 CPU MOS 6502 다루기

MOS 테크놀로지 사의 MOS 6502는 8비트 프로세서로, 1975년에 척 페들Chuck Peddle이 설계했다. *MOS*는 *metal-oxide semiconductor*(금속 산화 반도체)의 약자인데, 회사가 사용한 MOSFET(MOS field-effect transistor; MOS 전계효과 트랜지스터)의 그 MOS다. 6502는 코모도어 64, NES(패미컴), 아타리 2600, 애플 II, BBC 마이크로 등등 1980년대의 여러 고전 8비트 마이크로 컴퓨터에 쓰였다. 또한 **애스터로이드**Asteroids 같은 1세대 오락실 게임들에도 쓰였다.

이번 절에서는 6502를 살펴본다. 제2부의 해석기관이나 맨체스터 베이비에서처럼 먼저 레지스터, 산술 논리 장치(ALU), 디코더, 제어 장치(CU) 같은 구조들을 개괄하고, 메모리 접근과 산술 연산, 제어 흐름을 위한 명령어를 포함한 명령어 집합을 살펴보겠다.

11.2.1 내부 구성요소

6502는 3천여 개의 트랜지스터가 도선으로 연결된 제품이다. 이 구성요소들의 배치는 사람이 직접 설계했으며, 투명 필름에 펜과 마스킹 테이프를 이용해서 손수 그렸다. 이후 그 투명 필름에 그대로 포토 공정을 적용해서 칩을 생산했다.

> [NOTE] 테이프 아웃(taping out)이라는 용어는 포토 공정용 마스크 설계를 최종적으로 확정하는 과정을 의미한다. 현대의 컴퓨터화된 설계 과정에서도 이 용어가 그대로 쓰이고 있다. 요즘 칩 설계자들에게 테이프 아웃은 설계 작업을 마치고 설계도를 팹 공장으로 넘겨주는 것을 뜻한다. 소프트웨어 회사들에서 제품 '출시(shipping)'가 축하 파티를 열 핑계가 되듯이, 테이프 아웃도 칩 설계자들의 파티 핑계가 된다. 단, 그 파티는 메일로 보낸 칩 설계도에 문제가 있음을 팹 공장이 알려줄 때까지만 지속된다.

겉모습을 보면 6502는 IC(집적회로)를 약 2cm 길이의 플라스틱 패키지에 담은 제품으로, 핀은 40개다. 제9장의 그림 9-2를 참고하기 바란다. 40개의 핀 중 여덟 개는 데이터 핀이다(그림 9-2의 D0~D7). 이 핀들로 메모리에서 8비트 워드 단위의 데이터를 읽고 쓴다. 따라서 6502를 사용하는 컴퓨터는 8비트 컴퓨터가 된다. 6502의 주소 공간은 16비트다. 16개의 주소 핀(A0~A15)에 16비트 주소를 기록함으로써 특정 주소에 접근한다. 접근할 수 있는 주소는 최대 65536개(64k$_2$B)다. 읽기 접근이냐 쓰기 접근이냐는 제어선으로 결정한다. 패키지에는 또한 접지와 전원 공급을 위한 핀들과 클록을 위한 핀, IRQ 신호를 위한 핀도 있다. 클록은 CPU의 속도를 결정하는데, 주로는 1에서 3MHz가 쓰였다.

실제 실리콘 칩은 외부 패키지보다 훨씬 작다. 면적이 약 5mm^2 정도다. 6502 칩의 현미경 사진(**다이 샷**die shot이라고 부른다)이 [그림 11-4]에 나와 있다.[2]

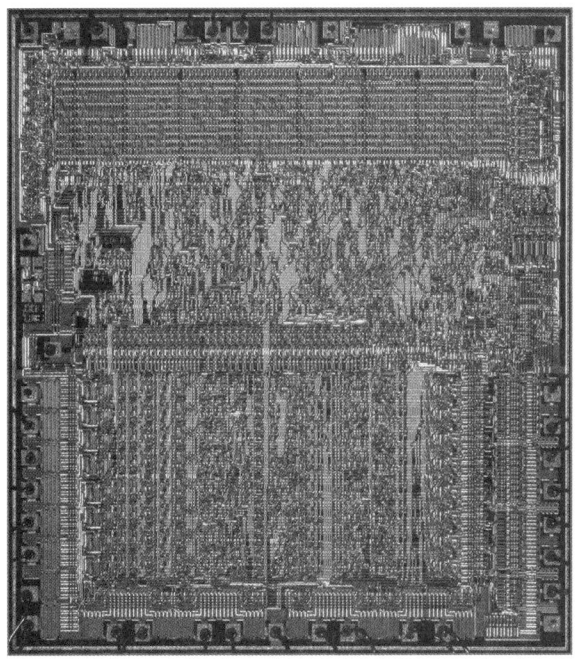

그림 11-4 **6502 칩의 현미경 사진.**

안타까운 일은, 이 칩의 설계 세부사항에 관한 문서들이 수십 년 전에 거의 다 사라졌다는 것이다. 다행히 Visual 6502 프로젝트(http://visual6502.org)의 영웅적인 노력 덕분에 트랜지스터 수준에서 완전히 역설계(reverse engineering)할 수 있었다. 이 프로젝트의 작업자들은 플라스틱 패키지의 일

---

2 옮긴이 좀 더 자세히 보고 싶다면 https://commons.wikimedia.org/wiki/File:MOS_6502_die.jpg를 참고하자. 다음 문단에 언급된 Visual 6502 프로젝트 웹사이트에도 다양한 다이샷 이미지가 있다(http://www.visual6502.org/images/6502/index.html).

부를 산(acid)으로 녹여서 실리콘을 노출했다. 그런 다음 다이 샷을 찍어서 회로도를 역설계했다.

회로 전체가 트랜지스터와 구리 도선으로만 구성되어 있지만, 대단히 숙련된 칩 판독 전문가들이 회로를 자세히 조사해서 머릿속에서 트랜지스터들을 여러 논리 게이트로 묶었다. 그런 다음에는 그 논리 게이트들을 잘 알려진 단순 기계들로 묶었다. 이런 고된 과정을 통해서 전체 아키텍처를 역설계하고 재구축할 수 있었는데, 여기에는 [그림 11-5]에 나온 블록 다이어그램(살아남은 몇 안 되는 문서 중 하나)이 지침이 되었다.

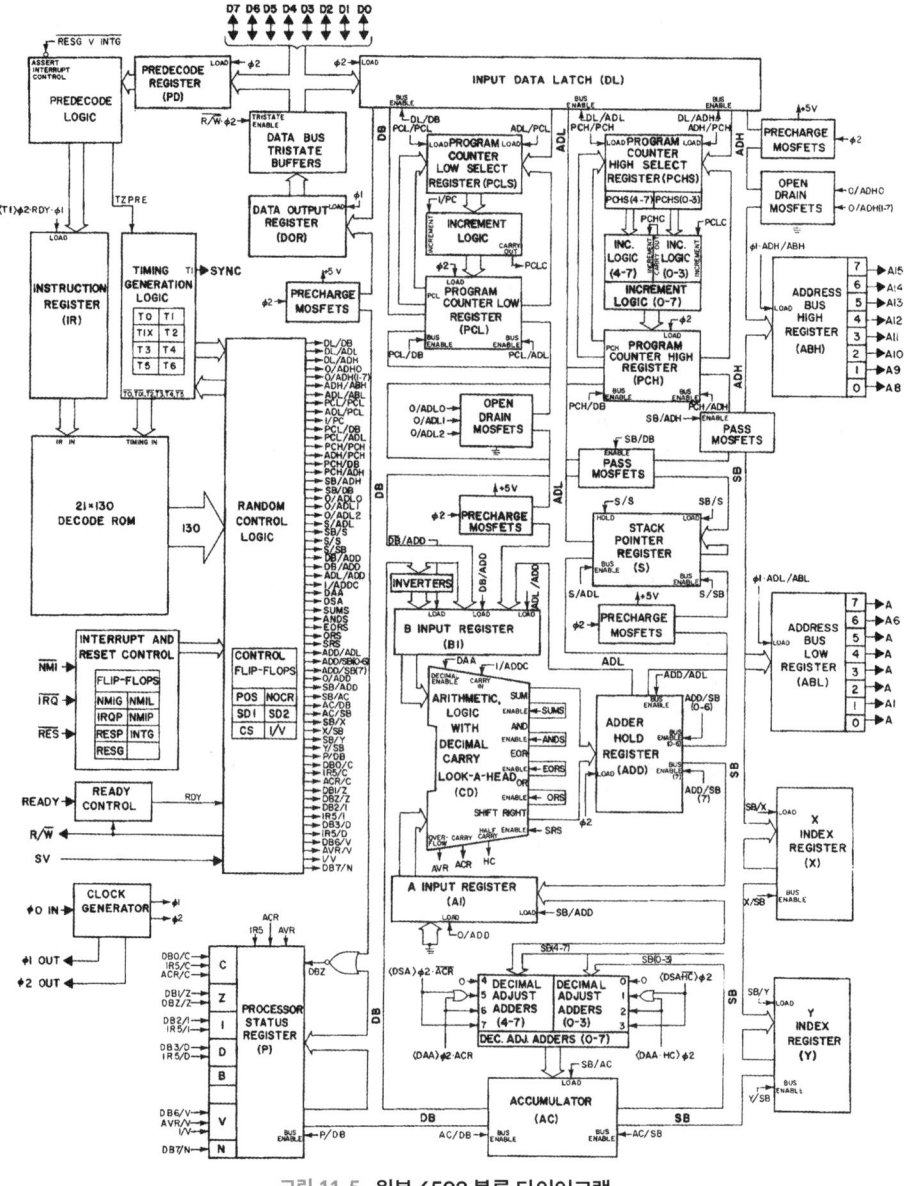

그림 11-5 원본 6502 블록 다이어그램.

[그림 11-5]의 회로를 보면 대부분의 고전적 설계 칩들에서 공통으로 쓰인 몇몇 하위 구성요소들을 식별할 수 있다. 각 구성요소는 디지털 논리 단순 기계다. 그럼 주요 구성요소를 차례로 살펴보자.

> **MOnSter 6502 프로젝트**
>
> Visual 6502 프로젝트의 성과 덕분에 최근 6502가 저렴한 임베디드 프로세서로 다시 제조되고 있다. 이를테면 사물 인터넷(IoT) 기기에 6502가 실제로 쓰이고 있으며, 지금 이 책과 비슷한 성격의 교육 과정에도 쓰인다. Visual 6502 프로젝트의 설계는 에릭 슐래퍼(Eric Schlaepfer)와 이블 매드 사이언티스트 래보라토리스(Evil Mad Scientist Laboratories)가 IC 대신 대형 트랜지스터를 이용해 MOnSter 6502를 재구축하는 데에도 쓰였다 (아래 그림). 이 제품은 원본보다는 속도가 느리지만 완전하게 작동한다.
>
>

1 사용자 레지스터

[그림 11-4]에서 칩의 아래쪽 절반을 차지하는 규칙적인 형태의 영역에 레지스터들과 ALU가 있다. 8비트 레지스터들이 배비지의 해석기관에서처럼 수직으로 쌓여있다. 이중 사용자 레지스터는 세 개인데, 둘은 X와 Y라는 이름의 범용 레지스터이고 다른 하나는 A라는 이름의 누산기다.

X 레지스터와 Y 레지스터는 조합해서 사용했을 때 16비트 주소를 나타내도록 설계되었다. 16비트 주소의 처음 비트 8개는 X에 담기고 그다음 비트 8개는 Y에 담긴다. 주소의 두 조각을 따로 다루는 것이 상당히 까다롭기 때문에, 이런 형태의 아키텍처들은 흔히 16비트 주소의 두 8비트 조각을 함께 조작하는 수단들을 제공한다.

흔히 쓰이는 방식은, 8비트 바이트들을 담은 16비트 주소 공간이 256바이트짜리 페이지page 256개로 분할된다고 상상하는 것이다. 예를 들어 8비트 16진 편집기는 그러한 메모리 페이지 하나를 한 화면에 표시한다. 마치 책을 한 번에 한 페이지씩 보는 것과 비슷하다. 이런 비유에서, 16비트 주소의 한 바이트는 페이지 번호를 뜻하고 다른 바이트는 그 페이지의 행 번호를 뜻한다.

> [NOTE] 6502 프로그래밍에서는 메모리의 0번 페이지에 있는 256개의 주소를 마치 추가적인 레지스터처럼 사용하는 것이 관례다. 물론 이 주소들은 실제 레지스터보다 느리다. 그래서 프로그래머나 컴파일러는 실제 레지스터인 A, X, Y를 우선시한다.

2 내부 레지스터

기억하겠지만, 제어 장치는 프로그램 카운터가 현재 실행되는 행 번호(메모리 주소)를 가리키도록 계속 관리하고 갱신한다(이를 "카운터를 추적한다(track)"라고 말한다). 6502의 경우 프로그램 카운터는 2바이트 주소를 담는다. 명령이 실행될 때마다 제어 장치가 자동으로 프로그램 카운터를 증가한다. 단, 제어 흐름 명령의 경우에는 해당 명령에 맞게 프로그램 카운터를 수정한다. 프로그램 카운터에 담긴 16비트 주소의 두 바이트에 따로 접근하는 것이 가능하다. 프로그램 카운터의 상위 바이트는 PCH 레지스터, 하위 바이트는 PCL 레지스터에 담긴다. 전원이 들어오면 6502는 주소 FFFC와 FFFD의 내용들을 이 두 레지스터에 복사한다(보통의 경우 이 두 주소는 보통 ROM에 있으며, 그 내용은 ROM의 한 서브루틴을 가리킨다). 이에 의해, 컴퓨터가 켜지면 그 두 주소가 가리키는 주소의 명령부터 실행된다.

6502의 스택 포인터는 1바이트 크기다. 스택 포인터는 메모리 페이지 1의 행들을 가리키는 것으로 가정한다. 페이지 1은 두 번째 페이지임을 주의하자(첫 페이지는 페이지 0이다). 대부분의 프로그래밍 스타일에서 프로그래머는 CPU의 스택에 직접 접근하지 못한다. 대신 스택은 CPU가 서브루틴 명령어와 관련해서 내부적으로 호출 지점의 주소를 넣고(push) 뽑는(pop) 데 주로 쓰인다. 하지만 누산기의 값을 스택에 넣거나 스택의 값을 뽑아서 누산기에 넣는 명령어들(`PHA`와 `PLA`)을 이용해서 프로그래머가 스택을 직접 조작하는 것도 가능하다.

명령 레지스터는 현재 명령의 복사본을 담는다. 6502에서 옵코드는 8비트다. 피연산자는 명령어에 따라 없거나 1바이트이거나 2바이트다. 데이터 버스가 8비트이므로, 대부분의 경우 명령 하나를 인출하려면 여러 단계가 필요하다. 그런 경우 옵코드와 피연산자를 한 번에 1바이트씩 복사해야 한다. 이는 8비트 컴퓨터가 느린 이유 중 하나다. 워드가 더 큰 컴퓨터에서는 옵코드와 피연산자를 포함한 명령 전체를 하나의 워드로 인출할 수 있다.

상태 레지스터는 8비트다. 이 비트들은 제어 흐름 명령들이 판정하고 사용하는 여러 플래그로 이루어진다. 이 플래그들은 다음에서 살펴볼 ALU가 설정한다.

3 산술 논리 장치(ALU)

6502 칩 배치에서 ALU는 레지스터들과 붙어있다. 레지스터들의 비트 여덟 개 묶음이 배비지의 기계들처럼 수평으로 ALU에 흘러 들어간다. 이 레지스터/ALU 영역은 배비지의 차분기관과 무척 닮았다. 차분기관처럼 여기에서도 비트들과 자리올림들이 병렬로 전파된다. 배비지의 금속제 기계를 축소해서 칩에 담는다면 아마 6502의 이 부분과 상당히 비슷할 것이다. 변한 것은 크기뿐이다.

ALU에는 정수 덧셈과 뺄셈을 위한 단순 기계들이 있다. 이들을 활성화하는 명령어는 ADC와 SBC다. 또한 증가 및 감소 전용 명령어도 있다(INC와 DEC). 그 밖에 비트 자리이동 명령어들(ASL, ASR)와 비트별 부울 논리 명령어들(AND, ORA, EOR)도 있다. 곱셈이나 나눗셈을 위한 명령어는 따로 없다. 곱셈과 나눗셈은 다른 명령어들을 이용해서 소프트웨어적으로 처리해야 한다. 그리고 부동소수점 명령어도 없다.

[그림 11-6]은 ALU가 상태 레지스터 비트들에 부여하는 의미를 보여준다. ALU가 수행한 연산의 부수 효과로 이 '상태 플래그'들이 설정된다.

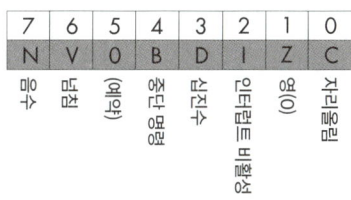

그림 11-6 상태 레지스터 플래그들.

ALU 연산의 결과가 0이면 Z 플래그가 설정되고 음수이면 N 플래그가 설정된다. 산술 연산에서 넘침(overflow)이 발생했으면 V 플래그가 설정되고 자리올림이 발생했으면 C 플래그가 설정된다.

4 디코더

[그림 11-4]에서 디코더는 다이 샷 위쪽 5분의 1 정도를 차지하는 어느 정도 규칙적인 형태의 영역이다. 겉으로 보기에 아주 많은 이진 비트가 배열 형태로 차곡차곡 채워진 모습인데, 실제로도 그렇다. 6502의 옵코드는 8비트다. 따라서 구별 가능한 명령어는 최대 256개다. 각각의 옵코드를 이 디코더가 해석해서 적절한 제어선을 활성화한다.

5 제어 장치(CU)

[그림 11-4]에서 CU는 칩의 중앙 부분을 차지한다. 겉으로 보기에 대단히 불규칙한 형태인데, 이는

모든 연산이 서로 달라서 완전히 다른 형태의 회로로 구현되기 때문이다. 6502의 제어 장치는 후대의 16비트 컴퓨터의 제어 장치보다 더 많은 일을 수행해야 할 때가 많다. 16비트 주소나 16비트 또는 24비트 명령을 CU가 8비트 단위로 쪼개서 8비트 버스로 전송해야 하기 때문이다.

11.2.2 프로그래머 인터페이스

[그림 11-7]은 6502의 전체 명령어 집합이다.

상위 니블 \ 하위 니블	0	1	2	3	4	5	6	7	8	9	0A	0B	0C	0D	0E	0F
0	BRK i	ORA (zp,x)				ORA zp	ASL zp		PHP i	ORA #	ASL A			ORA a	ASL a	
10	BPL r	ORA (zp),y				ORA zp,x	ASL zp,x		CLC i	ORA a,y				ORA a,x	ASL a,x	
20	JSR a	AND (zp,x)			BIT zp	AND zp	ROL zp		PLP i	AND #	ROL A		BIT a	AND a	ROL a	
30	BMI r	AND (zp),y				AND zp,x	ROL zp,x		SEC i	AND a,y				AND a,x	ROL a,x	
40	RTI i	EOR (zp,x)				EOR zp	LSR zp		PHA i	EOR #	LSR A		JMP a	EOR a	LSR a	
50	BVC r	EOR (zp),y				EOR zp,x	LSR zp,x		CLI i	EOR a,y				EOR a,x	LSR a,x	
60	RTS i	ADC (zp,x)				ADC zp	ROR zp		PLA i	ADC #	ROR A		JMP (a)	ADC a	ROR a	
70	BVS r	ADC (zp),y				ADC zp,x	ROR zp,x		SEI i	ADC a,y				ADC a,x	ROR a,x	
80		STA (zp,x)			STY zp	STA zp	STX zp		DEY i		TXA i		STY a	STA a	STX a	
90	BCC r	STA (zp),y			STY zp,x	STA zp,x	STX zp,y		TYA i	STA a,y	TXS i			STA a,x		
A0	LDY #	LDA (zp,x)	LDX #		LDY zp	LDA zp	LDX zp		TAY i	LDA #	TAX i		LDY a	LDA a	LDX a	
B0	BCS r	LDA (zp),y			LDY zp,x	LDA zp,x	LDX zp,y		CLV i	LDA a,y	TSX i		LDY a,x	LDA a,x	LDX a,y	
C0	CPY #	CMP (zp,x)			CPY zp	CMP zp	DEC zp		INY i	CMP #	DEX i		CPY a	CMP a	DEC a	
D0	BNE r	CMP (zp),y				CMP zp,x	DEC zp,x		CLD i	CMP a,y				CMP a,x	DEC a,x	
E0	CPX #	SBC (zp,x)			CPX zp	SBC zp	INC zp		INX i	SBC #	NOP i		CPX a	SBC a	INC a	
F0	BEQ r	SBC (zp),y				SBC zp,x	INC zp,x		SED i	SBC a,y				SBC a,x	INC a,x	

그림 11-7 6502의 전체 명령어 집합.
이 명령어들의 구체적인 정의는 https://en.wikibooks.org/wiki/6502_Assembly를 보라.

8비트 옵코드로 가능한 명령어는 256개지만, 6502 명령어 집합의 명령어는 그보다 적다. 그림의 표에 빈칸이 있는 이유다.

❶ 적재 및 저장

6502는 세 가지 사용자 레지스터(X, Y, A)를 적재하거나 저장하는 명령어들을 제공한다. 적재(load) 명령어들은 `LD`로 시작하고 저장(store) 명령어들은 `ST`로 시작한다. 아래의 예에서 수치들은 모두 16진수다.

```
LDA #$00    ; 상수 8비트 정수 00을 누산기에 적재한다
STA $0200   ; 누산기의 내용을 16비트 주소 0200에 저장한다
LDX $0200   ; 주소 0200의 내용을 레지스터 X에 적재한다
STX $0201   ; X의 내용을 주소 0201에 저장한다
LDY #$03    ; 8비트 상수 03을 레지스터 Y에 적재한다
STY $0202   ; Y의 내용을 주소 0202에 저장한다
```

저장 및 적재 명령어들은 사용자 레지스터를 대상 주소의 오프셋으로 사용하는 오프셋 주소 지정을 지원한다. 오프셋 주소 지정은 배열의 원소들을 훑을 때 유용하다. 다음은 그런 오프셋 주소 지정의 예다.[3]

```
LDX #$01
STA $0200,X ; A의 값을 메모리 주소 $0201에 저장한다
```

주어진 주소에 담긴 주소를 적재 또는 저장 대상으로 사용하는 간접 주소 지정도 지원한다. 다음이 그러한 예다.

```
LDA ($c000)  ; 주소 C000에 담긴 주소의 값을 A에 적재한다
```

더 나아가서, 다음처럼 간접 지정과 오프셋 지정을 함께 사용할 수도 있다.

```
LDA ($01),Y
```

6502 프로그래밍에서는 메모리 페이지 0을 256개의 추가 레지스터처럼 사용하는 관례가 있다. 이를 **제로 페이징**zero-paging이라고 부른다. 제로 페이징에서는 다음처럼 주소를 1바이트만 지정한다. 실제로 1바이트만 이동(적재 또는 전송)된다.

```
LDA $12     ; 1바이트 주소는 페이지 0으로 간주됨
```

이러한 제로 페이징은 바이트 두 개를 따로 이동하는 것보다 빠르다.

---

3 [옮긴이] 이 예시들은 어셈블리 코드임을 주의하자. 기계어 코드 수준에서는 같은 STA 명령이라도 주소 지정 방식에 따라 옵코드가 다르다.

2 산술 연산

`ADC` 명령어는 'add data with carry(자리올림과 함께 데이터 더하기)'를 뜻한다. 이 명령어는 주어진 주소의 값을 누산기에 더하는데, 자리올림이 발생하면 상태 레지스터의 자리올림 비트가 설정된다. 다음 프로그램을 실행하면 결과적으로 누산기에는 16진수 0A(십진수 10)가 남는다.

```
CLC          ; 상태 레지스터의 자리올림 플래그를 지운다
LDA #$07     ; 상수 07을 누산기에 적재한다
STA $0200    ; 누산기의 내용을 주소 0200에 저장한다
LDA #$03     ; 상수 03을 누산기에 적재한다
ADC $0200    ; 주소 0200의 내용을 자리올림과 함께 누산기에 더한다
```

`CLC`는 자리올림 플래그를 지운다(clear; 0). 새 덧셈을 시작할 때 반드시 이 명령어를 실행해야 한다. 그렇지 않으면 이전 덧셈의 자리올림이 함께 더해진다.

자리올림 플래그는 16비트 정수 두 개를 더할 때 유용하다. 각각의 `ADC`는 이 플래그를 읽고 쓰므로, 16비트 덧셈을 자리올림이 있는 8비트 덧셈 2회로 변환해서 수행할 수 있다. 다음 프로그램에서 `num1`과 `num2`는 더할 두 수이고 `result`는 합산 결과다. 프로그램은 이 입력들과 출력을 각각 하위 바이트와 상위 바이트로 분할해서 처리한다.

```
CLC
LDA num1_low
ADC num2_low
STA result_low
LDA num1_high
ADC num2_high
STA result_high
```

이와 비슷하게 `SBC`는 'subtract with carry(자리올림과 함께 빼기)' 명령어다. 예를 들어 다음 프로그램은 7-3을 계산한다. 결국 값 4가 누산기에 남는다.

```
SEC          ; 자리올림 플래그를 1로 설정한다(뺄셈 초기화에 필요함)
LDA #$03     ; 상수 3을 누산기에 적재한다
STA $0200    ; 누산기의 값 3을 주소 0200에 저장한다
LDA #$07     ; 상수 7을 누산기에 적재한다
SBC $0200    ; 주소 0200의 내용을 누산기에서 뺀다
```

레지스터나 주소의 내용을 1 증가하는 명령어 `INC` 및 `IN`과 1 감소하는 명령어 `DEC` 및 `DE`도 있다. 다음은 이들을 사용하는 예다.

```
LDX #$02
LDY #$04
INX
DEY
LDA #$07
STA $0200
INC $0200
DEC $0200
```

앞에서처럼 `#`는 피연산자가 상수임을 뜻한다. `#`가 붙지 않은 피연산자는 주소다.

3 점프와 분기

점프 명령어는 `JMP`다. 다음은 레지스터 X의 값을 계속 증가하는 무한 루프다. 값이 FF_{16}을 넘기면 다시 00_{16}이 된다.

```
LDX #$02
mylabel:
  INX
  JMP mylabel
```

이 프로그램은 점프 대상을 구체적인 행 번호로 지정하는 대신, **레이블**label 혹은 이름표로 지정했다(예전에 BASIC 프로그래머들이 했던 방식이다). `mylabel`이 바로 하나의 레이블이다. 레이블 행은 기계어 코드로 컴파일되지 않는다. 레이블 행을 처음 만난 어셈블러는 그 위치만 기억해 둔다. 이후 해당 레이블로의 점프 명령을 만나면 어셈블러는 명령의 레이블을 원래의 레이블 다음에 있는 명령의 주소로 치환한다.

조건부 분기는 두 단계로 수행한다. 먼저, 특정한 조건이 참인지 확인하고 그 결과를 상태 레지스터에 저장하는 비교 명령을 실행한다. 그런 다음에는 상태 레지스터의 값에 따라 분기 여부를 결정하는 분기 명령을 실행한다. 예를 들어 다음은 레지스터 X를 5에서 2까지 감소하는데, 감소 명령 이후에 X를 2와 비교하고(`CPX`) 만일 둘이 같지 않으면 분기한다(`BNE`). BNE의 B는 brach(분기), NE는 not equal(같지 않음)을 뜻한다.

```
LDX #$05
mylabel:
  DEX
  CPX #$02
  BNE mylabel
```

그 밖에도 두 값이 같으면(equal) 분기하는 `BEQ`와 결과가 마이너스minus, 즉 음수이면 분기하는 `BMI`, 플러스plus이면 분기하는 `BPL`이 있다. 그리고 `BCC`, `BVC`, `BCS`, `BVS`라는 명령어들도 있는데, B는 분기이고 둘째 C는 자리올림 플래그, V는 넘침(overflow)을 뜻한다. 셋째 글자 C는 해당 플래그가 지워졌으면(clear) 분기한다는 뜻이고 S는 설정되었으면(set) 분기한다는 뜻이다.

4 서브루틴

`JSR`는 서브루틴으로 점프하고 `RTS`는 호출 지점으로 돌아간다. 다음 예를 보자. 이 프로그램은 서브루틴 인수들을 메모리의 시작 부분 주소들에 넣어서 서브루틴을 호출하고 서브루틴 코드는 그 주소들에서 인수들을 적재한다는 관례를 따른다. `BRK`는 '중단(break)' 명령어인데, 고전적인 컴퓨터의 중지 명령어(`HLT`)에 대응된다(실제로는 인터럽트다). 지금 예에서 이 명령어는 주 프로그램을 다 실행한 후 서브루틴 코드로 넘어가지 않게 하는 역할을 한다.

```
LDA #$5      ; 첫 인수를 누산기에 적재한다
STA $0001    ; 그 인수를 주소 1에 넣는다(이후 서브루틴이 가져간다)
LDA #$4      ; 둘째 인수를 누산기에 적재한다
STA $0002    ; 그 인수를 주소 2에 넣는다(이후 서브루틴이 가져간다)
JSR mysub    ; 서브루틴을 호출한다
STA $0200    ; 누산기에 담긴 서브루틴 결과를 사용한다
BRK          ; 중지
mysub:
  LDA #$00   ; 누산기를 초기화한다
  CLC        ; 자리올림을 초기화한다
  ADC $0001  ; 첫 인수를 누산기에 더한다
  ADC $0002  ; 둘째 인수를 누산기에 더한다
  RTS        ; 서브루틴에서 복귀한다
```

이번 장의 실습과제에서는 이상의 예제 프로그램들 및 그와 비슷한 예제 프로그램들을 독립적인 6502 에뮬레이터에서 실행해 본다. 그런데 6502라는 CPU 자체만으로 할 수 있는 일은 많지 않다. 뭔가 흥미로운 일을 하려면 메모리와 I/O를 CPU에 추가하는 컴퓨터 설계가 필요하다. 그럼 6502에서 좀 더 시선을 넓혀서, 6502를 기반으로 한 완전한 컴퓨터 설계인 코모도어 64를 살펴보자.

11.3 코모도어 64로 살펴보는 8비트 컴퓨터 설계

코모도어 64(줄여서 C64)는 지금까지도 단일 기종 역대 최대 판매 기록을 유지하고 있는 6502 기반 컴퓨터다. 1982년에 출시된 C64는 게임에 특화된 기능들을 비즈니스 및 창의적 응용 프로그램의 잠재력과 결합함으로써 전 세계 대부분의 8비트 홈 컴퓨터 시장을 지배했다. 코모도어라는 이름은 창업자 잭 트라미엘Jack Tramiel이 지은 것이다. 다채로운 경력을 지닌 홀로코스트 생존자인 트라미엘은 유명 가전회사 제너럴 일렉트릭General Electric과 비슷한 '제너럴 컴퓨터스General Computers'라는 이름을 원했지만, '제너럴'을 선점당한 탓에 대신 '코모도어'를 택했다.[4] C64의 메인보드는 제9장의 [그림 9-1]에서 이미 보았다. 코모도어 64의 '64'는 가용 메모리가 16비트 주소 공간에 8비트 워드들을 담을 때의 최대 용량인 $64k_2B$임을 나타낸다(주소 2^{16}개 × 8비트 = $64k_2B$). 다른 6502 기반 컴퓨터들은 메모리 용량이 그보다 작았다.

11.3.1 아키텍처의 이해

MOS 사는 6502의 여러 변종을 생산했는데, 각자 다른 모델 번호를 붙였다. 그래서 TTL 칩 시리즈의 7400처럼 '6502'는 다소 중의적이다. 어떨 때는 원래의 6502를 가리키기도 하고, 어떨 때는 비슷한 번호의 제품군 전체를 뜻하기도 한다. 사실 코모도어 64의 CPU는 원본 6502가 아니라, 6502 제품군에 속하는 6510이다.

16비트 최대 용량인 $64k_2B$ RAM 외에 C64는 I/O 모듈들과 장치들을 갖추었다. 또한, C64 고유의 ROM에는 그런 I/O 장치들과의 통신을 위한 서브루틴 라이브러리(요즘의 BIOS에 해당)가 있다. 프로그래밍의 관점에서 이런 구성은 C64를 다른 6502 기반 컴퓨터들과 구분 짓는 중요한 특성이다.

C64 보드의 여러 구성요소가 어떻게 연결되어 있는지를 보여주는 도식이 [그림 11-8]에 나와 있다. 이 블록 구성도의 상당 부분을 차지하는 것은 CPU, RAM, ROM, I/O를 연결하는 버스(주소 버스는 16비트, 데이터 버스는 8비트)다.

---

4 [옮긴이] general에는 '일반적인'이라는 뜻 외에 장군, 장성이라는 뜻도 있다. commodore는 제독 혹은 준장을 뜻한다.

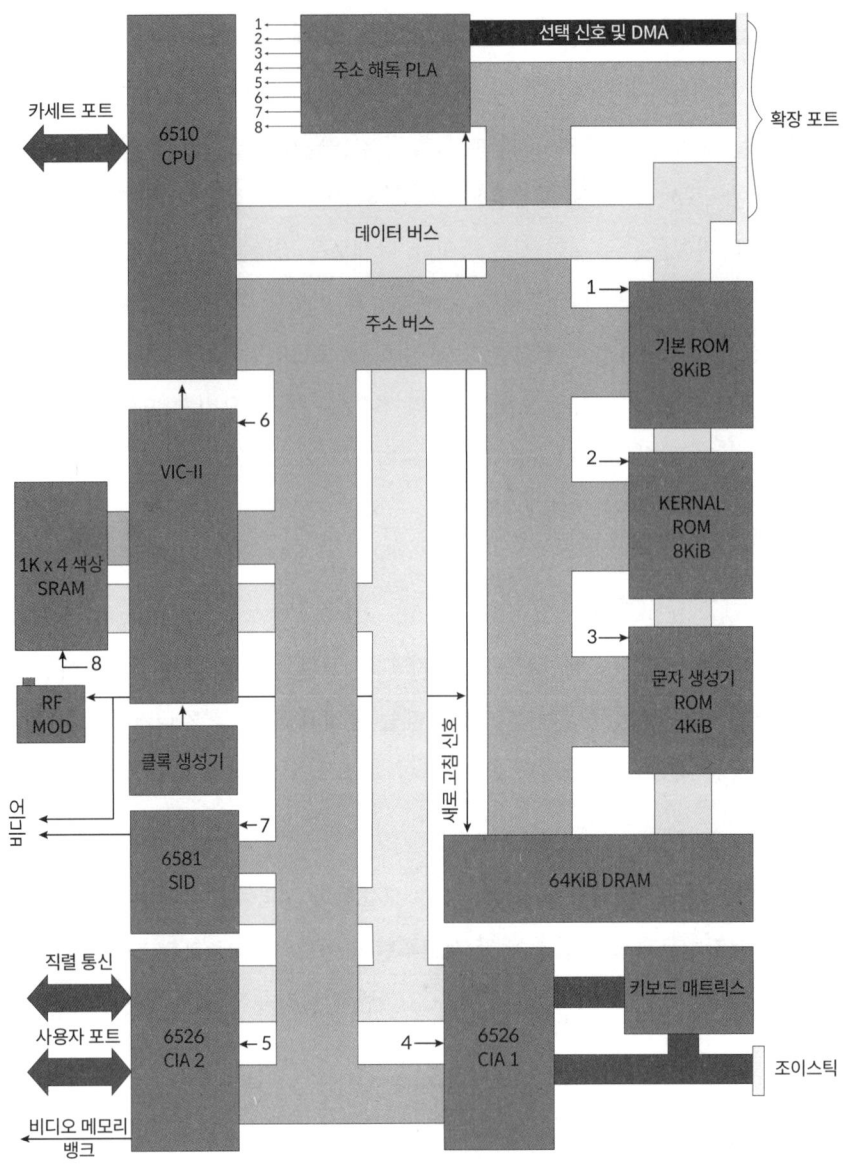

그림 11-8 **C64 블록 구성도.**[5]

[그림 11-9]는 C64의 메모리 맵이다.

---

5 (옮긴이) §11.3.2에서 언급하겠지만 KERNAL은 kernel의 오타가 아니라 코모도어의 기본 루틴 라이브러리(일종의 BIOS)의 이름이다.

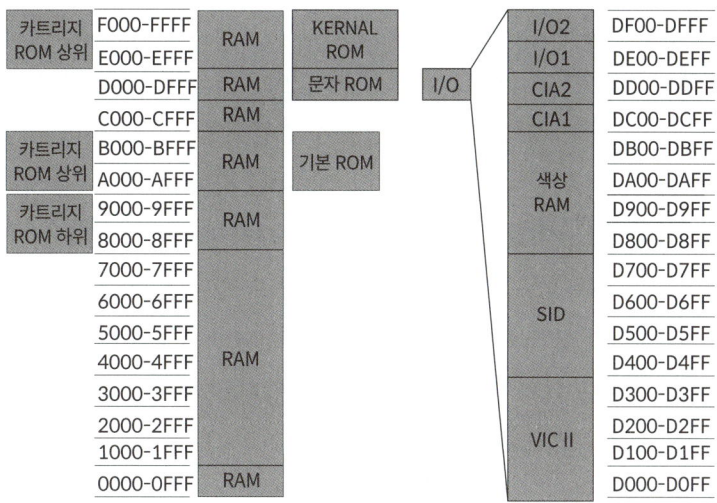

그림 11-9 **C64 메모리 맵.**

이 메모리 맵에서 보듯이, RAM과 ROM, I/O에는 16비트 주소 공간의 개별 주소 범위가 배정된다. I/O 주소 범위의 주소들은 개별 I/O 모듈과 장치에 할당된다. (당시 주소 공간은 희소 자원이었기 때문에, C64는 프로그래머가 일시적으로 ROM에서 주소 공간을 떼어내서 추가적인 RAM에 배정할 수 있는 기능도 제공했다.)

> ### PETSCII 문자
>
> 코모도어 64는 ASCII를 유니코드와는 다른 방향으로 확장했다. 그 결과가 PETSCII라는 것인데, 코모도어 사의 컴퓨터 말고는 거의 쓰이지 않았다.[6] PETSCII에는 시프트(shift) 모드와 언시프트(unshift) 모드가 있는데, 모드에 따라 문자 구성이 다르다. 아래 그림에서 보듯이 언시프트 모드에서는 영문 소문자 자리에 대문자가 있고, 원래의 대문자 자리에는 C64의 상징정인 플레잉 카드(트럼프 카드) 기호들과 기타 비트맵 그래픽 요소들이 있다.

---

[6] [옮긴이] 참고로 PETSCII의 'PET'은 1977년 출시된 **코모도어 PET**에서 온 것이다. 아래 문자표 이미지의 원본을 비롯해 PETSCII에 관한 좀 더 자세한 정보는 https://en.wikipedia.org/wiki/PETSCII를 참고하기 바란다.

11.3.2 C64 프로그래밍

C64 프로그래밍에는 기본적으로 §11.2.2 '프로그래머 인터페이스'에서 논의한 어셈블리 언어가 쓰인다. 그런데 C64 하드웨어를 최대한 활용하려면 주소 공간에 탑재된 여러 ROM 및 I/O 모듈들과의 상호작용이 필요하다. ROM들에는 코모도어의 서브루틴 라이브러리(이름은 'KERNAL'이다. 마지막 모음이 A임을 주의할 것)가 들어있다. I/O 모듈로는 이를테면 메모리에 매핑되는 화면 디스플레이가 있는데, 필요에 따라 문자 모드와 픽셀 모드를 전환할 수 있다. 문자 모드에서는 PETSCII 문자 코드를 메모리 공간에 직접 쓰면 화면에 그 문자가 표시된다. 키보드의 상태는 메모리 매핑 공간을 읽어서 직접 확인할 수도 있고, 키보드 상태를 적절히 디코딩해서 PETSCII 문자 코드로 바꾸어 주는 ROM 서브루틴을 사용해도 된다.

다음은 그런 여러 구조를 보여주는 예제 프로그램이다. 이 프로그램은 컬러 화면에 텍스트 메시지를 횡으로 스크롤한다.[7] 사용자가 A 키를 누르면 종료된다.

```
screenbeg = $0400           ; 상수, 화면 메모리맵의 시작
screenend = $07E7           ; 상수, 화면 메모리맵의 끝
screenpos = $8000           ; 변수, 화면상의 현재 위치
main:
    LDA #$02                ; 검은색 코드
    STA $D020               ; I/O 테두리 색상
    STA $D021               ; I/O 배경 색상
    STA screenpos           ; 화면 위치
loop:                       ; 메인 루프(1회 반복이 프레임 하나)
    JSR $E544               ; 화면을 지우는 ROM 루틴
    JSR drawframe           ; 대부분의 작업을 이 루틴에서 진행한다
    JSR check_keyboard
    INC screenpos           ; 현재 화면 위치 증가
    JMP loop                ; 루프 반복(무한 루프)
drawframe:
    LDX #$00                ; regX는 문자열의 현재 문자 색인
    LDY screenpos           ; regY는 스크롤되는 현재 화면 위치
    CPY #$20                ; Y와 상수 20을 비교한다
    BCS resetscreenpos      ; 만일 Y>20이면(자리올림 비트로 판정) 분기
drawmsgloop:                ; 분기되지 않았으면 여기로 떨어진다
    LDA msg,X               ; 메시지의 x번째 문자를 적재한다
    BEQ return              ; 문자 코드가 0이면 문자열의 끝이므로 종료
    AND #$3F                ; ASCII를 PETSCII로 변환한다
    STA screenbeg,Y         ; VDU: A에 담긴 문자를 메모리맵 오프셋 Y에 출력
    INX                     ; 문자열의 문자 색인을 증가한다
```

---

7 〔옮긴이〕 메시지는 횡으로(가로로) 스크롤된다. 화면 위치를 담는 Y는 레지스터 이름일 뿐, Y축을 뜻하는 것이 아님을 주의하자.

```
        INY                     ; 화면 표시 위치를 증가한다
        CPY #$20                ; 화면 밖으로 넘어갔는가?
        BCS wraparound_y        ; 그렇다면 화면 너비만큼 오프셋을 이동한다
        JMP drawmsgloop         ; 루프 반복(모든 문자가 출력될 때까지)
resetscreenpos:
        LDY #$00
        STY screenpos           ; 화면 위치를 0으로 초기화
        JMP drawmsgloop
wraparound_y:                   ; Y가 화면 바깥이면 시작 위치로 재설정
        TYA                     ; Y를 누산기에 적재한다
        SBC #$20                ; 자리올림과 함께 뺀다
        TAY                     ; 누산기의 값을 Y에 저장한다
        JMP drawmsgloop
check_keyboard:
        JSR $FF9F               ; ROM SCANKEY IO: 키보드 행렬을 00CB에 기록
        JSR $FFE4               ; ROM GETIN, 누산기의 키 코드를 행렬로 변환
        CMP #65                 ; 누산기를 ASCII 'A'와 비교한다
        BNE return
        BRK                     ; 'A' 키가 눌렸으면 종료한다
return:
        RTS
msg:
        .byte "HELLO C64!\0"    ; 명령이 아니라 데이터임
```

이 프로그램을 실행하면 HELLO C64!가 화면을 가로지른다(그림 11-10).

그림 11-10 텍스트 횡스크롤 예제.

이 프로그램에는 루프, 디스플레이, 키보드 읽기, 상태 갱신 등 게임 프로그램의 기본 요소가 모두 들어있다. 게임 작성을 위한 출발점으로 삼아도 좋을 것이다.

> ### 칩튠
>
> 8비트 시대의 사운드 칩은 어엿한 하나의 신시사이저(synthesizer)[8]였다. 하드웨어로 만들어진 실제 악기가 컴퓨터 안에 배치된 셈이다.
>
> 음(tone)을 생성하는 가장 쉬운 방법은 방형파(square wave; 또는 사각파)를 이용하는 것이다. 사운드 전문가가 아닌 아키텍트가 사운드 칩을 만들 때 그런 방법을 사용한다. 예로는 텍사스 인스트루먼츠 사의 SN76489가 있다. 방형파는 주어진 주파수(음 높이)로 디지털 0에 1에 해당하는 전압을 오가는 형태의 음파다. 다른 파형은 아날로그전압이 필요하지만, 방형파는 디지털 논리만으로 만들 수 있다. 방형파만 생성할 수 있는 칩은 8비트 시대 고유의 원시적인 8비트 사운드를 특징지었다.
>
> 코모도어는 MOS를 인수하면서 MOS의 최신 음 생성기인 6581 SID(Sound Interface Device) 칩을 C64에 사용했다. SID는 이전의 사운드 칩들보다 훨씬 뛰어났다. SID는 실제 음악 신시사이저 설계자가 디자인한 진정한 악기였다. 아날로그 톱니파(sawtooth wave)와 사인파(sine wave)를 추가했을 뿐만 아니라 그런 파형을 변조하는 아날로그 필터까지 추가함으로써 8비트 오디오 분야를 혁신했다. 그런 필터들은 특정 배음(harmonics) 음역을 강조하거나 소거함으로써 음색을 바꾼다. 방형파와 톱니파 둘 다 무한히 많은 배음을 가지고 있으므로,[9] 필터를 적용하기에 좋은 원재료가 된다. 여러 음표(note)들에 걸쳐 필터를 걸어서 다양한 효과를 만들어낼 수 있다. 이 덕분에 C64는 아주 다채로운 음악과 효과음을 만들어낼 수 있게 되었다.
>
> SID는 아날로그 장치와 I/O 모듈로 구성된다. 인터페이스 역할을 하는 I/O 모듈은 주소 공간과 매핑되어서 버스에 연결된다. C64는 SID에 D400에서 D7FF까지의 주소 공간을 할당한다. 프로그래머는 이 주소 공간의 주소들에 값을 기록함으로써 주파수, 진폭(볼륨), 필터 컷오프 등의 음 생성 관련 매개변수들을 제어한다. 다음은 채널 1에서 방형파를 재생하는 프로그램이다.[10]
>
> ```
> main:
>     LDA #$0F
>     STA $D418   ; I/O SID 볼륨
>     LDA #$BE    ; 어택 지속 시간 = B, 디케이 지속 시간 = E
>     STA $D405   ; I/O SID ch1 어택 및 디케이 바이트
>     LDA #$F8    ; 서스테인 수준 = F, 릴리스 지속 시간 = 8
>     STA $D406   ; I/O SID ch1 서스테인 및 릴리스 바이트
>     LDA #$11    ; 주파수 상위 바이트 = 11
>     STA $D401   ; I/O SID ch1 주파수 상위 바이트
>     LDA #$25    ; 주파수 상위 바이트 = 25
>     STA $D400   ; I/O SID ch1 주파수 하위 바이트
>     LDA #$11    ; 방형파 파형 ID
>     STA $D404   ; I/O SID ch1 제어 레지스터
> loop:
>     JMP loop
> ```

---

8 [옮긴이] 흔히 신디사이저라고 하지만, 국립국어원 표준국어대사전에 등재된 것은 '신시사이저'다. 실제 발음은 [sínθəsàizər]로, 신디사이저나 신시사이저보다는 '신서사이저'가 더 가깝다.

9 [옮긴이] 하나의 주파수로만 이루어진 순수한 음은 정현파라고도 부르는 사인파다. 다양한 주파수의 사인파를 합치면 사인 곡선과는 다른 형태의 음파가 만들어진다. 뒤집어 말하면, 사인 곡선이 아닌 음파는 다양한 주파수의 사인파를 합친 것이라 할 수 있다. 각각의 사인파는 지배적인 음의 배음(harmonics)으로 작용해서 전체적인 음색(날카롭고 밝은 느낌, 부드럽고 어두운 느낌 등)에 기여한다.

10 [옮긴이] 주석의 어택(attack; 타건 시간), 디케이(decay; 감쇠 시간) 등은 주파수 구성과 함께 악기의 음색을 결정하는 주요 요인인 ADSR 엔빌로프와 관련된 매개변수들이다. 두 악기의 소리가 파형이나 주파수 구성이 같아도, 엔빌로프가 다르면 다른 느낌으로 들린다. 좀 더 자세한 사항은 https://ko.wikipedia.org/wiki/엔벨로프_(음악) 등을 참고하기 바란다.

SID 출시 후 롭 허버드(Rob Hubbard) 같은 위대한 8비트 '칩튠(chiptune)' 작곡가들이 SID를 해킹해서, 녹음된 오디오 샘플을 재생하는 방법이나 하드웨어에서 제공하는 세 가지 음성(voice)보다 훨씬 많은 음성을 제공하는 창의적인 방법을 찾아냈다. SID가 제공하는 음색 팔레트는 제한적이었기 때문에 미니멀리스트적이고 수학적인 미학이 장려되었다. 허버드는 필립 글래스(Philip Glass), 장미셸 자르(Jean-Michel Jarre), 크라프트베르크(Kraftwerk)의 영향을 받았다. 2010년대에는 맥스 마틴(Max Martin)이나 닥터 루크(Dr. Luke) 같은 음악 프로듀서들이 복고풍 게임 사운드 제작에 SID를 사용했다.

11.4 모토롤라 68000으로 살펴보는 16비트 컴퓨터 설계

16비트 시대라는 이름은 다소 어폐가 있다. 그보다는 '16/32비트 시대'라고 불러야 할 것이다. 왜냐하면, 이 시대를 정의하는 칩인 모토롤라Motorola 68000이 16비트와 32비트를 모두 사용했기 때문이다. 코모도어 아미가Commodore Amiga, 아타리 STAtari ST, 애플 매킨토시Apple Macintosh, 세가 메가드라이브Sega Megadrive에 쓰인 68000은 데이터 워드는 16비트지만 CPU 내부의 레지스터와 ALU는 32비트였다. 아타리 ST의 ST는 68000의 이러한 특징인 'Sixteen(16)'과 'Thirty-two(32)'를 나타낸다. 68k라고도 불리는 68000은 1976년에 출시되어 1980년대 후반까지 여러 컴퓨터에 쓰이면서 16비트 시대를 정의했다.

6502와 68000 둘 다 모토롤라 6800이라는 조상에서 갈라져 나와서 각자 다른 방향으로 발전한 제품이다. 6으로 시작하는 이름이 이를 반영한다. 6502와 68000은 조상이 같은 만큼 일부 구조와 명령어가 겹친다. 그러다 보니 6502에 관한 지식을 68000 공부에 적용할 수 있을 때가 많다. 68000에서 뭔가 막혔을 때 6502의 관련 지식을 기반으로 해법을 추측할 수 있는 경우가 드물지 않다.

11.4.1 내부 구성요소

[그림 11-11]은 모토롤라 68000의 다이 샷이다. 기본 구조는 6502와 같다. 아래쪽에 레지스터들과 ALU가 있고 중앙에는 제어 논리가 있다. 그 위는 디코더다.

그림 11-11 68000 다이 샷.

6502에 비해 레지스터들과 ALU 부분의 행들이 더 많이 반복된 모습인데, 이는 행들의 비트수가 훨씬 크기 때문이다. 68000은 6502보다 훨씬 복잡하다. 그래서 같은 면적의 지면이라도 68000의 다이 샷은 디지털 논리 회로가 너무 작게 나와서 알아보기 힘들 정도다.

사용자 레지스터는 16개로, 모두 32비트다. 그중 여덟 개는 '데이터 레지스터'로, D0에서 D7이다. 나머지 여덟 개는 '주소 레지스터'이고 이름은 A0에서 A7까지다. A7은 스택 포인터로 쓰인다. 그 밖에 16비트 상태 레지스터가 하나 있다. 6502에서처럼 여러 상태 플래그와 기타 정보를 담는다.

버스는 데이터선이 16개, 주소선이 24개다. 그런데 주소는 16비트 워드가 아니라 개별 바이트의 장소를 가리킨다. 따라서 주소를 지정할 수 있는 바이트는 총 2^{24}이다. 메모리 용량으로 말하면 $16M_2B$다. 24비트 주소는 $DFF102_{16}$처럼 여섯 자리 16진수로 표기한다.

68000에는 2단계 파이프라인이 있다. 이 파이프라인은 한 명령을 디코딩하고 실행함과 동시에 다음 명령을 인출한다.

11.4.2 프로그래머 인터페이스

68000의 구조를 살펴보았으니, 이제 68000이 제공하는 명령어 집합으로 넘어가자. 앞의 아키텍처들에서처럼 메모리 접근, 산술 연산, 흐름 제어를 위한 명령어들을 간단한 예제 프로그램과 함께 살펴보겠다. 16비트 시대에는 프로그래밍 시 대문자 대신 소문자를 사용하는 스타일이 널리 퍼졌다. 여기서도 그런 스타일을 사용한다.

1 데이터 이동

68000에서는 하나의 `move` 명령어로 메모리 적재 및 저장, 레지스터 데이터 전송을 모두 처리한다.

```
move.l d0, d1           ; 레지스터 d0의 내용을 레지스터 d1에 복사
move.l #$1a2, d1        ; 16진 상수 $1a2를 레지스터 d1에 복사
move.l $0a3ff24, d1     ; 주소 0a3ff24의 긴 워드를 d1에 적재
move.l d1, $0a3ff24     ; d1의 긴 워드를 주소 0a3ff24에 저장
```

여기서 l은 'longword', 즉 긴 워드를 뜻한다. 긴 워드는 32비트다. 레지스터들 사이의 데이터 전송은 이러한 긴 워드 단위로 빠르게 수행된다. 메모리에 접근할 때는 CPU가 32비트 긴 워드를 16비트 조각 두 개로 나누어서 두 단계로 버스에 보내야 하므로 느리다. 두 단계의 적절한 순서는 제어 장치가 관리한다.

16비트 워드(w)나 8비트 바이트(b)를 이동할 때는 `move`의 다음과 같은 버전들을 사용한다.

```
move.b d0, d1
move.w $0a3ff24, d1
```

간접 주소 지정은 다음처럼 괄호로 표현한다.

```
move.l ($0a3ff24), d1   ; 주소 0a3ff24에 담긴 주소의 내용을 d1에 적재
```

그리고 68000은 여러 가지 오프셋 주소 지정 방식을 지원한다. 다음은 그중 세 가지다.

```
move.l (pc, 2), d1      ; 프로그램 카운터 더하기 2의 주소에서 내용을 적재
move.l (a1, a2), d1     ; 두 레지스터의 합 a1+a2에 해당하는 주소에서 적재
move.l (a1, a2, 2), d1  ; 레지스터 합에 오프셋을 적용한 a1+a2+2에서 적재
```

또한 68000은 간접 주소 지정에 레지스터 자체의 증가 또는 감소를 결합한, 다소 복잡하고 독특한 주소 지정 모드도 지원한다. 이런 방식은 연속된 주소들에 담긴 데이터 항목들을 차례로 훑을 때 유용하다.

```
move.l (a1)+, d1      ; 레지스터 a1에 담긴 주소의 내용을 d1에 적재하고
                      ; a1을 긴 워드의 바이트수만큼 증가한다
move.l -(a1), d1      ; 레지스터 a1을 긴 워드의 바이트수만큼 감소한 후
                      ; 그에 해당하는 주소의 내용을 d1에 적재한다
```

C 프로그래머라면 *(a++)와 *(--a)의 의미를 알 것이다. 위의 예는 그 두 구문을 컴파일했을 때 나오는 어셈블리 코드에 해당한다. 이런 명령들은 스택 연산에도 쓰인다. 68000에 스택 넣기 (push), 뽑기(pop) 명령어는 따로 없다. 다음처럼 스택 포인터 레지스터를 증가하거나 감소하면서 내용을 이동하면 된다.

```
move.w (sp)+, d0      ; 레지스터 d0의 내용을 스택에 넣는다
move.w d0, -(sp)      ; 스택에서 항목을 뽑아서 레지스터 d0에 넣는다
```

관련 명령어로 `lea`가 있다. 'load effective address(유효 주소 적재)'를 뜻하는 이 68000 명령어는 간접 또는 오프셋 방식으로 지정된 실제 주소(유효 주소)를 계산하는 데 쓰인다. 다음 예를 보면 이해가 될 것이다.

```
lea (pc, 2), a1       ; 프로그램 카운터에 담긴 주소에 + 2바이트를
                      ; 더한 주소를 a1에 넣는다
lea (a1, 2), a3       ; 주소 a1 + 2를 a3에 넣는다
lea (a1, a2, 2), a3   ; 주소 a1+a2+2를 a3에 넣는다
```

이 `lea` 명령들이 주소 자체를 적재함을 주의하자. 그 주소의 내용을 적재하는 것이 아니다.

2 흐름 제어

6502와 68000은 조상이 같기 때문에 점프, 서브루틴, 분기와 관련한 명령어들이 같다. 다음 예가 이 점을 보여준다.

```
start:
    jsr mysub         ; 서브루틴으로 점프

    cmp #2, d0        ; d0을 #2와 비교해서
    beq mylabel       ; 같으면 분기
    ble start         ; 작거나 같으면 분기
    bne start         ; 같지 않으면 분기

mylabel:
```

```
    jmp mylabel        ; 무한 루프
mysub:
    rts                ; 서브루틴에서 복귀
```

하지만 서브루틴 호출 스택과 관련한 논리는 6502보다 개선되었다. 68000에서는 일련의 인수들을 스택에 넣고 서브루틴으로 점프한 후 거기서 인수들을 다시 뽑을 수 있다. 이 덕분에 서브루틴은 매개변수들이 있는 함수처럼 작동한다.

3 산술 연산

다음은 여러 산술 연산 명령어들의 예다.

```
add.b d0, d4    ; d0을 d4에 더한 결과를 d4에 저장
sub.w #43, d4   ; d4에서 상수 43을 뺀 결과를 d4에 저장
muls d0, d4     ; d0에 d4를 곱하고(부호 있음) 그 결과를 d4에 저장
mulu d0, d4     ; d0에 d4를 곱하고(부호 없음) 그 결과를 d4에 저장
divs d0, d4     ; d0을 d4로 나누고(부호 있음) 그 결과를 d4에 저장
divu d0, d4     ; d0을 d4로 나누고(부호 없음) 그 결과를 d4에 저장
and d0, d1      ; d0과 d1의 비트별 AND 결과를 d1에 저장
asr d0, d1      ; d1을 d0의 비트수만큼 오른쪽으로 산술 자리이동한
                ;결과를 d1에 저장
```

덧셈 명령어와 뺄셈 명령어는 6502의 것과 비슷하다. 하지만 6502와는 달리 68000은 곱셈과 나눗셈을 하드웨어에서 수행할 수 있다.

11.5 코모도어 아미가로 살펴보는 16비트 컴퓨터 설계

스페인어에서 **아미가**amiga는 **친구**를 뜻하는 **아미고**amigo의 여성형이다. 1985년에 코모도어사는 사용자와 친구가 되는 컴퓨터라는 개념으로 코모도어 아미가를 출시했다. 아미가의 초기 버전들은 고급 그래픽 워크스테이션을 목표로 해서, 요즘 애플이 겨냥하는 소위 '창의적 인재'들을 대상으로 삼았다. 하지만 지금은 고전이 된 A500 모델은 대중적인 게임 플랫폼의 표준으로 빠르게 자리 잡았다. 개발자 수와 게이머 수가 함께 증가하면서 자연스럽게 그런 일이 생겨버렸다. 게임 디스크의 (불법적인) 크래킹과 복제가 쉬워지면서, 전 세계 여러 도시의 술집이 게임 디스크를 교환하는 '아미가의 밤(Amiga night)'을 개최하기까지 했다. 이 역시 개발자층과 게이머층의 증가를 가속하는 요인이었다. 유럽에서는 게임과는 별도로 '데모 신demo scene'이 아미가를 적극적으로 채택했다. 데

모 신은 '데모'라고 줄여 부르는 멀티미디어 시연 프로그램(demonstration)을 통해서 그래픽과 사운드의 한계를 뛰어넘고자 경쟁하는 예술적 어셈블리 프로그래머들의 하위문화(subculture)다. 데모 신은 게임 불법 복제 관행과도 연관되었다. 크래커(게임 등 소프트웨어의 복사방지 장치를 무력화하는 사람)들은 새로 크래킹한 게임의 부팅 시퀀스에 데모를 삽입했다. 코모도어의 경영진은 이 모든 것을 무시하고, 아미가를 비즈니스 시장 쪽으로 밀어붙였다. 하지만 그 시장에서 아미가는 베이지색 케이스에 담긴 PC들에 밀렸고, 결국 아미가는 물론 코모도어도 망하고 말한다.

11.5.1 아키텍처의 이해

클래식 A500은 RAM이 0.5M_2B였지만, 후속 모델들은 몇 메가바이트급으로 RAM이 증설되었다 (그래도 CPU가 접근 가능한 16M_2B에는 훨씬 못 미치는 용량이었다). [그림 11-12]에 A500의 메인보드가 나와있다.

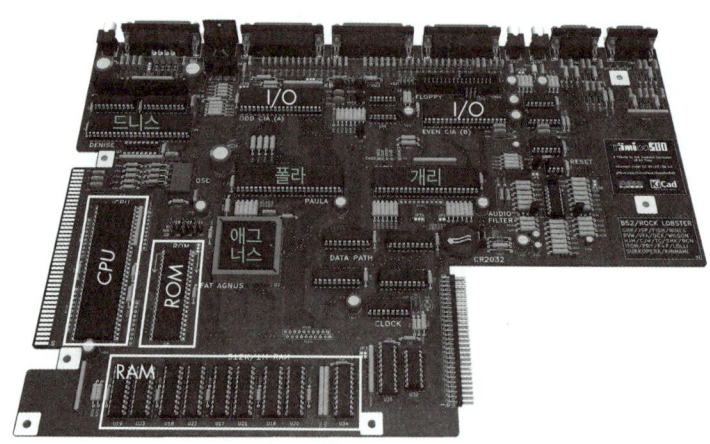

그림 11-12   아미가 A500 메인보드.

이 설계는 네 개의 커다란 커스텀 칩에 기반하는데, 각 칩에는 사람 이름이 붙어있다.

애그너스

애그너스$_{Agnus}$라는 이름의 칩에는 보조 프로세서가 하나 있다. '코퍼$_{copper}$'라고 불린 이 보조 프로세서는 주 CPU 시스템은 물론 독자적인 RAM과 버스를 갖추었다. 아미가에서 코퍼는 그래픽을 담당했다. 프로그래머는 코퍼용 기계어 코드를 주 CPU 프로그램을 위한 어셈블리 코드의 데이터 행들에 담는다. 이후 주 CPU가 코퍼 기계어 코드를 데이터로서 코퍼에 전송한다. (요즘 GPU에 쓰이는 시스템과 비슷하다.) 애그너스에는 DMA 기반의 '블리터$_{blitter}$'라는 구성요소도 있었다. 블리터는 CPU의 개입 없이 스프라이트들을 비디오 RAM에 복사하는 데 쓰였다.

폴라

폴라Paula 칩에는 사운드 장치와 해당 I/O 모듈, 그리고 디스크나 통신 포트 등을 위한 여러 I/O 모듈이 들어있다. 이 칩은 DMA를 이용해서 CPU 개입 없이 오디오 샘플과 기타 I/O 데이터를 RAM으로부터 읽어 들였다.

드니스

드니스Denise 칩은 VDU(video display unit; 비디오 표시 장치) 칩으로, RAM에서 여러 스프라이트와 비트평면(bitplane)[11]을 읽어 들여서 다양한 스크린 모드에서 조합한 후 CRT 디스플레이 제어 명령들을 출력했다.

개리

개리Gary 칩은 메모리 컨트롤러다. 버스로 들어온 주소를 특정 칩의 지역 주소로 변환해서 해당 칩에 전송했다.

A500의 BIOS('킥스타터Kickstart'라고 불렀다)는 그래픽이나 사운드 등의 I/O에 접근하는 서브루틴들을 제공한다. 이 BIOS는 보통 ROM이라고 불리는 칩에 들어있지만, 사실은 I/O 모듈이라고 하는 것이 더 정확하다. 64의 BIOS와 달리 이 BIOS의 서브루틴들은 주소 공간에 직접 장착되지 않기 때문이다. 그 대신 이들은 CPU가 직접 접근하지 않은 칩의 한 공간에 저장된다. 이 서브루틴들의 한 부분집합(라이브러리)이 필요해지면 CPU는 특정한 명령을 칩에 보낸다. 그러면 칩의 주소 공간 중 일부에 저장된 그 부분집합이 RAM의 새 장소에 복사된다.

코모도어 아미가는 컴퓨터 전체가 TV CRT 스캔 디스플레이의 클록 속도에 동기화되었다. 그러다 보니 TV 표준이 서로 다른 영국과 미국에서 아미가가(그리고 게임들이) 각자 다른 속도로 실행되는 웃지 못할 사태가 벌어졌다!

아미가는 멀티미디어 기기로 설계되었다. 당시 멀티미디어 기기는 스프라이트를 빠르게 그리는 능력이 필수였다. 이런 능력은 16비트 게임에서 특히나 중요했다. 스프라이트sprite는 게임 캐릭터 같은 작은 이미지로, 배경 위에 겹쳐 그려져서 전체 장면을 구성한다.

스프라이트를 그리는 간단한 방법은 RAM의 고정 위치에 스프라이트 원본 픽셀들을 저장해 둔 다음, 어셈블리 언어로 작성된 서브루틴을 이용해서 그 픽셀들을 비디오 RAM의 매개변수화된 장소들에 한 번에 하나씩 복사하는 것이다. 하지만 픽셀 하나마다 CPU가 픽셀을 메모리에 적재한 후 다시 비디오 RAM으로 보내야 하므로 속도가 매우 느리다.

---

11 (옮긴이) 비트평면은 비트맵 데이터를 저장하는 메모리 영역이다. 비트평면의 각 비트가(바이트나 워드가 아니라) 화면의 각 픽셀에 대응된다. 아미가는 최대 다섯 개의 비트평면을 지원했다.

'블리팅blitting'은 아미가 코퍼가 DMA를 활용해서 스프라이트를 좀 더 효율적으로 렌더링하는 유명한 방법이었다. CPU가 특정 명령을 전달하면 코퍼는 DMA를 이용해서 하나의 완전한 스프라이트 '블릿' 과정을 시작한다. 코퍼는 정규 RAM에 저장된 스프라이트(또는 BOB로 줄여서 표기하는 블리터 객체(blitter object))의 픽셀들을 CPU 개입 없이 비디오 RAM에 복사한다.

또 다른 방법으로 '하드웨어 스프라이트'가 있었다. 하드웨어 스프라이트 기법에서는 게임 시작 시 스프라이트의 주된 복사본을 VDU에 적재한다. VDU에는 코퍼 블리팅 명령과 비슷한 기능을 구현하는 전용 디지털 논리가 들어있었다. 그러나 VDU 내부 메모리의 용량이 아주 작았기 때문에 하드웨어 스프라이트 기법은 게임 주인공 캐릭터의 애니메이션 프레임들이나 마우스 포인터 이미지에 주로 쓰였다.

2차원 게임의 배경을 그리는 데에는 또 다른 하드웨어 가속 기법이 쓰였다. 이 기법에서는 '플레이필드playfield'라고 부르는 객체에 배경 이미지를 저장하고 스크롤했는데, 여러 개의 플레이필드를 투명 마스크로 겹치고 서로 다른 속도로 스크롤하면 시차 효과(parallax effect)가 발생해서 공간감이 생긴다.

11.5.2 아미가 프로그래밍

다음은 우주선 스프라이트 하나를 화면에 표시하는 짧은 프로그램이다.[12]

```
custom      equ     $dff000     ; 커스텀 칩들
bplcon0     equ     $100        ; 비트평면 제어 레지스터 0 (기타, 제어 비트들)
bplcon1     equ     $102        ; 비트평면 제어 레지스터 1 (수평, 스크롤)
bplcon2     equ     $104        ; 비트평면 제어 레지스터 2 (우선순위, 기타)
bpl1mod     equ     $108        ; 비트평면 모듈로
ddfstrt     equ     $092        ; 데이터 인출(data-fetch) 시작
ddfstop     equ     $094        ; 데이터 인출 중지
diwstrt     equ     $08E        ; 디스플레이 창 시작
diwstop     equ     $090        ; 디스플레이 창 중지
copjmp1     equ     $088        ; 첫 장소에서 코퍼를 재시작
cop1lc      equ     $080        ; 코퍼 리스트 포인터
dmacon      equ     $096        ; DMA 컨트롤러
sprpt       equ     $120        ; 스프라이트 포인터

COLOR00     equ     $180        ; COLOR00(배경색)을 저장할 주소
```

12 (옮긴이) 주석에서 비트평면 모듈로(modulo)는 비트평면 한 행의 끝에서 그다음 행의 시작 주소로 넘어갈 때 더해주는 바이트 수다. 화면의 픽셀 너비와 비트평면에 할당된 메모리 공간의 너비가 다를 때 쓰인다. 코퍼 리스트는 코퍼가 수행할 기계어 코드들의 목록이다. 명령어 `dbf`는 'Decrement and Branch if Zero'를 뜻한다. 즉, 주어진 레지스터를 감소해서 0이면 분기한다.

```
COLOR01       equ    COLOR00+$02   ; COLOR01(전경색)을 저장할 주소
COLOR17       equ    COLOR00+$22   ; 기타 색상들
COLOR18       equ    COLOR00+$24
COLOR19       equ    COLOR00+$26


BPL1PTH       equ    $0E0          ; 비트평면 1 포인터 상위 바이트
BPL1PTL       equ    BPL1PTH+$02   ; 비트평면 1 포인터 하위 바이트
SPR0PTH       equ    sprpt+$00     ; 스프라이트 0 포인터 상위 바이트
SPR0PTL       equ    SPR0PTH+$02   ; 스프라이트 0 포인터 하위 바이트
SPR1PTH       equ    sprpt+$04     ; 나머지 스프라이트들의 상, 하위 바이트
SPR1PTL       equ    SPR1PTH+$02
SPR2PTH       equ    sprpt+$08
SPR2PTL       equ    SPR2PTH+$02
SPR3PTH       equ    sprpt+$0C
SPR3PTL       equ    SPR3PTH+$02
SPR4PTH       equ    sprpt+$10
SPR4PTL       equ    SPR4PTH+$02
SPR5PTH       equ    sprpt+$14
SPR5PTL       equ    SPR5PTH+$02
SPR6PTH       equ    sprpt+$18
SPR6PTL       equ    SPR6PTH+$02
SPR7PTH       equ    sprpt+$1C
SPR7PTL       equ    SPR7PTH+$02

SHIPSPRITE    equ    $25000        ; 우주선 스프라이트를 저장할 주소
DUMMYSPRITE   equ    $30000        ; 더미 스프라이트를 저장할 주소
COPPERLIST    equ    $20000        ; 코퍼 리스트를 저장할 주소
BITPLANE1     equ    $21000        ; 비트평면 데이터를 저장할 주소

; 비트평면 1의 정의
        lea     custom,a0           ; a0 := 커스텀 칩들의 주소
        move.w  #$1200,bplcon0(a0)  ; 1 비트평면 색상
        move.w  #$0000,bpl1mod(a0)  ; 모듈로 := 0
        move.w  #$0000,bplcon1(a0)  ; 수평 스크롤 값 := 0
        move.w  #$0024,bplcon2(a0)  ; 스프라이트를 플레이필드보다 우선시 한다
        move.w  #$0038,ddfstrt(a0)  ; 데이터 인출 시작
        move.w  #$00D0,ddfstop(a0)  ; 데이터 인출 끝

; 디스플레이 창의 정의
        move.w  #$3c81,diwstrt(a0)  ; 창 시작 설정(상위 바이트 = 수직, 하위 수평*2)
        move.w  #$ffc1,diwstop(a0)  ; 창 끝 설정(상위 바이트 = 수직, 하위 = 수평*2)

; 색상들을 정의하는 RGB 상수들을 색상 레지스터들에 저장
        move.w  #$000f,COLOR00(a0)  ; 색상 00(배경색)을 청색(00f)으로 설정
        move.w  #$0000,COLOR01(a0)  ; 색상 01(전경색)을 검은색(000)으로 설정
        move.w  #$0ff0,COLOR17(a0)  ; 색상 17을 노란색(ff0)으로 설정
        move.w  #$00ff,COLOR18(a0)  ; 색상 18을 청록색(0ff)으로 설정
```

```
            move.w    #$0f0f,COLOR19(a0)    ; 색상 19를 자홍색(f0f)으로 설정

; 코퍼 리스트 데이터를 COPPERLIST로 시작하는 주소들에 복사
            move.l    #COPPERLIST,a1        ; a1 := 코퍼 리스트 대상
            lea       copperl(pc),a2        ; a2 := 코퍼 리스트 원본
cloop:
            move.l    (a2),(a1)+            ; DMA 명령 복사
            cmp.l     #$fffffffe,(a2)+      ; 리스트의 끝인가?
            bne       cloop                 ; 리스트 전체가 복사될 때까지 반복

; 스프라이트를 SHIPSPRITE에서 시작하는 주소들에
            move.l    #SHIPSPRITE,a1        ; a1 := 스프라이트 대상
            lea       sprite(pc),a2         ; a2 := 스프라이트 원본
sprloop:
            move.l    (a2),(a1)+            ; DMA 명령을 복사
            cmp.l     #$00000000,(a2)+      ; 스프라이트의 끝인가?
            bne       sprloop               ; 스프라이트 전체가 이동될 때까지 반복

; 여덟 스프라이트가 동시에 활성화되지만, 그중 하나만 사용한다.
; 빈 스프라이트를 DUMMYSPRITE에 복사해서 다른 스프라이트들이 가리킬 수 있게 한다
            move.l    #$00000000,DUMMYSPRITE

; 코퍼 리스트 데이터의 위치를 코퍼에 알려준다
            move.l    #COPPERLIST,cop1lc(a0)

gameloop:

; 비트평면 픽셀들을 전경색으로 채운다(전경색/배경색 당 1비트 비트평면)
            move.l    #BITPLANE1,a1         ; a1 := 비트평면
            move.w    #1999,d0              ; 긴 워드 2000-1개(-1은 dbf 때문) =8000바이트
floop:
            move.l    #$ffffffff,(a1)+      ; 다음 행에 넣을 $ffffffff(픽셀 16*8개에 대응)
            dbf       d0,floop              ; d0 감소, 0이 될 때까지 반복

; 스프라이트를 비트평면에 블리핑하는 DMA 작업 시작
            move.w    d0,copjmp1(a0)        ; 코퍼 프로그램 카운터를 명시적으로 설정
            move.w    #$83A0,dmacon(a0)     ; DMA로 비트평면, 코퍼 리스트, 스프라이트 전송
;**여기에 키보드 입력 처리, 스프라이트 이동 등 게임 로직을 넣는다.**

    jmp gameloop

; 비트평면 하나와 스프라이트 여덟 개를 블리팅하는 코퍼 리스트.
; 비트평면은 BITPLANE1에 있다. 스프라이트 0은 SHIPSPRITE에 있다.
; 다른 (더미) 스프라이트들은 DUMMYSPRITE에 있다.
copperl:
            dc.w      BPL1PTH,$0002         ; 비트평면 1 포인터 := BITPLANE1
            dc.w      BPL1PTL,$1000
            dc.w      SPR0PTH,$0002         ; 스프라이트 0 포인터 := SHIPSPRITE
```

```
        dc.w    SPR0PTL,$5000
        dc.w    SPR1PTH,$0003           ; 스프라이트 1 포인터 := DUMMYSPRITE
        dc.w    SPR1PTL,$0000
        dc.w    SPR2PTH,$0003           ; 스프라이트 2 포인터 := DUMMYSPRITE
        dc.w    SPR2PTL,$0000
        dc.w    SPR3PTH,$0003           ; 스프라이트 3 포인터 := DUMMYSPRITE
        dc.w    SPR3PTL,$0000
        dc.w    SPR4PTH,$0003           ; 스프라이트 4 포인터 := DUMMYSPRITE
        dc.w    SPR4PTL,$0000
        dc.w    SPR5PTH,$0003           ; 스프라이트 5 포인터 := DUMMYSPRITE
        dc.w    SPR5PTL,$0000
        dc.w    SPR6PTH,$0003           ; 스프라이트 6 포인터 := DUMMYSPRITE
        dc.w    SPR6PTL,$0000
        dc.w    SPR7PTH,$0003           ; 스프라이트 7 포인터 := DUMMYSPRITE
        dc.w    SPR7PTL,$0000
        dc.w    $ffff,$fffe             ; 코퍼 리스트 끝

; 스프라이트 데이터. 화면 좌표쌍 (x,y)와 이미지 데이터를 저장한다.
sprite:
        dc.w    $6da0,$7200             ; 6d = y 위치; a0 = x 위치; 72-6d = 5 = 높이

        dc.w    $0000,$0ff0             ; 이미지 데이터: 2비트 색상 5행 16열
        dc.w    $0000,$33cc             ; 각 행은 가로로 픽셀 16개 분량
        dc.w    $ffff,$0ff0             ; 각 픽셀은 2비트 색상
        dc.w    $0000,$3c3c             ; 픽셀의 하위 비트는 첫 워드에서 가져오고
        dc.w    $0000,$0ff0             ; 상위 비트는 둘째 워드에서 가져온다

        dc.w    $0000,$0000             ; ... 모든 비트가 0인 행은 이미지 데이터의
                                        ; 끝을 뜻함
```

스프라이트는 프로그램 끝부분의 데이터 영역에 정의되어 있다. 아미가 프로그램은 그래픽 기능을 위해 ROM I/O 서브루틴을 많이 사용한다. 그래서 프로그램 초반에 상수 정의가 많다. 실제 프로그래밍에서는 이런 정의들을 개별 라이브러리 파일에 담아 두고 재활용하지만, 여기서는 완전한 프로그램을 예시하기 위해 모든 상수를 일일이 정의했다.

[그림 11-13]에 이 프로그램의 실행 결과가 나와 있다. 이 스프라이트는 움직이지 않지만, 키보드 상태를 읽어서 스프라이트 위치를 갱신하는 명령들을 루프에 추가하기가 어렵지 않을 것이다. 보통의 경우 실제 게임에서는 스프라이트를 어셈블리 프로그램의 데이터 행들에 저장하지 않는다. 대신 픽셀 아트[13] 프로그램(**딜럭스 페인트**Deluxe Paint가 유명했다)으로 그려서 파일에 저장해 두고, 프로그램이 파일을 읽어서 적절한 메모리 공간에 적재하는 방식이 주로 쓰였다.

---

13 [옮긴이] 참고로 국내에서는 '도트 그래픽'이라는 용어도 많이 쓰였다.

그림 11-13 아미가 스프라이트 예제의 실행 결과.

11.6 레트로 주변기기

8비트 시대와 16비트 시대에 수많은 주변기기가 등장했다. 그중에는 아직도 쓰이는 것도 있고, 현재의 표준에 크게 영향을 미친 것도 있다. 그럼 레트로 컴퓨팅에 관한 논의를 마무리하는 의미에서 가장 중요한 주변기기 몇 가지를 살펴보자.

11.6.1 CRT(음극선관) 디스플레이

제7장 '역사적인 RAM들' 글 상자에 나온 맨체스터 베이비의 윌리엄관은 원래 사람을 위한 디스플레이 장치로 만들어진 것이 아니었다. 하지만 프로그래머들은 곧 이 장치의 잠재적인 용도를 깨닫고, 사람이 읽을 수 있는 패턴을 의도적으로 화면의 한 부분에 표시하기 시작했다. 그 부분을 일종의 출력 장치로 사용한 것이다. 화면의 나머지 부분은 여전히 내부 데이터를 저장하는 용도로, 겉으로 보기에는 그냥 픽셀들이 무작위로 빛나는 패턴일 뿐이다. 최근 몇십 년 사이에 해커들은 베이비에서 윌리엄관의 일부를 디스플레이로 사용해 실행할 수 있는 간단한 레트로 아케이드 게임을 작성했다. 이를테면 **스네이크**Snake나 **스페이스 인베이더**Space Invaders 같은 게임을 실행할 수 있게 되었다.

윌리엄관의 검은색 배경 녹색 픽셀들은 이후 CRT(음극선관) 녹색 화면의 기원이 되었다. 이 색 조합은 레트로 시대에 사용자용 디스플레이로 쓰인 컬러 모니터로까지 이어졌다(그림 1-31 참고).

프로그래머들은 녹색 색상 체계에 익숙해졌다. 1980년대에는 집중력과 친근함에 도움이 된다는 이유로 하드웨어 스위치를 이용해서 RGB 모니터를 고해상도 녹색-검은색 모드로 전환하는 경우도 많았다. 녹색 픽셀만 사용하면 디스플레이의 선명도가 향상된다고 주장하는 사람들도 있었다. 빨간색과 파란색 부분픽셀(subpixel)들이 녹색 부분픽셀과 떨어져 있어 픽셀이 흐려지는 경향이 있다는 것이 주장의 근거다. 오늘날에도 이런 전통에 따라 터미널 에뮬레이터나 Vim과 같은 텍스트 편집기를 녹색-검은색 모드로 설정하는 프로그래머들이 있다. 이 고전적인 프로그래밍 색상 체계는 〈공각기동대〉나 〈매트릭스〉 같은 영화의 스타일리시한 컴퓨터 코드 화면으로도 재현되었다.

황금기의 가정용 컴퓨터들은 비용 절감을 위해 일반 TV를 RGB 모니터로 사용할 수 있도록 설계되는 경우가 많았다. 당시 TV에 쓰인 '브라운관'이 바로 CRT다. C64 같은 8비트 컴퓨터에서 TV나 CRT 모니터를 디스플레이로 사용하려면, CPU가 비디오 RAM에서 읽어 들인 픽셀값들을 적절한 CRT 빔의 세기(strength)로 변환하고 화면의 행들과 열들을 주기적으로 스캔하면서 각 픽셀에 적절한 세기의 빔을 쏘아주어야 한다.

CRT 모니터에서는 각 픽셀 주변에 복합적인 시각적 후광(halo)이 생긴다. 인접한 픽셀들에서 그런 후광이 섞이면서 화면이 흐려진다. 당시 게임용 픽셀 그래픽은 그런 흐려짐이 적절히 상쇄되도록 만들어졌다. 그래서 레트로 게임을 현재의 평면 모니터에서 실행하면 당시와는 사뭇 다른 느낌의 그래픽이 표현된다. 아케이드 게임 **애스터로이드**Asteroids는 이런 흐려짐 효과를 극대화한 예다. 애스터로이드는 총알의 밝기를 최대치로 높여서, 일종의 파괴 광선이 플레이어의 눈에 직접 발사되게 만들었다.[14] 현재의 에뮬레이터로는 이런 효과를 낼 수 없다.

11.6.2 사용자 입력

레트로 시대의 키보드는 일반적으로 특정 메모리 공간에 매핑되었다. 키들이 메모리의 특정 영역에 있는 개별 주소에 연결되었기 때문에 CPU가 보기에 각 키는 그저 RAM의 한 주소였다. 특정 주소의 값을 읽으면 해당 키가 눌렸는지 떼어졌는지 알 수 있다.

레트로 시대의 마우스는 [그림 11-14]와 같은 모습이었다.

[그림 11-14]와 같은 마우스는 엄지손가락 첫 마디 크기의 고무공을 책상 위에서 물리적으로 굴리는 방식이다. 공이 구르면 수평과 수직으로 부착된 롤러 센서들이 회전한다. 센서들은 그러한 회전을 아날로그 신호를 거쳐 디지털 신호로 변환해서 컴퓨터와 연결된 전선으로 보낸다.

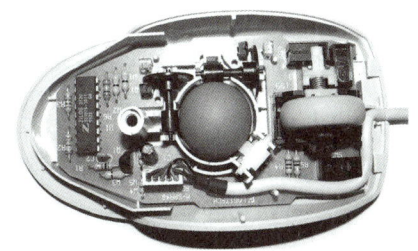

그림 11-14 **볼마우스의 내부.**

---

14 [옮긴이] 참고로 원본 애스터로이드의 디스플레이 장치는 픽셀 스캔 방식도 아니었다. 전자빔이 임의의 각도로 움직일 수 있는 벡터 디스플레이였다. 오실로스코프나 레이저쇼를 상상하면 될 것이다.

11.6.3 직렬 포트

레트로 컴퓨터들에 쓰인 직렬 포트(시리얼 포트 serial port)는 지금은 물론 당시 기준으로도 단순한 통신 수단이다. RS232라는 표준 프로토콜을 따르는 시리얼 포트는 지금도 내장형 기기들에 쓰인다. 직렬 포트의 핵심은 RX와 TX라고 부르는 두 전선(통신선)이다. 이들을 각각 *receive*(수신)과 *transmit*(송신)을 뜻한다. 이들은 시간에 따른 디지털 전압 변화를 통해서 0들과 1들을 직렬로 전송한다. 정보를 보내는 전선과 받는 전선이 따로 있는 것이다. 예전 직렬 포트에는 이 두 전선 외에도 여러 전선이 있어서 다양한 제어 기능에 쓰였다. 하지만 요즘은 RX와 TX만 주로 쓰인다. 이러한 역사적 이유로, 직렬 포트 커넥터를 보면 거의 쓰이지 않는 여분의 핀들이 여전히 남아 있다(그림 11-15).

그림 11-15 전통적인 직렬 포트 커넥터.

직렬 포트의 전송 속도는 다양하다. 또한 오류 점검 규약도 여러 가지인데, 여분의 비트를 추가하는 방식도 있고 0들과 1들의 흐름 속에서 문자들의 경계를 나타내는 **스톱 비트**(stop bit)를 추가하는 방식도 있다. 중요한 것은 통신선의 양 끝에 있는 장치들이 동일한 속도와 규약을 사용해야 한다는 점이다.

11.6.4 MIDI 인터페이스

MIDI(Musical Instrument Digital Interface; 악기 디지털 인터페이스)는 1983년에 표준이 제정된 이후로 건반악기, 신시사이저, 샘플러, 1980년대의 키타 keytar[15] 같은 악기들 사이에서 표준적인 통신 수단으로 쓰이고 있다. [그림 11-16]은 두 악기를 연결하는 MIDI 커넥터다. 여러 음악 장치가 함께 통신할 수 있는 보조 MIDI 버스도 제공한다는 점에서 MIDI는 버스 계층구조(§9.5.3)의 초기 사례라 할 수 있다.

---

15 [옮긴이] 스탠드에 올려놓는 대신 전기 기타처럼 멜빵에 매고 연주하는 키보드를 말한다.

그림 11-16 **MIDI 커넥터**.

하나의 MIDI 연결은 한 쌍의 단방향 버스로 구성된다. 한 버스는 관리자(manager)가 장치에 메시지를 보내는 용도이고 다른 한 버스는 장치가 관리자에 메시지를 보내는 용도다. 모든 장치가 동일한 물리적 전선을 사용한다는 점과 그 전선의 모든 메시지를 모든 장치가 볼 수 있다는 점에서, 그리고 장치들이 자신을 대상으로 하는 메시지를 찾아서 그런 메시지에만 반응해야 한다는 점에서 이들은 버스가 맞다.

각 방향의 버스는 고유한 커넥터를 가진다. 물리적인 전선은 세 개다. (사실 표준 MIDI 커넥터는 핀이 다섯 개인데, 둘은 장치에 '팬텀phantom' 전원을 공급하는 등의 관련 작업을 위해 예비된 것이다.) 한 전선은 5V이고 다른 한 전선은 접지, 나머지 하나는 UART(universal asynchronous receiver-transmitter; 범용 비동기화 송수신기) 데이터다. 관리자에서 장치들로의 전선이 버스라는 사실은 MIDI 표준 명세에 모든 장치가 '입력(in)', '출력(out)'과 함께 '통과(thru)'라는 소켓을 갖추어야 함을 명시한 점에서도 드러난다. 통과 소켓은 모든 입력 메시지를 데이지체인(daisy-chain) 방식으로 연결된 다음 장치로 넘겨주는 데 쓰인다. 여러 장치의 출력 메시지를 하나의 전선으로 합치는 하드웨어 어댑터도 있다. 이런 기능은 드물게만 쓰인다. MIDI는 1980년대의 표준인 만큼 모든 메시지는 8비트 워드다('MIDI 바이트'라고 불렀다). 표준 속도는 직렬 포트 연결과 비슷한 31.25Kbps다.

MIDI는 오늘날에도 쓰이고 있다. 1983년의 MIDI 표준을 확장한 MIDI 2.0이 2020년에 나왔다.

이번 장 요약

특정 연령대의 독자에게는 황금기 컴퓨터들을 이해하고 프로그래밍하는 것이 젊은 시절을 되새기고 당시 좋아했던 구식 기계들의 내부 작동 방식을 파악하는, 가슴 따뜻한 활동일 수 있다. 그렇지 않은 독자라고 해도 이 컴퓨터들은 공부해 볼 가치가 있다. 이들은 베이비 같은 아주 원시적인 전자 컴퓨터와 여러분의 책상 위나 주머니 속에 있는 현재 기기들 사이의 간극을 메워주기 때문이다. 현대적인 컴퓨터는 질릴 정도로 기능이 많고 강력하다. 따라서 옛날 기계들을 작고 단순한 것에서 크고 복잡한 것으로 점차 살펴보고 실습하는 것이 자신감을 키워 나가는 데 도움이 된다. 그런 취지에서 이번 장에서는 8비트 시스템인 코모도어 64와 16비트 시스템인 코모도어 아미가를 살펴보았다. 이 둘의 CPU는 조상이 같아서 명령어와 프로그래밍 스타일이 어느 정도 겹친다. 이런 고전적 시스템이 도입한 여러 아이디어는 오늘날에도 쓰이고 있다. 다음 장에서 몇 가지를 살펴볼 것이다.

실습과제

6502 프로그래밍

1. Easy6502는 브라우저에서 실행되는 오픈소스 6502 에뮬레이터다. No Starch Press에서 출간한 *JavaScript for Kids*와 *JavaScript Crash Course*의 저자 닉 모건(Nick Morgan)이 자바스크립트로 작성했다. 다음은 Easy6502를 다운로드하는 명령이다.

   ```
   > git clone https://github.com/charles-fox/easy6502.git
   > cd easy6502
   ```

2. 다운로드한 *emulator.html*을 웹 브라우저로 열면 Easy6502가 실행된다. 이번 장의 예제 6502 프로그램들을 입력해서 실행해 보자.[16] 에뮬레이터 화면 오른쪽에 레지스터들의 내용이 표시된다.

3. Easy6502를 이용해서, 16비트 곱셈 서브루틴을 6502 어셈블리로 작성하라.

4. 다운로드한 *tutorial.html*에 닉 모건이 작성한 튜토리얼이 있다. 이 튜토리얼은 6502 프로그래밍에 관한 여러 세부사항을 제공하며, 그 모든 것을 종합해서 **스네이크** 비슷한 게임까지 작성한다. 6502 프로그래밍을 더 공부해서 그 게임의 작동 방식을 완전히 파악하고, 게임 규칙을 변경하거나 **스페이스 인베이더** 또는 **테트리스**와 같은 다른 레트로 게임으로 변형해 보라. 이 에뮬레이터로 만든 코드를 C64나 다른 6502 기반 컴퓨터로 이식하는 것도 가능한 일이다. 다만 그래픽 및 I/O 서브루틴 호출들을 대상 컴퓨터의 설계에 맞게 수정하는 데 공을 들여야 할 것이다.

---

[16] (옮긴이) **Assemble** 버튼을 클릭한 후 구문 오류가 없음을 확인하고 **Run** 버튼을 클릭하면 된다.

C64 프로그래밍

1. C64 기계 없이도 C64 프로그래밍을 맛볼 수 있다. 요즘 컴퓨터에서 C64 어셈블리 코드를 작성하고 어셈블해서 기계어 코드를 생성한 후 C64 에뮬레이터에 올려서 실행하면 된다. 여러분의 컴퓨터에 설치할 수 있는 오픈소스 에뮬레이터로는 VICE가 있다. 먼저 https://dasm-assembler.github.io에서 Dasm 어셈블러를 받아서 설치하기 바란다.

2. 아래의 어셈블리 코드를 텍스트 편집기에 입력하고 *hello.asm*이라는 이름으로 저장한다. Dasm으로 C64용 기계어 코드 파일을 생성하려면 파일의 처음 부분에 다음 두 행을 추가해야 한다. 들여쓰기는 정확히 빈칸 여덟 개여야 함을 주의하자.

   ```
           processor 6502          ; 프로세서 제품군
           org $C000               ; 기계어 코드를 넣을 메모리 위치
   ```

3. 다음 명령으로 코드를 어셈블해서 C64 프로그램 파일(확장자 *.prg*)을 생성한다.

   ```
   > dasm hello.asm -ohello.prg
   ```

4. 이제 이 *.prg* 파일을 자바스크립트 기반 온라인 C64 에뮬레이터(https://c64emulator.111mb.de 등)나 VICE 같은 로컬 에뮬레이터로 실행하면 된다. (SID 프로그램의 경우, 앞에서 언급한 자바스크립트 기반 온라인 에뮬레이터 같은 일부 에뮬레이터는 사운드가 기본적으로 비활성화되어 있으므로 직접 활성화해 주어야 한다.)

5. 실물 C64와 테이프 드라이브를 만질 기회가 있다면, *.prg* 파일을 *tap2wav.py*(https://github.com/Zibri/C64) 같은 프로그램을 이용해서 테이프 이미지 파일(확장자 *.tap*)과 사운드 파일(*.wav*)로 바꾸고, 사운드 파일을 재생해서 물리적 테이프에 녹음한 후 실물 C64에 적재해 보자. 그 과정에서 *.tap* 파일과 *.wav* 파일의 0들과 1들을 조사해 보기 바란다.

아미가 스프라이트 기반 게임 프로그래밍

다음은 §11.5.2 '아미가 프로그래밍'에 나온 우주선 코드를 어셈블하고 실행하는 과정이다.

1. 크로스 어셈블러 vasm의 소스 코드를 http://sun.hasenbraten.de/vasm에서 내려받고, 다음 명령을 실행해서 vasm을 아미가 모드로 빌드한다.[17]

   ```
   > make CPU=m68k SYNTAX=mot
   ```

---

[17] [옮긴이] 빌드를 위해서는 GCC(https://gcc.gnu.org/)가 설치되어있어야 한다. Windows에서는 WSL(https://learn.microsoft.com/ko-kr/windows/wsl/install)이나 MinGW(https://www.mingw-w64.org/), Cygwin(https://cygwin.com/) 같은 옵션이 있다.

2. 이제 vasm을 이용해서 어셈블리 프로그램(.asm)을 어셈블한다.

   ```
   > ./vasmm68k_mot -kick1hunks -Fhunkexe -o myexe -nosym myprog.asm
   ```

3. 아미가 에뮬레이션을 위해, https://pypi.org/project/amitools/에서 *amitools*를 설치한다. 다음 명령들로 디스크 이미지를 만들고 앞에서 만든 아미가 실행 파일을 디스크 이미지에 기록한다. 또한 그 디스크 이미지를 부팅 가능하게 만든다.

   ```
   > xdftool mydisc.adf create
   > xdftool mydisc.adf format "title"
   > xdftool mydisc.adf write myexe
   > xdftool mydisc.adf boot install
   > xdftool mydisc.adf makedir S
   > echo myexe > STARTUP-SEQUENCE
   > xdftool mydisc.adf write STARTUP-SEQUENCE S/
   ```

4. 이제 FS-UAE라는 아미가 에뮬레이터를 https://fs-uae.net/download에서 내려받아 설치한다. 앞에서 만든 가상 디스크 이미지 *mydisk.adf*로 아미가 에뮬레이터를 부팅한다.

심화 도전과제

1. 아미가에서 키보드나 조이스틱을 읽는 방법을 조사하고, 키보드를 이용해 스프라이트를 움직이는 간단한 게임이 되도록 우주선 예제를 확장하라. 화면이 다시 그려질 때 껌벅이지 않도록 이중 버퍼링을 게임 루프에 추가하는 방법을 연구해볼 것.

2. 취미로 나만의 6502 기반 컴퓨터를 만드는 사람들이 늘고 있다. 유튜브와 https://hackaday.com에서 '6502 breadboard computer(6502 빵판 컴퓨터)'의 예를 찾아서 어떻게 만드는지 배워 보라. 그런 기존 설계 중 하나를 본떠서 6502 기반 컴퓨터를 만들어도 좋고, 독자 스스로 설계해 보는 것도 좋다.

더 읽을거리

- 8비트 '프로그래머 키드' 세대의 교과서: Lisa Watts, Mike Wharton, *Usborne Introduction to Machine Code for Beginners* (London: Usborne, 1983). 지금은 https://archive.org/details/machine-code-for-beginners에서 무료로 읽을 수 있다.

- 1983년 C64 시스템 안내서: J. Butterfield 엮음, "Commodore 64 Architecture," *Computer!* 32 (1983년 1월호): 208, https://www.atarimagazines.com/compute/issue32/112_1_COMMODORE_64_ARCHITECTURE.php

- 8비트 시대 오디오 프로그래밍 정보: James Vogel, Nevin Scrimshaw, *The Commodore 64 Music Book* (Boston: Birkhauser, 1983), https://archive.org/details/The_Commodore_64_Music_Book/page/n3/mode/2up

- LogiSim으로 재구축한 6502와 NES(패미컴): https://github.com/emu-russia/breaks

CHAPTER 12

임베디드 아키텍쳐

컴퓨터는 흔하다. 요즘은 자동차, 로봇, 공장, 미술관, 가전기기 등 어디에나 컴퓨터가 숨어있다. 그런 환경들에서 계산에는 특정한 제약과 도전과제가 부여된다. 그런 제약을 염두에 두고 설계된 아키텍처를 **임베디드 시스템**embeded system 혹은 **내장형 시스템**이라고 부른다. 현재 생산되는 프로세서의 대다수(약 98%)가 임베디드 시스템에 쓰이는 만큼, 시장 규모가 엄청나게 크다. 2020년대 초반 기준으로 시장 가치가 약 2,500억 달러에 달한다. 그런 만큼, 이런 시스템을 공부하는 데 시간을 들이는 것은 아주 가치 있는 일이다.

이번 장에서는 산업용 응용은 물론이고 나만의 로봇이나 가내 자동화 해킹, 전자 악기, 설치예술 작품 등을 만드는 필요한 임베디드 시스템을 설명한다. 먼저 범용 컴퓨터와 임베디드 시스템의 주요 차이점을 개괄한다. 특히, 전형적인 마이크로컨트롤러의 구조와 I/O 기능들을 살펴볼 것이다. 그런 다음에는 컴퓨터 과학자들이 가장 많이 사용하는 임베디드 시스템인 아두이노Arduino로 눈길을 돌려서, 시뮬레이션과 실제 운영 환경을 위해 어셈블리 언어 수준에서 아두이노를 프로그래밍하는 방법을 제시한다(아키텍처를 명확하게 살펴보기에는 어셈블리 언어 수준이 제일 좋다). 마지막으로는 아두이노 없는 AVR, PIC, DSP, PLC 등 아두이노의 대안들을 살펴본다.

12.1 설계 원칙

임베디드 시스템과 기타 아키텍처를 구분하는 잘 알려진 설계 원칙들이 있다. 이들을 차례로 살펴보자.

12.1.1 단일 용도

범용적인 PC와는 달리 임베디드 시스템은 특정한 한 가지 용도로 팔리고 쓰인다. 로봇이나 세탁기를 제어하는 임베디드 시스템들은 한 가지 프로그램만 실행한다. 그래서 프로그램 간 전환을 위한 운영체제가 필요 없다. 또한 프로그램을 변경해야 하는 경우도 드물다. 아예 없을 수도 있다. 그러다 보니 임베디드 기기는 업그레이드가 어려울 때가 많다. 제조사가 사용자에게 TV나 음악 플레이어의 펌웨어를 업그레이드하도록 요청할 수는 있겠지만, 다수의 사용자가 실제로 업그레이드를 수행하도록 홍보하고 설명하려면 비용이 많이 든다. 그냥 기존 제품을 버리고 새 제품을 사는 사용자가 많다. 이를 지구 자원의 막대한 낭비로 보는 사람도 있겠지만, 어떤 사람들에게는 수익성이 아주 높은 비즈니스 모델이다.

12.1.2 신뢰성

임베디드 시스템에서는 신뢰성(reliability)이 범용 컴퓨팅보다 훨씬 더 중요한 문제일 수 있다. 말 그대로 생사가 걸린 문제일 수 있기 때문이다. 인공 심박동기(heart pacemaker; 또는 심박조율기)에 내장된 시스템을 생각해 보기 바란다. 심박동기는 수술을 통해 인체에 삽입되므로, 버그를 수정하거나 기기를 껐다 켜려면 환자의 몸에 칼을 대야 한다. 따라서 처음부터 확실하게 잘 작동하게 만드는 것이 매우 중요하다. 공장의 중장비나 대중교통의 신호 체계, 핵미사일 발사 등을 제어하는 임베디드 시스템들도 마찬가지다. 실수나 오류에 대한 허용 범위가 매우 좁다.

12.1.3 이동성과 전력 공급

임베디드 시스템은 주로 물리적 기계 안에서 계산을 담당하는 부품이다. 따라서 범용 컴퓨터보다 물리적 형태에 대한 제약이 더 크다. 물리적 기계를 먼저 설계하고 남은 공간에 맞춰서 임베디드 시스템을 설계하는 것이 일반적이다. 이동성(mobility)이 중요한 임베디드 시스템들도 있다. 예를 들어 사람의 몸에 착용하는 임베디드 시스템은 충분히 작고 가벼워야 한다(겉모습까지 멋지면 더욱 좋을 것이다).

전력 공급도 중요한 고려 사항이다. 호스트 기계가 벽의 콘센트에서 전력을 공급받는 것이 아니라 배터리로 작동하는 경우 특히 그렇다. 설계자는 기기가 얼마만큼의 전력을 얼마나 오래 소비하는지, 배터리가 얼마나 커야 하는지 등을 세심하게 고려해야 한다. 가능한 한 적은 에너지를 사용하도록 임베디드 프로세서를 설계하려면 노력이 많이 든다.

12.1.4 캡슐화

임베디드 시스템은 한 가지 용도를 위한 것인 만큼, 대부분의(또는 모든) 기능은 사용자에게 노출할 필요가 없다. 기능을 감싸서 숨기는 것을 **캡슐화**(encapsulation)라고 부른다. 사용자에게는 버튼 몇 개와 작은 LED 디스플레이로 구성된 간단한 인터페이스만 주어진다. 인간의 개입 없이 작동하는 임베디드 시스템에는 그런 인터페이스가 아예 없을 수도 있다. 사실, 자기가 사용하는 기계 안에 컴퓨터가 있는지도 모르는 경우도 많다.

12.1.5 신중한 디버깅

완성된 임베디드 시스템은 매우 견고하고, 안전하며, 고장에도 잘 버티도록 설계된다. 하지만 개발 도중에는 컴퓨터 과학자가 시스템이 상당히 취약하다고 느낄 여지가 있다. 우리가 흔히 다루는 시스템들은 꽤 튼튼하다. 뭔가 잘 작동하지 않을 때 여기저기 건드리고 고쳐도 큰 부담이 없다. 그러다 보면 언젠가는 시스템이 잘 작동한다. 하지만 임베디드 시스템을 다룰 때는, 수정 과정에서 뭔가 실수한 경우 관련 부품이 실제로(물리적으로) 망가지기도 한다. 그런 부품을 교체하려면 시간과 비용이 많이 들 수 있다. 따라서 테스트와 디버깅을 좀 더 신중하게 계획해서 체계적으로 수행해야 한다.

12.2 마이크로컨트롤러

마이크로컨트롤러 장치(microcontroller unit, MCU 또는 μC)라고도 부르는 **마이크로컨트롤러**는 임베디드 시스템에 사용할 용도로 설계, 생산되는 칩으로, CPU가 들어있다는 점이 중요하다. [그림 12-1]은 마이크로컨트롤러 칩의 예다.

그림 12-1 Atmel ATmega328P 마이크로컨트롤러 칩.

이번 절에서는 여러 마이크로컨트롤러에 공통적인 구성요소 몇 가지를 살펴본다.

12.2.1 CPU

마이크로컨트롤러는 하나의 CPU를 중심으로 설계된다. 이 CPU는 데스크톱 CPU보다 계산 능력이 훨씬 약하고 에너지도 훨씬 덜 소비한다. 대부분 8비트 CPU로, 제11장에서 본 레트로 8비트 아키텍처와 유사하게 동작한다. 부동소수점 산술 장치가 없어서 정수나 고정소수점 수를 사용해야 하는 경우도 많다.

대체로 마이크로컨트롤러는 메모리와 I/O 구성요소도 CPU와 동일한 실리콘에 올려져 있다. 그렇게 배치하면 외부 버스가 필요 없어서 마이크로컨트롤러의 핀 수를 줄일 수 있다. 별도의 칩과 버스 배선 없이 단일한 MCU 칩으로 물리적 시스템을 쉽게 구축할 수 있다.

12.2.2 메모리

마이크로컨트롤러는 하나의 고정된 프로그램을 실행하기 위한 것이라서 하버드 아키텍처를 따를 때가 많다. 즉, 프로그램은 ROM에 펌웨어 형태로 고정되어 있고, RAM은 프로그램의 데이터를 담는 작업용 메모리로만 쓰인다. 이처럼 프로그램을 ROM에 담아 두면 시스템의 전원을 꺼도 프로그램이 사라지지 않는다. 전원을 켜는 즉시 프로그램을 다시 사용할 수 있다. 다른 모든 CPU처럼 마이크로컨트롤러는 전원이 켜질 때 고정된 시작 주소에서 명령을 인출하도록 설계된다. 일반적으로 시작 주소는 ROM에 있는 펌웨어 프로그램의 첫 명령에 해당한다.

마이크로컨트롤러의 메모리는 단일 칩에 들어가므로, 데스크톱 PC용 메모리보다 훨씬 작다.

12.2.3 타이머와 카운터

실제 제어 작업들은 실세계의 시간과 사건(이벤트)에 반응해야 하는 경우가 많다. 그래서 마이크로컨트롤러에는 흔히 타이머와 카운터가 들어간다. 보통의 경우 타이머와 카운터는 추가적인 단순 기계의 형태이며, 마이크로컨트롤러의 CPU에는 이들을 위한 개별 레지스터와 명령어가 있다.

제6장에서 디지털 논리로 카운터를 구현하는 방법을 이야기했다. 외부 세계에서 온 도선(wire)을 카운터에 연결하면 물리적 사건의 발생 횟수(이를테면 버튼이 눌린 횟수 등)를 카운터로 셀 수 있다.

타이머$_{timer}$는 초기화 이후 흐른 실제 시간의 양을 측정한다. 이런 맥락에서 현실 세계의 시간을 '벽시계(wall-clock)' 시간이라고 부를 때가 많다. 이 용어는 우리가 벽에 걸린 시계를 보고 경과 시간을 측정하는 관행을 반영한 것이다. 타이머는 CPU의 주기(사이클)를 제어하는 데 쓰이는 것과 같은 전자 클록을 카운터에 연결해서 만들 수 있다.

워치독watchdog은 시스템 고장 시 마이크로컨트롤러를 자동으로 재설정(reset)하는 특별한 타이머다. 실세계에서 신뢰성이 중요한 시스템에 쓰인다. 그런 시스템에는 문제 발생 시 기계에 손을 대지 않고도 시스템을 재설정하는 수단이 필요하다(심박 조율기의 예를 생각해 보라). 이때 재설정은 CPU 프로그램의 일환이 아니라 디지털 논리 회로의 수준에서 일어난다.

12.3 임베디드 I/O

임베디드 시스템은 물리적인 장치를 제어하는 데 쓰이므로 I/O가 특히나 중요하다. 마이크로컨트롤러 칩 자체에 I/O 모듈과 포트, 그리고 아주 원시적이고 느린 직렬 통신 장치가 내장된 경우가 많다. 핀은 제한된 자원이지만, 마이크로컨트롤러는 내부 버스를 외부 핀들로 노출하지 않으므로 I/O 연결을 노출하는 용도로 핀들을 사용할 여유가 있다. 일부 마이크로컨트롤러는 I/O 모듈을 생략하고, 대신 이 핀들과 직접 통신하는 I/O 명령어들을 제공하기도 한다. 코모도어 64의 6510에서 본 것과 비슷한 방식이다.

I/O는 실시간 실행에 중요할 뿐만 아니라, 임베디드 시스템에 프로그램을 올리는 수단이기도 하다. PC와 달리 임베디드 시스템에서는 해당 기기에서 직접 프로그램을 개발할 수 없다. 그래픽, 키보드, 운영체제, 컴파일러를 모두 실행할 정도의 계산 능력과 전원이 없기 때문이다. 대신 개발자는 데스크톱에서 프로그램을 개발하고 시뮬레이션이나 에뮬레이션으로 테스트한 후 최종적인 이진 실행 파일만 임베디드 기기에 전송한다. 마이크로컨트롤러에는 이를 위한 특별한 모드가 있다. 보통은 USB나 직렬 포트로 기기를 데스크톱에 연결한 후, '펌웨어 업그레이드' 모드로 전환하고 데스크톱의 소프트웨어 장치 드라이버를 통해 실행 파일을 기기의 비휘발성 프로그램 메모리에 복사한다.

12.3.1 아날로그-디지털 변환

마이크로컨트롤러 중에는 아날로그 신호를 입력받고 출력해야 하는 것들이 많다. 하지만 컨트롤러 내부에서는 디지털 신호를 다루어야 한다. 따라서 아날로그와 디지털을 상호 변환하는 기능이 필요하다. 이를 위한 변환기(converter)를 마이크로컨트롤러 외부에 두고 핀들로 연결하는 경우도 있고, 마이크로컨트롤러 실리콘 자체에 포함하는 경우도 있다.

아날로그-디지털 변환(analog-digital conversion, ADC)의 고전적인 사례는 오디오 처리다. 마이크(마이크로폰)에서 온 아날로그 신호를 프로세서에 보내서 특수효과를 추가한 후 다시 아날로그 신호로 변환해서 스피커로 보낸다고 하자. 그 과정에서, 아날로그에서 디지털로의 변환은 연속적인 아날로그 신호 파형을 양자화(quantization)하고 일정한 시간 간격으로 샘플링함으로써 이루어진다(그림 12-2). 샘플링 속도(단위 시간당 표본 수집 횟수)에 따라 오디오의 해상도가 결정된다.

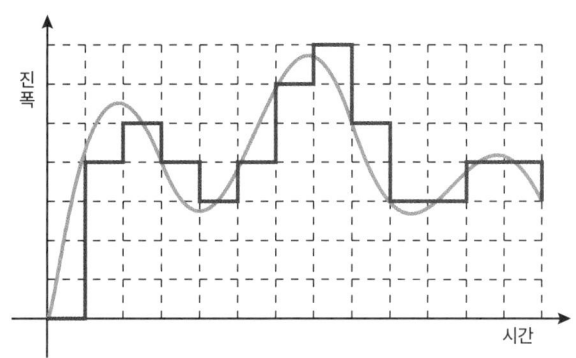

그림 12-2 아날로그 신호에서 디지털 신호로의 양자화.

그 반대의 변환, 즉 디지털-아날로그 변환(digital-analog conversion, DAC)의 경우 아두이노 두에 Arduino Due 같은 기기는 실제로 디지털 정수를 아날로그 전압으로 변환한다. 하지만 아두이노 우노 Arduino Uno[1] 같은 저가 기기는 소위 PWM(pulse-width modulation; 펄스 폭 변조)를 이용해서 변환을 근사(approximation)한다. 이 경우 출력은 0V 아니면 5V다. 3V를 출력해야 하는 경우에는 0V와 5V 사이에서 빠르게 진동해서 3V를 흉내 낸다. 5분의 3의 시간에서는 5V, 5분의 2의 시간에서는 0V를 출력하면 평균적으로 3V 출력이 된다. 일부 응용에서는 이러한 근사가 진짜 3V와 별로 구분되지 않는다. 하지만 다른 응용들에서는 출력에 문제가 발생할 수 있다.

12.3.2 임베디드 직렬 포트

임베디드 시스템에서는 제11장에서 본 '레트로' 직렬 포트들이 여전히 쓰이고 있다. 이는 그런 직렬 포트가 워낙 간단하고 안정적이기 때문이다. 여러분이 익숙한 현대적 컴퓨터들에서는 실물 직렬 포트를 보기가 힘들다. 그보다는 가상화된 형태의 직렬 포트를 접하는 경우가 더 많을 것이다. 예를 들어 USB를 이용해서 구식 직렬 포트의 프로토콜을 에뮬레이션하기도 한다. 또한, 무선 프로

---

1 [옮긴이] 참고로 Uno와 Due는 1과 2를 뜻하는 이탈리아어 단어다. Arduino라는 이름은 개발자들이 다니던 이탈리아 토리노의 술집 'Bar di Re Arduino'에서 따온 것이라고 한다(https://spectrum.ieee.org/the-making-of-arduino). 술집 이름 자체는 11세기 이탈리아의 왕 아르두이노 디브레아(https://ko.wikipedia.org/wiki/아르두이노_디브레아)와 관련이 있다.

토콜인 **지그비**Zigbee는 특정 무선 주파수에서 실행되는 가상 직렬 포트로 작용한다. 지그비는 프로그래밍 가능한 스마트 전구나 운송 수단, 농업 센서 네트워크 같은 임베디드 기기에 쓰인다.

12.3.3 IC 간 버스

I²C('아이투시'로 읽기도 하고 '아이제곱시'나 '아이스퀘어시'로 읽기도 한다)[2]로 표기하기도 하는 **IC 간 버스**(Inter-Integrated Circuit bus) 혹은 **집적회로 간 버스**는 여러 칩을 연결하는 데 쓰이는 표준이다. 로봇공학에서 아주 흔히 쓰인다. 이 표준은 NXP(구 필립스Philips)가 소유하고 라이선스를 관리한다.

IC 간 버스 통신은 단 두 개의 도선으로 이루어진다. 하나는 데이터를 위한 SDA이고 다른 하나는 클록 신호를 위한 SDL이다. [그림 12-3]을 참고하기 바란다.

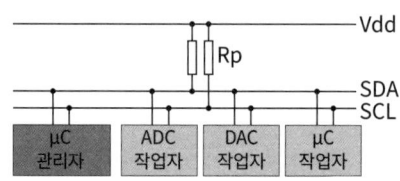

그림 12-3   I²C 아키텍처.

IC 간 버스 통신에서 고전압으로는 5V나 3.3V가 쓰인다. 통신 속도는 100Kbps에서 3Mbps까지로 다양하다. 하나의 버스에 여러 대의 기기('노드')를 연결할 수 있다. 각 기기에는 7비트의 라이선스된 기기 주소가 부여된다. 버스에 연결된 여러 노드 중에 관리자 역할을 하는 노드가 반드시 하나 있어야 한다. 관리자(manager) 노드는 클록 신호를 발생하고 통신을 주도한다. 다른 노드들은 작업자(worker) 역할이다. 작업자들은 관리자의 요청에 응답해야 한다. 메시지 충돌을 피하는 기본 전략은 "버스가 비었을 때만 통신한다"라는 규칙을 따르는 것이다.

실제 응용에서 IC 간 버스 통신 기기들은 대부분 FTDI사(Future Technology Devices International Ltd)의 칩을 사용한다. 사실상 표준인 이 회사의 칩들은 자신의 하드웨어 기능들과 소프트웨어 기능들에 대한 인터페이스를 제공한다. 보통의 경우 기기는 직렬로 그 인터페이스에 연결한다(그 직렬 연결 자체가 USB 포트를 통해서 이루어지는 것이 보통이다). [그림 12-4]에 I²C 기기(관성 측정 장치의 센서다)와 FTDI 인터페이스의 예가 나와 있다.

---

2   [옮긴이] SNS나 블로그 등 격식을 덜 차린 매체에서는 위첨자 표현의 번거로움 때문에 그냥 I2C로 표기할 때도 많다.

그림 12-4 I²C 기기(왼쪽)와 FTDI 인터페이스(오른쪽).

데이터 전송에 추가적인 장치 드라이버가 필요하지는 않다. 사용자가 보기에 FTDI는 하나의 직렬 포트로서 작동한다.

12.3.4 CAN 버스

차량 버스(vehicle bus)는 자동차, 기차, 선박, 항공기, 로봇 같은 차량(vehicle) 내부의 구성요소들을 상호 연결하는 특화된 내부 통신 네트워크다. 차량 버스의 한 유형으로 *CAN*(controller area network; 컨트롤러 영역 네트워크) 버스가 있다. CAN 버스에서는 모든 기기가 하나의 공용 직렬 채널을 공유한다. CAN에는 표준 커넥터가 없다. 애초에 사용자를 위한 것이 아니라 차량 내부에서 쓰이는 것이라 그렇다. 보통의 경우 전선들을 차량 내 여러 기기의 인쇄 회로 기판(PCB)에 직접 납땜한다. 자동차의 조수석 앞쪽 플라스틱 커버를 제거하면 배선 뭉치가 보이는데, 거기에 접근 가능한 CAN 전선들이 있다. 어떤 전선을 어디에 연결하는지는 차량 서비스 문서를 참조하기 바란다.

일반적으로 CAN 버스의 내부 전선은 네 개다. 흔히 이 전선들에는 차동 전압(differential voltage)이 쓰인다. 차량 내부에서 예상되는 강한 외부 전자기장(특히 전기 모터와 엔진 주변의)으로부터 통신을 보호하기 위해서다.

CAN의 보안은 현재 중요한 문제다. CAN 버스는 말 그대로 버스라서 모든 기기가 읽고 쓸 수 있다. ABS처럼 운전자의 안전에 아주 중요한 기기가 미디어 플레이어처럼 안전과는 무관한 기기와 같은 버스에 연결되면 어떤 문제가 발생할지 생각해 보기 바란다. 미디어 플레이어 같은 기기의 보안은 안전이 중요한 기기보다 덜 엄격한 것이 보통이다. 해커는 안전이 덜 중요한 기기를 장악해서 안전이 중요한 기기에 악의적인 명령을 보내거나, 쓰레기 메시지로 버스를 채워서 서비스 거부(denial-of-service) 상황을 일으킬 수 있다. 조향(핸들 조정)과 가속을 CAN 버스로 관리하는 자율주행차량의 경우에는 특히나 심각한 결과가 벌어질 수 있음을 주목하자.

이상으로 임베디드 시스템의 주요 개념과 부품을 살펴보았다. 다음으로는 좀 더 구체적인 논의를 위해, 현재 가장 잘 알려진 임베디드 시스템인 아두이노를 살펴보자.

12.4 아두이노

아두이노Arduino는 해커, 메이커maker[3], 로봇공학 연구자를 위한 표준적인 임베디드 시스템이다. [그림 12-5]에 아두이노 보드가 나와 있다. 아두이노가 사실상 표준이 된 것은 간편함 때문이다. 아두이노는 마이크로컨트롤러와 전원 관리 모듈, I/O를 모두 하나의 PCB에 담아 패키징했기 때문에, 그냥 USB로 PC와 연결해서 바로 프로그래밍할 수 있다. 아날로그전원 공급이나 USB I/O 시스템 설정을 걱정할 필요가 없다.

그림 12-5 아두이노 보드. 오른쪽 아래의 커다란 칩이 ATmega328P 마이크로컨트롤러다.

아두이노 PCB는 소스가 비공개인 Atmel AVR 제품군의 마이크로컨트롤러에 기반한 오픈소스 하드웨어 설계다. 아두이노의 마이크로컨트롤러 주변에는 간편하고 표준적인 전원 공급 및 인터페이싱을 위한 추가적인 하드웨어가 배치되어 있다. 전통적으로 컴퓨터 과학자들이 마이크로컨트롤러를 프로그래밍할 때 어려움을 겪는 요인이 바로 그런 전원 공급과 인터페이스였다. 예전에는 프로젝트마다, 또는 빵판마다 PCB에 전원 공급과 인터페이스 요소를 직접 마련해야 했다. 아두이노 설계가 혁신적인 점은 다양한 응용 방식에 맞게 이런 구성요소들을 잘 선택하고 표준화해서 사용자가 신경 쓸 필요를 없게 한 것이다. 게다가 대량 생산 덕분에 가격도 저렴하다. 아두이노는 프로그램을 손쉽게 어셈블하고 USB를 통해서 펌웨어로 전송할 수 있는 오픈소스 소프트웨어 도구들도 제공한다. (또한 C와 비슷한 언어와 컴파일러도 제공하지만, 이 책은 아키텍처 수준에 초점을 두므로 여기서는 아두이노의 어셈블리 프로그래밍만 언급한다.)

그런 아두이노 자체를 하나의 계산 기계로 사용하는 것도 가능하다. 예를 들어 데스크톱에서 수치들을 USB를 통해 직접 아두이노에 전송하고, 아두이노에서 그 수치들로 계산을 수행하고, 그

---

[3] [옮긴이] 이 책에서 메이커는 뭔가를 만드는 사람이라는 일반적인 의미가 아니라, 하드웨어 제작 애호가/전문가를 뜻한다. 'DIY(Do It Yourself)'와도 일맥상통하는 용어다.

결과를 다시 데스크톱으로 전송할 수 있다. 하지만 일반적으로 아두이노는 전자 센서나 구동기(actuator)에 대한 인터페이스로 쓰인다. 처음에는 LED나 스위치 같은 간단한 부품으로 시작하는 것이 바람직하다. 그런 부품들을 빵판(breadboard)에 배치하고, 전선으로 빵판을 아두이노와 연결한다. [그림 12-6]이 그러한 구성이다.

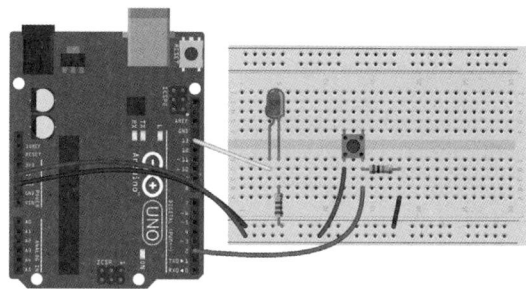

그림 12-6　LED와 버튼을 빵판과 전선으로 아두이노와 연결하는 I/O 회로.

부품과 전선을 빵판과 아두이노의 커넥터에 꽂기만 하면 되므로 납땜은 필요하지 않다.

12.4.1　ATmega328 마이크로컨트롤러

고전적인 아두이노 마이크로컨트롤러인 Atmel AVR ATmega328(그림 12-1)[4]은 6502 같은 구식 8비트 시스템과 다소 비슷하게 작동한다. ATmega328에는 8비트 사용자 레지스터가 32개 있다(6502의 세 개보다 훨씬 많다). ALU도 하나 있는데, 정수 곱셈과 나눗셈을 지원하지만 부동소수점 연산은 지원하지 않는다. 8비트 상태 레지스터가 하나인 것은 6502와 같다. 이 상태 레지스터는 산술 연산의 결과에 따라 설정되는 여러 비트(플래그)로 구성된다. 이 비트들은 여러 분기 명령에 쓰인다. ISA(명령어 집합 아키텍처)에는 간접 주소 지정과 하드웨어 스택이 포함되어 있다. 클록 속도는 보통의 경우 20MHz 부근이다.

[그림 12-7]은 ATmega328의 핀 배치다. 외부 버스와 연결하는 핀들이 없다는 점이 통상적인 CPU와 다른 점이다.

4　[옮긴이] ATmega328은 앞에 나온 ATmega328P의 전신이다. P가 붙은 후속작이 전력을 덜 소비하고 명령어가 더 많다. 이하, 둘에 공통인 내용에서는 그냥 'ATmega'라고만 표기하기도 한다.

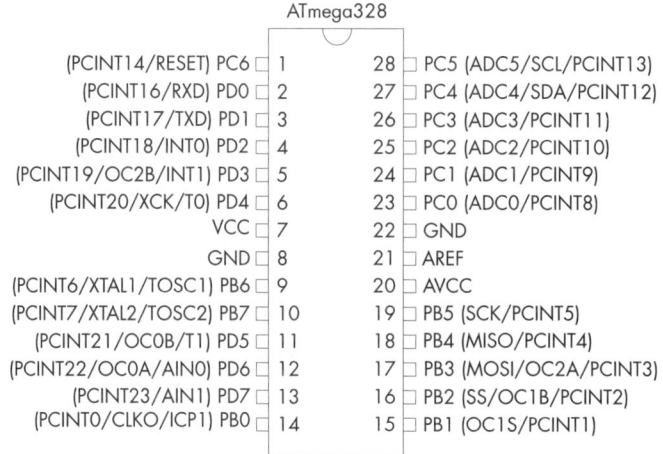

그림 12-7 ATmega328의 핀 배치(A 버스 핀들과 D 버스 핀들이 없음을 주목하자).

외부 버스 핀들이 없는 대신, 14개의 I/O 핀들이 직접 노출되어 있다. 핀이 많으면 칩의 패키지가 커진다. 그래서 핀은 희소 자원이다. 이 I/O 핀들은 각각 입력 또는 출력으로 작동하도록 설정할 수 있다. 핀 구성의 설정과 저장은 전용 데이터 방향 레지스터(data direction register; DDR)들을 사용한다.

[그림 12-8]은 ATmega328 마이크로컨트롤러의 다이 샷이다. 통상적인 CPU보다 다양한 요소들로 구성되어 있음을 알 수 있다.

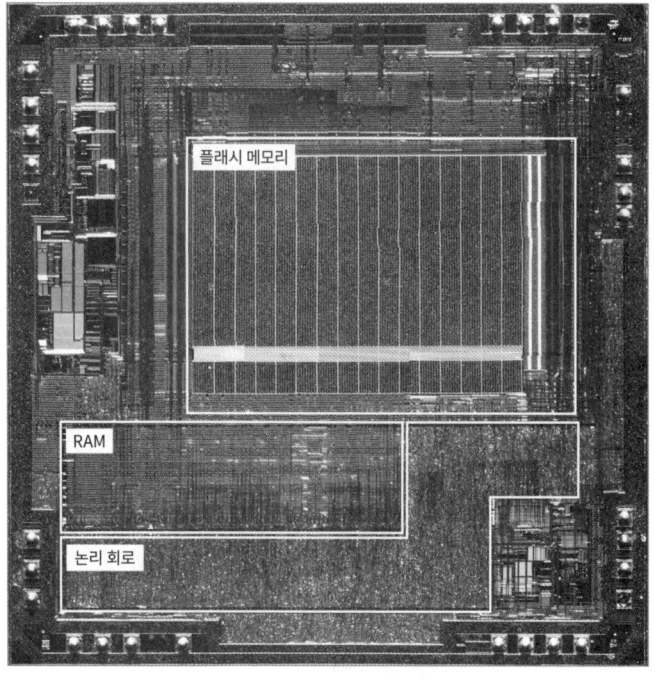

그림 12-8 ATmega328의 다이 샷.

CPU 외에도 이 칩에는 $2k_2B$ SRAM과 $32k_2B$ 플래시 메모리, $1k_2B$ EEPROM이 하나의 실리콘에 모두 들어있다. 그런 면에서 이 칩은 단순히 CPU가 아니라 하나의 완전한 레트로 컴퓨터로 보는 게 더 정확할 것이다.

아두이노는 하버드 아키텍처를 사용한다. 호스트 PC의 소프트웨어를 이용해서 보드에 전송한 프로그램은 플래시 메모리에 적재된다. RAM은 데이터에만 쓰인다. ($1k_2B$의 EEPROM도 사용자가 기록할 수 있다. 전원을 꺼도 사라지지 않아야 하는 적은 양의 응용 프로그램 설정 데이터를 담을 공간으로 제공된다.) 하버드 아키텍처는 두 개의 개별적인 버스를 사용한다. 하나는 데이터용 8비트 버스이고 다른 하나는 프로그램용 16비트 버스다. 외부 메모리나 버스는 없다. 메모리는 모두 칩에 올려져 있다.

마이크로컨트롤러는 직렬 포트 핀들과 I/O 모듈들을 포함한다. 전원이 켜지면 마이크로컨트롤러는 먼저 ROM에 담긴 작은 프로그램을 실행해서 직렬 포트를 점검한다. 직렬 포트에 대기 중인 데이터가 있으면 그것을 새로운 사용자 프로그램으로 간주해서 플래시 메모리에 적재한다. 그런 다음 프로그램 카운터를 그 사용자 프로그램의 시작 주소로 설정한다.

12.4.2 아두이노 보드의 나머지 부분

필요하다면 직렬 포트의 핀들로 ATmega를 직접 프로그래밍할 수도 있다. 하지만 요즘에는 실제 직렬 포트를 갖춘 데스크톱 컴퓨터가 드물다. 그냥 USB를 통해 실행되는 가상 직렬 포트를 사용하는 것이 더 쉽다. 아두이노 보드에는 USB 커넥터와 전용 칩(이 자체가 또 다른 소형 마이크로컨트롤러다)이 포함되어 있다. 이 전용 칩은 USB 도선을 읽고 직렬 포트 신호로 변환해서 ATmega의 핀들로 전달한다.

아두이노 보드의 아날로그 전자 부품들은 대부분 전원 관리에 쓰인다. 마이크로컨트롤러에는 그냥 5V 전원만 있으면 된다. 단일 5V를 안정적으로 제공할 수만 있으면 다른 전자 부품은 필요하지 않다. 하지만 아두이노는 다양한 용도로 쓰이도록 설계되었다. 특히, 배터리로 전원을 공급하거나 USB 케이블을 통해 전원을 공급하는 상황에도 대응해야 한다. 아두이노 설계자들은 그런 전원을 관리하기 위해, 전압이 비정상적으로 높거나 낮은 전류로부터 보드를 보호하고 필요에 따라 배터리 전원과 USB 전원을 전환할 수 있는 부품들을 보드에 추가했다. (이런 부품들이 없으면 외부에서 유입된 전류가 USB 케이블을 통해 연결된 데스크톱 컴퓨터로 역류할 수 있다. 이는 매우 위험한 사고다.)

I^2C 버스를 통해서 아두이노에 여러 확장 모듈을 연결할 수 있다. 또한 다른 물리적 보드를 I^2C 버스의 포트들에 끼울 수도 있는데, 아두이노 보드 위에 깔끔하게 수직으로 쌓을 수 있게 되어있다.

그런 식으로 쌓은 보드를 실드shield(방패)라고 부른다.

아두이노는 오픈소스 플랫폼이다. 그래서 여러 설계자가 수정해서 변형을 만들어 냈다. 예를 들어 러기두이노Ruggeduino는 멍청한 실수에도 잘 망가지지 않도록 추가 보호장치를 장착해 강화한(그래서 더 비싼) 버전이다. 아두이노 팀이 만든 공식 변형들도 있다. 아두이노 두에Due는 PWM을 실제 DAC로 대체한 버전이다. 아두이노 메가Mega와 기가Giga는 PCB가 더 커서 좀 더 많은 장치와 연결할 수 있다. 반대로 아두이노 나노Nano는 보드를 더 작게 만든 것이다. 그 밖에, 더 큰 컴퓨팅 능력과 다른 명령어 집합을 선호하거나 필요로 하는 사람들을 위해 AT mega가 아닌 마이크로컨트롤러를 사용한 버전도 있다.

12.4.3 아두이노 프로그래밍

다른 모든 CPU처럼 Atmel AVR 제품군은 명령어 집합에 있는 명령들로 이루어진 기계어 코드를 실행한다. 프로그래머가 사람이 읽기 좋은 어셈블리 언어로 프로그램을 만들고 어셈블러로 기계어 코드를 생성한다는 점도 다른 CPU와 같다. 아두이노의 어셈블러 역시 이전에 본 다른 어셈블러들과 크게 다르지 않다. 데스크톱 PC에서 아두이노용 어셈블리 프로그램을 작성, 편집, 어셈블할 수 있다. 다음은 고전적인 "Hello, world" 프로그램의 아두이노 버전이다. 텍스트를 출력하는 대신 핀 13에 연결된 내장 LED를 켠다.

```
.global main
main:
  ldi r16,0b00100000   ; 여덟 AVR PB 핀들의 구성에 해당하는 값을 r16에 적재
  out 0x04,r16         ; AVR 핀 PB5(아두이노 핀 13)를 출력 모드로 설정
  out 0x05,r16         ; AVR 핀 PB5(아두이노 핀 13)의 출력을 ON으로 설정
.global loop
loop:
  jmp loop
```

아두이노의 전원이 켜지면 전역(global) `main` 레이블이 자동으로 호출된다. `ldi` 명령어는 'load immediate(즉시 적재)'의 약자로, 상수를 레지스터에 적재한다. 지금 예에서 상수의 여덟 비트는 AVR의 여덟 디지털 I/O 핀([그림 12-7]의 PB0부터 PB7까지)에 대응된다. 상수를 보면 PB5 핀에 해당하는 여섯 번째 비트(PB0 핀이 제일 오른쪽 비트에, PB7이 제일 왼쪽 비트에 대응된다)만 1이고 나머지는 모두 0이다. AVR의 PB5 핀은 아두이노 PCB의 13번 핀, 즉 LED에 연결되어 있다. 첫 `out` 명령은 r16에 담긴 비트들을 데이터 방향 레지스터(data direction register, DDR)인 0x04에 복사해서 I/

O 핀들을 설정한다. 결과적으로 PB5만 출력 모드가 되고 나머지 핀들은 모두 입력 모드로 설정된다. 둘째 `out` 명령은 r16의 그 비트들을 0x05('포트 B' 레지스터)에 기록한다. 이 비트들이 여덟 PB 핀으로 출력된다. 이에 의해 PB5에 1이 출력되며, 그러면 아두이노는 13번 핀에 고전압 신호를 보낸다. 결과적으로 LED가 켜진다.

다른 여러 CPU 프로그램과는 달리 이 예제 프로그램에서는 `loop` 레이블과 점프가 중요하다. 이들은 프로그램을 무한히 돌리는 역할을 하기 때문이다. 이들이 없으면 프로그램이 바로 끝나므로, LED가 몇 분의 1초 동안만 켜졌다 꺼지게 된다. 실제로 임베디드 시스템들의 프로그램은 이런 식으로 무한히 실행되는 경우가 많다.

다음은 앞에 나온 예제 프로그램의 좀 더 복잡한 버전으로, LED가 깜빡이게 만든 것이다.

```
#define DDRB 0x04
#define PINB 0x03
.global main
main:
  sbi   DDRB, 5       ; sbi는 set bit IO를 뜻한다. 포트 B의 다섯 번째 핀을
                      ; 설정한다(13번째 핀이 출력 모드가 된다)
blink:
  sbi   PINB, 5       ; PINB를 토글한다
  ldi   r25, hi8(1000) ; 인수는 지연 시간 1,000ms의 상위 바이트
  ldi   r24, lo8(1000) ; 인수는 지연 시간 1,000ms의 하위 바이트
  call  delay_ms
  jmp   blink
delay_ms:             ; 약 (r25:r24)ms만큼 지연. r30 변경 후 r31 변경.
  ldi   r31, hi8(4000)
  ldi   r30, lo8(4000)
innerloop:
  sbiw  r30, 1        ; sbiw는 subtract immediate value from word의 약자다.
                      ; 즉, 이 명령은 지정된 상수를 워드(r30:r31)에서 뺀다
  brne  innerloop     ; 결과가 0과 같지 않으면 분기
  sbiw  r24, 1
  brne  delay_ms
  ret
```

코드를 읽기 쉽도록 데이터 방향 레지스터와 포트 B 레지스터를 각각 DDRB와 PINB라는 상수로 정의했다. 16MHz 기준으로 1밀리초는 약 16,000주기(사이클)다. 내부 루프(`innerloop`)의 실행에 4주기가 걸리므로, 내부 루프를 4,000회 반복한다.

> **NOTE** 6502처럼 AVR에도 8비트 레지스터 두 개를 함께 사용하는 16비트 명령어들이 있다.

12.5 그 밖의 CPU 기반 임베디드 시스템

CPU 기반 임베디드 시스템이 아두이노뿐인 것은 아니다. 그럼 접할 수 있는 몇 가지 대안을 살펴보자.

12.5.1 아두이노 없는 Atmel AVR

아두이노는 엔지니어가 아니라 컴퓨터 과학자를 위해 설계된 시스템이다. 판매용 제품을 만들 때 아두이노 보드 전체를 제품에 포함하는 것은 바람직하지 않다. 그보다는 AVR 칩과 필요한 전자 부품들(아두이노 보드에 필요한 것들과 제품 자체가 요구하는 것들)만 담은 커스텀 PCB를 제작해서 제품을 만드는 것이 현실적이다.

제품 개발 과정에서는 [그림 12-9]처럼 빵판에 아두이노 없는 AVR과 기타 전자 부품을 얹는 방식이 유용할 것이다.

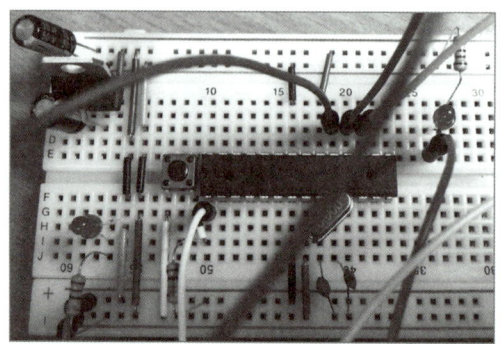

그림 12-9 AVR 마이크로컨트롤러를 이용한 빵판 구현.

설계가 잘 작동하는지 확인했다면 *KiCAD* 같은 프로그램을 이용해서 PCB를 설계한다. 완성된 회로도를 PCB 제조업체의 웹사이트에 제출하면 며칠 내로 PCB를 우편으로 받을 수 있다. 요즘은 납땜을 직접 할 필요가 없다. PCB 제조업체가 로봇으로 대신 납땜해 준다.

12.5.2 PIC 마이크로컨트롤러

PIC[5]은 AVR 시리즈와 유사하지만 구별되는 또 다른 마이크로컨트롤러 시리즈다. 아두이노 없는 AVR처럼 PIC도 빵판, PCB 설계, 직렬 포트가 있어야 한다.

---

5 [옮긴이] PIC은 원래 Peripheral Interface Controller(주변장치 인터페이스 컨트롤러)의 약자였지만, 지금은 Programmable Intelligent Computer(프로그래밍 가능한 지능형 컴퓨터)의 약자로 간주된다. '피아이시'가 아니라 '픽'이라고 읽는다.

PIC은 미국 기업인 마이크로칩 테크놀로지Microchip Technology 사가 설계했다. 이 회사는 2016년에 경쟁사 Atmel을 인수했다. PIC은 수많은 소비자용 및 산업용 임베디드 시스템에 쓰이고 있다. PIC 제품군에는 속도, 전력, 비용, 물리적 크기가 서로 다른 여러 모델이 있어서 요구에 맞게 선택할 수 있다. 선택의 폭이 크기 때문에 주어진 용도에 필요한 사항들을 충족하는 모델을 찾기가 그리 어렵지 않다. 그래서 제품 생산 엔지니어링 쪽에서 아두이노/AVR 조합보다 인기가 많다.

12.5.3 디지털 신호 처리 장치(DSP)

디지털 신호 처리 장치(digital signal processor, DSP)는 오디오와 같은 실시간 신호의 처리에 특화된 마이크로컨트롤러다. 그런 신호를 다루는 임베디드 시스템에는 독특한 요구사항들이 존재한다. 그런 시스템은 일정한 포맷을 따르는 길고 긴(사실상 무한한) 데이터 스트림을 실시간으로 처리해야 하기 때문이다. 이는 처리 과정에 분기가 많지 않음을 뜻한다. 데이터는 한 단계에서 다음 단계로 매끄럽게 흘러가며, 항상 동일한 방식으로 처리된다.

기타리스트들이 흔히 사용하는 기타 이펙터를 생각해 보자. 이펙터는 기타와 앰프 사이에서 기타 소리를 변형하는(음을 압축, 왜곡, 지연하거나 리버브를 추가하는 등) 장치다. 요즘에는 디지털 방식의 이펙터가 많다. 디지털 이펙터는 하나 이상의 DSP를 포함한 임베디드 시스템이다. [그림 12-10]에 그런 DSP 칩의 예가 나와 있다.

그림 12-10 기타 디지털 이펙터 안의 DSP 칩.

DSP가 오디오 신호에만 쓰이는 것은 아니다. 비디오나 레이더, 그리고 각종 의료·과학 모니터링 장치의 데이터 스트림 등 오디오와 유사한 특성을 지닌 신호가 많이 있다. 오디오 데이터나 그와 유사한 데이터는 ADC에서 직접 양자화된 음파를 표현하는 것으로 충분할 수 있다. 하지만 비디오는 데이터가 아주 크기 때문에 저장 및 전송 시 압축이 필요하다. 그러다 보니 DSP 장치들은 압축 및 압축 해제에 쓰일 때가 많다.

DSP는 흔히 정수나 부동소수점 대신 고정 소수점 표현(제2장 참고)을 사용한다. 이는 대부분의 신호가 상한과 하한이 명확하고 고정되어 있기 때문이다. 그런 신호는 범위를 +1.0과 −1.0으로 정규화해서 고정 소수점 수로 표현하기가 좋다. 예를 들어, 음악 오디오가 보통 그런 방식으로 녹음되며, 그 범위를 벗어나는 신호는 잘려 나간다(클리핑). 고정 소수점은 부동소수점보다 구현이 저렴하고 간단하지만, 이러한 종류의 신호에 대해서는 값비싼 부동소수점 구현과 품질이 크게 다르지 않은 결과를 낸다.

DSP는 남은 실리콘을 신호 처리에 특화된 추가적인 명령어들을 제공하는 데 활용한다. (제8장에서 이야기했듯이, 이런 종류의 도메인 특화 명령어들을 추가하는 것은 CISC 철학을 따르는 것으로 간주될 때가 많다.) 예를 들어 내장형 음향 기기를 위한 DSP들은 고속 푸리에 변환(fast Fourier transform, FFT)과 합성곱(convolution)을 위한 특별한 명령어를 제공한다. 그런 연산들이 여러 표준적인 오디오 처리 알고리즘의 기반에 해당하기 때문이다. 이런 명령어들은 흔히 고정 소수점 표현을 사용한다. DSP는 대량의 데이터 스트림을 처리하도록 설계되기 때문에, 개별 워드보다 큰 데이터 덩어리를 적재하고 저장하는 추가적인 명령어들을 두기도 한다. 그런 명령어들은 인접한 메모리 주소들에 있는 데이터를 버스를 통해 여러 레지스터로 전송하는 과정을 촉발한다. 비슷하게, I/O 명령어들은 그런 레지스터 그룹과의 일련의 ADC 과정을 촉발할 수 있다.

표준 마이크로컨트롤러처럼 DSP도 하버드 아키텍처를 따른다. 즉, 제품 제조 과정에서 ROM에 기록된 펌웨어가 변경 없이 무한히 실행된다.

12.6 CPU 없는 임베디드 시스템

지금까지 살펴본 임베디드 시스템은 마이크로컨트롤러 기반이다. 시스템은 여전히 기계어 명령어 프로그램을 실행하는 CPU를 중심으로 구성된다. 그런데 CPU가 없는, 따라서 명령어 집합도 없고 프로그램도 없는 단순한 스타일의 임베디드 시스템도 있다. 그저 원하는 계산을 수행하기 위한 디지털 논리 회로가 있을 뿐이다. PLC와 FPGA가 그런 CPU 없는 임베디드 시스템의 대표적인 예다.

12.6.1 PLC(프로그래머블 로직 컨트롤러)

PLC(Programmable Logic Controller; 프로그래머블 로직 컨트롤러)는 산업 환경에서 제조 기계를 제어하기 위해 간단한 계산을 수행하도록 설계된 임베디드 시스템이다. PLC는 먼지, 화학 물질, 음식물 조각, 극한의 온도 등 일반적인 칩이 견디기 어려운 환경의 공장에 주로 설치되는 만큼, 신뢰성에 대한 요구 수준이 대단히 높다. 예를 들어 설치 후 20년 동안 한 번도 다운되는 일 없이 연속해서 작동할 정도로 시스템이 튼튼해야 한다. 그 정도로 고장이 거의 없으려면 시스템을 아주 간단하게 설계할 필요가 있다. 설계가 단순하면 다양한 종류의 버그를 피할 수 있기 때문이다. 이런 산업 자동화 맥락에 쓰이는 임베디드 시스템을 **SCADA 시스템**이라고 부르기도 한다. SCADA는 Supervisory Control and Data Acquisition(감시 제어 및 데이터 취득)을 줄인 것이다.

위에서 언급한 환경에서 흔히 볼 수 있는 PLC들은 보통의 경우 DIN 모듈이라고 부르는 패키지에 담겨서 표준 DIN 레일 위에 장착된다(그림 12-11).

이런 DIN 스타일의 모듈은 가정에도 쓰인다. 지하실이나 계단 아래에 있는 집 전체의 회로 차단기(circuit breaker)가 그것인데, 두꺼비집이나 퓨즈 박스, RCD(residual current device; 잔류 전류 장치)라고도 부른다. 이런 장치들 역시 정상적인 작동 조건에서는 고장 나지 않도록 설계된 견고한 엔지니어링의 결과물이다. DIN 설계는 1970년에 표준화되어서 지금껏 쓰이고 있다.

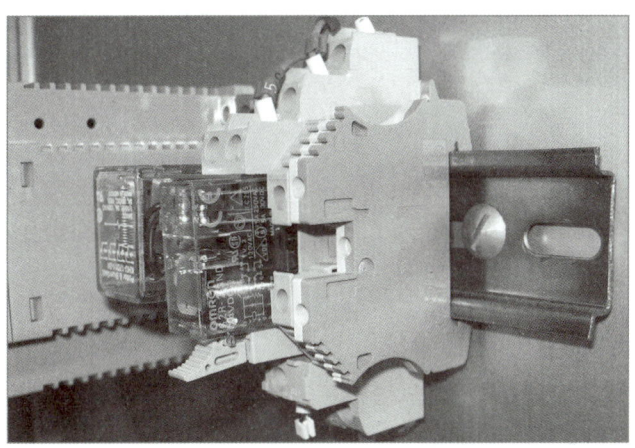

그림 12-11 DIN 레일에 장착된 DIN 모듈들.

PLC가 실행하는 것은 통상적인 형태의 프로그램, 즉 일련의 명령들로 이루어진 프로그램이 아니다. PLC가 수행하는 기능은 흔히 **래더 로직**ladder logic(사다리 논리 회로)이라고 부르는 시각적인 시스템으로 지정된다. [그림 12-12]에 래더 로직의 예가 나와 있다.

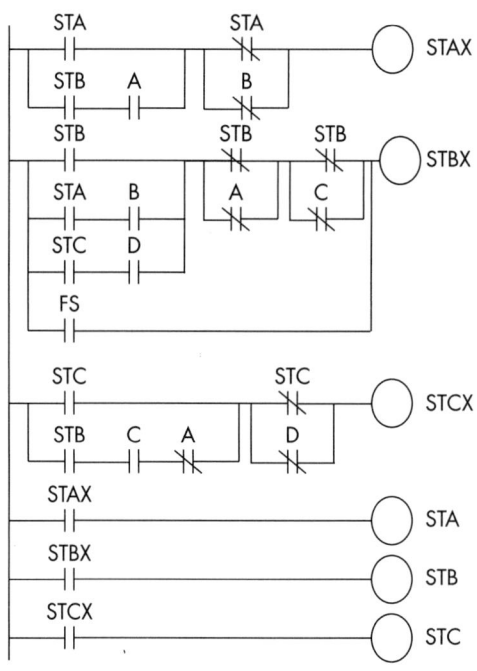

그림 12-12 임베디드 기기를 위한 래더 로직 구성의 예.

아주 간단히 말해서 래더 로직은 일련의 if-then 규칙들이다. 각 if-then 단위는 주어진 입력이 고전압이면 한 도선을 다른 도선에 연결하라는 규칙을 나타낸다. 보통의 프로그램은 첫 명령에서 시작해서 명령들을 차례로 실행하지만, 래더 로직은 특별한 출발점이 없다. 그저 각 단위가 주변 규칙들의 논리를 따를 뿐이다. 이런 방식은 예전에 전기기계식 계전기로 컴퓨터를 만들던 시절에서 유래했다.

래더 로직은 아주 단순하기 때문에 엔지니어도 작성할 수 있다. 시스템이 정확히 의도 대로 작동하는지를 사람의 직관적인 조사뿐만 아니라 형식적 방법들로도 검증할 수 있다는 것도 그러한 단순함에서 오는 장점이다. 래더 로직이 쓰이는 시스템에는 운영체제나 현대적 프로그래밍 언어, 컴파일러 같은 복잡한 구성요소가 끼어드는 것이 바람직하지 않다. 어느 하나에 아주 사소한 버그가 있어도 핵연료봉이 잘못된 위치로 이동할 수 있기 때문이다. 그런 시스템에서는 모든 것을 절대적으로 신뢰할 수 있고 이해할 수 있어야 한다.

PLC는 단순하고 완전히 투명하며 검증이 가능하다. 이런 장비를 프로그래밍하는 엔지니어가 대부분의 컴퓨터 과학자 프로그래머보다 돈을 잘 번다는 점을 알면 놀라는 독자도 있을 것이다. 하지만 그러한 고임금은 안전을 책임지는 대가다. 아주 간단한 프로그램이라도 핵발전소에 쓰인다면 극도로 정확해야 한다. 요즘은 사람이 래더 로직을 직접 작성해서 PLC를 설계할 필요가 없다. C 코드를 이런 구성으로 변환해 주는 컴파일러와 어셈블러가 있기 때문이다. 하지만 그런 식으로 PLC를 설계하려면 여러분 자신의 코드는 물론 컴파일러와 어셈블러 프로그램도 신뢰할 수 있어야 한다.

> **임베디드 시스템의 보안**
>
> SCADA 시스템을 공용 인터넷(public internet)에 연결해서는 절대로 안 된다. 보안 감사에 자주 쓰이는 유명한 질문이 있다. "모든 직원이 집에서 원격 근무 중인데 핵연료봉이 임계 상태에 도달하려 한다. 그런 비상 상황에서 제어권을 인계받기 위해 시스템에 원격으로 연결할 방법이 있는가?" 많은 관리자가 실제로 그러한 연결 방법이 있다고 자랑스럽게 답하는데, 정말로 우려스러운 일이다. 해커들도 그런 연결 방법을 사용할 수 있기 때문이다.
>
> 인터넷 연결이 없고 시스템이 네트워크와 '공기층'으로 분리되어 있다고 해도 악의적인 공격자가 시스템에 접근할 여지는 여전히 있다. 2010 스턱스넷(Stuxnet) 웜은 국제 학술회의장 주변에 놓인 USB 메모리를 통해서 배포되었다. USB 메모리에서 USB 메모리로 복제를 거듭하면서 급기야는 이란의 핵무기 연료 농축 원심분리기용 임베디드 시스템에까지 들어갔다. 스턱스넷은 특정 모델, 특정 설정의 PLC에만 영향을 미쳤는데, 탐지되지 않도록 아주 조심스럽게 작동해서 원심분리기의 타이밍을 변경해서 원심분리기를 파괴했다. 그래서 연료 농축이 불가능해졌다.

12.6.2 임베디드 FPGA

제5장에서 소개한 FPGA(field programmable gate array; 현장 프로그램 가능 게이트 어레이) 칩은 흔히 CPU 안에서 또는 CPU와 함께 쓰이지만, 다른 임의의 디지털 논리 설계를 구현하는 데에도 쓰인다. PLC와 유사한 구조나 기타 다양한 디지털 논리 네트워크 설계를 FPGA로 구현할 수 있다.

임베디드 시스템은 한 가지 기능만 수행하기 마련이다. 따라서 임의의 프로그램을 실행할 수 있는 범용 CPU 설계를 임베디드 시스템에 사용하는 것은 필요 이상으로 복잡하고 비효율적이다. 딱 필요한 산술 연산과 기타 변환들을 수행하는 단순 기계들을 연결한 파이프라인 회로를 FPGA 하나로 구현하는 게 더 낫다. 예를 들어 어떤 신호 처리 알고리즘을, 다수의 가산기와 승산기를 특정 순서로 연결해서 구현하는 식이다. 이렇게 하면 CPU 스타일의 부가 요소들이 필요 없을 뿐만 아니라, 시스템 실행 속도도 아주 빠르다. 산술 연산들을 병렬로 실행할 수 있기 때문이다.

이런 설계를 만들 때는 HDL(하드웨어 서술 언어)이 특히나 유용하다. 예를 들어 C 비슷한 언어로 산술 과정을 서술해서 컴파일러에 넣으면 자동으로 적절한 디지털 논리 회로도가 나온다.

> ### 유비쿼터스 컴퓨팅 대 마인드풀 컴퓨팅
>
> **유비쿼터스 컴퓨팅**(Ubiquitous Computing, 편재적 컴퓨팅), 줄여서 **유비컴프**(Unicomp)는 1980년대에 제록스 PARC(마우스와 그래픽 데스크톱을 발명한 그곳이다)에서 마크 와이저(Marc Weiser)가 제창한 임베디드 설계 철학이다. 마크 와이저의 핵심 주장은 이렇다: "컴퓨터의 목적은 사람이 다른 어떤 일을 하는 데 도움을 주는 것이다. 최고의 컴퓨터는 조용하고 보이지 않는 하인이다. 컴퓨터를 이용해서 직관적으로 할 수 있는 일이 많을수록 사람은 더 똑똑해진다. 컴퓨터는 여러분의 무의식을 확장해야 한다. 기술은 고요함(calm)을 창조해야 한다."
>
> 유비컴프 철학은 아마존 알렉사(Alexa) 같은 제품에 여전히 살아 있다. 알렉사는 집 안에서 존재감 없이 기다린다. 뭔가 필요한 게 생기면 사용자는 알렉사에 말을 걸어서 뭔가를 지시한다. 그러면 알렉사가 그 일을 수행한다. 사용자가 컴퓨터 앞에 앉아서 일을 어떻게 수행해야 할지 고민할 필요가 없다. 유비컴프의 개념들은 최근의 '침습적 컴퓨팅(pervasive computing)'이나 사물 인터넷(IoT) 같은 분야에서도 부활했다.
>
> 한편 최근에는 유비컴프에 반대하는, **마인드풀 컴퓨팅**(mindful computing; 주의 깊은 컴퓨팅)이라고 불러도 좋을 움직임도 생겼다. 이쪽 지지자들의 핵심 주장은, 불확실하고 이해하기 어려운 기업 클라우드가 사용자 대신 결정을 내리는 것을 사용자 자신이 원하지 않는다는 것이다. 그들은 사람이 그런 기계에 통제권을 빼앗기는 상황을 두려워한다. 그래서 유비컴프와는 반대로 마인드풀 컴퓨팅에서는 사람이 의도적으로 기술에 주의를 기울여야 하며 자신이 사용하는 기계를 고찰하고 파악하는 것이 필수라고 강조한다.
>
> 유비쿼터스 컴퓨팅 철학을 따른다면, 조명을 언제 켜고 끌지를 기계가 사용자의 개입 없이 자동으로 예측할 수 있으므로 전등 스위치를 없애도 된다. 마인드풀 컴퓨팅의 관점을 따른다면, 전등 스위치를 남겨 두어야 하며 사용자는 철저하게 의식적이고 의도적으로 전등 스위치에 손을 대야 한다.

이번 장 요약

현실 세계에 존재하는 컴퓨터들의 대다수는 임베디드 아키텍처이지만, 대부분의 사용자는 임베디드 시스템을 인식하지 못한다. 이들의 응용 분야는 컴퓨팅과 엔지니어링의 경계에 놓여있다. 하지만 그 아키텍처는 레트로 컴퓨터와 비슷한 구석이 많기 때문에, 그런 스타일의 컴퓨팅을 오늘날의 기술로 재현하고자 하는 사람들에게 대단히 흥미로운 대상이 될 수 있다. 대부분의 임베디드 시스템은 마이크로컨트롤러를 기반으로 한다. 마이크로컨트롤러는 저전력 CPU와 온보드 메모리, I/O, 그리고 기타 유용한 기능을 하나의 칩으로 통합한 장치다. 아두이노는 표준적인 임베디드 플랫폼으로, 컴퓨터 과학자가 로봇, 공장, 자동차, 설치예술 작품 같은 하드웨어를 다루는 데 대부분의 엔지니어링 기능을 제공한다.

실습과제

시뮬레이션 기반 아두이노 프로그래밍

1. 아두이노 에뮬레이터를 이용해서 이번 장의 예제 아두이노 프로그램들을 실행하라. 온라인 에뮬레이터 Wokwi(https://wokwi.com/arduino/projects/290348681199092237)를 이용해도 되고(blink.S 탭에 어셈블리 코드를 넣으면 된다), 오프라인 버전인 AVR8js Electron Playground(https://github.com/arcostasi/avr8js-electron-playground)를 이용해도 된다.
2. 아두이노의 I/O 핀들을 개별적으로 입력 또는 출력 모드로 설정할 수 있음을 기억할 것이다. 핀의 읽기나 쓰기가 예상대로 되지 않는다면 먼저 모드를 제대로 설정했는지 확인해 볼 것.
3. LED를 깜빡이는 예제 프로그램은 시간 지연을 내부 루프로 구현한다. 그런데 시간 지연은 AVR의 내장 타이머를 이용하는 것이 깔끔하고 전력도 덜 소비한다. 이를 위해 어떤 레지스터와 명령어가 필요한지 조사해서 실제로 구현하라.

도전과제

1. 시장에는 적당한 가격의 아두이노 스타터 키트가 많이 나와 있다. 그런 키트를 하나 구입해서 이번 장의 예제 프로그램들을 실제로 실행해 보라. 실물 LED를 다룰 때는 주의해야 한다. LED는 다이오드라서 방향성이 있으므로 올바른 방향으로 연결해야 하며, 항상 저항과 직렬로 연결해야 한다. 그렇지 않으면 폭발할 수 있다!
2. 대부분의 키트에는 아두이노 C로 작성된 예제 프로그램들이 있다. 그런 프로그램들과 동일하게 작동하는 AVR 어셈블리 프로그램을 직접 작성해 보라. (막히는 부분이 있는 경우, 아두이노 C 프로그램을 컴파일해서 나온 어셈블리 코드에서 힌트를 얻을 수 있을 것이다).
3. 아두이노 IDE보다 명령줄 도구를 선호하는 독자에게는 AVR 어셈블러인 AVRA와 AVR 다운로더/업로더인 AVRDUDE가 유용할 것이다.[6]

더 읽을거리

- 임베디드 설계에 관한 엔지니어와 컴퓨터 과학자의 의견 차이를 잘 보여주는 유명한 우화: Do-While Jones, "The Breakfast Food Cooker." 초기 1990년 버전을 비롯해 다양한 버전을 인터넷에서 찾을 수 있다.

---

6 [옮긴이] 각각 https://github.com/Ro5bert/avra와 https://github.com/avrdudes/avrdude에서 구할 수 있다.

- AVR 명령어 집합 전체 레퍼런스: Atmel, "AVR-Instruction-Set-Manual," 2016, https://ww1.microchip.com/downloads/en/DeviceDoc/AVR-InstructionSet-Manual-DS40002198.pdf.

- 아두이노 PCB 설계 설명서 및 CAD 파일들: "Arduino from Scratch" 시리즈, https://rheingoldheavy.com/arduino-from-scratch-series.

- PIC 마이크로컨트롤러 프로그래밍 정보: "PIC Programming in Assembly," https://groups.csail.mit.edu/lbr/stack/pic/pic-prog-assembly.pdf.

- CAN 버스를 직접 다루려 할 때 도움이 되는 자료: Jared Reabow, "How to Hack and Upgrade Your Car Using CAN Bus and Arduino," https://www.instructables.com/How-to-Hack-and-Upgrade-Your-Car-Using-CAN-Bus/. 이 튜토리얼에는 **백 투 더 퓨처** 스타일의 날짜 및 시간 디스플레이를 위한 명령들이 포함되어 있다.

- 임베디드 프로젝트 아이디어를 제공하는 유명 웹사이트: *Hackaday*, https://www.hackaday.com.

CHAPTER

13

데스크톱 아키텍처

"모든 책상에 컴퓨터를"이라는 문구는 1990년대 32비트 시대의 빌 게이츠의 야망을 잘 표현한다. 요즘은 컴퓨팅이 사물 인터넷과 클라우드로 이동하는 추세이지만, 그래도 탁상 위('desktop')와 무릎 위('laptop')에서 PC(personal computer; 개인용 컴퓨터)를 많이 볼 수 있다. 그런데 PC라는 용어는 어떤 단일한 컴퓨터 설계를 가리키는 것이 아니다. PC는 x86 계열의 CPU에 기반한, 다양한 제조업체의 여러 구성요소를 결합하는 느슨한 관례들의 집합체라고 할 수 있다.

비즈니스상의 요구 때문에 PC는 하위 호환성을 중요시했다. 그 덕분에 현대적인 PC들은 진화의 예전 단계들에서 생긴 여러 특징을 여전히 가지고 있다. 그래서 이번 장에서는 PC를 규정하는 관례들이 어떻게 생겨났고 x86 아키텍처와 PC 컴퓨터 설계에 어떤 영향을 미쳤는지 살펴본다. x86의 CISC 철학과 실리콘 밸리의 역사, x86 명령어 집합을 소개하고, 이를 중심으로 현대적 PC를 구축하는 데 쓰이는 몇 가지 컴퓨터 설계 요소를 살펴볼 것이다.

13.1 CISC 설계 철학

대부분의 데스크톱 컴퓨터는 x86 계열의 CPU를 사용한다. x86 CPU들은 대체로 CISC 아키텍처로 분류된다. 이 책에서 CISC 아키텍처가 몇 번 등장하긴 했지만, 자세히 이야기하지는 않았다. 그럼 x86에서 볼 수 있는 CISC의 설계 원칙 몇 가지를 좀 더 자세히 살펴보자.

CISC 아키텍처는 실리콘을 많이 사용하는 크고 복잡한 칩에서 중요하고 영리한 일을 많이 수행하는 데 주력한다. 이를 위해 각자 특화된 일을 하는 다양한 단순 기계(simple machine)들을 설계하고, 각각에 전용 명령어를 부여한다. 짐작했겠지만 이런 식으로 아키텍처를 설계하기란 매우 어려운 일이라서 아키텍트에게 많은 보수를 지불해야 한다. 특히, 새로운 복합 기능을 파이프라이닝과 비순차 실행(OOOE) 같은 다른 혁신 사항들과 잘 어울리게 만들려면 큰 노력이 필요하다. 일반적으로 실리콘을 많이 사용하면 전력 소비가 많아진다. 그래서 CISC 프로세서에는 묵직한 파워(전원 공급 장치)와 대형 냉각 시스템(대구경 팬 등)이 필요하며, 배터리보다는 벽에서 오는 전원을 사용해야 하는 경우가 많다. 이런 요구사항은 임베디드 시스템이나 스마트 기기가 쓰이는 환경보다는 데스크톱 환경에서 충족하기가 더 쉽다.

CISC 철학의 전형적인 측면 하나는 산술 논리 장치(ALU) 연산과 메모리 접근을 결합한 명령어가 아주 많다는 것이다. 이를테면 "첫 주소의 내용을 둘째 주소의 내용과 곱하고 그 결과를 셋째 주소에 저장하라"에 해당하는 명령어가 있다. 여기서 주소들은 RAM에 존재한다. 사실 이런 복합 명령어는 여러 단계로 실행된다. 두 주소의 내용을 적재해야 하고, 그 값들을 곱해야 하고, 그 결과를 레지스터에 넣어야 하고, 그것을 다시 메모리에 저장해야 한다.

CISC는 또한 새로운 명령어를 하드웨어로 구현하는 것을 강조한다. "실리콘을 더 투입해서 문제를 해결한다"라는 접근 방식이라고 할 수 있다. 예를 들어 사용자가 다양한 비디오 코덱 스트리밍을 요구한다면, 해당 비디오 코덱들에 쓰이는 구체적인 수학 연산을 시행하는 전용 명령어들을 정의하고, 그것들을 구현하는 다수의 단순 기계를 디지털 논리 회로에 추가하는 식이다.

그러한 '내 비디오를 디코딩하라' 명령어는 CPU 클록 주기를 여러 개 사용한다. 수행하는 데 걸리는 시간이 서로 다른 여러 명령어를 구현하는 것은 CISC 아키텍처의 설계에서 주된 난제의 하나다. 특히, 명령어들의 지속 시간이 서로 다를 때는 파이프라이닝과 OOOE를 제대로 구현하기가 어렵다. 이 문제는 실리콘을 더 투입해서 해결할 수 있다. 즉, 명령어의 지속 시간을 식별하고 그에 맞춰 일정을 조정하는 복잡한 디지털 논리를 고안해서 제어 장치(Control Unit, CU)에 추가하면 된다.

CISC 아키텍처의 장점이라고 일컫는 점 하나는, 컴파일러가 고급 언어의 명령문을 어셈블리 코드로 변환하는 데 필요한 작업이 아주 적다는 것이다. ISA(명령어 집합 아키텍처)에 '비디오 디코딩 수행' 같은 구체적인 명령어들이 많이 있기 때문에 고급 언어의 명령문과 일대일로 변환하기가 쉽다. 하지만 컴파일러 작성자에게는 그런 수많은 명령어가 골칫거리다. 컴파일러 작성자는 컴파일 대상인 **모든** 백엔드 CPU 각각에 대해 다섯 권짜리 ISA 매뉴얼을 모두 살펴봐야 하며, 각각의 ISA에 대해 컴파일러를 최적화해야 한다. 고급 명령어들은 무시하고 한 권 분량의 명령어들만 처리할 수 있다면 컴파일러 작성자의 삶이 훨씬 편해질 것이다. 이 때문에, 현실적으로 CISC 아키텍처의 컴파일러를 만든 사람들이 해당 CPU를 만든 사람들과 겹칠 가능성이 높다. 주어진 CPU와 무관한 사람이 그 CPU에 맞게 컴파일러를 최적화하려 들지는 않을 것이기 때문이다. 그런 컴파일러는 대체로 독점적인 소프트웨어이며, 관련한 복잡성 때문에 오픈소스 버전보다 빠르게 실행될 때가 많다. 시스템을 만든 사람들만이 모든 기능을 완전히 파악한다.

또 다른 장점은 어셈블리 프로그램이 짧다는 것이다. 복잡한 일을 하나의 명령어로 수행할 수 있는 경우가 많기 때문이다. 1980년대에는 이 점이 중요했다. 당시에는 RAM이 제한적이라서, 프로그램이 짧으면 데이터를 위한 RAM 공간을 더 많이 확보할 수 있었다. RAM이 풍족한 요즘은 이 점이 그리 중요하지 않다.

CISC는 영국인 모리스 윌크스Maurice Wilkes(그림 1-19에 사진이 있다)가 고안했다. 상용화한 것은 미국인들이다. 대체로 CISC 아키텍처와 그 사용자들은 비즈니스 중심적이다. 현재 데스크톱 컴퓨팅에서는 CISC 아키텍처가 지배적이다. 여러분이 사용하는 데스크톱 컴퓨터 역시 CISC 아키텍처일 가능성이 아주 크다. CISC 고객사가 특정 멀티미디어 응용 프로그램의 속도를 높이기 위한 새로운 명령어를 요구하면 CISC 설계업체가 그런 명령어를 설계해서 아키텍처에 추가하는 경우가 많다 (물론 비용이 청구된다). 새로운 기능이 이런 식으로 추가되는 경우가 흔한데, 안타깝게도 새 기능이 기존 기능과 잘 어울리게 설계되지는 않는 경우도 있다. 하지만 그렇다고 기존 기능들을 제거하지는 않는다. 다른 고객의 기존 시스템을 망가뜨리지 않기 위해서다.

13.2 마이크로프로그래밍

새로운 CPU 하드웨어를 만드는 것은 어렵고도 비용이 많이 드는 일이다. 칩 마스크 세트 하나를 만드는 데 약 500만 달러가 든다. 한 부분이라도 오류가 있으면 전체를 다시 만들어야 한다. CISC는 설계가 복잡하다 보니 문제가 더 심각하다. **마이크로프로그래밍**microprogramming은 이 문제의 한 해답이다. 마이크로프로그래밍 접근 방식에서 아키텍처는 기본 스위치로 연결하거나 끊을 수 있는 다수의 단순 기계로 구성된다. 그리고 각각의 명령어는 여러 단순 기계를 연결하고 단절하는 절차로 정의된다. 예를 들어 두 레지스터를 더하는 명령어는 먼저 두 레지스터 중 하나를 ALU의 한 입력에 연결하고, 다른 레지스터를 ALU의 다른 입력에 연결하고, ALU를 덧셈을 요청한 곳에 연결하고, 마지막으로 ALU 출력의 덧셈 결과를 특정 레지스터에 연결하는 절차로 정의할 수 있다.

이러한 아이디어는 배비지의 해석기관에 쓰인 배럴 회전 방식의 CU를 떠올리게 한다. 기억하겠지만, 배럴이 회전하면 배럴에 꽂힌 핀들이 여러 단순 기계를 일정한 순서로 활성화한다. 핀들의 위치만 바꾸면 새로운 명령어와 아키텍처를 만들어낼 수 있다. 해석기관 전체를 다시 만들 필요가 없는 것이다. 현대적인 전자 마이크로프로그래밍과 이에 기반한 CISC는 윌크스에 기인한다. 컴퓨팅의 역사를 연구하고 가르친 윌크스는 배비지의 기계식 배럴에서 아이디어를 얻었음을 공개적으로 밝힌 바 있다. 이는 역사의 흐름을 연구하면 현대적 아키텍처에서 튜링상을 수상할 정도로 중요한 발전을 이룰 수 있음을 보여주는 좋은 예다.

현대적 컴퓨터에서 배비지의 배럴 핀 배치에 대응되는 것은 CPU 안에 펌웨어 형태로 존재하는 **마이크로코드**(microcode)다. 마이크로코드는 각 명령어에 대한 단순 기계 연결 및 단절 절차를 명시한다. (마이크로코드는 CPU의 주소 공간에 속하는 ROM에 저장되는 것이 아니다. 주소로는 접근할 수 없는, CPU 자체의 한 영역에 저장된다.) 마이크로코드는 펌웨어이므로 언제라도 전자적으로 다시 프로그래밍할 수 있다. 이 덕분에 CPU의 하드웨어 버그를 수정하는 데 필요한 비용이 엄청나게 줄어든다. 칩 자체를 수거(리콜)하고 새 제품을 제공할 필요 없이 펌웨어만 업데이트하면 된다.

마이크로프로그램은 기계어 프로그램이 아니다. 기계어보다 낮은 수준에서, 기계어를 실행할 기계 자체를 정의한다. 마이크로프로그램의 동작은 제7장에서 다룬 레지스터 전송 언어(RTL)를 사용해 표기할 수 있다. 현대적 CISC 칩의 복합 명령어(complex instruction; 또는 복잡 명령어)는 수천 개에 달하는데, 이들을 모두 마이크로코드로 정의된다. 원한다면 CPU 마이크로프로그래밍을 통해서 원래와는 완전히 다른 명령어 집합을 구현하는 것도 가능하다. 이를테면 x86을 레트로 6502로 바꿀 수 있다! 이처럼 마이크로프로그래밍의 재구성 능력이 뛰어나다 보니, CPU를 마치 FPGA처럼 사용할 수 있게 되었다.

이상으로 CISC 아키텍처의 몇 가지 설계 원칙을 살펴보았다. 그럼 x86의 역사로 넘어가자. 역사를 살펴보면 그동안 x86 계열 아키텍처들에 누적된, 그리고 지금도 여전히 쓰이고 있는 여러 기능을 좀 더 잘 이해할 수 있다.

13.3 x86의 역사

x86 아키텍처는 상업성에서나 안정성에서나 가장 성공한 CPU 아키텍처다. 2023년에 45주년을 맞이했다. CISC 아키텍처 계열인 x86의 설계와 이름은 8086, 80286, 80386, 80486 같은 초기 인텔 프로세서 모델 번호에서 유래했다. 16비트로 출발한 x86은 32비트를 거쳐 64비트까지 세 세대의 워드 길이 변화를 겪었다. 상용 제품으로서 x86은 설계가 더 복잡해지더라도 이전 세대와의 하위 호환성을 엄격하게 지킨다는 전략을 유지했다. 심지어, 과거에 버그를 기능으로 활용한 구식 게임들이 계속 실행되도록 의도적으로 디지털 논리 회로를 추가하기까지 했다. 1970년대에 잘 실행된 기계어 코드가 지금의 x86에서도 "수정 없이" 잘 작동한다. (이는 성능과 아름다움을 희생하더라도 고객을 위해 호환성을 유지하다 보니 점점 크고 무거워지는 상용 운영체제들의 소프트웨어 설계 접근 방식과 유사하다.) x86에 새로운 CISC 명령어가 계속 추가되었지만 기존 명령어가 제거된 적은 없었다. 그러다 보니 x86의 최신 버전인 $amd64$의 ISA는 명령어가 3,000개 정도다. 이들을 모두 문서화한 레퍼런스 서적이 다섯 권이나 된다.

13.3.1 선사시대

x86 설계의 역사는 실리콘 밸리의 아키텍처와 정치의 역사이기도 하다. 특히 인텔과 AMD의 역사와 얽혀 있다. 두 회사 모두 동일한 독점(proprietary) 명령어 집합을 이용해서 프로세서를 만든다. 그러다 보니 수십 년에 걸쳐 법적 다툼을 벌이고 있다.

윌리엄 쇼클리William Shockley와 존 바딘John Bardeen, 월터 브래튼Walter Brattain은 미국 뉴저지에 있는 벨 연구소(Bell Labs)에서 트랜지스터를 발명한 공로로 1956년 노벨 물리학상을 받았다. 쇼클리의 가족은 미국 캘리포니아 팔로 알토에 거주하지만 쇼클리 본인은 영국 런던에서 태어났다. 노벨상 수상 후에 원하는 곳 어디서나 살고 일할 수 있게 된 쇼클리는 팔로 알토의 어머니 가까이에서 지내자는 생각에 뉴저지에서 캘리포니아 마운틴 뷰로 이주했다. 그곳에서 쇼클리 반도체Shockley Semiconductor를 설립해서 트랜지스터를 계속 연구하고 상용화했다.

1957년에 쇼클리는 함께 일하기 어려운 사람이 되었다. 노벨상 수상자로서의 오만함과, 직원들이 보기에 부차적인 주제에 집착하는 성향 때문이었다. '8인의 반역자(traitorous eight)'라고 불리는 일단의 직원들이 쇼클리 반도체 사를 떠나서 경쟁사인 페어차일드 반도체(Fairchild Semiconductor)를 설립했는데, 그 8인에는 고든 무어Gordon Moore와 로버트 노이스Robert Noyce가 포함된다. 당시 상업 문화에서 이런 경쟁사 창업은 거의 신성모독적인 행위로 여겨졌다. 대기업에 입사했다면 평생을 충실한 회사원으로 지내는 것이 당연한 일로 간주되던 시대였기 때문이다. 이 8인의 행동은 실리콘 밸리의 스타트업

문화, 즉 직원이 큰 회사를 떠나서 자신의 회사를 창업하는 것이 당연한 일인 문화의 기틀이 되었다.

페어차일드 사는 최초의 상용 집적회로 제품(IC 칩)을 만든 회사로 역사에 기록되었다. 당시 미국에서 컴퓨팅에 대한 수요는 거의 전적으로 군(military)에서 나왔다(민간 기업이나 정부가 아니라). 냉전 시대였던 당시 미군은 미사일과 비행기에 동력을 공급하기 위해 연구를 지원하고 칩 제조업체의 제품을 사들였다. 물론 납세자들의 돈으로 말이다. 그런 정부 자금이 실리콘 산업을 육성했고, 페어차일드의 직원들은 페어차일드 모델을 본떠서 자신들만의 칩 제조 경쟁사를 설립했다. 이러한 흐름이 지금의 실리콘 밸리를 만들어 냈다.

1968년에 페어차일드사의 내부 정치 상황 때문에 고든 무어와 로버트 노이스가 다시금 퇴사했다. 이들이 설립한 회사가 바로 인텔Intel이다(Intel은 Integrated Electronics를 줄인 것이다). 그리고 이듬해에 제리 샌더스Jerry Sanders[1]가 AMD(Advanced Micro Devices)사를 설립했다. AMD의 초기 목표는 인텔의 제품을 복제해서 더 저렴하게 판매함으로써 제2의 공급원이 되는 것이었다. x86 시리즈가 흥하기 전인 1971년에 인텔은 4비트 CPU인 4004를 출시했는데, 얼마 후인 1975년에 AMD가 Am9080이라는 모델명으로 복제품을 내놓았다. 인텔은 4004를 대체하는 8비트 CPU 8080을 1974년에 발표했고, AMD는 이 제품도 복제했다.

13.3.2 16비트 고전 시대

본격적인(지금까지 하위 호환성이 이어지느냐를 기준으로) x86 제품군의 첫 모델은 인텔의 16비트 CPU인 8086으로, 1978년에 나왔다. 클록 속도는 5MHz이고, 마이크로프로그래밍을 이용하는 CISC 아키텍처다. 8086의 마지막 두 숫자가 x86이라는 이름으로 고착되었다.

인텔과 AMD의 경쟁은 1982년 인텔, AMD, IBM 사이의 3자 계약으로 공식화된다. 당시 IBM의 주된 비즈니스는 컴퓨터 제조였다. IBM은 자사 컴퓨터용 CPU를 구매하고 싶었지만, 어떤 한 회사의 독점 설계에 묶이고 싶지는 않았다. 그 회사가 소위 록인(lock-in) 효과에 기대어 IBM을 볼모로 잡고 가격을 올릴 수도 있기 때문이다. 거대 기업인 IBM은 공급업체들을 경쟁시켜 자신들이 정말로 원하는 것을 얻을 정도의 구매력을 지니고 있었다. 그들이 원한 것은, 둘 이상의 회사가 동일한 칩을 일반 소비재처럼 생산해서 경쟁하는 것이었다. 그러면 가격이 낮아져서 IBM이 언제까지나 저렴하게 칩을 구매할 수 있을 터였다. IBM은 인텔에 "우리는 당신들의 칩을 사고 싶다, 단 AMD의 복제를 허용하는 계약서에 서명하는 경우에만 구매하고, 서명하지 않으면 두 회사 어느 쪽에서도 구매하지

---

[1] (옮긴이) 역시 페어차일드사 출신이나, 8인의 배신자에 속하지는 않는다. 페어차일드 전에는 모토로라에서 일했다.

않겠다"라고 말했다. 결국 세 회사는 합의를 이루었고, 이로부터 두 칩 제조업체가 동일한 x86 ISA를 구현한 칩을 설계하고 판매할 수 있게 하는 유명한 인텔-AMD 크로스 라이선스가 탄생했다.

> **NOTE** 여기서 컴퓨터 경제에 관한 일반적인 교훈을 얻을 수 있다. 바로, 하드웨어든 소프트웨어든 제품을 팔고 나면 판매자가 록인 효과를 통해서 구매자에게 막강한 힘을 행사할 수 있다는 것이다. 따라서 플랫폼 판매자로서는, 처음에는 무료로 또는 값을 많이 깎아서 플랫폼을 제공함으로써 사용자를 록인 상태로 끌어들여야 한다. 한편 구매자의 관점에서는, 플랫폼을 선택하기 전에는 구매자가 모든 권력을 가지고 있으므로, 최대한 판매자의 권력이 줄어들도록 계약을 협상해야 한다. 일단 돈을 지불하면, 그 계약에서 합의된 것 외에는 아무런 권한이 없다.

IBM과의 거래 덕분에 두 칩 제조업체는 비즈니스 컴퓨팅 시장에 진입해서 빠르게 성장했다. 거래 후 인텔은 8086을 80186(1982년, 6MHz)으로 업데이트했고 곧 80286(1982년, 8MHz)을 추가했다. 이때 처음으로 OS 지원을 위한 보호 모드가 도입되었다. AMD도 발 빠르게 대응해서 80286을 복제한 Am286(1982년, 8MHz)을 내놓았다. 이러한 16비트 CPU들은 1980년대 초반에 고급 사무용 컴퓨터들에 쓰였다(가정용 컴퓨터는 8비트 황금기였다).

13.3.3 32비트 클론 전쟁 시대

인텔의 386(1985, 16MHz)이 나오면서 32비트 시대가 시작되었다. 이때 32비트 명령어 집합인 x86 IA-32이 도입되었다. 이 시기 내내 두 주요 칩 제조업체는 계속해서 상대를 적대시하고 법적 분쟁을 벌였다. 게다가 사이릭스Cyrix와 VIA도 x86 복제품을 만들기 시작하면서 상황이 더욱 흥미로워졌다. [표 132-1]은 이 시대의 발전 및 전개 과정을 요약한 것이다.

표 13-1 **32비트 시대 x86 발전 과정.**

연도	제조업체	아키텍처	특징
1985	인텔	386	16MHz
1989	인텔	486	50MHz, 파이프라이닝, FPU
1991	AMD	Am386	386 복제품
1993	인텔	Pentium	75MHz, 슈퍼스칼라
1993	AMD	Am486	486 복제품(마지막 복제품)
1995	인텔	P5	150MHz, MMX SIMD '펜티엄 MMX'
1995	인텔	P6 (i686)	200MHz, SSE SIMD, OOOE, '펜티엄 프로'
1996	AMD	K5	133MHz, 펜티엄 유사품
1995	사이릭스	Cx5x86	140MHz, 펜티엄 유사품
1996	사이릭스	6x86	140MHz, 펜티엄 유사품
1997	AMD	K6	300MHz, 3D-NOW, 라이벌 SIMD
2001	VIA	C3	500MHz, 펜티엄 유사품
2001	AMD	애슬론	1GHz

전반적으로 기술을 주도한 쪽은 인텔이었다. 인텔이 파이프라인 기반 설계나 확장 명령어(extension instruction) 같은 새로운 기술을 만들어내면 다른 회사들이 1~2년 후에 그것을 복제해서 가격을 낮추었다. 그 과정에서 클록 속도는 클록 속도에 대한 무어의 법칙을 지키면서 꾸준히 빨라졌다. 이 시대가 바로 제1장에서 말한 '따분한 1990년대'다. 소비자들은 두 배로 증가하는 클록 속도를 따라잡기 위해 18개월마다 새로운 베이지색 데스크톱 컴퓨터를 사야 한다고 생각했다.

경쟁사들의 복제 행각에 질린 인텔은 486 이후 상표 등록이 불가능한 '86' 대신 상표 등록이 가능한 '펜티엄'을 브랜드명으로 사용하기로 결정했다. 펜티엄 CPU들이 한동안 시장을 지배했으나, 2001년에 애슬론Athlon으로 1GHz 속도를 처음으로 돌파하면서 AMD가 선두를 차지했다.

13.3.4 64비트 브랜드 시대

x86의 64비트 시대는 2000년에 AMD가 amd64 ISA를 공식화하면서 시작했다. 이후 대부분의 CISC 프로세서가 amd64 ISA를 채용했다. 이것은 일종의 쿠데타였다. 그전까지는 x86 ISA 계열을 항상 인텔이 정의했고, 다른 회사들은 자신의 제품들을 거기에 맞춰왔다.

인텔은 이에 대응해서 64비트 ISA인 IA-64를 정의했지만, amd64보다 늦게 출시된 탓에 결국 성공하지 못했다. 오늘날 모든 사람이 amd64를 사용한다. 그러나 인텔은 amd64라는 이름을 인정하지 않고 x86_64라는 이름을 고집하는데, 둘은 사실상 같은 ISA다. 리눅스 배포판의 패키지 이름 등에서 ISA를 명시할 때 두 이름을 모두 사용하다 보니 혼란이 생기기도 한다.

64비트 시대는 마케팅 용어와 기반 기술이 분리되었다는 점이 특징이다. 완전히 다른 아키텍처들에 동일한 마케팅용 브랜드를 사용하는 경우도 있었다. 이전의 32비트 펜티엄과 달리 이때부터는 브랜드가 특정 설계에 대응되지 않는다. 펜티엄이나 셀러론, 제온 같은 브랜드명이 붙은 64비트 제품들을 보았을 것이다. 그리고 코어 i3이나 코어 i5처럼 브랜드명에 3, 5, 7, 9 같은 숫자가 붙기도 하는데, 인텔의 경우 이런 숫자들은 단지 제품들을 가격 혹은 품질순으로 나열하기 위한 것일 뿐 다른 의미는 없다. AMD도 같은 숫자들을 사용하는데, 이는 자사의 어떤 제품이 인텔의 어떤 제품과 동급인지 알리기 위한 것이다.

[표 13-2]는 64비트 시대 인텔과 AMD의 주요 제품과 특징을 정리한 것이다.

이 시기에 파이프라인의 단계 수는 14에서 20까지 다양했다. OOOE는 이 시기에 계속 쓰였다. AMD의 파일드라이버Piledriver는 신경망 기반 분기 예측 하드웨어를 도입한 최초의 제품이다.

클록 속도는 64비트 시대 초기에 3.5GHz에 도달했지만 그 뒤로는 정체되었다. 클록 속도에 대한 무어의 법칙은 더 이상 지켜지지 않는다. 하지만 트랜지스터 개수에 대한 무어의 법칙은 계속 지켜졌다. 반도체 성능이 계속 발전하고 있음을 보이기 위해 제조업체들은 클록 속도 대신 트랜지스터당 나노미터(nm) 단위의 트랜지스터 집적도를 홍보하기 시작했다. 2006에서 2016까지 인텔은 '틱톡' 주기를 반복해서 제품들을 내놓았다. '틱' 주기에서는 기존 설계를 새로운 트랜지스터 기술을 이용해서 더 작고 빠르게 만들고, '톡' 주기에서는 완전히 새로운 디지털 논리 설계를 이용한 제품을 발표하는 식이었다. **부스트**(boost) 기술은 네할렘Nehalem에서 처음 도입되었다.[2] 부스트는 짧은 시간 동안 집중적인 연산의 병목 지점에서 **일시적으로** 클록 속도를 3.5GHz(열 한계(heat limit)에 해당)보다 높게 설정한다.

표 13-2 64비트 시대의 x86 발전 과정.

연도	제조업체	아키텍처	트랜지스터 크기(nm)	브랜드
2003	AMD	해머(K8)	130	옵테론
2005	AMD	해머(K8)	90	애슬론 64 X2
2006	인텔	코어	65	셀러론/펜티엄/제온
2007	AMD	10h(K10)	65	옵테론
2008	인텔	네할렘	45	펜티엄, 제온, 코어 (1세대)
2011	인텔	샌디 브릿지	32	2세대 코어 i3/i5/i9; 제온
2012	AMD	파일드라이버	32	옵테론
2013	인텔	하스웰	22	4세대 코어 i3/5/7; 셀러론/펜티엄/제온
2015	인텔	스카이레이크	14	6세대 코어 i3/5/7; 셀러론/펜티엄/제온; 코어M
2017	인텔	커피 레이크	14	8세대 코어 i3/5/7; 셀러론/펜티엄 골드/제온
2017	AMD	젠	14	라이젠 3/5/7 1000 시리즈
2018	AMD	젠+	12	라이젠 3/5/7 2000 시리즈
2019	AMD	젠2	7	라이젠 3/5/7 3000 시리즈
2020	AMD	젠3	7	라이젠 5/7/9 5000 시리즈
2021	인텔	사이프레스 코브	14	11세대 코어 i5/7/9; 제온
2021	인텔	골든 코브	7	12세대 코어 i5/7/9; 제온
2022	AMD	젠4	5	라이젠 5/7/9 7000 시리즈

---

2 [옮긴이] 참고로 인텔이 사용하는 정식 기술명은 Turbo Boost다. AMD는 Turbo Core 또는 Core Performance Boost(CPB)라는 명칭을 사용한다.

지금까지 x86의 진화 과정을 살펴보았다. 이제 x86의 명령어 집합과 프로그래밍 방법으로 넘어가자. x86 프로그래밍은 이전에 공부한 다른 아키텍처의 프로그래밍보다는 훨씬 복잡하다. 하지만 역사를 살펴본 만큼, 왜 그렇게 복잡하게 되었는지는 이해할 수 있을 것이다.

13.4 x86 프로그래밍

x86은 크고 추하다. x86용 기계어 코드를 사람이 직접 작성하는 경우는 드물다. 보통은 컴파일러가 생성한다. 그럼에도 x86은 공부할 가치가 있는데, 컴파일러와 컴퓨터의 작동 방식을 더 잘 이해하거나, 컴파일러나 운영체제, 부트로더 같은 시스템 소프트웨어를 작성하고자 한다면 특히나 그렇다. x86은 널리 쓰이는 아키텍처이므로, x86 프로그래밍에 대한 이해는 보안 분야에도 유리하다. 이를테면 게임의 치트 및 안티치트 시스템을 포함한 코드 크래킹 및 방어와 관련한 코드를 작성하려면 x86을 잘 알아야 한다.

CISC 아키텍처인 x86에서는 각각의 명령어에 대해 피연산자의 종류(상수, 레지스터, 메모리 주소 등)가 서로 다른 변형이 여러 가지일 때가 많다. 아키텍처 역사의 여러 지점에서 서로 다른 명령어 그룹이 추가되어 왔는데, 그런 명령어 그룹들이 항상 같은 관례를 따르지는 않았다. 예를 들어 정수 덧셈을 위한 명령어들과 정수 곱셈을 위한 명령어들, 부동소수점 연산을 위한 명령어들은 프로그래머에 대한 인터페이스가 아주 다르다. 이런 난맥상은 그동안 아키텍처가 발전해 온 방식을 반영한 것이다.

지면 관계상 여기서 x86의 모든 기능을 일일이 소개할 수는 없는 노릇이다. 그보다는 이 CISC 아키텍처에 새로운 기능이나 명령어가 어떤 식으로 추가되었는지, 그리고 그런 명령어들이 어떻게 작동하는지 독자가 감을 잡게 하는 것이 목표일 뿐이다.

13.4.1 레지스터

x86의 레지스터 집합은 x86이 하위 호환성을 유지하면서 진화해온 방식에 영향을 받았다. 레지스터는 크게 범용 레지스터와 내부 레지스터로 나뉜다. 두 유형을 차례로 살펴보자.

1 범용 레지스터

x86 아키텍처의 범용 사용자 레지스터는 여덟 개다. 각 레지스터의 이름은 해당 레지스터의 전통적인 용도를 반영한다. [표 13-3]에 이들이 정리되어 있다.

표 13-3 x86의 범용 레지스터들.

레지스터	의미	용도
AX	누산기 레지스터	산술 연산
BX	기저(base) 레지스터	데이터(를 가리키는) 포인터
CX	카운터 레지스터	자리이동, 순환, 루프 명령어
DX	데이터 레지스터	산술 및 I/O 연산
SP	스택 포인터 레지스터	스택 최상위 항목을 가리키는 포인터
BP	스택 기저 포인터 레지스터	스택 최하위 항목을 가리키는 포인터
SI	원본 색인 레지스터	데이터 복사의 원본을 가리키는 포인터
DI	대상 색인 레지스터	데이터 복사의 대상을 가리키는 포인터

원래의 16비트 8086에서는 모든 범용 레지스터가 16비트였다. 그전의 8비트 8080과 부분적인 하위 호환성을 위해, 처음 네 개 레지스터(AX, BX, CX, DX)는 각각 두 개의 8비트 레지스터로 분할할 수 있다. 그 두 레지스터에는 상위와 하위 바이트를 나타내는 H와 L을 붙인 이름(AX의 경우 AL과 AH)을 이용해서 각각 접근할 수 있다.

IA-32에서는 이 여덟 레지스터를 32비트로 확장했다. 역시 하위 호환성을 위해, 이전처럼 16비트 또는 8비트 레지스터로도 접근할 수 있다. 온전한 32비트 레지스터로서 접근할 때는 EAX, EBX, ECX처럼 접두어 E를 붙인다(E는 확장되었다는 뜻의 *extended*를 나타낸다).

amd64에서 이 여덟 레지스터가 다시금 확장되었는데, 이번에는 64비트다. 이전처럼 32비트, 16비트, 8비트 버전들에 여전히 접근할 수 있어서 하위 호환성이 보장된다. 온전한 64비트 모드로 접근할 때는 접두어 R을 붙인다. 이를테면 RAX, RBX, RCX 등이다. amd64는 또한 64비트 범용 레지스터 여덟 개를 추가했는데, 이들의 이름은 R8에서 R15까지다.

x86은 애초에 16비트 시스템에 기반한 제품군으로 정의되었고 계속해서 하위 호환성을 유지해 왔기 때문에, x86에서 '워드'는 현세대 레지스터의 실제 크기와는 무관하게 16비트다. **더블워드** doubleword(이중 워드) 또는 dword는 32비트이고 **쿼드워드** quadword(4중 워드) 또는 qword는 64비트다.

범용 x86 레지스터들의 진화 과정이 [그림 13-1]에 요약되어 있다.

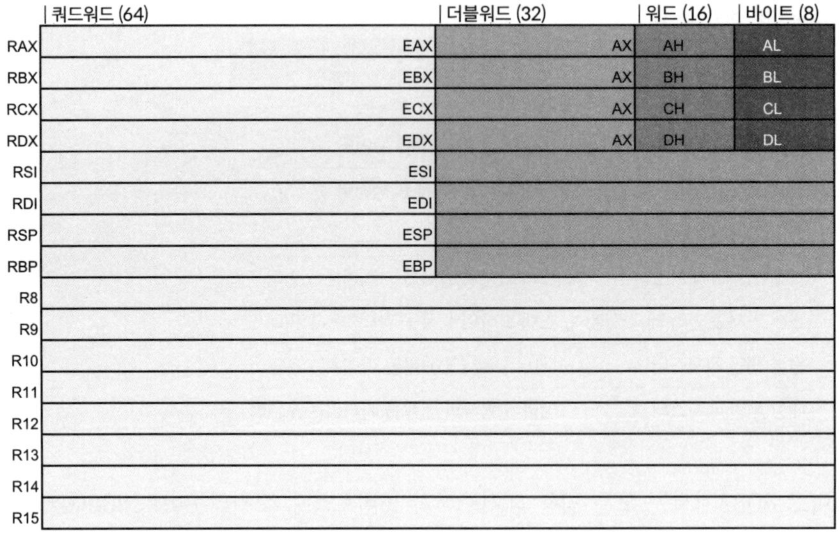

그림 13-1 **x86 레지스터들. 제일 왼쪽은 64비트 이름들이고 가운데는 32비트, 그 오른쪽은 16비트와 8비트 이름들이다.**

이런 여러 워드 크기와의 호환성 때문에 주소 지정은 항상 **바이트 단위**로 일어난다. 현세대 amd64에서도 그렇다. 바이트들이 겹치지 않는 64비트 **워드** 단위로 메모리 주소를 지정하는 방식과 대조적이다. 메모리 안에서 워드의 바이트들은 리틀엔디안 방식으로 저장된다.

2 내부 레지스터

x86에서는 프로그램 카운터를 **명령 포인터**(instruction pointer, IP)라고 부른다. 명령 포인터 레지스터의 16비트 버전은 IP이고 32비트 버전과 64비트 버전은 각각 EIP와 RIP다.

상태 레지스터는 16비트가 FLAGS, 32비트가 EFLAGS, 64비트가 RFLAGS다. [그림 13-2]에 상태 레지스터의 상태 플래그 구성이 나와 있다.

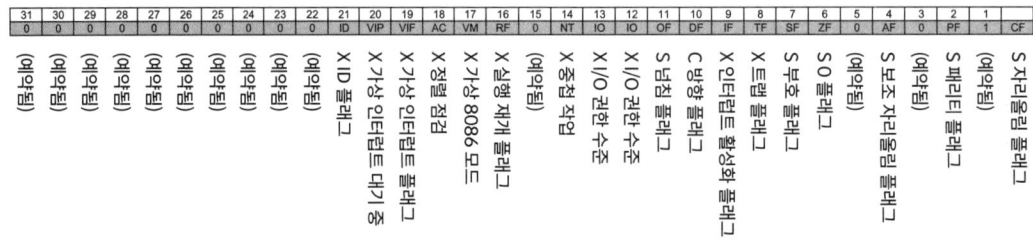

그림 13-2 **x86 상태 레지스터(그림 11-6과 비교해 볼 것).**

구성이나 플래그 이름들이 6502의 상태 레지스터와 상당히 비슷하다. 6502에서처럼 이 플래그들은 비교 명령어들이 설정하고, 그와는 별도의 분기 명령어가 참조한다. 이 플래그들을 지우는(0으로 설정) 명령어들도 있다. 다른 아키텍처처럼, 조건부 분기와 관련해 중요한 두 플래그는 0 플래그(ZF)와 부호 플래그(SF)다.

13.4.2 NASM 문법

x86은 역사가 길다 보니 어셈블리 언어도 여러 가지다. 어셈블리 언어들은 문법이 각자 다르지만, 모두 동일한 기계어 코드로 어셈블된다. 여기서는 여러 어셈블리 언어 중 그나마 덜 나쁜 *NASM*(Netwide Assembler) 스타일의 어셈블리 언어를 소개한다.

대체로 x86 명령어는 피연산자(operand; 인수)가 두 개다. NASM 문법에서 첫 피연산자는 연산의 대상일 때가 많다. 하지만 누산기처럼 연산의 결과가 저장될 입력일 때도 있다. 둘째 피연산자는 입력이다.

대부분의 어셈블러처럼 NASM에서도 프로그램의 특정 행에 레이블$_{label}$(이름표)을 붙여서 참조할 수 있다. 다음은 레이블을 지정하는 예다.

```
mylabel:
```

이 레이블을 행 5에 삽입했다면, 프로그램의 다른 곳에서 행 번호 5 대신 레이블 `mylabel`을 지정해서 행 5로 점프하거나 행 5에 있는 상수를 참조할 수 있다.

1 데이터 이동

상수나 레지스터의 내용을 다른 레지스터나 RAM 주소에 복사할 때는 `mov` 명령어('move'를 뜻한다)를 사용한다. `mov`는 적재와 저장 등 모든 데이터 이동을 일반화한 명령어로, 주소 지정(addressing) 방식에 따라 다양한 변형이 있다.

즉시 주소 지정(immediate addressing) 방식은 상수를 레지스터에 넣는다. 예:

```
mov rbx, 123        ; 십진수 123을 레지스터 RBX에 넣는다
mov ebx, 4c6h       ; 16진수 4c6을 EBX에 넣는다
mov bh, 01101100b   ; 이진수 01101100을 레지스터 BH에 넣는다
```

레지스터 주소 지정(register addressing) 방식은 CPU 안에서 한 레지스터의 데이터를 다른 레지스터에 복사한다. 예:

```
mov rax, rbx          ; RAX를 RBX에 복사한다
```

직접 주소 지정(direct addressing) 방식은 지정된 메모리 주소들에서 데이터를 적재하거나 저장한다. 피연산자로 실제 주소 대신 레이블을 사용할 수 있다. 그런 문맥에서 레이블은 **변수**(variable)로 간주된다. 예:

```
mov rbx, [1000h]      ; 16진수 주소 1000(의 내용)을 RBX로 적재
mov [1000h], rbx      ; RBX를 16진수 주소 1000에 저장
mov rbx, [1000h+20h]  ; 오프셋을 적용한 주소에서 적재
mov [1000h+20h], rbx  ; 오프셋을 적용한 주소에 저장
mov rbx, myvar        ; 레이블 주소를 적재(내용이 아니라 주소 자체)
mov rbx, [myvar]      ; 레이블 주소의 내용을 적재
mov [myvar], rbx      ; RBX를 레이블 주소에 저장
```

레지스터 간접 주소 지정(register indirect addressing)은 아래처럼 대괄호 표기법을 사용한다.

```
mov rax, [rdi]        ; RDI에 담긴 주소의 내용을 RAX로 적재
mov [rdi], rax        ; RAX를 RDI에 담긴 주소에 저장
```

이 예의 두 명령은 RAX로 적재할 값이 있는 주소(그리고 RAX의 값을 저장할 주소)가 RDI에 들어있다고 가정한다.

2 데이터 생성

데이터를 담을 메모리 장소에 이름을 부여할 수 있다. 그리고 필요하다면 그 장소의 초깃값을 지정할 수도 있다. 어떤 장소에 이름을 부여할 때는 *define*(정의하다)을 뜻하는 d로 시작하는 명령어들을 사용한다. 다음은 초기화와 함께 이름을 정의하는 예다.

```
mybyte:  db 15         ; 1바이트 데이터 항목 정의
myword:  dw 452        ; 1워드(2바이트) 데이터 항목 정의
mydword: dd 478569     ; 1더블워드(4바이트) 데이터 항목 정의
myqword: dq 100000000  ; 1쿼드워드(8바이트) 데이터 항목 정의
```

장소에 이름만 부여하고 값을 초기화하지 않을 때는 *reserve*(예약하다)를 뜻하는 r로 시작하는 명령어들을 사용한다. 다음이 그러한 예다.

```
mybyte:    resb 1         ; 초깃값 없는 1바이트 항목
myword:    resw 1         ; 초깃값 없는 1워드 항목
mydword:   resw 1         ; 초깃값 없는 1더블워드 항목
myqword:   resw 1         ; 초깃값 없는 1쿼드워드 항목
```

이들은 x86의 명령어가 아니다. NASM이 적절한 데이터 영역을 만들고 이름(레이블)을 붙이기 위한 지시자(directive)다.

배열(array)을 만들려면 이런 식으로 연속된 주소들을 할당하면 된다. 다음 예를 보면 이해가 될 것이다.[3]

```
myarray:   dq 1, 2, 3, 4  ; 쿼드워드 네 개짜리 배열. myarray는 첫 요소의 주소.
myzeros:   times 4 dw 0   ; 쿼드워드 네 개를 모두 0으로 초기화
mywords:   resw 100       ; 초기화 없이 워드 100개를 예약
mystring:  db "hello", "world", 10, 0   ; 12자 ASCII 문자열
```

NASM은 매크로 지시자들도 제공한다. 예를 들어 수치 상수를 정의하는 `equ`와 문자열 상수를 정의하는 `%define`이 있다.

```
SCREEN_WIDTH equ 1920
%define isTrue 1
```

NASM은 어셈블 과정을 수행하기 전에 이 상수 이름들을 해당 상수 값으로 치환한다. 이런 매크로 지시자들은 x86의 명령어 집합에 속하는 것이 아니다. 프로그래머의 편의를 위해 NASM이 제공하는 기능이다.

3 산술 및 논리 연산

대체로 x86 명령어는 인수(피연산자) 두 개를 받도록 설계되어 있다. 그래서 대부분의 산술 연산은 누산기(accumulator) 스타일로 수행된다. 누산기 전용 레지스터는 없다. 어떤 레지스터도 누산기로 사용할 수 있다. 예를 들어 다음 프로그램은 값 1을 RBX에 넣고 거기에 2를 더한다. 누산기 스타일의 연산이므로 결과 3은 RBX 자체에 저장된다.

```
mov rbx, 1
add rbx, 2
```

---

3 (옮긴이) 마지막 행의 10과 0은 ASCII 코드이다. ASCII 코드 10과 0의 의미는 §2.3.7에서 이야기했다.

x86은 CISC 아키텍처인 만큼 복합적인 명령어가 아주 많다. 산술 연산과 관련해서는, 각 산술 연산에 다양한 주소 지정 방식이 결합된 명령어들이 많이 있다. 다음은 주소 1000h와 2000h의 두 값을 더해서 RBX에 넣는 예다.

```
mov rbx, [1000h]
add rbx, [2000h]
```

그런데 x86에는 `[3000h] := [1000h]+[2000h]` 같은 극도로 복합적인 CISC 스타일의 덧셈 명령어는 없음을 유의하자. 그런 명령어는 적재 연산 2회와 덧셈 연산 1회, 저장 연산 1회를 하나의 명령어로 처리한다.

뺄셈도 덧셈과 비슷한 방식이다.

```
sub ax, 5
```

8, 16, 32비트 피연산자를 1씩 증가하거나 감소할 때는 명령어 `inc`와 `dec`를 사용한다.

```
dec ax            ; 레지스터의 내용을 감소한다
inc [mybyte]      ; 변수 mybyte의 내용을 증가한다
```

정수 곱셈과 나눗셈을 위한 x86의 명령어는 `mul`과 `div`다. 덧셈 및 뺄셈과는 달리 이 명령어들은 항상 AX 레지스터를 누산기로 사용한다(AX의 A는 accumulator를 뜻한다). 그래서 곱하거나 나누는 수만 지정하면 된다.

```
; 64비트 곱셈
mov rax, 2
mov rbx, 3
mul rbx        ; 결과 6이 누산기 RAX에 저장됨
; 16비트 곱셈
mov ax, 20     ; 첫 피연산자
mov bx, 4      ; 둘째 피연산자
mul bx         ; 결과는 AX에 저장됨
; 8비트 나눗셈
mov al, 10     ; 피제수(나누어지는 수)
mov bl, 2      ; 제수(나누는 수)
div bl         ; 결과는 AX에 저장됨
; 16비트 부호 있는 나눗셈
```

```
mov ax, -48    ; 피제수가 음수라서 부호 있는 나눗셈이 필요함
cwd            ; AX를 DX로 확장
mov bx, 5
idiv bx        ; 몫은 AX에, 나머지는 DX에 저장됨
```

이 예의 마지막 나눗셈 코드에서, 접두사 i가 붙은 `idiv`는 부호 있는(signed) 정수 나눗셈 명령어다. 그리고 `cwd`는 AX의 워드 값을 더블워드 DX:AX로 확장한다.[4] `idiv`로 나눗셈을 수행하면 몫이 AX에, 나머지가 DX에 저장된다.

비트별 논리 연산 명령어로는 `and`, `or`, `not`, `xor` 등이 있다. 예를 들면 다음과 같다.

```
and ax, 01h
or  ax, bx
not ax
```

덧셈처럼 첫 피연산자는 누산기로 작용한다. 따라서 연산 결과가 첫 피연산자에 저장된다.

4 흐름 제어

NASM의 레이블은 두 종류로, 기호 레이블(symbolic label)과 숫자 레이블(numeric label)이다. 둘 다 점프와 분기에 사용할 수 있다. 기호 레이블은 식별자 뒤에 콜론(:)이 붙는 형태다. 하나의 기호 레이블은 범위가 전역(global)이다. 따라서 프로그램 전체에서 딱 한 번만 정의되어야 한다. 하지만 식별자가 마침표(.)로 시작하는 레이블은 지역(local) 범위로 간주된다. 지역 레이블은 현재 파일에만 쓰인다. 다음은 기호 레이블과 점프 명령어 `jmp`를 이용한 무한 루프다.

```
mylabel:
    jmp mylabel
```

숫자 레이블은 0에서 9까지의 숫자 하나 다음에 콜론이 오는 형태다. 숫자 레이블은 지역 범위로 간주된다. 범위가 제한적이라서 여러 번 재정의할 수 있다. 숫자 레이블을 참조할 때는(이를테면 명령의 피연산자로 사용할 때) 해당 레이블이 있는 방향에 따라 접미사 b(backward, 역방향) 또는 f(forward, 순방향)를 숫자에 덧붙여야 한다. 예를 들어 `1b`는 그 지점의 역방향(코드의 시작으로 돌아

---

4 [옮긴이] 더블워드 확장 시 `cwd`는 AX의 부호 비트(15번 비트)를 DX의 모든 비트 자리에 복사한다. 2의 보수 시스템에서, 그렇게 확장된 DX:AX는 AX와 부호 및 절댓값이 같다.

가는 방향)으로 가장 가까운 숫자 레이블 1을 뜻하고, 1f는 그 지점의 순방향(코드의 끝으로 나아가는 방향)으로 가장 가까운 숫자 레이블 1을 뜻한다. 다음 예를 보면 이해가 될 것이다.

```
main:
    1:                  ; 새 숫자 레이블 정의
    ; 뭔가를 수행한다
    jmp 1f              ; 순방향으로 가장 가까운 1(아래의 1)로 점프
    1:                  ; 기존 레이블 재정의
    ; 뭔가를 수행한다
    jmp 1b              ; 역방향으로 가장 가까운 1(위의 1)로 점프
```

조건부 분기를 위해서는 두 개의 명령어가 필요하다. 우선, 두 값을 비교하는 `cmp` 명령어를 실행해야 한다. 이 명령어는 두 피연산자를 비교하고 그 결과에 따라 상태 레지스터의 특정 플래그를 설정한다. 그런 다음에는 특정 상태 플래그에 따라 어딘가로 점프하는 적절한 점프 명령어를 실행한다. [표 13-4]는 이런 용도로 사용할 수 있는 점프 명령어들이다.

표 13-4 x86 조건부 점프 명령어들.

명령어	조건
je	cmp의 결과가 상등(equal)이면 점프
jne	cmp의 결과가 부등(not equal)이면 점프
jg	부호 있는 >(greater, 초과)이면 점프
jge	부호 있는 >=(greater or equal, 이상)이면 점프
jl	부호 있는 <(less, 미만)이면 점프
jle	부호 있는 <=(less or equal, 이하)이면 점프
ja	부호 없는 >(above, 초과)이면 점프
jae	부호 없는 >=이면 점프 >=
jb	부호 없는 <(below, 미만)이면 점프
jbe	부호 없는 <=이면 점프
jc	자리올림(carry)이 발생했으면 점프(부호 없는 넘침 또는 다중정밀도 덧셈에 쓰임)
jo	부호 있는 넘침(overflow)이 발생했으면 점프

다음 예제 프로그램을 보자. 이 프로그램은 `cmp`와 `je`의 조합을 이용해서, 주어진 두 값이 같으면 특정 레이블로 점프한다.

```
cmp 15, 10
je equal            ; 상등이면 "equal" 레이블로 점프
```

```
; 조건이 충족되지 않으면 계속 실행
cmp 10,10
je equal
equal:
    ; 상등임
```

다음은 서브루틴의 호출 및 복귀 방법을 보여주는 예다.

```
main:
    call somefunction

somefunction:
    ; 뭔가를 수행한다
    ret
```

call 명령어는 주어진 레이블에서 시작하는 서브루틴으로 점프한다. ret 명령어는 서브루틴을 호출한 지점으로 돌아간다.

5 스택

서브루틴의 호출과 복귀/반환은 내부적으로 스택을 이용해서 구현된다. 조금 전의 예처럼 그냥 서브루틴으로 점프했다가 돌아오는 경우에는 스택의 존재를 생각할 필요가 전혀 없다. 하지만 마치 고수준 언어의 함수처럼 서브루틴에 인수들을 넘겨주고 서브루틴으로부터 반환값을 받으려면 스택을 고려해야 한다. x86은 이를 위한 명령어들을 제공한다. 구체적으로, push는 스택에 값을 넣고 pop은 스택 최상위 값을 뽑는다(내부적으로 이 명령어들은 레지스터 SS와 ESP(또는 SP)를 조작한다. 이 스택에는 워드와 더블워드만 저장할 수 있다. 다음 예를 보자.

```
; 두 레지스터의 값을 스택에 보관해 둔다
push ax
push bx
; 두 레지스터로 어떤 일을 수행한다
; 이제 원래 값들을 복원한다
pop bx
pop ax
```

이 프로그램은 레지스터 AX와 BX의 내용을 스택에 넣는다. 레지스터 값들을 보관해 두었으므로 두 레지스터를 다른 용도로 마음껏 사용할 수 있다. 다 사용한 후에는 스택에 넣어 둔 원래 값들을 pop 명령을 이용해서 복원한다.

> **x86의 호출 규약**
>
> x86 아키텍처들의 발전 과정에서 다양한 호출 규약(calling convention)이 등장했다. x86의 호출 규약 중에는 인수(argument)들을 스택을 이용해서 전달하는 것들이 많다. 아키텍처의 레지스터 수가 많지 않고, 역사적으로 기계어 코드를 간단하고 작게 만드는 데 중점을 두었기 때문이다. 하지만 처음 몇 개의 매개변수는 레지스터로 전달하는 호출 규약도 있다. 특히 자주 호출되는 간단한 말단 루틴(leaf routine; 다른 루틴을 호출하지 않는 루틴)은 이 방법으로 성능을 향상할 수 있다.
>
> amd64의 경우 현재 널리 쓰이는 규약은 두 가지다. 하나는 시스템 V(System V) 유닉스(UNIX) 설계자들이 제안한 것이고 다른 하나는 마이크로소프트가 제안한 것이다. 스택을 정리할 책임이 호출자가 아니라 호출 대상(함수)에 있다는 점에서는 두 규약이 같다. 또한, 처음 몇 개의 인수는 레지스터로 전달하고 나머지는 오른쪽에서 왼쪽 순으로 스택에 넣어서 전달한다는 점도 동일하다. 하지만 호출 시 사용하는 레지스터의 수와 종류는 다르다. 또한, **임시**(temporary) 레지스터들과 **안전한**(safe) 레지스터들의 선택에서도 차이를 보인다. 임시 레지스터는 함수 안에서 덮어 쓰일 수 있지만, 안전한 레지스터는 함수 안에서 절대로 변경되지 않음이 보장된다.

6 BIOS 입출력

레트로 컴퓨터들에서처럼, 화면이나 키보드와 통신하려면 ROM에 있는 BIOS 루틴들을 호출하면 된다. 다음 예를 보자.

```
; BIOS 문자 디스플레이
mov ah, 0eh       ; 모드 설정
mov al, 'H'       ; 출력할 문자 'H'를 적재한다
int 10h           ; 그 문자를 화면에 표시하라고 BIOS에 요청한다
; BIOS 문자 입력
mov ah, 00h
int 16h           ; 키가 눌린 문자를 AL에 적재하라고 BIOS에 요청한다
; BIOS 그래픽 (16비트 모드에서만 작동함)
mov al, 13h       ; 설정할 그래픽 모드의 하위 바이트와
mov ah, 0         ; 상위 바이트
int 10h           ; 그래픽 모드 설정을 BIOS에 요청한다
mov al, 1100b     ; 표시할 픽셀의 RGB 색상
mov cx, 10        ; 표시할 픽셀의 x 좌표
mov dx, 20        ; 표시할 픽셀의 y 좌표
mov ah, 0ch       ; 픽셀을 표시하라고 BIOS에 요청한다
int 10h
```

이 프로그램은 화면 모드를 설정해서 화면의 한 곳에 ASCII 문자 하나를 출력한다. 그런 다음 키보드에서 ASCII 문자를 읽어 들인다. 마지막으로는 화면을 그래픽 모드로 전환해서[5] 화면에 픽셀

---

5 〔옮긴이〕 이 프로그램은 흔히 '모드 13h'라고 부르는 그래픽 모드를 사용한다. 모드 13h의 해상도는 320×200픽셀이고, 표현 가능한 색상은 256개다. CGA와 EGA 그래픽의 뒤를 이어 1980년대 후반~1990년대 초반에 여러 PC 게임에 쓰인 VGA 그래픽의 256색 저해상도 모드에 해당한다.

하나를 찍는다. 이 프로그램은 8비트 스타일 비디오 게임의 그래픽과 입력 처리에 필요한 모든 요소를 담고 있다. `int` 명령어는 인터럽트 요청을 발생해서 처리의 흐름을 BIOS에 넘긴다. 피연산자는 인터럽트 번호다. 이에 따라 BIOS가 적절한 서브루틴을 실행한다. BIOS의 각 서브루틴은 인수들이 인터럽트 발생 전에 적절한 레지스터(AH와 AL 등)에 적재되었다고 가정한다.

7 부동소수점

x86의 부동소수점 아키텍처는 8086의 옛 보조 프로세서인 8087에서 파생되었다. 8087은 수치 계산을 가속화하는 칩으로, 필요에 따라 8086과는 개별적으로 설치했다. 486부터는 FPU(부동소수점 연산 장치)가 x86 아키텍처 자체에 포함되었다. 이 FPU를 x87 확장(extension)이라고 부른다.

x87 확장은 ST0부터 ST7까지의 전용 부동소수점 레지스터를 추가한다. 이 레지스터들은 스택으로 쓰인다(이름에 *ST*가 붙은 이유다). 이 스택은 최대 8개의 항목을 담을 수 있으며, 최상위 항목은 ST0이다. x86은 이 스택에 데이터를 넣고 뽑는, 그리고 스택의 항목들로 부동소수점 연산을 수행하는 여러 부동소수점 명령어를 추가했다. 모두 이름이 `F`로 시작한다.

다음은 부동소수점 수를 x87 스택에 넣고, 산술 연산을 수행하고, 그 결과를 스택에서 뽑는 방법을 보여주는 예제 프로그램이다.

```
a: dw 1.456          ; 워드(16비트) 부동소수점 수
b: dd 1.456          ; 더블워드(32비트) 부동소수점 수
c: resq 1            ; 출력 부동소수점 수를 담을 공간을 예약한다
;FP add
fld qword [a]        ; a를 적재(부동소수점 스택 ST0에 넣는다)
fadd qword [b]       ; 부동소수점 수 b를 더한다(ST0에)
fstp qword [c]       ; 결과를 c에 저장(부동소수점 스택에서 뽑는다)
;FP multiply
fld qword [a]        ; a를 적재(부동소수점 스택 ST0에 넣는다)
fmul qword [b]       ; 부동소수점 수 b를 곱한다(ST0에)
fstp qword [c]       ; 결과를 c에 저장(부동소수점 스택에서 뽑는다)
```

어셈블리 코드에 부동소수점 수를 16진수가 아니라 십진 소수점 표기법으로 직접 명시했음을 주목하자. 이 십진 부동소수점 수들을 NASM이 적절한 비트수(`dw`나 `dd`가 말해주는)의 IEEE 이진 표현으로 적절히 변환해 준다.

13.4.3 세그멘테이션

하나의 x86 프로그램을 여러 **세그먼트**segment(또는 구획)의 집합으로 구성할 수 있다. 세그먼트는 프로그램의 여러 조각을 메모리의 서로 다른 장소에 저장하기 위한 것이다. 예를 들어 기계어 코드와 데이터를 분리하고 싶다면(하버드 아키텍처처럼), 각각을 코드 세그먼트와 데이터 세그먼트로 지정하면 된다. 더 나아가서, 스택 세그먼트를 지정해서 스택을 코드 및 데이터와 따로 두는 것도 가능하다. 모든 세그먼트는 동일한 전역 주소 공간에 속한다. 하지만 한 세그먼트의 시작 주소를 전용 레지스터에 설정한 후부터는 그것을 기준으로 한 오프셋만 지정해서 그 세그먼트의 특정 주소에 접근할 수 있게 된다. 이것은 원래 16비트 CPU에서 $64k_2B$를 넘는 RAM을 사용하기 위해 고안된 시스템이다. 지금도 그런 기능이 남아 있긴 하지만, 메모리 주소 공간이 방대한 현대적 64비트 x86에서는 더 이상 쓰이지 않는다. **세그먼트 레지스터**(segment register)는 총 여섯 개로, CS, DS, SS, ES, FS, GS다.[6] 이들은 각각 특정 세그먼트의 시작 주소를 담는 데 쓰인다.

NASM은 세그먼트 시스템을 위해 `section`이라는 지시자를 제공한다. 프로그래머는 이 지시자를 이용해서 코드 세그먼트와 데이터 세그먼트를 지정할 수 있다. 설정에 따라서는 읽기 전용 데이터를 담는 세그먼트를 `section .text`로 지정하고 읽기와 쓰기가 모두 가능한 데이터를 담는 세그먼트를 `section .data`로 지정하기도 한다. 단, amd64 하드웨어 수준에서는 읽기 전용과 읽기/쓰기의 구분이 없음을 유념하자. 접근 권한이 없는 세그먼트에 있는 주소에 프로그램이 접근하려 하면 **세그먼테이션 오류**(segmentation fault) 혹은 구획 위반 오류가 발생한다.

13.4.4 하위 호환 모드

x86 표준에 따르면 x86에 속하는 모든 CPU는 원조 16비트 8086과의 하위 호환성을 제공해야 한다. 이 때문에, 전원이 처음 들어왔을 때 CPU는 일단 16비트 모드로 시작해서 8086과 정확히 동일하게 작동하게 된다.

32비트 x86 CPU에는 16비트 모드에서 32비트 모드로 전환하는 명령어가 추가되었고, 64비트 CPU에는 32비트 모드에서 64비트 모드로 전환하는 명령어가 추가되었다. amd64 기반 시스템을 부팅하는 경우, 일단 16비트로 시작해서 32비트로 전환한 후 64비트 모드로 전환하게 된다. 몇 분의 1초 걸리는 부팅 과정에서 아키텍처의 진화 역사를 재현하는 셈이다.

---

6 [옮긴이] CS, DS, SS는 앞에서 언급한 코드 세그먼트, 데이터 세그먼트, 스택 세그먼트를 위한 것이고 ES, FS, GS는 비디오 메모리 접근 등 추가적인 용도를 위한 것이다.

x86 아키텍처에 관한 지금까지의 내용을 바탕으로, 이제부터는 x86 아키텍처를 CPU로 사용하는 PC 컴퓨터 설계를 살펴보자.

13.5 PC 컴퓨터 설계

'데스크톱 PC', 더 줄여서 'PC'는 지금까지 살펴본 다른 컴퓨터들과는 성격이 다른 개념이다. 이 용어는 특정한 하나의 컴퓨터 설계를 지칭한다기보다는, 공식 및 비공식 표준들의 느슨한 집합체라고 해야 할 것이다. 최초의 PC는 IBM이 설계하고 정의했다. 시초는 1981년의 IBM 5150(그림 11-1)이다. 이후 다른 여러 제조업체가 호환성 있는 유사 부품을 이용한 복제품을 내놓았다.

1990년대에 PC는 일반적으로 마이크로소프트 DOS나 Windows 운영체제를 실행할 수 있는 x86 CPU 탑재 컴퓨터를 가리켰다. 마이크로소프트가 자사 운영체제에서 지원할 컴퓨터 설계상의 기능 및 특징을 선택했고 그것을 대다수 제조업체가 따랐기 때문에, 표준을 사실상 마이크로소프트가 정의했다. 물론 마이크로소프트와는 다른 기능들을 선택한 별도의 운영체제를 당시 컴퓨터에서 실행하는 것도 가능했다. 컴퓨터 설계상의 기능들에 대해 여러 표준이 경쟁하는 것은 흔한 일이다. 어떤 표준을 채택할 것인지는 PC 공동체에서 기술적인 문제이자 정치적인 문제였다.

PC가 여러 표준의 느슨한 집합체이다 보니, 좀 더 표준화된 플랫폼들과는 활용 면에서도 프로그래밍 면에서도 그 느낌이 다르다. 예를 들어 코모도어 64 같은 특정 기종을 위해 게임을 만들 때는 구체적인 하드웨어 기능 집합을 가정할 수 있다. 그런 게임은 기본적으로 모든 코모도어 64에서 정확히 동일하게 작동한다. 이 덕분에 게임 디자이너는 마치 예술가처럼 게임의 모습과 느낌을 자신이 의도하는 대로 정확하게 빚어낼 수 있다. 하지만 PC용 게임은 기능이 서로 다른 여러 PC에서 각각 다르게 실행될 여지가 있다. 따라서 게임 디자이너는 하나의 작품을 빚어낸다기보다는 '느낌과 모습이 비슷한 여러 게임의 집합'을 만들어 내게 된다. 그중에는 디자이너 자신이 직접 보지 못한, 그리고 그 구현 방법을 추측할 수밖에 없는 게임들도 있을 것이다. 마찬가지로, 게임 플레이어는 자신이 원하는 느낌과 모습의 게임이 되도록 하드웨어와 소프트웨어를 설정하는 데 많은 시간을 보내게 된다.

이번 절에서는 오늘날 데스크톱 PC에 쓰이는 버스, I/O 모듈, 장치의 몇 가지 구체적인 사례를 살펴본다. 이런 구성요소들이 현대적 PC의 병목 지점이 될 때도 있다. CPU가 고도로 최적화되어서 아주 빠르게 작동한다고 해도, 시스템의 다른 부품들이 일을 마칠 때까지 기다려야 한다면 별 소용이 없다. 따라서 여러분이 컴퓨터를 구매할 때는 CPU 속도만 따질 것이 아니라, CPU를 뒷받침하는 여러 지원 구조도 고려해야 한다.

13.5.1 버스 계층구조

CPU처럼 버스도 계속해서 개선되고 교체된다. 그에 따라 PC 아키텍처들은 다양한 표준 버스 계층구조들을 사용해 왔다. 데스크톱 PC의 버스들은 여러 계층으로 구성된다. 계층마다 버스의 대역폭이 다르며, 각자 다른 용도에 최적화된다. [표 13-5]는 주요 버스 표준의 속도 및 용도를 정리한 것이다.

표 13-5 여러 PC 버스의 속도 및 용도

표준	대역폭(Gbps)	용도
기가비트 이더넷	1	네트워크
USB3	5	주변장치
SATA3	6	보조 저장장치
NVMe	32	보조 저장장치
PCIe 5.0 x16	63	그래픽 카드

표에서 보듯이, 이더넷을 통한 외부 세계와의 통신은 느린 쪽에 속하고 지역 주변장치와 보조 저장장치는 중간급이다. 해야 할 일이 아주 많은 그래픽 카드는 대역폭이 넉넉해서 속도가 빠르다.

고전적인 PC 계층구조의 뼈대는 노스브리지Northbridge와 사우스브리지Southbridge라는 두 구성요소다. 이 둘을 합쳐서 **칩셋**chipset이라고 부른다. [그림 13-3]에 이 두 브리지를 뼈대로 한 버스 계층구조가 나와 있다.

노스브리지는 CPU의 전면 버스(front-side bus, FSB)에 직접 붙는다. 노스브리지는 메모리 버스를 통해서 CPU와 RAM을 연결하며, PCIe 버스를 통해서 CPU와 고속 I/O 모듈들(RAM과 동일한 주소 공간을 사용하는)을 연결한다. 또한 노스브리지는 사우스브리지와도 연결된다. 노스브리지는 빠르고 강력하다. 예전에는 CPU와 별도의 칩으로 구현되었고, 일부 수준의 메모리 캐시도 담았다. 요즘은 노스브리지를 CPU의 실리콘에 함께 얹는 시스템이 많다.

사우스브리지는 CPU와 더 느린 I/O 버스 계층구조를 간접적으로(노스브리지를 거쳐서) 연결한다. 사우스브리지는 요즘도 개별 실리콘 칩으로 구현된다(노스브리지가 CPU에 들어갔지만, 두 브리지를 합쳐서 '칩셋(칩들의 집합)'이라고 부르는 관례는 사라지지 않았다). 사우스브리지 칩의 실리콘에는 다양한 표준 I/O 모듈이 포함된다. [그림 13-3]에는 USB 컨트롤러, 하드 디스크 컨트롤러, 구식(PCIe 이전의) PCI 버스 등이 나와 있다.

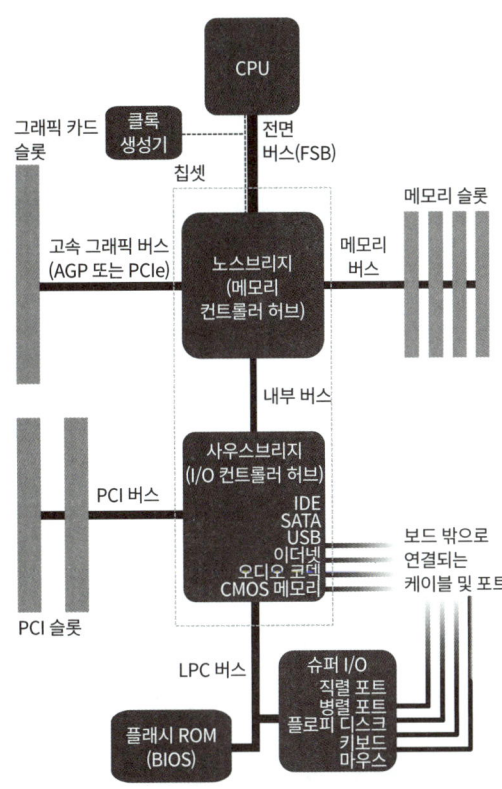

그림 13-3 노스브리지-사우스브리지 버스 아키텍처.

서문의 [그림 2]에 나온 2010년대 PC 메인보드의 물리적 배치도 참고하기 바란다. 그 그림에서 노스브리지와 사우스브리지 둘 다 커다란 방열판으로 덮여있다. 이는 두 브리지가 주된 전력 소비 요소이자 열 발생 요소임을 보여준다. 레트로 컴퓨터와 비교하면 메인보드에는 개별 칩이 거의 없다. 대부분의 기능이 사우스브리지나 노스브리지, CPU에 들어갔기 때문이다. 메인보드의 나머지 부분은 주로 물리적 커넥터와 전원 관리에 사용되는 아날로그 부품으로 채워져 있다.

요즘은 노스브리지가 CPU 실리콘으로 들어갔기 때문에 메인보드가 더욱 단순해졌다. 이제는 노스브리지를 육안으로 확인하기 어렵다.

1 표준화된 I/O

요즘 데스크톱 PC들은 I/O를 표준화하는 쪽으로 이동하고 있다. 비효율적이었던 예전에는 장치마다 I/O 모듈이 따로 있었다. I/O 모듈은 CPU와는 개별적으로 존재하는 물리적 구성요소다. 장치마다 물리적 I/O 모듈이 따로 있다는 것은 장치마다 프로세서에 대한 IRQ(인터럽트 요청) 선이 따로 있어야 한다는 뜻이다. 그래서 각 모듈의 인터럽트 처리를 관리하는 I/O 수준 드라이버가 필요했는데, 사용자나 프로그래머가 그런 드라이버를 설정하기가 번거롭거나 어려울 때가 있었다.

다행히 PC에서 이런 문제점은 USB 같은 버스 계층구조 덕분에 거의 다 해결되었다. USB에 물린 I/O 장치들은 USB 컨트롤러 같은 하나의 I/O 모듈을 공유한다. 즉, 장치가 여러 개라도 I/O 모듈을 한 번만 설정하면 된다. IRQ도 하나뿐이라서 충돌 문제가 없다. 이런 장치들은 독자적인 프로토콜을 사용하는 저수준 버스를 통해서 해당 컨트롤러와 연결된다. 그 프로토콜에는 장치의 종류를 컨트롤러에 알려주는 통신 규약이 포함될 수 있다. 이를 통해서 장치들은 컨트롤러에 할당된 하나의 IRQ를 수월하게 공유한다.

2 고속 직렬 버스

1980년대 황금기에서 '버스'는 다수의 전선이 병렬로 나열된 전선 뭉치를 뜻했다. 그런 버스는 [그림 13-4]의 왼쪽처럼 리본 케이블 형태일 때가 많았다.

그림 13-4 수많은 전선으로 이루어진 1980년대의 병렬 버스 리본 케이블(왼쪽)과 더 적은 전선으로 이루어진 2020년대의 고속 직렬 버스(오른쪽).

요즘은 이런 리본 케이블을 보기 어렵다. 대부분의 버스는 병렬이 아니라 직렬이다. 직렬 버스는 흔히 통신을 위한 전선 하나와 제어를 위한 전선 몇 개, 그리고 전원 공급을 위한 전선 하나로 구성된다. [그림 13-4]의 오른쪽에 그런 버스의 커넥터가 나와있다. 예를 들어 SATA, SSA-SCSI, USB, CAN은 모두 직렬 버스다.

직렬 버스로의 전환은 통신 속도가 약 1Gbps를 초과하면서 병렬 버스에서 발생한 기술적인 문제로 인해 촉발되었다. 병렬 전선들의 지연 시간이 조금만 달라도 신호가 동기화되지 않을 수 있으며, 데이터를 다시 동기화하는 것은 매우 어려운 일이다. 반면에 직렬 버스는 다수의 전선을 동기화할 필요가 없어서 속도를 계속해서 높일 수 있다.

3 계층구조상의 상향 이동

I/O 모듈의 속도가 빨라지면 버스 계층구조에서 더 위쪽으로, 즉 CPU에 좀 더 가까운 쪽으로 이동하려는 경향이 생긴다. 예전에는 USB 같은 표준화된 버스에 연결하던 장치가 이제는 사우스브

리지에 직접 연결되기도 한다. 또한 사우스브리지에 연결하던 장치는 노스브리지로 승격을 원하고, 노스브리지에 연결하던 장치는 실리콘으로 들어가서 '단일 칩 시스템(System-on-Chip, SoC)'의 일부가 되려고 한다. 그와 함께, 노스브리지와 사우스브리지, 표준화된 버스의 자체 속도 역시 점점 빨라진다. 그러다 보니 사우스브리지에서 노스브리지로 승격하고자 했던 장치가 사우스브리지가 충분히 빨라지면서 그냥 사우스브리지에 남기도 한다. CPU 클록 속도를 무어의 법칙에 따라 증가하는 것이 불가능해지면서 아키텍처의 주된 혁신 지점이 버스 계층구조의 모든 수준에서 속도를 높이는 쪽으로 이동했다. 덕분에 CPU 이외의 아키텍처를 설계하는 엔지니어들에게 더 매력적인 분야가 되고 있을 것이다.

이처럼 I/O 모듈이 버스 계층구조의 위쪽으로, 그리고 실리콘 칩으로 이동하는 경향 때문에 컴퓨터 설계의 경제와 법적 구조를 이해하기가 더욱더 어려워진다. 8비트 시절에는 CPU나 I/O 모듈 등을 여러 부품 회사가 각자 개별적인 물리적 칩으로 만들었고, 컴퓨터 제조업체들은 그런 칩들을 선택적으로 구매해서 자신이 설계한 PCB에 장착했다. 하지만 요즘은 그런 부품들을 하나의 실리콘에 얹는다. 따라서 CPU 제조업체와 I/O 모듈 제조업체가 LogiSim 설계도 파일과 비슷한 소프트웨어 파일을 컴퓨터 제조업체에 제공해야 한다. 컴퓨터 제조업체는 그 파일에 자신의 설계를 추가하고 연결해서 하드웨어 제조업체에 보낸다. 각 회사가 제공하는 디지털 논리 설계의 구성 단위를 **IP(intellectual property) 코어**라고 부른다. 이들은 플라스틱 패키지에 담아 사고파는 물리적 상품이 아니라 변호사와 특허 대리인이 철저하게 보호해야 하는 지식재산권 상품이다.

13.5.2 공통 버스

서문의 [그림 2]에서 보듯이, 요즘 메인보드의 대부분 공간은 칩이 아니라 커넥터로 채워진다. 그 그림의 커넥터들은 버스 계층구조의 다른 부분에서도 볼 수 있는 전형적인 커넥터들이다. 그럼 주요 커넥터를 살펴보자.

1 PCIe(PCI 익스프레스) 버스

PCIe는 PCI 익스프레스, 즉 Peripheral Component Interconnect Express(주변장치 구성요소 상호연결 익스프레스)의 약자다. 구식 PCI와는 다른 표준임을 주의하자. PCIe 버스는 그래픽 카드 및 기타 버스를 연결하는 범용 버스다. [그림 13-5]에서 보듯이 PCIe는 여러 종류가 있는데, 종류마다 레인lane 수가 달라서 물리적인 폭이 다르다.

그림 13-5 몇 가지 PCIe 버스 커넥터.

전송하고자 하는 데이터의 양에 따라서 레인 수를 달리할 수 있는데, 레인 수는 1 이상 32 이하의 2의 멱수여야 한다. PCIe는 레인 수뿐만 아니라 세대generation로도 구분된다. 세대를 거듭하면서 전송 속도가 레인당 250Mbps에서 2Gbps로 증가했다.

다른 여러 현대적 '버스'들처럼 PCIe도 원래는 실제 버스, 즉 다수의 노드가 동일한 도선들을 공유하며 각자 주소를 가지는 형태의 버스였다. 하지만 이제는 메시 네트워크mesh network의 형태로 진화했다. 현재의 형태에서는 버스의 혼잡(congestion; 또는 밀집) 현상을 피하기 위해 노드들이 일종의 라우팅을 수행한다.

2 SCSI 버스와 SATA 버스

SCSI와 SATA는 하드 디스크 같은 대용량 저장장치에 쓰이는 버스들로, 서로 경쟁 관계다. 영미권에서 '스커지'로 읽는[7] SCSI(Small Computer System Interface; 소형 컴퓨터 시스템 인터페이스)는 아주 오래된(1980년대에 만들어졌다) 고전적 표준으로, 잘 검증되고 신뢰성 있으며 확장성이 좋다. SCSI는 I/O 제어를 위한 연산 작업을 CPU에서 I/O 모듈의 디지털 논리로 옮기는 경향을 주도했다. 이 덕분에 CPU가 다른 작업에 좀 더 일찍 집중할 수 있게 되었다. 서버용 컴퓨터에서는 지금도 SCSI가 쓰인다. SCSI는 여러 버전을 거쳤는데, 가장 최근 작품은 직렬 버스 버전인 SSA(Serial Storage Architecture; 직렬 저장 아키텍처)다.

SATA(Serial Advanced Technology Attachment; 직렬 고급 기술 첨부)는 SCSI보다 저렴하고 간단하다. 그래서 대부분의 컴퓨터 시스템은 SCSI 대신 SATA를 사용한다.

7　[옮긴이] 한국에서는 '스카시'로 읽는 경우가 많(았)다. 언급한 '스커지'의 원문은 scuzzy인데, '지저분한', '때묻은' 같은 뜻을 가진 속어기도 하다.

3 USB

USB(Universal Serial Bus; 범용 직렬 버스)는 독자도 익숙할 것이다. 그런데 USB는 이름에 'Bus'가 있긴 하지만 사실 버스가 아니다. 심지어 메시 네트워크도 아니다. USB는 구식 직렬 포트를 대체하려는 목적으로 만들어진 점대점 커넥터(point-to-point connector)다.

USB가 나오기 전에는 새 하드웨어를 컴퓨터에 연결할 때마다 장치 드라이버와 IRQ 선들을 설정하느라 하루를 허비하곤 했다. USB는 그런 과정을 한순간에 처리해 준다. 이제는 그냥 꽂기만 하면 자동으로 인식되는 '플러그 앤 플레이'가 가능하다. 게다가 USB는 컴퓨터가 켜진 상태에서도 장치를 연결하고 분리할 수 있도록 설계되었다. 장치 드라이버가 없어도 장치가 자신의 유형과 모델을 알릴 수 있는 일반적인 방법이 USB 표준의 일부로 정의되어 있기 때문에, 운영체제 등의 소프트웨어는 연결된 장치를 자동으로 인식할 수 있으며, 많은 경우 사용자의 개입 없이도 적절한 드라이버를 내려받아서 실행할 수 있다.

USB 표준은 또한 전선을 통해 전원을 요청하고 전송하는 방법도 정의한다. USB 케이블은 전선 네 개로 구성되는데, 둘은 직렬 신호 전송용이고 둘은 전원용이다. 케이블에는 5V 전선과 접지선이 포함되어 있어서, 하나의 USB 케이블로 휴대전화를 충전하면서 동시에 데이터를 주고받을 수 있다.

이 모든 일은 하나의 I/O 모듈로 존재하는 중앙 집중적 USB 컨트롤러가 처리한다. 그래서 여러 개의 장치를 연결해도 IRQ 충돌을 걱정할 필요가 없다. USB 컨트롤러 자체는 하나의 IRQ 선을 사용한다. 하지만 다른 모든 장치는 USB 네트워크에 연결된다. USB에는 여러 버전이 있는데, 예를 들어 버전 1은 데이터 전송 속도가 12Mbps이고 버전 3은 5Gbps다.

일부 점대점 네트워크와는 달리 USB 연결은 관리자(manager)와 작업자(worker)를 구분한다. 즉, 연결의 한쪽 끝은 관리자이고 다른 쪽 끝은 작업자다. 통신 프로토콜은 관리자가 주관한다. USB 메모리를 컴퓨터에 연결하는 경우 컴퓨터가 관리자가 된다. 작업자인 USB 메모리는 수동적으로 작동한다. USB 메모리가 통신을 주도해서 스스로 데이터 복사를 컴퓨터에 요청하는 일은 없다.[8] 이는 USB 케이블의 양 끝이 다른 형태인 이유다. 통신을 제어하는 관리자에 연결되는 쪽과 작업자에 연결되는 쪽의 커넥터가 다른 모습이기 때문에 반대 방향으로 꽂을 수 없다.

USB 프로토콜의 일부로 *OTG*(on-the-go)가 있다. OTG는 물리적 어댑터를 이용해서 작업자 장치가 관리자 역할을 하게 만드는 기능이다. 종종 장치들을 반대로 연결하고 싶을 때가 있다. 예를 들

---

8 [옮긴이] 예를 들어 컴퓨터에 꽂기만 해도 바이러스를 감염시키는 USB 메모리는 Windows의 `Autorun.exe` 자동 실행 등 소프트웨어의 기능을 악용하는 것일 뿐이다.

어 스마트폰을 컴퓨터에 연결할 때는 보통 스마트폰이 USB 메모리처럼 작업자가 되고 컴퓨터가 관리자 역할을 한다. 하지만 USB 메모리 스틱이나 사운드 카드를 스마트폰에 연결할 때는 스마트폰이 관리자 역할을 해야 한다.

4 이더넷

이더넷(ethernet)의 가장 오래되고 단순한 버전은 고전적인 의미의 버스다. 즉, 이더넷을 통해 지역망에 연결된 모든 PC(노드)는 모두 공통의 회선에서 메시지를 읽고 쓴다. 각각의 메시지는 '프레임' 단위로 포장되는데, 각 프레임에는 수신자의 주소(MAC 주소)가 포함된다. 충돌(여러 노드가 동시에 메시지를 보내려는 상황)을 피하기 위해 송신자는 버스를 주시하면서 적절한 전송 시기를 기다렸다가 메시지를 보내야 한다. 모든 노드가 버스를 오가는 모든 메시지를 읽을 수 있으므로, 버스를 '스니핑'해서 다른 사용자의 메시지를 훔쳐보는 것이 어렵지 않다.

현대적인 네트워크는 기본 이더넷 버스 구조 위에 버스 이외의 기능들을 얹은 형태다. 예를 들어 요즘은 모든 컴퓨터를 하나의 공유 이더넷 버스에 연결해서 네트워크를 구성하는 대신, 각 컴퓨터를 전용 이더넷 케이블을 이용해서 중앙의 **스위치** 장치하고만 연결하는 것이 일반적이다. 컴퓨터들이 전송한 모든 메시지는 스위치로 집중된다. 스위치는 각 메시지를 버스 스타일로 네트워크의 모든 컴퓨터에 보내는 대신, 메시지를 수신해야 할 컴퓨터에만 보낸다.

13.5.3 표준 장치

하나의 데스크톱 PC 시스템을 완성하려면 표준 장치(standard device) 몇 개를 추가해야 한다. PC에 대한 논의를 마무리하는 차원에서, 흔히 쓰이는 표준 장치들이 어떻게 진화해 왔는지 간단하게 살펴보자.

1 평면 디스플레이

현대적인 평면 디스플레이(flat-screen display)는 휴대전화 화면에서 대형 TV와 모니터에 이르기까지 널리 쓰인다. 이들은 트랜지스터와 커패시터로 구성되며, 다른 디지털 논리 칩들과 비슷하게 광식각법(포토 공정) 마스크와 가스 공정을 통해 제작된다. 특징적인 적, 녹, 청색 빛을 내는 픽셀들은 이트륨, 란타늄, 테르븀, 프라세오디뮴, 유로퓸, 디스프로슘, 가돌리늄 같은 다양한 희토류 원소를 이용해서 만든다. 이 중에는 너무나 귀해서 전 세계에서 한두 지역에서만 채굴할 수 있는 원소도 있다. 여러 전자 장치와 원소들의 고유한 조합을 통해, TFT를 비롯한 여러 '디스플레이 기술'이 개발되었다. 이 책을 쓰는 현재 최신 기술은 OLED(organic LED; 유기 발광 다이오드)다.

2 그래픽 카드

1980년대의 그래픽은 단순했다. 메모리의 일부가 화면 픽셀 배열용으로 할당되었으며, 사용자 프로그램은 그 메모리 영역에 픽셀값들을 채우면 그만이었다. 프로그램은 메모리의 다른 영역과 마찬가지 방식으로 화면용 메모리 영역을 사용할 수 있었다. 그 메모리 영역을 그래픽 칩이 읽어서, 모니터로 보낼 CRT 스캐닝 명령으로 변환했다. 지금은 상황이 훨씬 복잡해졌다. 이는 성능을 중시하는 프로그래머들이, CPU 시간을 소비하지 않으면서 복잡한 2D 및 3D 도형을 렌더링할 수 있는 명령들을 그래픽 하드웨어가 제공하길 요구했기 때문이다.

현대적인 GPU(graphics processing unit; 그래픽 처리 장치)는 그러한 요구에 부응해서 1980년대의 VDU(visual display unit)로부터 진화한 결과다. GPU는 개별 픽셀의 색을 설정하는 명령들 대신, 삼각형에 스프라이트와 유사한 텍스처를 입히고 복잡한 조명 모델을 이용해서 빛을 비추는 명령들을 수행한다.

지난 20여 년간 비디오 게임을 즐겨온 독자라면 GPU의 그래픽 처리 능력이 실제로 무어의 법칙에 따라 발전해 왔음을 목격했을 것이다. 그래픽 품질은 2년마다 두 배씩 향상되어서, 실사(photorealistic) 렌더링을 실시간으로 수행하는 수준에 가까워지고 있다.

전통적으로 GPU는 메인보드의 한 버스(PCI나 AGP, PCIe 등)에 연결된다. 컴퓨터 아키텍처에서 물리적 크기가 커지고 있는 부품은 GPU가 유일하다. 작은 칩으로 시작했지만, 이제는 완전한 카드 하나 크기일 때가 많다(그림 13-6).

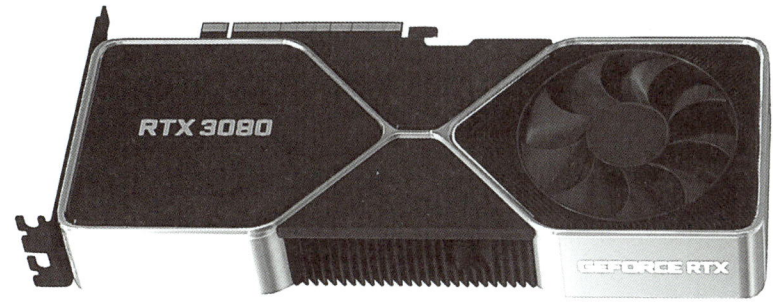

그림 13-6 2022년형 Nvidia RTX 3080 GPU.

하지만 GPU를 축소해서 메인보드의 단일 칩에 넣거나 아예 CPU와 동일한 실리콘에 얹는 쪽으로의 흐름도 있다. 특히 GPU가 주요 부품이 아닌 기기들, 이를테면 사무용 소프트웨어를 표시할 정도의 그래픽 능력만 있으면 되는 일반 업무용 PC들에 그런 방식이 쓰인다.

그래픽 카드는 I/O 모듈로서 시스템 버스에 장착된다. 여기서 중요한 점은 DMA(직접 메모리 접근)를 활용할 수 있다는 것이다. 예를 들어 하나의 이미지를 주 RAM에 저장한 후 GPU에 명령 하나를 요청하면 GPU가 주 RAM에서 이미지를 GPU 안으로 적재한다. 이런 DMA 작업은 CPU를 거치지 않으므로, CPU의 관점에서는 이미지 적재가 거의 즉시 이루어지는 것처럼 보인다. (단, 웹캠에서 주 RAM으로의 추가 DMA 전송 등 다른 작업에 버스가 필요한 경우에는 작업이 좀 더 느려질 수 있다.)

초창기 GPU는 인기 있는 3D 그래픽 API인 OpenGL의 명령들을 하드웨어에서 직접 구현함으로써 OpenGL 렌더링을 가속하는 형태였다. 초기에는 메모리 매핑 영역의 데이터를 읽어서 화면에 표시하는 방법을 결정하는 칩의 형태였지만, 2000년대에는 그런 메모리 매핑 그래픽 칩을 대신하는 (또는 보강하는) 개별적인 그래픽 카드의 형태로 시스템 버스의 I/O 모듈로 장착되었다. 그런 그래픽 카드는 시스템 버스를 통해 전송된 그래픽 명령들(OpenGL이나 DirectX 같은 그래픽 언어의 프로그램을 컴파일, 어셈블한 코드)을 수행했다. 그래서 그래픽 카드 제품의 홍보 문구나 패키지에는 흔히 어떤 그래픽 언어들을(그리고 어떤 버전을) 지원하는지가 명시되곤 했다.

일반적으로 3D 그래픽 언어는 3차원 물체가 작은 삼각형 여러 개로 구성된다고 가정한다. 삼각형을 사용하는 이유는, 세 점이 항상 하나의 평면에 있기 때문에 수학적 계산이 용이하기 때문이다. 그래픽 언어의 구현은 두 종류의 '셰이더shader'로 구성된다. 이 셰이더들은 각각 하드웨어로 구현될 수도 있고 소프트웨어로 구현될 수도 있다. 정점 셰이더(vertex shader)는 각각의 정점 혹은 꼭짓점의 3차원 좌표를 2차원 픽셀 좌표로 변환한다. 픽셀 셰이더pixel shader는 디스플레이 화면상에서 그 삼각형이 차지하는 픽셀들의 색상(음영, shade)을 계산한다.

픽셀의 색상을 계산하는 방식은 3차원 물체의 표면과 빛의 상호작용을 어떤 수학 모델로 흉내 내느냐에 따라 다양하다. 대부분의 셰이딩 모델은 반투명 삼각형을 지원하는데, 반투명 §2.3.8.1에서 논의한 RGBA 색상의 알파 채널을 통해 모델링한다. 일부 셰이딩 모델은 프로그램이 각 삼각형의 법선(직교) 벡터를 지정하면 그에 따라 표면을 매끄럽게 연속적으로 변하는 색상으로 채워서 곡면을 표현한다.

[그림 13-7]은 초기 OpenGL 구현에 내장된 전통적인 셰이딩 모델 세 가지를 비교한 모습이다. 셋 다 구(sphere)를 근사하는 삼각형 메시를 렌더링한 것이다.

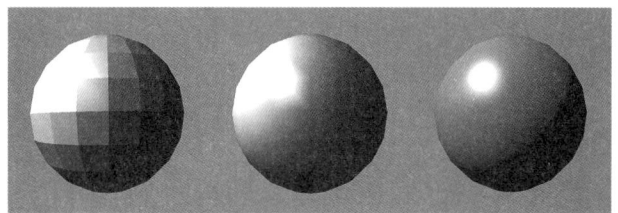

그림 13-7 전통적인 OpenGL 셰이딩 방식: 플랫flat 셰이딩(왼쪽), 구로Gouraud 셰이딩(가운데), 퐁Phong 셰이딩(오른쪽).

그래픽 사용자들은 GPU에 더욱더 유연한 셰이딩 능력을 요구했다. 종종 그래픽 연구자들이 새로운 셰이딩 모델을 제안하는데, 그럴 때마다 사용자들은 그것을 즉시 자신의 시스템에서 사용할 수 있길 원했다. 그러다 보니 그래픽 언어의 버전이 올라가면서 새로운 셰이딩 모델을 위한 여러 확장 명령이 계속 추가되었으며, 그래픽 카드 설계자들은 하위 호환성을 유지하면서도 새로운 셰이딩 명령들을 지원하는 새 하드웨어를 설계하는 어려움을 겪었다. 결국은 임의의 셰이딩 모델이나 기타 기능을 하드웨어가 아니라 사용자 프로그램에서 구현할 수 있는 길을 모색했다. 그 결과가 GLSL 같은 셰이더 언어. 셰이더 언어로 작성된 사용자 프로그램은 이제는 GPU라고 부르는 그래픽 카드의 ISA에 있는 명령들로 컴파일되어서 GPU에서 실행된다. 이를 통해 프로그래머들, 특히 게임 개발사와 영화 스튜디오의 프로그래머들은 커스텀 셰이더를 통해서 자신의 창작물에 좀 더 특징적이고 고유한 느낌을 부여할 수 있게 되었다. [그림 13-8]에 몇 가지 예가 나와 있다.

  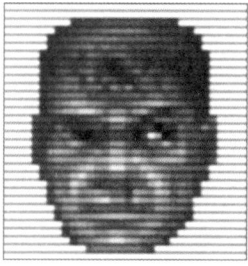

그림 13-8 커스텀 셰이딩의 예: 게임 *0 A.D.*의 물 효과(왼쪽), '툰' 셰이딩(중앙), 레트로 CRT 에뮬레이션(오른쪽).

이러한 아키텍처적 경향은 오늘날의 그래픽 시스템들에도 이어지고 있다. 이제 GPU는 고유한 명령어 집합을 가진, 고도로 범용적인 병렬 프로세서로 기능한다. 그래픽에 특화된 셰이더들은 소프트웨어로 옮겨갔다. OpenGL과 DirectX를 포함해 예전의 하드웨어 인터페이스는 이제 GPU 고유의 어셈블리 및 기계어로 작성된 소프트웨어로 구현된다. 그런 코드를 웨이랜드 컴포지터Wayland compositor나 Vulkan SPIR-V 언어와 같은 다른 그래픽 도구로 직접 생성하는 것도 가능하다. 그런 식으로 생성한 GPU 기계어 코드는 버스를 통해 그래픽 카드로 전송되고 GPU에서 실행된다. 그런 코드에 관해서는 제15장에서 좀 더 자세히 살펴볼 것이다.

13.5 PC 컴퓨터 설계

❸ 사운드 카드

SID 같은 레트로 사운드 칩과는 달리 현대의 사운드 카드는 음파 신호를 직접 생성하지 않는다. 대신 양자화된(quantized) 디지털 음파 신호의 흐름을 관리한다. 그러다 보니 컴퓨터 특유의 사운드 효과와 음악 문화가 사라져 버렸다. 예를 들어 현대적인 게임 개발에서는 컴퓨터 음악에 국한된 형태로 게임 음악을 구성할 필요가 없다. 일반적인 오케스트라나 록 밴드의 음악을 녹음한 파일들로 게임 음악을 구성할 수 있다. 그래픽 카드처럼 사운드 카드도 항상 운영체제의 제어하에 있기 때문에 사용자 프로그래머가 그 아키텍처를 들여다볼 일은 거의 없다.

현대의 사운드 카드는 사실상 디지털-아날로그 변환기(DAC)들의 집합에 불과하다. 실제로, 랩잭LabJack이나 SDR(software-defined radio, 소프트웨어 정의 라디오), 아두이노 듀 등에서 볼 수 있는 임의의 DAC를 이용해서 여러분이 사운드 카드를 직접 제작하는 것도 가능하다. 일반적으로 전문가용 사운드 카드는 낮은 지연 시간, 음질, 다채널에 최적화되지만, 소비자용 카드는 성능 대비 가격을 낮추는 데 주력한다. 사람이 들을 수 있는 최고 주파수는 약 20kHz이며, 이를 정확하게 표현하려면 샘플링 레이트가 적어도 40kHz이어야 한다. 흔히 쓰이는 것은 40kHz보다 여유가 있고 2의 멱수에 더 가까운 48kHz다.[9] 전문가용 시스템에서는 반복 처리 때문에 오류가 누적되어서 원치 않은 음이 들리는 현상을 줄이기 위해 더 높은 레이트를 사용하기도 한다.

일반적으로 사운드 카드 하드웨어는 채널당 하나씩의 링 버퍼와 그 링 버퍼들을 읽고 쓰는 DAC 하드웨어로 구성된다. 링 버퍼에는 다음 쓰기 위치를 가리키는 포인터가 있다. 마지막 항목을 지나친 포인터는 다시 처음 항목으로 순환되므로 저장 공간이 부족해지는 일이 없다. 버퍼의 크기는 지연 시간과 끊김 사이의 균형을 고려해서 결정한다. 버퍼가 작으면 지연 시간이 짧지만, 대신 음이 끊길 위험이 있다. 오디오의 비트 깊이(bit depth) 역시 사운드 카드 하드웨어를 설계할 때 선택할 수 있는 사항이다.

사운드 카드는 그래픽 카드와 마찬가지로 시스템 버스에 연결된다. 사운드 카드는 동영상을 다루는 그래픽 카드에 비해 대역폭을 덜 요구한다. 그래서 주로는 사우스브리지에서 나온 버스에 연결된다. 내장 카드는 PCI를, 외장 카드는 USB나 파이어와이어를 인터페이스로 사용한다.

사운드 카드 I/O 프로토콜은 제조업체마다 다르다. GPU처럼 프로토콜의 세부사항이 회사의 독점

---

9 [옮긴이] 흔히 쓰이는 비디오 화면 갱신률인 25, 30, 60으로 모두 나누어떨어진다는 것도 48kHz(48,000Hz)의 장점이다. 이 덕분에 세 갱신율 모두에서 프레임당 오디오 샘플 수가 정수가 된다. 예를 들어 60fps에서 40kHz의 프레임당 오디오 샘플 수는 666.666...이지만 48kHz는 깔끔하게 800이다.

재산이라서 회사 내부의 드라이버 개발자만 세부사항을 모두 아는 경우도 있다. 대신 드라이버 개발자는 누구나 사용할 수 있는 소프트웨어 API를 만들어서 제공한다. GPU에서와 비슷하게, 오픈소스 드라이버 개발자들이 사운드 카드의 하드웨어 인터페이스나 소프트웨어 인터페이스를 역설계(reverse engineering; 또는 역공학)해서 ALSA 같은 범용 소프트웨어 API에 포함하기도 한다.

4 키보드와 마우스

현대적 키보드는 1980년대의 메모리 매핑 키보드와 전혀 다르다. 요즘 키보드에는 작은 임베디드 컴퓨터가 포함되어 있다(그림 13-9).

그림 13-9 현대적 키보드 내부의 키 눌림 센서와 임베디드 시스템.

키보드의 임베디드 컴퓨터는 전형적인 아두이노 응용 시스템처럼 실제로 많은 일을 수행한다. 키 눌림 정보를 담은 행렬(matrix)을 입력받아 키 코드 데이터 표현 방식으로 변환하고, USB 프로토콜로 감싼 가상 시리얼 포트를 통해 전송한다.

마우스도 비슷한 변화를 겪었다. 현대적인 광학 마우스에도 전용 임베디드 시스템이 있다. 이 시스템은 **광류**(optical flow) 혹은 광학 흐름이라고 부르는 매우 복잡한 실시간 컴퓨터 시각 처리 프로세스를 수행한다. 소프트웨어로 광류를 구현해 보면, 광류를 빠르게 처리하는 것이 꽤 어려운 일임을 알 수 있다. 이는 여전히 연구가 진행 중인 분야로, OpenCV 같은 소프트웨어 라이브러리에서 최근 구현되고 있다. 하지만 마우스에서는 [그림 13-10]에 나온 것 같은 저수준 디지털 전자 회로로 광류를 직접 구현한다.

그림 13-10 광학 마우스의 내부

이 디지털 논리 회로는 아주 간단해서 연결 관계를 눈으로 확인할 수 있을 정도다. 전체적으로 비교적 균일한 형태의 구조가 눈에 띌 텐데, 그곳에서 마우스 아래의 이미지에 해당하는 2차원 공간의 한 영역을 처리한다. 해당 디지털 논리는 마우스 아래 이미지의 밝은 부분과 어두운 부분의 이동 방식을 분석함으로써 마우스의 움직임을 추론한다.

일반적으로 마우스 장치에는 USB 컨트롤러도 부착되어 있다. 이 컨트롤러는 사실 복잡한 임베디드 시스템으로, 그 자체로 하나의 컴퓨터라 할 수 있다. 몇천 원에서 몇만 원으로 구입할 수 있는 모든 마우스에 이런 정교한 시스템이 들어있다는 점은 상당히 인상적이다.

> ### PC 부팅 과정
>
> '부팅(booting)'이라는 용어는 "자신의 구두끈(bootstrap)을 위로 당겨서 몸을 끌어올린다"라는 다소 모순적인 표현에서 유래했다. 부팅은 아무것도 없는 상태에서 작은 프로그램에서 시작해 점점 더 크고 강력한 프로그램들을 실행해 나가다 결국에는 복잡한 컴퓨터 시스템을 완전하게 가동하는 과정을 뜻한다. 레트로 시스템이든 현대적 PC이든, 이 모든 과정의 시초는 CPU가 하드웨어로 지정된 ROM 주소에서 명령어를 인출하는 것이다.
>
> 그런데 레트로 컴퓨터와는 달리 현대의 PC는 한 제조업체가 정의한 표준 부품들로 구성되지 않는다. 그보다는, 다양한 유형의 RAM 모듈, 캐시, I/O 확장 카드 등 여러 선택적 구성요소로 조립된다. 부팅의 초기 시점에서는 이 모든 구성요소들의 위치나 초기화 방법, 주소 공간 배정 방법 등이 명확하지 않다. 설계자들은 현대적 PC의 부팅 과정을 두 부분으로 구성함으로써 이 문제를 해결했다.
>
> 첫째로, CPU의 초기 프로그램 카운터 주소에 해당하는 ROM 펌웨어 영역에 *coreboot* 같은 부트로더(bootloader)를 구워 넣는다. x86의 경우 펌웨어 주소는 $ffff,fff0_{16}$이다. 이것은 16비트 주소인데, 전원이 처음 켜졌을 때 x86 프로세서가 항상 '구식 모드(legacy mode)'(인텔은 이를 '실제 모드(real mode)'라고 부른다)로 작동하기 때문이다. 다시 말해 x86은 일단 1980년대의 16비트 칩처럼 작동하는데, 이는 하위 호환성 때문이다. 구식 모드에서는 ROM과 RAM을 합쳐 $1M_2B$의 메모리만 주소 지정이 가능하며, 초기 프로그램 카운터에는 그 영역의 상위(주소가 큰 쪽) 부근의 한 주소가 있다. 그 주소에 있는 것이 바로 부트로더다. 실행된 부트로더는 사용 가능한 하드웨어들을 파악해서 초기화하고 주소를 배정한다. 부트로더에는 I/O를 위한 루틴이 없기 때문에 이 과

정에서 화면에는 아무것도 표시되지 않는다. 그러다 보니 겉으로 보기에는 부트로더가 갖가지 복잡한 작업을 수행한다는 점을 알아채기 어렵다.

둘째로, 이 초기화 단계 이후 부트로더는 BIOS 코드로 점프한다. 레트로 컴퓨터에서처럼 BIOS에는 ASCII 문자 표시, 키보드 읽기, 하드 디스크 접근 등 기본적인 I/O를 위한 서브루틴들이 들어있다. 이 단계에서는 PC의 느낌과 모습이 레트로 컴퓨터와 아주 비슷하다.

부트로더에서 점프해온 BIOS 코드는 흔히 BIOS 이름과 로고 같은 몇 가지 문자열을 화면에 표시한다. 다음은 PC BIOS ROM 칩과 BIOS 디스플레이 I/O 기능의 예다.

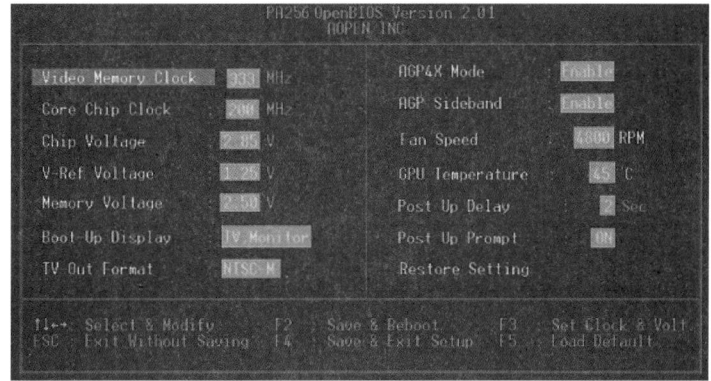

일반적으로, 부팅 과정에서 사용자가 특정 키 조합을 누르면 BIOS 설정 화면이 나타난다. 이를 흔히 "BIOS로 들어간다"라고 표현한다. 이를 위해 BIOS는 키보드를 감시하다가 특정 키 조합이 눌리면 설정 화면을 위한 그래픽 루틴들을 호출한다. 설정 화면이 제공하는 옵션 중 하나는 부팅의 다음 단계에서 실행할 프로그램이 담긴 저장 장치의 이름을 지정하는 것이다. 보통의 경우 그 프로그램은 주소 $7c00_{16}$에 적재된다. 그 프로그램이 하는 일은 설치된 운영체제마다 다르지만, 흔히 처음으로 하는 일은 x86을 32비트 모드를 거쳐 64비트 모드로 전환하는 것이다.

한때는 여러 x86 BIOS 제조업체들이 서로 다른, 따라서 호환되지 않는 BIOS 루틴들을 만들었지만, 이제는 두 가지 표준으로 수렴되었다. 하나는 IBM이 초기 x86 PC에서 정의한 PCBIOS다(IBM은 그냥 'BIOS'라고 부른다). 다른 제조업체들이 이것을 복제했으며, 오늘날 여러 x86 기기에서 여전히 사용되고 있다. 다른 하나는 PCBIOS의 오픈소스 구현인 SeaBIOS다. 한편, 독자에게 좀 더 익숙할 UEFI는 PCBIOS나 SeaBIOS와는 무관한 표준으로, 좀 더 최근에 만들어졌다. UEFI는 PC 시스템이 더 고급의 그래픽 기능과 I/O 기능을 갖추었다고 가정한다. 그래서 UEFI의 루틴 라이브러리는 더 높은 해상도와 더 다양한 색상의 그래픽, 그리고 USB와 같은 추가 장치에 대한 접근을 수행하는 루틴들을 포함한다. UEFI의 오픈소스 구현으로는 TianoCore(https://www.tianocore.org/)가 있다.

이번 장 요약

만일 현대적 데스크톱 PC를 처음부터 직접 설계한다면 지금과는 다른 형태가 될 것이다. 다른 여러 성공적인 상용 시스템처럼 PC도 시간에 따라 진화해 왔다. 고객들이 요구하는 새로운 기능이 추가되었고, 한편으로는 기존 고객들을 위해 하위 호환성도 최대한 지켰다. 그 결과로 x86 아키텍처와 PC 설계 모두 구식(legacy) 기능들이 층층이 쌓이게 되었다. CISC 철학은 이런 환경에 잘 맞는다. 하나의 설계가 다수의 경쟁 표준을 지원하는 것은 흔한 일이다. 심지어 어셈블리 언어도 다양하다. NASM 말고도 다양한 x86용 어셈블러가 존재한다. 이번 장에서 다룬 기능들 외에, 최근의 x86에는 병렬화(parallelization)가 추가되었다. 이에 관해서는 다음다음 장인 제15장에서 살펴볼 것이다. 그전에, 더 깔끔하고 아름다운 RISC의 세계에서 일어난 발전을 다음 장에서 살펴보며 잠시 숨을 돌리기로 하자.

실습과제

부팅 가능한 ISO 이미지 만들기

이 실습과제에서는 간단한 16비트 "Hello, world!" 어셈블리 프로그램을 작성하고 NASM으로 어셈블해서 실행 가능한 기계어 코드를 만든다. 그런 다음 그 기계어 코드를 ISO 파일에 저장해서 PC를 부팅한다. ISO 파일은 물리적 보조 저장장치의 내용을 그대로 뜬 이미지 파일인데, 실제 PC나 가상 머신을 부팅하는 데 사용할 수 있다.

1. 다음 코드를 작성해서 *hello16bit.asm* 파일로 저장한다.

```
bits 16                 ; NASM에 16비트 x86만 사용한다고 알린다
org 0x7c00              ; 부트로더가 이 코드를 배치할 기본 주소
section .data           ; 읽기/쓰기가 가능한 데이터 세그먼트
message db 'Hello, World!', 13, 10, 0
section .text           ; 읽기 전용 코드 세그먼트
entry:
  jmp start
printer:                ; ASCII 문자열 출력용 서브루틴
  lodsb                 ; SI를 AL에 적재 후 SI를 증가 (다음 문자로 간다)
  or al, al             ; 문자열 끝인지 점검
  jz printer_end
  int 0x10              ; 아니면 문자 출력 인터럽트 호출
  jmp printer           ; 반복
printer_end:
  ret                   ; 복귀
```

```
start:
  mov si, message      ; 출력할 메시지 지정
  mov ah, 0x0e
  call printer         ; 출력
                       ; ** ...여기에 여러분의 코드를 추가한다... **

  hlt
times 510-($-$$) db 0  ; 512바이트 부트 섹터의 나머지를 0으로 채움
dw 0xaa55              ; 부팅 가능한 섹터임을 표시하는 코드
```

2. 이제 명령줄에서 다음 명령들을 실행한다.

   ```
   mkdir -p cd/boot
   nasm hello16bit.asm -o cd/boot/loader.sys
   mkisofs -R -J -c boot/bootcat -b boot/loader.sys -no-emul-boot -o cd.iso cd
   ```

> **NOTE** 이 명령들은 리눅스 등 유닉스류 운영체제의 명령줄 환경을 가정한 것이다. 마이크로소프트 Windows라면 WSL(Windows Subsystem for Linux)을 이용하면 된다. NASM의 설치는 https://nasm.us를 참고하자. 시스템에 따라서는 *mkisofs*도 설치해야 할 수 있다.

3. 모든 과정이 성공적으로 완료되면, 물리적 또는 가상 x86 컴퓨터를 부팅하는 데 사용할 수 있는 *cd.iso* 파일이 만들어진다. 이를 통해 x86 컴퓨터를 운영체제 없이 '베어메탈bare metal' 상태로 직접 실행할 수 있다.

ISO 파일을 이용한 부팅은 다음 실습과제에서 다룬다. 부팅에 성공하면 화면에 [그림 13-11]과 같은 메시지가 표시될 것이다.

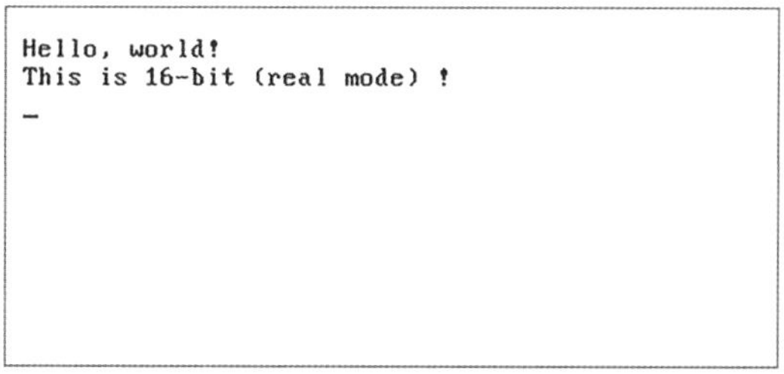

그림 13-11 베어메탈 테스트 프로그램으로 부팅한 결과.

다음 실습과제로 넘어가기 전에 *hello16bit.asm*의 내용을 살펴보자. 이 프로그램에는 실제 x86 명령어 니모닉 외에도 여러 NASM 지시자(directive)를 이용한 지시문들이 있다. 지시문은 실제 기계어 코드로 어셈블되는 것이 아니다. 대신, NASM의 작동 방식을 이러저러하게 바꾸라고 NASM

에 알려주는(지시하는) 역할을 한다. `section` 지시자는 NASM에게 그다음에 나오는 어셈블리 코드를 어셈블한 기계어 코드를 출력 파일의 어느 세그먼트에 기록할 것인지를 알려준다. 지정 가능한 세그먼트는 출력 이진 파일의 형식에 따라서 다르다. 어떤 형식에서는 세그먼트의 개수와 이름이 고정되어 있지만 어떤 형식에서는 사용자가 임의로 정할 수 있다. 유닉스류 운영체제들이 사용하는 목적 파일(object file)과 이진 실행 파일(binary executable)은 표준화된 섹션 이름인 `.text`(실행 가능한 기계어 코드를 담는다)와 `.data`(초기화된 변수들을 담는다), `.bss`(초기화되지 않은 변수들을 담는다)를 지원한다. `message`로 지정된 ASCII 문자열에는 사람이 읽을 수 있는 문자들 다음에 특수 ASCII 코드 13, 10, 0이 포함되어 있다. 이들의 의미는 무엇일까? (힌트: 제2장 참조)

가상 x86에서 부팅하기

ISO 파일을 마치 물리적 디스크인 것처럼 사용해서 가상 기계(VM)를 부팅할 수 있다. 다음은 유명 VM 실행 환경인 VirtualBox를 이용해서 이를 수행하는 과정이다. (오픈소스 리눅스 사용자라면 virt-manager(https://virt-manager.org)를 사용해도 좋을 것이다.)

1. https://www.virtualbox.org를 참고해서 여러분의 시스템에 VirtualBox를 설치한다.
2. VirtualBox를 실행하고 **새로 만들기**를 클릭해서 새 VM을 생성한다. VM 이름 같은 필수 사항 외에는 모두 기본 설정을 사용하면 된다.
3. 이제 **시작** 아이콘을 클릭해서 VM을 시동한다. 부팅 디스크를 지정하라는 대화상자가 뜨면 앞에서 만든 *cd.iso* 파일을 지정한다.

물리적 x86에서 부팅하기

ISO 파일을 물리적 USB 메모리에 '구워서' 부팅 디스크를 만들면 실제 x86 컴퓨터를 부팅할 수 있다. 방법은 다음과 같다.

1. 여러분의 운영체제에서 Etcher(https://www.balena.io) 같은 프로그램을 사용해 ISO 파일을 USB 메모리에 굽는다.
2. 이제 부팅 가능한 USB 메모리가 생겼다. 현재 PC는 하드 디스크에서 부팅하도록 설정되어있을 것이다. 그 디스크 대신 이 USB 메모리로 부팅하게 만들어야 하는데, 그러려면 BIOS로 들어가야 한다. 앞에서 언급했듯이 BIOS로 들어간다는 것은 부팅 과정에서 BIOS 설정 화면으로 진입하는 것을 뜻한다. 대부분의 기기에서는 전원을 켤 때 특정 키를 몇 초간 누르고 있으면 BIOS로 들어가게 된다. 특정 키는 제조업체마다 다르지만, 흔히 DEL, Esc, F1, F2, F8, F10, F11 중

하나다. 어느 키인지 모르겠으면 키보드 상단 키들을 손가락으로 훑어가며 모두 눌러보면 된다. 제대로 눌렀다면 BIOS 설정 화면이 나타날 것이다. 잘 찾아보면 부팅 순서 지정 옵션이 있을 텐데, 거기서 USB 디스크를 맨 위로 올리면 된다. 컴퓨터에 따라서는 부팅 디스크를 바꾸려면 특정 추가 보안 기능을 비활성화해야 할 수도 있다.

64비트 모드 부팅 및 프로그래밍

현대적 x86을 32비트와 64비트 모드로 전환하는 것은 간단하지 않다. 역사적인 이유로, 수많은 명령과 데이터로 이루어진 여러 화면 분량의 어셈블리 코드가 필요하다. 이 과정은 다소 까다롭지만, 다행히 프로세스가 표준화되어 있는 덕분에 다음과 같은 상용구 코드(boilerplate code)가 가능하다.[10]

```
org 0x7c00          ; 부트로더가 이 코드를 배치할 기본 주소
entry:
    jmp real_to_protected
GDT32:               ; 32비트 모드용 전역 서술자 테이블
                     ; (Global Descriptor Table, GDT)
    .Null: equ $ - GDT32
    dq 0             ; 널(null) 항목용 32비트 0(모든 비트가 0임)
    .Code: equ $ - GDT32
    dw 0xFFFF        ; 세그먼트 한계
    dw 0             ; 기본 주소
    db 0             ; 이것도 기본 주소
    db 0b10011010    ; 모드를 서술하는 이진 플래그
    db 0b11001111    ; 모드를 서술하는 이진 플래그
    db 0             ; 기본 주소의 마지막 8비트
    .Data: equ $ - GDT32
    dw 0xFFF         ; --|
    dw 0             ;   | - 코드 세그먼트와 동일
    db 0             ; --|
    db 0b10010010
    db 0b11001111
    db 0
    .Pointer:
    dw $ - GDT32 - 1
    dd GDT32
GDT64:               ; 64비트 모드용 전역 서술자 테이블
    .Null: equ $ - GDT64
    dw 0xFFFF
    dw 0
```

---

10 [옮긴이] 주석과 문자열 상수의 long mode는 64비트 모드를 뜻한다.

```nasm
        db 0
        db 0
        db 1
        db 0
    .Code: equ $ - GDT64
        dw 0
        dw 0
        db 0
        db 10011010b        ; 모드를 서술하는 이진 플래그
        db 10101111b        ; 모드를 서술하는 이진 플래그
        db 0
    .Data: equ $ - GDT64
        dw 0
        dw 0
        db 0
        db 10010010b        ; 모드를 서술하는 이진 플래그
        db 00000000b        ; 모드를 서술하는 이진 플래그
        db 0
    .Pointer:
        dw $ - GDT64 - 1
        dq GDT64
bits 16                     ; NASM에게 이제부터 16비트 x86 코드임을 알림
real_to_protected:          ; 16비트에서 32비트로 전환
    mov ax, 0x2401
    int 0x15                ; a20 게이트 활성화
    mov ax, 0x3
    int 0x10                ; 비디오 모드 변경
    cli
    lgdt [GDT32.Pointer]
    mov eax, cr0
    or eax, 1
    mov cr0, eax
    jmp GDT32.Code:protected_to_long ; 세그먼트까지 지정한 먼 점프(long jump)
bits 32                     ; NASM에게 이제부터 32비트 x86 코드임을 알림
protected_to_long:          ; 32비트에서 64비트로 전환
    mov ax, GDT32.Data
    mov ds, ax
    mov fs, ax
    mov gs, ax
    mov ss, ax
    ; 루트 테이블 - 페이지 맵 레벨-4 테이블(PM4T)
    mov edi, 0x1000         ; 시작 주소 0x1000
    mov cr3, edi            ; 페이지 진입점 기본 주소를 제어 레지스터 3에 저장
    xor eax, eax            ; EAX를 0으로 설정
    mov ecx, 4096
    rep stosd
    mov edi, cr3            ; 원래의 시작 주소 복원
    mov dword [edi], 0x2003
```

```asm
        add edi, 0x1000
        mov dword [edi], 0x3003
        add edi, 0x1000
        mov dword [edi], 0x4003
        add edi, 0x1000
        mov ebx, 0x00000003 ; 첫 2MiB의 ID 매핑에 쓰임
        mov ecx, 512
    .set_entry:
            mov dword [edi], ebx
            add ebx, 0x1000
            add edi, 8
            loop .set_entry
        mov eax, cr4
        or eax, 1 << 5
        mov cr4, eax
        mov ecx, 0xC0000080 ; 마법의 수. 실제로는 EFER MSR을 가리킴
        rdmsr               ; 모델 고유 레지스터 읽기
        or eax, 1 << 8      ; 롱 모드(long mode) 비트(8번 비트) 설정
        wrmsr               ; 모델 고유 레지스터에 다시 쓰기
        mov eax, cr0
        or eax, 1 << 31 | 1 << 0    ; PG 비트(31번 비트)와 PM 비트(0번 비트) 설정
        mov cr0, eax
        lgdt [GDT64.Pointer]
        jmp GDT64.Code:real_long_mode
bits 64                 ; NASM에게 이제부터 64비트 x86 코드임을 알림
printer:                ; ASCII 문자열 출력용 서브루틴
    printer_loop:
        lodsb
        or al, al
        jz printer_exit
        or rax, 0x0F00
        mov qword [rbx], rax
        add rbx, 2
        jmp printer_loop
    printer_exit:
        ret
real_long_mode:
    cli
    mov ax, GDT64.Data
    mov ds, ax
    mov fs, ax
    mov gs, ax
    mov ss, ax
    xor rax, rax        ; rax 레지스터 초기화
    mov rsi, boot_msg   ; 출력할 메시지 지정
    mov rbx, 0xb8000
    call printer        ; 출력
    mov rsi, l_mode     ; 출력할 메시지 지정
```

```
    mov rbx, 0xb80A0
    call printer         ; 출력
    ; ** 여기에 여러분의 코드 추가 ... **
    hlt
boot_msg db "Hello, world!",0
l_mode db "This is 64-bit (long mode) !",0
times 510 - ($-$$) db 0   ; 512바이트 부트 섹터의 나머지를 0으로 채움
dw 0xaa55                 ; 부팅 가능한 섹터임을 표시하는 코드
```

이 코드를 파일에 저장하고 어셈블한 후 16비트 버전에서처럼 ISO에 넣어서 실제 또는 가상 x86 컴퓨터를 부팅해 보자. 그러면 컴퓨터가 64비트 모드로 부팅해서 또 다른 "Hello, world!" 메시지를 출력할 것이다. 이 "Hello, world!" 프로그램을 출발점으로 삼아서 다음 과제들을 수행하기 바란다.

1. 정수를 읽고 ASCII 문자열로 변환하는 서브루틴을 작성한다. 그리고 그것을 부동소수점 수를 지원하도록 확장한다. 완성된 서브루틴을 이용해서 "Hello, world!" 다음에 몇 가지 수치를 출력해 본다.

2. 이전에 나온 해석기관과 맨체스터 베이비의 예제 프로그램들을 x86으로 이식한다. 그 시스템들보다 x86에서 더 쉬워지거나 어려워진 점은 무엇인가?

3. 화면의 픽셀 색상을 설정하는 BIOS 루틴을 여러 번 호출해서 간단한 도형을 그려 본다.

심화 도전과제
앞의 BIOS로 도형 그리기 실습과제를 확장해서, 베어메탈 x86에서 **스페이스 인베이더** 같은 간단한 게임을 작성해 보라.

더 읽을거리

- NASM 공식 매뉴얼: "NASM: The Netwide Assembler," https://www.nasm.us/xdoc/2.13.03/html/nasmdoc0.html.

- 간략한 x86의 역사: P. Lilly, "A Brief History of CPUs: 31 Awesome Years of x86," *Maximum PC*, 2009년 4월, https://www.pcgamer.com/a-brief-history-of-cpus-31-awesome-years-of-x86.

- 총 5권의 amd64 레퍼런스 전집: AMD Technology, *AMD64 Architecture Programmer's Manual Volumes 1–5* (Santa Clara: AMD Technology, 2023), https://www.amd.com/content/

dam/amd/en/documents/processor-tech-docs/programmer-references/40332.pdf.

- 3D 그래픽 프로그래밍 정보: Graham Sellars, *Vulkan Programming Guide* (Boston: Addison-Wesley, 2017).

- x86 부팅용 어셈블리 코드의 자세한 작동 방식: Gregor Brunmar, "The World of Protected Mode" (http://www.osdever.net/tutorials/view/the-world-of-protected-mode), 깃허브 lame_bootloader 저장소(https://github.com/sedflix/lame_bootloader), "Setting Up Long Mode" (https://wiki.osdev.org/Setting_Up_Long_Mode).

CHAPTER 14

스마트 아키텍처

스마트 컴퓨팅smart computing은 범용 컴퓨터를 전화기나 태블릿, 유무선 공유기(라우터) 같은 저전력·이동식 기기 또는 TV, 냉장고 같은 가전기기에 내장해서 좀 더 지능적으로 활용하는 것을 말한다. 그런 컴퓨터들은 흔히 **앱**app이라고 부르는 응용 프로그램들을 쉽게 설치하고 업그레이드할 수 있다는 점에서 임베디드 시스템(제12장)과는 구별된다. 한편, 데스크톱 시스템(제13장)과의 주된 차이점은 전력 소비를 줄여야 한다는 것이다. 해당 기기들이 흔히 배터리로 구동되기 때문이다. 이런 요구사항들은 CISC보다는 RISC(reduced instruction set computing, 축소 명령어 집합 컴퓨팅)이 더 잘 충족한다. 그래서 스마트 시스템에는 일반적으로 RISC 아키텍처가 쓰인다. 이번 장에서는 RISC 철학과 여러 스마트 기기를 살펴보고, RISC 아키텍처의 구체적인 사례인 RISC-V의 세부사항을 논의한다. 이번 장은 데스크톱 아키텍처를 다룬 제13장보다 짧은데, 이는 애초에 RISC가 설계상 CISC보다 단순하기 때문이다.

14.1 스마트 기기

초창기의 이동전화들은 대부분 음성 통화가 주된 용도인 임베디드 시스템이었다. 이들은 버튼과 간단한 숫자 표시 화면을 통해 전화 통화 및 사용자 상호작용을 관리하도록 프로그래밍된 마이크로컨트롤러를 탑재했다. 시간이 흐르면서 마이크로프로세서와 사용자 상호작용 장치가 발전했고, 펌웨어 역시 확장되어서 연락처, 알람 시계, **스네이크** 같은 간단한 게임 등의 기능들을 제공하게 되었다.

현대적 스마트폰은 이런 기능들을(그리고 더 많은 기능을) 펌웨어가 아니라 소프트웨어('앱')로 제공한다. 현대적 스마트폰은 마이크로컨트롤러 대신 완전한 범용 아키텍처를 채택했다. 앱을 호스팅하는 운영체제가 다양하다는 점도 데스크톱 PC와 비슷하다. 유명한 안드로이드Android뿐만 아니라 LineageOS, Replicant 같은 운영체제들이 있다.

스마트라는 접두어는 이런 전화기를 기존 전화기와 구별하기 위한 용어인 '스마트폰'과 함께 등장했다. 하지만 지금은, 원래는 임베디드 시스템이었지만 범용 컴퓨터로 업그레이드된 모든 것에 '스마트' 혹은 '지능형'이 붙는다. 예를 들어 스마트 TV(그림 14-1의 왼쪽)와 스마트 냉장고는 마이크로컨트롤러와 펌웨어에 기반한 시스템에서 훨씬 발전해서, 여러 가지 앱을 쉽게 설치하고 실행할 수 있는 수준에 이르렀다.

[그림 14-1]의 오른쪽에 나온 것은 현대적 소비자용 인터넷 연결 장치의 내부다. 이런 기기를 흔히 '공유기' 혹은 '라우터'라고 부르지만, 다소 과소평가된 이름이다. 이런 기기도 스마트 컴퓨터에 해당한다. 이런 기기에는 흔히 라우팅, Wi-Fi, 방화벽, 웹 서버(적어도 공유기 설정 화면을 위해) 등 서비스를 실행하는 운영체제가 포함되어 있다. 따라서 '스마트 공유기' 혹은 '지능형 공유기'라고 불러 주어야 마땅하다.

그림 14-1 도시바 스마트 TV(왼쪽)와 Zyxel 공유기(오른쪽)의 내부.

'스마트 홈smart home'은 수십 년간 컴퓨팅 업계가 야심 있게 밀어붙인 개념이다. 스마트 홈은 모든 또는 대부분의 가전기기가 네트워크로 연결된, 범용 컴퓨터 수준으로 업그레이드된 집을 말한다. 스마트 홈에서는 예를 들어 스마트 세탁기와 스마트 중앙난방 컨트롤러가 혁신적인 기계학습 기반 앱들을 실행해서 효율적인 에너지 소비를 두고 경쟁한다. 이를 위해 세탁할 옷의 상태와 각 방의 온도 및 사용 현황 데이터를 모니터링하는 센서가 해당 앱들에 정보를 제공한다. 이런 시스템들을 연결하면 다양한 자동화 체인이 가능해진다. 스마트 냉장고가 오늘 중에 우유가 떨어질 것을 예측하고 근처 마트에 자동으로 주문을 넣는 식이다. 이때 배달의 최종 경로에서는 배송 로봇이 스마트 수령함에 물건을 넣는다. 또는, 세탁기를 켤 때는 난방 시스템과 냉장고를 일시적으로 끄도록 설정할 수도 있다. 일반 전력망을 사용하지 않고, 태양 전지판으로 충전한 주차된 전기차의 배터리로만 세탁기를 가동할 수 있게 말이다.

이런 유의 스마트 기기들에 쓰이는 아키텍처는 신뢰성과 에너지 사용 측면에서 그 요구사항이 임베디드 시스템과 비슷하다. 하지만 임베디드 마이크로컨트롤러보다는 더 많은 컴퓨팅 파워가 필요하다. 이러한 요구사항들은 RISC 철학과 완벽하게 부합한다. 그럼 RISC 철학을 좀 더 자세히 살펴보자.

14.2 RISC 철학

RISC의 개념은 미국인 데이비드 패터슨David Patterson이 고안했다. 하지만 성공적으로 상용화된 곳은 영국이다. 패터슨은 아키텍처에 정량적(quantitative)으로 접근했는데, 특히 1980년대 프로세서들에서 실제 프로그램들이 사용하는 명령어들을 통계적으로 분석했다. 이를 통해서 패터슨은 복잡한 명령어들이 매우 드물게 사용된다는 점을 알게 되었다. 부분적인 이유는, 컴파일러 백엔드 설계자들이 그런 명령어들의 사용법을 모르거나 배우고 싶어 하지 않았기 때문이다. 그는 약 90%의 작업이 전체 자원의 약 10%로 수행되고 있음을 발견했다. 이 점은 "거의 사용되지 않는 명령어를 위한 실리콘을, (복잡한 명령어들을 아예 제거해서라도) 가장 자주 사용되는 10%의 명령어를 매우 빠르게 실행하는 데 사용하는 것이 더 낫다"라는 RISC의 핵심 '신조(tenet)'로 이어졌다. 패터슨과 공동 설계자 존 헤네시John Hennessy는 RISC 아키텍처 설계를 위한 정량적 방법론의 사용에 관한 연구로 2017년 튜링상(Turing Award)을 받았다.

일반적으로 RISC는 간소화된 명령어 집합의 모든 명령어가 각각 CPU의 한 주기(cycle)에서 실행되는 것을 목표로 삼는다. 사용 가능한 명령어가 적다 보니 RISC 어셈블리 프로그램은 아주 장황할 때가 많다. 하지만 각각의 명령어는 간단하고 빠르며 저전력으로 실행된다. RISC 어셈블리로 프로그램을 작성하거나 RISC용 컴파일러를 만드는 것은 쉽고 재미있다. ISA(instruction set architecture; 명령어 집합 아키텍처)가 작고 단순하며 이해하기 쉽기 때문이다.

하지만 RISC CPU 자체가 반드시 단순한 것은 아니다. 이름처럼 명령어 세트는 축소되었지만, 설계자들은 남은 실리콘을 아예 제거하는 대신 다른 효율적인 용도로 사용하는 방법을 고안했다. 예를 들어 RISC 프로세서는 일반적으로 CISC 프로세서보다 레지스터가 훨씬 많다. 여분의 레지스터들은 RISC에서 특히나 유용하다. 메모리 접근과 산술 연산을 분리하는 데 도움이 되기 때문이다. RISC 프로그래밍과 RISC 컴파일러에서는 서브루틴 시작 시 관련된 모든 변수를 레지스터들에 적재하고, 함수의 계산 전체를 레지스터들로만 수행한 후 결과만 주 메모리에 저장하는 것이 일반적이다. 이는 서브루틴 전체에서 적재와 저장이 거듭될 수 있는 CISC와 대조되는 특징이다.

모든 명령어가 정확히 한 클록 주기에서 실행되어야 한다는 것이 RISC 철학의 일부인 만큼, 파이프라이닝, 분기 예측, 비순차 실행(OOOE) 등을 통한 명령어 수준 병렬성 관리가 훨씬 쉽다. 모든 명령어는 인출-해독-실행 단계의 지속 시간이 동일하다. 따라서 각 단계를 열린 루프 방식으로, 일정한 간격으로 트리거를 발동할 수 있다. 이는 명령어마다 각 단계의 지속 기간이 달라서 트리거 발동을 각 명령어가 책임져야 하는 닫힌 루프 방식의 CISC 아키텍처와 대조되는 특징이다.

RISC는 전통적으로 학구적인 철학으로 여겨졌다. 설계가 아름답고 실행이 간결하다. 무엇보다, 특정 고객을 위해 다음 주 목요일까지 새로운 기능을 추가해서 쉽게 돈을 벌자는 유혹을 거부하는 경향이 있다. RISC를 흔히 영국, 특히 영국 기업인 ARM 사와 연관시키지만, 사실은 캘리포니아 대학교 버클리(UC 버클리)에서 시작되었다. 버클리는 실리콘 밸리 근처이지만 실리콘 밸리는 아닌 지역에 있다. 전형적인 RISC 옹호자는 실용성보다는 설계의 아름다움과 독창성에 관심을 둔다. 좀 더 상업적인 마인드를 가진 실리콘 밸리 설계자들은 그런 사람들 오랫동안 비웃어 왔다. 하지만 이제는 상황이 바뀌고 있다. RISC의 아름다움이 열매를 맺고 있는 것이다. 현재 제조되는 프로세서들은 대부분 RISC 방식이다. 주로는 스마트 기기와 임베디드 기기가 데스크톱을 대체하는 추세 때문이지만, 업체들은 클라우드 서버에도 RISC를 사용하는 문제를 진지하게 고려하고 있다. 2020년에는 애플도 데스크톱 컴퓨터를 RISC 기반의 M1 아키텍처로 전환했다.

에이콘에서 ARM까지

BBC 마이크로(BBC Micro)는 영국 기업 에이콘(Acorn)이 만든 6502 기반 가정용 컴퓨터다. '비브(Beeb)'라는 애칭의 이 컴퓨터는 영국 공학의 고전적인 걸작으로, 뛰어난 설계를 자랑했다. 하지만 출시 시기와 제품 포지셔닝의 문제 때문에 상업적으로는 크게 성공하지 못했다. 다른 여러 영국 기술처럼 BBC 마이크로는 정부의 지원을 받았다. 구체적으로, 국영 방송사 BBC는 당시 교육용 TV 프로와 함께 사용할 맞춤형 대중 시장용 컴퓨터를 원했다.

오늘날 해커들은 6502를 구입해서 빵판에 꽂아 8비트 컴퓨터를 만드는 활동을 즐긴다. 비브의 설계자들이 한 일도 바로 그것이었다. 에이콘 사는 케임브리지 대학교 출신들이 설립한 회사로, 그러한 배경을 바탕으로 국영 방송사 BBC에 자신들의 설계를 선택하도록 설득했다. BBC는 TV 프로에 필요한 컴퓨터가 갖추어야 할 수많은 기능과 특징을 제시했는데, 게임보다는 교육과 과학 쪽으로 크게 치우친 기능들이었다. 예를 들어 조이스틱 포트는 포함되지 않았지만, 보조 프로세서가 필수였고 메이커 스타일의 전자 장치와 연동하기 위한 옵션도 있었다.

비브가 출시되고 1년 후에, 더 싸고 그래픽과 사운드 기능이 월등한 대중용 컴퓨터 코모도어 64(C64)가 등장했다. C64의 RAM 용량은 16비트 주소 공간에서 가능한 모든 주소를 포괄하는 64 k_2B였지만, 비브는 그 절반인 32 k_2B였다. C64는 멋진 SID 사운드 칩을 갖추었지만, 비브에 장착된 것은 그보다 못한 SN76489였다. SN76489는 기본적인 방형파와 백색 잡음, 진폭 엔벨로프만 지원했다. 당시 코모도어는 MOS를 인수했다. 그래서 6502 및 관련 칩의 설계자들(척 페들(Chuck Peddle) 포함)을 컴퓨터 설계에 직접 참여시켜서 가장 진보된 기능을 활용할 수 있었다.

C64가 나오면서 비브는 쓸데없이 고사양에 가격만 비싼 물건으로 전락했다. 하지만 에이콘은 내부적으로 비브를 이용해서 최초의 RISC 프로세서인 Acorn RISC Machine(ARM)을 설계했고, 1987년 출시한 차세대 컴퓨터 아르키메데스(Archimedes)에 이 프로세서를 탑재했다. 아르키메데스는 완전한 32비트 기기로, 기술적으로는 시대를 10년 앞서갔지만 시간적, 문화적으로는 여전히 '16/32비트 시대'에 속한다. 안타깝게도 이 기기 역시 마케팅, 사양, 가격 측면에서 실패했다. 예를 들어 오디오는 8채널로서 아미가의 4채널 오디오보다 우월했지만, 게임용 조이스틱 포트나 TV 출력이 없어서 용도가 제한적이었다.

이후 에이콘은 ARM 칩 설계에 집중하기 위해 동명의 회사를 설립했다. ARM이 크게 성공했음은 독자도 알고 있을 것이다. 현재 전 세계 스마트폰의 대부분이 ARM 계열이고, 애플의 태블릿들과 데스크톱들에 쓰이는 M1 역시 ARM 계열이다. 또한 [그림 14-1]에 나온 것 같은 수많은 스마트 기기의 칩에도 ARM이 쓰인다.

만일 BBC가 1년만 더 기다려서 영국의 모든 학교에 C64를 보급했다면 컴퓨팅 역사가 크게 달라졌을 것이다. 코모도어 사는 경영 문제로 1994년에 파산했지만, 영국 정부 기관의 지원을 받았다면 생존에 필요한 안정성을 확보했을지도 모른다.

흥미로운 후일담 하나는, 에이콘의 아르키메데스용 운영체제인 RISCOS가 여전히 최신 ARM ISA와 호환된다는 점이다. RISCOS는 1990년대 초에 CPU의 성능을 극대화하기 위해 사람이 손수 ARM 어셈블리로 꼼꼼하게 작성한 작품이다. 그래서 Raspberry Pi 같은 현대적 기기에서 엄청나게 빠른 속도로 작동한다. 이를 계기로 예전의 에이콘 사용자 그룹들이 다시 활성화되기도 했는데, 옛 친구들이 30년 만에 재회하는 일도 있었다.

14.3 RISC-V

ARM 사는 RISC ISA 설계를 수많은 특허로 강력하게 보호한다. 하지만 ARM 바깥에는 완전한 오픈소스 RISC ISA 대안을 원하는 사람들이 있다. IBM-인텔-AMD 라이선스의 사례와 비슷하게, 컴퓨터 제조업체들이 원하는 것은 ISA를 일반화하고 다양한 구현을 가능하게 함으로써 경쟁을 통해 프로세서 가격을 낮추는 것이다. 그래서 다수의 실리콘 밸리 주요 기업들이 컨소시엄[1]을 형성해서, 데이비드 패터슨의 최신, 완전 오픈소스 RISC ISA 규격인 RISC-V(이름의 V는 '파이브'로 발음한다)를 차세대 RISC 표준으로 밀고 있다. RISC-V는 여러 ISA를 포괄하는 하나의 규격(specification; 명세)일 뿐, 어떤 하나의 특정한 ISA나 그것의 하드웨어 구현이 아니다. 기업들이 오픈소스 ISA들을 각자 독점적 하드웨어로 구현해서 품질로 경쟁하는 것이 허용된다. 또한, 패터슨의 그룹과 RISC-V 운동의 다른 회원(사)들이 만든, 완전한 오픈소스 구현들도 존재한다.

14.3.1 아키텍처의 이해

RISC-V는 하나의 ISA가 아니라 여러 ISA를 포괄하는 규격이다. 이 규격은 임베디드, 모바일, 데스크톱, 서버 기기에 적합한 버전들을 포함하며, 각각은 다시 32비트, 64비트, 128비트 ISA 버전으로 나뉜다. RISC-V 규격은 모든 RISC-V 시스템이 구현해야 하는 핵심(core) 명령어들로 이루어진 하나의 ISA를 정의한다. x86과 마찬가지로 RISC-V의 주소는 바이트 단위이고, 워드의 바이트들을 리틀엔디언 방식으로 저장한다. RISC-V는 메모리 접근과 산술 논리 장치(ALU) 연산이 분리된 RISC 스타일의 명령어들을 사용한다. RISC-V는 누산기 아키텍처가 아니다. 출력 레지스터를 명시적으로 지정해야 하므로, ALU 명령어들의 인수(피연산자)는 일반적으로 세 개다.

앞에서 논의했듯이, RISC 철학은 명령어 개수를 최대한 줄이는 것이다. 다른 ISA들에서 흔히 볼 수 있는 명령어가 RISC-V에는 없는 경우가 많은데, 다른 방법으로 수행할 수 있는 연산이면 굳이 명령어를 따로 두지 않기 때문이다. 하지만 초보자에게는 그런 용법들이 기존 명령어를 비정상적인 방식으로 오남용하는 것으로 느껴질 수 있다. 그래서 RISC-V 어셈블러는 일부 용법에 대해, 개발자가 기대하는 고전적인 명령어처럼 보이는 **의사 명령어**(pseudo-instruction)를 제공한다. 어셈블러는 의사 명령어로 된 명령을 내부적으로 다수의 RISC 명령으로 변환한다. 결과적으로는 CISC 디지털 논리의 복잡성이 어느 정도 어셈블러로 이동한 셈이며, 기계어 코드 자체는 깔끔하게 유지된다.

RISC-V 레지스터들에는 표준 이름이 정해져 있으며, 전형적인 용도와 용법에 관한 관례도 정해져 있다. 이를테면 서브루틴에 인수들을 전달할 때 어떤 레지스터들에 어떤 순서로 저장해야 하는지에 관한 규칙이 존재한다. 정수 레지스터들의 이름은 항상 x0부터 x31까지다(x0은 항상 상수 0을 담는다). 관례적인 용도를 장려하기 위해, RISC 설계자들은 이 정수 레지스터들에 해당 용도를 연

---

[1] 옮긴이 RISC-V International을 말한다. 공식 웹사이트는 https://riscv.org/다. 상단에서 **Members – Current Members**를 선택하면 회원사들을 볼 수 있다.

상시키는 보조적인 별칭(니모닉)도 부여했다. [표 14-1]에 정수 레지스터 이름과 별칭, 관례가 정의되어 있다.

표 14-1 RISC-V 정수 레지스터들

이름	별칭	의도된 관례
x0	zero	값은 항상 0이다
x1	ra	서브루틴 호출의 복귀 주소(return address)
x2	sp	스택 포인터
x3	gp	전역 포인터(global pointer)
x4	tp	스레드 포인터(thread pointer)
x5~x7	t0~t2	임시(temporary)
x8~x9	s0~s1	보존(saved)
x10~x14	a0~a7	서브루틴 호출의 인수(argument)
x18~x27	s2~s11	보존
x28~x31	t3~t6	임시

명령어와 의사 명령어와 마찬가지로, 이런 관례는 기본 아키텍처를 매우 깔끔하고 단순하게 유지하면서도 프로그래머가 원한다면(그리고 원할 때만) CISC 스타일로 생각하고 코딩할 수 있도록 설계되었다.

구체적인 ISA에 따라서는 여기에 부동소수점 레지스터 32개가 추가된다. 이 레지스터들에도 별칭이 있다. [표 14-2]를 보기 바란다.

t와 s로 시작하는 레지스터들의 의도된 호출 규약은 각각 **임시**와 **보존됨**이다. 제13장에서 본 x86 호출 규약에서처럼 이들은 서브루틴 실행 도중 해당 레지스터의 값이 변할 수 있는지 아닌지를 나타내는데, x86보다는 덜 표준화되어 있다.

표 14-2 RISC-V의 부동소수점 레지스터들.

이름	별칭	의도된 관례
f0~7	ft0~7	부동소수점 임시
f8~9	fs0~1	부동소수점 보존
f10~11	fa0~1	부동소수점 인수/반환값
f12~17	fa2~7	부동소수점 인수
f18~27	fs2~11	부동소수점 보존
f28~31	ft8~11	부동소수점 임시

x86과 마찬가지로, 사용자가 직접 접근할 수 없는 내부 레지스터들이 존재한다. 이를테면 프로그램 카운터와 상태 레지스터가 그러한 내부 레지스터들이다.

14.3.2 핵심 RISC-V 프로그래밍

기본 구조를 살펴보았으니, 이제부터는 RISC-V 프로그램 작성에 쓰이는 주요 명령어를 알아보자. 이전에 다룬 아키텍처들과 마찬가지로 먼저 데이터 이동과 제어 흐름을 위한 명령어들을 소개한다. 그런 다음에는 RISC-V의 다양한 선택적 확장(extension)들을 살펴볼 것이다. 산술 연산 명령어들도 선택적 확장에 포함된다.

1 데이터 이동

RISC-V는 RISC 철학을 따르는 만큼, 주 메모리와 관련된 데이터 이동이 다른 모든 연산과 명확히 구분된다. 다른 모든 연산은 오직 레지스터들에 있는 데이터만 사용한다. 다음은 메모리의 데이터를 레지스터로 적재(load)하는 명령어들과 레지스터의 데이터를 메모리에 저장하는 명령어다.

```
lw x5, x6, 0        ; x6+0 주소의 워드 내용을 x5로 적재
sw x5, x6, 0        ; x5 레지스터의 값을 x6+0 주소에 저장
la x6, mylabel      ; mylabel의 주소(내용이 아님)를 x6에 적재
```

NASM이나 아두이노의 어셈블리처럼 RISC-V 어셈블리에서도 목적지 레지스터가 첫 피연산자이고 입력들은 그다음임을 주목하자. lw와 sw 명령어의 RISC적 특징은, 셋째 피연산자가 0이라서 굳이 필요하지 않은 경우에도 세 피연산자를 명시해야 한다는 점에서 드러난다. 두 개의 피연산자만 요구하는 개별 명령어는 없다.

프로그래머의 편의를 위해, 다음처럼 레이블로 지정된 주소의 내용을 적재하는 의사 명령어도 제공된다.

```
lw x5, mylabel      ; mylabel 주소의 내용을 레지스터 x5로 적재
```

내부적으로 이 명령은 두 개의 명령으로 어셈블된다. 첫 명령에서는 la로 레이블의 주소를 얻고, 둘째 명령에서는 lw로 그 주소의 내용을 적재한다.

여기서 중요한 점은, CISC와 달리 이 명령어들이 레지스터 사이의 데이터 복사에는 재활용되지 않는다는 것이다. 이처럼 메모리 접근 명령어와 레지스터 간 연산을 명확하게 분리하는 것은 RISC를

정의하는 특징으로 간주한다. 레지스터 간 데이터 복사는 잠시 후 406쪽의 '산술 연산'에서 논의한다.

2 제어 흐름

무조건 점프(unconditional jump)는 다음 두 형태다.

```
j mylabel           ; mylabel의 주소로 점프
jr x5               ; x5에 담긴 주소로 점프
```

조건부 분기(conditional branch) 명령어로는 다음과 같은 것들이 있다.

```
beq x1, x2, mylabel     ; x1==x2이면 분기
bne x1, x2, mylabel     ; x1==x2가 아니면 분기
blt x1, x2, mylabel     ; x1<x2이면 분기
bge x1, x2, mylabel     ; x1>=x2이면 분기
```

서브루틴은 '점프 후 링크(jump and link)' 방식으로 호출되는데, 여기서 '링크'는 프로그램 카운터를 레지스터에 저장해 두는 것을 뜻한다. 예를 들면 다음과 같다.

```
jal x1, mylabel         ; 현재 PC를 x1에 저장하고 mylabel로 점프
jalr x1, x2, 0          ; 현재 PC를 x1에 저장하고 x2+0 주소로 점프
```

x1의 별칭이 ra(return address; 복귀 주소)인 이유다.

복귀 명령어는 따로 없다. RISC 스타일에 맞게, 점프 명령어를 재활용해서 복귀를 구현할 수 있기 때문이다. 그냥 이전에 x1에 저장해 둔 주소로 점프하면 된다.

```
jalr x0, x1, 0
```

하지만 프로그래머의 편의를 위해 `ret`라는 의사 명령어가 제공된다. 어셈블러는 이 명령어를 적절한 `jalr` 명령으로 변환한다.

하나의 서브루틴을 호출하고 복귀하는 데에는 `ret` 명령어로 충분하다. 이 경우 복귀 주소는 x1에 저장된다. 하지만 서브루틴이 서브루틴을 호출하는 식으로 호출을 중첩하려면 스택이 필요하다. RISC-V에서는 x2 레지스터(별칭 sp)를 스택 포인터로 사용하는 것이 관례다. 다음은 4바이트 워드

하나를 스택에 넣는 예다.

```
addi sp, sp, -4  ; 스택을 확장한다
sw   a0, sp, 0   ; a0을 스택에 넣는다
```

`addi` 명령어는 'add immediate', 즉 '즉시 더하기'를 뜻한다. 지금 예에서는 상수 -4를 스택 포인터에 더하는 데 쓰였다. (이처럼 피연산자가 값이나 주소를 담은 레지스터가 아니라 값 또는 주소 자체인 명령어의 이름에는 '즉시'를 뜻하는 `i`가 붙는다.) 스택에서 데이터 항목을 뽑을 때도 이와 비슷하게 스택 포인터 조작과 즉시 더하기 연산(사실은 레지스터 간 데이터 이동)의 조합을 사용한다.

```
lw   a0, sp, 0   ; 스택에서 데이터를 a0으로 불러옴
addi sp, sp, 4   ; 스택 축소
```

이는 기존 명령어들을 재활용하는 RISC 스타일의 좋은 예다. CISC 스타일에서는 push나 pop 같은 스택 명령어를 추가했겠지만, RISC에서는 그냥 기존 명령어들을 재활용해서 스택을 직접 관리한다.

14.3.3 RISC-V 확장

RISC-V 규격에는 선택적으로 구현할 수 있는 추가적인 명령어 플러그인 혹은 라이브러리가 여러 개 정의되어 있다. 이런 확장(extension)들 각각에는 영문자 하나짜리 코드가 붙어있다. 다음은 몇 가지 주요 확장과 해당 문자 코드다.

- **I**: 기본 정수(integer) 덧셈/뺄셈/시프트/비트 단위 논리 연산
- **M**: 정수 곱셈(multiplication) 및 나눗셈
- **B**: 비트별bitwise 단위 부울 연산
- **F**: 단정도 부동소수점(float-point)
- **D**: 배정도(double-precision) 부동소수점
- **Q**: 4배정도(quad-precision) 부동소수점

RISC-V에서 특정 ISA 이름은 우선 RISC-V를 뜻하는 'RV'로 시작하고, 그다음에 워드 길이와 포함된 확장들의 문자 코드가 붙는다. 예를 들어 RV64IMF는 'RISC-V, 64비트, 정수(I), 곱셈/나눗셈(M), 단정도 부동소수점(F) 확장 포함'을 뜻한다. 이러한 설계는 RISC-V를 임베디드 시스템(RV8I

등)부터 고성능 과학 컴퓨팅 클러스터에 이르기까지 모든 응용 분야에 사용할 수 있게 하기 위한 것이다. 이후 새로운 표준 확장은 새로운 영문자 혹은 Z로 시작하는 임의의 문자열을 붙여서 제안할 수 있으며, 지역적인 실험적 확장은 X로 시작하는 임의의 문자열을 붙여서 제안할 수 있다.

1 산술 연산

정수 산술 연산 명령어들은 피연산자가 세 개다. 예를 들면 다음과 같다.

```
add x6, x7, x8   ; x6 := x7 + x8
sub x6, x7, x8   ; x6 := x7 - x8
mul x6, x7, x8   ; x6 := x7 * x8
div x6, x7, x8   ; x6 := x7 / x8의 정수부(몫)
rem x6, x7, x8   ; x6 := x7 / x8의 나머지
```

비트별 부울 연산 명령어들도 대부분 피연산자가 세 개다.

```
and x6, x7, x8   ; x6 := x7과 x8의 비트별 AND
or  x6, x7, x8   ; x6 := x7과 x8의 비트별 OR
xor x6, x7, x8   ; x6 := x7과 x8의 비트별 XOR
not x6, x7       ; x6 := x7의 비트별 NOT
```

산술 연산에서 0으로 나누기나 넘침(overflow) 같은 특수한 상황이 발생하면 상태 레지스터의 특정 비트들이 변한다. 추가적인 명령어들을 이용해서 해당 상태 플래그들을 확인할 수 있다.

RISC 아키텍처에서는 명령어의 수와 변형들을 줄이기 위해 레지스터 간 연산을 데이터 전송이 아니라 산술 연산의 일부로 처리한다. 그래서 상수를 레지스터에 넣거나 한 레지스터의 데이터를 다른 레지스터로 복사하는 명령어가 따로 없다. 대신, 값이 항상 0인 x0 레지스터를 피연산자로 둔 덧셈 연산을 활용한다. 예를 들면 다음과 같다.

```
addi x1, x0, 3   ; 정수 3을 x1에 즉시 로드
add  x2, x1, x0  ; x1을 x2로 복사
```

공식 RISC-V 프로젝트에서 개발한 RISC-V 어셈블러는 프로그래머의 편의를 위해 이러한 연산들을 위한 대안 의사 명령어들을 제공한다. 다음은 그런 의사 명령어들을 사용하는 예다.

```
li x2, 3          ; 정수 3을 x2에 적재
mv x2, x1         ; x1을 x2로 복사
```

이 명령들은 내부적으로 적절한 덧셈 명령들로 어셈블된다.

❷ 부동소수점 연산

부동소수점 명령어들은 `f`로 시작한다. 피연산자는 대부분 세 개로, f0에서 f31까지의 부동소수점 레지스터들이다. 예를 들면 다음과 같다.

```
fadd f6, f7, f8   ; f6 := f7 + f8
fsub f6, f7, f8   ; f6 := f7 - f8
fmul f6, f7, f8   ; f6 := f7 * f8
fdiv f6, f7, f8   ; f6 := f7 / f8
fsqrt f6, f7      ; f6 := sqrt(f7)
```

그 밖에 부동소수점 수를 적재, 저장, 비교하거나 정수와 상호 변환하는 명령어들도 있다.

```
flw f1, t0, 0     ; 주소 t0+0의 부동소수점 워드를 f1에 적재
fsw t0, f1, 0     ; f1의 부동소수점 워드를 주소 t0+0에 저장
flt.s x6, f1, f2  ; x6 := (f1 < f2)
fcvt.w.s x6, f1   ; f1의 부동소수점 워드를 정수로 변환해서 x6에 적재
fcvt.s.w f1, x7   ; x7의 정수를 부동소수점 워드로 변환해서 f1에 적재
```

여기서 `.s`는 단정도(single-precision; 단일정밀도), `.w`는 워드 정밀도를 뜻한다. 그 밖에 배정도(double-precision)를 뜻하는 `d`도 있다. 이런 접미사들은 제11장에서 다룬 68000의 것들과 비슷한데, 실제로 그 접미사들을 채용한 것일 수도 있다. 정수 연산 명령어들처럼 부동소수점 연산 명령어들도 RISC 스타일대로 메모리 접근(적재 및 저장)과 산술 연산을 명확하게 분리함을 알 수 있을 것이다.

14.4 다양한 RISC-V 구현

앞서 언급했듯이, RISC-V는 프로그래머와 CPU를 연결하는 기계어 인터페이스의 명령어 집합 아키텍처(ISA)들을 규정하는 하나의 규격이다. 그런 ISA의 명령어들을 구체적으로 어떻게 구현하는지는 RISC-V가 정의하지 않는다. 설계자들은 디지털 논리(또는 다른 어떤 수단)를 이용해서 각자 나름의 방식으로 RISC-V의 CPU 구현을 설계할 자유가 있다.

지금까지 나온 본격적인 오픈소스 하드웨어 RISC-V 구현은 세 가지다. 이들은 완전한 오픈소스 하드웨어 설계라서 누구나 CPU 배치를 서술하는 파일들을 무료로 내려받아서 수정하거나 제작에 사용할 수 있다. 세 가지 구현은 다음과 같다.

버클리 교육용 코어

버클리 교육용 코어(Berkeley Educational cores)는 이름 그대로 교육용 RISC-V ISA 구현이다. 교육을 위해 의도적으로 설계를 단순화했기 때문에 기능이 제한적이다. 파이프라인이 없는 버전과 간단한 파이프라인이 포함된 버전이 있다.

로켓

로켓Rocket은 전문적인 수준의 파이프라이닝을 지원하는 일련의 CPU 구현들을 통칭하는 이름이다. 하나의 CPU가 아니라, 다양한 워드 길이와 대부분의 ISA 확장을 포괄하는 여러 변형들로 구성된다. 대부분의 RISC-V 서술자(descriptor)에 대해 구체적인 칩 설계도와 배치도를 생성해 주는 로켓 칩 생성기 프로그램도 있다.

BOOM(Berkeley Out-of-Order Machine)

최신의 비순차 실행 기술을 사용하는 고성능 구현이다. OOOE를 비롯해 여러 하드웨어 속도 향상 기법의 연구를 활성화하기 위한 플랫폼으로 쓰인다.

14.5 RISC-V 도구 사슬과 커뮤니티

RISC-V는 단순한 아키텍처 이상의 존재다. 오픈소스 커뮤니티이자 생태계이기도 하다. RISC-V 덕분에 아키텍처 역사상 처음으로 완전한 오픈소스 아키텍처와 도구 사슬(toolchain)[2]이 갖추어졌다. 이제는 전 세계 누구나 관련 파일들을 다운로드해서 수정할 수 있으며, 저렴한 FPGA를 이용해서 실제 하드웨어를 구현할 수 있게 되었다. 전에는 이런 종류의 기술이 아키텍처 기업에서 일하는 소수 전문가만 접할 수 있는, 엄격히 비밀로 보호되는 영역이었다. 하지만 이제는 누구나 대기업이 사용하는 것과 같은 종류의 도구를 구해서 사용할 수 있다. 이러한 도구 사슬의 개방 덕분에, 그리고 무어의 법칙(들)의 종말로 완전히 새로운 아키텍처의 개발에 대한 압박이 커짐에 따라, 아키텍처 회사가 많이 늘어났다. 현재 실리콘 밸리에만 700개 이상의 아키텍처 스타트업이 있고, 전 세계적으로도 많은 기업이 생겨나고 있다. 헤네시와 패터슨은 2017년 튜링상 수상 강연에서 2020년대를 아키텍처의 "새로운 황금기"라고 선언하고, 모두가 이 공동체에 참여할 것을 독려했다.

---

2 [옮긴이] 도구 사슬은 한 도구의 출력이 다른 도구의 입력으로 쓰이는 식으로 마치 사슬처럼 연결되는 일련의 도구들을 뜻한다.

이 흐름에 참여하고자 하는 독자는 일단 RISC-V 공동체가 제공하는 도구들과 튜토리얼을 다운로드해야 할 것이다. RISC-V 개발은 **사실상** 실리콘 밸리 근처에 있는 버클리 대학교의 패터슨 그룹이 주도하고 있다. 이 그룹은 공동체가 트랜지스터에서부터 완전한 CPU에 이르기까지 각종 구조를 설계하고 구축하는 데 필요한 표준 도구 모음을 제작했다. RISC-V 개발에는 주로 Chisel이라는 프로그램이 쓰이는데, Chisel의 개발자들도 대부분 RISC-V을 만든 바로 그 사람들이다.

14.6 스마트 컴퓨터 설계

스마트 컴퓨팅용 기기를 만들 때는 메모리와 I/O를 비롯해 하나의 완전한 컴퓨터를 구성하는 데 필요한 모든 요소를 RISC CPU와 동일한 실리콘에 함께 배치하는 방식이 선호된다. 그런 칩을 **시스템 온 칩**system-on-chip 혹은 **단일 칩 시스템**이라고 부른다. SoC로 줄여서 표기하기도 한다. 표면적으로 SoC는 임베디드 마이크로컨트롤러와 유사한 개념이지만, 설계가 훨씬 크고 강력하다. 단일 칩 시스템은 일반적으로 전원 관리와 물리적 I/O 커넥터를 위한 아날로그 전자 부품들만 갖춘 아주 작은 PCB에 장착된다.

요즘 컴퓨터 설계자들은 적당한 RISC-V 칩 설계를 선택해서 SoC나 하드웨어 보드에 넣는 식으로 컴퓨터를 만든다. RISC-V의 실리콘 구현을 사용하는 상용 시스템들과 연구 시스템들이 많이 있는데, 다음은 그중 몇 가지다.

HiFive

HiFive는 SiFive가 설계한 닫힌 소스 상업용 RISC-V 제품이다. 일반에게 제공된 최초의 실용적 RISC-V 하드웨어였다. 비순차 실행(OOOE) 기능을 갖춘 라즈베리 파이 스타일의 보드로, 가격은 $50 정도다. 라즈베리 파이처럼 리눅스Linux를 구동할 수 있다.

Mango Pi

라즈베리 파이 제로와 비슷한 소형 폼 팩터와 기능을 갖춘 RISC-V 보드다.

lowRISC

로켓 CPU를 기반으로 완전한 오픈소스 하드웨어 컴퓨터를 SoC로 설계하고 생산하는 것을 목표로 진행 중인 프로젝트다. 완전한 오픈소스 컴퓨터를 만들려면 CPU 이외의 모든 구성요소도 오픈소스 하드웨어로 설계해야 한다. 특히, USB와 이더넷 컨트롤러 같은 I/O와 통신 장치들을 설계할 필요가 있다.

ROMA

RISC-V에 기반한 최초의 노트북 설계다. 2022년에 Xcalibyte 사가 공개했다.

스마트 컴퓨팅 기기들의 수요는 RISC 스타일의 CPU뿐만 아니라 메모리와 I/O 분야에서도 발전을 추동했다. 그럼 그러한 발전의 결과로 만들어진, 가장 널리 쓰이는 컴퓨터 설계 구성요소 몇 가지를 살펴보자.

14.6.1 저전력 DRAM(LP-DRAM)

휴대전화와 기타 모바일 기기에 사용되는 DRAM은 *LP-DRAM*이라고 부르는 특별한 저전력(Low-Power) 메모리다. LP-DRAM은 속도와 편의성을 조금 희생하는 대신, 배터리 사용량을 줄이도록 설계되었다. 주로는, 사용되지 않는 커다란 메모리 영역들의 전원을 차단해서 전력 소비를 아낀다. 전원을 차단하면 휘발성 내용이 사라지지만, 메모리를 계속 새로 고침(리프레시)할 필요가 없어서 전력 소비가 크게 줄어든다. LP-DRAM을 사용하는 휴대전화에서 불필요한 앱을 모두 종료하면 배터리가 더 오래 가는 것이 사실이다. 운영체제가 그 앱들이 사용하던 메모리를 해제하고, 이를 전원 절약을 위해 끌 수 있기 때문이다. 이러한 전원 절약의 대가는, 해당 메모리 영역이 다시 필요해졌을 때 재활성화하려면 시간이 좀 걸린다는 것이다.

DRAM처럼 LP-DRAM도 그 표준이 여러 번 바뀌었다. 전원을 아예 끄는 대신 1.8V 같은 낮은 전압으로 작동하게 하거나, 온도에 따라 새로 고침 빈도를 조절함으로써 불필요한 새로 고침 작업을 줄이거나, 전원 차단을 여러 수준으로 수행하는 등의 다양한 혁신이 추가되었다. 다수준 전원 차단은 이를테면 사용자가 휴대전화를 몇 시간 동안 주머니에 넣어두는 경우와 전화기의 나머지 부분을 계속 사용하면서 앱에서 일시적으로 메모리를 해제하는 경우를 구분하는 데 적용될 수 있다.

14.6.2 카메라

[그림 14-2]에 나온 것 같은 카메라 센서는 CMOS와 비슷한 칩으로 만들어진 활성 픽셀 센서다.

카메라 센서는 픽셀들에 대응되는 광센서(light sensor)들이 2차원 배열 형태로 배치된 부품이다. 이러한 광센서 배열은 집적회로 칩처럼 포토 공정(광식각법)으로 만든다. 보통의 경우 하나의 픽셀은 디스플레이에서처럼 빨간색, 녹색, 파란색 부분픽셀(subpixel)들로 구성된다. 디스플레이와 다른 점은 부분픽셀들이 해당 색상의 빛을 내는 것이 아니라 감지한다는 것이다.

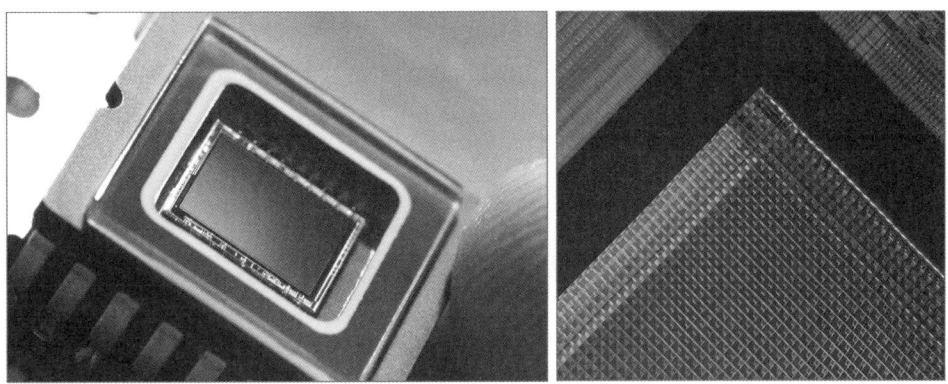

그림 14-2 카메라 센서(왼쪽)와 그 픽셀들을 근접 촬영한 모습(오른쪽).

14.6.3 터치스크린

휴대전화나 태블릿에 쓰이는 터치스크린은 디스플레이 화면 위에 투명한 필름층들을 겹친 것이다. 칩처럼 터치스크린 필름층들도 포토 공정으로 만든다. 서로 다른 재질로 된 필름층들이 겹쳐져서, 커패시터의 절반에 해당하는 작은 요소들로 이루어진 픽셀 격자가 형성된다(그림 14-3).

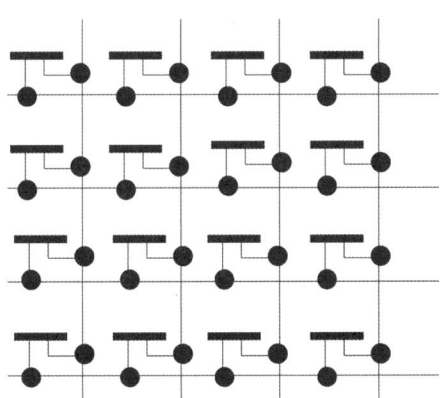

그림 14-3 절반 커패시터들의 배열로 이루어진 터치스크린. 각 반 커패시터는 2차원 좌표를 가진다.

손가락을 터치스크린 가까이 가져가면 인간의 피부가 커패시터의 나머지 절반으로 작용해서, 접촉 부분에서 커패시터들이 완성된다. 터치스크린 장치는 해당 부분의 전류 변화를 위치 정보로 변환한다.

터치스크린이 디스플레이 위에 놓인 하나의 층으로서 작용하려면, 절반 커패시터들과 그것들을 연결하는 도선들을 전기가 통할 뿐만 아니라 투명한 재질로 만들어야 한다. 구체적으로, 가시광선 대역의 빨간색, 녹색, 파란색 빛을 통과시키는 물질이어야 한다. 이는 충족하기 어려운 요구조건이다.

전도성이 있는 물질은 주로 금속인데, 금속은 대부분 모든 주파수의 빛을 반사하기 때문이다. 다행히 전도성과 투명성을 모두 갖춘 물질이 있다. 인듐 주석 산화물(indium tin oxide, ITO)는 희토류인 인듐에 기반한 화합물인데, 우연하게도 전기가 통하면서도 투명하다. 그래서 대부분의 터치스크린에 쓰인다.

> **별 차이 없는 거 아닌가?**
>
> CISC와 달리 RISC는 프로그래머의 편의를 위한 추가 명령어를 제공하지 않는다. 프로그래머가 좀 더 기본적이고 범용적인 명령어들의 피연산자들을 교묘하게 지정함으로써 원하는 일을 수행해야 하는 경우가 많다. 그래서 RISC 어셈블리 프로그래밍이 CISC 프로그래밍보다 더 번거로울 수 있다. 다행히 RISC 어셈블러들은 CISC 명령어와 유사하게 작동하는 의사 명령어(pseudo-instruction)들을 제공하기도 한다. 내부적으로 어셈블러는 프로그램에 있는 의사 명령어를 일련의 RISC 명령어들로 대체한다. 그런데 CISC 아키텍처를 이와 유사한 방식의 디지털 논리로 구현할 수도 있다. 즉, CISC 스타일의 명령을 RISC 스타일로 실행되는 일련의 RISC 명령들로 디코딩하는 것이다. 이런 설계는 내부적으로 CISC 마이크로코드 구조와 아주 흡사하다. 이 점을 생각하면, CISC와 RISC가 아주 다른 것은 아닐 수도 있겠다.

이번 장 요약

범용 컴퓨팅의 비용과 전력 소비가 감소하고 배터리 기술이 향상됨에 따라, 여러 응용 분야에서 스마트 기기가 임베디드 시스템을 대체하고 있다. RISC 아키텍처는 스마트 컴퓨팅의 요구사항을 잘 충족한다. 설계가 단순해서 물리적 크기와 비용, 전력 요구사항을 줄일 수 있기 때문이다.

RISC 아키텍처의 ISA는 적은 수의 단순한 명령어들로 구성된다. 일반적으로 메모리 접근을 위한 명령어들과 산술 연산을 위한 명령어들을 명확히 구분하는 것이 RISC 스타일이다. 또한, RISC에서는 모든 명령어의 실행 기간을 동일하게 유지한다. 그러면 실행 단계가 단순해지고 파이프라이닝과 비순차 실행(OOOE)이 원활해진다. 대부분의 RISC 명령어는 피연산자가 세 개다. 그래서 RISC 어셈블리 프로그램은 그 행들이 들쭉날쭉하지 않고 가지런한 것이 특징이다.

RISC-V는 오픈소스 RISC ISA들의 규격이다. RISC-V를 구현한 디지털 논리 설계는 다양한데, 오픈소스도 있고 닫힌 소스도 있다. 또한 설계와 제작을 위한 도구 사슬도 제공된다. RISC-V는 핵심 명령어 집합 외에 다양한 선택적 확장 명령어 집합들을 포함한다. 이를 통해 작고 저렴한 스마트 기기부터 고성능 서버에 이르기까지 다양한 기기에 대해 맞춤형 ISA를 구성할 수 있다.

실습과제

RISC-V 프로그래밍

시뮬레이터를 이용해서 간편하게 RISC-V 프로그래밍을 맛볼 수 있다.

1. 오픈소스 RISC-V 시뮬레이터인 주피터Jupiter를 https://github.com/andrescv/Jupiter에서 내려받아서 설치하고 실행한다.

2. 주피터에 이번 장의 예제 프로그램들을 입력한다. 주피터에서 RISC 어셈블리 프로그램을 실행하려면 아래의 예처럼 프로그램에 __start라는 이름의 전역 레이블이 정의되어 있어야 한다. 이 레이블은 프로그램 실행의 진입점 역할을 한다.

   ```
   .globl __start
   __start:
     li t0,0
   ```

3. 기본적으로 주피터는 프로그램이 하버드 스타일이라고 가정한다. 따라서 프로그램에 데이터 행들이 있다면, 다음처럼 데이터 행들과 코드 행들에 각각 .text 세그먼트와 .data 세그먼트를 명시해 주어야 한다.

   ```
   .globl __start
   .data
     mylabel: .word 17
     myfloat: .float 34.56
   .text
   __start:
     lw x5, mylabel ; mylabel 주소의 내용을 레지스터 x5로 적재
     la x6, mylabel ; mylabel의 주소(내용이 아님)를 x6에 적재

     sw x5, 0(x6)   ; x5 레지스터의 값을 주소 0+x6(= mylabel)에 저장

     j myloop
   ```

4. 각 프로그램을 파일에 저장한 후 **Run - Assemble** 메뉴를 선택하거나 F3 키를 눌러서 프로그램을 어셈블한다. 오류가 없다면 **Run - Run** 메뉴 또는 F5 키로 프로그램을 실행한다. 각 기계어 코드 행의 왼쪽 체크상자를 클릭해서 중단점을 설정할 수 있다. 다시 코드 편집 창으로 돌아가려면 실행을 중지한 후 상단 **Editor** 탭을 클릭한다.

도전과제

1. 이전에 해석기관과 맨체스터 베이비용으로 작성한 프로그램들을 RISC-V로 이식해 보라. 현대적 아키텍처인 RISC-V에서 그 시스템들보다 쉽거나 어려운 점은 무엇인가? x86과 비교하면 어떤 느낌인가?
2. 앞의 프로그램들을, 실물 RISC-V 보드를 구해서 관련 도구와 문서를 이용해 실행해 보라.

심화 도전과제

실제로 작동하는 CPU를 직접 만들고 싶은 독자도 있을 것이다. RISC-V와 Chisel을 이용하면 가능하다.

1. https://github.com/ucb-bar/chisel-tutorial에 전체 Chisel 튜토리얼이 있다. Chisel을 설치하고 이 튜토리얼을 따라해 보라.
2. ALU와 FPU, CU를 비롯해 로켓과 BOOM에 쓰이는 모든 마이크로회로(microcircuit)가 Chisel 라이브러리 형태로 제공된다. 필요한 라이브러리들을 내려받고 빌드해서 어떻게 작동하는지 실험해 보라.
3. Rocket Chip Generator(로켓 칩 생성기; https://github.com/chipsalliance/rocket-chip)는 RV64IMFP처럼 특정 RISC-V CPU를 서술하는 코드를 입력받고 해당 CPU를 위한 Chisel 파일들과 Verilog 파일들(또는 C++ 시뮬레이션 코드)을 출력하는 도구다. Rocket Chip Generator를 설치, 실행해서 파일들을 출력하고, 심화 도전과제 1번에서 살펴본 마이크로회로들이 CPU 설계에서 어떻게 쓰이는지 파악해 보라.
4. Torture(https://github.com/ucb-bar/riscv-torture)는 RISC-V 공동체가 제공하는 도구로, 하드웨어 설계에서 RISC-V가 정확하게 실행되는지 테스트하고 오류를 찾는 데 도움을 준다. 이 도구를 설치하고, Rocket Chip Generator가 출력한 설계에 의도적으로 오류를 도입한 후 이 도구를 실행해서 그 오류를 살펴보라.
5. 이제 저렴한 FPGA 보드를 구입해서 로켓 칩용 netlist 파일을 구우면 실물 CPU가 만들어진다. 막히는 부분이 있으면 RISC-V 문서화와 메일링 리스트 아카이브를 참고하자.
6. 더 나아가서, https://riscv.org의 RISC-V 공동체 논의에 참여하고 https://github.com/lowrisc의 오픈 lowRISC 설계들도 공부하자. 흥미로운 연구 주제나 일거리를 찾아서 RISC-V 공동체에 기여하기 바란다.

더 읽을거리

- 상세한 RISC-V 튜토리얼: Edson Borin, *An Introduction to Assembly Programming with RISC-V*, https://riscv-programming.org/book/riscv-book.html.

- 정확한 RISC-V 매뉴얼: Andrew Waterman 및 Krste Asanović 엮음, *The RISC-V Instruction Set Manual Volume I: Unprivileged Architecture* (Berkeley: RISC-V Foundation), https://riscv.github.io/riscv-isa-manual/snapshot/unprivileged/.

CHAPTER 15

병렬 아키텍처

이전 논의에서 보았듯이 컴퓨팅은 두 경로로 갈라져서 발전하고 있다. 하나는 사물 인터넷(IoT)을 형성하는 저전력 시스템들이고, 다른 하나는 클라우드를 형성하는 고전력 컴퓨팅 센터들이다. 이전 두 장에서는 저전력 IoT 쪽인 임베디드 시스템과 스마트 시스템을 살펴보았다. 이번 장에서는 클라우드에서 흔히 볼 수 있는 고전력, 고성능 시스템을 다룬다. 특히, 클라우드 컴퓨팅의 근간인 병렬성(parallelism)을 주요하게 살펴볼 것이다.

병렬성의 부상은 무어의 두 가지 법칙과 관련이 있다. 밀도에 관한 무어의 법칙은 여전히 성립한다. 즉, 우리는 계속해서 칩에 더 많은 트랜지스터를 집적할 수 있다. 하지만 클록 속도에 관한 무어의 법칙은 성립하지 않는다. 물리적 한계 때문에 단일 CPU의 속도를 높이는 것은 이제 불가능하다. 초당 인출-해독-실행 주기의 수가 더 이상 증가하지 않으므로, 주기들을 더 빠르게 만드는 대신 각 주기 **안에서** 더 많은 작업을 수행하는 데 여분의 트랜지스터를 투입해야 한다.

한동안은 여분의 실리콘을 이용해서 전통적인 직렬 아키텍처를 강화하는 것이 가능했다. 명령어당 더 많은 작업을 수행하기 위해 더욱더 복잡한 CISC 명령어를 만들어 냈고, CPU 실리콘에 더 큰 레지스터 수준의 캐시들을 계속 추가했다. 또한 산술 논리 장치(ALU) 같은 구조들을 여러 개 복제해서 분기 갈래들이 동시에 실행되게 했고, 파이프라인과 비순차 실행 단위를 더욱더 정교하게 만들었다. 이 모든 기술을 종합적으로 적용한 덕분에 최근에는 주기당 명령어 수(instructions per cycle, IPC)가 매년 두 자릿수의 퍼센트로 향상되었다(초당 주기 수가 아니라 주기당 명령어 수임을 주의할 것). 하지만 이쪽도 한계에 도달해서, 이제는 손쉽게 성능을 향상하기가 거의 불가능하다. 그래서 디지털 논리가 본질적으로 병렬적이라는 점을 활용해서 성능 향상을 꾀할 필요가 있다. 다행히, 실제로 디지털 논리는 병렬적이다.

레지스터 수준의 병렬성과 명령어 수준의 병렬성은 이전 장들에서 이미 살펴보았다. 레지스터 수준 병렬성은 레지스터의 비트들을 다루는 디지털 논리 구성요소들을 비트 자리 혹은 열(column)별로 동시에 가동하는 것을 말한다. 예를 들어 한 워드의 모든 비트를 차례로 하나씩 뒤집는(negation, 부성) 대신 동시에 뒤집는 식이다. 명령어 수준 병렬성에는 파이프라이닝, 분기 예측, 조기 실행, 비순차 실행 등이 포함된다. ISA(명령어 집합 아키텍처) 수준에서는 이런 개념들이 드러나지 않는다. 따라서 어셈블리 프로그래머가 이런 개념들을 직접 접하지는 않는다. 프로그래머의 관점에서 이들은 그저 직렬 프로그램이 더 빨리 실행되게 만드는 요인일 뿐이다.

이번 장은 실제로 ISA에 반영되는, 따라서 어셈블리 프로그래머가(경우에 따라서는 고수준 언어의 프로그래머도) 좀 더 신경을 써야 할 고수준 병렬성들에 초점을 둔다. 이번 장에서는 먼저 병렬 컴퓨팅의 기초를 고찰한 후, 두 가지 주요 병렬성 유형을 살펴본다. 하나는 현대적 CPU와 GPU에서 볼 수 있는 *SIMD*(single instruction, multiple data; 단일 명령 다중 데이터)이고, 다른 하나는 다중 코어 CPU나 클라우드 컴퓨팅 센터에서 볼 수 있는 *MIMD*(multiple instruction, multiple data; 다중 명령 다중 데이터)다. 마지막으로는 CPU와 프로그램의 개념을 넘어 더 급진적인, '명령어 없는' 형태의 병렬성을 고찰하는 것으로 이번 장의 논의를 마무리한다.

15.1 직렬적 사고방식 대 병렬적 사고방식

직렬 컴퓨터의 실리콘은 대부분 메모리가 차지한다. 메모리는 평소에는 아무 일도 하지 않고 있다가, CPU가 적재나 저장을 요청하면 그때야 움직인다. 어떤 의미에서 직렬 컴퓨팅은 마치 1,000명의 사람이 모든 작업을 단 한 명의 작업자에게 보내고 작업자가 결과를 알려줄 때까지 아무 일도 안 하고 서 있는 것과 같다. 이러한 현상을 '직렬 병목 현상(serial bottleneck)'이라고 한다.

병렬 컴퓨팅에서는 이 1,000명의 사람이 모두 스스로 일한다. 각자 능동적인 계산 단위가 되어서, 필요에 따라 서로 직접 데이터를 주고받으면서 계산을 수행한다. 이렇게 하면 한 명의 작업자를 기다릴 때보다 훨씬 많은 일을 할 수 있다. 마찬가지로, 컴퓨터의 모든 디지털 논리가 CPU를 기다리는 대신 계속해서 계산을 수행하게 한다면 성능이 향상될 것이다.

따라서 병렬 컴퓨팅이 직렬 컴퓨팅보다 더 빠르고 우수한 것은 분명해 보인다. 하지만 적어도 2010년대까지 컴퓨터 과학자들은 대체로 '직렬적 사고방식'에 갇혀 있었다. 아마 프로그래밍을 요리에 비유해서 프로그래밍 개념을 가르치는 글이나 사람을 접해 보았을 것이다. 여러분 혼자 주방에서 다음과 같은 일련의 작업을 진행한다고 상상해 보자.

1. 야채를 썬다
2. 물을 끓인다
3. 닭고기를 자른다
4. 닭고기를 갈색으로 익힌다
5. 야채를 냄비에 넣는다
6. 닭고기를 냄비에 넣는다
7. 냄비를 끓인다
8. 허브를 자른다

...

소규모에서는 이런 작업 흐름도 괜찮다. 하지만 인기 있는 레스토랑 체인을 운영하는 총주방장이라면, 작업자 팀을 관리하고 음식을 더 효율적으로 만들기 위해 최적의 방식으로 일정을 잡아야 한다. 경영과학이라고도 부르는 운영연구(operations research) 분야는 바로 이런 작업을 최적으로 스케줄링하는 방법을 연구한다.

닭고기 수프 조리법과 같은 일련의 지시사항('명령')들을 가장 짧은 시간 내에 완료하려면 어떻게 해야 할까? 이를 위한 잘 알려진 알고리즘들이 있다. 예를 들어 [그림 15-1]은 헨리 간트Henry Gantt가 고안한 간트 차트의 예다. 간트 차트Gantt Chart는 시간에 따라 병렬로 실행되는 일련의 작업을 표시하고 추론하는 데 쓰인다.

수행할 작업들과 그 작업들의 의존 관계가 주어지면, 다시 말해 어떤 작업을 시작하려면 그전에 다른 어떤 작업이 끝나야 하는지를 알면, 간단한 알고리즘들을 이용해서 모든 작업을 최소한의 시간으로 완료하는 일정을 수립할 수 있다. 이때 관건은 그런 작업들이 형성하는 네트워크에서 임계 경로(critical path)를 찾는 것이다. 여기서 임계 경로는 전체 작업 과정의 병목이 되기 때문에 반드시 제때 수행해야 하는 일련의 작업들을 말한다.

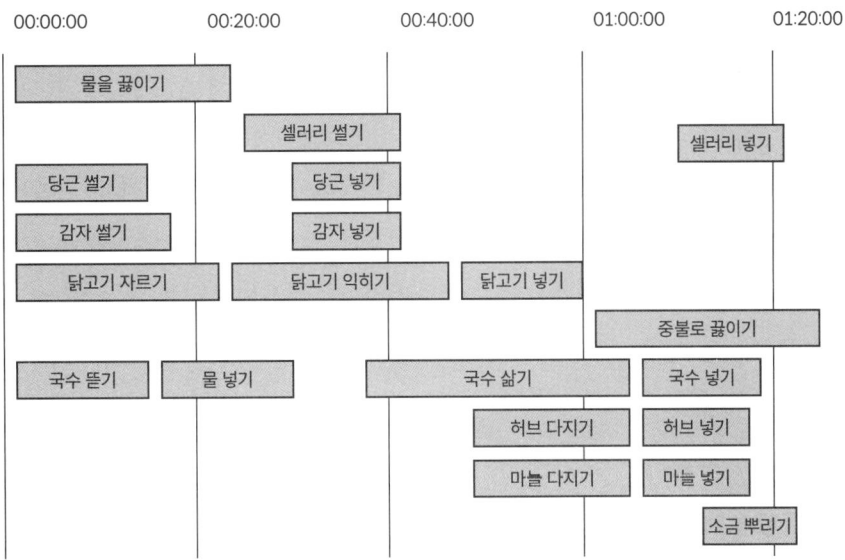

그림 15-1 닭고기 수프 조리를 위한 병렬 간트 차트

영국의 블레츨리 파크가 이런 방식의 계산을 많이 활용했다. 블레츨리 파크가 '컴퓨터'로 사용한 것이 기계뿐만은 아니었다. 당시는 여전히 사람이 직접 계산을 수행하던 시대였다. 당시만 해도 컴퓨터는 기계가 아니라 사람의 직함이었다. 인간 '컴퓨터'들이 컴퓨팅 부서에 모여서 관리자의 지시에 따라 계산의 일부를 각자 병렬로 수행했다(그림 15-2). 이 인간 컴퓨터 관리자들은 큰 규모의 수학 계산을 여러 조각으로 나누어서 작업을 분배하고 결과를 취합하는 방법을 고민했다.

그림 15-2 병렬로 작업 중인 인간 컴퓨팅 부서의 작업자들과 전체 작업을 스케줄링하는 관리자(서 있는 사람).

작업자들의 병렬 작업을 관리한다는 개념이 오래전부터 존재했다는 점이나, 그런 작업 방식이 기본적으로 주어진 작업을 효율적으로 수행하기 위한 프로그램 설계 방법에 기반한다는 점을 생각하면, 이런 병렬 작업 방식을 아예 무시하고 조리법이나 직렬 컴퓨팅의 관점에서 사고하는 프로그래머가 이토록 많은지 의아할 따름이다. 만일 컴퓨팅의 역사가 다르게 흘러갔다면, 즉 직렬 알고리즘이 아니라 경영과학의 관점에서 시작했다면 아마 프로그래밍의 기반이 지금보다 훨씬 튼튼했을 것이다. 어찌 되었든, 클록 속도에 관한 무어의 법칙이 끝났으니만큼 프로그래밍의 기반을, 그리고 어쩌면 컴퓨터 과학 자체의 기반을 병렬적 사고방식으로 옮길 때가 되었다. 예를 들어 요즘 학생들은 생애 최초의 프로그램을 스크래치Scratch로 작성하기도 하는데, 다수의 스프라이트가 모두 병렬로 각자의 코드를 실행하는 방식의 프로그램을 짜게 하면 좋을 것이다. 그리고 전업 프로그래머라면 SIMD와 MIMD 위주로 프로그래밍을 생각할 수 있어야 한다. 그럼 그 둘을 차례로 살펴보자.

15.2 CPU의 SIMD

제일 먼저 살펴볼 병렬성 유형은 SIMD, 즉 단일 명령 다중 데이터(single instruction, multiple data)다. 이름에서 짐작하듯이 SIMD는 하나의 명령(이를테면 "누산기에 1을 더하라" 같은)을 다수의 데이터 항목에 동시에, 동일한 방식으로 적용하는 것을 말한다. SIMD 시스템은 CPU 기반 구현과 GPU 기반 구현으로 나눌 수 있는데, 여기서는 CPU 기반 구현을 살펴본다. GPU 기반 구현은 다음 절에서 논의할 것이다.

15.2.1 SIMD 소개

CPU의 SIMD는 CISC 스타일에 크게 치우친 접근 방식이다. CPU에서 SIMD를 구현할 때는 흔히 병렬 연산을 하나의 명령으로 수행하는 새로운 명령어들을 도입하고, 관련 디지털 논리 네트워크를 실리콘에 추가하기 때문이다. SIMD 명령어는 하나의 워드에 여러 데이터 항목을 채워 넣고('패킹') 데이터 항목들 각각에 동일한 명령을 병렬로 적용하는 새로운 명령들을 정의한다. 예를 들어 64비트 CPU에서 64비트 레지스터에 64비트 정수 하나를 저장하는 대신 16비트 데이터 항목 네 개를 저장하고, 네 조각('청크chunk') 각각에 대해 동일한 산술 연산 명령을 동시에 실행하는 식이다.

표준적인 CPU에는 레지스터 r1과 r2의 정수들을 더하고 그 결과를 r3에 저장하는 `ADD` 같은 명령어가 있기 마련이다. SIMD를 구현하는 CPU라면 `SIMD-ADD` 같은 명령어가 있다. 이 명령어도 `ADD`처럼 레지스터 세 개를 피연산자로 사용하지만, 레지스터들에 담긴 데이터의 표현 방식이 다르다.

이 SIMD 덧셈 명령은 두 레지스터에 있는 16비트 정수 쌍들을 각각 동시에 더해서 셋째 레지스터에 같은 방식으로 채워 넣는다.

> **NOTE** SIMD 명령어들은 초기 슈퍼컴퓨터(이를테면 1960년대의 유명한 슈퍼컴퓨터인 크레이$_{Cray}$ 등)에서 시작되었다. 슈퍼컴퓨터에서 데스크톱으로 처음 도입된 SIMD 명령어 집합은 인텔의 MMX이다.

SIMD에서 하나의 64비트 레지스터를 32비트 조각 두 개로 나눌 수도 있고 16비트 조각 네 개나 8비트 조각 여덟 개로 나눌 수도 있다. 네 개로 나누는 것은 3D 게임에서 특히나 유용하다. 3D 그래픽 프로그래머는 3차원 공간 좌표를 흔히 4차원 벡터(4성분 벡터)로 저장한다. 이때 넷째 차원은 아핀변환(affine transform; 또는 상관변환, 어파인 변환)을 위한 비례(확대·축소) 계수로 쓰인다. 아핀변환은 평행이동(병진이동), 회전, 확대 축소 등 3차원 공간에서 물체의 위치와 방향, 크기를 변환하는 것인데, 간단한 행렬 대 벡터 곱셈으로 구현된다. 게임에서는 좌표의 한 성분을 16비트 정밀도로 표현해도 크게 문제가 되지 않는다(진지한 과학 3D 시뮬레이션에서는 그렇지 않겠지만). 우리가 사는 세계의 차원 수가 아핀변환의 관점에서 2의 멱수라는 점은 행운이 아닐 수 없다!

SIMD는 이미지와 동영상 처리에도 적합하다. 한 픽셀의 색상을 흔히 적, 녹, 청색 성분과 알파 성분에 해당하는 네 개의 정수로 표현하기 때문이다(80쪽에서 말한 RGBA를 기억할 것이다). 좀 더 일반화하면, 오디오를 비롯해 대부분의 멀티미디어 유형은 신호 처리 시 다수의 데이터 항목에 동일한 연산을 적용할 때가 많다. 따라서, 3차원 그래픽처럼 4차원 구조가 자명하지는 않은 분야에서도 SIMD로 처리를 가속할 수 있을 때가 많다.

SIMD 명령어들을, 임의의 일반 레지스터들을 사용하도록 만드는 것도 가능한 일이었다. 하지만 레지스터 크기가 64비트로 증가하면서 상황이 좀 더 흥미로워졌다. 일부 아키텍처는 워드 길이보다 긴 새로운 레지스터들을 추가했다. 흔히 벡터 레지스터라고 부르는 이 추가 레지스터들은 128이나 256, 512비트를 저장할 수 있는데, 주로는 SIMD 명령어들에 쓰인다.

이상으로 CPU SIMD의 기본 개념을 소개했다. 그럼 좀 더 구체적인 예로, 이것이 x86에서 어떻게 구현되는지 살펴보자.

15.2.2 x86의 SIMD

64비트 시대에 등장한 여러 x86 아키텍처 이름들이 제13장에 나왔었다. 이런 아키텍처들은 대부분 기본 amd64 명령어 집합에 다양한 형태의 병렬성을 위한 확장을 추가하는 데 초점을 두었다.

그런 확장들이 채용한 아이디어들은 대부분 고성능 컴퓨팅과 고사양 서버에서 온 것인데, 확장들 덕분에 데스크톱 아키텍처에도 도입되었다.

고전적인 CISC 접근 방식에서는 여분의 트랜지스터를 ISA에 더 많은 단순 기계어 명령어를 추가하는 데 사용한다. 이런 추가 명령어들 각각은 보통의 명령어보다 더 많은 작업을 수행하도록 설계된다. 이런 접근 방식에 따라, x86 같은 CISC 아키텍처에는 암호화, 멀티미디어 처리, 기계학습 등 다양한 특수 사례를 위한 새 CISC 스타일 명령어가 수천 개 추가되었다. 문제는, 그런 확장들에 관한 표준을 둘러싸고 이해관계자들의 의견이 일치하지 않는다는 것이다. 모든 제조업체가 동일한 기본 amd64 ISA를 구현하지만, 새로운 명령어들로 ISA를 확장하는 방식은 각자 다르다. 제조업체들은 사용자들을 자신의 버전에 끌어들여서 경쟁사들을 고립시키려 한다(이는 **포용-확장-소멸**(embrace-extend-extinguish)이라고 하는 잘 알려진 전략이다). 하지만 서로 다른 확장을 최적화하기 위해 다수의 백엔드를 구현해야 하는 컴파일러 작성자로서는 그저 골치 아픈 문제일 뿐이다.

64비트 시대 동안 x86에 추가된 대부분의 새로운 레지스터와 명령어는 SIMD를 위한 것이었다. [그림 15-3]은 현세대 amd64의 전체 사용자 레지스터 집합이다.

그림 15-3 amd64의 전체 레지스터 집합.[1]

이름에 'MM'이 있는 레지스터들이 SIMD 레지스터다. 시간이 흐르면서 새로운 SIMD 레지스터들이 도입되었음을 확인할 수 있는데, 대부분 기존 레지스터를 더 길게 만든 레지스터들이다. 이런 식으로 레지스터들을 확장할 때는 x86의 하위 호환성 규칙에 따라 기존의 짧은 레지스터 이름과 용도도 계속 유지해야 한다. 그래서 이렇게 레지스터 이름이 많아진 것이다. 게다가 기존 이름과

---

1 옮긴이 비트수가 2의 멱수가 아닌 80비트 레지스터가 궁금한 독자도 있을 것이다. 80비트 레지스터는 IEEE 754 표준에 따른 80비트 부동소수점 연산을 위한 것이다.

새 이름을 모두 지원하기 위해 기존 명령어의 새로운 버전들도 수없이 추가해야 한다.

1 MMX

MMX는 x86의 첫 SIMD 확장이었다. MMX가 정확히 무엇의 약자인지는 공식적으로 정의된 적이 없다. 사실 인텔과 AMD는 이 이름의 상표권을 두고 법적 분쟁을 벌이기까지 했다. MMX를 'matrix math extensions(행렬 수학 확장)'이나 'multimedia extensions(멀티미디어 확장)'의 약자로 간주하자는 제안도 있다.

MMX는 amd64의 기존 부동소수점 레지스터들을 64비트로 확장했다. 이는 EAX 같은 32비트 레지스터를 64비트 RAX로 확장한 것과 비슷하다. MMX의 새 레지스터들은 MM0부터 MM7까지 8개다. 현세대 amd64 CPU들에도 이 레지스터들이 여전히 남아 있다.

각 MMX 레지스터를 64비트 정수 하나나 32비트 정수 두 개, 16비트 정수 네 개, 8비트 정수 여덟 개를 처리하는 정수 전용 SIMD 명령어의 피연산자로 사용할 수 있다. 정수 SIMD 명령어들은 특히 이미지 처리에 유용하고 빠르다. 이를테면 2D 스프라이트 기반 게임과 비디오 코덱에 쓰인다.

MMX 명령어는 '패킹된(packed; 하나의 레지스터에 채워진)'을 뜻하는 p로 시작한다. 예를 들어 `paddd`는 '패킹된 이중 워드 덧셈(packed add double)'이다. 새로운 이동 명령어인 `movb`, `movw`, `movd`는 각각 바이트, 워드, 이중 워드 배열을 하나의 MMX 레지스터에 복사한다. 다음 예제 프로그램은 32비트 이중 워드 배열 두 개를 정의한다. $a=[4, 3]$이고 $b=[1, 5]$다. 프로그램은 a와 b를 각각 패킹된 이중 워드 배열로서 MM0과 MM1에 적재한다. 그런 다음 두 이중 워드 배열을 성분(원소)별로 더해서 MM0에 넣는다. 결과적으로 MM0은 $[5, 8]$이 된다.

```
a:      dd  4, 3
b:      dd  1, 5
main:
        movd    mm0, [a]
        movd    mm1, [b]
        paddd   mm0, mm1
```

MMX는 새 명령어를 **아주 많이** 추가했다. 모든 산술 연산에 대해 바이트, 워드, 이중 워드 패킹을 위한 변형들이 필요했기 때문이다.

2 SSE

인텔의 x86 SIMD 버전은 MMX 이후 SSE, SSE2, SSE3, SSE4, SSE4.2로 거듭 확장되었다. 참고로 SSE는 streaming SIMD extensions(스트리밍 SIMD 확장)의 약자다. AMD사도 비슷한 확장들을 내놓았는데, 최신 경쟁 제품은 이름이 SSE4a이지만 인텔의 SSE들과는 호환되지 않아서 혼란을 일으킨다. MMX와는 달리 SSE 시리즈는 정수뿐만 아니라 부동소수점 수를 위한 SIMD 명령어들도 제공한다. 이는 게임과 기타 물리 시뮬레이션에서 3차원 수학 연산을 가속하는 데 특히나 유용하다. (MMX는 당시의 벤치마크들에서 성공적이지 못했는데, 그 벤치마크들은 3D 게임인 **퀘이크**Quake에 크게 집중되어 있었다.)

MMX가 기존의 부동소수점 레지스터를 확장한 것과 달리, SSE는 완전히 새로운 128비트 벡터 레지스터들을 추가했다. 이런 레지스터들이 SSE의 새 버전마다 추가되어서, 현재는 XMM0부터 XMM31까지 총 32개다. 각 레지스터는 8, 16, 32, 64비트 조각으로 나눌 수 있으며, 각 조각은 부동소수점 수나 정수를 나타낸다. 각 산술 연산 명령어에 이런 조합들에 대응하는 수많은 변형이 추가되었음은 물론이다.

대부분의 SSE 명령어는 '패킹된(packed)'을 의미하는 p자가 이름 앞이나 뒤에 붙는다. 예를 들어 [그림 15-4]의 왼쪽 윗부분은 SSE의 상등 비교 명령어인 cmpeqps의 작동 방식을 보여준다. 이 cmpeqps는 표준 x86 명령어인 cmpeq에 'packed(패킹된)'의 p와 'single-precision(단정도)'의 s를 덧붙인 것이다.

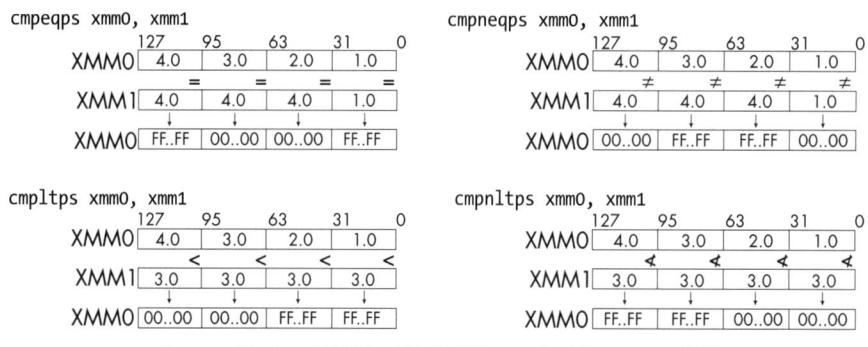

그림 15-4 두 데이터 집합을 다양한 방식으로 비교하는 SSE 명령어들.
두 SSE 레지스터 XMM0과 XMM1의 내용이 표시되어 있다. 왼쪽 위는 상등(equal), 오른쪽 위는 부등(not equal), 왼쪽 아래는 미만(less than), 오른쪽 아래는 이상(not less than; 작지 않음)이다.

마찬가지로, [그림 15-4] 오른쪽 위의 cmpneqps 명령어는 표준 부등 비교 명령어 cmpneq를 SSE로 확장한 것이다.

다음 코드는 부동소수점 배열을 SSE의 XMM 레지스터들에 담아서 다수의 부동소수점 수들에 대한 산술 연산을 동시에 수행하는 방법을 보여준다.

```
; en.wikibooks.org/wiki/X86_Assembly/SSE에서 발췌(CC BY 3)
section .data
    v1: dd 1.1, 2.2, 3.3, 4.4    ; 첫 수치 4개 집합
    v2: dd 5.5, 6.6, 7.7, 8.8    ; 둘째 수치 집합

section .bss
    v3: resd 4      ; 결과

section .text
    _start:

    movups xmm0, [v1]    ; v1을 xmm0에 적재
    movups xmm1, [v2]    ; v2를 xmm1에 적재

    addps xmm0, xmm1     ; 더하기
    mulps xmm0, xmm1     ; 곱하기
    subps xmm0, xmm1     ; 빼기
    movups [v3], xmm0    ; 결과를 v3에 저장

    ret
```

여기서 `addps` 명령어는 XMM1에 담긴 네 수치와 XMM0의 네 수치를 각각 더한 결과를 XMM0에 저장한다. 첫 부동소수점 수의 경우 결과는 $1.1 + 5.5 = 6.6$이 된다. `mulps` 명령어는 XMM1의 네 수치를 이전 계산 결과(XMM0에 있는)에 곱한 결과를 XMM0에 저장한다. 첫 부동소수점 수의 경우 결과는 $5.5 \times 6.6 = 36.3$이다. `subps` 명령어는 `v2`의 네 수치(XMM1에 여전히 남아 있다)를 이전 계산 결과(XMM0에 있는)에서 뺀다. 첫 부동소수점 수의 경우 결과는 $36.3 - 5.5 = 30.8$이다.

3 AVX

AVX(Advanced Vector Extensions; 고급 벡터 확장)은 두 세대에 걸쳐 SSE보다 긴 256비트 레지스터들과 512비트 레지스터들을 추가했다. 새로운 256비트 레지스터는 이름이 YMM0부터 YMM31이고 512비트 레지스터는 ZMM0부터 ZMM31까지다.

대체로 AVX 명령어들의 이름은 비슷한 연산을 수행하는 SSE 명령어의 이름 앞에 `v`를 붙인 것이다. 예를 들어 다음은 AVX-256을 이용해서 32비트 부동소수점 수 8쌍을 더하는 코드다.

```
        v1: dd 0.50, 0.25, 0.125, 0.0625, 0.03125, 0.015625, 0.0078125, 0.00390625 (!! 80 컬럼!!)
        v2: dd 2.0, 4.0, 8.0, 16.0, 32.0, 64.0, 128.0, 256.0
        v3: dd 0, 0, 0, 0, 0, 0, 0, 0

main:
    vmovups ymm0, [v1]
    vmovups ymm1, [v2]
    vaddpd  ymm3, ymm1, ymm2
    vmovups [v3], ymm3
```

AVX의 산술 연산이 MMX나 SSE와는 다르다는 점에 주목하자. 덧셈의 경우 피연산자가 두 개가 아니라 세 개다.

❹ SIMD를 활용한 도메인 특화 명령어

앞에서 언급했듯이, ISA에 수많은 새 명령어를 추가한다는 점에서 SIMD는 대단히 CISC적인 접근 방식으로 간주된다. 초기에는 패킹 스타일, 데이터 타입, 산술 연산의 다양한 조합에 의해 새 명령어들이 추가되었다. 그런데 단지 기존 명령어들을 다양한 조각별 병렬 연산들에 맞게 복제하는 것으로 그치지는 않았다. CISC SIMD는 그보다도 더 복잡한 명령어들을 추가했다. 여기에는 **수평 SIMD**(horizontal SIMD)라고 부르는 명령어들이 포함된다. 수평 SIMD 명령어는 두 레지스터의 조각들을 병렬로 연산하는 것이 아니라, 한 레지스터의 조각들을 **조합**해서 새로운 값을 산출한다. 예를 들어 한 레지스터에 담긴 여러 수치의 최솟값을 찾는 명령어가 있다. SSE의 `phminposuw`와 AVX의 `vphminposuw`가 그것이다.

더 나아가서, 더 간단한 SIMD 명령어들을 순차적으로 조합하는 수평 SIMD 명령어도 있다. 예를 들어 SSE의 `dppd`와 AVX의 `vdppd`는 'dot product of packed double-precision floating-point values', 즉 '패킹된 배정도 부동소수점 값들의 내적'을 수행한다. 3D 게임, 3D 시뮬레이션, 기계학습에 자주 쓰이는 벡터 내적 계산에 유용한 이런 명령어들은 조각별 곱셈을 수행하는 명령과 결과 레지스터에 담긴 조각들을 '수평으로' 합산하는 명령의 조합에 해당한다.

암복호화(cryptography)는 CISC SIMD 확장의 주요 동력 중 하나다. 예를 들어 128비트 AES는 인터넷 암호화를 위한 NSA 승인 표준이다. AES 암호화는 ShiftRows, SubBytes, MixColumns, AddRoundKey라는 네 단계로 계산된다. 인텔은 네 단계 각각을 위한 CISC 명령어를 추가했을 뿐만 아니라, 그 명령어들을 조합해서 전체 과정을 단번에 수행하는 하나의 거대한 명령어도 추가했다(SSE의 `aesenc`와 AVX의 `vaesenc`). 흔히 사람들은 동영상을 HTTPS를 통해 스트리밍하는 데 대부분의 컴퓨팅 시간을 소비하는데, 이 CISC 접근 방식은 바로 그런 용도를 염두에 두고 속도 향상을 꾀한 것이라 할 수 있다. 하지만 인텔의 확장들은 논란의 대상이 되었다. 리누스 토르발스Linus Torvalds는 NSA와 인텔이 디지털 논리에 '백도어backdoor(뒷문, 몰래 숨겨진 우회 경로)'를 만들었을 가능성이 높다고 주장하며, 리눅스 프로그래머들에게 이를 사용하지 말 것을 권했다.

SIMD CISC의 최신 확장 대상은 기계학습(machine learning, ML), 특히 신경망 연산이다. 인텔은 AVX-512 확장에 VNNI(Vector Neural Network Instructions; 벡터 신경망 명령어)와 BFP(Brain Floating Point)를 추가했다. 각각 AVX512-VNNI와 AVX512-BF16이다. 인텔은 이 확장들을 골든 코브Golden Cove 아키텍처에 도입하고 'DL 부스트DL Boost'라는 용어로 마케팅한다. 이 확장에는 예를 들어 vpdpbusds라는 명령어가 있다. 'multiply and add unsigned and signed bytes with saturation(포화 연산을 사용한 부호 있는 바이트들과 부호 없는 바이트들의 곱셈 및 덧셈)'을 뜻하는 이 단일 명령어는 수어진 입력들과 가중치들을 이용해서 뉴런의 S자형(sigmoid) 활성화 함수를 계산한다. 일부 연구자는 이런 SIMD CISC 명령어들을 이용해서 신경망을, GPU를 사용할 때보다 더 빠르게 학습시킬 수 있었다고 한다. 이제는 CPU 아키텍처와 GPU 아키텍처가 경쟁하는 셈이다.

5 컴파일러 작성자와 SIMD

x86 SIMD를 제대로 파악하고 관심을 두는 컴파일러 작성자는 인텔과 AMD에서 일하는 사람들뿐이다. 따라서 CISC 아키텍처상의 수치 코드에 관해서는 독점 CISC 컴파일러가 오픈소스/서드파티 컴파일러(gcc 등)보다 빠를 가능성이 높다.

인텔은 자체 컴파일러로 구현된 다양한 C 라이브러리를 출시했다. 컴파일러는 이런 라이브러리를 사용한 고수준 수치 코드를 SIMD 명령어로 변환한다. 주요 라이브러리로는 IPP(Integrated Performance Primitives, 통합 성능 기본요소), MKL(Math Kernel Library, 수학 커널 라이브러리)이 있다. 그리고 신경망 응용을 위한 IPEX(Intel Extension for PyTorch)가 있는데, PyTorch 코드를 AVX 명령어들로 변환해 준다.

오픈소스 컴파일러 작성자들이 특정한 독점 하드웨어 확장과 CISC에 관심을 두기란 쉽지 않다. 일반적으로 오픈소스 컴파일러 작성자들은 더 큰 범위의 공동체에 이익이 되는 범용적인 작업에 자신의 귀중하고 희소한 시간을 투자하는 데 집중한다. 이를테면 파이프라이닝과 OOOE 같은 기술을 통해 가속되는 아름다운 RISC 코드를 짜는 쪽을 선호한다.

> **RISC-V의 SIMD**
>
> SIMD 명령어들은 근본적으로 CISC 스타일이다. 다수의 새 명령어와 디지털 로직을 추가해서 명령어 집합을 더욱 복잡하게 만든다는 점에서 그렇다. 하지만 RISC-V에도 SIMD 확장이 제안되었다. 예를 들어 RISC-V ISA 식별을 위한 코드 문자가 'P'인 병렬(parallel) SIMD 명령어 확장과 'V'인 벡터(vector) 명령어 확장이 있다.
>
> 오늘날 실제로 쓰이는 아키텍처 중에 순수하게 RISC인 것이나 순수하게 CISC인 것은 없다고 봐야 한다. RISC-V처럼 주로 RISC 스타일을 채용한 아키텍처라도, CISC적인 특징을 추가하지 말라는 법은 없다. 특히 RISC-V는 확장 시스템 덕분에 얼마든지 CISC 명령어들이 추가될 수 있다. 하지만 오픈소스 RISC-V 공동체가 이런 잠재적인 CISC 도입 가능성에 크게 반발한 적도 있었다. 심지어 창립자들조차 "SIMD는 해롭다고 간주된다(SIMD considered harmful)"[2]라고 경고한 바 있다.
>
> 좋은 RISC 스타일은 여분의 실리콘을 새 명령어 추가에 사용하기보다는 파이프라인과 OOOE를 최적화하는 데 사용한다. 이를테면 ALU나 레지스터 같은 구성요소들을 여러 개 복제해서 분기의 여러 갈래를 병렬로 실행함으로써 속도 향상을 꾀한다. SIMD 명령어들은 이런 접근 방식에 방해가 된다. 특히, 내적처럼 곱셈과 덧셈을 모두 수행하는 대단히 극단적인 CISC 스타일 다단계 명령어는 더욱더 방해가 된다. 일반적으로 다중 코어(multicore)는 RISC와 더 잘 맞는다. 실제로 RISC-V에는 다중 코어 트랜잭션을 제공하는 원자적 메모리(atomic memory) 명령어들을 위한 확장이 있는데, 문자 코드는 'A'다.

15.3 GPU에서의 SIMD

SIMD는 GPU에서 훨씬 더 큰 규모로 발현된다. CPU의 SIMD는 하나의 워드에 몇 개의 조각을 채우느냐 따라 속도 향상이 2배에서 64배다. 하지만 GPU는 데이터 전체에 대해 동일한 명령어 수천 개를 동시에 실행할 수 있을 정도로 확장의 규모가 크다.

제13장에서 그래픽 카드의 발전 과정을 이야기했다. 그래픽 카드는 단순히 그래픽 명령들을 하드웨어로 구현한 수준에서 비그래픽(non-graphical) 컴퓨팅을 위한 자체 병렬 기계어 코드를 제공하는 수준까지 발전했다. 초기에는 이런 비그래픽 컴퓨팅이 대단히 어렵고 전문적인 일이었다. 개발자는 커다란 계산 알고리즘을 마치 그래픽 처리 연산인 것처럼 셰이더로 인코딩해서 고도로 병렬화된 3D 렌더링 하드웨어를 이용해 '이미지'를 렌더링하고, 그 이미지를 디코딩해서 계산 결과를 얻어야 했다.

이것이 새로운 시장임을 인식한 GPU 제조업체들은 발 빠르게 대응해서, 원래는 그래픽 전용이던

---

[2] (옮긴이) 참고로 "considered harmful"은 구조적 프로그래밍의 대중화와 프로그래밍 언어의 발전에 큰 영향을 미친 데이크스트라의 글 "Go To Statement Considerd Harmful"(https://www.cs.utexas.edu/~EWD/transcriptions/EWD02xx/EWD215.html)에서 유래한 표현으로, IT 분야에서 뭔가를 비판하는 글의 제목에 즐겨 쓰인다.

셰이더 언어를 범용 SIMD 컴퓨팅을 위한 범용 GPU 명령어 집합으로 재설계했다. 그러한 GPU 명령어 집합은 예전처럼 그래픽 셰이더를 구현하는 것은 물론이고 일반적인 비그래픽 SIMD 연산을 구현하는 데에도 사용할 수 있다. 이런 방향으로의 진화가 빠르게 진행되어서, 그래픽이 아니라 범용 고성능 과학 및 기계학습 계산을 위한, 특히 신경망 연산을 위한 GPU 제품군이 형성되었다. 그런 만큼, 더 이상 GPU가 graphics processing unit(그래픽 처리 장치)의 약자라고는 할 수 없다. 현세대의 GPU는 general parallel unit, 즉 범용 병렬 처리 장치에 가깝다.

15.3.1 GPU 아키텍처

예전에는 GPU 아키텍처들을 일반화해서 논의하기가 어려웠다. 제조업체마다 설계를 비밀에 부쳤기 때문이다. 하지만 지금은 상황이 좀 나아졌다. 여러 제조업체가 모여서 **크로노스**Khronos라는 표준에 합의했는데, 이 표준은 대다수의 GPU 하드웨어 아키텍처를 공통의 추상화 수준에서 고찰할 수 있는 방법을 정의한다. 이 표준이 합의된 이후에 나온 대부분의 GPU는(그리고 몇 가지 다른 장치들도) 하나의 표준 아키텍처에 따라 구현되었다고 보아도 크게 틀리지 않는다. 덕분에 프로그래머는 개별 세부사항에 크게 신경 쓸 필요가 없다. 또한, 한 GPU에서 다른 GPU로 전환하기도 쉽다(버전, 모델 차이뿐만 아니라 제조업체 차이도 포함). 어떤 새로운 제조업체가 등장해서 새로운 GPU를 출시한다고 해도, 그 제조업체가 크로노스 표준에 따라 기존 프로그램을 자신의 제품에 특화된 기계어 코드로 변환해 주는 도구를 제공하기만 한다면 프로그래머는 자유로이 기존 GPU에서 새 GPU로 전환할 수 있다.

크로노스는 명명된 개체(named entity)들의 계층구조를 정의한다. 최상위에는 하나의 **호스트**host(컴퓨터 자체)가 있고, 그 안에 하나 이상의 **컴퓨트 장치**(compute device; 물리적 GPU 카드 또는 칩)가 있다. 그리고 각 컴퓨트 장치 안에는 다수의 **컴퓨트 단위**(compute unit, CU)가 있고, 각 CU 안에는 다수의 **처리 요소**(processing element, PE)가 있다.

핵심 구조는 컴퓨트 단위다. 한 컴퓨트 단위의 PE들은 각자 개별적인 레지스터와 ALU를 가지지만, 모두 하나의 프로그램 카운터와 명령어 레지스터, 제어 장치를 공유한다. 이러한 구조는 SIMD, 즉 단일 명령 다중 데이터에 직접 대응된다. 컴퓨트 단위 안의 모든 PE가 하나의 명령을 병렬로 수행하므로 '단일 명령'이고, 데이터는 PE마다 자체 레지스터에 들어있으므로 '다중 데이터'다. 컴퓨트 단위에는 PE 외에도 캐시와 약간의 공유 메모리가 들어있을 수 있는데, 이들은 PE들이 서로 통신하는 데 쓰인다. 일반적으로 하나의 컴퓨트 장치에는 다수의 컴퓨트 단위가 들어있지만, 이들은 각자 독립적이다. SIMD는 컴퓨트 단위 안에서만 존재한다.

NOTE 크로노스 표준은 다양한 유형의 GPU뿐만 아니라 그 밖의 SIMD 구현 기술에도 일반화되도록 설계되었다. 예를 들어 경우에 따라서는 FPGA나 SIMD CPU로 크로노스 표준을 구현하는 것도 가능하다. 크로노스 표준이 'GPU' 대신 좀 더 일반적인 이름인 '컴퓨트 장치'를 사용하는 이유다.

[그림 15-5]는 실제 GPU 실리콘을 찍은 다이 샷이다. 다이 샷을 보면 구성요소들의 배치가 CPU보다 훨씬 규칙적이다. 정사각형 컴퓨트 단위들이 실리콘 전체에 균일하게 분포되어 있고, 가운데에 범용 캐시가 있다.

그림 15-5 Nvidia 파스칼(Pascal) GPU 칩을 촬영한 다이 샷.

15.3.2 Nvidia GPU 어셈블리 프로그래밍

CPU의 SIMD는 고정된 개수(예: 4개 또는 8개)의 데이터에 대해 동일한 연산을 병렬로 수행하는 단일 명령어로 표현된다. 프로그램 자체는 그런 명령들을 차례로, 직렬로 실행할 뿐이다. 즉, 현재 프로그램 카운터가 가리키는 명령이 한 번에 하나씩 실행된다. 하지만 일반적으로 GPU의 SIMD는 그 표현이 이와 다르다. GPU에서는 고정된 개수가 아닌, 임의의 큰 개수의 명령 복사본들이 병렬로 실행된다.

크로노스는 GPU SIMD 프로그램을 표현하기 위한 소프트웨어 수준의 개념들을 정의한다. **커널**

kernel은 사용자 프로그래머가 작성하는 함수로, 일반적으로 크기가 작다. 이상적으로, 커널 코드의 코드 행은 다수의 데이터에 대해 단일한 명령을 실행하는 기계어 코드로 어셈블되어야 한다. **작업 항목**(work-item)은 커널의 한 인스턴스 instance다. 즉, 하나의 처리 요소(PE)에서 실행되어 단일 데이터 조각에 적용되는 일련의 명령들이다. **작업 그룹**(work-group)은 그러한 작업 항목들의 집합으로, 다수의 데이터 항목에 커널을 적용한다. CPU SIMD 프로그래밍에서와는 달리, 프로그래머는 단일한 작업 항목에 대한 효과를 서술하는 식으로 커널 코드를 작성한다. 작성한 커널을 실행할 때는 병렬로 실행할 작업 항목의 수를 지정한다.

전통적으로 그래픽 셰이더는 각 픽셀에 대해 고정된 일련의 연산을 수행하는 작고 간단한 프로그램이다. 따라서 SIMD에 잘 맞으며, 각 픽셀에 대한 작업 항목은 동일한 명령들을 동일한 순서로 수행한다. 그러나 다른 종류의 컴퓨트 커널에는 분기가 필요할 수 있다. 그런데 서로 다른 작업 항목들이 서로 다른 갈래로 분기되는 경우에는 파이프라인의 해저드들(§8.7.1 참고)과 비슷한 성격의 문제를 야기한다. 갈래가 다르면 작업 항목들이 더 이상 동일한 명령을 실행하지 않게 되며, 그러면 더 이상 SIMD가 아니다. 이러한 커널 분기 문제를 처리하는 방법은 크게 두 가지인데, 마스킹 masking과 서브그룹 subgroup이다.

1980년대의 CPU 업계와 비슷하게, 현재의 GPU 업계에서 설계업체는 각자 고유한, 타 업체의 것과는 호환되지 않는 ISA로 자신의 플랫폼을 정의한다. 현재 가장 인기 있는 GPU 설계업체는 Nvidia이므로, 여기서는 Nvidia의 ISA를 기준으로 GPU 프로그래밍을 소개한다. 이 책에서 다른 시스템에 대한 프로그래밍을 논의할 때처럼, 학습 용이성을 위해 상황을 조금 단순화할 것이다. 여기서는 모든 범용 Nvidia GPU가 PTX(Parallel Thread Execution)라는 하나의 ISA를 구현한다는 가정하에서 PTX 어셈블리 프로그래밍을 소개한다. PTX로 짠 프로그램은 모든 범용 Nvidia GPU에서 어셈블하고 실행할 수 있다.

1 데이터 이동과 산술 연산

다음은 간단한 PTX 커널 프로그램이다. 다른 모든 커널처럼 이 커널 역시 다수의 복사본이 작업 그룹을 이루어서 SIMD 스타일의 병렬성으로 실행하리라고 가정한다. 그래서 커널 자체는 하나의 작업 항목에 대한 동작들만 서술한다.[3]

---

3   [옮긴이] Parallel Thread Execution이라는 이름에서 짐작하듯이 PTX는 커널의 여러 복사본을 각각 개별적인 스레드에서 병렬로 실행한다. 이번 절의 예제들에서 '이 스레드'는 지금 실행 중인 커널 복사본의 스레드다. 주석에서 '배정도'는 64비트 부동소수점 수를 뜻한다.

```
mov.u32         %r1, %tid.x;        // r1 := 이 스레드의 ID
cvt.rn.f64.s32  %fd1, %r1;          // 스레드 ID를 배정도 부동소수점으로 변환
mul.wide.s32    %rd4, %r1, 8;       // ID 곱하기 8 = 주소 오프셋
add.s64         %rd5, %rd3, %rd4;   // 결과를 저장할 전역 주소
st.global.f64   [%rd5], %fd1;       // 결과 주소에 스레드 ID를 저장
ret;
```

PTX 어셈블리에서 하나의 행은 세미콜론으로 끝나며, 주석은 슬래시 두 개로 표시한다. 그리고 레지스터 이름은 퍼센트 기호(%)로 시작하는 것이 관례다. 이 예제는 네 부류의 레지스터를 사용하는데, r은 32비트 정수 레지스터이고, rd는 64비트(d는 double, 즉 r의 두 배를 뜻한다) 정수 레지스터, fd는 64비트 배정도(double-precision) 부동소수점 레지스터다. 그리고 tid는 병렬 처리 정보를 저장하는 데 쓰이는 내부 레지스터다.

다른 ISA들과 비슷하게 대부분의 명령어는 피연산자가 세 개로, 첫 피연산자는 출력(결과가 저장되는 곳)이고 나머지 둘은 입력이다. 레지스터가 여러 유형이기 때문에 대부분의 명령어는 이름에 아미가 스타일의 접미사를 붙여서 버전을 구분한다. 예를 들어 add.s64는 64비트 부호 있는(signed) 정수 덧셈을 뜻하고 mult.wide.s32는 부호 있는 32비트 정수들의 넓은(wide) 곱셈을 의미한다.[4] 적재 명령어(ld)와 저장 명령어(st)에는 전역 메모리를 사용하는지 아니면 지역 메모리를 사용하는지에 따라 접미사 global 또는 local이 붙는다. 한편 cvt 명령어는 convert, 즉 변환을 뜻한다. 부호 있는 정수와 부호 없는 정수 및 다양한 비트 크기의 부동소수점 간의 변환을 수행하는 다양한 버전이 있는데, 역시 적절한 접미사가 붙는다. ret는 다른 ISA들과 비슷하게 반환을 뜻한다.

이 예제 프로그램을 비롯해 이번 절의 PTX 예제 프로그램들은 모두, 프로그램 시작 시 전역 메모리에 있는 배정도(64비트) 부동소수점 배열 세 개의 시작 주소들이 rd1, rd2, rd3에 각각 들어있다고 가정한다. rd1와 rd2는 입력으로 쓰이는데, 각각 x와 w라는 별칭을 사용한다. rd3는 출력용이고 out이라는 별칭이 붙는다. (이런 관례를 사용하는 이유는 신경망 관련 예제에서 분명해질 것이다.)

이 예제 커널의 기능은 아주 간단하다. 입력 배열들은 사용하지 않는다. 먼저, 현재 작업 항목에 고유하게 부여된 정수인 스레드 ID를 rd1에 적재한 후 부동소수점 수로 변환한다. 예를 들어 이 커널의 복사본 5,000개로 작업 그룹을 시작한다면, 그 복사본들에 0에서 4,999까지의 스레드 ID가 부여된다. 각 복사본 안에서 tid.x 레지스터는 그 복사본에 배정된 스레드 ID다. 자신의 스레드

4　[옮긴이] 여기서 '넓은'은 곱셈의 결과를 온전하게 담을 수 있을 정도로 비트수가 많다는 것이다. 구체적으로, .wide가 붙은 명령어의 결과는 입력 비트수의 두 배다. 따라서 mult.wide.s32의 결과는 64비트다.

ID를 얻은 후에는 그 ID를 출력 배열의 해당 요소에 저장한다. 예를 들어 스레드 ID가 573인 작업 항목은 out 배열의 573번째 요소에 부동소수점 수 573.0을 저장한다. 5,000개의 복사본을 SIMD로 실행하면 각각의 복사본이 이러한 작업을 동시에 수행한다. 모든 복사본이 작업을 마치면 out 배열은 0에서 4,999까지의 수들을 담게 된다.

PTX는 64비트 워드를 사용하지만(예제에서처럼 32비트로 제한할 수 있다), 주소 지정 단위는 여전히 바이트다. 이는 주소에 1을 더하면 메모리가 8비트만큼 전진한다는 뜻이다. 64비트 워드 단위로 이동하려면 주소에 8을 더해야 한다. 그래서 예제 프로그램은 스레드 ID에 8을 곱해서 오프셋을 구하고, 그것을 out의 주소에 더한다. 그러면 현재 복사본의 스레드 ID(부동소수점으로 변환한)를 저장할 배열 요소의 주소가 나온다. 결과적으로 out 배열은 [0, 1, 2, 3, 4, 5, ...]을 담게 된다.

2 분기

SIMD의 정의를 위반하지 않으려면 커널의 병렬 복사본들은 프로그램 실행 시 동일한 명령어를 동시에 실행해야 한다. GPU의 SIMD에서 분기는 모든 복사본이 동일한 갈래를 선택할 때만 원활하게 실행된다. 만일 서로 다른 갈래를 선택하게 되면 상황이 복잡해진다.

예를 들어 다음 PTX 커널은 분기를 사용한다.

```
        mov.u32       %r1, %tid.x;       // r1 := 이 스레드 ID (정수)
        cvt.rn.f64.s32 %fd4, %r1;        // fd4 := 스레드 ID를 배정도로 변환

        setp.lt.s32   %p1, %r1, 4;       // 술어 1(%p1)을 "스레드 ID가 4 미만임"으로 설정

        // @%p1로 시작하는 줄은 술어 1이 참일 때만 실행된다
@%p1    mov.f64       %fd2, 0d4008CCCCCCCCCCCD; // fd2에 부동소수점 3.1을 적재
@%p1    add.f64       %fd1, %fd2, %fd4;  // ID에 3.1을 더한다

        // @!%p1로 시작하는 줄은 술어 1이 거짓일 때만 실행된다
@!%p1   mov.f64       %fd3, 0d4024000000000000; // fd3에 부동소수점 10.0 로드
@!%p1   mul.f64       %fd1, %fd3, %fd4;  // 스레드 ID에 10.0을 곱한다

        mul.wide.s32  %rd4, %r1, 8;      // ID에 8을 곱해서 주소 오프셋 계산
        add.s64       %rd5, %rd3, %rd4;  // 결과를 저장할 전역 주소 계산
        st.global.f64 [%rd5], %fd1;      // 결과 주소에 fd1을 저장
        ret;
```

처음 두 행과 마지막 네 행은 이전 프로그램과 동일하다. 이전과 다른 행들을 보자. 셋째 행부터

프로그램은 스레드 ID가 4보다 작은지 검사한다. 4 미만이면 스레드 ID에 3.1을 더하고, 그렇지 않으면 스레드 ID에 10.0을 곱한다. 그렇게 얻은 값을 이전 예제의 마지막 네 행에서처럼 `out`의 스레드 ID번째 요소에 저장한다. 모든 작업이 끝났을 때 `out` 배열의 내용은 다음과 같다.

```
3.1, 4.1, 5.1, 6.1, 40.0, 50.0, 60.0, 70.0, 80.0, 90.0  ...후략...
```

이 프로그램에서 복잡한 부분은, 조건이 참이냐 거짓이냐에 따라 작업 항목이 특정 행들을 실행하게 하는 것이다. PTX에서는 먼저 조건(여기서는 '미만', `lt`)을 판정하고, 그 결과(참 또는 거짓)를 **술어**(predicate) 레지스터에 설정한다. 술어 레지스터는 내부 레지스터로, 흔히 `p1`, `p2` 같은 이름을 붙인다. 이들은 해석기관이나 기타 시스템에서 봤던 상태 플래그와 유사하게 설정하고 검사할 수 있다. 하지만 상태 플래그와 달리 술어 레지스터는 여러 개다. 따라서 새 비교 결과가 이전 비교 결과를 덮어쓰는 일 없이 오랫동안 비교 결과를 보존해둘 수 있다. 술어를 설정했다면, 그 술어가 참일 때만 실행되는 행들과 거짓일 때만 실행되는 행들을 지정할 수 있다. 이를 위한 지시자를 **술어 가드**(predicate guard)라고 부른다. PTX 어셈블리에서는 행의 시작 부분에서 `@%p1` 같은 형태로 술어 가드를 지정한다. 이런 술어 가드를 처리하는 방식은 마스킹과 서브그룹 두 가지다. 어떤 방식을 사용하는지는 GPU 제조업체에 따라, 그리고 같은 제조업체에서도 GPU 모델(이를테면 Nvidia의 여러 모델)마다 다를 수 있다.

마스킹은 간단하고도 순수하게 SIMD적인 방식이다. 점프 없는 `if...else` 문 같은 작은 분기에 적합하다. 커널은 항상 SIMD로 실행된다. 즉, 모든 복사본이 동일한 프로그램 카운터를 공유하며, 동시에 같은 코드 행을 실행한다. 술어 가드가 붙은 행에 대해 PE(처리 요소)는 그 술어를 판정해서, 만일 그 행을 실행하지 말아야 하면 그 행을 NOP(no operation; 무연산)로 대체한다. 실행해야 하는 경우에는 그냥 실행한다. 술어 판정에 따라 일부 작업 항목들은 해당 행을 실행하고 그 밖의 작업 항목은 NOP를 이용해서 그저 기다린다는 점에서, 이는 CPU 파이프라인의 스톨링(§8.7.2.2)과 유사하다. 일부 작업 항목이 잠시 동안 아무 일도 하지 않고 시간을 허비하긴 하지만, 어쨌든 모든 작업 항목이 동기화된 상태를 유지하는 것은 분명하다.

서브그룹(이것은 크로노스의 용어이고, 제조업체에 따라서는 '지역 그룹(local group)이나 '워프$_{\text{warp}}$(날실)', '웨이브$_{\text{wave}}$', '웨이브프런트$_{\text{wavefront}}$' 같은 용어도 쓰인다)은 순수 SIMD를 조금 벗어남으로써 조건부 분기를 수용하는 복잡한 해법이다. 작업 그룹의 모든 작업 항목은 술어 가드를 만날 때까지는 순수 SIMD 방식으로 작업을 실행한다. 술어 가드를 만나면 작업 그룹은 술어 판정에 따라 두 서브그룹으로 나뉜다. 즉, 분기의 두 갈래에 대해 각각 서브그룹이 만들어지는 것이다. 각 서브그룹은 각자 독립적인 SIMD 프로그램으로 실행된다. 가용 컴퓨트 단위가 두 개 이상이면 두 서브그룹이 각자 개별적인 컴퓨트 단위에서 실행된다. 그렇지 않으면 하나의 컴퓨트 단위에서 차례로 실행된다.

프로그램의 분기마다 이런 식으로 서브그룹들이 분할된다. 예를 들어 프로그램의 분기가 넷이면 최대 $2^4 = 16$개의 서브그룹이 만들어질 수 있다. 그 정도면 실행 효율성은 컴퓨트 단위 안의 처리 요소 개수로 결정되는 것이 아니라 실제로 사용 가능한 컴퓨트 단위의 개수로 결정된다. 컴퓨트 단위는 그리 많지 않으므로, 다수의 분기가 이어지는 대규모 프로그램에서는 이런 서브그룹 분할 방식으로 성능을 높이기가 어려울 것이 분명하다. 하지만 서브그룹들을 다시 병합('재동기화')하는 방법을 프로그래머가 찾아낼 수 있다면 이야기가 다르다. 일반적으로, 서로 다른 작업 항목이 루프를 각자 다른 횟수로 반복해서 분기기 발생힌다면 시브그룹들을 합칠 여지가 있다. 그런 경우 프로그래머는 루프 반복을 일찍 마친 작업 항목에게 다른 작업 항목들이 루프를 마칠 때까지 기다리라고 지시함으로써 서브그룹 병합을 유도할 수 있다. 다른 작업 항목의 작업 완료를 기다리게 하는 수단을 동기화 **장벽**(barrier)이라고 부른다. 어셈블리와 ISA는 이를 위한 특별한 장벽 명령어를 제공한다.

분기 처리가 어렵다 보니 SIMD 프로그래밍에는 제약이 많다. 일반적으로 분기가 아예 없거나 아주 적은 그래픽 셰이더라면 모를까, 분기가 많은 범용 계산 프로그램을 짜기란 꽤나 까다롭다. 신경망과 물리적 시뮬레이션은 그래픽처럼 분기가 최소한의 수준이라서 GPU 가속의 혜택을 크게 받았다. 그러나 그것과는 완전히 다른 작업에는 SIMD가 적합하지 않다. 이번 장에서 나중에 다룰 MIMD가 더 낫다.

❸ 대규모 작업그룹

때로는 컴퓨트 단위의 가용 PE들보다 더 많은 커널 복사본을 실행해야 할 때가 있다. 예를 들어 4K 디스플레이를 위한 그래픽 화면을 렌더링하려면 약 800만 개의 픽셀 각각에 대해 픽셀 셰이더를 실행해야 하지만, 컴퓨트 단위의 가용 PE는 수천 또는 수만 개뿐이라면 모든 픽셀을 동시에 병렬로 처리하는 것이 불가능하다.

이런 경우 분기에 대한 것과 비슷한 서브그룹 방식을 적용할 수 있다. 즉, 작업 그룹을 여러 서브그룹으로 나누고, 그 서브그룹들을 하나의 컴퓨트 단위에서 차례로 실행하거나 여러 개의 컴퓨트 단위들에서 동시에 실행한다. 각각의 서브그룹 자체는 물리적인 가용 PE들을 이용해서 SIMD로 처리한다. 분기와의 차이점은, 서브그룹의 크기(작업 항목 개수)를 가용 PE 개수에 일치시킨다는 것이다. 이렇게 가능한 최대 크기로 선택한 서브그룹을 제조업체에 따라서는 **블록**block이라고 부르고, 그런 서브그룹들의 집합을 **격자** 혹은 **그리드**grid라고 부른다.

각 서브그룹의 각 작업 항목에는 컴퓨트 단위 안의 해당 PE 위치에 대응되는 스레드 ID가 부여된다. 이러한 스레드 ID 배정 방식은 모든 서브그룹이 동일하다. 그런데 서브그룹 안에서의 지역 스레드 ID를 전역 '작업 ID(예제의 jobID)'로 변환하거나 그 반대로 변환해야 할 때가 종종 있다. 예를 들어 PE 1만 개로 8백만 개의 픽셀을 처리하는 경우, 4백만 번째 작업 항목은 자신이 계산해야 하는 것이 스레드 ID(최댓값은 10,000)번째 픽셀이 아니라 4백만 번째 픽셀이라는 점을 알아야 한다.

이는 흔한 요구사항이기 때문에 PTX는 관련 프로그래밍에 도움이 되는 몇 가지 추가 수단을 제공한다. 다음 예제를 보자.

```
mov.u32         %r4, %ctaid.x;      //r4:=이 서브그룹의 번호
mov.u32         %r2, %ntid.x;       //r2:=서브그룹 크기
mov.u32         %r3, %tid.x;        //통상적인 지역 스레드 ID도 얻는다
mad.lo.s32      %r1, %r2, %r4, %r3; //전역 작업 ID를 다음 공식으로 계산
                                    // jobID = r1 := r2 x r4 + r3
cvt.rn.f64.s32  %fd1, %r1;          //fd1 := 전역 작업 ID를 부동소수점으로 변환
mul.wide.s32    %rd4, %r1, 8;       // ID에 8을 곱해서 주소 오프셋 계산
add.s64         %rd5, %rd3, %rd4;   //결과를 저장할 전역 주소 계산

st.global.f64   [%rd5], %fd1;       //스레드 ID를 결과 주소에 저장
ret;
```

핵심은 `ntid.x`와 `ctaid.x`라는 두 추가 레지스터다. 이들은 커널 실행 시 자동으로 값이 적재되는 내부 레지스터인데, 값은 바로 서브그룹 크기와 현재 실행 중인 서브그룹 ID다. 예제 프로그램은 전용 `mad` 명령어를 이용해 이들을 곱하고 더해서 전역 작업 ID를 구한다. 그런 다음에는 이전 예제 프로그램과 같은 방식으로 스레드 ID를 전역 주소에 저장한다. (프로그램의 나머지 부분은 첫 예제처럼 작업 ID의 부동소수점 버전을 `out` 배열의 작업 ID번째 위치에 저장한다. 차이점은, 이전보다 훨씬 더 큰(요소가 수백만 개인) `out` 배열에도 잘 작동한다는 것이다.)

4 GPU 뉴런

이제 더 큰 규모의 커널 예제를 살펴보자. 다음은 심층학습(딥러닝)을 위한 신경망의 일종인 CNN(convolutional neural network; 합성곱 신경망)의 뉴런을 계산하는 커널이다. 이 예제는 기계학

습에서 GPU가 어떤 식으로 쓰이는지를 보여준다.

```
        mov.u32      %r1, %tid.x;        //r1 := 스레드 ID
        mov.u32      %r2, 0;             //r2 = i = 입력 카운터 := 0
        mov.f64      %fd1, 0d0000000000000000; //cumsum:=배정도 부동소수점 0
        mul.wide.s32 %rd4, %r1, 8;       //id x 8 = 스레드 ID 기반 주소 오프셋
MYLOOP:
        mul.wide.s32 %rd5, %r2, 8;       //i 곱하기 8 = 합성곱 반복의 주소 오프셋
        add.s64      %rd8, %rd1, %rd4;   //rd8:=x의 id번째 요소의 주소
                                         // =&x+jobIDoffset
        add.s64      %rd8, %rd8, %rd5;   // + convoffset
        ld.global.f64 %fd3, [%rd8];      //fd3:=x_(job+i)
        add.s64      %rd9, %rd2, %rd4;   //rd9:=w의 id번째 요소의 주소
                                         // =&w+convoffset
        ld.global.f64 %fd2, [%rd9];      //fd2:=w_i
        mul.f64      %fd4, %fd3, %fd2;   //fd4:=x_(job+i) * w_i
        add.f64      %fd1, %fd1, %fd4;   //cumsum += fd4
        add.u32      %r2, %r2, 1;        //i++
        setp.ne.s32  %p1, %r2, 10;       //i==10인지 판정
@%p1    bra          MYLOOP;             //그렇다면 중지, 아니면 술어 가드를 사용해 루프

        //ReLU
        setp.lt.f64  %p0, %fd1, 0d3DA5FD7FE1796495; //p0:=(cumsum<배정도 0)
@%p0    mov.f64      %fd1, 0d3DA5FD7FE1796495; //술어 가드:
                                         // p0이면, cumsum:=0
        add.s64      %rd5, %rd3, %rd4;   //결과 저장할 전역 주소
        st.global.f64 [%rd5], %fd1;      //결과 주소에 cumsum을 저장
        ret;
```

여기서 0d3DA5FD7FE1796495는 배정도(64비트 부동소수점) 0에 해당한다.[5] 다른 예제들처럼 이 커널도 시작 시 전역 메모리에 있는 배정도(64비트) 부동소수점 배열 세 개의 시작 주소들이 `rd1`, `rd2`, `rd3`에 각각 들어있다고 가정한다. `rd1`과 `rd2`는 입력으로 쓰이는데, 각각 x와 w라는 별칭을 사용한다. `rd3`는 출력용이고 별칭은 *out*이다. 별칭 x와 w는 다음과 같은 뉴런 계산 공식을 반영한 것이다.

$$out[id] = ReLU\left(\sum_{i=0}^{9} w[i]x[id+i]\right)$$

여기서 $ReLU(a)$는 $a>0$일 때는 a이고 그 밖의 경우에는 0이다 ($ReLU$는 rectified linear unit(정류

---

5 〔옮긴이〕 딱 0이 아니라, 0에 가까운 작은 값인 10^{-11}에 해당한다. 수치 비교 시 부동소수점 오차를 고려할 때 소위 '엡실론' 값이다.

선형 단위)의 약자다). x는 음파 같은 1차원 신호이고, w는 뉴런들의 작업 그룹 전체가 공유하며 합성곱 계산에 사용하는 가중치다.

이 프로그램의 핵심은 공식의 합산(시그마)을 담당하는 루프다. 루프의 i번째 반복에서 프로그램은 w_i와 x_i를 레지스터들에 적재해서 곱하고, 그 결과인 $w_i x_i$ 항을 누적 합계(cumsum)에 더한다. 루프 종료 여부는 술어 p1로 판정한다. 이러한 $ReLU$ 함수는 구현하기가 아주 쉽고 실행 속도도 빠르기 때문에 딥러닝 관련 코드에서 즐겨 쓰인다. 예제 프로그램은 또 다른 술어인 p0을 사용해 cumsum이 0에 아주 가까운지 확인한다. 아주 가까우면 cumsum을 0으로 설정하고, 아니라면 fd1의 $ReLU$ 출력을 cumsum에 설정한다.

최근의 '딥러닝 혁명'이 가능했던 것은, 어떤 혁신적인 알고리즘이 등장한 것보다는 GPU SIMD로 이런 모델을 대규모로 실행할 수 있게 된 점이 훨씬 더 크다.

15.3.3 SASS 방언들

GPU 제조업체들은 새 모델을 출시할 때마다 ISA를 수정하곤 한다. 주로는 명령어들을 더 추가해서 ISA를 확장하지만, 이전 버전과의 호환성을 깨뜨리는 경우도 많다. 이는 어떤 대가를 치르더라도 하위 호환성을 유지하는 x86의 전통과는 대조적이다. 예를 들어 Nvidia의 ISA들도 여러 세대에 걸쳐 진화하면서 하위 호환성을 깨뜨리곤 했다. Nvidia의 ISA들은 유명 과학자들의 이름을 따서 명명되었는데, 테슬라$_{Tesla}$(2006), 페르미$_{Fermi}$(2010), 케플러$_{Kepler}$(2012), 맥스웰$_{Maxwell}$(2014), 파스칼$_{Pascal}$(2016), 볼타$_{Volta}$(2017), 튜링$_{Turing}$(2018), 암페어$_{Ampere}$[6], 러브레이스$_{Lovelace}$(2022), 호퍼$_{Hopper}$(2022) 등이다. 핵심 명령어 집합은 동일하지만, 그 밖의 명령어들은 세대에 따라 약간 차이가 있다.

Nvidia의 이러한 ISA들에는 각자 고유한 어셈블리 언어 '방언(dialect; 파생 언어)'이 있다. Nvidia는 이런 방언들을 SASS라고 부른다.[7] SASS의 명령어들은 기계어 코드와 직접 대응된다. 이 어셈블리 언어들은 각각 특정 아키텍처만 지원한다. 그러다 보니 몇 년마다 바뀐다. Nvidia는 이들에 관한 공식 문서화를 제공하지 않으며, 프로그래머들이 학습할 만한 안정적인 플랫폼도 제공하지 않는다. 대신 Nvidia는 PTX라는 단일하고 안정된 어셈블리 표현을 권장한다. PTX는 사람이 프로그래밍할 수 있으며, 어셈블 과정에서 적절한 SASS 방언으로 변환된다.

---

6 옮긴이 프랑스 물리학자 앙드레마리 앙페르(André-Marie Ampère)의 이름을 딴 것이지만, 일반적으로(그리고 Nvidia 공식 웹사이트 한국어 페이지에서도) '암페어' 아키텍처로 통용된다.

7 옮긴이 SASS는 Streaming ASsembler를 줄인 것이라고 한다. Nvidia가 자사의 GPU 제품군을 'streaming multiprocessor'라고 부르는 것에서 비롯한 이름으로 보인다.

다음은 Nvidia 튜링 아키텍처의 SASS로 된 어셈블리 프로그램과 그에 대응되는, 튜링 아키텍처에서 실행할 수 있는 기계어 코드의 예다. 앞에 나온 뉴런 PTX 예제를 튜링 SASS에 맞게 어셈블한 결과에 입력 및 출력 매개변수와의 연동을 위한 래퍼wrapper 코드를 추가한 것이다.

```
0000 MOV R1, c[0][28] ;              00000a0000017a02    003fde0000000f00
0010 MOV R2, 160 ;                   0000016000027802    003fde0000000f00
0020 LDC.64 R2, c[0][R2] ;           0000000002027b82    00321e0000000a00
0030 MOV R12, R2 ;                   00000002000c7202    003fde0000000f00
0040 MOV R13, R3 ;                   00000003000d7202    003fde0000000f00
0050 MOV R12, R12 ;                  0000000c000c7202    003fde0000000f00
0060 MOV R13, R13 ;                  0000000d000d7202    003fde0000000f00
0070 MOV R2, 168 ;                   0000016800027802    003fde0000000f00
0080 LDC.64 R2, c[0][R2] ;           0000000002027b82    00321e0000000a00
0090 MOV R10, R2 ;                   00000002000a7202    003fde0000000f00
00a0 MOV R11, R3 ;                   00000003000b7202    003fde0000000f00
00b0 MOV R10, R10 ;                  0000000a000a7202    003fde0000000f00
00c0 MOV R11, R11 ;                  0000000b000b7202    003fde0000000f00
00d0 MOV R2, 170 ;                   0000017000027802    003fde0000000f00
00e0 LDC.64 R2, c[0][R2] ;           0000000002027b82    00321e0000000a00
00f0 MOV R8, R2 ;                    0000000200087202    003fde0000000f00
0100 MOV R9, R3 ;                    0000000300097202    003fde0000000f00
0110 MOV R8, R8 ;                    0000000800087202    003fde0000000f00
0120 MOV R9, R9 ;                    0000000900097202    003fde0000000f00
0130 MOV R12, R12 ;                  0000000c000c7202    003fde0000000f00
0140 MOV R13, R13 ;                  0000000d000d7202    003fde0000000f00
0150 MOV R10, R10 ;                  0000000a000a7202    003fde0000000f00
0160 MOV R11, R11 ;                  0000000b000b7202    003fde0000000f00
0170 MOV R8, R8 ;                    0000000800087202    003fde0000000f00
0180 MOV R9, R9 ;                    0000000900097202    003fde0000000f00
0190 S2R R4, SR_TID.X ;              0000000000047919    00321e0000002100
01a0 MOV R4, R4 ;                    0000000400047202    003fde0000000f00
01b0 MOV R0, RZ ;                    000000ff00007202    003fde0000000f00
01c0 CS2R R2, SRZ ;                  0000000000027805    003fde000001ff00
01d0 IMAD.WIDE R4, R4, 8, RZ ;       0000000804047825    003fde00078e02ff
01e0 MOV R14, R4 ;                   00000004000e7202    003fde0000000f00
01f0 MOV R15, R5 ;                   00000005000f7202    003fde0000000f00
0200 MOV R14, R14 ;                  0000000e000e7202    003fde0000000f00
0210 MOV R15, R15 ;                  0000000f000f7202    003fde0000000f00
0220 MOV R12, R12 ;                  0000000c000c7202    003fde0000000f00
0230 MOV R13, R13 ;                  0000000d000d7202    003fde0000000f00
0240 MOV R10, R10 ;                  0000000a000a7202    003fde0000000f00
0250 MOV R11, R11 ;                  0000000b000b7202    003fde0000000f00
0260 MOV R8, R8 ;                    0000000800087202    003fde0000000f00
0270 MOV R9, R9 ;                    0000000900097202    003fde0000000f00
0280 MOV R0, R0 ;                    0000000000007202    003fde0000000f00
```

```
0290 MOV R2, R2 ;                        0000000200027202    003fde0000000f00
02a0 MOV R3, R3 ;                        0000000300037202    003fde0000000f00
02b0 IMAD.WIDE R4, R0, 8, RZ ;           0000000800047825    003fde00078e02ff
02c0 MOV R6, R4 ;                        0000000400067202    003fde0000000f00
02d0 MOV R7, R5 ;                        0000000500077202    003fde0000000f00
02e0 IADD3 R4, P0,R12, R14, RZ;          0000000e0c047210    003fde0007f1e0ff
02f0 IADD3.X R5,R13,R15,RZ,P0,!PT;       0000000f0d057210    003fde00007fe4ff
0300 IADD3 R4, P0, R4, R6, RZ ;          0000000604047210    003fde0007f1e0ff
0310 IADD3.X R5,R5,R7,RZ,P0,!PT;         0000000705057210    003fde00007fe4ff
0320 MOV R4, R4 ;                        0000000400047202    003fde0000000f00
0330 MOV R5, R5 ;                        0000000500057202    003fde0000000f00
0340 MOV R4, R4 ;                        0000000400047202    003fde0000000f00
0350 MOV R5, R5 ;                        0000000500057202    003fde0000000f00
0360 LDG.E.64.SYS R4, [R4] ;             0000000004047381    00321e00001eeb00
0370 IADD3 R6, P0, R10, R14, RZ;         0000000e0a067210    003fde0007f1e0ff
0380 IADD3.X R7,R11,R15,RZ,P0,!PT;       0000000f0b077210    003fde00007fe4ff
0390 MOV R6, R6 ;                        0000000600067202    003fde0000000f00
03a0 MOV R7, R7 ;                        0000000700077202    003fde0000000f00
03b0 MOV R6, R6 ;                        0000000600067202    003fde0000000f00
03c0 MOV R7, R7 ;                        0000000700077202    003fde0000000f00
03d0 LDG.E.64.SYS R6, [R6] ;             0000000006067381    00321e00001eeb00
03e0 DMUL R4, R4, R6 ;                   0000000604047228    00321e0000000000
03f0 DADD R2, R2, R4 ;                   0000000002027229    00321e0000000004
0400 IADD3 R0, R0, 1, RZ ;               0000000100007810    003fde0007ffe0ff
0410 ISETP.NE.AND P0,PT,R0,a,PT;         0000000a0000780c    003fde0003f05270
0420 MOV R2, R2 ;                        0000000200027202    003fde0000000f00
0430 MOV R3, R3 ;                        0000000300037202    003fde0000000f00
0440 MOV R0, R0 ;                        0000000000007202    003fde0000000f00
0450 @P0 BRA 2b0 ;                       fffffe5000000947    003fde000383ffff
0460 DSETP.LT.AND P0,PT,R2,c[2][0],PT;   008000000200762a    00321e0003f01000
0470 MOV R4, e1796495 ;                  e179649500047802    003fde0000000f00
0480 MOV R5, 3da5fd7f ;                  3da5fd7f00057802    003fde0000000f00
0490 MOV R0, R4 ;                        0000000400007202    003fde0000000f00
04a0 MOV R4, R5 ;                        0000000500047202    003fde0000000f00
04b0 MOV R5, R2 ;                        0000000200057202    003fde0000000f00
04c0 MOV R2, R3 ;                        0000000300027202    003fde0000000f00
04d0 FSEL R0, R0, R5, P0 ;               0000000500007208    003fde0000000000
04e0 FSEL R2, R4, R2, P0 ;               0000000204027208    003fde0000000000
04f0 MOV R3, R2 ;                        0000000200037202    003fde0000000f00
0500 MOV R2, R0 ;                        0000000000027202    003fde0000000f00
0510 IADD3 R4, P0, R8, R14, RZ ;         0000000e08047210    003fde0007f1e0ff
0520 IADD3.X R5,R9,R15,RZ,P0,!PT;        0000000f09057210    003fde00007fe4ff
0530 MOV R4, R4 ;                        0000000400047202    003fde0000000f00
0540 MOV R5, R5 ;                        0000000500057202    003fde0000000f00
0550 MOV R4, R4 ;                        0000000400047202    003fde0000000f00
0560 MOV R5, R5 ;                        0000000500057202    003fde0000000f00
0570 STG.E.64.SYS [R4], R2 ;             0000000204007386    0033de000010eb00
0580 MOV R2, R2 ;                        0000000200027202    003fde0000000f00
```

```
0590 MOV R3, R3 ;              0000000300037202   003fde0000000f00
05a0 EXIT ;                    000000000000794d   003fde0003800000
05b0 BRA 5b0;                  ffffffff00007947   000fc0000383ffff
```

오른쪽 열의 16진수들은 신경망을 위해 버스를 통해 GPU로 전송되어 실행되는 실제 실행 코드로, SASS 어셈블리를 기계어 코드로 직접 변환한 결과다. (제7장에서 본 맨체스터 베이비의 기계어 코드와 그리 다르지 않다!)

SASS 방언들은 공식적으로 문서화되어 있지 않지만, 변환 전의 PTX 어셈블리 코드와 변환 후의 SASS 어셈블리 코드를 비교해 보면 일부 SASS 명령어의 의미를 짐작할 수 있다. 실제로 인터넷에는 그런 식으로 추측한 결과를 담은 자료들이 있다. 예를 들어 MOV는 이동 명령어다. 피연산자는 레지스터일 수도 있고 c[][]와 같은 메모리 장소들(커널 호출의 입력들을 담을)일 수도 있다. LDG는 전역 메모리에서 값을 적재한다. STG는 전역 메모리에 값을 저장한다. 지금 예에서는 커널 호출의 출력을 반환하는 데 쓰였다. TID는 스레드 ID로, 현재 실행 중인 작업 항목을 알려준다. IADD와 FADD는 각각 정수와 부동소수점 덧셈이다. SHL과 SHR은 왼쪽 및 오른쪽 자리이동(shift)이다. XMAD는 짧은(short) 정수, 즉 16비트 정수들의 곱셈 및 덧셈 연산이고 BRA는 분기, NOP는 무연산이다. @P0은 술어 가드인데, P0 자체는 이전 줄의 ISETP 명령어로 설정되었다. 통상적인 제어 흐름 명령어 JMP, CALL, RET도 있다.

SASS 방언들은 또한 그래픽 작업 적용 명령어들도 갖추고 있는데, 예를 들어, SUST(surface store; 표면 저장)는 실제로 그래픽 표면에 값을 기록하는 데 쓰인다. 그 밖에 텍스처를 적재하고 조회하는 명령어들과 장벽 동기화를 위한 명령어(BAR)도 있다.

실행 코드를 GPU로 전송하려면, 그리고 얼마나 많은 복사본을 언제 어떻게 실행할지 지정하려면 호스트 컴퓨터에 적절한 CPU 프로그램이 있어야 한다. 범용 계산의 경우에는 GPU 제조업체가 제공하는 도구를 이용해서 프로그래머가 그런 CPU 프로그램을 직접 작성해야 하지만, 그래픽 작업의 경우에는 벌컨Vulkan 같은 소프트웨어 드라이버가 그런 작업을 담당한다. 이 경우에는 커널(그래픽의 맥락에서는 셰이더)의 위치 및 셰이딩 유형(정점 또는 픽셀)만 알려주면 된다.

NOTE 최신 GPU들은 다양한 추가 기능과 최적화 능력을 갖추고 있다. 여기에는 CISC와 비슷한 여러 특수 명령어가 포함되는데, 심지어는 한 레지스터를 여러 조각으로 나누어서 동시에 처리하는 CPU SIMD 스타일의 명령어도 있다. 최근에는 분기 처리 시 SIMD 방식을 완전히 버리고 각 PE에 개별 프로그램 카운터를 할당하는 접근 방식을 사용하는 경우가 늘고 있는데, 그러다 보니 기존의 SIMD GPU보다는 다음 절에서 다룰 MIMD 시스템과 더 비슷한 모습이 되고 있다.

15.3.4 고수준 GPU 프로그래밍

종종 PTX 코드를(심지어는 SASS 코드도) 사람이 직접 작성하기도 한다. 인간의 창의성과 기반 아키텍처에 관한 지식을 활용해서 속도를 최적화할 수 있는 경우에 그렇다. 하지만 대부분의 경우에는 고수준 언어로 프로그램을 짜서 GPU 어셈블러로 컴파일하는 방식이 선호된다. 그러면 프로그래밍이 쉬워질 뿐만 아니라 서로 다른 GPU 사이의 이식성도 확보되기 때문이다.

*CUDA*쿠다는 Nvidia의 독점 언어로, 문법이 C와 비슷하다. CUDA 프로그램은 PTX와 SASS로 컴파일되지만 다른 제조업체의 GPU에서는 사용할 수 없다. 다음은 두 벡터를 요소(성분)별로 더하는 CUDA 프로그램의 예다.

```
__global__ void myKernel(double *x, double *w, double *out) {
    int id = threadIdx.x;    //이 스레드 ID
    out[id] = x[id] + w[id];
}
```

이런 CUDA 프로그램을 Nvidia의 `nvcc` 컴파일러를 이용해서 PTX 어셈블리 코드로 컴파일한다.

```
> nvcc -arch=sm_75 -ptx kernel.cu
```

SPIR-V('스피어 브이'로 읽는다. RISC-V와 달리 이 *V*는 'Vulkan'을 뜻한다)는 GPU 커널을 어셈블리 비슷한 언어로 표현하기 위한 크로노스의 표준이다. PTX가 여러 Nvidia 아키텍처를 일반화하듯이, SPIR-V는 **모든** 제조업체의 아키텍처를 일반화하는 것을 목표로 한다. PTX처럼 SPIR-V는 특정 아키텍처의 어셈블리 언어로 변환되도록 설계되었다. SPIR-V 표준은 레지스터에 관해서는 아무것도 정의하지 않는다. 아키텍처마다 사용 가능한 레지스터 수가 다를 수 있기 때문에 대신에 각 명령어의 결과에 고유한 ID 번호를 부여해서, 그 ID를 마치 레지스터 이름처럼 사용한다. 새로운 아키텍처를 위한 코드 변환 프로그램을 작성하는 사람은 이러한 방식으로 서술된 계산을 실제 명령어들로 구현할 때 해당 아키텍처의 가용 레지스터를 최적으로 활용하는 방법을 고민해야 한다. 인텔도 SPIR-V를 x86 SIMD로 변환하는 도구들을 만들었다. GPU에서 실행하는 것과 동일한 코드를 자사의 CPU에서도 실행하게 함으로써 GPU와 경쟁하기 위해서다. 다음은 앞의 벡터 덧셈 CUDA 예제에 나온 커널과 대략 동등한 커널에 대한 SPIR-V 코드의 예다.

```
EntryPoint Kernel 9
MemoryModel Physical64 OpenCL1.2
```

```
Name 4 "LocalInvocationId"
Name 9 "add"
Name 10 "in1"
Name 11 "in2"
Name 12 "out"
Name 13 "entry"
Name 15 "call"
Name 16 "arrayidx"
Name 18 "arrayidx1"
Name 20 "add"
Name 21 "arrayidx2"
Decorate 4(LocalInvocationId) Constant
Decorate 4(LocalInvocationId) Built-In LocalInvocationId
Decorate 10(in1) FuncParamAttr 5
Decorate 11(in2) FuncParamAttr 5
Decorate 12(out) FuncParamAttr 5
Decorate 17 Alignment 4
Decorate 19 Alignment 4
Decorate 22 Alignment 4
1: TypeInt 64 0
2: TypeVector 1(int) 3
3: TypePointer UniformConstant 2(ivec3)
5: TypeVoid
6: TypeInt 32 0
7: TypePointer WorkgroupGlobal 6(int)
8: TypeFunction 5 7(ptr) 7(ptr) 7(ptr)
4(LocalInvocationId): 3(ptr) Variable UniformConstant
9(add): 5 Function NoControl 8
10(in1): 7(ptr) FunctionParameter
11(in2): 7(ptr) FunctionParameter
12(out): 7(ptr) FunctionParameter
13(entry): Label
14: 2(ivec3) Load 4(LocalInvocationId)
15(call): 1(int) CompositeExtract 14 0
16(arrayidx): 7(ptr) InBoundsAccessChain 10(in1) 15(call)
17: 6(int) Load 16(arrayidx)
18(arrayidx1): 7(ptr) InBoundsAccessChain 11(in2) 15(call)
19: 6(int) Load 18(arrayidx1)
20(add): 6(int) IAdd 19 17
21(arrayidx2): 7(ptr) InBoundsAccessChain 12(out) 15(call)
Store 22 21(arrayidx2) 20
Return
FunctionEnd
```

이 책을 쓰는 현재, CUDA를 SPIR-V로 컴파일하는 오픈소스 서드파티 도구들이 만들어지고 있다. Nvidia의 공식 도구는 없다. 하지만 Nvidia는 SPIR-V 코드를 입력받아서 PTX와 또 다른 중간 언어 NVVM을 거쳐 SASS 코드로 컴파일하는 닫힌 소스 도구를 제공한다.

*OpenCL*은 크로노스의 또 다른 개방형 표준으로, Nvidia의 CUDA와 유사한 언어를 정의한다. OpenCL 코드를 SPIR-V 코드로 컴파일하는 오픈소스 컴파일러가 있다. 다음은 CUDA 커널 예제에 대응되는 OpenCL 커널 예제다.

```
#pragma OPENCL EXTENSION cl_khr_fp64 : enable
__kernel void vecAdd( __global double *a,
__global double *b,
__global double *c,
const unsigned int n) {
  int id = get_global_id(0);
  if (id < n)
    c[id] = a[id] + b[id];
}
```

한편 *GLSL*이라는 것도 있는데, 이것은 크로노스의 표준 그래픽 셰이더 언어다. GLSL 코드를 SPIR-V 코드로 컴파일하는 도구도 있다. 다음은 구로 셰이딩 Gouraud shading(그림 13-7 참고)을 구현하는 GLSL 셰이더의 예다(출처: https://www.learnopengles.com/tag/gouraud-shading/).

```
precision mediump float;      // 기본 부동소수점 정밀도를 '중간'으로 설정
uniform vec3 u_LightPos;      // 광원의 위치(시점 공간)
varying vec3 v_Position;      // 이 단편(fragment)의 보간된 위치
varying vec4 v_Color;         // 삼각형 표면에 대해 보간된 색상
varying vec3 v_Normal;        // 이 단편의 보간된 법선
void main() {
    float distance = length(u_LightPos - v_Position);
    vec3 lightVector = normalize(u_LightPos - v_Position);
    float diffuse = max(dot(v_Normal, lightVector), 0.1);
    diffuse = diffuse*(1.0/(1.0+(0.25*distance*distance)));  //감쇠
}
```

여기서 `lightVector`는 광원에서 정점으로 향하는 벡터이고 `diffuse`는 광원 벡터와 정점 법선의 내적으로 계산된 분산광(diffusion; 또는 난반사, 산란광) 성분이다. 표면 법선과 광원 벡터가 같은 방향일 때 조명(illumination)이 최대가 된다. 그 조명의 색상에 분산광 수준을 곱한 것이 구로 셰이딩의 최종 디스플레이 색상이다.

15.4 MIMD(다중 명령 다중 데이터)

SIMD가 하나의 지시사항(명령)을 여러 사람이 수행하는 것에 해당한다면, *MIMD*(Multiple Instruction, Multiple Data; 다중 명령 다중 데이터)는 여러 사람이 각자 다른 지시에 따라 서로 다른 데이터를 처리하는 것이다. 훈련 조교가 어떤 동작을 지시하면 모든 훈련생이 그것을 따르는 것이 SIMD라면, MIMD는 모든 회원이 각자 개인 트레이너의 지시에 따라 서로 다른 운동을 하는 것에 비유할 수 있다. SIMD처럼 MIMD도 유형이 여러 가지인데, 이번 절에서 차례로 살펴보기로 하자.

15.4.1 단일 프로세서 MIMD

가장 간단한 MIMD는 *VLIW*(Very Long Instruction Words; 아주 긴 명령 워드들)라고 부르는 아키텍처의 단일 CPU에서 실현되는 형태다. VLIW 아키텍처는 SIMD의 벡터 아키텍처와 연관이 있다. 벡터 아키텍처에서는 다수의 데이터 항목을 하나의 큰 레지스터에 채우고, 하나의 명령어로 그 데이터 항목들을 동시에 처리한다. VLIW에서는 레지스터의 각 데이터 항목에 서로 다른 연산을 적용할 수 있다. 예를 들어 첫 수치는 1을 더하고, 둘째 수치는 7로 나누고, 나머지 두 수치를 곱해서 결과를 다른 곳에 저장하는 식의 복합적인 연산이 가능하다.

언뜻 생각하면 대단히 복잡하고 비효율적일 것 같지만, 특정 명령어들의 조합이 반복해서 나타나는 응용에서는 이런 방식이 유용할 수 있다. 예를 들어 비디오 코덱에서는 일련의 표준 수학 연산들을 서로 다른 데이터에 반복해서 수행하는 경우가 많다. 하나의 긴 명령어 워드가 그런 특정한 순서의 연산을 수행하게 만드는 것이 가능하다. 예를 들어 `ADDABCFPMDEFINCGSFTH`라는 하나의 VLIW 명령어는 "레지스터 A와 B를 정수 덧셈으로 더해서 C에 저장한다; 레지스터 D와 E를 부동소수점 곱셈으로 곱해서 F에 저장한다; 레지스터 G를 증가한다; 레지스터 H의 비트들을 자리이동한다"를 의미한다. 이 모든 것이 하나의 명령어로 수행되는 것이다! 비디오 코덱 연산의 표준적이면서도 집약적인 부분에 이런 명령어가 쓰일 수 있다.

15.4.2 공유 메모리 MIMD

단일 CPU MIMD보다 한 단계 위의 개념은 **공유 메모리 MIMD**(shared-memory MIMD)다. 이 경우는 주소를 가진 메모리 공간을 다수의 CPU가 공유한다. CPU들은 이 공간 안에서 데이터를 적재, 저장하면서 서로 통신할 수 있다. 동일한 아키텍처의 CPU들을 이런 식으로 병렬로 사용하는 경우는 *SMP*(Symmetric Multi-Processing; 대칭 다중 처리)라고 부르고, 종류가 다른 CPU들을 사용하는 경우에는 *AMP*(Asymmetric Multi-Processing; 비대칭 다중 처리)라고 부른다. 그리고 CPU들이 하나의 반도체 칩에 있는 경우에는 각 CPU를 **코어**(core)라고 부르고, 여러 개의 코어를 활용한 병렬성을 가리켜 **다중 코어**(multicore) 혹은 멀티코어라고 부른다.

AMP 공유 메모리의 개념은 1980년대로 거슬러 올라간다. 당시에는 부동소수점 연산 같은 추가적인 기능을 위해 주 CPU 옆에 별도의 보조 프로세서 칩을 꽂아서 사용했다. 예를 들어 세가 메가 드라이브는 Z80을 사운드 처리를 위한 보조 프로세서로 사용함으로써 주 CPU인 68000 프로세서의 부담을 덜었다.

SMP 공유 메모리 컴퓨터 설계 역시 x86의 역사 전반에 걸쳐 존재했다. 메인보드에 둘 이상의 물리적 8086 칩을 장착해서 버스와 메모리를 공유하게 한 것이 시초다.

공유 메모리 MIMD에서 주로 고민해야 하는 사항은 여러 수준의 캐시들을 공유하는 방식이다. 일반적으로 L1 캐시는(그리고 때로는 L2 캐시도) 하나의 CPU 안에 저장되고 그 CPU만 사용한다. 반면에 L3 캐시는(그리고 때로는 L2 캐시도) 여러 CPU가 공유한다. 이런 차이 때문에 공유 메모리 MIMD에서는 캐시 관리가 상당히 복잡해진다. 두 CPU가 동일한 RAM 주소의 값을 각자 따로 캐싱하는데, 첫 CPU가 캐시에 쓰기 작업을 수행해서 그 주소의 값을 변경한 상황을 생각해 보자. 제10장에서 소개한 여러 캐시 쓰기 알고리즘을 기억할 것이다. CPU가 그 캐시에 해당 항목을 갱신하라고 지시한 경우 어떤 방식으로 갱신을 수행하는 것이 좋을까? 지역 캐시만 갱신해야 할까? 변경 사항을 바로 주 메모리로 보내는 것이 좋을까, 아니면 해당 캐시 라인이 희생될 때까지 기다려야 할까? 그리고 둘째 CPU가 주 메모리의 같은 주소에서 값을 읽으려 하는 경우, 둘째 CPU가 갱신된 새 값을 받게 하려면 어떻게 해야 할까? 이처럼, CPU가 여러 개일 때는 고려할 사항이 많아진다. 모든 CPU가 동일한 권한으로 공유 메모리를 읽고 쓸 수 있으므로, 값들이 정확히 갱신되게 하려면, 그리고 모든 CPU와 공유 캐시 전반에서 데이터가 동기화된 상태를 유지하려면 CPU들 사이에서 추가적인 통신이 필요하다.

■ x86의 다중 코어

현재 가장 흔한 유형의 공유 메모리 MIMD는 다중 코어 실리콘이다. 독자의 데스크톱이나 노트북, 휴대전화에 쓰이는 것이 바로 이것이다. 최초의 이중 코어(듀얼 코어) x86 칩은 AMD 애슬론(AMD Athlon) X2인데, 하나의 실리콘에 해머(Hammer) K8 코어 두 개를 장착한 제품이다. 곧이어 인텔의 듀얼 코어 제품인 코어 2가 출시되었다. 이후 두 회사는 재빠르게 4코어, 8코어, 16코어 프로세서들을 내놓았다. 이 코어 수들에는 하이퍼스레딩에 의한 추가 코어들도 포함된다. 2020년에는 두 회사 모두 고사양 프로세서 제품군에서 코어 수를 64개까지 늘렸다. [그림 15-6]은 8코어 Zen2 칩렛chiplet의 다이 샷이다.

이런 **칩렛**은 최근의 혁신이다. 요즘은 큰 칩을 여러 실리콘 조각으로 나누어서 각각 제작한 후 하나의 플라스틱 패키지에 담아서 프로세서를 만든다. 각각의 조각이 바로 칩렛이다. 칩이 너무 크고 복잡해져서 제조 과정에서 어딘가에 오류가 발생할 통계적 확률이 상당히 높아졌는데, 예전에는 오류가 있으면 칩 전체를 폐기해야 했다. 하지만 칩렛을 사용하면 문제가 있는 칩렛만 폐기하면 된다. 그림에 나온 것 같은 칩렛의 여러 복사본과 I/O를 위한 추가적인 칩렛을 조합해서 제품을 만들면, 동일한 수율에서 예전보다 훨씬 많은 CPU를 단일 패키지에 집어넣을 수 있다.

[그림 15-6]에서 L1 캐시와 L2 캐시는 코어마다 따로 존재한다. L3 캐시는 여러 코어가 공유한다. 코어의 하위 구성요소들이 마치 자라나는 곰팡이처럼 유기체와 비슷한 방식으로 배치됨을 주목하자. 이는 이 구성요소들이 이전의 다이 샷들에서 본 구식 CPU들과는 달리 인간 설계자가 아니라 자동화된 라우팅 알고리즘을 통해서 배치되었기 때문이다. 그런 알고리즘들은 아름다움이나 인간의 이해 가능성보다는 효율성을 우선시한다.

코어들은 독립적으로 실행된다. 이들을 활용해서 MIMD를 수행하는 것은 기본적으로 소프트웨어의 몫이다. 하지만 MIMD 프로그래밍을 돕는 새로운 명령어들도 x86 ISA에 추가되었다. Intel의 TSX(Transactional Synchronization Extensions, 트랜잭션 동기화 확장)이 그러한 예다.

그림 15-6 AMD Zen2 칩렛의 다이 샷.
코어 8개(상단과 하단의 직사각형 4개)와 L3 캐시(중앙 수직 부분에 직사각형 8개)가 눈에 띈다.

두 가지 프로그래밍 접근 방식: 루프와 매핑

순차적 사고방식과 병렬적 사고방식은 서로 다른 두 프로그래밍 접근 방식인 루프(loop)와 매핑(mapping)으로 이어진다. 예를 들어 어떤 배열에 담긴 요소들을 처리한다고 하자. 순차적 사고방식에서는 다음처럼 루프를 돌려서 배열의 요소들을 하나씩 차례로 처리한다.

```
data = [1,2,3,4]
for i in data:
    doSomething(i)
```

이런 유형의 작업에 루프를 사용하는 것의 문제점은, 루프에 두 가지 개념이 혼재되어 있다는 것이다. 첫째로, 루프는 데이터의 모든 요소를 각각 처리하겠다는 의도를 나타낸다. 둘째로, 루프는 그 요소들이 처리 순서도 결정한다. 지금 예에서는 배열의 첫 요소(제일 왼쪽 요소)에서 시작해서 마지막 요소(제일 오른쪽 요소)까지 하나씩의 요소를 처리하게 된다. 그런데 많은 경우 중요한 것은 모든 요소를 각각 처리하겠다는 의도 자체다. 요소들을 어떤 순서로 처리하는 것은 중요하지 않다. 병렬 처리가 가능할 때는 특히나 그렇다. 사실 프로그래머가 원하는 바는 작업을 가장 효율적으로 완수하는 순서를 기계가 알아서 결정하는 것이다.

요즘 일부 프로그래밍 언어는 프로그램의 특정 부분을 정규화해서 다수의 코어로 병렬화해 주는 라이브러리도 제공한다. 다음은 파이썬의 예다.

```python
from multiprocessing import Pool
data = [1,2,3,4]
pool(4).map(doSomething , data)
```

이 코드는 네 개의 작업 단위를 담은 풀_{pool}을 생성하고 데이터의 각 요소를 그 작업 단위들에 배정한다. 풀은 그 작업들을 임의의 순서로 처리한다. 데이터를 작업에 배정하는 것을 **매핑**이라고 부르는데, map이라는 메서드 이름은 그것에서 유래했다.

컴퓨터의 코어가 네 개 이상이면 이 파이썬 코드를 실행할 수 있다. 시스템이 적절히 설정되어 있다면, 실제로 네 개의 코어가 네 개의 작업을 병렬로 실행해서 전체 작업을 완료할 것이다.

2 NUMA(비균일 메모리 접근)

NUMA(Non-uniform memory access; 비균일 메모리 접근) 아키텍처는 공유 메모리 설계의 일종으로, 메모리의 어떤 부분에 어떤 CPU가 접근하느냐에 따라 메모리 접근 속도가 다르다는 점이 특징이다.

NUMA를 제대로 활용하려면, 아키텍처를 잘 이해하는 전문 프로그래머가 프로그램을 손수 설계하고 최적화할 필요가 있다. 여기에는 메모리의 어느 위치에 배치할지 고려하고, 데이터와 프로세서를 잘 묶어서 가장 빠른 메모리 영역에서 적재와 저장이 일어나게 하는 것이 포함된다.

NUMA의 예로, 각각 개별적인 케이스에 담긴 컴퓨터 네 대로 이루어진 NUMA 환경을 생각해 보자. 각 컴퓨터는 다수의 CPU와 RAM을 갖추고 있다. 처음에는 이들이 네 개의 개별적인 컴퓨터로 보이지만, 실제로는 네 케이스의 메모리가 모두 연결되고 매핑되어서 하나의 단일한 주소 공간을 이룬다. 따라서 독립적인 네 개의 컴퓨터가 아니라 하나의 다중 코어 컴퓨터라고 할 수 있다. 하지만 통상적인 공유 메모리 컴퓨터와는 달리, 한 케이스의 CPU가 다른 케이스에 있는 메모리에 접근하려면 자신의 메모리에 접근할 때보다 시간이 더 걸린다.

NOTE 64비트 주소에서 최대 16엑시워드(exiword)의 메모리에 주소를 배정할 수 있다. 주소를 바이트 단위로 지정하는 경우에는 16엑시바이트다. 이는 현세대 슈퍼컴퓨터의 공유 메모리 전체를 포괄할 수 있을 정도로 큰 공간이다. 하지만 이보다 더 효율적인 공유 메모리 컴퓨팅이 요구된다면 128비트 아키텍처로 이동해야 할 수도 있다.

NUMA는 고성능 컴퓨팅(high-performance computing, HPC)에 쓰인다. HPC에 쓰이는 컴퓨터들을 흔히 **슈퍼컴퓨터** 또는 '빅 아이언big iron'이라고 부른다. 이런 슈퍼컴퓨터는 개별적인 물리적 케이스에 담긴 다수의 컴퓨터로 구성된다. 각각의 케이스를 **노드**node라고 부르며, 각자 하나 이상의 CPU와 메모리를 포함한다. 그런 노드들이 모두 케이블로 연결되어서 하나의 네트워크를 형성한다. 그런데 네트워크에서와는 달리 이들은 **인터커넥트**interconnect 방식으로 연결되며, 그러한 연결들을 제어하는 디지털 논리 회로들은 모든 컴퓨터의 주소 공간에 직접 접근할 수 있도록 설계된다. 예를 들어 모든 컴퓨터를 연결하는 케이블을 따라 주 버스를 물리적으로 확정함으로써 모든 CPU, RAM, I/O 모듈이 동일한 버스를 공유하게 만드는 것도 가능하다. 또는, 모든 외부 주소를 단일 I/O 모듈에 매핑해서, 해당 주소로의 모든 적재 및 저장 연산을 캐싱하고 원격 컴퓨터들에 있는 유사한 I/O 모듈들과 통신하게 만들 수도 있다. 이러한 통신에는 RAM과 보조 저장장치가 CPU의 개입 없이 대량의 데이터를 주고받는 원격 DMA(RDMA)도 포함된다. 대부분의 NUMA 아키텍처는 원격 컴퓨터의 데이터를 지역에서 캐싱하기 위한 추가적인 캐시 계층을 포함한다. 그런 캐시를 가진 NUMA를 **캐시 일관적**(cache-coherent) *NUMA* 또는 cc-NUMA라고 한다.

2022년 기준으로 세계에서 가장 강력하다고 알려진 슈퍼컴퓨터는 미국 에너지부의 오크 리지 국립연구소(Oak Ridge National Laboratory)에 있는 **AMD 프론티어**Frontier다(그림 15-7).

그림 15-7 **AMD 프론티어 슈퍼컴퓨터.**

프론티어는 수랭식 HPE Cray EX 캐비닛 74대로 구성된다. 캐비닛당 섀시 8개이고 섀시당 블레이드 8대다. 각 블레이드에는 AMD CPU 2개와 GPU 8개가 있다. 전체적으로는 CPU가 약 9,400개, GPU가 약 37,000개다. 이 시스템은 부동소수점 연산을 초당 1퀸틸리언quintillion회 수행한다. 부동소수점 연산을 초당 1퀸틸리언, 즉 10의 18승회 수행하는 것을 가리켜 **1엑사플롭**exaflop이라고 부른다. 프론티어의 저장 능력은 700PB급이며, Lustre라는 파일 시스템으로 데이터를 관리한다. 핵심 기술은 HPE 슬링샷Slingshot이라고 하는 인터커넥트 시스템이다. 이 시스템과 HyperTransport 프로토콜 및 140km 이상의 케이블의 조합으로 NUMA 스타일의 메모리가 구성되어서, 원격 노드의 메모리가 마치 지역 메모리처럼 보이고 작동한다. 슬링샷은 계산용 노드와 비슷한 수준의 공간과 전자 장치, 전력을 사용한다.

NUMA 슈퍼컴퓨터는 날씨 및 기후 예측, 물리 시뮬레이션, 뇌 모델링 같은 작업에 쓰이는데, 그런 분야들의 지형적(topographical) 특성이 NUMA 시스템의 지형적 계층구조에 잘 맞기 때문이나. 여기서 **지형**(topography)은 물리적 공간 내의 연결성을 의미한다. 기후 예측의 경우 지구 대기의 3차원 공간을 모델링하는 것과 관련이 있다. 이런 분야에서 공간의 각 점(point)은 인접한 점들과 활발하게 상호작용하며, 점과 점의 거리가 멀수록 상호작용의 양이 감소한다. 각 점에는 고유한 데이터 속성들이 있다. 이를테면 풍속, 온도, 습도, 풍압 등이다. 며칠 또는 몇 달 후에 무슨 일이 일어날지 예측할 때는 공간을 작은 조각들로 분할해서 각 조각을 각각의 프로세서에 배정한다. 이때 핵심은, 지형적으로 인접한 조각들을 NUMA 계층구조에서도 인접한 프로세서들에 배정한다는 것이다. 각 프로세서는 다른 지역 조각의 데이터를 참조해서 세부사항을 계산하고 예측을 수행한다.

성능 워크스테이션이나 서버 같은 하나의 물리적 컴퓨터 케이스 안에서 NUMA를 구현하는 경우도 있다. 그런 시스템에서는 하나의 커다란 과학 계산 프로그램을 수행하기보다는 상호작용 없는 다수의 작은 프로그램을 실행하는 경우가 많다. 따라서 전문적인 프로그래밍이 덜 필요할 수 있다.

15.4.3 MIMD 분산 컴퓨팅

분산 컴퓨팅(Distributed computing)은 여러 CPU가 각자 주소 공간을 가지며, 다른 CPU의 주소 공간에는 접근할 수 없는 환경을 의미한다. 흔히 그런 주소 공간들은 각각 서버나 ATX 케이스와 같은 별도의 물리적 상자 안에 존재한다. 주소 공간이 다른 CPU들은 I/O를 통해서만 서로 통신할 수 있다. 컴퓨터를 어떻게 정의하느냐에 따라서는 이런 시스템을 독립적인 컴퓨터 여러 대가 네트워킹 I/O로 느슨하게 연결된 시스템으로 볼 수도 있을 것이다. 하지만 이 컴퓨터들이 수행하는 작업이 매우 긴밀하게 연결되어 있다는 점에 주목한다면, 이들을 주소 공간이 여러 개이고 속도가 느린 I/O 네트워크로 연결된 하나의 다중 코어 컴퓨터로 볼 수도 있다. NUMA의 극단적인 형태라고 해도 좋을 것이다.

서버는 항상 전원이 켜져 있도록 설계된 컴퓨터다. 서버라고 하면 웹사이트나 데이터베이스 같은 온라인 서비스를 연상하기 쉽지만, 그런 분야 외에 분산 컴퓨팅에도 흔히 쓰인다. 인터넷에 연결된 컴퓨터는 모두 서버의 역할을 할 수 있다. 데스크톱 PC나 라즈베리 파이도 서버가 될 수 있는 것이다. 하지만 서버에 요구되는 높은 신뢰성을 충족하는 데 특화된 컴퓨터 설계들이 발전해 왔음을 주목해야 한다. 그러한 설계에는 전력망 고장으로 인한 다운타임(downtime; 사용 불가 시간)을 줄이기 위한 이중 전원 공급 장치와 정전 후 자동 전원 켜짐 기능, 내부 고장을 줄이기 위한 효율적인 열 흐름 설계 및 ECC-RAM 활용(제10장에서 언급했다), 랙 마운팅을 위한 19인치 단위 폼 팩터, 그리고 인간의 개입을 줄이기 위한 다양한 형태의 물리적 보안이 포함된다.

그럼 분산 컴퓨팅의 몇 가지 유형을 살펴보자.

1 클러스터 컴퓨팅

클러스터cluster에서는 노드들 사이에서 상당한 양의 통신이 지속적으로 일어나곤 한다. 베오울프 Beowulf는 최종 사용자급 컴퓨터(흔히, 오래되고 재활용된 데스크톱)들로 클러스터를 구축하기 위한 하나의 비공식 표준이다. 클러스터 컴퓨팅은 상당히 해커스럽고(hacky) 아마추어적이고 임시방편적인 경향이 있다. 특히 베오울프가 그렇다. 하지만 저사양 컴퓨터들로 강력한 시스템을 구축할 수 있다는 장점을 무시하기 어렵다.

2 그리드 컴퓨팅

SPMD(Single Program, Multiple Data; 단일 프로그램 다중 데이터) 프로그래밍 스타일이라고도 하는 **그리드 컴퓨팅**grid computing은 동일한 프로그램을 여러 대의 동일한 컴퓨터들에서 실행하되, 각자 개별적인 데이터를 처리하게 하는 것이다. 이 컴퓨터들은 프로그램의 명령들을 동기화해서 실행하지 않는다. 그냥 각자 따로 실행한다. 즉, 동일한 프로그램의 복사본을 실행하긴 하지만 주어진 데이터에 따라 각자 다르게 분기한다. 따라서 현재 실행 지점이 각자 다를 수 있다. 그리드 컴퓨팅은 데이터 과학, 음성 인식, 데이터 마이닝, 생물정보학, 미디어 처리 등등 테라바이트 이상의 정보를 여러 조각으로 나누어서 다수의 컴퓨터가 각자 따로 처리할 수 있는 응용 분야에 적합하다.

이 프로그래밍 스타일의 특징은 모든 컴퓨터가 정확히 동일하다고 가정한다는 점, 그리고 실제로 전문 기술자가 그 가정을 실현한다는 점이다. 전문 기술자는 안전한 환경에 컴퓨터들을 호스팅해서 철저히 관리한다. 같은 종류의 고사양 서버들을 수없이 랙에 쌓아두고, 프로그램의 각 인스턴스가 빠르게, 그리고 다른 인스턴스들과 정확히 동일하게 실행되게 만든다.

그리드 컴퓨팅의 컴퓨터(노드)들은 메모리를 공유하지 않는다. 대신 I/O를 통해 네트워크로 연결된다. 가용 네트워크 트래픽의 대부분은 계산용 노드(compute node)들의 상호 통신이 아니라 하드 드라이브를 호스팅하는 저장용 노드(storage node)의 데이터 접근에 쓰인다. 일반적으로 하나의 큰 작업을 여러 조각으로 나누어서 각 계산용 노드에 전달하면 각 계산용 노드는 각자 자신의 조각을 따로 처리한다. 이는 프로세서들 사이의 밀접한 통신이 관건인 슈퍼컴퓨터와는 대조되는 특징이다.

노드 간 연결이 상대적으로 약하기 때문에, 지리적으로 분리된 장소에 있는 노드들로 그리드를 구축하기도 한다. 예를 들어 CERN의 슈퍼 그리드super-grid는 전 세계 여러 대학의 소규모 그리드들을 연결한 것이다. 이를 통해 수백만 건의 입자 물리학 실험에서 나온 빅데이터를 분석하는 작업의 부하를 분산시킬 수 있다. 예를 들어 힉스 보손의 미묘한 통계적 증거를 찾아내려면 그런 작업이 필요하다.

3 탈중앙화 컴퓨팅

탈중앙화 컴퓨팅(decentralized computing)은 클러스터 컴퓨팅보다도 느슨한 유형의 병렬성이다. 다중 사이트 그리드 컴퓨팅과 유사하지만, 장치 간 연결이 더 약하다. 그리드는 랙에 쌓아둔 동일한 컴퓨터들을 전문 IT 기술자가 관리해서 모두 건강하게, 그리고 동일한 방식으로 실행되게 한다. 반면, 탈중앙화 컴퓨팅은 여러 나라에 있는 여러 사람의 서로 다른 최종 소비자급 컴퓨터들이 공용(public) 인터넷으로 연결되어서 작업을 분산 처리하는 방식이다. 이 컴퓨터들은 공유 메모리를 사용하지 않으며, 신뢰할 수 있는 장치로 간주되지도 않는다. 노드들 사이의 통신은 아주 적다. 컴퓨터들을 관리하는 전문가는 없다. 또한, 컴퓨터들을 동일하게 구성할 필요가 없기 때문에 설치 및 설정에 큰 비용이 들지 않는다.

탈중앙화 컴퓨팅은 1990년대에 유명한 SETI(Search for Extraterrestrial Intelligence; 외계 지적 생명체 탐색) 프로젝트로 인기를 얻었다. SETI는 밤하늘에 외계 지적 생명체가 있을 만한 방향으로 대형 라디오 망원경을 조정해서 수집한 빅데이터를 분석함으로써 외계 통신 신호를 찾으려는 프로젝트였다. 전 세계의 참여자는 자신의 데스크톱에 SETI 프로그램을 다운로드해서, 컴퓨터가 켜져 있지만 다른 작업을 하지 않을 때 화면 보호기 형태로 실행되게 했다(그림 15-8).

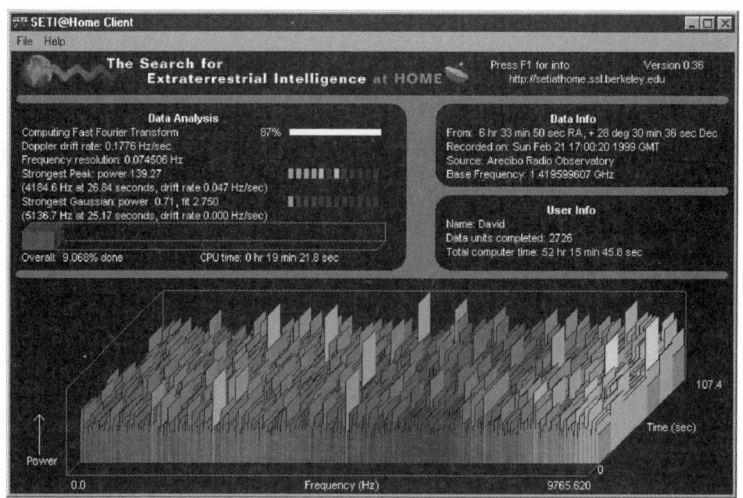

그림 15-8   가정용 컴퓨터에서 외계 통신을 찾기 위해 전파 망원경 데이터를 분석하는 SETI 소프트웨어.

이 프로그램은 주 SETI에 연결해서 자신을 등록한 후, 하나 이상의 데이터 조각을 받아서 분석한다. 분석 결과를 서버에 전송하면 서버는 다른 컴퓨터들의 결과와 취합한다.

HTCondor는 임의의 컴퓨팅 작업을 보통의 데스크톱 PC에서 배경 작업으로 실행할 수 있도록 하는 현대적인 소프트웨어다. 예를 들어 사무실이나 교실에 그냥 켜져 있는 데스크톱 PC들을 그리드로 전환할 수 있다.

그리드 컴퓨팅과 달리 탈중앙화 컴퓨팅에서는 작업자(작업용 컴퓨터)들이 중앙 관리자의 통제하에 있지 않기 때문에 신뢰성과 안정성을 가정할 수 없다. 관리자가 작업자에게 일감을 보냈지만 아무 응답이 없을 수도 있고, 심지어는 허위의 결과를 돌려줄 수도 있다. 이런 문제를 완화하기 위해 표준적으로 쓰이는 방법은 같은 작업 조각을 세 작업자에 보내서 결과를 조사하는 것이다. 만일 셋 중 둘만 같은 결과를 반환했다면, 다른 한 작업자는 뭔가 속임수를 쓴다고 판단할 수 있다.

4 클라우드 컴퓨팅

탈중앙화 컴퓨팅이 '순리대로' 진화했다면 전 세계 대다수의 일반 컴퓨터 사용자가 항상 연결된 상태에서 미사용 CPU 주기들을 교환하는 형태가 되었을 것이다. 아직도 그런 일이 실현될 가능성은 남아 있다. 그렇게 되면 여러분이 어떤 거대한 기계학습 모델을 실행할 때 개인용 그리드를 구입하는 데 돈을 들이는 대신 전 세계에서 화면 보호기를 표시하는 것 외에는 아무 일도 하지 않는 수백만 대의 CPU를 활용하면 된다. 반대로, 여러분 역시 컴퓨터를 100% 어떤 일에 사용하지 않을 때는 다른 사람이 거대한 계산의 일부로 여러분의 컴퓨터를 사용할 수 있게 한다(한 해에 99.9% 정도는 그렇게 할 수 있을 것이다). 왜 이런 멋진 일이 아직도 일어나지 않고 있는지는 흥미로운 사회학 혹은 경제학적 연구 주제일 것이다.

하지만 실제로는, 인터넷의 다른 측면들과 마찬가지로 소수의 대기업이 분산 컴퓨팅 시장을 장악하고 있는 것이 현실이다. 그런 기업들은 자체적으로 다수의 컴퓨터를 느슨하게 연결해서 유지하고 관리한다. 흔히 **클라우드** 또는 **클라우드 컴퓨팅**이라고 부르는 것이 바로 그것이다. 클라우드 컴퓨팅은 개방적인 탈중앙화 컴퓨팅의 신뢰성과 안정성, 그리고 결제(payment) 문제를 어느 정도 해결하지만, 대신 개인정보 보호 측면에서 우려 사항이 있을 뿐만 아니라 컴퓨팅에 대한 제어권과 자유를 대기업에 빼앗긴다는 문제가 있다.

5 계산과 저장

분산 컴퓨팅 분야는 데이터를 계산을 수행하는 기계와 같은 곳에 저장하는 것이 좋은지, 아니면 별도의 기계에 저장하는 것이 좋은지를 두고 오랫동안 논쟁을 벌였다.

계산과 저장을 분리한다는 것은 분산 네트워크의 컴퓨터들을 두 유형으로 구분한다는 뜻이다. 하나는 데이터 저장에 특화된 컴퓨터(저장용 노드)이고, 다른 하나는 계산 능력에 특화된 컴퓨터(계산용 노드)다. 이런 방식의 장점은 현재 사용할 수 있는 임의의 계산용 노드로 임의의 데이터를 처리함으로써 전체적인 사용 효율을 높일 수 있다는 것이다. 일반적으로 저장용 노드들은 네트워크 전체가 하나의 거대한 하드 드라이브처럼 보이게 만드는 소프트웨어 파일 시스템을 사용한다. 컴퓨터들을 이처럼 두 유형으로 분리하면 각각을 해당 목적에 맞게 좀 더 잘 특화할 수 있으며, 각자 따로 업그레이드할 수 있다는 장점이 생긴다. 또한, 저장 공간과 계산 능력의 균형을 맞추기도 쉽다. 계산할 것이 적을 때는 계산용 노드들의 전원을 꺼서 에너지를 절약하거나, 다른 사용자들에 임대할 수 있다. 이 접근 방식의 단점은 데이터를 매번 저장된 곳에서 사용되는 곳으로 옮기느라 네트워크 트래픽이 증가한다는 것이다. 이 때문에 병목 현상이 생길 수 있다.

한편, 각 노드가 지역(local; 즉 노드 자신의) 하드 드라이브에 데이터의 일부를 저장해서 계산에 사용하는 코로케이션co-location 방식도 있다. 이 방식에서는 한 유형의 컴퓨터가 저장과 계산 모두에 쓰인다. 커다란 데이터 집합을 그런 여러 컴퓨터에 분할하면, 각 컴퓨터는 자신이 가진 데이터로 계산을 수행한다. 네트워킹은 결과 전송과 데이터 갱신에만 쓰인다. 이런 방식의 장점은 네트워크 통신을 최소화할 수 있다는 것이고, 단점은 컴퓨터들의 작업 부하가 일정하지 않다는 것이다. 각 데이터 조각에 대한 계산은 그 조각을 가진 컴퓨터만 수행할 수 있으므로, 어떤 컴퓨터는 일찍 계산을 마치고 유휴 상태가 되는 반면에 어떤 컴퓨터는 과도한 계산에 허덕일 수 있다.

이들 중 어떤 접근 방식이 가장 효과적인지는 네트워킹, 저장, 컴퓨팅 기술의 상대적 속도와 비용에 따라 다르다. 이런 요인들은 시간에 따라 변한다. 그리고 이런 변화 덕분에 IT 컨설턴트들이 이들 사이를 오가며 많은 일자리를 얻게 된다. 전통적인 클러스터는 주로 분리 방식을 사용했는데, 데이터의 빠른 이동 문제는 InfiniBand 같은 고속 네트워킹으로 해결했다. 그러나 프로그래머들은 데이터를 여러 번 빠르게 다시 읽어야 하는 프로그램이 있는 경우 코로케이션 방식으로 전환해서, 저장용 노드의 데이터를 계산용 노드의 지역 캐시에 복사하곤 했다. 2000년대에는 코로케이션 방식이 더 인기를 얻었다. 원래는 검색 엔진들에 쓰이던 맵-리듀스map-reduce 알고리즘이 오픈소스 소프트웨어 하둡Hadoop과 스파크Spark를 통해 좀 더 많은 분야에 적용되었다. 맵-리듀스는 앞에서 언급한, 루프를 대체하는 매핑과 기본적으로 같다. 단, 그러한 매핑을 재귀적으로 적용한다. 주어진 작업을 여러 하위 작업들로 분할해서 여러 컴퓨터에 전달하고, 그 결과를 병합(또는 '축약', 즉 리듀스)하는 과정이 하위 작업들에도 재귀적으로 적용된다.

최근에는 클라우드 컴퓨팅으로 이동하면 데이터 센터의 네트워킹 속도 면에서 이득이 있음이 입증되었고, 저장과 계산을 분리함으로써 얻는 비용 절감 효과도 더욱 명확해졌다. 두 방식의 요소들을 결합하려는 시스템도 있다. 될 수 있으면 원래의 노드에서 데이터를 계산하되, 여의치 않다면 다른 가용 노드로 데이터를 보내서 계산하게 하는 방식이다. 향후 클라우드에서 다시 탈중앙화 컴퓨팅으로 무게중심이 이동한다면, 다시 코로케이션 방식으로 돌아갈 가능성이 있다. 탈중앙화 컴퓨팅은 클라우드보다 네트워크가 느리기 때문이다.

15.5 명령 없는 병렬성

SIMD와 MIMD는 명령들이 순차적으로 나열된 프로그램에서 명령을 인출하고, 해독하고, 실행하는 고전적인 CPU 개념을 확장한 것이다. 하지만 CPU나 명령들의 프로그램 작성과는 전혀 무관하게 디지털 논리 회로를 병렬로 사용하는 방법이 여럿 있다. 그중 몇 가지를 살펴보자.

15.5.1 데이터 흐름 아키텍쳐

컴퓨터 과학자들과 달리, 공학자(엔지니어)들은 처음부터 튜링 기계의 직렬성에 얽매이지 않았다. 물리적 세계를 다루는 공학자들은 전자 정보 처리 시스템(아날로그와 디지털 모두)을, 마치 기계장치처럼 항상 물리 법칙에 따라 작동하는 장치들이 상호 연결된 물리적 집합체로 보는 경향이 있다. 공학자들에게 그런 시스템은 애초에 병렬적이었으며, 주된 설계 수단은 명령들을 차례로 나열한 프로그램이 아니라 [그림 15-9]와 같은 회로도였다.

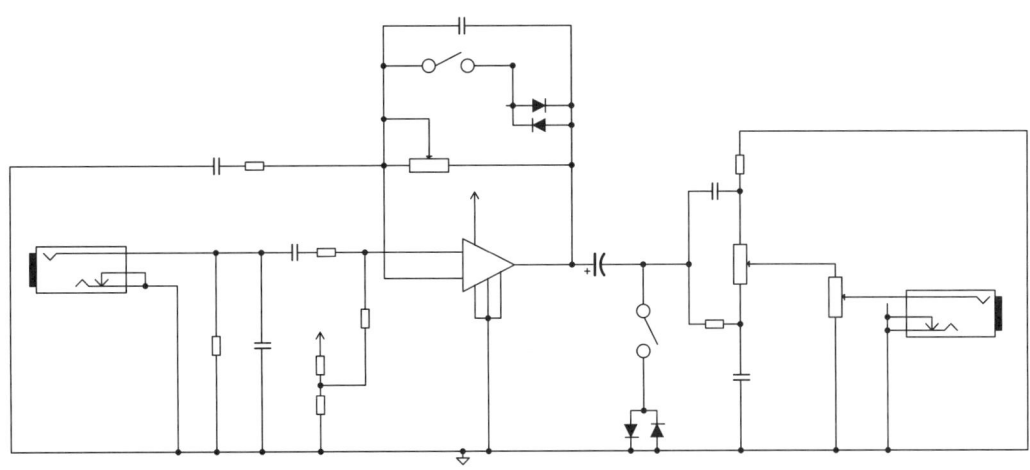

그림 15-9 아날로그 기타 디스토션 페달의 병렬 정보 처리를 보여주는 다이어그램.

[그림 15-9]와 같은 구조를 순차적 프로그램으로 다시 작성한다는 것은 엔지니어들에게 괴상하고 비효율적인 컴퓨터 과학의 광기로 보일 것이다. 이런 회로는 각자 나름의 역할을 수행하는 하드웨어 부품들로 구성된다. 모든 부품은 동시에 작동하며, 데이터는 연결된 부품들 사이로 끊임없이 흐른다. 디지털 논리를 다룰 때도 어느 정도까지는 이러한 '데이터 흐름(dataflow)' 관점이 유효하다. 그러나 디지털 논리 구성요소들로 직렬 CPU를 구축하는 제7장의 수준부터는 관점을 바꿀 필요가 있다. 그렇긴 하지만 디지털 논리 회로를 꼭 직렬 CPU를 만드는 데에만 사용할 필요는 없다. 공학자 스타일로 병렬 기계를 설계하고, 그런 기계들을 연결해서 병렬로 실행하는 식으로 병렬성의 수준을 계속 높여나갈 수 있다. 아날로그든 디지털이든, 공학자가 설계하는 대부분의 회로는 그러한 형태의 LogiSim(또는 Verilog, VHDL, Chisel) 네트워크로 변환할 수 있다. 아날로그 데이터 값은 이전에 살펴본 디지털 표현 방식 중 하나로 변환할 수 있으며, 해당 아날로그 연산은 디지털 산술을 수행하는 단순 기계로 변환할 수 있다. 따라서 CPU처럼 이런 설계도 ASIC이나 FPGA 실리콘에 구워 넣는 것이 가능하다.

이런 접근 방식은 여러 처리 단계가 파이프라인 형태로 연결된 신호 처리 계산에 특히나 효율적일 것이다. 예를 들어 압축, 디스토션, 딜레이, 리버브 단계를 조합해서 독특한 효과를 내는 기타 이펙터 장치를 생각해 보자. 그런 단계들을 순차적으로 구현하는 대신, 하나의 파이프라인 안에서 그 단계들이 공존하게 만드는 것도 가능한 일이다. 이는 기타리스트가 개별 이펙트를 구현하는 여러 아날로그 하드웨어 이펙터('페달')를 연결해서 원하는 소리를 내는 것과 비슷하다.

15.5.2 데이터 흐름 컴파일러

PyTorch, TensorFlow, Theano, MATLAB Simulink 같은 데이터 흐름 언어(dataflow language)는 병렬 정보 처리를 서술하기 위한 고수준 언어다. 프로그래머는 이런 언어를 이용해서 대수적 수학 계산 요소들과 그 요소들 사이의 의존 관계를 표현한다. 그런 다음에는 다양한 유형의 병렬 하드웨어를 대상으로 하는 특별한 전용 컴파일러를 이용해서 그런 요소들을 정렬하고 병렬화한다. 예를 들어, [그림 15-10]은 신경망 계산의 데이터 흐름을 시각화한 것이다.

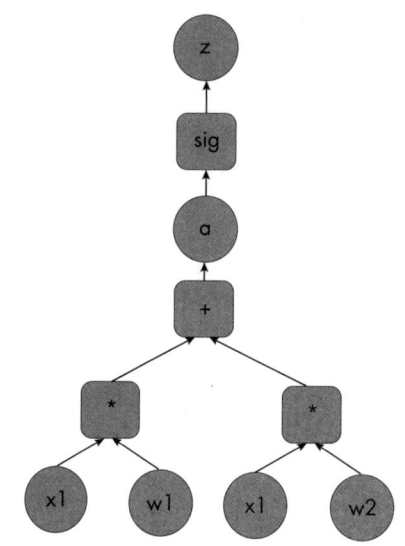

그림 15-10 **PyTorch 신경망 계산의 데이터 흐름.**

하드웨어 서술 언어(HDL)처럼 이런 언어들도 **프로그래밍** 언어가 아니라 **선언적**(declarative) 언어다. 이런 언어의 '프로그래머'는 컴퓨터가 실행해야 할 명령들을 차례로 나열하는 것이 아니라, XML 문서나 데이터베이스를 작성할 때처럼 개체들과 관계들을 선언한다. (SPIR-V도 레지스터를 식별자로 추상화하므로, 중간 수준의 데이터 흐름 언어로 간주할 수 있다.) 데이터 흐름 언어를 Verilog나 VHDL 같은 하드웨어 서술 언어로 변환하는 컴파일러들도 있을 수 있으며, 심지어 GPU, CPU SIMD, 또는 직렬 CPU 명령어로의 컴파일러도 존재할 수 있다.

C와 비슷한 통상적인 직렬 언어를 데이터 흐름 언어로 자동 변환하는 방법은 현재 연구가 진행 중인 분야다. OOOE(비순차 실행)는 아마도 이 분야의 빙산의 일각에 불과할 것이다. 현재 OOOE 기술은 비교적 짧은 시간 구간 안의 기계어 코드 명령들만 최적화한다. 하지만 언젠가는 그와 비슷하게 프로그램 전체를 Verilog로(어쩌면 SPIR-V로도) 자동 변환하는 날이 올지도 모른다. 고급 병렬

알고리즘과 복잡성 이론을 이용해서 프로그램의 가장 병렬화된 형태를 추출할 수 있다면 그런 일도 가능할 것이다. 현재 컴파일러들도, 루프의 각 반복이 서로 영향을 미치지 않는 것이 명확한 경우, 루프를 매핑으로 변환하는 등의 '자명한' 사례들은 잘 처리한다. 하지만 일반적으로는 어려운 작업인데, 이는 많은 컴퓨터 과학 이론이 직렬 컴퓨터를 기반으로 구축되어 있기 때문이다. 병렬성을 좀 더 근본적인 출발점으로 삼아서 컴퓨터 과학을 다시 구축하려면 뭔가 대단한 아이디어가 새로이 제시되어야 할 것이다. 함수형 프로그래밍 언어가 해결책의 일부가 될 수도 있겠다. 함수형 접근 방식은 가시적인 상태의 양을 제한함으로써 작업을 독립적이고 병렬화 가능한 조각으로 나누기 쉽게 만든다는 점에서 그렇다.

15.5.3 하드웨어 신경망

데이터 흐름 아키텍처의 한 가지 주목할 만한 응용 방법은 역전파(backpropagation) 알고리즘을 하드웨어로 구현해서 신경망 학습 속도를 높이는 것이다. 충분히 많은 데이터와 시간으로 이 알고리즘을 실행하면 신경망 모델이 어떤 패턴이든 인식하고 분류할 수 있게 된다는 점은 1960년대에 이미 알려져 있었다. 또한 이 알고리즘을 고도로 병렬화할 수 있다는 점도 알려져 있었다. (인공) 신경망은 각자 독립적으로 계산하고 이웃 뉴런에 메시지를 전달할 수 있는 여러 '뉴런neuron'들로 이루어져 있기 때문에 병렬화하기가 좋다.

2010년대에 이르러서야 이런 계산을 저렴하게 병렬로 구현할 수 있게 되었는데, GPU 아키텍처들 덕분이었다. 그 결과로 이미지 안에서 사람 얼굴을 인식하거나 음성 데이터에서 단어를 추출하는 등 비정형 데이터에서 복잡한 패턴을 정확하게 검출하는 신경망 모델들이 등장했다. 이런 모델들의 성공에 힘입어, GPU보다 더 효율적으로 역전파 알고리즘을 구현할 수 있는 더 빠르고 특화된 아키텍처에 대한 엄청난 상업적 수요가 생겼다.

현재 하드웨어 신경망 구현에 쓰이는 접근 방식은 크게 두 가지로, FPGA와 NPU다. 그럼 이들을 살펴보자.

❶ FPGA상의 역전파

수십 년 동안 연구자들은 병렬 FPGA에서 역전파 신경망을 구축해 왔다. 신경망 FPGA를 설계할 때는 각각 뉴런을 구성요소 모듈로서 회로에 물리적으로 배치할 수도 있고, 그냥 전체 배치를 Chisel 또는 Verilog 컴파일러에 맡길 수도 있다. 후자의 경우 같은 디지털 논리를 구현하는, 다소 무작위해 보이지만 좀 더 효율적인 회로를 생성하는 경향이 있다. 2010년대 내내 관련 기업들은 상업적 용도를 위해 이런 시스템을 더욱더 큰 규모로 구축했다. 특히, 소위 '빅테크' 기업들은 자신의 빅데이터에 관한 예측을 위해 신경망을 훈련하는 데 이런 시스템을 활용했다.

2 NPU상의 역전파

최근에는 병렬 신경망 하드웨어를 FPGA보다 빠른 ASIC으로 만드는 쪽으로 흐름이 바뀌었다. ASIC 기반 신경망 칩을 흔히 *NPU*(Neural Processing Unit; 신경 처리 장치) 혹은 *TPU*(Tensor Processing Unit; 텐서 처리 장치)라고 부른다.

NPU 중에는 신경망 모델의 **훈련**(training)에 특화된 고성능 시스템으로 설계된 것들이 있다. 그런 시스템들은 흔히 컴퓨팅 센터의 랙에 클러스터 형태로 배치된다. 한편으로, 미리 훈련된 신경망을 실시간 패턴 인식에 활용하기 위한 저전력 임베디드 시스템에 맞게 설계된 NPU들도 있다. 그런 NPU는 주로 스마트폰이나 IoT 장치에 들어간다. 후자의 예로는 인텔의 뉴럴 컴퓨트 스틱Neural Compute Stick과 아두이노 기반 Genuino 등이 있다. 이런 기기들은 스냅챗Snapcaht의 실시간 얼굴 인식과 필터링 같은 기능을 수행할 정도의 능력을 갖추었다. 클록 속도와 트랜지스터 크기에 대한 두 무어의 법칙이 한계에 도달하면서 이런 시스템들에 대한 요구가 높아졌는데, 특히 스마트폰 설계자들은 남아도는 실리콘을 활용할 방법을 찾게 되었다. 사실 초창기 NPU는 소비자들이 원해서 자연스럽게 휴대전화 안으로 '끌려 들어온(pull)' 것이라기보다는, 제조업체들이 용도를 만들어서 휴대전화에 '밀어 넣은(push)' 것이라 할 수 있다.

이번 장 요약

병렬성은 이 책의 이전 장들에서 여러 형태로 등장했다. 찰스 배비지의 병렬 산술 명령어들과 리플 캐리 가산기 같은 레지스터 수준 병렬성을 이야기했고, 파이프라이닝과 비순차 실행(OOOE) 같은 명령어 수준 병렬성도 이야기했다. 그런 수준들에서 프로그래머는 여전히 직렬 프로그램을 작성한다. 병렬성 덕분에 프로그램이 더 빠르게 실행된다는 점은 프로그래머가 알 필요 없고 신경 쓸 필요도 없다.

반면에 이번 장에서 다룬 SIMD와 MIMD 같은 병렬성은 **실제로** 프로그래머에게 영향을 미친다. 프로그래머는 이들의 세부사항을 이해하고 최대한 활용하는 프로그램을 작성해야 한다. 이번 장에서 우리는 여러 유형의 병렬 아키텍처들을 구성요소들 사이의 연결 강도 또는 결합도 순으로 살펴보았다. 겉으로 보기에 하나의 컴퓨터임이 명확한 시스템에서 시작해서, 병렬 실행의 독립성이 좀 더 강한 시스템들을 거쳐서 다수의 컴퓨터가 네트워크로 연결된 시스템에 이르렀다.

SIMD는 한 가지 명령을 서로 다른 여러 데이터 항목에 대해 병렬로 여러 번 실행하는 방식으로, CPU와 GPU 안에서 쓰인다. 일반적으로 CPU의 SIMD 명령어들은 어셈블리 프로그램의 SIMD 명령들이 고정된 2의 거듭제곱 개수만큼 복사되어서 병렬로 실행된다는 가정을 깔고 있다. 반면에 GPU의 SIMD 명령어들은 단일 스레드의 관점에서 정의되며, 프로그래머는 명령들을 실행할 스레드 개수를 좀 더 유연하게 설정할 수 있다. CPU 방식은 분기가 있는 프로그램을 구현하기가 쉽지 않다. 하지만 GPU 방식은 마스킹이나 직렬 분할 서브그룹 실행 같은 기술 덕분에 구현하기가 좀 더 쉽다.

MIMD는 좀 더 느슨한 유형의 병렬성이다. MIMD에서는 서로 다른 컴퓨터들에서 서로 다른 프로그램을 실행할 수 있다. 단, 공유 메모리 시스템 덕분에 모든 프로세서가 동일한 주소 공간에서 값을 적재하고 저장한다. MIMD 시스템은 하나의 물리적 케이스 안에 RAM과 다중 코어 CPU가 있는 형태일 수도 있고, 각각 RAM과 CPU를 갖춘 개별 컴퓨터들이 네트워크로 연결된 거대한 NUMA 슈퍼컴퓨터일 수도 있다. 후자의 경우도 여전히 주소 공간은 하나이지만, 먼 컴퓨터에 있는 RAM에 접근하려면 시간이 더 걸린다. 이보다 더 느슨한 것이 분산 시스템이다. 분산 시스템에서 각 프로세서(또는 적은 수의 프로세서 그룹)는 각자 고유한 주소 공간을 가지며, 노드들 사이의 통신은 오직 네트워크 I/O를 통해서만 이루어진다.

단일 컴퓨터와 다중 컴퓨터의 경계는 다소 모호하다. 대부분의 사람은 SIMD 명령어 집합을 갖춘 하나의 CPU를 단일 컴퓨터로 간주할 것이다. 코어가 여러 개라도 말이다. NUMA 슈퍼컴퓨터나 그리드 시스템은 분류하기가 더 어렵다. SETI나 비트코인 같은 탈중앙화 컴퓨팅 시스템은 전 세계 컴퓨터들의 자원을 결합해서 그리드와 비슷한 방식으로 작동한다. 오늘날 거의 모든 컴퓨터는 언젠가는 인터넷에 연결되어서 다른 컴퓨터들과 통신한다. 따라서 거의 모든 컴퓨터는 하나의 거대한 전 지구적 계산 및 컴퓨터의 일부가 되고 있다고 해도 과언이 아니다.

병렬 알고리즘들을 제대로 배우지 않은, 그래서 그런 알고리즘을 대학원에서 학위를 따기 위한 특별한 연구 주제 정도로 여기는 프로그래머들이 아직 많다. 오래전부터 병렬 프로그래밍에 대해 "당신이 멋진 병렬 프로그램을 다 작성할 때쯤이면, 인텔이 더 빠른 프로세서를 만들어 내 직렬 C 코드가 당신의 코드보다 더 빨리 실행될 것이다"라는 견해가 지배적이었다. 그러나 직렬 실리콘 기반 아키텍처는 한계에 도달했다. 이제는 병렬로 프로그래밍해야 한다. 하지만 그러려면 컴퓨터 과학 전체에 상당히 근본적인 변화가 필요할 수 있다.

프로그래머로서 여러분이 반드시 병렬 프로그래밍을 신경 써야 할까? 몇 가지 가능한 미래를 예상할 수 있겠다. 첫째는 특별한 컴파일러에 의존하는 것이다. 즉, 여러분은 그냥 지금처럼 직렬 프로그램을 계속 작성하되, 똑똑한 다른 프로그래머들이 만든 직렬 프로그램-병렬 시스템 컴파일러를 활용한다. 둘째는 라이브러리에 의존하는 것으로, 다른 프로그래머들이 병렬 컴퓨팅 연산을 위한 라이브러리들을 만들고, 여러분은 직렬 프로그램을 작성하되 필요할 때마다 그 라이브러리의 함수들을 호출해서 병렬성을 활용한다. 이것은 사실 미래가 아니라, 현재 프로그래머들이 흔히 택하는 전략이다. 셋째는 SIMD 프로그래머로 전환하는 것, 즉 여러분이 더 많은 SIMD 프로그램을 직접 작성하는 것이다. 그러려면 프로그래밍 스타일을 크게 바꾸어야 한다. 넷째는 MIMD 프로그래머로의 전환이다. 그러려면 프로그래밍 스타일을 더욱더 크게 바꾸어야 한다. 루프를 매핑으로 대체하거나, 심지어는 명령형 프로그래밍에서 함수형 프로그래밍으로 전환할 수도 있다. 더 나아가서, 전통적인 의미의 프로그래밍을 아예 중단하고, 공학자들처럼 원하는 연산을 수행하는 하드웨어 회로를 선언적 언어를 사용해 설계하는 것과 비슷한 어떤 새로운 프로그래밍 세계가 열릴 수도 있다. 이는 현재 커다란 미해결 문제이며, 어떤 스타일을 선택할 것인지는 많은 프로그래머에게 경력이 걸린 큰 도박이 된다.

실습과제

x86 SIMD

이번 장에 나온 여러 x86 MMX, SSE, AVX 예제 코드를 실행해 보기 바란다. 제13장에서처럼 *.iso* 파일을 이용해서 '베어메탈'에서 실행할 수도 있고, 운영체제에 관한 지식이 있는 독자라면 부록을 참조해서 여러분이 사용하는 운영체제 안에서 실행할 수도 있을 것이다. 후자는 x86 어셈블리 코드를 좀 더 빠르게 개발할 수 있는 방법이다.

Nvidia PTX 프로그래밍

1. Nvidia GPU를 사용할 수 있다면(PC에 장착된 실물이든, 구글 코랩(https://colab.google)처럼 GPU 기능을 제공하는 클라우드 서비스를 통해서든), 이번 장의 PTX 예제를 컴파일, 편집, 실행해 보기 바란다. 이번 장 본문에 나온 PTX 예제들은 해당 커널을 호출하고 입력을 제공하는 바깥쪽 코드가 생략되어 있다. 다음이 그러한 바깥쪽 뼈대 코드다. 이 코드를 *mykernel.ptx*라는 이름의 파일로 저장하기 바란다.[8]

```
// 사용할 버전을 어셈블러에 알려주는 지시어
.version 7.1
```

---

[8] 〔옮긴이〕 이 실습과제들을 따라 하려면 CUDA 도구모음을 설치해야 한다. https://developer.nvidia.com/cuda-downloads에서 내려받을 수 있다. 또한 GCC 등 기본적인 개발 도구들도 갖추어야 한다.

```
.target sm_75
.address_size 64
// 이 PTX 코드와 호스트 C 코드의 연동 방식
.visible .entry _Z8myKernelPdS_S_(
    .param .u64 _Z8myKernelPdS_S__param_0,
    .param .u64 _Z8myKernelPdS_S__param_1,
    .param .u64 _Z8myKernelPdS_S__param_2
)
{
    // 사용할 레지스터들을 정의한다
    .reg .pred   %p<2>;     // 술어 레지스터
    .reg .b32    %r<5>;     // 32비트 정수 레지스터
    .reg .f64    %fd<5>;    // 64비트(배정도) 부동소수점 레지스터
    .reg .b64    %rd<10>;   // 64비트(이중) 정수 레지스터
    // 인수 포인터들을 rd1~3에, jobID를 r1에 적재한다(모든 예제에 공통)
    ld.param.u64    %rd4, [_Z8myKernelPdS_S__param_0]; //rd1:=첫 인수 포인터
    ld.param.u64    %rd5, [_Z8myKernelPdS_S__param_1];
    ld.param.u64    %rd6, [_Z8myKernelPdS_S__param_2];
    // 포인터 주소를 일반 메모리에서 전역 메모리로 변환
    cvta.to.global.u64 %rd1, %rd4;   // rd1은 x의 전역 주소를 담는다
    cvta.to.global.u64 %rd2, %rd5;   // rd2는 w의 전역 주소를 담는다
    cvta.to.global.u64 %rd3, %rd6;   // rd3은 out의 전역 주소를 담는다
    //------ 여기에 본문 예제 코드를 붙여 넣는다 ------


}
```

2. 원하는 본문 예제 코드를 주석으로 표시된 부분에 붙여 넣는다. 그런 다음 터미널에서 PTX 어셈블러 `ptxas`를 실행해서 이 프로그램을 Nvidia 실행 파일(.cubin)로 어셈블한다.

    > `ptxas -arch=sm_75 --opt-level 0 "mykernel.ptx" -o "mykernel.cubin"`

   여기서 `-arch` 인수는 Nvidia GPU 모델의 실제 아키텍처 코드명이다. 위의 예에 나온 `sm_75`는 Nvidia 튜링 아키텍처에 해당한다.

3. 실행 파일을 사람이 읽기 쉬운 16진수와 SASS의 형태로 살펴보고 싶다면, 다음 명령을 사용하면 된다.

    > `cuobjdump -sass -ptx mykernel.cubin`

4. 이제 필요한 것은 이 실행 파일을 실제로 GPU에 업로드하고, 실행에 필요한 데이터를 GPU에 전송하고, 원하는 수의 커널을 실행하도록 지시하고, 최종 결과를 사용자에게 표시하는 호스트 CPU 프로그램이다. 다음은 그런 프로그램을 위한 C 코드로, 이번 장에 나온 모든 예제 커널을 지원한다.

```c
#include <stdio.h>
#include <stdlib.h>
#include <math.h>
#include "cuda.h"
int main(int argc, char* argv[]) {
    cuInit(0); CUcontext pctx; CUdevice dev;
    cuDeviceGet(&dev, 0);    cuCtxCreate(&pctx, 0, dev);
    CUmodule module;  CUfunction vector_add;
    const char* module_file = "mykernel.cubin";  int err;
    err = cuModuleLoad(&module, module_file); // cubin 실행 파일 적재
    const char* kernel_name = "_Z8myKernelPdS_S_";
    err = cuModuleGetFunction(&vector_add, module, kernel_name);
    int n = 100000;                   // 벡터 크기
    double *h_x, *h_w, *h_out;        // 호스트 입출력 벡터
    double *d_x, *d_w, *d_out;        // 장치 입출력 벡터
    size_t bytes = n*sizeof(double);  // 각 벡터의 크기(바이트)
    h_x=(double*)malloc(bytes);       // 호스트에서 벡터용 메모리 할당
    h_w=(double*)malloc(bytes);h_out=(double*)malloc(bytes);
    // GPU에서 각 벡터용 메모리 할당
    cudaMalloc(&d_x,bytes);
    cudaMalloc(&d_w, bytes);
    cudaMalloc(&d_out, bytes);
    int i; for(i = 0; i < n; i++) // 호스트 벡터를 임의의 값으로 초기화
        {h_x[i] = sin(i)*sin(i);   h_w[i] = cos(i)*cos(i);}
    cudaMemcpy(d_x, h_x, bytes, cudaMemcpyHostToDevice); // 장치 <- 호스트
    cudaMemcpy(d_w, h_w, bytes, cudaMemcpyHostToDevice);
    // 인수를 설정하고 GPU에서 커널을 실행
    int blockSize, gridSize;      // 블록 내 스레드 수, 그리드 내 블록 수
    blockSize = 1024;   gridSize = (int)ceil((float)n/blockSize);
    void *args[3] = { &d_x , &d_w, &d_out };
    cuLaunchKernel(vector_add, gridSize,1,1, blockSize,1,1, 0,0,args,0);
    cudaMemcpy(h_out,d_out,bytes,cudaMemcpyDeviceToHost); // 호스트 <- 결과
    for(i=0; i<10; i++) printf("out: %f\n", h_out[i]);    // 결과 출력
    cudaFree(d_x);   cudaFree(d_w); cudaFree(d_out);      // 장치 메모리 해제
    free(h_x); free(h_w); free(h_out); return 0;          // 호스트 메모리 해제
}
```

5. 다음은 이 프로그램을 Nvidia의 nvcc 도구를 사용해 컴파일하고 실행하는 명령들이다.

```
> nvcc myptxhost.cu -lcuda
> ./a.out
```

모든 것이 잘 진행되었다면 터미널에 결과가 출력될 것이다.

심화 도전과제

1. SASS 프로그래밍(더 나아가서 Nvidia 기계어 프로그래밍)을 위해서는 SASS 어셈블러가 필요하다. 다양한 서드파티 SASS 어셈블러들이 문서화와 함께 제공되니 찾아보기 바란다. 예를 들어 TuringAs(https://github.com/daadaada/turingas)는 볼타, 튜링, 암페어 아키텍처를 위한 오픈소스 SASS 어셈블러다. 해당 깃허브 저장소는 관련 예제 코드와 함께 페르미, 맥스웰, 케플러 아키텍처를 위한 다른 SASS 어셈블러들도 소개한다. Nvidia는 SASS 디버거를 제공한다(https://docs.nvidia.com/gameworks/content/developertools/desktop/ptx_sass_assembly_debugging.htm). GPU 에뮬레이터도 있다(https://github.com/gpgpu-sim/gpgpu-sim_distribution). SASS 니모닉들의 의미는 Nvidia 문서화 https://docs.nvidia.com/cuda/cuda-binary-utilities/index.html에 나온다. 하지만 해당 인수들의 의미는 제공하지 않는다. 몇몇 서드파티 SASS 어셈블러에는 유용한 예제 SASS 프로그램이 포함되어 있다.

2. Nvidia의 GPU가 아닌 GPU를 사용할 수 있다면, GPU 제조사와 모델명을 찾아보고 PTX나 SASS와 비슷한 공개 ISA와 어셈블러가 있는지 확인해 보자. GPU 제조업체가 직접 어셈블러를 개발하고 문서화하지 않더라도, 서드파티 개발자가 역설계를 통해서 어셈블러를 만들고 문서화하기도 한다. 여러분이 아는 CPU ISA들과 비교했을 때 어떤 차이가 있는가?

3. 제13장에서 사용한 VirtualBox의 여러 인스턴스를 실행하여 PC 클러스터를 시뮬레이션하라. 그 인스턴스들에 SGE, MPI 또는 HTCondor를 설치하고 실행하는 방법을 조사해 볼 것.

4. 신경망 이론을 알고 있다면, GPU 뉴런에 역전파를 추가하라. 여러 뉴런으로 된 신경망 층(layer)을 여러 개 연결해서 몇 가지 패턴 인식 능력을 학습하고 실행하는 코드를 추가해 볼 것.

더 읽을거리

- Nvidia 케플러 아키텍처에 대한 역설계와 서드파티 오픈소스 어셈블러에 관한 정보: X. Zhang 외, "Understanding the GPU Microarchitecture to Achieve Bare-Metal Performance Tuning," *Proceedings of the 22nd ACM SIGPLAN Symposium on Principles and Practice of Parallel Programming* (New York: Association for Computing Machinery, 2017).

- 모든 것이 오픈소스인 하드웨어 GPU 아키텍처의 예: MIAOW, https://raw.githubusercontent.com/wiki/VerticalResearchGroup/miaow/files/MIAOW_Architecture_Whitepaper.pdf.

- SPIR-V에 관한 추가 정보: J. Kessenich, "An introduction to SPIR-V," https://registry.khronos.org/SPIR-V/papers/WhitePaper.pdf.

- CPU 없는 데이터 흐름 디지털 논리로 파이썬을 컴파일하는 예: K. Jurkans, C. Fox, "Python Subset to Digital Logic Dataflow Compiler for Robots and IoT," *International Symposium on Intelligent and Trustworthy Computing, Communications, and Networking (ITCCN-2023)* (Exeter, UK: IEEE, 2023).

CHAPTER 16

미래의 아키텍처

지난 역사를 돌이켜보면, 업계로 전환되기 직전의 학계 연구에 근거해서 향후 10년간 일어날 일을 꽤 정확히 예측할 수 있었던 사례가 많다. 현재 대부분의 연구는 여전히 반도체 기반 기술에 집중되어 있지만, 대안을 모색하는 연구자들이 있는 것도 사실이다. 10년을 넘는 미래를 내다보기란 쉽지 않다. 하지만 현재의 전기 기반 컴퓨팅 시대를 넘어설 수 있는 몇 가지 아이디어를 살펴보는 것은 가치 있는 일일 것이다. 이번 장에서는 먼저 현재의 '새로운 황금기'와 관련한, 시장에 근접한 개발 성과들을 살펴본다. 그런 다음에는 실험실에서 연구 중인 광학 아키텍처, 신경 아키텍처, 양자 컴퓨팅을 소개하고, 마지막으로는 더욱더 생소한 물리학 이론에 기반해서 먼 미래의 아키텍처들을 대담하게 추측해 본다.

16.1 새로운 황금기

지금은 아키텍처가 다시 관심과 선망의 대상이 되는, 아키텍처의 새로운 황금기다. 2010년대의 메이커, 오픈소스, '마인드풀 컴퓨팅mindful computing' 같은 경향들이 아키텍처에 대한 관심을 부활시켰다. 예술가, 혁신가, 힙스터, 스팀펑크 마니아들은 기성품처럼 팔리는 블랙박스 인터페이스에 반기를 들었다. 대신 이들은 일상에 녹아 있는 기술들을 더 잘 이해하고 통제하기 위해, 좀 더 만족감을 얻기 위해 그런 기기들의 상자를 열어서 내부를 들여다보고 수정하는 쪽을 택했다. 전문가 세계에서는, 향후 10년간 데스크톱이나 노트북, 서버보다는 저비용, 저전력 임베디드 및 스마트 시스템 쪽 일자리가 더 많이 생길 것으로 예상된다.

2010년대는 또한 병렬화와 중앙집중식 컴퓨팅의 시대였다. 계산 작업이 데스크톱을 벗어나, '구름(클라우드)' 속에 있는 전용 중앙집중식 컴퓨터들과 데이터 센터로 이동했다. 컴퓨터 진화의 다음 단계는 전 세계에서 데스크톱은 물론 노트북마저 사라지고, 대신 수많은 소형 저전력 기기들이 빈자리를 채우는 형태가 될 것이라고 예상하는 사람이 많다. 그런 기기들은 클라우드와 끊임없이 통신하면서 클라우드가 처리할 데이터를 공급할 것이다. 스마트폰과 태블릿이 그런 미래의 초기 버전이지만, 그보다 더 저렴하고 작은 기기들이 세상 곳곳에 퍼져서 스마트 홈, 스마트 팜, 스마트 시티를 가능하게 만들 것으로 예상된다.

헤네시와 패터슨은 저서 *Computer Architecture* 제6판(2019)에서 맞춤형 도메인 특화 아키텍처(domain-specific architecture)에 대한 수요를 최근의 주목할 만한 경향으로 지적했다. 그들의 관점에서 GPU와 NPU는 특정한 단일 작업을 가속하기 위해 설계한 맞춤형 실리콘이라는 새로운 물결의 시작일 뿐이다. 앞으로 아키텍트들은 더 큰 팀의 일원으로 그러한 설계에 참여할 가능성이 높다. 예를 들어 기계학습 엔지니어나 암호학자들과 더 긴밀히 협력하여 그들의 알고리즘을 이해하고 가속하는 하드웨어를 설계하게 될 것이다. 이에 따라 컴퓨터 과학 분야의 문화 자체가 변할 것으로 예상된다. 아키텍트들이 다시 주류가 되고, 다른 모든 사람은 1980년대처럼 아키텍트들의 작업을 이해하고 상호작용해야 하는 문화가 만들어질 것이다.

16.1.1 오픈소스 아키텍처

이 황금기에서, 아키텍처 역사상 처음으로 오픈소스적 사고방식이 전문가 수준의 최첨단 칩 설계를 위한 완전한 오픈소스 하드웨어 및 소프트웨어 툴링 스택(RISC-V, BOOM, Chisel)을 만들어 내는 수준으로까지 확장되었다. 그런 요소들이 새로운 저렴한 FPGA와 결합하면서, 이전에는 소수의 비밀스러운 엘리트 아키텍처 기업들만 접근할 수 있었던 장비를 누구나 이용할 수 있게 되었다. 이제 거의 모든 사람이 트랜지스터부터 운영체제에 이르는 전체 스택을 살펴보고 해킹해서 무엇이든 만들어낼 수 있다. 따라서 여러분이 아키텍처에 발을 담그기에 가장 좋은 시기가 바로 지금이다. 어쩌면 8비트 시대보다도 낫다. 당시 해커들은 ISA에 접근할 수 있긴 했지만, 칩 자체를 직접 만들기는 힘들었다.

오픈소스 하드웨어 설계는 최종 소비자급 완성품 PC에도 쓰이기 시작했다. ARM 기반 Olimex TERES 노트북이 좋은 예인데, 그 노트북의 사용자들은 종종 PCB 설계 소프트웨어와 3D 프린팅을 이용해서 노트북을 수정한다. 최종 사용자들도 오픈소스에 대한 관심을 추동하고 있다. 사용자들은 개별 CPU의 독점 아키텍처들에 디지털 논리 수준에서 뒷문(백도어)이 있을 수도 있다는 점을 점점 더 불안해한다. 인텔은 MINIX를 기반으로 한 전체 운영체제를 프로세서 내부에 숨기고 실행함으로써 기기의 활동에 대해 잠재적으로 모든 것을 인텔 본사에 보고할 수 있다는 의혹을 받았다. 2000년대의 오픈소스 소프트웨어 혁명으로 소프트웨어의 지형이 변한 것과 비슷하게, 향후에는 오픈소스 아키텍처가 표준이 될 것으로 전망한다.

칩들을 대규모로 제조하는 것은 여전히 비싼 팹 공장에서만 가능하다. 그렇지만 새 마스크를 상당히 자주 만들어서 실험적인 칩을 제조할 정도의 자원을 가진 대기업들이 있는 것도 사실이다. 그런 대기업들은 종종 연구자들과 애호가들이 마스크와 웨이퍼에서 쓰이지 않는 부분에 그들의 설계를 포함해서 무료로 또는 저비용으로 실제 ASIC을 제조할 기회를 제공하기도 한다(예: https://developers.google.com/silicon). 또한 최근 기술의 발전 덕분에, 메이커들이 오픈소스 하드웨어 방식을 사용해 자신의 차고에서 더 간단한 칩을 제조할 길도 열렸다. 그러한 접근 방식을 개척한 이는 샘 젤루프Sam Zeloof다. 그는 2021년에는 1,200개의 트랜지스터를 칩에 배치하고 연결했다. 1,200은 인텔 4004에 사용된 트랜지스터 수의 약 절반이다.

클라우드에서도 개방성이 주목받고 있다. 모든 사람이 자신의 컴퓨터를 소유하는 데스크톱 컴퓨팅에서 2020년대의 클라우드로 이동하면서, 몇 가지 중요한 우려 사항이 생겼다. 클라우드에서는 소수의 강력한 대기업이 컴퓨터를 소유하는데, 여기서 몇 가지 질문이 제기된다. 누가 그 컴퓨터들과 그 안의 데이터를 통제할 것인가? 사용자들의 계산 작업이나 데이터를 대기업들이나 기타 행위자들이 훔쳐보거나 다른 곳에 판매하지 않으리라고 어떻게 확신할 수 있는가?

이러한 우려가 새로운 아키텍처 경향을 추동할 수도 있다. **오픈 클라우드**open cloud라는 개념은 전용 컴퓨팅 센터에 호스팅되는 기업 클라우드를 일반 시민들의 컴퓨터들로 이루어진, 공유되고 느슨하며 탈중앙화된 연합 네트워크로 대체하자는 것이다. 이상적인 오픈 클라우드에서 모든 사람은 고사양 라우터, NAS 드라이브, 인텔 NUC의 혼합체라고 할 만한 소형 서버를 집에 두고 상시 가동한다. 이 서버들은 비전문가인 일반 인터넷 사용자도 자신의 웹사이트와 미디어 스트림을 호스팅할 수 있을 정도로 사용하기 쉽다. 또한 완전히 오픈소스인 검색 엔진(YaCy), 소셜 미디어(Mastodon), 비디오 저장 및 스트리밍(PeerTube), 화상 회의(Matrix), 실물 상품 마켓플레이스(OpenBazaar)가 빅

테크 기업들의 서비스를 대신한다. 이 모든 것은 계산 작업을 분산하고 암호화 수단 및 암호화폐를 이용해서 신뢰를 보장함으로써 가능해진다. 실제로 FreedomBox 웹사이트는 이 중 일부를 라즈베리 파이에서 실행할 수 있는 소프트웨어 배포판을 제공한다. 이런 사용 사례들을 최적화하려면 새로운 아키텍처가 필요할 수 있다.

해커와 메이커에게 이런 멋진 도구들이 주어졌지만, 많은 자원을 가진 대기업들도 손을 놓고 있는 것은 아니다. 그들은 남들보다 앞서 나가기 위해 더 작고 더 진보된 시스템을 계속 개발하고 있다. 그럼 몇 가지 사례를 살펴보자.

16.1.2 원자 규모의 트랜지스터

제4장에서 보았듯이 클록 속도에 대한 무어의 법칙은 끝났지만, 실리콘 트랜지스터 밀도에 대한 무어의 법칙은 여전히 유효하다. 그러나 밀도에 대한 법칙도 영원히 지속될 수는 없다. 트랜지스터가 원자 정도의 크기가 되면 반도체로는 더 이상 작게 만들 수 없다. 그 정도 크기에서는 양자 효과도 발생해서, 사물이 어디에 있고 무엇을 나타내는지에 관해 본질적인 불확실성이 생긴다. 밀도에 대한 무어의 법칙에 따르면 대략 2060년에는 그런 일이 발생할 것이다.

현재 IBM은 개별 원자들을 배치해서 간단한 도형을 만들 정도의 기술을 갖추고 있다. 예를 들어 [그림 16-1]은 구리 표면의 전자 현미경 이미지인데, 각각의 점은 IBM의 기술로 배치한 개별 원자다.

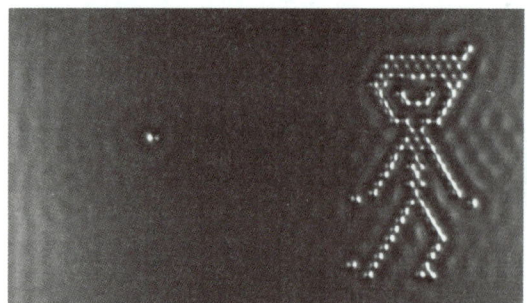

그림 16-1 IBM이 개별 원자를 조작해서 만든 이미지.

이 이미지가 흐릿하고 물결이 겹친 듯한 모양인 것은 양자 효과 때문이다. 이 정도의 규모에서는 원자가 어디에 있고 어떻게 움직이는지가 본질적으로 불확실해진다. 아직 이 원자들이 트랜지스터나 계산 기능을 수행하지는 않지만, 예를 들어 데이터 저장에는 사용할 수 있다. 언젠가는 IBM이 이 기술을 단일 원자 기반 컴퓨팅으로까지 발전시킬 것이다.

이 규모에 도달하기 전에, 그러나 기존 반도체가 근본적인 크기 한계에 도달한 후에는, 탄소 나노 튜브나 그래핀과 같은 나노기술로 트랜지스터를 더 작게 만들 수도 있을 것이다. 이는 현재 연구 중인 주제다. 2022년에 칭화 대학교의 연구자들이 대략 단일 탄소 원자 크기의 그래핀 트랜지스터를 만들었는데, 실리콘 트랜지스터보다 수백만 배 빠르게 작동한다.

16.1.3   3D 실리콘 아키텍쳐

고전적인 칩은 구성요소들이 2차원 형태로 배치된다. 2차원에서 설계를 최적화하고 배선을 최소화하려면 그래프 이론과 복잡성 이론이 상당히 필요했다. [그림 4-19]에서 보았듯이, 요즘 CPU는 다수의 구리 배선층이 **겹친** 형태다. 이런 3차원 구조 덕분에 배선이 크게 줄어든다. 최신 칩들에서도 트랜지스터들은 여전히 칩 기저부에 하나의 층으로 배치되지만, 그 위에 다수의 배선층(보통 2에서 10개)이 겹쳐진다. 층과 층 사이에는 전기가 통하지 않는 충전재가 채워진다.

이러한 층화(layering) 기술이 계속 발전해서 더 많은 배선층과 트랜지스터층이 추가되면, 언젠가는 2차원 실리콘 칩이 아니라 3차원 실리콘 '큐브cube(정육면체)'가 만들어질 것이다.

그러나 실리콘 큐브는 전원 공급과 발열 문제를 야기할 것이다. 이를 해결하려면 3차원 구조의 계산 요소들 사이에 섞여 들어가서 그 요소들에 에너지를 공급하고 열을 방출하는 시스템이 필요하다. 아마도 뇌의 혈액 공급 시스템과 비슷할 것이다. 현재로서는 그런 시스템을 어떻게 만들어야 할지 아무도 모른다. 칩 설계 공동체는 오랫동안 2차원 구조에 집중해 왔기 때문에, 3차원적 사고로 전환하기가 쉽지 않을 것이다.

일반적으로 직렬 컴퓨터에서 RAM은 프로세서보다 사용량과 발열량이 적다. 대부분의 시간을 아무 일도 하지 않고 대기하기 때문이다. 따라서 3차원 CPU보다는 3차원 RAM을 만드는 것이 더 쉽다. 최근에 마이크론Micron사의 하이브리드 메모리 큐브Hybrid Memory Cube(HMC) 같은 3차원 RAM의 상용화 시도가 있었다.

마인크래프트Minecraft 게임 공동체에서 3차원 CPU 설계에 관한 힌트를 얻을 수도 있겠다. 마인크래프트에서 레드스톤 블록을 스위치로 사용해서 튜링 완전(Turing-complete)[1] 컴퓨터를 구현할 수 있다. 이미 팬들은 실제로 작동하는 여러 CPU 구성요소들을 게임 안에서 구축했는데, [그림 4-19]의 3차원 배선 구조와 상당히 비슷한 모습이다. 심지어 'ANDROSII' 같은 완전한 CPU를 만들어내기

---

1   옮긴이 원문은 Church-powerful이나, 흔히 쓰이는 용어는 아니다. 맥락을 고려해서 좀 더 일반적인 Turing-complete으로 고쳐 옮겼다. 마인크래프트에서 튜링 완전 컴퓨터를 구현할 수 있는 것도 사실이다.

까지 했다. 이전 세대의 설계자들과는 달리 이 플레이어들은 처음부터 마인크래프트의 3차원 특성에 익숙했다. 그래서 2차원 회로 기판이나 IC에 프로세서 구성요소들을 배치하는 대신, 3차원에 고유한 아키텍처를 본능적으로 발전시켜서 그 배치를 최적화했다. 이들은 제조상의 제약이나 실리콘 산업에 내재한 2차원 사고방식에서 완전히 자유롭다.

16.1.4 1만 년 메모리

여러분이 세상을 떠나면 여러분의 데이터는 어떻게 될까? 수천 년 후에도 누군가가 여러분의 파일을 읽거나 동영상을 볼 수 있을까? 아니, 10년 후까지만이라도 데이터가 유지될까?

제1장의 [그림 1-5]에 나온 것 같은 점토판은 4,000년이나 되었지만 여전히 완벽하게 읽힌다. 종이는 속도와 용량 면에서 점토판보다 진보한 매체이지만 수명은 더 짧다. 메모리 기술이 발전하고 소형화되면서 속도가 빨라지고 용량이 증가했지만, 물리적 붕괴와 '비트 부패(bit rot)' 또는 기타 기술적 비호환성 때문에 내구성은 떨어졌다. 이 책에서 언급한 모든 3차 기억장치와 오프라인 기억장치는 100년을 버티지 못하고 망가질 것이다. 상용 데이터 센터는 데이터를 지속적으로 새로운 물리적 매체에 복사함으로써 데이터의 '수명'을 연장한다. 회전하는 하드 디스크가 고장 나면 다른 디스크로 교체하고, 테이프와 광학 디스크가 열화하면 새 테이프나 디스크로 교체한다. 하지만 이 수명 연장은 인간 관리자가 지속적으로 관심을 기울여야 가능한 일이다. 관리자들을 고용한 회사가 파산하면, 또는 새 회사에 인수되었는데 새 회사가 데이터를 더 이상 유지하지 않기로 한다면 데이터는 영영 사라지고 만다.

현재 점토판만큼 내구성이 좋으면서도 현대적인 저장 용량을 제공하는 장기 저장 옵션을 찾는 연구가 진행 중이다. 그중 하나가 최근 제안된 광학 디스크 형식인 M-disc다. 관계자들은 M-disc가 블루레이와 호환되며, 100GB를 1,000년 동안 유지할 수 있다고 주장한다. 2018년에는 아치 미션 재단(Arch Mission Foundation)이 DVD 크기의 니켈 디스크를 달 표면에 내려놓았다. 이 디스크에는 위키피디아 전체 백업을 비롯해, 지구에서 총체적 데이터 손실이 발생할 경우 인류를 '재부팅'하는 데 유용하리라고 여겨지는 문서들이 담겨 있다. 관계자들은 이 디스크가 최소 1만 년은 보존될 것이라고 주장한다. 사우샘프턴 대학교에서 개발한 유리 레이저 나노구조화(glass laser nanostructuring)를 이용하면 아주 단단한 1인치 크기의 유리 입방체에 350TB의 데이터를 저장할 수 있다. 수명은 무려 140억 년이다. 레이저로 유리 고형체 내부에 조각상을 새긴 트로피를 본 적이 있을 것이다. 유리 레이저 나노구조화는 그와 비슷한 아이디어에 기반한다.

레이저를 계산에도 사용할 수 있다. 그럼 레이저를 계산에 사용하는 광학 아키텍처를 살펴보자.

16.2 광학 아키텍처

지금까지 살펴본 컴퓨터들은 대부분 전자의 흐름에 기반한다. 그런데 전자는 질량이 있어서 빛보다 느리다. 게다가 전자를 움직이려면 질량에 운동량을 가해야 하는데, 그러려면 에너지가 필요하다. 반면에 빛은 질량이 없어서 전자보다 빠르다. 말 그대로 빛의 속도(초당 약 3억 미터)로 이동한다. 빛의 속도는 우주 만물의 물리적인 한계 속도이므로 전자를 이보다 빠르게 움직이는 것은 불가능하다. 그래서 1960년대부터 연구자들은 전자 대신 빛을 계산에 사용할 수 있는지를 두고 고민했다. 전기의 전자처럼 빛도 **광자**(photon)라는 불연속적인 단위로 구성된다. 광자를 조작하는 방법을 연구하는 공학 분야를 **광자학**(photonics)이라고 한다.

16.2.1 광 트랜지스터

전류의 속도는 전자 자체의 속도와 같지 않다. 일반적으로 전류는 각각의 전자가 짧은 거리만 이동해서 회로의 다음 전자를 밀어내는 식으로 흐른다. 전선을 통과하는 전자들은 복잡한 환경 안에서 수없이 충돌하면서 무작위하게 앞뒤로 움직인다. 그러다 보니 개별 전자 자체는 전선 안에서 시속 1미터 정도로 느리게 움직일 뿐이다. 하지만 구리선에서 전체적인 전류의 속도는 진공에서의 빛의 속도의 약 90%에 달할 정도로 빠를 수 있다. 따라서 빛으로 계산하는 것이 전자로 계산하는 것보다 엄청나게 더 빠르리라고 기대하는 것은 지나치게 낙관적이다. 빛의 속도의 90%에서 100%로 높인다고 해도 속도 향상은 10% 정도다. 그 정도의 속도 향상을 위해 하드웨어 기술 전체를 바꾸는 것은 그리 유용한 일이 아닐 것이다.

하지만 광학 시스템에는 또 다른 장점이 있다. 빛이 전파할 때는 잡음(noise)이 적기 때문에 전자를 사용할 때보다 처리량(throughput)이 많고 에너지 소비가 덜하다는 점이다. 일상에서 우리가 고대역폭 장거리 네트워크에 광섬유를 사용하는 것도 이 때문이다. 이미 인터넷과 전화의 트래픽 대부분이 광섬유를 통해서 전 세계로 전송되고 있음을 생각하면, 광학 컴퓨팅이 아주 터무니없는 생각은 아니다.

하지만 단순한 정보 전송과 실제 계산은 다르다. 주된 차이점은, 계산에서는 데이터 요소들이 전자 회로의 트랜지스터에 해당하는 어떤 광학 장치(광 트랜지스터라고 하자)를 통해서 상호작용해야 한다는 것이다. 그런 광 트랜지스터(optic transistor)들을 조합해서 전자 컴퓨터의 논리 게이트에 해당하는 어떤 것을 만들고, 그런 식으로 나아가서 이 책에서 살펴본 아키텍처 계층구조에 해당하는 계층구조를 만든다고 상상할 수 있다. 하지만 광학 컴퓨팅의 핵심 문제는, 전자들과는 달리 광자들은 자연스럽게 상호작용하지 않는다는 점이다. 물리학 용어로 광자는 페르미온fermion이 아니라 보손boson에 해당한다. 이는 두 광자가 '충돌'할 때 서로 튕겨 나가는 것이 아니라 그냥 서로를 통과한다는 뜻이다. 광통신에는 바람직한 성질이지만, 광학 컴퓨팅에는 적합하지 않다.

따라서 광 트랜지스터를 만들려면, 전자기학과 광학을 혼합한 어떤 기술을 이용해서 광자와 전자가 상호작용하게 해야 한다. 그러면 계산이 가능해진다. 하지만 광자와 전자 사이의 에너지 전달은 느리고 에너지를 소비한다. 실제로 대형 광자학 연구실의 광학 테이블 위에는 레이저와 정밀 장비로 구성된 그런 장치가 존재한다. 아직은, 연구실 전체를 채울 정도로 큰 시스템이라도 광-전자 혼성 트랜지스터 몇 개를 구현하는 수준이다. 그런 크기는 20세기 초의 초기 전자 컴퓨터를 떠올리게 한다. 하지만 대형 전자 컴퓨터가 손바닥 안에 들어갈 정도로 작아진 것처럼, 기본 원리를 정립한 후에 더욱더 소형화하는 것을 목표로 연구가 진행 중이다. 아마 광학 계산 장치들에도 통상적인 전자 기기 제작에 쓰이는 것과 비슷한 포토 공정(칩 마스킹)이 적용될 것이다. 현재 계획은 보통의 칩들처럼 실리콘을 전자 기판으로 사용한다. 이런 시스템들은 방 전체를 차지할 정도로 덩치가 크지만, 단 몇 개의 하이브리드 광전자 트랜지스터만 구현한다. 이런 덩치는 20세기 초반의 초창기 전자 컴퓨터를 연상케 한다. 그러나 그 대형 전자 컴퓨터들처럼, 일단 기본 원리가 정립되면 소형화할 수 있을 것이다. 그것이 연구 목표의 하나다. 소형화는 아마도 기존 전자 기기 제작에 사용되는 것과 유사한 포토 공정(칩 마스킹)을 통해 이루어질 것이다. 기존 칩과 유사하게 실리콘을 전자 기판으로 사용하는 계획들이 있다.

16.2.2 광학 상관기

광학 상관기(optical correlator; 또는 광상관기) 또는 4f 시스템은 광학 계산의 특별한 사례로, 최근에 실용성이 아주 높아졌다. 광학 상관기는 튜링 완전 범용 컴퓨터를 목표로 한 것이 아니고, **이산 푸리에 변환**(discrete Fourier transform, DFT)이라는 한 가지 알고리즘의 구현과 가속화를 목표로 한다. DFT는 공간 및 시계열 데이터 스트림을 주파수 기반 표현으로 변환한다. 이는 오디오/비디오 코덱이 하는 일에 해당한다. 변환 공식은 다음과 같다.

$$X[k] = DFT(x[t]) = \frac{1}{\sqrt{N}} \sum_{n=0}^{N-1} x[n] e^{\frac{-i2\pi kn}{N}}$$

오디오 신호에 DFT를 적용하면 그 신호를 생성한 바탕 주파수가 나온다. 이미지와 비디오의 경우 DFT의 결과는 다양한 텍스처(재질, 질감)에 해당하는데, 인식과 압축에 유용하다. DFT는 대단히 근본적인 연산이자 매우 자주 요구되는 연산이다. 주로는 CISC 및 DSP 명령어들로 수행하지만, 중요한 연산인 만큼 전용 하드웨어로 최적화할 가치가 있다.

DFT 계산의 관건은 합성곱(convolution; 필터링이라고도 한다)이라고 하는 일반적인 연산을 가속하는 것이다. 두 1차원 신호의 (이산) 합성곱은 다음과 같이 정의된다.

$$(x*y)[t] = \sum_{n=0}^{N-1} x[t]y[t-i]$$

여기서 N은 필터에 해당하는 신호 y의 길이다. 이 방정식을 곧이곧대로 구현하면 $O(N^2)$ 알고리즘이 된다. 하지만 고속 푸리에 변환(fast Fourier transform, FFT)을 이용하면 시간 복잡도를 $O(N \log N)$으로 줄일 수 있다. FFT는 해당 방정식을 수학적으로 동등하지만 계산하기가 더 좋은 형태로 재배치함으로써 속도를 향상한다. FFT는 직렬 컴퓨터에서 알려진 가장 빠른 DFT 구현으로, '우리 생애에서 가장 중요한 수치 알고리즘'이라고 말한 사람이 있을 정도다.[2]

원 정의역(source domain)에서의 합성곱은 푸리에 정의역의 곱셈과 동등하다. 따라서 원 정의역에서 두 원시 신호(raw signal)의 합성곱을 계산하는 대신, 둘에 푸리에 변환을 적용해서 곱한 다음 최종적인 DFT 결과를 다시 원 정의역으로 변환하는 것이 더 빠를 수 있다. 앞의 합성곱 방정식을 그렇게 바꾸면 다음이 된다.

$$(x*y)[t] = DFT(DFT(x[t]) \times \mathrm{DFT}(y[t]))$$

하나의 레이저 광선이 작은 구멍을 통과하면 **회절**(diffraction) 현상 때문에 구멍 반대편에 회절 패턴이 맺힌다. 이 빛 신호가 회절 패턴 이미지에서 초점 거리(focal length) f만큼 떨어진 렌즈를 통과하면 렌즈 반대편의 같은 거리 f에 원본 이미지의 DFT에 해당하는 이미지가 맺힌다는 점이 밝혀졌다. 이는 회절과 렌즈의 수학과 관련해서 예기치 못한 우연한 성질이지만, 어쨌든 DFT를 빛의 속도로 계산하는, 시간 복잡도 $O(1)$의 초고속 물리 장치를 만들 수 있게 되었다.

일단 그러한 푸리에 이미지(X라고 하자)를 얻었다면, 필터 Y의 DFT와 성분별로 곱함으로써 $O(1)$의 시간으로 합성곱을 구현할 수 있다. 제작 측면에서, Y는 오프라인에서 미리 계산해서 물리적 필터로 만들면 된다. 이 필터 이미지 Y는 극장 무대의 조명 앞에 놓인 색상 필터와 비슷하다. 대부분의 DSP(§12.5.3) 응용(이를테면 비디오 처리)에서는 동일한 필터 신호 y를 다수의 이미지 신호 x에 연속

---

2 [옮긴이] 유명한 선형대수 교과서 *Introduction to Linear Algebra*를 저술한 미국의 수학자 길버트 스트랭(Gibert Strang)이 그렇게 말한 것으로 알려져 있다.

적으로 빠르게 적용한다. 따라서 Y는 한 번만 계산하면 된다. 빛 이미지 X를 이 물리적 필터에 통과시키는 것은 X와 Y를 곱하는 것에 해당하며, 이는 곧 원 정의역에서의 합성곱 $x*y$와 동등하다. DFT는 자신의 역함수이므로, 이미지를 입력과 출력에서 거리 f에 놓인 둘째 렌즈(첫 렌즈와 초점 거리가 동일한)에 통과시키면 최종적인 합성곱 결과가 나온다. 이 최종 결과는 원본 입력으로부터 $4f$ 거리에 있는 이미지라고 할 수 있다(그래서 $4f$ 시스템이라는 이름이 붙었다). [그림 16-2]에 이상의 시스템 전체가 나와 있다. 이 시스템은 고정된 Y에 대해 전체 합성곱을 빛의 속도로, $O(1)$ 시간으로 계산한다.

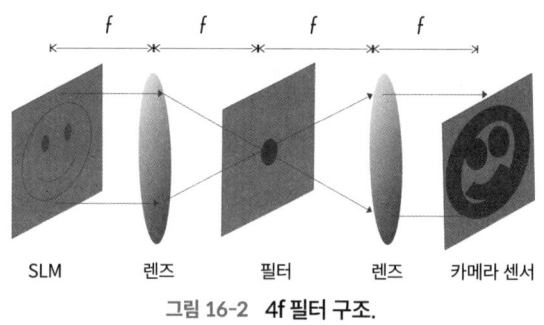

그림 16-2 **4f 필터 구조**.

이 구조는 1960년대부터 알려져 왔지만 실용 가능한 수준이 된 것은 최근이다. 상업용 스마트폰 화면 기술이 풍부한 자금에 힘입어 발전하면서 덩달아 실용화되었다. 4f 필터를 위해서는 크기가 작으면서도 해상도가 높은 이미지를 통해서 레이저 광을 필터링하는 방법이 필요하다. 초기 입력 이미지 x를 만들 때나 변경 가능한 필터 패턴 Y를 만들 때나 그런 방법이 있어야 한다. *SLM*(Spatial light modulator, 공간 광 변조기)은 4K 스마트폰 디스플레이와 유사한 디스플레이 기술로, 원래는 고급 디지털 오버헤드 프로젝터를 위해 개발된 것이다. 그런 프로젝터의 SLM을 거의 수정 없이 4f 필터의 빠르고 효율적인 입력 및 필터 디스플레이를 만드는 데 사용할 수 있다. 구조를 완성하려면 최종 합성곱 이미지를 읽는 이미지 센서가 있어야 한다. 다행히 스마트폰 디지털카메라 CMOS 센서가 디스플레이 기술과 비슷한 속도로 발전해서, 4f 필터가 요구하는 수준의 해상도와 프레임 속도를 제공한다. 이 역시 거의 그대로 사용할 수 있다. 이 책을 쓰는 현재, 이상의 부품들로 만든 시스템은 4메가픽셀의 이미지를 15kHz의 프레임 속도로 처리한다.

16.2.3 광신경망

실용적인 광학 상관기가 등장한 시기는 심층학습 혹은 딥러닝deep learning이 상업적 기계학습에 혁명을 일으킨 시기와 맞물린다. 현재 딥러닝은 오래된 신경망 알고리즘(1970년대의)을 빠른 병렬

GPU 아키텍처에서 돌리는 방식인데, 광학 상관기를 활용한다면 학습을 큰 규모로 가속할 여지가 크다. 딥러닝으로 풀고자 하는 문제 중에 이미지나 동영상의 물체 인식처럼 공간적 불변 구조(spatially invariant structure)를 가진 문제가 많다는 점 때문에 더욱 그렇다. 공간적 불변 구조라는 것은, 현재 이미지의 어느 부분을 조사하는지에 따라 이미지의 속성이 크게 변하지는 않으며, 유사한 물체가 이미지의 어디에서든 발견된다는 것을 뜻한다.[3] 이런 구조 덕분에 합성곱 신경망(Convolutional Neural Networks, CNN)에서 신경망 각 층의 모든 노드에 동일한 가중치들을 사용할 수 있다. 수학적으로 이는 각 신경망 층이 그 층에 입력된 벡터와 고정된 가중치 벡터(모든 층에서 동일한)의 합성곱을 계산한다는 뜻이다. 따라서 CNN의 주된 작업은 그런 합성곱들의 계산이다.

실용 가능한 광학 CNN의 첫 사례는 2018년에 시연되었다. 이 책을 쓰는 현재 영국 기업 Optalysys가 [그림 16-3]과 같은 소비자용 광학 상관기 원형(prototype)을 생산해서 이 기술을 상용화하고 있다.

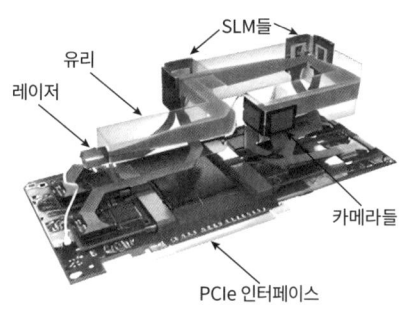

그림 16-3 광학 상관기 PCIe 카드.

GPU 대신 이런 장치를 데스크톱 PCIe 슬롯에 꽂아 딥러닝이나 기타 응용 프로그램에 사용할 수 있다.

16.3 DNA 아키텍처

2000년경부터 연구소들은 대규모 생물학적 병렬성을 활용해서 어려운 계산 문제를 해결하는 한 방법으로 **DNA 컴퓨팅**DNA computing을 연구해 왔다. 생물체의 세포에서 발견되는 DNA 분자는 관점에 따라서는 계산을 수행하는 단위로 간주할 수 있다. 실제로, DNA 분자들이 순회 외판원 문제처럼 계산적으로 NP-난해(NP-hard) 문제에 속하는 문제를 효율적으로 인코딩하고 해결할 수 있음이

---

[3] 옮긴이 간단한 예로, 강아지를 찍은 사진에서 강아지가 이미지 왼쪽 상단에 있든 오른쪽 하단에 있든 강아지라는 점은 변하지 않는다.

입증되었다. DNA 컴퓨팅을 이해하려면 약간의 배경지식이 필요하다.

DNA(deoxyribonucleic acid; 디옥시리보핵산)는 지구 생명체의 '소스 코드'다. 유기체는 세포로 이루어지며, 모든 세포의 세포핵 안에는 커다란 이중 나선 형태의 분자 집합인 염색체가 있다. 염색체는 해당 유기체 전체 코드(게놈)의 완전한 복사본을 포함한다.

DNA 분자에 인코딩된 정보의 작은 조각인 유전자(gene)는 RNA(ribonucleic acid; 리보핵산) 분자들로 복사(전문 용어로 '전사')되어서 세포핵 바깥으로 나간다. 그 RNA 분자들은 특정한 단백질 분자를 만들어 내는 일종의 공장을 생성한다. 그런 공장에서 만들어낸 단백질 분자들이 실제 유기체의 몸을 구성한다. 이처럼 DNA는 RNA를 만들고 RNA는 단백질을 만든다는 것이 바로 분자생물학의 **중심 원리**(central dogma)다.

DNA 이중 나선 사다리의 각 발판(가로대)은 서로 짝을 이루는 두 **뉴클레오타이드**nucleotide로 이루어진다. 뉴클레오타이드는 작은(원자가 약 20개다) 유기 분자로, A, T, C, G 네 가지 유형이 있다. 각 유형은 다른 한 유형하고만 결합한다. 구체적으로, A는 T와 결합하고 C는 G와 결합한다. 인간의 염색체는 23개이고 염색체 하나에 뉴클레오타이드 쌍이 약 30억 개다. 따라서 DNA는 A, T, C, G를 기호로 하는 4진법으로 유전 정보를 표현한다고 말할 수 있겠다. 용량으로 치면, 유전체의 소스 코드는 약 6기가비트다. 이는 대략 운영체제 배포판 하나의 크기와 비슷하다. 실제로 인간 유전체를 CD-ROM 한 장에 담아서 배포한 적이 있다.

과거에는 DNA 기술이 매우 비쌌다. 예를 들어, 2001년에 최초의 인간 게놈을 시퀀싱하는 데 1억 달러가 들었다. 하지만 이후 가격이 급격히 떨어졌는데 2015년에는 1,000달러, 2023년에는 100달러밖에 되지 않는다. 이처럼 가격이 떨어졌으니, DNA를 계산용 매체로 사용할 때가 된 셈이다.

16.3.1 합성 생물학

자연의 생명체가 DNA를 단백질 제조를 위한 소스 코드 저장에 사용하는 것과는 달리, **합성 생물학**(synthetic biology)은 임의의 데이터를 표현, 편집, 선택, 복사하는 데 DNA를 활용하는 문제를 연구한다. 데이터의 표현 및 처리에 DNA를 자유자재로 사용할 수 있게 되면 DNA로 처치 컴퓨터를 만드는 것도 가능하다.

텍스트 편집기로 텍스트 문자열을 편집하는 것과 비슷하게, DNA의 ATCG 문자열을 잘라내고, 붙여 넣고, 삽입하는 것이 현재의 기술로도 가능하다. 적절한 반응을 촉진하는 맞춤형 효소를 이용하면 되는데, 실제로 그런 효소들이 몇 가지 알려져서 이제는 일상적으로 DNA를 편집하고 있다.

ATCG 문자열 자체를 말하자면, 임의의 DNA 서열(DNA sequence)을 만드는 것은 의외로 아주 쉽다. 데이터를 4진수로 변환해서 ATCG 문자열로 저장하고 계산하는 것은 간단한 일이다. 일반인이 집에서 할 수 있을 정도로 쉬운데, 기존의 CMYK(시안, 마젠타, 노랑, 검정) 잉크 대신 ATCG 분자 용액을 출력하도록 일반 잉크젯 프린터를 개조하기만 하면 된다. DNA 제조를 화학산업의 규모로 수행하는 것도 가능하다. 수영장 규모의 액체에서 엄청난 수의 동일한 또는 관련된 분자들을 만들어낼 수 있다. 물 한 잔에 약 10^{24}개의 물 분자가 포함되어 있다. 10^{24}는 전 세계의 모든 데이터 비트의 개수보다 크므로, 수영장 규모의 분자들은 상상하기도 어려울 정도로 엄청난 용량이다.

실제 DNA에서 정보를 읽어낼 때는 전기영동법(electrophoresis)을 사용한다. 범죄 현장 조사에서 DNA 지문 분석에 사용하는 것과 같은 기술이다. 코로나 검사로 유명해진 *PCR*(polymerase chain reaction; 중합효소 연쇄반응) 기법도 특정 DNA 가닥을 선택해서 복사하는 데 사용할 수 있다. 이는 문자열에서 부분 문자열을 추출하는 것에 해당한다.

16.3.2 DNA 컴퓨팅

계산의 관점에서 PCR은 빠른 검색 알고리즘을 제공한다. 주어진 계산 문제에 대한 서로 다른 후보 답들을 각각 인코딩한 DNA 가닥 수십억 개의 용액을 만들 수만 있다면, PCR을 이용해서 그중 하나의 정답을 빠르게 선택해서 읽어낼 수 있다.

PCR은 이름 그대로 연쇄반응이다. 따라서 시간이 흐르면서 그 효과가 기하급수적으로 확장된다. 혼합 용액에 검색 문자열을 포함하는 DNA 가닥이 하나만 있어도 그 가닥이 복사되어 여러 복사본이 만들어지고, 그 복사본들도 각각 여러 번 복사되어서 결국에는 용액 전체가 수십억 개의 답안 복사본으로 채워진다. 그런 다음 전기영동법으로 용액을 분석하면, 원했던 결과를 거의 확실하게 얻을 수 있다.

1994년에 레너드 애들먼Leonard Adelman은 DNA 계산을 이용해서 일곱 도시를 방문하는 순회 외판원 문제를 푸는 데 성공했다. 외판원 순회 문제 혹은 순회 외판원 문제(traveling salesperson problem, TSP)는 여러 도시를 한 번씩 방문해서 집으로 돌아오는 가장 짧은 경로를 찾는 것으로, 고전적인 NP-난해 문제다. 문제에는 도시 간 거리들이 입력으로 주어진다. 애들먼은 각 도시의 ID를 짧은 DNA 문자열로 표현하고, 순회 경로를 그 ID들을 연결한 문자열로 표현했다.

순회 외판원 문제의 표준적인 공식화에서처럼 애들먼은 최단 경로 질문을 "길이가 n보다 짧은 경로가 존재하는가?"라는 일련의 $O(n)$ 부울 질문들로 재구성하고, 그러한 질문과 도시 간 거리 수치를 프라이머primer로 인코딩했다. 하나의 프라이머는 원하는 성질(길이가 n보다 작음)을 가진 경로를 나타내는 DNA 가닥하고만 결합한다. 각 n에 대해, 모든 가능한 경로의 가닥의 여러 복사본을 담은 화학 용액을 준비한다(사람 크기의 용기에 담을 정도의 양이다). 각 용액에 프라이머들을 섞고 PCR을 적용해서 정답을 증폭한다(정답이 있다면). 그런 다음 전기영동법으로 결과를 읽어낸다. 이러한 방법으로 애들먼은 $N=7$개의 도시에 대한 최단 경로를 찾아냈다.

그렇다고 DNA 컴퓨터에서 $P=NP$가 증명된 것은 아니다. 시간 복잡도는 $O(n)$이지만, 분자 개수 면에서는 지수적인 자원이 필요하기 때문이다. 다만, DNA 기술에서는 엄청나게 많은 수의 분자를 마련하기가 어렵지 않다. 그래서 DNA 기술로는 다른 기술보다 훨씬 더 큰 NP-난해 문제 사례를 해결할 수 있다. 하지만 다른 모든 기술처럼 한계는 있다. NP-난해 문제 자체의 특성 때문에, DNA 기술로도 풀 수 없을 정도로 큰 문제들이 존재할 것이다.

현재 연구의 초점은 DNA 컴퓨팅 아키텍처를 생물학 실험실의 용기에서 벗어나 소형화된 생화학 칩으로 옮겨서 일반 실리콘 컴퓨터처럼 작동하게 만드는 것이다. DNA 컴퓨팅이 데스크톱 응용 프로그램 실행 같은 일상적인 컴퓨팅 작업을 대체할 가능성은 작다. 하지만 큰 규모의 어려운 계산 문제를 해결하는 과학 컴퓨팅에서는 보조 처리 기술로서 유용할 가능성이 있다.

16.4 신경 아키텍처

신경과학은 컴퓨터 아키텍처에 큰 영향을 미쳤다. 적어도 존 폰 노이만의 **EDVAC 초안 보고서**(Draft Report on the EDVAC) 이후부터는 그렇다고 할 수 있다. 이 보고서는 신경과학의 여러 개념에서 직접적으로 영감을 얻었다. 하드웨어 신경망 연구는 수십 년 전부터 진행되었지만, 획기적으로 발전한 것은 GPU들이 딥러닝에 활용된 2010년대다. 2020년대에는 NPU가 등장해서 휴대전화와 클라우드에서 기계학습을 수행하게 되었다. 현재 딥러닝에 쓰이는 신경망 구조에서 벗어난, 급진적으로 새로운 컴퓨터 아키텍처를 만들어내기 위한 계산 신경과학(computational neuroscience) 연구가 진행 중이다. 이번 절에서는 컴퓨터 아키텍처의 관점에서 뇌의 아키텍처를 살펴본다. 이 책에서 살펴본 다른 모든 컴퓨터 아키텍처처럼, 트랜지스터에 해당하는 요소에서 출발해서 최상위 계층인 뉴런(뇌세포)까지 계층구조를 따라 올라간다.

16.4.1 트랜지스터 대 이온 통로

트랜지스터는 디지털 스위치다. 현세대 칩들에서는 직경이 약 10nm다. 트랜지스터에는 입력과 출력, 스위치가 있다. 스위치를 활성화하면 입력에서 출력으로 전류가 흐른다. 제4장에서 보았듯이 트랜지스터는 여러 가지 화학적, 물리적 힘들이 균형을 이루어서 작동한다. 스위치는 그러한 균형을 한쪽으로 기울여서 전류가 흐르게 한다. 트랜지스터는(그리고 일반적으로 '칩'은) 각각의 실리콘 원자가 이웃 원자 네 개와 화학적으로 결합해서 형성된 반도체로 만들어진다. 트랜지스터를 진정으로 이해하려면 화학과 양자역학에 관한 지식이 필요하다.

뇌에서 트랜지스터에 해당하는 것은 뉴런이 아니라, 뉴런의 하위 구성요소인 **이온 통로**ion channel; 또는 이온 채널다(그림 16-4).

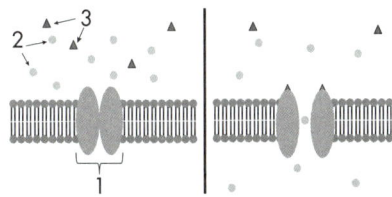

그림 16-4 이온 통로. 왼쪽은 닫힌 상태, 오른쪽은 열린 상태다.
리간드(ligand)(3)가 통로(1)에 붙으면 통로가 열려서 이온(2)이 통과한다.

이온 통로는 단일 분자 디지털 스위치로, 트랜지스터처럼 직경이 약 10nm다. 단백질로 만들어져 있으며 뉴런의 세포막 안에 들어있다. 스위치가 '켜지면' 이온 통로가 열려서 특정 화학 물질이 뉴런 안팎으로 흐르게 된다. 스위치가 꺼지면 통로가 닫혀서 화학 물질의 흐름이 차단된다. 스위치 상태는 전기적, 화학적 힘의 균형으로 결정되는데, 다른 화학 물질이 이온 통로와 결합하거나 전압이 걸리면 균형이 기울어질 수 있다.

이온 통로는(그리고 일반적으로 뇌 자체도) 이웃 원자 네 개와 화합적으로 결합한 탄소 원자들로 구성된다. 트랜지스터와 마찬가지로, 이온 통로를 진정으로 이해하려면 화학과 양자역학에 대한 지식이 필요하다.

16.4.2 논리 게이트 대 뉴런

일반적으로 뇌에서 계산의 기본 단위로 간주되는 것은 뉴런neuron이다(그림 16-5).

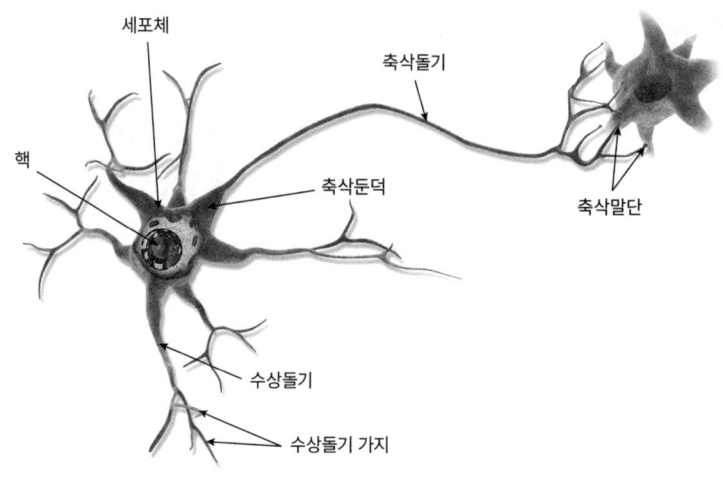

그림 16-5 **뉴런**.

뉴런은 직경이 약 1μm다. 계산 측면에서 뉴런은 다수의 이온 통로로 구성된다. 그 밖에도 뉴런에는 여러 세포 구조가 있는데, 이들 역시 생존과 작동을 위해서는 영양분과 에너지가 필요하다. 개념적으로 뉴런은 다수의 디지털 신호를 입력받아서 하나의 디지털 신호를 출력하는 상자처럼 작동한다. [그림 6-2]에서 본 다중 입력 AND 게이트와 어느 정도 비슷하다. 다중 입력 AND 게이트의 기능은 다음과 같은 부울 대수 방정식으로 표현할 수 있다.

$$출력 = b\left(\sum_{i=0}^{N} 입력_i\right)$$

여기서 b는 부울 '합 압축 함수(sum squashing function)'로, 다음과 같이 정의된다.

$$b(x) = (x \geq N)$$

다중 입력 AND 같은 논리 게이트는 클록에 따라 작동한다. 이는 입력과 출력이 다음 계산이 시작될 때까지 짧은 시간 동안만 유효하다는 뜻이다. 뉴런도 마찬가지다.

현재의 기계학습 신경망들에서 일반적으로 쓰이는 단순 계산 모델에서는 한 뉴런의 기능이 다음과 같은 방정식으로 주어진다고 가정한다(제15장에서 GPU 커널로 코딩한 것도 이것이다).

$$출력 = f\left(\sum_{i=0}^{N} w_i \times 입력_i\right)$$

여기서 w는 조정 가능한 가중치 값으로, 학습 과정에서 수정된다. f는 앞에서와 같은 합 압축 함수로, 다음과 같이 정의된다.

$$f(x) = (x \geq N)$$

이상의 공식화는 입력 중 하나가 실제 데이터가 아니라 항상 1로 고정된다고 가정한다. 이 특수한 입력을 **편향**(bias)이라고 부르는데, **아핀 변환**(affine transformation)과 관련이 있다. 대부분의 신경망 모델은 이 입력이 있어야 작동한다.

일반적으로 뉴런은 짧은 시간 동안 '발화(firing)'하므로, 입력과 출력은 다음 계산이 시작될 때까지 짧은 시간 동안만 유효한 것으로 간주된다. 그런데 논리 게이트와 달리 뉴런에는 일반적으로 잡음이 많다. 이 점은 입력에 난수를 더해서 모델링할 수 있다. 일부 모델은 이러한 잡음을 계산에 중요한 확률적 요소로 간주한다.

지금까지 설명한 것은 뉴런의 기능을 아주 단순하게 반영한 모델이다. 이 모델과 아주 비슷한 모델들이 현재의 기계학습 응용 프로그램들에 성공적으로 쓰이고 있다. 이를테면 제15장에서 구현한 $f = ReLU$ GPU 뉴런이 그러한 모델의 하나다. 하지만 실제(생물학적) 뉴런들은 그 형태와 크기가 수백 가지이고 훨씬 더 복잡하게 행동할 수 있는데, 이를테면 덧셈, 곱셈, 나눗셈, 지수 함수, 로그 함수, 시간적 메모리, 필터링과 같은 더 복잡한 계산에 해당하는 행동을 보이기도 한다. 이런 측면에 주목하는 사람들은 살아있는 세포로서 스스로 계산을 수행하는 뉴런의 복잡성을 강조한다. 그런 관점에서 본 뉴런은 박테리아나 해면 세포 같은 단세포 유기체가 수행하는 복잡한 계산을 떠올리게 한다.

16.4.3 구리선 대 화학 신호

칩 내부의 배선과 뇌 속의 배선을 비교해 보자. 칩에서는 먼저 포토 공정을 이용해서 트랜지스터 층을 2차원 평면 위에 배치한다. 현대적인 칩에서는 [그림 4-19]에서 보았듯이 그 트랜지스터들 위에 여러 겹의 구리선을 겹쳐 쌓아 트랜지스터들을 연결한다. 이러한 도선을 통한 통신은 순수하게 전기적이므로 매우 빠르고 정확하다. 메시지는 디지털 방식으로 전송되는데, 도선의 고전압을 1, 저전압을 0으로 해석하는 식이다.

한편 뉴런은 일반적으로 아주 길게 뻗어있는 세포다. 뉴런에는 뇌의 곳곳에 정보를 전달하는 '도선' 역할을 하는 **축삭돌기**(axon)들이 있다. 인간의 축삭돌기는 길이가 1μm(1백만분의 1m)에서 2m까지 다양하다. 가장 긴 것은 발가락과 뇌를 연결하는 축삭돌기다. 축삭돌기를 따라 이동하는 메시지는 복잡한 생화학적 과정을 거치는데, 이온 통로들이 열리고 닫히면서 화학 물질을 세포 안팎으로 이동시키기 때문에 느리고 잡음이 많다. 두 뉴런의 축삭돌기들이 연결되는 접합부를 **시냅스** synapse라고 부른다. 시냅스에서는 한 뉴런에서 방출한 화학 물질이 다른 뉴런으로 들어가는 또 다른 생화학적 과정이 일어난다. 이 경우에도 메시지는 디지털이다. 축삭돌기가 발화하는 것을 1, 발화하지 않는 것을 0으로 볼 수 있다. 구조적으로 하나의 뉴런 전체는 긴 출력선이 하나 달린 논리 게이트와 유사하다.

16.4.4 단순 기계 대 피질 기둥

아키텍처 계층구조의 다음 수준은 단순 기계(simple machine)다. 인간이 설계한 컴퓨터에서 단순 기계는 한 가지 기능만 수행하는 말 그대로 단순한 기계로, 다수의 논리 게이트로 구성된다. 표준 단순 기계는 여러 가지로, 가산기, 디코더, 레지스터 등이다. 이들은 각각 특정 작업에 특화되어 있다. 전형적인 단순 기계는 그림 [5-13]에서 본 것처럼 TTL 칩에 배치된다.

뇌 아키텍처에서 가장 덜 밝혀진 부분이 바로 단순 기계 수준에 해당하는 부분이다. 따라서 과학 연구에서 가장 흥미로운 주제다. 어떤 연구자들은 인간의 대뇌 피질(cortex)이 전적으로 **피질 기둥**(cortical column)이라고 부르는 미세회로(microcircuit)들로만 구성된다고 주장한다. 각 미세회로는 그리 많지 않은 유형의 생물학적 뉴런 수백 또는 수천 개로 구성된 원통형 조직으로, 지름이 약 20 μm이고 길이(깊이)는 약 2 mm다.

피질 기둥 미세회로를 구성하는 뉴런들은 서로 구별되는 여섯 개의 대뇌 피질층들에 걸쳐 배치되며, [그림 16-6]에 나온 것과 같은 특정한(그리고 고정된) 방식으로 연결되어 있다. 현재 서로 다른 유형의 뉴런 집단들 사이의 연결 관계는 밝혀졌지만, 개별 뉴런 사이의 연결 관계나 연결 가중치는 아직 밝혀지지 않았다. 하지만 적어도 겉보기로는 [그림 16-6]의 구조와 [그림 6-22]에 나온 RAM이 비슷하다.

일부 컴퓨터 과학자는 이러한 미세회로가 확률적 계산이나 다른 계산의 구성요소로 기능할 수 있으리라

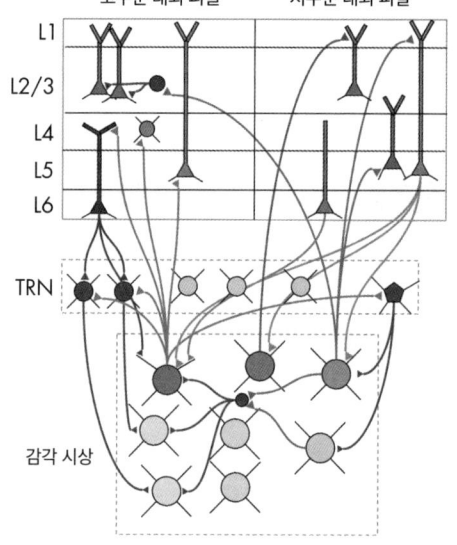

그림 16-6 피질 미세회로 아키텍처.

고 추측했다. 이에 해당하는 모듈 회로의 정확한 배선은 아직 명확하지 않다. 일종의 '디버거'로 회로들의 작동 방식을 조사할 수 있을 정도로 뇌 영상 기술이 더 발전해야 할 것이다. 디지털 논리의 미세회로들과는 달리, 뇌 아키텍처에서는 대뇌 피질 전체에서 이 한 종류의 피질 미세회로만 쓰이는 것으로 보인다. 피질 미세회로의 역설계(reverse-engineering; 역공학)는 21세기의 최대 과학 난제

중 하나다. 이 난제를 풀려면 경험을 바탕으로 계산 기능을 제안할 컴퓨터 아키텍트들과 수집된 데이터를 생물학 지식과 연결할 생물학적 신경 과학자들, 그리고 그런 데이터를 관찰할 수 있는 새로운 실험 장비를 설계할 물리학자들이 협력해야 한다. 피질 미세회로의 코드를 해독하는 사람은 노벨상이 유력하다.

16.4.5 칩 대 대뇌 피질

가장 높은 수준에서 대뇌 피질은 칩과 놀랄 만큼 유사하다. 둘 다, 상당히 독립적인 수십 개의 모듈들이 연결된 형태로 2차원 평면에 배치된다. 칩은 [그림 16-6]에서 보듯이 2차원 배치를 우리가 눈으로도 확인할 수 있지만, 뇌는 다소 불명확하다. 대뇌 피질의 2차원 '시트'가 3차원 형태로 주름져 있기 때문이다. 하지만 이 시트를 평평하게 펴면 본래 구조가 드러난다(그림 16-7). 이 시트에는 앞에서 논의한 여섯 층으로 이루어진 미세회로가 포함되어 있다.

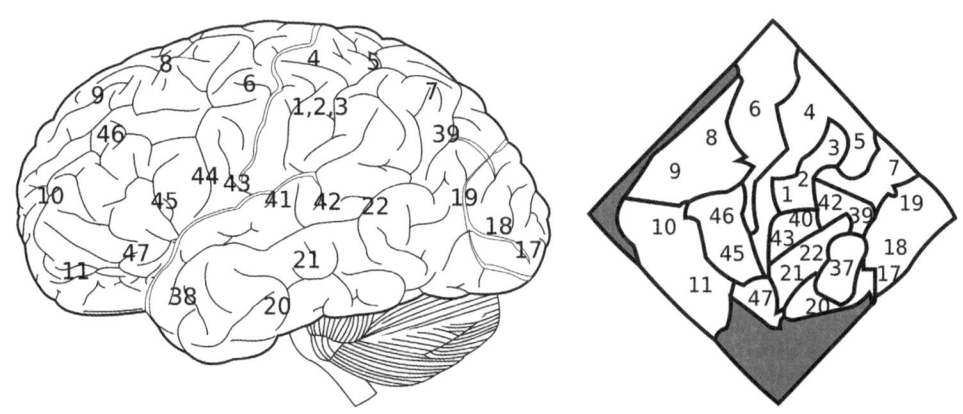

그림 16-7 대뇌 피질은 3차원 형상이지만(왼쪽), 펼치면 종잇장이나 실리콘 칩 같은 2차원 시트가 된다(오른쪽). 대뇌 피질은 브로드만 영역이라고 부르는 여러 모듈로 구성되는데, 그림의 숫자들은 해당 모듈 번호다.

대뇌 피질은 **영역**(area) 혹은 **브로드만 영역**(Brodmann area)이라고 부르는 여러 모듈로 구성된다. 대부분의 모듈은 시각, 청각, 촉각, 계획 수립 같은 특정 기능과 활동에 연관된다. 각 모듈 내부의 연결 관계는 항상 피질 미세회로 구조를 따른다. 아직 확실하지는 않지만, 연결 관계는 기둥 형태(열주 구조, columnar structure)이고 기둥 내부의 연결 관계는 강하지만 기둥들 사이의 연결은 약하다는 주장이 있다. 대부분의 모듈은 수많은 축삭돌기로 구성된다. 그 축삭돌기들은 출력 정보를 다른 모듈들로 보낸다. 이런 정보 교환은 항상 모듈 내부의 같은 층들 사이에서만 미세회로의 일부로서 일어난다. 어떤 모듈이 어떤 모듈로 출력을 보내는지는 밝혀져 있지만, 모듈 안에서 뉴런들이 구체적으로 어떻게 연결되어 있는지는 아직 모른다.

뇌 아키텍처가 수많은 모듈식 구성요소로 이루어진다는 점과 구성요소 내부는 연결성이 강하지만 구성요소들 사이의 연결은 제한적이라는 점은 칩 아키텍처와 아주 비슷하다. 현대적인 칩은 3차원으로 인쇄된 여러 층의 구리 도선들을 이용해서 서로 다른 영역들을 연결하는데, 이 역시 뇌와 칩이 비슷한 점이다. 단, 칩의 구성요소들은 설계가 각자 완전히 다르지만 뇌의 구성요소들은 내부적인 층과 기둥 구조가 모두 같다.

16.4.6 병렬 계산 대 직렬 계산

CPU와 대뇌 피질에서 모듈들이 어떻게 연결되어 있는지 비교해 보자. CPU는 본질적으로 직렬 기계다. 프로그램의 명령들을 차례로 실행하도록 설계된다. 그래서 CPU의 설계 계층구조에는 다른 모든 모듈에 언제 어떤 일을 수행할 것인지를 지시하는 '최상층'이 존재한다. 제어 장치(CU)가 바로 그것이다. CPU의 여러 구성요소를 CU가 통제하는 설계의 예를 그림 7-13에서 이미 보았다.

대뇌 피질에도 계층구조가 존재한다. 전두엽(frontal lobe)이라고 부르는 영역이 실행 제어에 관여하고 후두엽이 지각과 행동 수행에 좀 더 관여하는 것으로 알려져 있다. 시각, 촉각 등 각 감각에 대한 지각과 행동은 관련 영역들의 계층구조로 이루어진다고 한다. 예를 들어 저수준 시각 영역은 사물의 윤곽선을 인식하고, 고수준 영역은 얼굴 전체를(그래서 특정 인물을) 인식한다. 이 모든 영역은 병렬로 작동하며, 기둥 단위로도 병렬 처리가 이루어진다. 전두엽은 전체적인 활동을 조정하는 것으로 보이지만, 전두엽이 손상되어도 지각 및 행동 영역은 자체적으로 기능할 수 있다.

이 모듈들은 [그림 16-6]의 하단에 나온 **시상**(thalamus)에 의해서만 활성화된다. 그런 맥락에서 시상은 CPU의 제어 장치와 유사하게 작용한다.

모듈들은 서로 직접 정보를 주고받지만, 구조와 기능이 유사한 시상 영역과도 통신한다. 시상 영역은 모듈들을 켜고 끄며, 모듈들 사이의 충돌을 해결한다.

복잡한 고수준 지각 및 행동 계획 문제에 대한 해법을 머릿속으로 계산하면서 그 계산 과정 자체를 주관적으로 성찰해 보기 바란다. 그러면 여러분의 뇌가 마치 직렬 컴퓨터처럼 작동해서, 여러 가지 가설과 동작을 차례로 상상하고 검사하는 것처럼 느껴질 것이다. 좀 더 객관적인 증거도 얻을 수 있다. 실험실에서 다른 사람의 성찰 시간을 측정해 보면, 이런 작업에 $O(N)$의 시간을 걸린다는 결과가 나올 것이다. 하지만 관점을 달리하면, 뇌라는 것을 그 내부에서 모든 뉴런이 동시에 작동하는 대규모 병렬 시스템으로 간주하는 것도 완벽하게 합리적이다. 이는 우리가 CPU를 처음에는 직렬 프로세서로 간주해도, 관점을 달리하면 수십억 개의 트랜지스터가 모두 동시에 작동하는 대규모 병렬 디지털 논리 회로로 볼 수 있는 것과 유사하다. 또한, CPU가 버스를 통해서 외부 모듈과 연결되듯이 뇌도 척수를 통해서 외부 모듈과 연결된다.

해마(hippocampus)는 대뇌 피질의 특별한 부분이다. 뇌 아키텍처 계층구조의 맨 위에 있는 해마는 그 미세회로가 다른 영역의 미세회로들과는 조금 다르다. 해마에는 데이터를 처리하여 더 높은 영역으로 보내는 대뇌 피질 층들이 없다. 대신 DG, CA1, CA3이라는 층들이 있는데, 이 층들에는 피드백 연결이 포함되어 있어서 보통의 경우 출력이 자기 자신으로 되먹임된다. 계산을 더 추상적인 처리 계층으로 보내는 대신, **시간**을 통해서 동일한, 그리고 기능적으로 가장 높은 수준의 대뇌 피질 영역으로 보내는 셈이다. 실제로 이러한 해마에 기반한 계산적 아키텍처들이 개발되었는데, 그런 아키텍처들은 해마가 일종의 시공간 메모리로 쓰인다는 가정을 깔고 있다. 그런 아키텍처들은 예를 들어 로봇이 주변 공간과 물체를 탐색하고 매핑하는 데 쓰인다.

전자 시대 내내 아키텍트들은 뇌에 흥미를 가졌으며 뇌에서 영감을 얻었다. 최근 딥러닝에 대한 관심이 높아지면서, 컴퓨터와 뇌의 연관성 몇 가지가 다시 주류 아키텍처로 도입되었다. 여러 스마트폰에서 찾아볼 수 있는 NPU(신경 처리 장치)가 좋은 예다. 그런 아키텍처들은 대략 뉴런 모델과 대뇌 피질 영역 계층구조에 기반한다. 그러나 앞에서 언급했듯이 진짜 뇌에는 이온 통로나 피질 미세회로, 병렬 구조로부터 창발된(emergent) 직렬 계산 등 훨씬 더 복잡한 요소들이 있다. 그런 요소들에서도 향후 발전을 위한 영감을 많이 얻을 수 있을 것이다. 철학자들 사이에서는 실리콘 기반 뇌 구조 시뮬레이션이 인간 지능이나 의식을 온전하게 복제할 수 있을지에 관한 논쟁이 있다. 복제가 불가능하다는 쪽은, 일반적으로 실리콘에서는 나타나지 않는 양자 효과 같은 물리적 성질들을 거론한다. 하지만 컴퓨터 과학자들은 그런 효과들을 어느 정도 활용하는 컴퓨팅도 연구하기 시작했다. 다음 절의 주제가 그것이다.

16.5 양자 아키텍처

양자 컴퓨팅은 양자역학에 기반한다. 그런데 양자역학의 물리학적 원리들은 괴상하고 비직관적이기로 악명이 높다. 양자역학에서 물체는 더 이상 정확한 위치나 속도를 가지지 않는다. 그보다는, 물체가 있을 수 있는 여러 위치와 속도에 걸쳐서 파동(wave)과 비슷한 상태로 존재한다. 이러한 상태들은 물체를 관찰(관측)했을 때 특정 위치나 속도가 실제로 관측될 확률을 정의한다. 양자역학의 개념들은 현실, 인과관계, 시간에 대한 우리의 관점을 근본적으로 바꾸어 놓을 정도로 신기하고 난해하다.

양자역학이나 양자 컴퓨팅을 자세하게 논의하는 것은 책의 목적에서 벗어나는 일일 것이다. 여기서는 핵심 개념 몇 가지와 기본적인 방정식 몇 개를 소개하는 정도로 충분할 것이다. 다만, 현재의 양자 컴퓨팅은 물리학에서 흔히 다루는 방식의 양자역학을 알지 못해도 공부할 수 있다는 점은 알아두어야 한다. 특히, 컴퓨터 과학에서는 양자역학에서 흔히 다루는 연속적 실수와 적분이 아니라 0들과 1들, 합산(sum) 같은 이산적(discrete) 대상들을 다루는 경우가 대부분이다. 양자 컴퓨팅에 사용되는 이산 수학은 고등학교에서 배우는 수준의 선형대수, 행렬대수, 복소수, 확률 정도다.

16.5.1 양자역학의 만화 버전

다음은 양자역학을 **정확하게 표현한 것이 아니다**. 단지 핵심 개념을 만화풍으로 소개하는 것일 뿐이다.

세상 사물이 단일한 상태로 존재하는 것이 아니라고 가정해 보자. 예를 들어 상자 안의 고양이가 살아서 서 있는 상태임과 동시에 죽어서 누워 있는 상태일 수 있다. 이것은 **중첩된 고양이**(superposed cat)라고 불리는 유명한 예다.[4] 시나리오는 이렇다. 고양이 한 마리가 상자 안에 갇혀 있고, 그 옆에 방사성 물질이 있다. 방사성 물질은 완전히 무작위로 붕괴한다. 그 옆에는 방사선 검출기가 독가스 병에 연결되어 있다. 방사선이 검출되면 독가스가 나와서 고양이가 죽는다. 검출되지 않으면 고양이는 살아 있는 상태를 유지한다.

이 실험 장치를 10분 동안 놔둔다고 하자. 10분의 시간 동안 방사성 물질이 붕괴할 확률을 알고 있다면, 고양이가 살아 있을 확률을 계산할 수 있다. 예를 들어 10분 후에 고양이는 20%의 확률로 죽었거나 80%의 확률로 살아있을 것이다. 고양이의 현재 '상태'를 다음과 같은 확률분포 공식으로 나타낼 수 있다.

$$\text{고양이} = \{\text{생}:0.8, \text{사}:0.2\}$$

고전역학에서, 즉 양자역학을 고려하지 않는 물리학에서는 이런 분포를 **세계**의 성질이 아니라 **지식**의 성질로 간주할 것이다. 즉, 고양이는 실제로 살아 있거나 죽어있는 상태 중 하나이고, 단지 어느 쪽인지를 우리의 뇌가 알지 못할 뿐이라는 것이다. 고전역학의 관점에서 위의 분포는 우리의 **뇌**에 들어있는, 고양이의 두 상태와 그 확률들에 관한 하나의 모델을 나타낸다.

하지만 양자역학은 그런 관점이 절대적으로, 명백히 **틀렸다**고 말해준다. 고양이의 두 버전은 우리

---

4 [옮긴이] 이 예는 오스트리아의 물리학자 에르빈 슈뢰딩거(Erwin Schrödinger)가 제시했다. 원래는 양자역학이 말이 되지 않는다는 점을 지적하려고 제시한 사고실험이었지만, 의도와는 달리 양자역학의 특징을 설명하는 대표적인 예가 되었다.

머릿속에만 있는 것이 아니다. 어떤 의미에서는 이 세상에서 두 버전이 실제로 공존한다. 간략하게만 말하면, 상자를 열어서 확인하기 전까지는 고양이가 살아있는 현실(reality; 실재)과 고양이가 죽어있는 현실이 동시에 존재한다. 상자를 열어서 확인하면 무작위로, 하지만 주어진 확률 분포에 따라 두 상태 중 한 상태가 '선택'되어서 현실이 되고, 다른 상태는 영원히 사라진다. 이를 두고, 관찰자의 관찰 행동에 의해 고양이의 상태가 바뀐다고 말한다. 즉, 관찰 전에는 두 버전으로 존재하는 상태였다가 관찰 후에는 확률 분포에 따라 하나의 버전으로 고정된다.

이상의 기본 원리를 염두에 두고 수학 버전을 살펴보자. 이번 절의 나머지 부분에 나오는 수학 기호들과 용어, 명령들을 다 이해하지 못해도 걱정할 필요는 없다. 선형대수와 복소수에 익숙한 독자라면 상세한 내용까지 모두 따라갈 수 있겠지만, 그렇지 않은 독자라도 이 분야가 대략 어떤 모습인지 맛보는 것으로 충분하다.

16.5.2 양자역학의 수학 버전

양자역학을 정확하게 표현하기 위해서는 네 가지 규칙이 필요하다. 중첩, 관측, 작용, 결합이다.

❶ 중첩 규칙

물체는 여러 상태가 **중첩**(superposition)된 상태로 존재한다. 각 상태는 복소수 진폭을 가지며, 그 진폭들의 제곱 절댓값 합(squared moduli sum)은 1이다. 다음 예를 보자.

$$|\phi\rangle = \begin{bmatrix} \frac{1}{\sqrt{5}} \\ \frac{2i}{\sqrt{5}} \end{bmatrix}$$

여기서 $i = \sqrt{-1}$이며, 열벡터의 두 행은 각각 고양이가 죽은 상태(이진 상태 0)와 산 상태(이진 상태 1)의 진폭들이다.

❷ 관찰 규칙

기저(basis)에 있는 상태들을 관찰(observation)하면 그 상태들은 관찰 기저의 기저 상태 중 하나로 결정된다. 이를 붕괴(collapse)라고 부른다. 특정 기저 상태로 붕괴할 확률은 해당 상태의 진폭의 **제곱** 크기에 따라 결정된다. 중첩된 고양이의 경우 확률들은 다음과 같다.

$$P(죽음) = \left|\frac{1}{\sqrt{5}}\right|^2 = \frac{1}{5}, \quad P(생존) = \left|\frac{2i}{\sqrt{5}}\right|^2 = \frac{4}{5}$$

이러한 상태 진폭 제곱은 항상 0과 1 사이의 실수로, 해당 관찰될 확률을 나타낸다.

3 작용 규칙

관찰을 제외한 모든(계산도 포함해서) 물리적 작용(action)은 유니타리 행렬(unitary matrix)로 모델링된다. 이 행렬은 일반적인 행렬 곱셈을 통해 상태에 작용한다. 예를 들어, NOT 게이트의 작용은 죽은 상태와 살아있는 상태의 진폭을 맞바꾸는 행렬로 모델링된다.

$$NOT|\phi\rangle = \begin{bmatrix} 0 & 1 \\ 1 & 0 \end{bmatrix} \begin{bmatrix} \frac{1}{\sqrt{5}} \\ \frac{2i}{\sqrt{5}} \end{bmatrix} = \begin{bmatrix} \frac{2i}{\sqrt{5}} \\ \frac{1}{\sqrt{5}} \end{bmatrix}$$

모든 유니타리 행렬과 마찬가지로 이 NOT 행렬은 확률들의 합이 1이라는 상태 벡터의 성질(관찰 법칙에서 비롯한 것이다)을 보존한다.

4 조합 규칙

두 물체를 함께 고려할 때 그 두 물체의 상태는 개별 물체 상태들의 텐서 곱으로 형성된 조합 상태(joint state)다.

$$|\phi_1\phi_2\rangle = |\phi_1\rangle \otimes |\phi_2\rangle$$

양자역학과 양자 계산에 쓰이는 |〉 표기법을 **켓 표기법**(ket notation)이라고 부른다. 이산 컴퓨터 과학에 이것은 그냥 열벡터를 나타낸다. 다른 분야에서는 밑줄이나 화살표, 굵은 글씨를 이용해서 표현하기도 한다. **켓**은 **브라켓**bracket(브래킷), 즉 괄호에서 온 것이다. 내적을 $\langle a|b \rangle = a^T b$로 표기하고 '브라켓'이라고 부르기도 한다. 만일 이를 $\langle a = a^T$와 $|b\rangle = b$로 분리해서 표기하면, 전자를 "브라", 후자를 "켓(ket)"이라고 불러도 될 것이다. 둘을 합치면 브라켓이다.

16.5.3 큐비트로 이루어진 양자 레지스터

양자역학에서 상호작용하는 여러 현실이 평행으로 존재하는 것처럼 보이는 것을 병렬 계산의 한 형태로 활용할 수는 없을까? 단일 현실에서 계산 작업을 여러 CPU에 분산하듯이, 계산 작업을 여러 평행 현실에 분산해서 각각 계산을 수행한 후 그 결과들을 우리가 살고 있는 단일 현실로 취합할 수 있다면, 수많은 평행 현실에 존재하는 방대한 계산 자원을 활용할 수 있다. 단일 현실에서 CPU를 수없이 만들어 내는 대신, CPU가 하나인 여러 평행 현실에서 동시에 계산을 진행하면 되는 것이다. 이런 아이디어를 1988년에 리처드 파인먼이 처음 제안했다. 이것이 양자 컴퓨팅의 시초다.

상자 안에 있는 중첩된 고양이를 생각해 보자. 고양이의 생존 여부를 **죽음** = 0, **생존** = 1로 인코딩해서 1비트 데이터로 표현할 수 있다. 이를 **큐비트**qubit, 즉 **양자 비트**(quantum bit)라고 부른다. 이제 고양이가 들어있는 상자 N개를 일렬로 배치하면 N큐비트 레지스터가 된다. 플립플롭 기반의 고전적 레지스터처럼 이러한 N큐비트 레지스터는 하나의 워드를 저장한다. 레지스터의 상자들을 열기 전에는, 고양이들이 살아있음과 동시에 죽어있는 여러 현실이 공존한다. 상자를 열면 우리는 한 가지 버전의 현실만 보게 되며, 그것이 우리가 경험하는 현실이 된다.

고전적인 레지스터처럼 큐비트 N개로 구성된 양자 레지스터는 2^N개의 가능한 상태를 가진다. 한 레지스터의 이러한 여러 상태는 하나의 '평행 세계'에서 동시에 존재할 수 있다. 이는 단순히 N마리의 고양이보다 훨씬 더 큰 상태 집합이다.

이상의 다소 괴상한 아이디어들을 양자 컴퓨터 시뮬레이터를 이용해서 직접 실험해 보면 이해에 도움이 될 것이다. 그런 시뮬레이터로는 이를테면 이번 장 끝의 실습과제에서 언급하는 QCF(Quantum Computing Functions)가 있다. 다음은 QCF를 이용해서 중첩되지 않은 레지스터 상태들을 정의하는 예다.

```
>> phi_1 = bin2vec('011')
[ 0 0 0 1 0 0 0 0 ]
```

출력은 3큐비트 레지스터의 상태 벡터인데, 벡터 성분들은 가능한 상태들의 진폭을 나타낸다. 진폭(곧 확률)들을 보면 이 3큐비트 레지스터가 완전한 011 상태(십진수 3에 해당)임을 알 수 있다. 레지스터가 첫 상태인 000일 진폭은 0(확률 0%에 해당), 둘째 상태인 001일 진폭도 0, 셋째 상태인 010일 진폭도 0이다. 넷째 상태인 011일 진폭은 1(확률 100%)이며, 마지막 상태인 111까지의 나머지 상태들은 모두 진폭이 0이다. 따라서 이 레지스터는 011임이 확실하다.

QCF는 또한 이진수뿐만 아니라 원하는 십진수에 해당하는 비중첩 상태 벡터를 생성하는 함수도 제공한다. 다음은 십진수 5에 해당하는 상태에 있는 3비트 레지스터를 생성하는 예다.

```
>> phi_2 = dec2vec(5, 3)
[ 0 0 0 0 0 1 0 0 ]
```

지금까지 나온 큐비트 레지스터들은 고전적인 3비트 레지스터처럼 단일 상태를 가진다. 이번에는 두 가지 상태가 중첩된 레지스터를 시뮬레이션해 보자. 다음이 그러한 예다.

```
>> psi = [1/sqrt(2)*phi_1 + 1/sqrt(2)*phi_2]
[0 0 0 0.7071 0 0.7071 0 0 ]
```

이 레지스터의 측정(관찰)을 시뮬레이션하려면 다음처럼 measure 함수를 사용하면 된다.

```
>> psi = measure(psi)
```

이 명령은 제곱 진폭 확률들에 따라 다음 두 벡터 중 하나를 무작위로 출력한다.

```
[0 0 0 0 0 1 0 0]
[0 0 0 1 0 0 0 0]
```

개별 큐비트의 상태가 레지스터의 다른 큐비트들과 독립적이지 않다는 점도 주의해야 한다. 큐비트들은 서로 **얽혀 있다**(entangled). 앞의 중첩된 3큐비트 레지스터의 예에서, 처음 두 큐비트는 반드시 01 아니면 10이다. 11이나 00일 수는 없다. 따라서, 만일 첫 큐비트를 관찰했는데 0이었다면, 둘째 큐비트는 무조건 1이다. 그 반대도 마찬가지다. 심지어, 관찰 전에 두 큐비트를 물리적으로 수백만 킬로미터 떨어뜨려 놓아도 그런 관찰 결과가 나온다.

이 예의 3큐비트 레지스터는 8개(즉, 2의 3제곱)의 상태로 동시에 존재하는 것으로 모델링할 수 있다. 즉, 이 레지스터는 8개의 '평행 세계'로 이루어진 집합에 퍼져 있다. 세계의 수는 레지스터 크기에 따라 지수적으로 증가한다. 예를 들어 64큐비트 양자 레지스터는 $2^{64} \approx 2 \times 10^{19}$개의 상태를 가지는데, 이는 64비트 컴퓨터의 전체 주소 공간에 있는 주소 수와 같다. 그 모든 상태가 레지스터 하나에 동시에 존재한다.

일반적으로 물리학자들은 '평행 세계'라는 표현을 좋아하지 않는다. 대신, '묵묵히 계산을 수행해서' 구체적인 시나리오의 결과를 예측하는 쪽을 선호한다. 분석할 시스템만 주어진다면, 나머지는 모두 단순한 수학일 뿐이다. 하지만 새로운 양자 프로그램을 **만들어 내려면**, 컴퓨터 과학자들처럼 레지스터의 상태들이 여러 평행 세계에 퍼져 있다고 생각하는 것이 낫다. 그러면 만들고 있는 양자 프로그램을 시각화하는 데 도움이 될 뿐만 아니라, 다음에 무엇을 만들지에 관한 아이디어도 얻을 수 있다.

16.5.4 여러 세계에 걸친 계산

상태의 내용은 다른 상태에 영향을 미치지 않는다. 하지만 상태의 진폭들은, 매우 제한적이긴 하지만 양자역학의 법칙하에서 서로 영향을 미칠 수 있다. 이 덕분에 계산 도중 평행 세계 사이의 상호작용이 가능해진다. 양자 컴퓨팅에서 가장 중요한 질문은 항상 이것이다: 계산 결과를 어떻게 읽어낼 것인가? 우리는 평행 세계 중 **하나**만 관찰할 수 있다. 게다가 그 세계는 확률에 따라 무작위로 선택된다. 따라서 원하는 결과를 얻으려면, 원하는 결과가 모든 세계에 존재하게 만들거나, 우리가 관찰하는 세계가 마침 원하는 결과가 있는 바로 그 세계가 되게 만들어야 한다.

예를 들어 순회 외판원 문제를 중첩된 레지스터를 이용해서 여러 평행 세계로 병렬화한다고 하자. 레지스터의 한 부분에는 모든 가능한 경로를 인코딩한 결과를 중첩한다. 각각의 세계에서는 해당 경로의 길이를 계산해서 레지스터의 다른 한 부분에 저장한다. 그런 다음 "이 경로의 길이가 5보다 작은가?" 같은 질문의 답을 구해서 레지스터의 또 다른 부분에 하나의 큐비트로 저장한다. 그런데 순회 외판원 문제의 답을 구하려면, 모든 가능한 경로 집합에 대해 "길이가 5보다 작은 경로가 존재하는가?"라는 질문의 답을 얻을 수 있어야 한다. 그러려면 모든 세계에 담긴 정보가 필요하다.

양자 알고리즘 설계에서 가장 어려운 부분은 이 정보를 반드시 관찰할 수 있는, 또는 적어도 관찰할 가능성이 높은 어떤 한 장소로 모으는 방법을 찾는 것이다. 지금까지 알려진 방법들은 모두 계산 복잡도가 높아서 계산 부담이 아주 크다. 그래서 양자 컴퓨터가 실현된다고 해도 $P=NP$가 성립하지는 않는다(적어도 지금까지 알려진 바는 그렇다). 하지만 NP 문제의 복잡도를 NP 등급 안에서 더 낮은 복잡도로 가속하는 것은 가능하다. **그로버 알고리즘**(Grover's algorithm) 등 대부분의 양자 알고리즘은 시간의 흐름에 따라 상태 진폭을 점진적으로 갱신해서 우리에게 중요하지 않은 세계들이 모두 상쇄되게 만들고, 우리가 보고자 하는 세계 하나만 실제 현실로 나타날 확률을 높인다. 시간에 따라 계산을 수행해서 원하는 해답을 증폭하고 다른 해답은 줄인다는 점에서 이는 DNA 컴퓨팅의 PCR과 유사한 접근 방식이라 할 수 있다. 이런 접근 방식을 통해서 양자 컴퓨터가 일반적으로 $O(\sqrt{N})$의 속도 향상을 제공할 것이라고 믿는 연구자들도 있다. 하지만 이를 확인하려면 추가적인 이론 연구가 필요하다.

몇몇 문제는 그 구조가 양자 법칙과 아주 잘 맞아서 속도 향상이 큰 것으로 알려져 있다. 공개 키 암호 해독이 대표적인 예다. 이런 특수 사례들을 찾고 분류하는 것도 현재 양자 컴퓨팅의 주요 연구 주제 중 하나다.

16.5.5 실용적인 양자 컴퓨터 아키텍쳐

큐비트 몇 개만 다루는 소규모 양자 컴퓨터는 이미 성공적으로 구축된 바 있다. 적어도 양자 컴퓨팅의 개념들이 불가능하지는 않음이 입증된 것이다. 더 큰 규모의 양자 컴퓨터를 실용화하는 데 있어 중요한 장벽은 양자 **결어긋남**(quantum decoherence)이다. 간단하게만 말하면, 양자 결어긋남은 중첩된 시스템과 외부 세계에 **어떤** 형태라도 상호작용이 발생하면 중첩 상태가 그 상호작용으로 퍼져서 결국은 세계 전체로 퍼져나가는 것을 말한다. 양자 컴퓨팅에서 중첩의 양은 대략 고정된 자원으로 작용하므로, 결어긋남 때문에 컴퓨터 밖으로 빠져나가면 더 이상 계산에 사용할 수 없다. 양자 엔지니어들은 양자 시스템을 모든 외부 영향으로부터 격리하는 방법을 고안하는 데 큰 노력을 기울이고 있다. 이는 핵융합 문제와 다소 유사하다. 핵융합에서는 핵폭발을 일으킨 뒤 자기장으로 가두어서 주변 환경으로부터 격리하고 통제한다.

단열 양자 컴퓨팅(adiabatic quantum computing)도 종종 언론매체에 등장하는 기술이다. 특히 D-Wave Systems라는 회사가 1,000큐비트 이상의 양자 컴퓨팅을 성공적으로 수행하고 구글과 미국 정부에 해당 장치를 판매했다고 한다. 그러나 단열 양자 컴퓨팅은 지금 우리가 논의하는 의미의 양자 컴퓨팅이 아니다. 그것과는 매우 다른 수학적 모델에 기반한, 별개의 물리적 과정이다. 단열 양자 컴퓨팅의 모델은 시간이 이산적이 아니라 연속적이라고 가정하고 주어진 시간 간격에서 무한한 수의 관찰이 가능하다고 본다. 양자 컴퓨팅과는 완전히 반대로 이 방식은 시스템을 관찰로부터 차단하려 하지 않는다. 오히려, 관찰(또는 일부 견해에 따르면 결어긋남)이 지속적으로 일어나는 것에 의존하며, 관찰은 실제 계산의 필수 요소다. 하지만 이러한 주장에 매우 회의적인 양자 컴퓨팅 연구자가 많다. 연구자들은 일반 컴퓨터 과학에서도 유한한 시간 간격 내에 무한한 양의 계산이 수행된다고 가정하는 유사한 모델을 통해 $P = NP$를 실현했다고 주장하는 사이비 과학자가 예전부터 많이 있었음을 지적한다.

양자 컴퓨팅에서 무어의 법칙에 비견할 만한 법칙으로는 **로즈의 법칙**(Rose's law)이 있다. 로즈의 법칙은 양자 컴퓨터의 큐비트 개수가 2년마다 두 배로 증가하고 있다고 가정한다.

16.6 미래의 물리 아키텍쳐

현재 양자 컴퓨팅이라 불리는 것을 넘어서, 현대 물리학 전반에서 계산 기계를 만드는 데 사용할 만한 다른 발견들을 살펴보는 것도 의미 있는 일일 것이다.

현재 최고의 물리 이론은 **표준 모형**(Standard Model)이다. 이 표준 모형은 **양자장론**(quantum field theory, QFT)에 기반한다. 양자장론은 양자역학과 특수 상대성 이론(일반 상대성 이론은 아님)을 결합해서, 현실을 여러 장(field)의 집합으로 모델링한다. 이 장들은 각각 공간(space)를 덮으며(cover), 다른 장들과 상호작용한다. 대체로 하나의 장은 한 종류의 입자에 대응되는데, 기본 양자역학에서처럼 장의 진폭은 관찰 시 해당 입자가 발견될 확률을 나타낸다. 하지만 기본 양자역학과는 달리 이 장들은 여러 위치에서 다수의 입자가 발견될 확률도 표현할 수 있으며, 그러한 입자들이 다양한 방식으로 상호작용하고 상호변환할 수 있다.

표준 모형은 양자장론을 구성하는 구체적인 장들과 입자들을 명시한다. 표준 모형의 입자는 17가지다. (더 정확히 말하면, 이 장들은 유니타리 곱 군(unitary product group) $SU(3) \times SU(2) \times U(1)$의 내부 대칭성을 담은 게이지 양자장(gauge quantum field)이며, 17가지 입자는 이러한 여러 장에 걸친 패턴으로 나타난다.) 표준 모형은 1960년대부터 실험석으로 검증되어 왔으며, 그 이후로 변하지 않았다. 마지막 검증은 2012년에 CERN이 힉스 장(Higgs field)을 확인한 것이었다. 하지만, 언젠가는 더 나은 모형이 나올 수도 있음을 시사하는 몇 가지 이상 현상이 발견된 바 있다.

CERN의 LHC 같은 입자 가속기들은 장의 개별 입자를 관찰하는 것은 물론이고 제어하는 능력도 갖추었다. 서로 다른 종류의 입자로 이루어진 빔들을 신뢰성 있게 생성해서 서로 충돌시키거나 다른 시험 대상에 충돌시키고, 그 충돌에서 튀어나온 개별 입자들을 관찰할 수 있다.

입자 물리학이 발전하면서 입자 공학(particle engineering)도 발전하게 되었다. 입자 공학 기술은 과학 연구 이외의 분야에서 실용적 공학 시스템을 구축하는 데에도 쓰인다. 입자 물리학 연구에 수십 년 동안 자금을 지원해 온 나라들이 있는데, 사실 세상의 구성요소에 대한 본질적 관심이 아니라 무기화 가능성 때문이라고 봐야 할 것이다. CERN의 입자 가속기를 돌아다니는 빔은 그 경로에 있는 모든 것을 파괴할 수 있다. 1980년대에 미국은 우주 공간에 입자 가속기를 배치하는 BEAR 실험을 수행했다. 엄청난 거리를 가로질러 빔을 생성하고 발사함으로써 레이저와 같은 정밀도로 위성을 파괴하고, 궁극적으로는 지상 표적도 파괴할 수 있는지 보려는 것이었다. 한편으로, 입자 가속기와 검출기는 뇌암 치료에도 쓰인다. 양성자 빔을 뇌 안으로 발사해서 속도 변화를 감지함으로써, 종양의 구조를 추론할 수 있는데, 다른 방법보다 더 정확하고 뇌의 손상이 덜하다. 구조를 파악한 후에는 빔의 강도를 높여 종양을 파괴하는데, 역시 다른 방법보다 더 정확하다.

입자 공학이라는 것이 이처럼 발전했음을 알게 된 독자라면, 기계 공학이나 전기, 전자 공학이 그랬듯이 입자 공학을 새로운 컴퓨터 하드웨어의 구축에 사용할 수 있는지 궁금해하는 것이 당연한 일일 것이다. 언젠가는 전자와 광자 이외의 표준 모형 입자들을 데이터 저장과 계산에 사용할 수 있게 될지도 모른다. 이를테면 힉스 보손으로 컴퓨터를 만드는 것이다. 어쩌면 가속한 입자들의 상호작용을 이용해서 계산을 수행하는 방식일 수도 있다. 제5장에서 본 당구공 논리 게이트를 아주 작게 만든다고 생각하면 될 것이다.

양자장론(QFT)은 완결적인 물리 이론이 아니다. 중력을 포함하지 않기 때문이다. 대신에 중력은 아인슈타인의 **일반 상대성 이론**(general relativity, GR)으로 모델링된다. GR은 QFT와 호환되지 않는다. QFT와 달리 GR의 모형에서는 공간과 시간이 질량 주위에서 구부러지며 형태를 바꿀 수 있다. 상대성 이론에 기반한 공학은 일상에서 널리 쓰인다. GPS 위성 간 시간 보정, 망원경 이미지의 왜곡 보정, 화성 등으로의 임무 경로 수정 등은 모두 일반 상대성 이론에 기반한다. 일반 GR에 기반해 아인슈타인이 예측한 중력파(gravitational wave)가 2016년에 실제로 관측되었다. 현재 중력파는 새로운 천문학 도구로 자리 잡고 있다. 이 효과들은 작고 미묘하다. 구부러진 시공간을 인간이 능동적으로 조작하고 활용하는 공학 시스템을 만드는 것이 이론적으로는 가능하다. 하지만 천문학적 규모의 에너지와 질량이 필요하다. 그 정도의 에너지와 질량을 인간이 다루게 되려면 수백, 수천 년이 걸릴 수 있으며, 아예 불가능할 수도 있다. GR에서는 괴델이 추측한 '닫힌 시간꼴 곡선(closed timelike curve)'이 만들어질 수 있다. 시공간이 스스로 루프를 형성해서 '웜홀wormhole'이라고 부르는 지름길 경로가 만들어진다면 그런 일이 생긴다. 언젠가는 인간이 시공간의 특정 지점들 사이에 공학적으로 웜홀을 만들어내는 날이 올지도 모른다. 그러면 과거로의 시간 여행도 가능해진다.

GR에서 관찰자들은 자신의 위치와 움직임에 따라 사건들이 서로 다른 시간 순서로 발생하는 것을 관측할 수 있다. 만일 관찰자마다 명령들의 실행 순서가 다르다면, 그래서 실행의 이후 단계가 원인이고 이전 단계가 그 결과인 것처럼 보인다면, 통상적인 **순차적** 프로그램이라는 개념은 더 이상 통하지 않는다. GR에서 시간은 관찰자마다 서로 다른 속도로 흐를 수 있다. 질량이 큰 행성에 있는 컴퓨터를 그 질량에서 먼 곳으로 보내면 컴퓨터가 더 빠르게 작동한다. 하지만 컴퓨터를 멀리 보내기 위해 가속과 감속을 가하면 시간이 느리게 흘러가는 효과가 생기므로, 이득과 손실의 균형을 잘 맞추어야 할 것이다.

초계산(Hypercomputation) 이론가들은 처치 컴퓨터보다 강력한 형식적 능력(formal power)을 가진 이론적 컴퓨터를 주장해 왔다. 그런 컴퓨터에서는, GR을 사용해 닫힌 시간꼴 곡선에서 과거를 보고 미래 행동을 예측함으로써 정지 문제를 해결할 수 있다. 그런 컴퓨터가 실제로 나온다면, 우리가 계산이라는 것에 가지고 있는 모든 개념을 근본적으로 뜯어고쳐야 할 것이다.

QFT와 GR은 서로 잘 맞지 않는 것으로 유명하다. 현실의 구조를 온전하게 설명하는 '대통일 이론

(Grand Unified Theory, GUT)'은 나오지 않았다. 현재의 시도로는 '끈 이론(string theory)/M 이론', '루프 양자중력(loop quantum gravity)', '트위스터 이론(twistor theory)' 등이 있지만, 아직 실제로 작동하는 것은 없다. 이 중에는 추가적인 차원의 존재를 가정하는 이론도 있고, '중력자(graviton)'라는 새로운 입자를 도입해서 표준 모형의 다른 힘들과 유사하게 중력을 다루려는 이론도 있다. 계산의 관점에서는 중력자가 흥미롭다. 제안된 중력자는 광자처럼 질량이 없고 광속으로 이동하지만, 광자와 달리 상호작용할 수 있기 때문이다. 따라서 광속 광자 컴퓨터의 비상호작용 문제를 피할 수 있다.

한편, 은하와 초은하단(galaxy supercluster)의 구조 및 운동에 대한 발견들은 QFT와 상대성 이론 모두에 도전하고 있다. 최근 관측된 결과들을 설명하려면 '암흑 물질(dark matter)'과 '암흑 에너지(dark energy)'의 존재를 가정하고 '액시온$_{axion}$' 같은 새로운 입자를 도입하거나, 상대성 이론 자체를 새로운 이론으로 대체해야 할 것이다. 만일 이 세상이 초끈이나 트위스터, 중력자, 액시온 같은 것으로 이루어져 있음이 밝혀진다면, 그런 요소의 특성을 이용해서 데이터를 표현하고 계산을 수행하는 방법도 찾아볼 수 있을 것이다.

이번 장 요약

지금 우리는 아키텍처의 새로운 황금기를 맞이하고 있다. 사용자로서든 설계자로서든 아키텍처에 참여하기에 이보다 더 좋은 시기는 없었다. 오픈소스 하드웨어와 소프트웨어 덕분에 이제 집에서도 본격적인 수준으로 CPU를 설계, 제작하고 공동체에 기여할 수 있게 되었다.

제1장에서처럼 컴퓨팅 역사 전체를 멀리서 바라본다면, 현재의 집적회로(IC) 또한 시대에 따라 등장했다 사라진 무수한 컴퓨팅 기술 중 하나에 불과함을 알 수 있을 것이다. 클록 속도에 관한 무어의 법칙은 이미 한계에 부딪혔고, 그래서 우리는 병렬 아키텍처로 전환해야 했다. 트랜지스터 밀도에 관한 무어의 법칙 역시, 단일 원자 수준과 양자 효과에 다다르면 끝이 날 수밖에 없다. 그러면 우리는 지금과는 전혀 다른 새로운 기술로 전환해야 할지도 모른다.

광학 컴퓨팅은 광자들이 상호작용하지 않는다는 한계가 있다. 그러나 적어도 합성곱 필터(convolution filter)라는 특수한 경우에는 파동 내 상호작용을 활용할 수 있다. 우연하게도 이는 현재의 딥러닝 계산과 잘 맞는다.

DNA 컴퓨팅이 일반 소비자의 데스크톱에 등장할 가능성은 작아 보인다. 다만, 대규모의 일회성

NP-난해 문제를 해결하는 용도로는 쓰일 것이다. 언젠가는 DNA로 가득 찬 수영장이 대학교 수업 시간표나 대중교통 시간표를 최적화할 날이 올지도 모른다.

인간의 뇌는 계속해서 새로운 아키텍처 아이디어에 영감을 주고 있다. 현재의 딥러닝 아키텍처를 넘어서, 미세회로 기반의 단순 기계와 대규모 병렬 시스템의 직렬 행동 창발 현상에 관한 아이디어를 인간의 뇌로부터 얻게 될지도 모른다.

양자 컴퓨팅의 이론 자체는 잘 정립되었지만, 구현이 어려워서 연구가 여전히 진행 중이다. 양자 컴퓨팅이 속도를 어떻게, 어느 정도나 향상하는지에 대해서는 이론적으로만 이해하고 있다. 양자 컴퓨팅은 양자역학에 기반하는데, 양자역학은 양자장론(QFT)으로 대체되었으며, 향후에는 대통일 이론(GUT)을 향한 시도들로 대체될 수도 있다. 일부 이론은 물리학자들조차도 아주 어렴풋하게만 파악하는 수준이지만, 돌에서 톱니바퀴를 거쳐 실리콘 칩에 이르는 다른 모든 기술과 마찬가지로, 언젠가는 이들도 미래 컴퓨터 아키텍처의 기반이 될 수 있을 것이다.

실습과제

해석기관 크랭크 빨리 돌리기

배비지의 해석기관(제3장)의 크랭크를 얼마든지 빠르게 돌릴 수 있다고 가정하면, 어떤 계산 문제든 1초 만에 풀 수 있을 것이다. 하지만 이는 실현 불가능한 일이다. 왜 그럴까? 이것이 단열 양자 컴퓨팅의 주장에 관해 시사하는 바는 무엇인가?

도전과제

1. https://github.com/charles-fox/qcf에서 QCF를 설치하고, §16.5.3 '양자 아키텍처' 섹션에 나온 예제들을 따라해 보라.
2. QCF에는 그로버 알고리즘(Grover's algorithm)을 실행하는 단계까지 다루는 좀 더 긴 튜토리얼이 있다. 그 튜토리얼도 끝까지 따라해 보자.
3. 양자, 광학, DNA, 신경망, 또는 기타 기술 중 어느 것이 제일 먼저 실용적인 새 컴퓨터 구축에 쓰일까? 어떤 기술이고 왜 그런지에 관한 블로그 글을 작성하라.

더 읽을거리

- DIY 하드웨어 제작: Stephen Cass, "The Garage Fab," *IEEE Spectrum* 55, no. 1 (2018): 17–18.
- 그래핀 트랜지스터: F. Wu 외, "Vertical MoS2 Transistors with Sub-1-nm Gate Lengths," *Nature* 603 (2022): 259–264.
- 3차원 집적회로의 예: Vasilis Pavlidis, Ioannis Savidis, Eby Friedman, *Three-Dimensional Integrated Circuit Design*, 2nd ed. (Burlington: Morgan Kaufmann, 2017).
- 1만년 저장장치를 자세히 다룬 논문: J. Zhang 외, "5D Data Storage by Ultrafast Laser Nanostructuring in Glass." CLEO: Science and Innovations, San Jose, 2013년 6월에 게재됨.
- 광학 컴퓨팅에 관한 종합적인 입문서: Jürgen Jahns, Sing H. Lee 엮음, *Optical Computing Hardware* (Boston: Academic Press, 1994).
- 광학 상관기를 이용한 딥러닝을 자세히 다룬 논문: J. Chang 외, "Hybrid Optical-Electronic Convolutional Neural Networks with Optimized Diffractive Optics for Image Classification," *Scientific Reports* 8, no. 12324 (2018).
- DNA 컴퓨팅에 관한 대중 과학 입문서: Martyn Amos, *Genesis Machines: The New Science of Biocomputation* (London: Atlantic Books, 2006).
- DNA 컴퓨팅을 이용한 순회 외판원 문제를 자세히 다룬 논문: J. Lee 외, "Solving Traveling Salesman Problems with DNA Molecules Encoding Numerical Values," *BioSystems* 781, no. 3 (2004): 39–47.
- DNA 잉크젯 인쇄를 자세히 다룬 논문: T. Goldmann, J. Gonzalez, "DNA-Printing: Utilization of a Standard Inkjet Printer for the Transfer of Nucleic Acids to Solid Supports," *Journal of Biochemical and Biophysical Methods* 42, no. 3 (2000): 105–110.
- 양자 컴퓨팅에 관한 결정적인 교과서: Michael A. Nielsen, Isaac L. Chuang, *Quantum Computation and Quantum Information* (Cambridge: Cambridge University Press, 2000).
- 열, 에너지, 컴퓨팅의 정보 문제와의 관련성을 포함한, 양자 컴퓨팅의 기원: Richard Feynman, *The Feynman Lectures on Computation* (London: Westview Press, 1996).
- 생물학적 뇌의 구조를 개괄한 서적: Larry Swanson, *Brain Architecture: Understanding the Basic Plan* (Oxford: Oxford University Press, 2011).
- 단순 모형을 넘어 단일 뉴런이 수행하는 여러 복잡한 계산에 대한 결정적인 가이드: Christof Koch, *Biophysics of Computation* (Oxford: Oxford University Press, 1999).

- 단세포 유기체가 수행하는 고급 계산의 예: R. Lahoz-Beltra, J. Navarro, P. Marijuan, "Bacterial Computing: A Form of Natural Computing and Its Applications," *Frontiers in Microbiology* 5, no. 101 (2014).
- 인간 대뇌 피질 미세회로 연결을 보여주는 대화식 3D 뷰: https://ai.googleblog.com/2021/06/a-browsable-petascale-reconstruction-of.html
- 미래의 물리학에 관한 대중 과학 입문서: Brian Greene, *The Elegant Universe: Superstrings, Hidden Dimensions, and the Quest for the Ultimate Theory* (New York: Vintage, 2000).

APPENDIX
부록

APPENDIX A

운영체제 지원

본문에서는 운영체제에 관한 논의를 일부러 피했다. '베어메탈' 아키텍처를 좀 더 명확하게 살펴보기 위해서였다. 운영체제는 아키텍처와는 별개의 연구 분야로, 이 주제를 다룬 책들이 따로 나와 있다. 보통 아키텍처를 먼저 공부한 후 운영체제를 별도로 학습하는 것이 일반적이다. 하지만 운영체제의 요구에 따라 아키텍처 수준에서 여러 기능이 추가되었고 앞으로도 그럴 것이다. 그런 기능들은 아키텍처 책에서 다루어야 마땅하다.

아키텍처와 운영체제가 겹치는 영역을 다루는 이 부록은 여러분이 나중에 운영체제를 공부할 때 다시 참고할 것을 염두에 두고 만들어졌다. 이 부록에서는 먼저 운영체제의 기본 기능 몇 가지를 개괄하고, 그런 기능들을 하드웨어 수준에서 지원하기 위해 최근 아키텍처들이 어떻게 발전해 왔는지 살펴본다.

동시성

운영체제의 가장 기본적인 기능은 하나의 CPU가 다수의 사용자 프로그램을 동시에 실행하는 것처럼 보이게 만드는 것이다. 이런 작업을 보통 **커널**kernel이라고 부르는 운영체제의 프로그램이 담당한다. 커널이 실행 중인 사용자 프로그램은 **프로세스**process라고 부른다.

커널은 각 프로세스를 짧은 시간 동안만 실행하고 다음 프로세스로 넘어가는 과정을 반복한다. 한 프로세스에서 다른 프로세스로 넘어가는 것을 **문맥 전환**(context switching)이라고 부르고, 문맥 전환을 통해서 여러 프로세스를 조금씩 실행하는 방식을 **동시성**(concurrency; 또는 병행성)이라고 부른다. 여러 프로세스가 마치 병렬로 실행되는 것 같지만, 실제로는 시간을 잘게 나누어서 차례로 실행하는 것일 뿐이다. 동시성은 병렬 컴퓨터와는 대략 반대편에 있는 개념이라 할 수 있다. 병렬 컴퓨팅은 하나의 프로그램을 다수의 CPU에서 동시에 실행하는 것인 반면에 동시성은 하나의 CPU로 다수의 프로세스를 동시에 실행한다.

일반적으로 커널은 아키텍처의 타이머와 IRQ 선, IRQ 콜백을 이용해서 프로세스들의(그리고 커널 코드 자신의) 문맥 전환을 제어한다. 부팅 시 커널은 일정 주기로 CPU에 IRQ가 걸리도록 하드웨어 타이머를 설정한다. 또한 커널에는 **콜백**이라고 부르는 서브루틴이 있는데, IRQ가 발생할 때마다 그 서브루틴이 호출된다. 커널에는 부팅 후 자동으로 실행할 일련의 프로세스들이 주어진다. 커널은 그 프로세스들을 모두 메모리에 적재한다(각자 다른 장소에). 그런 다음 첫 프로세스의 주 서브루틴으로 점프한다. 그러면 그때부터는 그 프로세스가 실행의 제어권을 가지고 보통의 방식대로 실행된다.

첫 프로세스가 잠시 실행되면, 그전에 설정해 둔 타이머가 IRQ 신호를 발생한다. IRQ 하드웨어가 이를 감지해서 프로그램 카운터의 값을 어딘가에(이를테면 전용 내부 레지스터 등) 복사해 두고, 프로그램 카운터를 콜백 주소로 설정한다.

보통의 경우 콜백은 먼저 각 레지스터와 이전에 복사해 둔 프로그램 카운터의 값을 커널 전용으로 지정된(즉, 다른 프로세스는 사용하지 못하는) RAM의 한 영역에 저장한다.

그런 다음 콜백은 다음으로 실행할 프로세스들을 결정한다. 이를 스케줄링scheduling이라고 부른다. 가장 간단한 방식은 그냥 프로세스들을 고정된 순서로 실행하는 것이다. 새 프로세스의 실행을 위해, 앞에서 저장해 둔 레지스터 값들을 각 레지스터에 적재하고 새 프로세스의 시작 주소를 프로그램 카운터에 설정한다. 이에 의해 해당 프로세스가 실행된다. 잠시 후 타이머에 의해 또다시 IRQ가 발생한다. 그러면 콜백이 마찬가지 방식으로 문맥 전환을 처리한다.

커널 모드와 사용자 모드

프로세스들이 사이좋게 실행된다면, 그러니까 각자 자신에게 할당된 메모리 영역에만 접근하고 다른 프로세스의 메모리 영역을 침범하지만 않는다면, 커널이 잘 작동할 것이다. 하지만 프로세스들이 악의적으로 행동한다면 커널의 작업에 문제가 발생한다. 만일 그 어떤 프로세스라도 다른 프로세스가(그리고 커널 자체가) 사용하는 메모리에 접근할 수 있다면 심각한 보안 문제가 발생할 것은 명백하다. 악의적인 프로세스가 다른 프로세스의 데이터를 훔쳐보거나 덮어쓸 수 있으며, 코드를 덮어쓸 수도 있다. 심지어는 커널 코드를 덮어써서 컴퓨터를 완전히 장악할 수도 있다.

현대적인 CPU는 이런 시도를 아키텍처 수준에서 방지하기 위해, 운영체제가 둘 이상의 **CPU 모드**를 사용할 수 있게 한다. 운영체제들은 흔히 **커널 모드**와 **사용자 모드**라는 두 가지 CPU 모드를 사용한다. 커널 모드에서 커널은 CPU의 모든 기능을 자유자재로 사용할 수 있다. 여기에는 RAM 전체에 대한 접근이 포함된다. 사용자 모드는 좀 더 제한적이다. 사용자 모드에서 각 사용자 프로세스는 자신에 할당된 메모리 영역 바깥에 있는 명령과 데이터에는 접근할 수 없다.

가상 메모리

현대적인 운영체제에서 사용자 프로세스는 다른 사용자 프로세스의 데이터나 커널 자체의 데이터에 접근하지 못한다. 운영체제는 각 사용자 프로세스에 **가상 메모리**(virtual memory) 주소 공간을 제공한다. 각 프로세스의 가상 메모리는 다른 프로세스의 것과는 격리된다. 각 프로세스의 관점에서는 이 주소 공간이 그냥 '베어메탈'의 실제 메모리처럼 보인다. 예를 들어 모든 프로세스는 자신이 0x00000000부터 0xffffffff까지의 메모리 장소들을 사용하고 있다고 생각하게 된다. 따라서 사용자 프로그램이 물리적 메모리 주소를 이용해서 메모리 장소에 접근하는 것은 불가능하다. 프로세스들은 서로 분리되어 있으며, 다른 프로세스의 메모리를 읽거나 쓸 수 없다. 사용자 프로그램의 적재 및 저장 명령어는 전적으로 가상 메모리 주소를 통해서 작동한다.

또한, 주 메모리와 보조 메모리의 **교체 공간**(swap space)을 이용해서 실제 물리적 RAM보다 훨씬 큰 용량의 가상 메모리 주소 공간을 만들 수 있다. 이 경우 주 메모리와 보조 메모리 둘 다 **페이지**라고 부르는 표준 크기의 조각들로 분할된다. 캐싱을 통해서, 최근 사용 빈도에 따라 하나의 페이지 전체를 주 메모리와 보조 메모리 사이에서 이동시킨다.

본문에서 살펴본 하드웨어 CPU와 RAM의 캐시와는 달리 이러한 페이지 '교체'는 느리다. 느린 보조 메모리가 관여하기 때문이기도 하고, 운영체제가 적어도 일부는 소프트웨어로 관리하기 때문이기도 하다. 운영체제의 설정에 따라 물리적 주소와 가상 주소 사이의 변환을 수행하는 하드웨어 *MMU*(memory management unit; 하드웨어 관리 장치)를 추가할 수도 있다.

가상 메모리의 구체적인 운영 방식은 CPU와 운영체제의 조합에 따라 다양하다. 예를 들어, 여러 CPU-RAM 캐시 중 어떤 것에서 물리적 주소를 사용하고 어떤 것에서 가상 주소를 사용할 것인지는 아키텍처 설계 시 핵심 결정 사항 중 하나다.

TLB(Translation Lookaside Buffer, 변환 색인 버퍼)라고 부르는 캐시는 운영체제가 가상 메모리를 구현하는 데 사용하도록 아키텍처 수준에서 설계된 전용 캐시다. 이 TLB를 그림 [10-12]에 나온 명령 L1 캐시 및 데이터 L1 캐시와 함께 세 번째 전용 L1 캐시로 둘 수 있다. 사용자 프로그램이 어떤 가상 주소를 언급하면 내부적으로(사용자에게는 보이지 않는다) TLB 캐시가 그 가상 주소를 조회한다. 가상 주소에 해당하는 물리 주소가 캐시에 없으면 TLB는 IRQ를 이용해 운영체제의 콜백을 호출해서 처리를 맡긴다. 운영체제는 가상 주소-물리 주소 매핑을 찾아내서 TLB 캐시에 추가한다. 만일 존재하지 않거나 접근할 수 없는 물리 주소이면 운영체제는 **접근 위반**(access violation) 오류를 발생하는데, 흔히 말하는 **세그멘테이션 오류**(segmentation fault)가 바로 이것이다. C 코드에서 세그멘테이션 오류를 겪어 본 독자도 있을 것이다. 프로그램이 자신에게 할당되지 않은 메모리에 접근하려 하면, 방금 이야기한 메커니즘에 의해 그런 오류가 발생한다.

장치 드라이버

현대적인 운영체제는 사용자 프로세스가 I/O 주소에 직접 접근하는 것도 금지한다. 대신 사용자 프로세스는 운영체제가 제공하는 API를 통해 운영체제의 서브루틴들을 호출해서 I/O 기능을 요청해야 한다. 그런 서브루틴들의 모음을 **장치 드라이버**(device driver)라고 부른다. 사용자 모드에서 프로세스는 다른 프로세스의 메모리에 접근할 수 없을 뿐만 아니라, 자신에게 할당된 주소 공간 바깥의 메모리 장소에도 접근할 수 없다. I/O를 위한 주소에 접근하려 하면 세그멘테이션 오류 같은 예외(exception)가 발생한다.

I/O 모듈과 장치 드라이버는 서로 다른 개념이다. I/O 모듈은 버스에 연결된 하드웨어다. 장치 드라이버는 더 높은 수준의 개념으로, I/O 모듈과의, 또는 모듈을 통해 연결된 여러 장치 중 하나와의 통신을 전담하는 소프트웨어다. 또한 장치 드라이버는 메모리 매핑된 명령어를 감싸는 더 높은 수준의 인터페이스(예: C 또는 C++ 라이브러리)를 제공한다. 8비트 시대에는 장치 드라이버가 ROM

에 들어있거나 RAM에 적재되어서 사용자 프로그램이 접근할 수 있는 단순한 프로그램이었지만, 현재는 주로 운영체제만 접근할 수 있는 커널 모듈로 구현된다. 사용자 프로그램은 운영체제의 API를 통해서만 장치 드라이버의 기능을 요청할 수 있다.

> **아키텍처 수준의 운영체제 보안**
>
> 아키텍처 수준에서 운영체제의 보안을 살펴보면 흥미로운 점이 많다. 일반적으로 운영체제는 사용자 프로그램이 컴퓨터의 대부분 영역에 접근하는 것을 제한하려 든다. 그러나 아키텍처 수준에서는 운영체제의 그러한 제한을 우회할 가능성이 있다. 예를 들어 컴퓨터 케이스를 열고 운영체제의 타이머 콜백이 사용하는 IRQ 핀에 전선을 연결해서, 언제든 여러분이 원하는 시점에 그 선에 전압을 가해 IRQ 신호를 발생할 수 있다면 어떨까?
>
> 장치 드라이버를 커널 모드에서 실행하느냐 사용자 모드에서 실행하느냐는 보안과 관련해서 계속 제기되는 질문이다. 흔히 드라이버는 운영체제의 일부로서 컴퓨터의 모든 것에 접근할 수 있도록 만들어진다. 하지만 이는 위험할 수 있다. 모든 드라이버 작성자가 컴퓨터 전체에 접근할 수 있다는 뜻이기 때문이다. 예전에, 신뢰할 수 있는 소수의 프린터 제조업체에서 구매한 프린터에 딸려 온 CD로 그 제조업체가 작성한 드라이버를 설치하던 시대에는 이것이 별문제가 되지 않았다. 하지만 요즘은 다양한 나라의 신뢰할 수 없는 하드웨어 제조업체가 하드웨어를 만들고 있다. 제조업체의 공식 웹사이트인지도 확인할 수 없는 웹사이트에서 드라이버를 제공하기도 한다는 점을 생각하면 더욱 우려스럽다.

로더

운영체제가 없는 8비트 기계에서 실행 파일을 실행하는 것은 아주 간단하다. 그냥 실행 파일의 내용을 메모리의 특정 위치에 복사하고, CPU의 프로그램 카운터가 그 첫 위치를 가리키도록 설정하면 끝이다. 이처럼 프로그램을 메모리에 '적재(load)'해서 실행을 시작하는 프로그램을 **로더**loader라고 부르는데, 당시 로더는 흔히 ROM에 저장되었다. 현대적인 운영체제를 실행하는 컴퓨터에서는 로더가 좀 더 복잡하다. 현대적인 운영체제에서는 여러 프로세스가 함께 실행되며, 각 프로세스가 실제 메모리가 아니라 가상 메모리 주소 공간을 사용해야 하기 때문이다. 따라서 로더는 그런 실행 환경을 설정하고 실행 파일이 사용하는 물리적 주소를 가상 주소로 변환하는 작업을 수행해야 한다. 리눅스에서는 `./myexecutable` 형태의 명령으로 로더를 호출한다. 여기서 `./`는 엄밀히 말해서 현재 디렉터리를 나타내며 의도치 않게 다른 실행 파일을 실행하는 실수를 방지하기 위한 것이지만, 개념적으로는 로더를 호출하는 명령으로 간주해도 될 것이다.

그럼 운영체제 안에서 적재하고 실행할 "Hello, world!" 프로그램을 작성해 보자(전에 BIOS를 이용한 "Hello, world!" 프로그램을 작성했었다). 이 예제 프로그램은 X Window System 같은 창 기반 시스템에서도 실행할 수 있으며, ASCII 글자의 비트맵 패턴을 디스플레이 장치의 픽셀들을 직접 밝혀서 표시하는 것이 아니라 터미널 프로그램 안의 텍스트 형태로 표시하도록 만들어졌다. 이를 위해 텍스트 표시 기능을 제공하는 커널의 특정 함수를(BIOS 함수가 아니라) 호출한다. 사용자 프로그램이 호출할 수 있는 커널 함수를 흔히 '시스템 호출(system call)'이라고 부른다. 운영체제의 로더는 프로그램 실행 파일을 메모리에 적재한 후 _start라는 레이블의 위치로 이동한다. 따라서 실행 가능한 프로그램을 만들려면 프로그램의 실행이 시작되는 위치에 _start 레이블을 외부에서 볼 수 있는 전역(global) 레이블로 정의해야 한다.

```
        global    _start

_start: mov       rax, 1            ; 쓰기 작업을 위한 시스템 호출
        mov       rdi, 1            ; 파일 핸들 1 == 표준 출력(stdout)
        mov       rsi, message      ; 출력할 문자열의 주소
        mov       rdx, 13           ; 바이트 수
        syscall                     ; OS에 쓰기를 요청한다
        mov       rax, 60           ; 종료를 위한 시스템 호출
        xor       rdi, rdi          ; 종료 코드 0
        syscall                     ; OS에 종료를 요청한다

message: db      "Hello, Kernel!", 10   ; 끝의 10은 줄 바꿈 문자
```

이 프로그램은 64비트 Linux에서만 실행된다. 다음은 이 프로그램을 어셈블하고 실행하는 명령이다.

```
> nasm -felf64 hellok.asm && ld -o hellok hellok.o && ./hellok
```

모든 것이 잘 되었다면 콘솔(터미널)에 `Hello, Kernel!`이 출력될 것이다. 이렇게 해서 시스템 호출만으로 콘솔에 문자열을 출력하는 프로그램을 만들어 보았다.

링커

운영체제에서 실행되는 프로그램이 다른 라이브러리의 서브루틴을 호출하는 경우, 운영체제는 해당 가상 메모리 주소를 재배치해야 한다. 이는 각 라이브러리의 실행 가능한 기계 코드가 다른 라이브러리와 충돌하지 않는 적절한 메모리 장소에 적재되게 하기 위해서다. 이러한 주소 조정은 라이브러리들이 서로를 찾을 수 있게 만들기 위해서도 필요하다. 한 프로그램이나 라이브러리가 다

른 라이브러리의 함수를 호출할 때, 대상 서브루틴의 주소를 실행 파일 안의 기계어 코드에 존재하던 주소에서 실제로 메모리에 적재된 주소로 변경해야 한다. 이러한 조정 작업을 **링킹**linking이라고 부르고, 링킹을 수행하는 프로그램을 **링커**linker라고 부른다. 보통의 경우 링커는 로더가 내부적으로 호출한다.

링킹의 예로, 터미널에 텍스트를 출력하는 또 다른 방법을 살펴보자. 이번에는 표준 C 라이브러리의 `printf` 함수를 이용한다.

```
global main
extern printf

msg: db "Hello libC!", 0    ; 0 == ASCII 문자열 끝
fmtstr: db "%s", 10, 0       ; ASCII 줄 바꿈과 문자열 끝
fmtint: db '%10d', 10, 0     ; ASCII 줄 바꿈과 문자열 끝

main:
    mov rdi,fmtstr
    mov rsi,msg         ; msg에 대한 포인터
    mov rax,0           ; 사용된 추가 스택 인수 개수 (없음)
    call printf         ; C 함수 호출

    mov rdi,fmtint
    mov rsi,124         ; 출력할 정수 124
    mov rax,0           ; 사용된 추가 스택 인수 개수 (없음)
    call printf         ; C 함수 호출
    ret
```

이처럼 호출 규약을 준수하기만 하면 어셈블리 프로그램에서 그 어떤 C 라이브러리 함수도 호출할 수 있다. 이 프로그램은 C 라이브러리를 링크하기 때문에 C 컴파일러의 규약을 따라야 한다. 그래서 `_start` 대신 `main`이라는 전역 레이블을 사용했다. `gcc` 컴파일러는 외부에서 볼 수 있는 (`global`) `main` 서브루틴을 찾고, 그 `main`을 호출하는 저수준 `_start` 서브루틴을 추가한다. 또한 C 라이브러리의 호출에 필요한 요소들도 적절히 추가하고 설정한다.

`printf` 함수는 가변 인수 함수, 즉 임의의 개수의 인수를 받을 수 있는 함수다. 그래서 이 함수를 호출하려면 사용된 추가 인수의 개수를 지정해 주어야 한다. 여기서는 RAX 레지스터에 그 개수를 넣었다. 대부분의 x86 호출 규약에서 이것이 가변 인수 함수 호출의 표준 방식이다.

다음은 64비트 리눅스에서 이 프로그램을 어셈블, 링크, 실행하는 명령이다.

```
> nasm -felf64 helloc.asm ; gcc -no-pie -o helloc  helloc.o ; ./helloc
```

링커가 추가한 기계어 코드는 **역어셈블**(disassembling)을 통해 확인할 수 있다. 역어셈블은 어셈블의 반대 과정으로, 기계어 코드를 사람이 읽을 수 있는 어셈블리 코드로 변환하는 것이다. `objdump` 같은 도구를 이용하면 된다.

```
> objdump -d helloc
```

일부 운영체제는 x86 세그먼트들을 활용하거나, 적어도 어셈블러 지시어를 이용하여 기계어 코드를 읽기 전용 `.text` 섹션에 넣는다. 일반적으로 `.data` 섹션은 쓰기 접근도 허용한다.

추가적인 부팅 단계

대부분의 시스템에서, 전원을 켜자마자 바로 운영체제가 부팅되지는 않는다. 운영체제는 장치 드라이버들을 적재하고 설정해야 하는데, 운영체제가 완전히 적재되지 않으면 그런 작업을 수행할 수 없다. 대신 운영체제는 부팅 과정의 후반에 장치 드라이버들을 점진적으로 적재하고 설정한다.

제13장에서 BIOS와 UEFI를 살펴보았다. 일반적으로 BIOS에서 실행되는 프로그램은 운영체제 로더와 GRUB2(Grand Unified Bootloader 버전 2) 같은 운영체제 로더 선택기 프로그램 두 가지뿐이다. PCBIOS는 MBR(master boot record(마스터 부트 레코드))라는 특정 하드 디스크 위치에 있는 프로그램을 제일 먼저 실행한다. UEFI는 좀 더 고수준의 관점에서 파일 시스템에 접근하는데, 특히 하드 디스크의 특정 경로를 탐색해서 제일 먼저 실행할 프로그램을 찾아내는 기능을 갖추고 있다. 운영체제 로더 선택기(loader selector)는 하드 디스크들에 있는 운영체제 목록을 표시하고 사용자가 커서 키 등을 이용해서 원하는 운영체제를 선택하게 텍스트 기반 사용자 인터페이스를 제공한다. GRUB2는 먼저 시스템에 탑재된 BIOS의 종류를 확인하고, 그 BIOS가 제공하는 적절한 서브루틴들을 호출해서 화면에 문자를 표시하고 키보드를 읽는다. 사용자가 운영체제를 선택하면 그 운영체제의 로더를 적재, 실행해서 제어권을 넘긴다.

따라서 운영체제가 제일 먼저 실행하는 프로그램은 운영체제 로더다. 초기에는 운영체제 로더가 BIOS 라이브러리를 이용해서 컴퓨터에 접근했는데, 주된 작업은 하드 디스크에 접근해서 운영체제의 나머지 부분을 구성하는 코드를 적재하는 것이었다. 운영체제에는 BIOS의 드라이버보다 나은 자체 장치 드라이버들이 있을 수 있다. 부팅 과정에서 운영체제는 그런 드라이버들을 점진적으로 적재하고 활성화한다. 예를 들어 BIOS의 그래픽 서브루틴들은 모든 모니터를 지원하기 위해 의도적으로 저해상도 그래픽을 사용한다. 하지만 운영체제는 모니터의 제조업체와 모델을 정확히 파악해서 해당 모니터의 모든 기능을 사용할 수 있는 새로운 맞춤형 장치 드라이버로 전환할 수 있다.

현대적인 부팅 프로세스는 보안상의 문제로 논란이 되어 왔다. 부팅 프로세스는 운영체제가 시작되기 전에 실행되므로, 컴퓨터 전체에 접근할 수 있다. 또한, UEFI는 운영체제가 시작된 후에도 배경에서 계속 실행된다. 이는 운영체제가 필요에 따라 UEFI의 서브루틴을 호출할 수 있게 하기 위해서다. 하지만 만에 하나라도 UEFI 펌웨어에 악성 코드가 들어있다면, 운영체제가 작동하는 내내 시스템 전체에 악성 코드가 접근할 수 있다는 뜻이기도 하다.

UEFI를 설계한 위원회에는 독점 운영체제의 공급업체들도 포함된다. 이들은 소위 '보안 부팅(secure boot)'을 표준의 일부로 포함하고자 로비 활동을 펼쳤고, 결국 성공했다. 보안 부팅 기능을 이용하면 부팅 프로세스를 잠글 수 있다. 이 때문에 운영체제가 미리 설치된 컴퓨터를 구매한 사용자는 GRUB2나 다른 운영체제를 설치할 수 없게 된다. 보안 부팅 시스템 자체를 재설정할 수 있다면 표준의 이러한 '버그'를 고칠 수 있다. UEFI 칩에 전선 두 개를 납땜하고 전압을 가해서 공장 초기화를 진행하는 방식이라서 쉽지는 않다.

2008년경부터 인텔 마더보드에 MINIX3에 기반한 완전한 운영체제가 포함되어 있다는 소문이 돌았다. UEFI와 주 운영체제 사이의 부팅 프로세스에서 인텔의 운영체제가 '인텔 관리 엔진(Intel Management Engine)'이라는 명목으로 실행된다는 흉흉한 이야기였다. 소문이 사실이라면, 인텔의 그 운영체제가 전체 시스템에 대한 완전한 접근 권한을 가진다는 뜻이다.[1] 여기에는 인터넷 통신과 자동 업데이트 시스템도 포함되므로, 심각한 보안 허점으로 작용할 위험이 있다. 또한, 소문이 사실이라면 현재 세계에서 가장 많이 쓰이는 운영체제는 바로 MINIX가 된다. MINIX는 원래 교육용 운영체제로 만들어졌고 그것을 더 '현실적이고 실용적인 버전'으로 진화시킨 것이 리눅스라는 점에서 다소 아이러니한 이야기다.

1 　[옮긴이] 인텔 관리 엔진이 개별 운영체제를 실행하는 것은 사실이다(https://www.intel.com/content/www/us/en/support/articles/000008927/software/chipset-software.html의 "running a lightweight microkernel operating system" 참고). 그 밖의 의혹은 독자가 직접 자료를 찾아보고 판단하길 권한다. 이를테면 "Intel's Management Engine is a security hazard, and users need a way to disable it"(https://www.eff.org/deeplinks/2017/05/intels-management-engine-security-hazard-and-users-need-way-disable-it) 같은 문서가 있다.

하이퍼바이저 모드, 가상화, 그리고 컨테이너

커널 모드를 **슈퍼바이저 모드**supervisor mode라고 부르기도 한다. 여기서 슈퍼바이저는 실행 중인 프로세스들의 문맥 전환을 제어하는 커널을 가리킨다. 관련된 개념으로, '슈퍼'를 '하이퍼'로 한 등급 올린 **하이퍼바이저 모드**hypervisor mode가 있다. 하이퍼바이저 모드에서 CPU는 운영체제 안의 프로세스들을 전환하는 것이 아니라, 동시에 실행되는 여러 운영체제를 전환한다. 이 개념은 현재의 클라우드 컴퓨팅에서 특히나 중요해졌다. 데이터 센터의 수많은 컴퓨터가 이런 식으로 공유된다. 다수의 사용자가 확장성 있는 컴퓨터들의 그룹에서 각자 루트 사용자로서 작업하는 것처럼 느끼게 만드는 것은 하이퍼바이저 덕분이다.

소프트웨어만으로도 그와 비슷한 방식으로 운영체제들을 공유하는 것이 가능하다. 예를 들어 VM(가상 컴퓨터)을 에뮬레이션 혹은 시뮬레이션하는 프로그램들이 있다. 하지만 그런 접근 방식에서는 성능이 저하된다. 하이퍼바이저는 그렇지 않다. 하이퍼바이저를 사용하면 각 운영체제가 실제로 하드웨어에서 직접 실행된다. 전용 하이퍼바이저 아키텍처는 소프트웨어 관리자가 프로세스들을 실행 상태와 유휴(idle) 상태로 전환하는 것과 비슷하게 하드웨어의 상태를 교체하는 작업을 관리한다. 제13장에서 본 VirtualBox 같은 일부 VM 관리 소프트웨어는 하이퍼바이저를 활용해서, 하이퍼바이저가 관리하는 프로세서에서 VM을 실행할 수 있다.

컨테이너화(containerization)는 가상화의 대안이다. 컨테이너에서는 완전히 격리된 VM들의 집합을 구성하는 대신, 추가 소프트웨어와 연동해서 VM들이 아주 많이 있는 것처럼 **보이게** 만든다. VM처럼 보이는 것들은 사실 하나의 운영체제와 소프트웨어 라이브러리 및 기타 구성요소들을 공유하는 프로세스들이다. (운영체제가 하는 일도 그런 것이긴 하지만, 운영체제와는 달리 컨테이너에서는 사용자마다 다른 설치, 시스템 버전, 라이브러리, 설치된 소프트웨어를 경험할 수 있게 해준다.) 이는 VM보다는 가벼운 솔루션이다. 한 대의 컴퓨터에서 수천 개의 컨테이너를 각자 다른 사용자를 위해 동시에 실행할 수 있다. 컨테이너화는 클라우드 컴퓨팅에 특히나 유용하다. 각자 따로 프로그램을 실행하고자 하는 사용자 수천 명을 물리적 컴퓨터 한 대로 처리할 수 있어서 비용이 최소화되기 때문이다.

실시간 운영체제

대부분의 임베디드 시스템은 작고 간단한 프로그램 하나만 실행하므로 운영체제가 필요하지 않다. 하지만 요구사항이 좀 더 복잡한 임베디드 시스템들이 등장하면서 다수의 프로세스를 실행하도록 임베디드 시스템용 소프트웨어를 작성하는 것이 더 쉬워지게 되었고, 실제로도 그런 방식으로 소프트웨어를 작성하는 경우가 많아지게 되었다. 이제는 임베디드 시스템에서 소규모 운영체제를 돌려서 다수의 프로세스를 관리하는 것이 합리적인 단계가 되었다고 할 수 있다.

일반적으로, 임베디드 환경을 위한 운영체제에는 다른 시스템에서는 요구되지 않는 특별한 능력이나 특징이 요구된다. 가장 두드러진 것은 **경성 실시간**(hard real time)이라는 것이다. 보통의 운영체제는 프로세스들을 임의의 시점에서 임의의 방식으로(프로그램이 보기에는 무작위하게) 전환할 수 있다. 또한, 버퍼링과 인터럽트 때문에 장치 드라이버들 역시 겉으로 보기에는 아무 때나 데이터를 읽고 쓴다. 하지만 그런 행동 방식은 마이크로초와 마이크로미터 단위로 작동하는 정밀 산업용 로봇 컨트롤러 같은 시스템에서는 재앙을 부를 수 있다. 현실 세계에서 요구되는 수준의 정밀한 동작에 방해가 될 수 있기 때문이다. SMX, QNX, FreeRTOS, Zephyr 등의 경성 실시간 운영체제(Real-Time Operating System, RTOS)는 처음부터 그런 작업의 타이밍을 절대적으로 보장하도록 특별히 설계된 운영체제다. 이런 요구조건을 충족하려면 통상적인 운영체제와는 다른 방식으로 스케줄링과 I/O에 접근해야 한다. 일반적으로 임베디드 마이크로컨트롤러는 데스크톱 컴퓨터보다 성능이 훨씬 낮은 기기이므로, 운영체제 설계의 요구사항에는 계산 부담이 낮아야 한다는 점도 포함되어야 한다.

RTOS를(그리고 그것을 실행하는 마이크로컨트롤러를) 안전이 극도로 중요한 환경에서 사용하려면 상세하고 엄격한 안전 보증 과정을 거쳐야 한다. 그런 과정은 비용이 많이 들고, 아주 극단적인 경우에는 수학과 논리를 사용하여 다양한 가정하에서 항상 작동할 것임을 증명하는 형식적 명세 및 검증까지 요구된다.

RTOS는 컴퓨터 오디오 제작 등의 작업을 위해 수정된 리눅스 변종 같은 **연성**(soft) 실시간 운영체제와 구별된다. 연성 시스템에서는 실시간 처리가 바람직하지만, 절대적인 필요조건은 아니다. 그런 시스템에서는 실시간이 항상 절대적으로 보장되지 않는다고 해서 이를테면 원자력 발전소가 폭발하지는 않으므로, 가끔의 지연이 허용된다.

추측 실행 취약점

본문에서 아키텍처를 공부하면서 우리는 컴퓨터가 프로그램을 실행할 때 별의별 일을 다 한다는 점을 배웠다. 컴퓨터는 프로그램을 수천 개의 갖가지 명령으로 변환하고, 그 명령들의 실행 순서를 뒤섞고, 일부 명령들을 동시에 실행하려 하고, 불완전한 결과를 명령들 사이에서 전달한다. 게다가 새로운 실행 방식을 위해 CPU 자체의 마이크로코드를 몰래 갱신하기까지 한다.

이러한 각각의 행동과 그들 사이의 상호작용 때문에 칩 설계와 기능의 복잡성이 엄청나게 증가한다. 그 결과로 만들어진 칩 설계는 인류가 알고 있는 가장 복잡한 시스템 중 하나다. CPU에서 일어나는 모든 일을 한 명의 개인이 모두 완전하게 이해하는 것은 불가능하다. 따라서, 그렇게 수많은 부품이 잘못될 수 있는 상황에서 CPU 설계가 사고의 측면에서나 보안의 측면에서나 안전(safe와 secure)하다고 확신할 수 있는지 묻는 것은 자연스러운 일이다.

이 질문의 답이 '아니요'라는 것이 최근 밝혀졌다. CPU 설계는 안전하다고 확신할 수 없다. 이는 **추측 실행**(speculative execution; 또는 투기적 실행) 취약점[2]이 등장한 이유이기도 하다. 추측 실행 취약점은 한 프로세스가 다른 프로세스의 데이터(비밀번호나 은행 정보 등)를 읽을 수 있게 하는 버그인데, 사용자 프로그램이나 운영체제가 아니라 아키텍처 자체의 결함이다. 대부분의 경우 이 취약점에는 물리적 클라우드 컴퓨터들에서 서로 다른 사용자에게 속한 하이퍼바이저 시스템들이 서로를 염탐할 수 있는 능력이 포함된다. 많은 제조업체가 이것을 치명적인 보안 위협으로 여겼다. 역사상 가장 심각한 하드웨어 문제로 간주한 회사들도 있다. 이 취약점을 해소하는 소프트웨어 패치가 나오긴 했지만, 컴퓨터의 성능을 5~30% 저하시켰다. 현재 아키텍트들은 차세대 프로세서에 이 취약점이 없도록 하드웨어를 재설계하고 있다.

추측 실행 취약점은 2018년에 스펙터Spectre와 멜트다운Meltdown이라는 버그의 형태로 처음 발견되었고, 이 책을 쓰는 지금도 새로운 변종이 계속 발견되고 있다. 즉, 추측 실행 취약점은 다수의 취약점으로 구성된 커다란 취약점 유형이다. 이 유형의 기본적인 이해를 돕기 위해, 변종 중 하나인 멜트다운 버그를 살펴보자.

멜트다운은 현대적 아키텍처의 여러 기능의 의도치 않은 복잡한 상호작용 때문에 발생한다. 추측 실행, 가상 메모리, CPU 커널 모드 전환, 캐시 타이밍 효과, 간접 주소 지정에서의 경쟁 조건 등이 그러한 기능들이다. 한 운영체제에서 공격자의 프로세스와 공격 대상(target) 프로세스가 함께 실행되고 있다고 하자. 운영체제는 두 프로세스에 각각 개별적인 메모리 공간을 배정하고, 각 프로세스가 자신의 메모리 공간에만 접근하도록 제한한다. 초기에 메모리 공간들은 다음과 같은 모습이다(왼쪽은 공격자, 오른쪽은 공격 대상).

---

2 옮긴이 '추측 실행'은 CPU 최적화 기법의 하나로, 그 자체가 취약점은 아니다. 혼란을 피하기 위해 transient execution CPU vulnerability(일시적 실행 CPU 취약점)라는 용어를 사용하기도 한다.

주소	데이터
1	
2	
3=BASE	
4=TEST1	FOO
5=TEST2	FOO
6=TEST3	FOO

주소	대상의 데이터
7	
8=TARGET	PASSWORD
9	
10	
11	
6	

공격자가 대상 프로그램의 소스 코드에 접근할 수 있어서 사용자 패스워드가 메모리의 어디에 저장될지 안다고 가정하자. 구체적으로, 주소 `TARGET`의 내용(`*TARGET`으로 표기한다)은 `PASSWORD`라는 변수의 값이며, 그 값이 1에서 3까지의 한 정수임을 미리 알고 있다고 가정하겠다. 공격자는 자신의 프로세스에서 이 패스워드 정수를 읽으려고 한다. 공격자 프로세스의 주소 공간에는 `TEST1`, `TEST2`, `TEST3`라는 이름의 일련의 주소들이 있다. 이 주소들에는 `FOO`로 표시된 임의의 데이터가 저장된다. 공격 과정에서 이 데이터를 읽게 되는데, 구체적인 값은 중요하지 않다. 이 주소들 바로 앞의 주소를 `BASE`라고 부르기로 하자. 오프셋을 이용해서 `TEST` 주소들을 참조하기 위한 기준(base) 주소라서 그런 이름을 붙였다.

공격을 위해, 먼저 조건문과 함께 간접 오프셋 주소 지정 명령을 실행한다.

```
if (0) LOAD BASE+(*TARGET) else LOAD 1
```

`if (0)`이라는 조건은 절대로 참이 되지 않으므로, 논리적으로는 `LOAD BASE+(*TARGET)` 갈래가 실행될 일이 없다. 하지만 조기 실행(제8장 §8.7.2.4) 기능 때문에 CPU는 분기의 두 갈래를 동시에 실행하기 시작한다. 이에 의해 `BASE+(*TARGET)`이 주소 4, 5, 6 중 하나로 평가되며, 그 주소에 있는 데이터(세 개의 `FOO` 중 하나)가 캐시에 적재된다. (분기의 다른 갈래에서 주소 1의 `FOO`도 캐시에 적재된다.) 이제 조건이 거짓으로 판명되면 `LOAD BASE+(*TARGET)` 갈래의 실행은 중지되지만, 해당 데이터는 (비록 앞으로 쓰이지는 않지만) 캐시에 이미 적재된 상태다.

만일 조건이 참이었다면 CPU는 `LOAD BASE+(*TARGET)` 갈래를 끝까지 실행한다. 그 과정에서 `TARGET` 주소의 유효성이 점검되는데, 만일 그 주소가 다른 프로세스의 주소 공간에 있음이 발견되면 보안 예외가 발생한다. 하지만 조건이 거짓이므로 그런 점검은 결코 수행되지 않는다.

이제 대상 프로세스의 주소 공간에 있는 데이터가 공격자의 캐시에 적재되었다. 다음으로, 공격자는 캐시 타이밍 공격(cache timing attack)을 시도한다.

```
for (i=1:3) time(LOAD BASE+i)
```

루프는 `time(LOAD BASE+i)`을 세 번 실행한다. 세 반복 모두 성공적으로 실행되어서, 세 메모리 주소의 `FOO` 값이 레지스터에 적재된다. 그런데 각 `LOAD` 명령의 실행 시간을 측정해 보면 하나만 다른 둘보다 빨리 완료되었을 수 있다. 이는 추측 실행에 의해 그 값이 캐시에 저장되었음을 뜻한다. `PASSWORD`의 값이 `i`라면 (BASE+i)가 캐시에 있을 것이며, 따라서 `LOAD BASE+i`가 빠르게 끝날 것이다. 결론적으로, 각 반복의 시간을 측정해서 가장 빠른 것에 해당하는 `i`가 바로 공격자가 원하는 `PASSWORD`의 값이다.

멜트다운 취약점은 거의 모든 주요 상용 CPU에서 20년 동안이나 발견되지 않은 채로 존재했다! 그동안 국가 행위자(state actor)들이 비밀리에 이 취약점을 악용했을 수도 있다. 하지만 어떠한 악성 코드가 이 취약점을 악용한 사례는 아직 알려지지 않았다.

2017년의 멜트다운 공개 과정은 윤리적인 보안 버그 공개가 어떻게 이루어져야 하는지를 보여주는 모범 사례였다. 보안 연구자들은 이 취약점을 발견하고 먼저 CPU 제조업체들에 비밀리에 통보했다. 그 후 연구자들과 CPU 제조업체들, 운영체제 프로그래머들이 협력해서, 모든 주요 운영체제에 대해 운영체제 수준의 소프트웨어 버그 패치를 작성했다. 그리고 운영체제 자동 업데이트를 강제해서 사용 중인 운영체제에 버그 패치를 적용했다.

운영체제 수준의 소프트웨어 패치는 KAISER라고 불린다. 패치가 적용된 운영체제는 프로세스 메모리 위치를 무작위화해서, 멜트다운 공격자가 대상 데이터를 찾을 주소를 알지 못하게 한다. 완전히 안전한 해법은 아니지만, 버그 악용을 훨씬 어렵게 만드는 효과는 있다. 사용자 컴퓨터들이 KAISER로 패치된 후, 2018년에 멜트다운 발견자들은 이 취약점을 대중에게도 공개했다. 먼저 출판 전 논문을 아카이브(arXiv) 서버에 바로 올리고, 이후 정식의 학술적 동료 평가(peer review) 절차도 거쳤다. 2020년에 그 과정이 완료되어서 논문이 출판되었다.

CISC 프로세서는 마이크로코드를 사용하여 구축되므로, 마이크로코드를 수정하는 CPU 펌웨어 업데이트를 통해서 하드웨어를 어느 정도 '재배선'할 수 있다. CISC 사용자들에게 이는 운영체제 수준의 소프트웨어 패치보다 더 강력한 해결책이다. 하지만 마이크로코드를 갱신하는 것은 운영체제 소프트웨어에 패치를 적용하는 것보다 어렵고 위험하다. 또한 하드웨어 패치 개발은 시간도 더 오래 걸린다. 부분적인 이유는 패치를 제공하기 전에 상세한 테스트를 거쳐야 하기 때문이다. 수백만 사용자의 프로세서를 '벽돌'로 만드는 사고를 수습하려면 운영체제를 망가뜨렸을 때보다 비용이 더 든다. 운영체제는 업데이트가 잘못되어도 쉽게 복구할 수 있지만, 하드웨어는 그렇지 않다. 그래서 마이크로코드 패치 개발은 멜트다운 논문 발표 이후에도 계속되었고, 소프트웨어 패치보다 훨씬 늦게 펌웨어 업데이트가 제공되었다.

새로운 마이크로코드는 추측 실행 후에 반드시 캐시를 지우는 로직을 추가해서 이 취약점을 제거한다. 하지만 성능이 상당히 저하된다는 대가를 치러야 하는데, 일반적으로 속도가 5~30% 정도 낮아진다. 이처럼 성능 저하를 유발하는 패치를 적용하는(보통은 사용자에게 알리거나 묻지 않고 자동으로) 것에 대해 다소 활발한 논쟁이 벌어졌다. 특히, 자신들이 만든 소프트웨어 수준 패치가 마이크로코드 패치로 대체되어 버린 운영체세 프로그래머들 사이에서 논쟁이 있었다.

이 책을 쓰는 현재, CPU 아키텍트들은 멜트다운을 하드웨어 수준에서 제대로 해결하기 위해 기본 아키텍처들을 재설계하고 있다. 2022년에 일부 연구자는 멜트다운을 위한 이러한 수정 사항 중 일부 때문에 새로운 추측 실행 버그가 생겼음을 보고하고, 그 버그에 렛블리드Retbleed라는 이름을 붙였다.[3] 앞으로도 수년 동안 아키텍트들이 이런 '두더쥐 잡기' 게임에 매진해야 할 것이다.

실습과제

6502 커널
요아힘 데보이Joachim Deboy가 작성한 미니멀 6502 커널의 어셈블리 코드가 http://6502.org/source/kernels/minikernel.txt에 있다. 이 코드를 읽고, IRQ, 저장, 복원을 처리하는 부분을 설명하라. 그리고 x86이나 RISC-V 아키텍처를 위한 미니멀 커널도 작성해 보라.

추측 실행 취약점 검사
여러분의 컴퓨터에 추측 실행 취약점 패치가 적용되었는지, 적용되었다면 구체적으로 어떻게 적용되었는지 파악하라. 리눅스의 경우 `lscpu` 명령으로 관련 정보를 얻을 수 있을 것이다.

3　(옮긴이) Retbleed의 Ret은 return을 뜻한다. 공격자는 추측 실행된 반환(복귀) 명령의 행동 방식을 악용해서 임의의 메모리 영역에 접근한다.

더 읽을거리

- 운영체제에 관한 결정적인 교과서: Andrew Tanenbaum, Herbert Bos, *Modern Operating Systems*, 4th ed. (Hoboken: Pearson, 2014).

- x86 코드에서 호출할 수 있는, 리눅스가 제공하는 모든 서브루틴 목록: R.A. Chapman, "Linux System Calls for x86," https://blog.rchapman.org/posts/Linux_System_Call_Table_for_x86_64/.

- 멜트다운 취약점에 관한 자세한 정보: M. Lipp et al., "Meltdown: Reading Kernel Memory from User Space," *Communications of the ACM* 63, no. 6 (2020): 46–56.

그림 출처

출처를 따로 명시하지 않은 모든 이미지는 퍼블릭 도메인(public domain; 자유 이용 저작물)이거나 저자의 허락을 받았다.

크리에이티브 커먼즈Creative Commons 사용권의 사본은 다음 웹페이지를 방문하거나 Creative Commons, PO Box 1866, Mountain View, CA 94042, USA로 서신을 보내서 구할 수 있다.

- CC BY 2.0: https://creativecommons.org/licenses/by/2.0/deed.en
- CC BY 2.5: https://creativecommons.org/licenses/by/2.5/deed.en
- CC BY 3.0: https://creativecommons.org/licenses/by/3.0/
- CC BY 4.0: https://creativecommons.org/licenses/by/4.0/
- CC BY-ND: https://creativecommons.org/licenses/by-nd/2.0/deed.en
- CC BY-SA 2.0: https://creativecommons.org/licenses/by-sa/2.0/deed.en
- CC BY-SA 2.5: https://creativecommons.org/licenses/by-sa/2.5/deed.en
- CC BY-SA 2.5-it: https://creativecommons.org/licenses/by-sa/2.5/it/deed.en
- CC BY-SA 3.0: https://creativecommons.org/licenses/by-sa/3.0/deed.en
- CC BY-SA 4.0: https://creativecommons.org/licenses/by-sa/4.0/deed.en
- 원서 깃랩 저장소 https://gitlab.com/charles.fox/comparch에 원본 이미지 파일들이 있다.

서문

- [그림 1]. Fastily 제공, CC BY-SA 4.0. 원본에서 잘라냄.
- [그림 2]. Evan-Amos 제공, CC BY-SA 3.0. 레이블 추가됨.

- [그림 3]. Manolis Angelakis 제공, CC BY 4.0.
- [그림 4]. OLPC의 "XO Motherboard"에서 수정, CC BY-SA 3.0.
- [그림 5]. Raimond Spekking 제공, CC BY-SA 4.0. 레이블 추가됨.
- [그림 6]. Phiarc 제공, CC BY-SA 4.0.

제1장

- [그림 1-2]. Francesco D'Errico 제공.
- [그림 1-3]. Joeykentin 제공, CC BY-SA 4.0.
- [그림 1-4]. Dave Fischer 제공, CC BY-SA 3.0.
- [그림 1-5]. Schøyen Collection, Oslo & London, MS 5112 제공.
- [그림 1-6]. **왼쪽:** Marsyas 제공, CC BY-SA 3.0. **오른쪽:** @NatureVideoChannel 제공, CC BY 3.0.
- [그림 1-7]. Gts-tg 제공, CC BY-SA 4.0.
- [그림 1-8]. **왼쪽:** Università di Bologna 제공, CC BY-ND. **오른쪽:** 저자가 https://runwayml.com을 사용하여 작성한 스케치.
- [그림 1-10]. **오른쪽:** Nico71 - Nicolas LESPOUR - https://www.nico71.fr 제공.
- [그림 1-11]. Clem Rutter, Rochester, Kent 제공, CC BY 3.0.
- [그림 1-12]. **왼쪽:** Steve Slater 제공, CC BY 2.0. **가운데:** Andrzej Barabasz 제공, CC BY-SA 3.0. **오른쪽:** Jennifer Schug 제공, CC BY-SA 4.0.
- [그림 1-13]. Jitze Couperus 제공, CC BY 2.0.
- [그림 1-14]. Mrjohncummings 제공, CC BY-SA 2.0.
- [그림 1-15]. bad germ 제공, CC BY-SA 3.0.
- [그림 1-16]. Andy Dingley 제공, CC BY 3.0.
- [그림 1-18]. **왼쪽:** Adam Schuster 제공, CC BY 2.0. 원본에서 잘라냄.
- [그림 1-20]. MesserWoland 제공, CC BY-SA 3.0. 원본 텍스트 수정됨.
- [그림 1-21]. Joe Haupt 제공, CC BY-SA 2.0.
- [그림 1-24]. Magnus Hagdorn 제공, CC BY-SA 2.0.
- [그림 1-26]. Mister rf 제공, CC BY-SA 4.0.

- [그림 1-29]. Thomas Nguyen 제공, CC BY-SA 4.0.
- [그림 1-30]. Peter Hamer 제공, CC BY-SA 2.0.
- [그림 1-32]. Thomas Schanz 제공, CC BY-SA 3.0.
- [그림 1-33]. Argonne National Laboratory 제공, CC BY-SA 2.0.

제2장

- [그림 2-2]. © Marie-Lan Nguyen, Wikimedia Commons, CC BY 2.5.
- [그림 2-3]. © Marie-Lan Nguyen, Wikimedia Commons, CC BY 2.5. 원본에서 잘라냄.
- '십진 컴퓨터' 글 상자, **배비지의 해석기관 기어:** © 1982, IEEE, 허가 하에 전재. **UNIVAC 콘솔:** IkT 제공, CC BY 2.0.

제3장

- [그림 3-1]. Antonio Georgiev 제공, CC BY-SA 4.0. 원본에서 잘라냄.
- [그림 3-4]. Silvio Peroni 제공, CC BY 4.0.
- [그림 3-5]. Pubby, Stack Exchange 제공, CC BY-SA 3.0.
- 'ALU 메커니즘' 글 상자, **배비지의 해석기관 기어:** © 1982, IEEE, 허가 하에 전재.
- [그림 3-6]. © 1982, IEEE, 허가 하에 전재.

제4장

- [그림 4-2]. Svjo 제공, CC BY-SA 3.0. 원본의 글꼴과 화살표 변경됨.
- [그림 4-5]. Cmglee 제공, CC BY-SA 3.0. 원본에서 잘라냄.
- [그림 4-10]. Svjo 제공, CC BY-SA 3.0. 원본의 글꼴과 화살표 변경됨.
- [그림 4-17]. gratuity 제공, CC BY 3.0.
- [그림 4-18]. Cyril BUTTAY 제공, CC BY-SA 3.0. 원본의 글꼴과 화살표 변경됨.
- [그림 4-20]. Intel Free Press 제공, CC BY-SA 2.0. 원본에서 잘라냄.

제5장

- [그림 5-10]. Dgarte 제공, CC BY-SA 3.0.
- [그림 5-20]. **왼쪽:** Paebbels, Stack Exchange 제공, CC BY-SA 3.0. **오른쪽:** Eladio Delgado Mingorance 제공, CC BY-SA 4.0.

제9장

- [그림 9-1]. Bill Bertram 제공, CC BY 2.0. 레이블 추가됨.
- [그림 9-2]. **왼쪽:** Bill Bertram 제공, CC BY 2.5. **오른쪽:** Eric Gaba(Wikimedia Commons 계정 Sting) 제공, CC BY-SA 3.0.

제10장

- '역사적인 RAM들' 글 상자, **음향 수은 지연 선로 RAM:** © Department of Computer Science and Technology, University of Cambridge, 허가 하에 전재.
- [그림 10-3]. _brouhaha_ 제공, CC BY-SA 2.0.
- [그림 10-4]. Encheart 및 Glogger 제공, CC BY-SA 3.0, 원본에서 수정됨.
- [그림 10-5]. An-d 제공, CC BY-SA 3.0. 원본에서 잘라냄.
- [그림 10-6]. *MROM:* Silicon Pr0n 제공, CC BY 4.0. *PROM:* Raimond Spekking 제공, CC BY-SA 4.0. *EPROM:* Javier Pérez Montes 제공, CC BY-SA 4.0. *EEPROM:* Raimond Spekking 제공, CC BY-SA 4.0. **SD 카드:** Uwe Hermann 제공, CC BY-SA 4.0.
- [그림 10-14]. Flickr의 Jemimus와 Wikimedia Commons의 Robert 제공, CC BY 2.0.
- [그림 10-15]. Norman Bruderhofer, www.cylinder.de 제공, CC BY-SA 3.0.
- [그림 10-16]. **왼쪽:** Norman Bruderhofer 제공, CC BY-SA 2.5. **오른쪽:** DJpedia 제공, CC BY-SA 2.0.
- [그림 10-19]. Evan-Amos 제공, CC BY-SA 3.0.
- [그림 10-20]. Cmglee 제공, CC BY-SA 3.0. 원본에서 수정됨.
- [그림 10-21]. ChrisDag 제공, CC BY 2.0.

제11장

- [그림 11-1]. 퍼블릭 도메인 이미지들과 다음 이미지들을 조합했음: *Amiga1000:* Kaiiv 제공, CC BY-SA 3.0. *A500:* Bill Bertram 제공, CC BY-SA 2.5. *Sinclair ZX80:* Daniel Ryde 제공, CC BY-SA 3.0. *ZX Spectrum:* Bill Bertram 제공, CC BY-SA 2.5. *QL:* Ewx 제공, CC BY-SA 2.5. *CPC464:* Bill Bertram 제공, CC BY-SA 2.5. *PC200:* Marcin Wichary 제공, CC BY 2.0. *5150:* Rama & Musée Bolo 제공, CC BY-SA 2.0. *PC-XT:* Ruben de Rijcke 제공, CC BY-SA 2.0, 수정됨. *PC-AT:* MBlairMartin 제공, CC BY-SA 4.0, 수정됨. *ST:* Bill Bertram 제공, CC BY 2.5. *7800:* Evan-Amos 제공, CC BY-SA 3.0. *Lynx:* Evan-Amos 제공, CC BY-SA 3.0. *IIe:* Pratyeka

제공, CC BY-SA 4.0. *Macintosh:* http://www.allaboutapple.com 제공, CC BY-SA 2.5-it. *Mac II:* Alexander Schaelss 제공, CC BY-SA 3.0, 수정됨. *Electron:* Bilby 제공, CC BY 3.0. *Master:* Dejdżer/Digga 제공, CC BY-SA 2.0. *A3000:* Binarysequence 제공, CC BY-SA 3.0. *TRS-80 3:* Bilby 제공, CC BY 3.0. *TRS-80 4:* Blake Patterson 제공, CC BY 2.0, 수정됨. *1400 LT:* DigitalIceAge 제공, CC BY 4.0.

- [그림 11-2]. Giorgio Moscardi 제공, 허가 하에 전재. 오픈소스 하드웨어 Raemixx500 프로젝트(https://github.com/SukkoPera/Raemixx500)에서 가져옴.
- [그림 11-4]. Pauli Rautakorpi 제공, CC BY 3.0.
- [그림 11-5]. Donald F. Hanson 제공.
- 'MOnSter 6502 프로젝트' 글 상자의 기판 사진: Eric Schlaepfer와 Windell Oskay 제공, https://monster6502.com.
- [그림 11-11]. Pauli Rautakorpi 제공, CC BY 3.0.
- [그림 11-12]. https://www.amigawiki.org/doku.php?id=de:models:a500 제공, CC BY-SA 3.0. 라벨 추가됨.
- [그림 11-14]. Job at the English Wikipedia 제공, CC BY-SA 3.0.
- [그림 11-16]. Opersing2688 제공, CC BY-SA 3.0.

제12장

- [그림 12-1]. oomlout 제공, CC BY-SA 2.0.
- [그림 12-3]. Tim Mathias 제공, CC BY-SA 4.0. 원본에서 수정됨.
- [그림 12-4]. **왼쪽:** SparkFun 제공, CC BY 2.0. **오른쪽:** Les Pounder, 영국 블랙풀 제공, CC BY-SA 2.0. 원본에서 잘라냄.
- [그림 12-5]. oomlout 제공, CC BY-SA 2.0.
- [그림 12-6]. Eelco 제공, CC BY-SA 4.0.
- [그림 12-7]. Mediaquark 제공, CC BY-SA 4.0. 원본의 글꼴 변경됨.
- [그림 12-8]. BregesT65421354 제공, CC BY-SA 4.0.
- [그림 12-9]. Artium, Stack Exchange 제공, CC BY-SA 3.0.
- [그림 12-10]. Mataresephotos 제공, CC BY 3.0.
- [그림 12-12]. English Wikibooks의 Hugh jack 제공, CC BY-SA 3.0. 원본에서 수정됨.

제13장

- [그림 13-3]. Gribeco(원본)와 Moxfyre(파생 버전) 제공, CC BY-SA 3.0. 원본에서 수정됨.
- [그림 13-4]. **왼쪽:** Rainer Knäpper, Free Art License (http://artlibre.org/licence/lal/en/), https://commons.wikimedia.org/wiki/File:Scsi_intern_hd68.jpg, 원본에서 잘라냄. **오른쪽:** Tomato86 제공, CC BY-SA 4.0.
- [그림 13-5]. w:user:snickerdo 제공, CC BY-SA 3.0.
- [그림 13-6]. _surovic_, Sketchfab 제공, CC BY 4.0.
- [그림 13-7]. Davi.trip 제공, CC BY-SA 4.0. 원본에서 수정됨.
- [그림 13-8]. **오른쪽:** © 2017 libretro, MIT 라이선스.
- [그림 13-9]. endolith at Flickr 제공, CC BY-SA 2.0.
- [그림 13-10]. https://fabiobaltieri.com 제공, CC BY-SA 3.0.
- 'PC 부팅 과정' 글 상자. **PC BIOS ROM 칩:** © Raimond Spekking / CC BY-SA 4.0 (Wikimedia Commons를 통해). **BIOS 디스플레이 I/O 기능:** HacKurx 제공, CC BY-SA 3.0.

제14장

- [그림 14-1]. 두 이미지 모두 © Raimond Spekking 제공, CC BY-SA 4.0 (Wikimedia Commons를 통해).
- [그림 14-2]. **왼쪽:** ScienceStockPhotos 제공, CC BY 4.0. **오른쪽:** Natural Philo 제공, CC BY-SA 3.0.

제15장

- [그림 15-2]. 미국 의회도서관, 인쇄물 및 사진 부문, LC-DIG-npcc-12637.
- [그림 15-3]. Immae 제공, CC BY-SA 3.0. 원본에서 수정됨.
- [그림 15-5]. NVIDIA 제공, 허가 하에 전재.
- [그림 15-7]. Flickr 계정 OLCF at ORNL 제공, CC BY 2.0.
- [그림 15-8]. Flickr 계정 alfonso.saborido Flickr 제공, CC BY 2.0.
- [그림 15-9]. DistortOD(https://github.com/AlexanderBrevig/DistortOD)에 기반함.

제16장

- [그림 16-1]. IBM Research 제공, CC BY-SA 2.0.
- [그림 16-3]. Optalysys 제공.
- [그림 16-4]. Isaac Webb 제공, CC BY-SA 3.0. 원본의 글꼴 변경됨.
- [그림 16-5]. BruceBlaus 제공, CC BY 3.0. 원본에서 수정됨.
- [그림 16-6]. M. Bennett, "An Attempt at a Unified Theory of the Neocortical Microcircuit in Sensory Cortex," *Frontiers in Neural Circuits 14*, no. 40 (2020), https://doi.org/10.3389/의 Figure 3에서 파생됨.
- [그림 16-7]. **왼쪽:** Selket 제공, CC BY-SA 3.0. 원본에서 수정됨.

■ 진솔한 서평을 올려주세요!

이 책 또는 이미 읽은 제이펍의 책이 있다면, 장단점을 잘 보여주는 솔직한 서평을 올려주세요.
매월 최대 5건의 우수 서평을 선별하여 원하는 제이펍 도서를 1권씩 드립니다!

- **■ 서평 이벤트 참여 방법**
  - ❶ 제이펍 책을 읽고 자신의 블로그나 SNS, 각 인터넷 서점 리뷰란에 서평을 올린다.
  - ❷ 서평이 작성된 URL과 함께 review@jpub.kr로 메일을 보내 응모한다.

- **■ 서평 당선자 발표**
  - 매월 첫째 주 제이펍 홈페이지(www.jpub.kr)에 공지하고, 해당 당선자에게는 메일로 연락을 드립니다.
  - 단, 서평단에 선정되어 작성한 서평은 응모 대상에서 제외합니다.

독자 여러분의 응원과 채찍질을 받아 더 나은 책을 만들 수 있도록 도와주시기 바랍니다.

찾아보기

숫자

12진법	63
16비트 시대	291, 309, 356
16비트 컴퓨터	313
16진 코드 편집기	65
16진수	63
1950년대	37
1980년대 황금기	41, 288
1990년대	42
2000년대	44
2010년대	45
2020년대	48
1만 년 메모리	472
1의 보수	71
2의 보수	71, 189
2차대전	28
32비트 시대	357
3차 메모리	252, 281
4004	356
486	371
60진수	63
64비트 시대	358
SIMD	422
6502	41, 288, 292
버스 인터페이스	238
커널 어셈블리 코드	517
MOnSter 6502 프로젝트	295
Visual 6502 프로젝트	293
68000	309
7400	141, 150
8080	356
8086	221
8087	221, 371
8비트 시대	290

ㄱ

가드	434
가산기	161, *cf.* 자리올림
리플캐리	164
반가산기	162
자리올림수 저장	165
전가산기	162
가상 기계(VM)	23
가상 메모리	505
가수	72
간접 점프	183
간접 주소 지정	215, 311
간트 차트	418
감산 공정	129
감산기	166, 201
개리	315
결정격자	117
결핍 영역	118
경성 실시간	513
계산 가능 실수	73
계산 신경과학	480
계산기	15
계수기	171

계전기	26, 31, 138	피드백 메모리	167
계층구조	xxxv	기타 이펙터	343, 457
메모리	250	기호 레이블	367
버스	247	긴 워드	311

ㄴ

고급 벡터 확장(AVX)	425	내부 레지스터	191, 362
무어, 고든	355	6502	296
고성능 컴퓨팅(HPC)	450	내장형 시스템	328
고속 직렬 버스	376	네할렘	359
고속 푸리에 변환(FFT)	344, 475	노드	236
고정소수점	344	노스브리지	374
고정소수점 수	72	노이스, 로버트	355
고체상 드라이브(SSD)	280	노트북	xxix
공간 국소성	265	논리 게이트	133
공유 메모리 MIMD	445	뉴런	481
공유결합	116	당구공 모델	140
관형 코일	26	트랜지스터	138
광 트랜지스터	473	TTL	141
광류	385	논리 회로 간소화	148
광신경망	476	누산기	10, 91, 101, 191
광자	473	기계식 계산기	15
광학 디스크	279	누산기 아키텍처	191, 210
광학 상관기	474	뉴런	436, 481
광학 아키텍처	473	니블	64, 66
구조적 해저드	224		
국소성 원리	265		

ㄷ

규소	115	다빈치, 레오나르도	15
그래픽 사용자 인터페이스	41	다이 샷	293, 309, 338, 447
그래픽 언어	382	다이오드	114
그래픽 처리 장치	☞ GPU	진공관	114
그래픽 카드	381	PN 접합 다이오드	115
그로버 알고리즘	493	다중 명령 다중 데이터	☞ MIMD
그리드 컴퓨팅	452	다중 입력 논리 연산	158
금속 산화막 반도체 FET(MOSFET)	130	다중 코어	46
기계식 계산기	15	x86	446
기계식 미분 해석기	24	단순 기계	21, 91, 156, 352, 484
기본 입출력 시스템	☞ BIOS	피질 기둥	484
기수	59	단열 양자 컴퓨팅	494
기억장치	167, cf. 메모리	단일 명령 다중 데이터	☞ SIMD
보조	272	단일 인라인 메모리 모듈(SIMM)	260
주	252		
기타 앰프	31, 124, 167		

단일 프로그램 다중 데이터(SPMD)	452
닫힌 루프 아키텍처	213
당구공 컴퓨터	140
대뇌 피질	485
대칭 다중 처리(SMP)	445
대형 트랜지스터	38
더러움 비트	265
더머, 조프리	40
더블워드	361
덧셈	
주판	9
토큰	55
해석기관	21
데스크톱 PC	☞ PC
데스크톱 아키텍처	351
데이터	
기본 단위	84
자료구조	83
해저드	224
빅데이터	48
오디오	81
이미지	80
측정	84
텍스트	75
표현	53
데이터 방향 레지스터(DDR)	340
데이터 센터	49, 281
데이터 해저드	224
피연산자 전달	229
데이터 흐름	
아키텍처	456
언어	458
컴파일러	458
데이터선	173, 238
도핑	117
동시 기록	270
동시성	504
동아라비아 숫자	57
동적 RAM(DRAM)	258
동적 실행 시점 분기 예측	228
되먹임	167

드니스	315
디멀티플렉서	161, 259
디스크	276
디젤 시대	25
디지털 논리 네트워크(회로)	139
구현	150
디지털 신호 처리(DSP)	23, 343
디지털 컴퓨터	4
디지털-아날로그 변환기	384
디코더	159, 297
딥러닝	xxiii, 436, 476

ㄹ

래더 로직	345
랩톱	xxix
러기두이노	340
러브레이스, 에이다	22
레고	12, 19
레봄보 뼈	7
레이블	301, 367
레지스터	100
6502	295
68000	311
내부	191, 362
맨체스터 베이비	190
메모리 버퍼(MBR)	239
메모리 주소(MAR)	239
명령	192
범용	360
벡터	424
사용자	191, 295
세그먼트	372
아두이노	340
양자	490
양자 컴퓨팅	490
점	220
해석기관	100
amd64	422
AVX	425
RISC-V	401
SIMD	421

SSE	424
x86	360
레지스터 간접 주소 지정	364
레지스터 수준 병렬성	417
레지스터 전송 언어(RTL)	197
레지스터 주소 지정	363
레트로 아키텍처	287
로더	507
로마 숫자	56
로켓	408
로해머 취약점	261
록인 효과	356
롤러	255
르네상스와 계몽주의 시대	15
리틀엔디언	254
리플캐리 가산기	164
릭터먼, 루스	35
릴레이	26
링 버퍼	242
링커	509

ㅁ

마스크 ROM(MROM)	262
마스크, 마스킹	xxvii, 128, 141, *cf.* 포토 공정
파일	174
GPU	434
마우스	321, 385
마이크로컨트롤러	330
아두이노	336
ATmega328	337
DSP	343
PC	342
마이크로코드	354
보안 패치	517
마이크로프로그래밍	353
마이크로프로그램	103
마인드풀 컴퓨팅	348
마인크래프트	471
매크로	365
맥널티, 케이	35
맨체스터 베이비	35, 180

내부 구조	189
시뮬레이터	207
전체 구현	204
프로그래밍	180
멀티미디어	80
멀티코어	446
멀티플렉서	161, 194
메모리	22, 167
1만 년	472
가상	505
계층구조	250
광학 디스크	279
마이크로컨트롤러	331
매핑	247
모듈	255
자기 디스크	278
자기 테이프	274
천공 카드	273
천공 테이프	274
캐시	263
컨트롤러	255
테이프	273
페이지	216, 295
플로피 디스크	278
피드백	167
하드 디스크	278
LP-DRAM	410
NUMA	449
RAM(임의 접근)	256
ROM(읽기 전용)	256
메모리 버퍼 레지스터(MBR)	239
메모리 주소 레지스터(MAR)	239
메인보드	xxvi
아두이노	339
GPU	381
멜트다운	xxii, 514
명령 레지스터	192
명령 메모리	103
명령 포인터	362
명령어 개수	212
명령어 수준 병렬성	417

명령어 집합	96, *cf.* CISC, RISC
6502	298
맨체스터 베이비	180
해석기관	96
SIMD	420
명령어 집합 아키텍처	☞ ISA
모니악	4
모델 검사	145
모스 부호	75
모클리, 존	33
모토로라 68000	42
무어, 고든	355
무어의 법칙	xxiii, 39, 130, 470
트랜지스터 밀도	470
병렬성	416
조기 실행	227
종말	45
캐시	264
클록 속도	358
GPU	381
x86	359
문맥 전환	504
물 컴퓨터	4
미니컴퓨터	38
미분 해석기	
기계식	24
전기기계식	28
미분방정식	24
밀랍 원통 오디오 저장장치	276

ㅂ

바누 무사 형제	14
바딘, 존	38, 355
바이트	66, 253
바이트 주소 지정	254
반 가산기	162
반도체	115
발광 다이오드(LED)	121, 340
OLED	380
배럴 오르간	18
배럴 핀	354

배비지, 찰스	18, 93
배열	73
연산자	157
NSAM	365
버그	35
버블링	226
버스	236
고속 직렬	376
아두이노	337
이더넷	380
집적회로 간	334
CAN	335
FSB	238
PCIe	377
SATA	378
SCSI	345
USB	379
버스 계층구조	247
MIDI	322
PC	374
버스 아키텍처	236
버스선	237
버클리 교육용 코어	408
버퍼, 버퍼링	241
원형(링)	242
이중 버퍼링	242
MBR	239
범용 게이트	138, 149
범용 레지스터	360
범용 직렬 버스(USB)	379
벡터 레지스터	424
벡터 신경망 명령어(VNNI)	427
병렬 아키텍처	46, 416
병렬성	416
대뇌 피질	486
명령 없는	456
병렬적 사고방식	417
보안	
멜트다운	514
스펙터	514
운영체제	507

임베디드 시스템	347	브라유 점자	76
추측 실행 취약점	513	브래튼, 월터	38, 355
보조 기억장치	272	브로드만 영역	485
보조 메모리	252, 272	블레츨리 파크	30, 33, 419
보조 프로세서	314	블루레이	280
복잡 명령어 집합 컴퓨팅	☞ CISC	비교 소자	192
복합 인터페이스 어댑터(CIA)	235	비균일 메모리 접근(NUMA)	449
복합 표기법	62	비대칭 다중 처리(AMP)	445
봄바	30	비순차 실행(OOOE)	229
부동소수점	220	비재진입 아키텍처	245
레지스터	371	비트	61, 84
수	72	비트별 논리 연산	157
RISC-V	407	빅데이터	48
x86	371	빅엔디언	254
부동소수점 처리장치(FPU)	221	빌라스, 프랜시스	35
부스트 기술	359	빵판	128, 143, 337
부울 논리	143		
산술 법칙	144	**ㅅ**	
증명	147	사다리 논리 회로	345
부울 대수	135	사물 인터넷(IoT)	48
부울, 조지	135, 147	사용자 레지스터	191, 295
부정	165	개수	211
부정 소자	165	사용자 모드	505
부팅	386	사용자 입력	321
추가 단계	510	사우스브리지	374
부호	70	사운드 카드	384
분기	20	사이릭스	357
6502	301	사전 충전	260
68000	312	삭제 가능 PROM(EPROM)	263
맨체스터 베이비	184, 202	산술 논리 장치	☞ ALU
예측	227	산술 연산	91, 104
조건부	99, 368	6502	300
통계	228	68000	313
해석기관	99	맨체스터 베이비	183
해저드	223, 227	해석기관	97
PTX	433	PTX	431
RISC-V	404	RISC-V	406
x86	368	x86	365
분산 컴퓨팅		상보성 금속 산화막 반도체(CMOS)	130
계산과 저장	455	상수	96, 181
MIMD	451	상업용 컴퓨팅	37

상태 플래그	99
색인 주소 지정	216
샘플링	291, 333
섀넌, 클로드	134, 148
서브그룹	434
서브루틴	217
6502	302
68000	312
링커	508
RISC-V	404
x86	369
석기 시대	7
석영 결정	127
설계 철학	
마인드풀 컴퓨팅	348
유비쿼터스 컴퓨팅	348
CISC	212, 352, 412
RISC	213, 398, 412
세그먼트 레지스터	372
세그멘테이션	372
오류	506
세탁기	xxxii
섹터	277
셰이더	382
언어	444
정점	382
픽셀	382
솔레노이드	26
쇼클리, 윌리엄	38, 355
수량감	56
수메르	9, 54, 63, 75
수압 스위치	121
수압 효과 스위치	125
수은 지연 선로	256
수체계	60
수치 연산	91
수평 SIMD	426
순방향	113
순서 국소성	265
순차 논리	168
순회 외판원 문제	479
술어	434
숫자 레이블	367
슈퍼컴퓨터	450
스나이더, 베티	35
스마트 아키텍처	396
스마트 컴퓨터 설계	409
스마트 홈	398
스마트폰	xxx, 45, 397
스위치	111, 121
수압 효과	125
전화 교환기	134
진공관	122
트랜지스터	123
스택	218
넘침	219
RISC-V	405
x86	369
스택 아키텍처	218
스택 없는	218
스택 포인터	296
레지스터	219
스톨링	226
스톨먼, 리처드	42
스페이스 인베이더	4, 290, 320
스펙터	xxii, 514
스프라이트	290, 315
시간 국소성	265
시간 독립 논리	157
시리얼 포트	322
시뮬레이터	
양자 컴퓨팅	491
주판	51
LogiSim	154
RISC-V	413
시상	486
시스템 메모리	252
시스템 프로그래머	xxi
시스템 호출	508
시퀀서	172, 195
신경 아키텍처	480
신경 처리 장치(NPU)	460

신뢰성	329
신시사이저	308
실리콘	115
실수	73
실시간 운영체제	512
실행	90, 104
분기 예측	228
비순차(OOOE)	229
조기	227
추측	513
실행 파일	185
심층학습	xxiii, 436, 476
십진 컴퓨터	68
십진수	60
쑤저우 중국 숫자	58
쓰기 후 기록	270
쓰기 후 쓰기	224
쓰기 후 읽기	224

ㅇ

아날로그 컴퓨터	4
아날로그-디지털 변환(ADC)	332
아두이노	336
나노	340
두에	340
메가	340
아두이노 없는 Atmel AVR	342
아메리칸 봄브스	33
아미가	42, 313
아스키	76
아키텍처	
광학	473
누산기	191, 210
닫힌 루프	213
데스크톱	351
레트로	287
버스	236
병렬	46, 416
비재진입	245
스마트	396
스택	218
신경	480
양자	487
열린 루프	213
오픈소스	468
인터럽트	244
임베디드	328
재진입	245
폰 노이만	23, 36
하버드	23, 34, 331
DNA	477
GPU	429
Nvidia 튜링	439
아타리 ST	42
악기	14, 18, *cf.* 음악
8비트 사운드 칩	308
기타 이펙터	343
MIDI 인터페이스	322
안티키테라 기계	11, 16
알고리즘	10
암복호화	28
CISC	426
SIMD	426
암호 해독	29
압전	127
압축	82
애그너스	314
애들먼, 너드	479
애스터로이드	292, 321
애슬론	358
애플 II	41
야크 털 깎기	21
양자 결어긋남	494
양자 레지스터	490
양자 아키텍처	487
양자역학	487
만화 버전	488
수학 버전	489
양자장론	494
어셈블리	xxi, 43, 185
매크로	365
맨체스터 베이비	184

지시자	365	오르골	18
커널	517	오프라인 메모리	252, 272
GPU	430	오프셋 주소 지정	216, 311
NASM	363, 388	오픈 클라우드	469
PTX	431	오픈소스 소프트웨어	45
SASS	465	오픈소스 아키텍처	468
에니그마	29	온라인 저장장치	272
에니악	☞ ENIAC	옵코드	185
에뮬레이터		완전 연관 캐시	268
아두이노	349	운영체제	503
아미가	326	로더	510
코모도어 64	325	보안	507
6502	323	실시간	512
GPU	465	워드	173
에이콘	399	워치독	332
에커트, J. 프레스퍼	33	원형 버퍼	242
엔디언	254	월드와이드웹	44
엔트로피	112	웨스코프, 말린	35
역방향	113	윌리엄스관 RAM	257
역사	3	윌크스, 모리스	217, 353
16비트 시대	291, 309, 356	유니박	37
32비트 시대	357	유니코드	78
64비트 시대	358	유닉스	40
8비트 시대	290	유리수	71
디젤 시대	25	유비쿼터스 컴퓨팅	348
르네상스와 계몽주의 시대	15	유향 시스템	112
석기 시대	7	음악	cf. 악기
전기 시대	31	샘플링 기반 음악	291
증기 시대	17	처리 장치	89
철기 시대	11	음향 수은 지연 선로 RAM	256
청동기 시대	9	이더넷	380
트랜지스터 시대	38	이동성	329
역전파	459	이미지 데이터	80
열 다이오드	114	이산 푸리에 변환(DFT)	474
열린 루프 아키텍처	213	이상고 뼈	7
오도미터	12	이슬람 황금기	13, 57
오디오	276	이오진법	69
밀랍 원통	276	이온 통로	481
아날로그-디지털 변환(ADC)	333	이중 5진법	69
오디오 데이터	81	이중 버퍼링	242
오류 정정 코드 RAM(ECC-RAM)	260	이중 인라인 메모리 모듈(DIMM)	260

이진 자리이동	61	자리이동 장치	158
이진수	61	논리 회로	158
인간 컴퓨터	419	이진	61
인쇄 회로 기판(PCB)	xxvii	자연수	67
인출		자유 소프트웨어	42
맨체스터 베이비	197	자카르 방직기	17, 36
자동 피아노	90	장제법	187
파이프라이닝	221	장치 드라이버	506
해석기관	103	재귀 호출	217
인코더	160	재진입 아키텍처	245
인터럽트 아키텍처	244	재프로그래밍	5
인터럽트 요청(IRQ)	245	저장	92, 104
IRQ 지옥	246	6502	298
인텔	39	68000	311
관리 엔진	511	맨체스터 베이비	182, 200
읽기 전용 메모리	☞ ROM	해석기관	97
읽기 후 쓰기	224	RISC-V	403
임베디드 FPGA	347	저장장치	cf. 메모리
임베디드 I/O	332	밀랍 원통 오디오	276
임베디드 시스템	328	온라인	272
기타 이펙터	343	저전력 DRAM(LP-DRAM)	410
보안	347	적재	92, 104
스마트 기기	397	6502	298
아두이노	336	68000	311
CPU 없는	344	맨체스터 베이비	182, 199
PLC	345	아두이노	340
임베디드 아키텍처	328	해석기관	97
임의 접근 메모리	☞ RAM	RISC-V	403
입자 공학	495	전가산기	162
입출력(I/O)	234, 332, 375, 506,	전계효과 트랜지스터	126
	cf. BIOS, I/O 모듈	전기 삭제 가능 PROM(EEPROM)	263
잉곳	128	전기 시대	31
		전기 진공관 스위치	122
ㅈ		전기기계식 미분 해석기	28
자기 디스크	278	전기기계식 컴퓨팅	25
자기 테이프	274	전기영동법	479
자료구조	83	전력 공급	330
자리올림	10, 20, 30, cf. 가산기	전역 주소	255
자리올림수 저장 가산기	165	전자 프로그램 내장식 컴퓨터	35
자리이동		전자식 십진 컴퓨터	69
부동소수점 연산	221	전화 교환기	134

점 레지스터	220	간접	215, 311
점대점 커넥터	379	레지스터	363
점프	98	레지스터 간접	364
6502	301	모드	214
68000	312	바이트	254
간접	183	색인	216
맨체스터 베이비	202	오프셋	216, 311
아두이노	341	즉시	363
점프	98	직접	364
직접	183	주소선	173, 197, 237
RISC-V	404	주판	9
x86	368	즉시 주소 지정	363
점프 후 링크	404	증기 시대	17
접근 시간	277	지수	59
접근 위반	506	지시자	365
정수	70	지역성 원리	265
정적 RAM(SRAM)	257	직렬 포트	322
정점 셰이더	382	임베디드 시스템	333
정지	181	직렬적 사고방식	417
제닝스, 베티 진	35	직렬화	83
제록스 PARC	41	직접 매핑	267
제어 장치(CU)	102	직접 메모리 접근(DMA)	246
6502	297	직접 점프	183
맨체스터 베이비	193	직접 주소 지정	364
해석기관	102	진공관	31
제어 흐름		다이오드	114
6502	301	스위치	122
68000	312	열 다이오드	114
맨체스터 베이비	202	진동 전압	127
NASM	367	진리표	135
RISC-V	404	진수 변환	66
SASS	441	집적회로	40
제어선	173	집적회로 간 버스	334
조건부 분기	99, 368	집합 연관	269
조기 실행	227	쪼갠 탤리	56
조합 논리	157		
종이테이프	22	**ㅊ**	
주 기억장치	252	차동 전압	335
주 메모리	252	차분기관	18
주변기기	235	처리 장치	
주소 지정		그래픽(GPU)	48, 381

찾아보기 537

디지털 신호(DSP)	23, 343
신경(NPU)	460
음악	89
텐서(TPU)	460
처치, 알론조	6
처치 명제	6
처치 컴퓨터	6, 31
천공 카드	17, 26, 96, 273
천공 테이프	274
철기 시대	11
청동기 시대	9
체크 밸브	113
초계산	496
최외각 껍질	116
최초의 컴퓨터	50
추제, 콘라드	31
추측 실행	513
축삭돌기	483
축소 명령어 집합 컴퓨팅	☞ RISC
축전기	258
칩셋	374
칩튠	309

ㅋ

카메라	410
카운터	171, 192, 194
캐시	263
고급 아키텍처	270
보안 취약점	516
NUMA	450
캐시 라인	265
캐시 쓰기	269
동시 기록	270
쓰기 후 기록	270
캐시 일관적 NUMA	450
캐시 읽기	267
완전 연관	268
직접 매핑	267
집합 연관	269
캐시 타이밍 공격	516
캡슐화	330
커널	504
커널 모드	505
커패시터	258
터치스크린	411
컨테이너화	512
컨트롤러 영역 네트워크(CAN)	335
컴파일 방식 언어	43
컴파일러	43, 427
컴퓨터 과학의 역사	☞ 역사
컴퓨터 구조	xxxv
컴퓨터 정의	4
컴퓨트 단위	429
컴퓨트 장치	429
컴퓨팅 센터	49
코덱스 마드리드	15
코리올리, 가스파르-구스타브 드	24
코모도어 64	41, 235, 290, 303, 400
코모도어 아미가	313
코어	446
콜로서스	33
콤팩트디스크	279
쿼드워드	361
큐비트	491
크레이 슈퍼컴퓨터	38
크로노그램	207
크로노스	429
클라우드 컴퓨팅	454
클러스터	277
클러스터 컴퓨팅	47, 452
클록	127, 293
6502	293
마이크로컨트롤러	332
속도	130
x86	359
클록 논리	169
클록 플립플롭	170
키보드	321, 385
킬번, 톰	35

ㅌ

타이머	331
타이펙스	31
탈중앙화 컴퓨팅	453
탐색 시간	277
탤리 스틱	54
터널	195
터치스크린	411
테이프	273
텍스트	75
유니코드	78
ASCII	76
PETSCII 문자	305
텐서 처리 장치(TPU)	460
토마술로 알고리즘	229
토큰	54
톰슨, 케네스	40
튜링, 앨런	30, 73
트라미엘, 잭	303
트랙	276
트랜지스터	38
광	473
논리 게이트	138
대형	38
밀도	131
스위치	123
원자 규모	470
이온 통로	481
전계효과	126
MOSFET	292
PNP	123
트랜지스터 시대	38
제조	128

ㅍ

파스칼, 블레즈	16
파스칼의 계산기	16, 21, 171
파이프라이닝	221
캐시 적중 실패	270
해저드	223
CISC	352
RISC	223, 399
파일드라이버	358
팔로알토 연구소	41
패브리케이션	128
패킹된 이중 워드 덧셈	423
패터슨, 데이비드	46, 398
펌웨어	xxxii, 262
페들, 척	292
페어차일드 반도체	355
펜티엄	358
평면 디스플레이	380
포토 공정	151, 262
마스킹	xxvii, 128, 141
카메라	410
터치스크린	411
폰 노이만 아키텍처	23, 36
폴라	315
폴링	244
표준 모형(물리학)	494
푸르미랩	93
프런트 사이드 버스	238
프로그래머블 논리 어레이(PLA)	151
프로그래머블 로직 컨트롤러(PLC)	345
프로그래밍	
6502	298
68000	310
루프와 매핑	448
맨체스터 베이비	180
병렬	418
아두이노	340
아미가	316
코모도어 64	306
해석기관	95
CUDA	442
GPU 어셈블리	430
PTX	430
RISC-V	403
x86	360
x86 64비트 모드	391
프로그램	95, 192
프로그램 가능 ROM(PROM)	262

프로그램 내장식	36
프로그램 카운터	296
x86	362
프로그램 흐름	105
프로시저	217
프로토콜	236
플라워스, 토미	33
플래시 메모리	263
플러그 앤 플레이(PnP)	248, 379
플레밍, 존	31
플로피 디스크	278
플립플롭	264
피드백	167
피아노 롤	89
피연산자	185
피연산자 전달	229
피질 기둥	484
픽셀 셰이더	382
필드 프로그래머블 게이트 어레이(FPGA)	152
필연관계	147

해시 함수	266
해저드	223
구조적	224
데이터	224
분기	223
해저드 해결	225
헤네시, 존	46, 398
헥스 에디터	65
현대 물리학	494
호출 규약	220, 370
링커	509
RISC-V	402
호퍼, 그레이스	43
홀러리스 표 계산기	26
회로	139
회전 지연	277
회전자	30
휘발성 메모리	256
흐름 제어	☞ 제어 흐름
히드라울리스	14

ㅎ

하드 디스크	278
하드웨어 스택	219
하드웨어 신경망	459, 480
하버드 아키텍처	23, 34, 331
하이퍼바이저 모드	512
하이퍼스레딩	231
함수	217
합성 생물학	478
합성곱	344, 475
합성곱 신경망(CNN)	436
해독	90, 103
맨체스터 베이비	198
해마	487
해밀턴, 마거릿	39
해석기관	18, 20, 34, 93
레지스터	100
십진 컴퓨터	68
ALU	101
RAM	95

A

accumulator	☞ 누산기
Acorn	399
ADC(analog-digital conversion)	332
adder	161
address line	173, 237
addressing	☞ 주소 지정
Adelman, Leonard	479
adiabatic quantum computing	494
AES	426
Agnus	314
ALU(arithmetic logic unit)	101
6502	297
맨체스터 베이비	192, 201
해석기관	101
AMD	356
amd64	358
ISA	358
SIMD	422
레지스터	422

American Bombes	33	코모도어 64	303
Amiga	42, 313	PC	387
AMP(Asymmetric Multi-Processing)	445	x86	370
Analytical Engine	☞ 해석기관	Bletchley Park	30
AND 게이트	136	Blu-ray	280
가산기	162	Bomba	30
다중 입력	158	Boole, George	135
디코더	160	Boolean algera	135
PLA	151	BOOM(Berkeley Out-of-Order Machine)	408
Antikythera mechanism	11	booting	☞ 부팅
Apple II	41	branching	20
Arduino	336	Brattain, Walter	38, 355
arithmetic	☞ 산술 연산	breadboard	337
ARM	400	Brodmann area	485
ARPANET	39	bubbling	226
array	73	buffer, buffering	241 ☞ 버퍼, 버퍼링
ASCII	76, 370	bus	☞ 버스
ASIC(application-specific integrated circuit)	128		
assembly	☞ 어셈블리		
Asteroids	292, 321	C 언어	291
Atari ST	42	cache	☞ 캐시
Athlon	358	calculation	91
ATmega328	337	calling convention	☞ 호출 규약
AVX(Advanced Vector Extensions)	425	CAN(controller area network)	335
		capacitor	☞ 커패시터
		carry	☞ 자리올림
Babbage, Charles	18	carry-save adder	165
backpropagation	459	cc-NUMA	450
Banu Musa	14	CD(Compact Disc)	279
Bardeen, John	38, 355	CD-ROM	279
BBC 마이크로	290, 399	CERN	44
Berkeley Educational cores	408	check valve	113
BFP(Brain Floating Point)	427	chipset	374
bi-quinary	69	chiptune	309
big endian	254	Chisel	175, 409, 414
Bilas, Frances	35	chronogram	207
binary	61	Church, Alonso	☞ 처치, 알론조
binary shift	61	CIA(Complex Interface Adapter)	235
BIOS(basic input-output system)	288	circular buffer	242
부팅	510	CISC(complex instruction set computing)	
아미가	315	데스크톱 아키텍처	351

마이크로프로그래밍	353
명령어 집합	212
철학	212, 352
clock	☞ 클록
cluster computing	47
CMOS(complementary metal-oxide semiconductor)	130, 138, 141
CNN(convolutional neural network)	436
Codex Madrid	15
Colossus	33
combinatorial logic	157
Commodore 64	41, 235, 290, 303, 400
comparator	192
compound notation	62
compression	82
computable real numbers	73
computational neuroscience	480
compute device	429
compute unit	429
computer organization	xxxv
concurrency	504
conditional branch	99
containerization	512
context switching	504
control wire	173
convolution	344
Coriolis, Gaspard–Gustave de	24
cortical column	484
counter	171
covalent bond	116
CPU	179
마이크로컨트롤러	331
해석기관	93
CRT(음극선관) 디스플레이	320
cryptanalysis	29
cryptography	☞ 암복호화
crystal lattice	117
CU(control unit)	☞ 제어 장치(CU)
CUD	442
Cyrix	357

D

da Vinci, Leonardo	15
DAC(digital-analog conversion)	384
data	☞ 데이터
dataflow	☞ 데이터 흐름
DDR(data direction register)	340
decentralized computing	453
decimal computer	68
decoding	☞ 해독
deep learning	xxiii, 476
demultiplexer	161
Denise	315
depletion zone	118
DFT(discrete Fourier transform)	474
die shot	293
Difference Engine	18
differential voltage	335
DIMM(double in-line memory module)	260
DIN 모듈	345
diode	☞ 다이오드
direct addressing	364
direct jump	183
direct mapping	267
directional system	112
dirty bit	265
DMA(direct memory access)	246
그래픽 카드	382
DNA 아키텍처	477
DNA 컴퓨팅	477, 479
doping	117
double buffering	242
doubleword	361
DRAM(dynamic RAM)	258
DSP(digital signal processing/processor)	23, 343
Dummer, Geoffrey	40
DVD(Digital Versatile Disc)	280
dynamic runtime branch prediction	228
D형 플립플롭	170, 190

E

eager execution	227
Eastern Arabic numerals	57
ECC-RAM(error correction code RAM)	260
Eckert, J. Presper	33
EEPROM(electrically erasable programmable ROM)	263
electromechanical computing	25
electronic stored-program computer	35
electrophoresis	479
embeded system	☞ 임베디드 시스템
encapsulation	330
encoder	160
ENIAC	4, 33
스위치	123
Enigma	29
entailment relation	147
entropy	112
EPROM(erasable programmable ROM)	263
ethernet	380
execution	☞ 실행
exponent	59

F

fabrication	128
Fairchild Semiconductor	355
FET	126
fetch	☞ 인출
FFT(fast Fourier transform)	344, 475
field-effect transistor	126
firmware	xxxii, 262
fixed-point number	72
flash memory	263
flat-screen display	380
Fleming, John	31
floating-point	☞ 부동소수점
floppy disk	278
Flowers, Tommy	33
forward-bias	113
Fourmilab	93
FPGA(field programmable gate array)	152, 347
신경망	459
FPU(floating-point unit)	221
Free Software	42
FSB(front side bus)	238
full adder	162
fully associative cache	268
function	217

G

Gantt Chart	418
Gary	315
global address	255
GLSL	444
GNU	42
GPU(graphics processing unit)	48, 381
뉴런	436
아키텍처	429
어셈블리	430
SIMD	428
grid computing	452
Grover's algorithm	493
GRUB2	510

H

half adder	162
halting	181
Hamilton, Margaret	39
hard disk	278
hard real time	513
Harvard architecture	23
hash function	266
hazard	223
Hennessy, John	46, 398
hex edito	65
hexadecimal	63
hierarch	xxxv
hippocampus	487
Hopper, Grace	43
horizontal SIMD	426
HPC(high-performance computing)	450
hydraulis	14

Hypercomputation	496	IA-64	358
hyperthreading	231	PTX	431
hypervisor mode	512	Ishango bone	7

I

I/O(input/output)	234, 332, 375, 506, *cf.* BIOS
I/O 모듈	234, 240
아미가	315
임베디드 시스템	332
코모도어 64	306
I/O 장치	234
IA-64	358
IBM	27
701	38
PC	42
홀러리스 표 계산기	26
IC 간 버스	334
IEEE 754 표준	72
immediate addressing	363
index addressing	216
indirect addressing	215
indirect jump	183
instruction memory	103
instruction pointer	362
instruction register	192
instruction set	☞ 명령어 집합
integer	70
integrated circuits	40
Intel	39
Intel Management Engine	511
Inter-Integrated Circuit bus	334
internal register	☞ 내부 레지스터
interrupt architecture	244
ion channel	481
IoT(Internet of Things)	48
IP 코어	377
IRQ(interrupt request)	245
IRQ 지옥	246
ISA(instruction set architecture)	xxxv, 212
amd64	358
CISC	353

J

Jack, Tramiel,	303
Jennings, Betty Jean	35

K

kernel	504
Khronos	429
Kilburn, Tom	35

L

label	301
ladder logic	345
laptop	xxix
Lebombo bone	7
LED	121, 340
OLED	380
LEGO	12, 95
Lichterman, Ruth	35
light-emitting diode	121
linker	509
little endian	254
load	☞ 적재
loader	507
logic gate	☞ 논리 게이트
LogiSim	
논리 게이트	154
단순 기계	176
맨체스터 베이비	207
하드웨어 서술 언어(HDL)	174
Lovelace, Ada	22
LTO(Linear Tape Open)	275

M

magnetic disk	278
magnetic tape	274
mainboard	☞ 메인보드
mantissa	72

MAR(memory address register)	239
mask	☞ 마스크, 마스킹
Mauchly, John	33
MBR(memory buffer register)	239
McNulty, Kay	35
Meltdown	xxii, 514
memory controller	255
mercury delay line	256
microcode	☞ 마이크로코드
microcontroller	☞ 마이크로컨트롤러
microprogram	103
microprogramming	353
MIDI 인터페이스	322
MIMD(multiple instruction, multiple data)	417
공유 메모리	445
단일 프로세서	445
분산 컴퓨팅	451
NUMA	449
mindful computing	348
Minecraft	471
minicomputer	38
MMU	506
MMX	423
mobility	329
model checking	145
MONIAC	4
MOnSter 6502 프로젝트	295
Moore, Gordon	355
Moore's law	☞ 무어의 법칙
Morse code	75
MOSFET(MOS field-effect transistor)	292
Motorola 68000	42
MROM(mask ROM)	262
multicore	☞ 다중 코어
multiplexer	161

N

n-도핑	117
NaN	72
NAND 게이트	136, 141
논리 회로 간소화	149
플립플롭	169
NASM	363, 388
natural number	67
negation	165
Nehalem	359
netlist 파일	174
neuron	481
non-re-entrant architecture	245
NOP 명령어	225
NOR 게이트	136
Northbridge	374
NOT 게이트	136
Noyce, Robert	355
NP 문제	493
NPU(Neural Processing Unit)	460
NUMA(Non-uniform memory access)	449
numeric label	367
numerosity	56
Nvidia 튜링 아키텍처	439
nybble	64, 66

O

odometer	12
offline memory	252, 272
offset addressing	216
OLED	380
one's complement	71
OOOE(out-of-order execution)	229, 358, 458
opcode	185
open cloud	469
OpenGL	382
operand	185, 229
optical correlator	474
optical flow	385
OR 게이트	136
PLA	151
oscillating voltage	127
OTG(on-the-go)	379

P

p-도핑	117

packed add double	423	QFT(quantum field theory)	494
Palo Alto Research Center	41	quadword	361
parallelism	☞ 병렬성	quantum decoherence	494
particle engineering	495	qubit	491
Pascal, Blaise	16		
Patterson, David	46, 398		

R

Paula	315	RAM(random-access memory)	92, 95, 173, 256
PC	42, 351, 373	윌리엄스관	257
부팅 과정	386	음향 수은 지연 선로	256
표준 장치	380	DRAM	258
PCB(인쇄 회로 기판)	xxvii	ECC-RAM	260
PCIe 버스	377	LP-DRAM	410
Peddle, Chuck	292	SRAM	257
peripheral	235	rational number	71
PETSCII 문자	305	re-entrant architecture	245
photon	473	read-only memory	☞ ROM
PIC 마이크로컨트롤러	342	real number	73
piezoelectric	127	register	☞ 레지스터
Piledriver	358	relay	26
pipelining	☞ 파이프라이닝	reliability	329
pixel shader	382	reprogramming	5
PLA(programmable logic array)	151	reverse-bias	113
PLC(Programmable Logic Controller)	345	ring buffer	242
PN 접합 다이오드	115	ripple-carry adder	164
PnP(plug and play)	248	RISC(reduced instruction set computing)	
PNP 트랜지스터	123	명령어 집합	212
point-to-point connector	379	스마트 아키텍처	396
polling	244	철학	213, 398
pre-charging	260	파이프라이닝	223
predicate guard	434	RISC-V	400
primary memory	252	구현	407
principle of locality	265	확장	405
program counter	192	SIMD	428
PROM(programmable ROM)	262	Rocket	408
protocol	236	ROM(read-only memory)	256, 261
PTX(Parallel Thread Execution)	431	CD-ROM	279
punched card	17, 273	EEPROM	263
punched tape	274	EPROM	263
		MROM	262
		PROM	262

Q

QCF(Quantum Computing Functions)	491

Roman numerals   56

rotation delay	277
Rowhammer	261
RS232 프로토콜	322
RTL(register transfer language)	197
RTOS	512
Ruggeduino	340
run	☞ 실행

S

SASS	438
SATA(Serial Advanced Technology Attachment)	378
SCADA 시스템	345
SCSI(Small Computer System Interface)	378
secondary memory	252, 272
sector	277
seek time	277
segment register	372
segmentation fault	506
semiconductor	115
sequencer	172, 195
sequential locality	265
sequential logic	168
serial port	322
serialization	83
set associative	269
SETI 프로젝트	47, 453
sexagesimal	63
shader	☞ 셰이더
Shannon, Claude	134
Shockley, William	38, 355
SI 접두어	84
이진 접두어	85
SID(Sound Interface Device)	308
sign	70
silicon	115
SIMD(single instruction, multiple data)	417
수평	426
amd64	422
AVX	425
GPU	428
MMX	423
RISC-V	428
SSE	424
x86	421
SIMM(single in-line memory module)	260
simple machine	☞ 단순 기계
Small-Scale Experimental Machine	36
SMP(Symmetric Multi-Processing)	445
Snyder, Betty	35
SoC(system-on-chip)	235, 409
solenoid	26
Southbridge	374
Space Invaders	4, 320
spatial locality	265
Spectre	xxii, 514
speculative execution	514
SPIR-V	442
split tally	56
SPMD(Single Program, Multiple Data)	452
SR 플립플롭	169
SRAM(static RAM)	257
SSA(Serial Storage Architecture)	378
SSD(solid-state drive)	280
SSE(Streaming SIMD Extensions)	424
stack	☞ 스택
Stallman, Richard	42
status flag	99
store	☞ 저장
structural hazard	224
subroutine	☞ 서브루틴
subtractive process	129
subtractor	166
symbolic label	367
synthesizer	308
synthetic biology	478
system call	508
systems programmer	xxi

T

tally stick	54
tape	273

temporal locality	265
tertiary memory	252, 281
thalamus	486
Thompson, Kenneth	40
timer	331
TLB	506
token	54
Tomasulo's algorithm	229
TPU(Tensor Processing Unit)	460
track	276
transistor	☞ 트랜지스터
TTL	141
tunnel	195
Turing, Alan	30, 73
two's complement	71
Typex	31

U

ubiquitous computing	348
UEFI	387, 510
Unicode	78
UNIVAC	37
universal gate	138
UNIX	40
USB(Universal Serial Bus)	379
user register	191
UTF-8	78

V

vacuum tube	☞ 진공관
Verilog 파일	174
vertex shader	382
VHDL 파일	174
VIA	357
virtual memory	505
Visual 6502 프로젝트	293
VLIW(Very Long Instruction Words)	445
VM(virtual machine)	23
VM 에니악	35
VNNI(Vector Neural Network Instructions)	427
von Neumann architecture	23

W

watchdog	332
water pressure effect switch	125
Wescoff, Marlyn	35
Wilkes, Maurice	217, 353
word	173
World Wide Web	44
write-back	270
write-through	270

X

x86	352, 356
32비트 시대	357
64비트 시대	358
다중 코어	446
역사	355
하위 호환 모드	372
SIMD	421
SSE	424
VM	390
XOR 게이트	136
가산기	162

Y, Z

yak shaving	21
Zen2	447
Zuse, Konrad	31